教育部高等学校外国语言文学类专业教学
非通用语种类专业教学指导分委员

东方语言文化论丛

第37卷

信息工程大学洛阳外国语学院亚洲研究中心　编

世界图书出版公司
广州·上海·西安·北京

图书在版编目（CIP）数据

东方语言文化论丛. 第37卷 / 信息工程大学洛阳外
国语学院亚洲研究中心编.—广州：世界图书出版广东
有限公司，2018.9

ISBN 978-7-5192-5166-6

Ⅰ.①东… Ⅱ.①信… Ⅲ.①文化语言学－东方国家－
丛刊 Ⅳ.①H0-05

中国版本图书馆 CIP 数据核字（2018）第 222465 号

书　　　名	东方语言文化论丛（第 37 卷）
	DONGFANG YUYAN WENHUA LUNCONG (37)
编　　　者	信息工程大学洛阳外国语学院亚洲研究中心
策划编辑	刘正武
责任编辑	张东文
出版发行	世界图书出版广东有限公司
地　　　址	广州市海珠区新港西路大江冲 25 号
邮　　　编	510300
电　　　话	020-84451969　84459539
网　　　址	http://www.gdst.com.cn/
邮　　　箱	wpc_gdst@163.com
经　　　销	新华书店
印　　　刷	广州市迪桦彩印有限公司
开　　　本	787 mm × 1092 mm　1/16
印　　　张	29.25
字　　　数	590 千字
版　　　次	2018 年 9 月第 1 版　2018 年 9 月第 1 次印刷
国际书号	ISBN 978-7-5192-5166-6
定　　　价	65.00 元

目 录

语言研究

韩国政论文章中政治隐喻的认知研究

    刘吉文.. 2

韩国语形容词程度状语与动词组合的语义分析

    张文江　董洋.. 16

汉韩零声母历史演进中的变异

    赵天翔.. 28

从关联理论看韩国情景喜剧词汇幽默生成机制

    赵雁羽.. 39

解析"ИР-"语法化的句法环境促进机制

    张建利.. 56

越南汉喃碑刻的多维视野与多元价值

    谭志词　李梦.. 67

现代越南语趋向结构研究述评

    曾添翼.. 75

认知视阈下越南语形容词 NẶNG 的语义探析

    张怡.. 91

文化语言学视角下的越南语语言特征及其在交际中的体现

    谢彬.. 106

泰语动物熟语的认知转喻解读

    杨绍权.. 117

泰文字母的起源与演变

　　陈炜 ·· 127

老挝语多项定语的优势语序及其认知理据

　　黄勇 ·· 147

浅析马来语时空隐喻的线性表征

　　龚晓辉 ·· 161

马来语中的名物化现象及其语篇功能

　　刘勇 ·· 175

印尼语语篇中的名称回指及其语篇功能

　　陈扬 ·· 187

浅析中国的中世纪印地语研究

　　任婧 ·· 201

乌尔都语新闻语篇中转述策略的介入功能

　　——以巴联社有关中印洞朗对峙事件的新闻为例

　　孔亮 ·· 211

普什图语句子情状体的合成过程探析

　　王静 ·· 224

哈萨克语可分化时序的语义特征分析

　　张辉 ·· 237

关于波斯语单人称动词

　　张立明 ·· 249

土耳其语中转喻和隐喻的互动研究

　　——以派生构词为例

　　丁慧君 ·· 264

认知语境与土耳其语形动词名词化结构的识解

　　彭俊 ·· 277

文学研究

莫言的"蓝脸"与陶武的"老庵"
——比较文学视域下中越"单干户"人物形象分析
黄艳杰 292

《红运》中鸿太爷之死的伦理阐释
李思万 301

论缅甸近现代文学中的民族主义
申展宇 310

印尼文学家阿里夏巴纳的现代民族构想
——以长篇小说《扬帆》为例
张燕 320

论尼泊尔大诗人德瓦科达诗歌创作中的宗教元素
何朝荣 332

印度两大史诗中的战争与民族精神
闫元元 341

《大唐西域记》所载佛本生故事考论
袁晓涵　王汝良 350

叙述视角、引语方式和文化身份困境
——裘帕·拉希莉小说《森太太》解读
张玮 359

《水树格言》中的印度神话研究
吕众林 367

文化研究

略论 19 世纪越南北部民间的信仰生活
——以雄庙周边乡社为例
徐方宇 380

老挝老族文化特点刍议

　　舒导遊 392

柬埔寨地名文化探析

　　卢军 405

《大唐西域记》所载"栗咕婆"人情况略考

　　黄恒超 415

翻译研究

概念隐喻视角下韩国语总统演讲稿中的隐喻表达及其汉译策略

　　朱高旭 425

缅甸语人名汉译规范化探究

　　韩志美 439

被遗漏的"山灵"译诗

　　王春景 449

语言研究

韩国政论文章中政治隐喻的认知研究

信息工程大学　　刘吉文

【摘　要】隐喻与政治有着天然的联系。人们通过隐喻去理解抽象的政治概念与复杂的政治形态，隐喻模式被广泛地应用于政治家的言语活动和媒体的政论文章中。政治隐喻是隐喻思维对变化中的政治现实进行概念化的重要工具。本文尝试在认知的视阈下，通过对韩国媒体中的政治概念隐喻进行实证调查研究，分析韩中两国在对政治概念进行建构时呈现出的政治隐喻的特征，证明政治隐喻在人类语言中的普遍性和民族特色。

【关键词】韩国语；认知语言学；政治隐喻；特征

长久以来，人们都把隐喻作为修辞手段加以研究。1980 年语言学者 Lakoff & Johnson 的《我们赖以生存的隐喻》一书出版后，极大地颠覆了人们对隐喻的理解。Lakoff & Johnson 认为隐喻并非仅仅停留在语言层面上，而是一种已渗入到人的思维、行动之中，根植于语言、思想和文化深处的普遍的认知机制和思维方式，其本质在于依据某类事物来理解和体验另一类事物。他们还认为隐喻是一种概念结构，人们赖以生存和思维的概念系统从本质上讲是隐喻性的。两位学者的理论成为隐喻研究发展过程中一个重要的转折点。把人们对隐喻的研究从过去单一的语言修辞学角度拓展到认知科学领域里，构建起现代隐喻认知理论的基本构架，开创了隐喻研究的新篇章。

从认知语言学角度来看，隐喻是一种将未知（目标域）联系到已知（源域），并借助熟悉事物表达陌生事物的语言技巧。因此，在我们日常语言生活里，隐喻认知模式到处可见，无论语言学家还是普通人都会使用隐喻，其应用涵盖了社会、政治、经济、科技、文化、宗教等与人类生活息息相关的方方面面，既存在于日常会话和文学作品中，也存在于诸如科技、政论等体裁文章中。相对于日常生活，政治生活中的概念要抽象复杂得多。利用隐喻认知模式，把抽象、不易理解的政治概念变成人们熟悉且形象生动的日常生活中的概念，是许多政治人士和新闻媒体经常采用的一种宣传政治观点、实现引导民众政治导向的行之有效的手段。人们在政治话语中使用隐喻模式把未知（目标域）联系到已知（源域）来建构某一新概念时，往往会生成一系列的隐喻。例如，Lakoff（1996）就曾指出：美国政治是由诸如"政治是战争"、"政治是生意"、"社会是家庭"等一系列的隐喻组成的。此类概念隐喻是政治话语中一种重要的思想表达和建构工具，并且在各种语言中形成了相对固定而又有一定差异的表达方式。韩国语政论文体中同样存在着具有共性和个性相伴的概念隐喻。

一、隐喻与政论文体的关系

从古至今，无论是在中国，还是其他国家，在人类的社会活动中，隐喻与政治有着天然的联系。但政治领域的变化发展相对来说只局限在少部分相关人士之中，与绝大多数人的现实生活还是有一定距离。为了让人们能够更好理解政治生活，接受自己的政治主张，政界人士常常运用大量的隐喻概念。

政治传播方式多种多样，新闻报刊是政治传播的重要阵地之一，是政治团体或个人表达观点、传递信息的有效的宣传工具，也是人们日常生活中不可缺少的一部分。在当今社会，人们经常在新闻媒体中见到政治领导人讲话，或媒体记者、专家撰写的政论文章。政论文属于说理文章，要求必须是论点清楚，论证文字力求严谨达意；同时政论文要面对不同层次的受众，因此文章内容要能够简单清楚地表现作者的意图。政治人物、专家在宣传自己政治意图时，往往喜欢追求新意，创造新概念，为了把一些复杂的政治概念及体系变得通俗易懂，他们经常利用人们熟悉的隐喻这一重要的认知与思维手段，把晦涩难懂的政治概念建立在与人们生活具有明显联系的事物特征基础上，通过隐喻的映射机制，给抽象的政治事件、活动、人物注入生命，这样降低了政论交际的门槛，增加了政论交际的大众性，也使得政论语言更加生动、形象、富有感染力，使人们更好地理解政治状况。在欧美等西方国家的政治生活中，政界人士的观点和政策往往会左右普通民众的政治态度和立场。这些政界人士和其智囊团体为了获得民众的支持，在宣传其未来的国内外事务的立场和观点时，需要采用能为广大的民众所能接受和理解的语言，避免给人以单调乏味、故弄玄虚的说教之感，同时又要使用新鲜生动的政治隐喻将一些体现新意的政治意图表现出来，把一些复杂的政治概念和体系映射到人们所熟悉的事物结构上而变得通俗易懂。

在我国政治生活中，党和国家的政治主张也是通过各类媒体传播普及到民众中的。通过媒体，人们更加深切地体会到了诸如"铁饭碗"、"大锅饭"之类的政治概念的意义。许多领袖人物都善于运用政治隐喻，如马克思曾把革命比喻为"世界历史前进的火车头"。毛泽东关于"一切反动派都是纸老虎"的隐喻早已是家喻户晓，甚至在国外的许多新闻媒体中也常常见到。韩国历任总统都喜欢把朝鲜半岛比喻为连接大陆与海洋的"桥"。政治人物通过隐喻，采用更具有感染力和表现力的语句来表达思想和意图，表现对事件的态度，使读者接受或倾向于自己的观点立场，以此达到其真正意图和目的。

我们在考察政论文章或演讲中的隐喻时，会发现既有传统习惯使用的隐喻，也有不断涌现的新鲜的隐喻用法。并且，政论文体中出现的隐喻明显会呈现出"系统化"现象，即某些词语在获得隐喻性意义后，会引发更多的与其有语义联系的词语被隐喻化，构成一定的隐喻模式；另一方面，政论作者经常将习以为常的隐喻模式用于新的客体和新的语境，增加新的特征，改变隐喻的内部成分，将隐喻所包含的认知模式激活，从而获得新生。

二、韩国政治隐喻分析

隐喻对不同语体、体裁的适应性和功能各不相同。政治隐喻是隐喻思维对变化中的政治现实进行概念化的重要工具，人们经常利用熟知事物与政治之间的相似性，通过隐喻方式去理解抽象的政治概念与复杂的政治形态，因而隐喻思维被广泛地应用于政治家的言语活动和媒体的政论文章中。政治隐喻除了体现人类在认知抽象世界时的共同认识体系外，还是政治情境在民族意识中的体现，具有很强的民族性。另外，政治隐喻在政论语篇中还有扩展性及模式多样性的特点。在不同语言中，政治是旅途、战争、家庭、疾病与危险等的概念隐喻非常常见，但又各自拥有具有民族特色的隐喻性词汇，体现了政治隐喻作为概念隐喻在不同语言中的共性与特性。韩中两国在地理上相互毗邻，文化交流史源远流长，又同属于汉字文化圈和儒教文化圈，在文化方面相对其他国家有更多的相同或相近的地方，韩汉语中的政治隐喻表达式有许多相同或相似之处。但韩国语和汉语隶属不同的语言体系，有着不同的文化背景和历史积淀，因此也会产生带有民族特色的政治隐喻。

笔者以韩国总统文在寅执政时期为起点，对韩国门户网站 NAVER 中的政论文章标题进行实证性的统计调查，发现韩国语政治隐喻表达方式主要涉及战争、自然现象、戏剧、体育比赛、物体等 5 个领域。

顺序	隐喻模式	次数	比例（%）
1	전쟁은유（战争隐喻）	246	32.66
2	자연현상은유（自然现象隐喻）	149	19.78

顺序	隐喻模式	次数	比例（%）
3	희극은유（戏剧隐喻）	142	18.85
4	체육경기은유（体育比赛隐喻）	117	15.53
5	물체은유（物体隐喻）	59	7.83
6	기타（其他）	40	5.31

当然还有如动物、植物、疾病、家庭等使用频率不高的隐喻表达方式，限于篇幅，仅就以上五个领域加以研究。

（一）政治是战争

政治权力实现的途径主要有两种：一是通过暴力手段，例如战争。二是通过非暴力手段——言论来对受众思想进行控制，使其对语言传播者所实施的政治行为表示认可。战争是政治通过另一种手段的继续，即战争是"流血的政治"。战争不仅是一种政治行为，而且是一种真正的政治工具，是政治交往通过另一种手段的实现。在现代民主社会里，政治是战争的隐喻表达方式并不止于国与国、民族与民族之间，国内各党派、团体为了取得执政权力，或为获得更大话语权，彼此利用媒体相互攻击，以击败对方为目标。这些行为与战争应具备的要素有极大的相似性，只是"以笔代剑"。当人们说起"政治是战争"时。"战争"作为始源域，而"政治"作为目标域，通过跨域的映射，人们将"战争"这个具体概念系统中的相关特点投射到了"政治"这个抽象概念系统中。众所周知，韩国保守势力与进步势力之争异常激烈，双方观点几乎是始终处于一种对立状态，每次论辩都是一场交锋。因此在政论文章常常出现有关战争的隐喻方式。

(1) 국회는 일단 열리지만 곳곳에 지뢰밭 (네이버뉴스, 2017.12.3)

国会虽然召开了，但处处都是地雷阵。①

(2) 문정권은… 4 대강사업에도 칼을 휘두르더니… (네이버뉴스, 2017.1.2)

文在寅政权……向四强企业也挥起刀。

(3) 후보자들사이에 비리의 혹에 대한 폭로전이 이어졌다. (네이버뉴스, 2018.4.2)

候选人之间的不当行为揭短战仍在持续。

---

① 此处为上面韩国语例句的译文。下同。

(4) 개헌저지선을 훌쩍넘는 야당의 석수는 그 자체로 무기입니다. (네이버뉴스, 2018.3.26)

跨越改宪防线，在野党议席数本身就是武器。

(5) "창과방패" 국세공무원 248 명 늘고···민간납보위원 1594 세팅. (네이버뉴스, 2018.3.26)

"枪与盾牌"国税公务员增加 248 名，民间纳税保卫员则为 1594 名。

(6) 김대흠, "친박돌격대"에서 홍준표號 최고위원으로. (네이버뉴스, 2017.7.3)

金大鑫，从"亲朴突击队"跳槽到"洪准杓号"。

(7) 이후 20 대 총선에서 재선 고지 등정에 성공했고··· (네이버뉴스, 2017.7.3)

在此后 20 届国会选举中，成功登上连任高地。

(8) 정부 스스로 국가재정법을 무력화시켰다. (네이버뉴스, 2018.3.19)

政府自身使国家财政法丧失了战斗力。

(9) 김정은의 교모한 전략, 세계를 위험에 빠트릴것 (네이버뉴스, 2018.3.29)

金正恩的巧妙战略让世界陷入险境。

从例句分析显示，在政论文章中，围绕着"政治是战争"这一根隐喻而延伸出来的表达方式无论从使用频率还是从框架类型来看，都非常明显。在这些隐喻中，国家、国家领导人、政治家、新闻工作者等都在与"敌人"战斗，在政治这个战场上，不仅有政治战、金融战，还有针对媒体之战。战争是多维的，它还包括"战斗"和各种具体的作战行为。从上述例句中，我们发现，政论文章中频繁使用与"战争"相关的词汇来强调各国、各政治力量间在政治、经济等方面冲突的大规模性和激烈性。战争是残酷而激烈的，国内的政治竞选和国际各种力量间的竞争都可以认为是一场战争，例（9）金正恩政府与韩国、美国之间斗争"战略"，使得整个双方对峙局面日益复杂，朝鲜意识到只有采取灵活巧妙的作战策略才有可能取胜。国内国会朝野两党就某一问题的较量同样也被喻为战争，例（4）对于"改宪"，双方都拥有各自的"防线"，在国会中拥有的议席数就是攻击敌方的"武器"。以战争为喻，除了将人们比较熟悉的战争用语投射到比较抽象的政治范畴上，也可以使紧张气氛直接影响受众，让受众充分感受如两军对垒般的白热化状态。

源域		目标域
군인 (돌격대, 용병, 나팔수…) 军人 (突击队、雇佣兵、号手……)	➡	정치인 政治人物
전장 (지뢰밭, 전선, 방선, 고지…) 战场 (地雷阵、战线、防线、高地)	➡	정치판 政治场
무기 (총, 칼, 탄알, 뱅패, 시한폭탄, 연막탄…) 武器 (枪、刀、子弹、盾牌、定时炸弹、烟幕弹……)	➡	정치적수단 政治手段
전략 (전술, 위장전술, 36 계, 연막전술…) 战略 (战术、伪装战术、三十六计、烟雾战术……)	➡	정치적계획이나의도 政治策略
공격과방어 (공격, 방어…) 攻击与防御 (攻击、防御……)	➡	정치적행동 政治活动
전쟁결과 (타격을주다,무력화…) 战争结果 (给……打击、失去作战能力……)	➡	정치적판도의변화 政治版图变化
전쟁유형 (폭로전, 자리싸움, 감투싸움, 진흙탕싸움…) 战争类型 (揭短战、地位战、乌纱帽战、泥水战……)	➡	정치적행동유형 政治行动类型

上述政治隐喻都是从"政治是战争"的根隐喻延伸出来的，可以看出在政论文章中战争隐喻非常普遍，也十分活跃。政治人物和媒体记者通过将国际社会中各国和各政治力量间的冲突与抗衡都通过战争隐喻实现具体化，从而帮助读者更好地理解政治活动。

（二）政治是自然现象

国与国以及政党之间的关系好坏尽管是抽象的，但作为国家和政党的组成部分——人是有情感变化的。在日常生活中，人们常常借用熟悉的自然现象来理解、思考、谈论较为抽象的情感，因此在许多语言中都有原本属于天气或天气变化等自然现象的相关词汇映射到情感和情绪变化上。这种映射模式同样适用于国家、政党之间的关系好与坏。如果两国关系好，政治语篇就会따뜻하다（温暖）、덥다（热）；关系变坏时，就常用춥다（寒冷）、얼다（结冰）等隐喻来表达。像지진（地震）和눈사태（雪崩）这样的隐喻常用于表示某个较大的政治事件或政治运动。这主要是因为自然现象的变化与政治的变化有着相似性。

(10) 평양가는 남한 예술단 "따뜻한 봄기운" 전해 오겠다. (네이버뉴스, 2018.3.1)

前去平壤的韩国艺术团将带去温暖的春天气息。

(11) 남북 판문점채널 복구, 꽁꽁 언 관계 봄날 오길. (네이버뉴스, 2018.1.3)

朝韩恢复板门店渠道，期待融化坚冰的春天到来。

(12) 이란핵합의 운영에 먹구름 (네이버뉴스, 2018.4.4)

伊朗核协议执行阴云密布

(13) 서울 시장 출마의지 굳힌 안철수…선거구도 "회오리" (네이버뉴스, 2018.3.29)

安哲秀决心参选首尔市长，选举区也刮起旋风

(14) 미 보호무역 장벽, 반도체는 당분간 "무풍지대" (네이버뉴스, 2018.3.7)

美国建起贸易保护壁垒，半导体行业暂时处于"无风带"

(15) 자유한국당 예비후보로 우리 고장 정치적 풍랑과 지진이라는 이 위기를 이기기 위해서 출마하게 되었다. (네이버뉴스, 2018.3.1)

为了战胜家乡的政治风浪和地震危机，我决定出马自由韩国党预备候选人。

(16) 여야 출구 못 찾는 개헌대치…안개정국 임시국회 (네이버뉴스, 2018.4.9)

朝野两党无法就改宪达成一致，临时国会变成迷雾政局。

(17) 문대통령, 보수 아우르는 새로운"햇볕정책"구상 (네이버뉴스, 2018.3.21)

文总统推出包含保守倾向的新"阳光政策"构想。

隐喻是感性与理性的结合、抽象与具象的统一、人与自然的互动。人们生活在自然世界里，情绪必然会受自然现象变化的影响，很难做到"不以物喜，不以己悲"的超脱状态。阳光明媚的晴天会让人感到舒适，乌云密布、阴雨沉沉往往会给人带来不便。大多数人心里会暗示自己晴天将预示着顺利，雨天会让人联想到艰难和不顺。经过漫长的寒冬，迎来温暖的春天，万物复苏，一切都会变得生机盎然，人的心情自然也会变好。朝韩南北双方由于政治对立、军事对峙，两国关系经常处于比较紧张的状态。两国之间的关系是一种敌对的、不友好的"꽁꽁언관계（坚冰关系）"，在这种紧张关系下，双方的良性互动给对方带去了友好的、热情的"따뜻한봄기운（温暖的春的气息）"。就连韩国采取的柔和政策也充满了"햇볕（阳光）"的味道。当局势混沌不清让人无法判断是非时，韩国人喜欢用"안개정국（迷雾政局）"来描述。自然现象的变化有时会相对平和，有时会剧烈突然。政治事件的发生也是如此，不仅仅有"회

오리（旋风、龙卷风）"、"폭풍（暴风）"，甚至还有"지진（地震）"等极端现象发生。

（三）政治是戏剧

戏剧是由演员扮演角色在舞台上当众表演故事的一种综合艺术。其主要构成元素包括：演员、故事（情境）、舞台（表演场地）和观众。莎士比亚在《皆大欢喜》中曾说过"世界是个舞台（All the world's a stage）"。政治又何尝不是一个舞台，因为政治和政治生活的基本结构与戏剧有太多相似之处。在这个舞台上，演员、上场、下场、角色、换场等所有戏剧要素一一得以重现。政治人物在不同场合扮演成不同角色，为了实现政治目标，他们设计剧情和台词，用生动、形象、富有感染力的台词去吸引更多的国民（观众）来支持他们。在政治是戏剧的隐喻中，人们经常用戏剧本身来隐喻为达成某一确定目标而采取的一系列行动或政治本身，用演员隐喻某个国家、组织或个人。换言之，一旦政治进入"舞台"的隐喻，舞台所有的特征都可以反作用于政治，让人们对政治的认知聚焦在那些特征之上。这个反作用的过程是舞台结构的复制。在隐喻式的推理中，人们更容易接受那些在结构上与目的域相似的源域。

(18) 이후보의 정당과 그 정당의 대표가 법원의 판결마저 비틀며 거짓말을 하는것은 "슬픈희극"이다. (네이버뉴스, 2017.7.3)

李候选人所在政党和代表竟然说谎歪曲法院判决，真是"悲伤的笑剧"。

(19) 김대중.민주당정권후원, 서울지검특수 1 부 연출, 김대업 주연, 편파언론 조연 (네이버뉴스, 2002.6.3)

在这里，金大中、民主党政权是赞助单位，首尔地方检查厅特殊 1 部是导演，金大业是主演，偏颇的舆论是助演。

(20) 김정은 북한 노동당위원장은 북중정상회담을 개최해 외교무대에 보격 데뷔했으며… (네이버뉴스, 2018.4.1)

朝鲜劳动党委员长金正恩举行完朝中首脑会谈，开始正式亮相外交舞台……

(21) 3 가지 시나리오 본 미·중무역전쟁 (네이버뉴스, 2017.4.2)

美中贸易战的三种脚本

(22) MB 가 전국민을 상대로 사기극을 벌렸음. (네이버뉴스, 2018.2.26)

李明博在国民面前上演欺诈剧。

在政治生活中，政治团体和人物的政治活动被隐喻为不同类型体裁的戏剧表演，在不同的舞台上，政治人物根据剧本的要求、情节的需要和导演的意志

来演绎自己的角色。国民在政治戏剧主动成分不多，基本是充当观众角色。在韩国，无论是总统选举还是国会议员选举，为了争取更多选民的支持，政治人物都要充分显示自己的亲民性，但选举前和选举后，其政治表现往往会大相径庭。前总统李明博曾被称为是韩国政治史上唯一善终的总统，然而最近却发现他在国民面前演了一部拙劣的"사기극（欺诈剧）"。随着朝韩局势的急速转好，各国领导开始频频在朝鲜半岛这个"외교무대（外交舞台）"上亮相，似乎将要为人们上演一部令人瞩目的"大戏"。

（四）政治是体育比赛

体育比赛是为了战胜对手，取得优异成绩，最大限度地发挥和提高个人、集体在体格、体能、心理及运动能力等方面的潜力所进行的科学系统的训练和竞赛。对政治人物来说，政治圈犹如运动场，在与竞争对手争斗中，通过努力最终获得优胜，进而去品尝胜利的喜悦。同时是比赛就必须保证在公平竞争的情况下进行，没有公平竞争，就不是真正的体育比赛。政治活动同样也要遵循公平竞争原则。在各种语言中，"政治是比赛"（POLITICS IS RACE）的概念隐喻随处可见。不仅仅存在于政治范畴，经济、军事范畴也是屡见不鲜。在韩国语中，常见的体育比赛隐喻模式有：선거운동원（选举运动员）、더블플레이（双杀）、마라톤협상（马拉松协商）、엘로카드를받다（得到黄牌）等。

(23) 송영무에게 엘로카드 꺼낸 청와대 (네이버뉴스, 2017.12.1)

青瓦台向宋永武亮出了黄牌。

(24) 경선 앞둔 광주시장후보들, 렐레이공약발표 (네이버뉴스, 2018.4.11)

竞选前夕，光州市长候选人们接力发表空头竞选宣言

(25) 민주당 인천시장경선 D-4 후보자 막판스퍼트 (네이버뉴스, 2018.4.11)

在仁川选举前的第四天，民主党候选人正在做最后冲刺。

(26) 문정부의 위험한 더블플레이 (네이버뉴스, 2018.4.12)

文在寅政府的危险双杀战术

(27) 반칙과 특권없는 공정 병역 스타트 (네이버뉴스, 2018.4.10)

开启没有犯规和特权的公正兵役

(28) 울산 시선관위, 문수구장서 "페어플레이데이"행사 (네이버뉴스, 2018.4.5)

蔚山市选举管理委员会在文殊球场内举行"公平竞赛日"活动

(29) 박원순 "공식등판"에 경쟁자들 일제히 <u>견제구</u> (네이버뉴스, 2018. 4.12)

朴元顺正式出场，竞争对手们一致投出牵制球

(30) 중국 자동차 관세인하 상당한 양보, 이제 <u>공은 미국으로 넘어갔다.</u> (네이버뉴스, 2018.4.10)

中国降低汽车关税，做出相当大的让步，现在球踢到美国一方了。

隐喻思维作为人类与世界沟通的主要思维方式之一，在人类生存于大自然之初就已经存在，有关体育运动隐喻甚至可能先于语言的产生。当体育运动发展成为竞赛模式时，在组织结构上就形成了一个概念体系。在这个体系内有运动队、教练、运动员、竞赛对手、比赛场地、比赛过程、比赛结果等元素。隐喻思维不是固定不动的，它会继续把已经形成的概念体系延伸，进而形成新的概念体系。在政论文章里，一个政治团队、政党、国家往往被称作팀或구단（球队），还会出现선거운동원（选举运动员）、전문투수（专门投手）、구원투수（救援投手）、룰을위반하다（犯规）、등판（上场）、더블플레이（双杀）、페어플레이（公平竞赛）、렐레이（拉力）、선거운동장（选举赛场）等等。这些本来属于体育比赛的概念被运用在政论文章中，俨然就是一套体育竞赛的概念体系。换言之，当人们用体育比赛体系去理解政治体系时，作为源域的体育比赛的概念特征就会被系统地映射到作为目标域的政治中，从而构成政治即体育比赛的概念隐喻。体育运动术语在政论文章中的隐喻化使用推进了政治隐喻向多元化发展，同时也要求必须准确理解政治游戏规则。

（五）政治是物体

与其他政治概念隐喻相比，"政治是物体"隐喻的源域范围要宽泛得多，因此其认知原因比较复杂，有时也比较间接。人们生活在世上，每天都会和许许多多的物体打交道，在认知新物体、新事物时就会基于熟悉物体的概念或概念结构来认识和理解，将抽象的概念比喻说成具体的物体，把后者的有关特征映射到前者上去。如人们把政治外交上的武力威胁政策称为"大棒政策"，把解决问题的方法喻为"열쇠/키（钥匙）"。此类隐喻能够用描绘物体的各种词汇，如物体的本身、性质、特征等去理解政治生活中的种种现象。

(31) 현실 정치 높은 벽에"남원정"사분오열 (네이버뉴스, 2018.4.12)

在现实政治的高墙下，"南（景弼）元（熙龙）郑（炳国）"三人帮都四分五裂。

(32) 민주당 "국정원개혁물꼬" vs 한국당"간첩수사포기" (네이버뉴스,

2017.11.17)

民主党称"国情院是改革的水闸" vs 韩国党称"将放弃搜查间谍"

(33) 권력의 해바라기 전념을 보여줬다고 비판했다. (네이버뉴스, 2017.12.7)

批评说"显示出其执意成为只唯权力的向日葵"。

(34) 더불어민주당은 헌법을 전면 부정하고 스스로 권력의 꼭두각시임을 인정했다며 (네이버뉴스, 2017.11.17)

团结民主党称这是全面否定宪法，并认定其自愿成为权力的傀儡。

(35) 유승민"남북대화가 북핵 평화적 해결의 열쇠 될 수 있다" (네이버뉴스, 2018.1.11)

刘承旼称南北对话可以成为和平解决朝鲜核问题的钥匙。

作为言语机制的隐喻，在两个域的映射过程中，对本体进行属性定义，或者说对喻体进行属性借用，不仅可以使词的语义得以延伸，而且可以使要说明的事物的特征被简单、形象、生动、最大限度地凸现出来。如在"민유숙 남편 문병호 '안철수, 가장 깨끗한 정치인'"这句话中虽然没有直接说出物体，但把本来是指物品整洁、无杂质的"깨끗하다（干净）"用于人身上或抽象的政治上，就特指人和政治的品质纯洁。同样的道理，人和政治也可是투명한정치인/정치（透明的政治人/政治）。政治与物体的整洁本属于毫无联系的两个认知域，即两个认知域间没有任何的物理相似性。但在特定的语境下，通过联想，某种联系会超越时空建立起来，我们可以从物体的整洁、无杂质等特征得出政治人物或政治廉洁、无污点、纯洁等品性。此类隐喻由于源域过于宽泛，因此其隐喻程度也有所差别。

三、韩国政治隐喻的特征分析

在第 2 部分笔者就韩国语政治隐喻中"战争隐喻"、"自然现象隐喻"、"戏剧隐喻"、"体育比赛"和"物体隐喻"等 5 种高频率的模式进行了举例分析，但实际上韩国语政治隐喻模式还有"人体隐喻"、"旅程隐喻"、"家庭隐喻"、"疾病隐喻"、"植物隐喻"、"动物隐喻"等等。无论是从设置的时间段，还是选取的范围，本文研究的政治隐喻类型覆盖范围还不够全面，统计数据也远未穷尽，但通过上面的实证分析，我们还是可以发现以下特征：一是政治隐喻具有固定性。通过实例考察，我们可以看到这些政治隐喻的源域都是人们较熟悉的事物，而且例句中的隐喻意义也都为人们熟知，没有什么更多的超出认知范畴之外的表达方法。即便时光变迁，政治圈内早已物是人非，政治生活出现各种新变化，但这些隐喻方式并没有多少变化，过去常用的隐喻如今仍旧可以使用，呈现出比较固定的形态。之所以大多数的政治隐喻都是公式化或习惯性的表达而不是独特的或给人印象深刻的言语（Howe，1988：89），因为标新立异的隐喻往往不容易被公众所理解和接受。（陈勇，刘肇云，2009：25）二是政治隐喻在不同语言中的表现具有一定共性。作为语言现象的隐喻同时也是一种认知规律，它是人类抽象思维的主要途径之一，是人类使世界秩序化的方式。认知语言学中的经验客观主义认为，人类对一些共识东西的认识模式和结构是基本一致的，具有一定的普遍性。人类感知客观世界，认识抽象世界时，都会运用"取之于身、取之于近"的方法，因为人的身体和时空是人类概念和语言的始源，也是想象力和创造力的根本来源。有学者就中韩政治语篇中的概念隐喻考察时，认为旅程隐喻、建筑隐喻、人隐喻、战争隐喻、家庭隐喻、容器隐喻是两种语言中共有的。（金万卷，潘璐霖，2018：79）笔者在语料的选取上略有不同，得出的政治隐喻的出现频率与两位作者的统计有些偏差，但在战争、自然现象、戏剧、体育比赛、物体等 5 种类型的政治隐喻还是一致的，说明韩国语中政治隐喻确实存有共性。此外，通过本文的韩国语例句的汉语译文可以发现，无论是使用频率高的，还是使用频率低的政治隐喻，大多数隐喻都可以直接对译出来，这也验证了人类在认识同一事物的过程中，能够看到两个事物之间的共同的相似性。如战争与政治斗争的联系、自然现象变化与政治变化的关系、戏剧与政治舞台的关系等等。说明韩中两种语言中的政治隐喻是基本相类似的，两国国民对相关政治现象的认知模式具有共性。三是政治隐喻在不同语言中呈现出独特的民族文化性。就语言和文化之间的关系而论，语言的绝大多数方面都包含在文化之内，民族语言必然会体现民族文化。虽然人类隐喻思维是普遍存在，也是一种共有的认知方式，但不同民族之间存在着语言本身、地理位置、文化背景、价值取向、宗教信仰等方面的差异，这些差异势必会影响人们认识世界的方式和结构，隐喻在从源域到目标域的映射过程中，反映的就是这些文化内涵，因此我们不能忽略隐喻的民族个性和特性。中韩之间的文化差异反射到政治隐喻中，就会形成各具民族文化特色的隐喻模式。在政治隐喻模式中，哪种隐喻模型用得多些，哪种用得少些，在韩中两种语言中是有不同的表现。许多学者认为中国政治语篇中较常使用的具有民族性的政治隐喻类型有植物及身体隐喻、围棋隐喻、圆圈隐喻。（刘禹辰，2011：5；朱晓敏，曾国秀，2013：84；金万卷，潘璐霖，2018：79）在韩国政治语篇中可以体现民族特性的政治隐喻类型有戏剧隐喻、疾病隐喻等。（金万卷，潘璐霖，

2018：79；김길동，2008：7；이엘레나，2006：33）在韩国语很少有圆圈隐喻，但中华民族结缘于圆，其历史之久远，可追溯至鸿蒙未开的神话时期。圆意味着和谐、统一、归一和整体。在社会中，只要有圆心、有半径、有环流动力，就能循环圆转。中国共产党是领导全国人民的"核心"，经济建设需要有"中心"，只有围绕核心、中心运转起来，国家系统才能正常运转起来，社会生活才能和谐。在韩国虽然也有类似的隐喻，但数量极少，也不典型。韩国政治语篇中的隐喻的民族性不是体现在类型上，而是表现在某一类型中的源域与汉语不同。比如体育比赛隐喻中，韩国语多使用棒球术语作为隐喻的源域。如전문투수（专门投手）、구원투수（救援投手）、더블플레이（双杀）、견제구（牵制球）等，这主要是因为棒球是最受韩国人喜爱的球类运动，因喜欢而熟悉棒球术语和规则，也就会自然而然把某些术语运用到别的领域中。但此类隐喻在汉语中是几乎看不到的。

四、结语

媒体中的政论文章是人们日常生活中不可缺少的一部分。无论是传统媒体，还是新媒体，国家、政党、政治人物和记者为了有效传达其政治主张，在政治文章中利用隐喻来解释复杂、抽象的政治现象的做法已经相当普遍。本文运用实证的方法，对来自于战争、自然现象、戏剧、体育比赛和物体等五个领域的政治隐喻进行了细致对比分析与研究，详细阐释韩国政论文章中的政治隐喻的工作机制，通过分析可以看到韩中政治隐喻既有人类思维认知事物时的普遍性特点，同时也可以看到两国不同民族文化价值特征的体现。

参考文献

[1] 陈勇，刘肇云. 隐喻政治与政治隐喻：论美国政治家的政治隐喻[J]. 外语教学，2009（1）：25—29.

[2] 金万卷，潘璐霖. 韩中政治语篇中的概念隐喻对比研究：以文在寅总统和习近平主席的演讲为例[J]. 安徽文学（下半月），2018（2）：79—80.

[3] 刘禹辰. 认知视阈下中国政治语篇的隐喻研究[D]. 吉林大学硕士学位论文，2011.

[4] 朱晓敏，曾国秀. 现代汉语政治文本的隐喻模式及其翻译策略：一项基于汉英政治文本平行语料库的研究[J]. 解放军外国语学院学报，2013（9）：82—86.

[5] 김길동. 정치 은유의 구조와 양상-정당대변인 논평을 중심으로[D]. 한국 교원대학교 석사 학위논문, 2008.

[6] 이엘레나. 한국어와 러시아어의 은유표현 비교연구-한국어와 러시아어의 정치은유표현[D]. 한국경희대학교석사학위논문, 2006.

韩国语形容词程度状语与动词组合的语义分析

信息工程大学　　张文江　　　南阳理工学院　　董洋

【摘　要】由于做程度状语的韩国语形容词与做谓语的动词具有相容性语义特征，因而前者可以对后者进行修饰，形容词具有的【+程度】语义特征和动词具有的【+状态】特征为二者的组合提供语义条件。"程度"带有模糊性与等级性等特点，对事物的量进行大致的量化与定位。形容词程度状语对动词的修饰，其语义本质是"程度"对"状态"的量进行的一种模糊描述。能够与形容词程度状语进行组合的动词范畴中，动词的【+状态】语义特征带有非均质性，同时动词与形容词程度状语的组合也存在自由度上的差别。

【关键词】韩国语；形容词程度状语与动词组合；语义分析

状语是现代韩国语的句子成分之一，其主要功能是对谓语进行修饰[①]。韩国语形容词的活用形态即"形容词+게"结构在句中可以做状语，学者们将其称为形容词状语。根据形容词状语与谓语的语义关系特点，可以将形容词状语分为方式、结果、程度三个语义类别[②]。其中，程度类形容词状语对谓语进行修饰时，表示某种程度，本文将其称为形容词程度状语。形容词程度状语是韩国语程度状语范畴中的重要成员。

传统的观点认为，韩国语中的程度状语主要修饰形容词，而不能修饰动词。尽管韩国语中也存在程度状语和动词进行句法组合的现象，许多学者也将其视为特殊现象，认为并非是程度状语对动词的修饰。但是随着语法研究的不断深入，学者们发现，韩国语中的某些程度状语是可以修饰动词的，김경훈（1996）、박소영（2003）、武斌红（2006）等曾对程度副词修饰动词的现象进行过研究。

作为韩国语程度状语范畴中的一员，形容词程度状语修饰形容词谓语是其主要功能，但在实际语言运用中，形容词程度状语也可以对动词谓语进行修饰。受传统观点的影响，目前对形容词程度状语与动词组合的研究尚存在很大

[①] 韩国语中的少数状语可以对句子进行修饰。

[②] 参见张文江. 韩国语形容词状语的语义分类[C]//东方语言文化论丛（第36卷）. 广州：世界图书出版广东有限公司，2017：13—30.

空白。本文以形容词状语修饰动词谓语这一现象作为研究对象，拟对二者的组合进行语义上的分析与探讨。

一、形容词程度状语与动词的句法语义组合

韩国语形容词程度状语主要对形容词谓语进行修饰，对形容词表示的性质或状态所达到的程度进行描述。但是，观察语言事实可以发现，形容词程度状语除了修饰形容词谓语之外，还可以修饰某些动词谓语，形容词程度状语可以与动词进行句法语义组合，二者构成句法上的"状语+中心语"结构（简称状中结构），在语义层面形容词对动词表示的动作行为或变化的程度进行描述。例如：

（1）물가가 <u>엄청나게 올랐다</u>. （김경훈, 1996）

（2）그는 자신이 이유없이 피해보는 것을 <u>끔찍하게 싫어했다</u>. （용례검색기[①]）

（3）정부는 이에 따라 통화 관리 등 수요 측면보다 농수축산물–임금 등 공급 측면의 물가 관리를 <u>크게 강화하기로</u> 하고 …. （용례검색기）

如画线部分所示，在例（1）中形容词程度状语"엄청나게（过分）"修饰动词"오르다（上涨）"，二者形成"엄청나게 오르다（过分上涨）"状中结构。在例（2）中形容词程度状语"끔찍하게（极其）"修饰动词"싫어하다（厌恶）"，二者形成"끔찍하게 싫어하다（极其厌恶）"状中结构。在例（3）中形容词程度状语"크게（大大）"修饰动词"강화하다（强化）"，二者形成"크게 강화하다（大大强化）"状中结构。从句法层面来看，上述形容词程度状语均对动词谓语进行实然的修饰，二者构成句法上的"状语+中心语"关系。从语义层面来看，上述形容词状语描述动词表示的动作行为或变化的程度。例（1）中"엄청나게（过分）"描述"오르다（上涨）"的程度，例（2）中"끔찍하게（极其）"描述"싫어하다（厌恶）"的程度，例（3）中"크게（大大）"描述"강화하다（强化）"的程度。由此可见，形容词程度状语可以很自然地对动词谓语进行修饰，二者构成合格的句法语义组合，形成句法语义同现关系。

---

① 该类例句选自高丽大学民族文化研究院建设的现代韩国语语料库 SJ-RIKS ext。SJ-RIKS ext 是当前权威的现代韩国语语料库之一。由于例句由该语料库提供的用例检索器"용례검색기"检索而出，为方便起见，本文将选自语料库 SJ-RIKS ext 的例句出处一律标记为"용례검색기"。

二、形容词程度状语与动词组合的语义条件

形容词程度状语虽然可以修饰动词，但并非可以修饰所有的动词，而是修饰部分动词，这也是学者们将其视为特殊现象的原因之一。我们认为，对于形容词程度状语与动词的组合，不应简单地将其视为特殊现象而置于一边不理，理应分析其深层的原因，形容词程度状语之所以能够修饰动词谓语，其中必定具备某些语义基础。

根据语义一致性原则，两个词语或语言单位能够组合成一个语言结构，它们必须具有相同的语义特征或相容性语义特征。相同的语义特征或相容性语义特征是两个语言单位能够进行组合的前提条件，决定了句法组合的可能性。观察形容词状语修饰动词表示程度这一现象可以发现，做程度状语的形容词和做谓语的动词具备相容性语义特征，二者的组合符合语义一致性原则。

在形容词程度状语与动词谓语的组合中，做程度状语的形容词（以下简称形容词）具有【+程度】语义特征，做谓语的动词（以下简称动词）具有【+状态】语义特征。按照语义搭配规则，【+程度】和【+状态】属于相容性语义特征。具体而言，"程度"是人们对客观世界"属性"的一种认知反映。"属性"在语义上体现为【+性质】或【+状态】等语义特征。韩国语中的动词基本不具备【+性质】语义特征，而部分动词可以具备【+状态】语义特征，【+状态】实际上隐含程度上的差异。形容词的【+程度】语义特征与动词的【+状态】语义特征存在着一种"因果性"的语义关系，손남익（1995）认为，状态与程度往往相伴，有状态便有程度，对状态的量的描述要靠程度来实现，即程度从抽象的量的角度对状态进行定位。为此【+程度】与【+状态】很自然地成为相容性语义特征，这就为表示"程度"的形容词与蕴含"状态义"的动词的组合提供了语义条件。

（一）形容词的【+程度】语义特征

做程度状语的形容词的语义中均具有【+程度】语义特征，可以表示程度。按照认知学原理，程度可以被视为一种范畴。程度范畴是一种普遍存在的认知范畴，同时又是语言表达中不可或缺的一个语义范畴。程度作为一个语义范畴，具有如下内涵与特点。

1.程度的内涵

从其内涵来看，程度范畴是量范畴的子范畴，程度与量有着密切的关系。量无处不在，无时不有。量范畴最初是一个哲学范畴，它是人类认识和解读世

界的一种方式，当它作为一种认知方式投射于语言时，便形成了语言学中的量范畴（赵军，2010）。量既可以用数值方式来标记，即数量；也可以用非数值方式来标记，即程度。数量与程度代表了两种不同的记量方式，数量范畴和程度范畴作为量范畴中的子范畴，体现了人们感知客观事物的两种不同方式，前者是用精确的数量来表示，后者是用模糊的程度来表示。

2.程度的特点

程度具有模糊性与等级性等特点①。首先，与数量表示精确的点概念相比，程度表示的是一种笼统的区间概念，程度范畴是人们对客观世界存在的量的一种模糊的表达方式。例如：

（4）a. 휘발유 가격이 180% 올랐다.

b. 휘발유 가격이 엄청나게 올랐다. （김경훈，1996）

例（4）中的两个句子分别用数量和程度来表达"휘발유 가격이 오르다（汽油价格上涨）"的状况。例（4）a 用"180%"这一数字来表示"上涨"的具体数值，"180%"表示一个相对精确的点概念。而例（4）b 则用程度状语"엄청나게（过分）"来表示"올랐다（上涨）"的程度，"엄청나게（过分）"表示的是一个区间概念，带有很大的模糊性。汽油价格到底上涨多少才是"过分"的程度，以及"过分上涨"和"非过分上涨"的界限是什么，"엄청나게（过分）"对此都无法表达清楚，这便是程度的模糊性。

除了模糊性之外，程度还具有等级性特点。程度范畴作为一种模糊表达方式，是通过一定的等级来区分事物的不同，为此程度范畴内部具有等级性，程度的等级性是指程度量的等级序列状况。概括来看，程度的等级有"程度之不足"、"程度之小"、"程度之大"等区分。

韩国语形容词做程度状语时，其程度的等级具有自己的特点。形容词程度状语主要修饰形容词性谓语，修饰动词谓语的形容词状语不占多数，并且并非所有的动词都可以接受形容词状语的修饰，为此形容词做程度状语修饰动词的概率，从统计学角度来看是比较低的，修饰动词谓词表示程度的形容词状语，其程度量的具体等级并非均匀地分布在程度量的各个等级之中②。

观察语言事实可以发现，韩国语形容词做程度状语时主要表示绝对程度，

---

① 程度除了模糊性与等级性之外，还具有抽象性、依附性等其他特点，由于后者与本文内容联系不大，在此不对程度的其他特点进行阐述。

② 韩国语程度范畴中表示绝对程度的程度等级可以分为过量、极量、高量、中量、低量五个等级，形容词程度状语的程度等级只涵盖其中部分等级。

几乎不表示相对程度。韩国语中表示相对程度的状语主要是由"가장（最）"、"훨씬（更加）"、"더（更）"等程度副词来充当。先行研究得知，形容词做程度状语时主要表示程度之大，其程度等级可以分为过量程度、极量程度、高量程度三个等级（过量程度为最高等级）。其中，表示过量程度的形容词主要是"엄청나다（过分）"；表示极量程度的形容词主要有"지독하다（极其）、끔찍하다（极不寻常、极其）、무섭다（可怕）、놀랍다（惊人）"等；表示高量程度的形容词主要有"심하다（厉害，非常，很），크다（大大）"等①。

（二）动词的【+状态】语义特征

某些动词之所以能够接受程度状语的修饰，是因为其具有【+状态】语义特征或者说具有"状态义"。动词表示动作行为或变化（以下简称动作），时间性是动词的典型特征。动词范畴中的典型成员即典型动词所表示的动作在时间轴上有一个随时间展开的内部过程，该过程由起点、续段和终点组成。人们把带有明显时间界限的动作视为一个事件，由此认为过程性是动词语义应有的语义成分。根据认知语言学中的范畴理论，词类内部具有非均质性，并非所有的动词表示的动作都完整地具备起点、续段和终点，有些非典型动词未必具有上述典型的过程性。具有不同过程结构的动词在句法和语义上有着不同的表现（이수련，2001）。有些动词在具有【+动作】语义的同时也蕴含【+状态】语义，也就是说"状态义"也蕴含在某些动词语义之内，不过其表现形式不同而已（武斌红，2006）。

另一方面，某些动词在动态的语言环境中，受语境等因素的影响，词义中原来的【+动作】语义弱化，【+状态】语义得以凸显或被临时激化，从而具有了【+状态】语义特征。比如，韩国语动词在实际语言运用中不能单独以词干的形态存在，韩国语动词必须与词尾相结合才能使用。当动词与时制词尾结合在一起时，除表示时态之外，某些动词内部还蕴含动作本身产生一定的变化而处于某种状态之义，此时动词语义中原来所具有的【+动作】语义特征被【+状态】语义特征所代替，在某一具体语境中，动词已不表示某一具体动作，而是表示一种已然的状态。

概括而言，部分韩国语动词在语义中静态或动态地蕴含有"状态义"，从而具备了接受程度状语修饰的语义条件。例如：

（5）a. 그는 자신이 이유없이 피해보는 것을 끔찍하게 <u>싫어했다</u>. （용

---

① 张文江. 韩国语形容词状语语义研究[M]. 广州：世界图书出版广东有限公司，2017：130.

레검색기)

　　b. 난 아침부터 저녁까지 물을 안 마셔서 목이 심하게 <u>말랐다.</u>（용례 검색기)

　　上述例句中画线部分为动词谓语，它们语义中均含有"状态义"，因而可以接受形容词程度状语的修饰。例（5）a 中"싫어하다（厌恶）"是心理动词，在句中表示主体"그（他）"所处的心理状态，"싫어하다（厌恶）"具有明显的"状态义"，因而可以与程度状语"끔찍하게（极其）"进行组合，构成"끔찍하게 싫어하다（极其厌恶）"这一状中结构。例（5）b 中"마르다（干）"是表示状态变化的动词，在句中"마르다（干）"后面添加过去时制词尾后，表示主体经历变化之后所处的新状态，此时"마르다（干）"的语义中含有较为明显的"状态义"，因而便可以与程度状语"심하게（非常）"组合成"심하게 말랐다（非常干）"这一状中结构。

　　动词具有"状态义"是其能够与形容词程度状语组合的必备条件，没有"状态义"的动词无法与形容词程度状语进行组合。例如：

　　（6）a. 그는 <u>끔찍하게 먹었다.</u>(×)

　　b. 철수는 <u>심하게 뛰었다.</u>(×)

　　例（6）中的动词"먹다（吃）"与"뛰다（跳）"在其语义中含有强烈的【+动作】语义特征，其"动作义"典型而又明显，语义中不具有"状态义"，它们与程度状语并列在一起会形成"끔찍하게 먹다（极其地吃）"、"심하게 뛰다（非常地跳）"等语义不通的临时拼凑，显然二者并不能进行句法语义组合，所以上述句子是不合乎语法的表达。

　　通过例（5）、例（6）正反两个方面的分析可以得知，某些动词之所以能够接受程度状语的修饰，与程度状语进行句法语义组合，其原因在于这些动词具有【+状态】语义特征，即其语义内部含有"状态义"。具有"状态义"是动词与程度状语组合的语义基础。

　　综上所述，由于【+程度】与【+状态】是相容性语义特征，为此具有【+程度】语义特征的形容词可以对具有【+状态】语义特征的动词进行修饰，形容词与动词带有的【+程度】、【+状态】语义特征是二者能够进行组合的语义条件。

三、动词"状态义"的强弱及其与形容词程度状语组合的自由度

形容词程度状语修饰动词谓语时，表示动作行为或变化进行的程度，其中的形容词从程度量的角度来描述动作行为或变化的特点。并非所有的动词都可以接受形容词状语的修饰，如前面的分析所见，在形容词状语表示程度是依然的前提下，只有语义内部蕴含"状态义"的动词方可接受程度状语的修饰。那么，具体有哪些动词可以接受形容词程度状语的修饰呢？

经过梳理发现，心理动词、部分表示状态变化的动词、部分表示数量变化的动词、部分表示自然现象的动词以及某些表示抽象动作的动词，由于它们的语义中【+动作】语义特征不太明显，其语义中静态或动态地蕴含有"状态义"，因而可以接受形容词程度状语的修饰。

能够接受形容词状语修饰的上述动词可以被视为一个范畴，在这个范畴中，成员们并非是均质的。换言之，在该范畴内部，动词的"状态义"存在强弱上的差别，同时动词与形容词状语的组合也存在自由度的差异。

我们分析发现，根据上述几种动词"状态义"的强弱及其与形容词程度状语组合的自由程度可以将其划分为三个类别，为论述方便，将其分别称为第一类动词、第二类动词和第三类动词。其中，第一类动词语义中的"状态义"很强，可以自由地与形容词程度状语进行组合；第二类动词语义中的"状态义"较强，可以有条件地与形容词程度状语进行较为自由的组合；第三类动词语义中的"状态义"较弱，只在动态语境中与少数的形容词程度状语进行组合。下面分别对三类动词"状态义"的强弱及其与形容词程度进行组合的情况进行具体阐述。

（一）第一类动词

第一类动词的【+状态】语义特征很强，在静态词义中蕴含很强的"状态义"，可以自由地与形容词程度状语进行组合。这类动词主要是表示心理活动的动词（简称心理动词）。心理动词表示人的主观感情、态度和心理状态。心理动词表示的意义与一般动词表示的具体的动作意义有所不同，是一种静态性质，其动作性和时间性很弱（张谊生，2004）。甚至有的心理动词与形容词具有某种相通的属性（吴立红，2006），为此心理动词在其静态的词汇义中具有明显的【+状态】语义特征，可以自由地接受程度状语的修饰。例如：

（7）a. ⋯ 아리영아빠하고 심수정은 아리영을 엄청나게 <u>미워해요</u>.

（용례검색기 ）

b. 그는 자신이 이유없이 피해보는 것을 끔찍하게 <u>싫어했다</u>. （용례검색기 ）

c. 그에 비해 여성들 가운데 머리카락이 유난히 적은 사람들은 그 수가 많지 않아 비정상으로 분류되는 듯하고 그래서 심하게 <u>고민한다</u>. （용례검색기 ）

例（7）中的心理动词"미워하다（憎恨）、싫어하다（厌恶）、고민하다（苦恼）"均具有很强的"状态义"，可以很自然地接受程度状语的修饰，此时做程度状语的形容词对心理动词表示的状态进行量化与定位。心理动词几乎可以和表示不同程度等级的各级程度状语进行自由组合，它们不仅可以与上述例句中表示过量程度的"엄청나게（过分）"、极量程度的"지독하게（极其）"和"끔찍하게（极不寻常）"、高量程度的"심하게（非常、很）"等形容词程度状语进行组合，还可以与表示其他程度量级的程度副词进行组合。例如：

（8）a. 집에서 주문해 물가도 안되고 주문하기전에 <u>꽤 고민했어요</u>. （용례검색기 ）

b. 난 그를 <u>좀 싫어해요</u>. （용례검색기 ）

在例（8）中，心理动词分别与表示中量程度的程度副词"꽤（相当）"、低量程度的程度副词"좀（有点）"进行自由的组合①。

综上分析可见，心理动词由于其语义中动作性和时间性很弱，具有明显的【+状态】语义特征，其静态的词汇义内部蕴含很强的"状态义"，因而可以几乎不加条件地与表示不同程度等级的形容词程度状语进行自由组合，甚至也可以与表示其他程度等级的程度副词进行自由组合。在与程度状语的组合上，心理动词表现出极大的自由度。

（二）第二类动词

第二类动词语义中的"状态义"较强，可以有条件地与形容词程度状语进行较为自由的组合。这样的动词主要是部分表示状态变化或数量变化的动词，这类动词在实际语用中，在某些条件的作用下，其语义内部蕴含的【+状态】语义特征得到凸显，从而可以与形容词程度状语进行较为自由的组合。例如：

（9）a. 그는 워낙 어릴때부터 음료수랑 과자를 많이 먹다보디 이빨이

---

① 韩国语绝对程度的等级序列分为五个等级，形容词程度状语主要表示其中的过量、极量、高量程度，中量和低量程度主要由程度副词来表示。例（6）中表示中量程度和低量程度的"꽤（相当）"和"좀（有点）"均为程度副词。

심하게 썩었다. （용례검색기）

　　b. 난 아침부터 저녁까지 물을 안 마셔서 목이 심하게 말랐다. （용례검색기）

　　c. 어쨌든 이공계로 진학하는 학생의 수는 엄청나게 늘어났다. （용례검색기）

　　d. 상업지구로 용도변경이 되고 나면 땅값이며 건물값이 또 엄청나게 오릅니다요. （용례검색기）

　　例（9）a 和例（9）b 中的动词"썩다（腐烂）"、"마르다（干）"是表示状态变化的动词，其词义中蕴含状态发生变化而出现新状态之意。当这些动词后面出现过去时制词尾"았(었/였)"时，就可以表示变化后的新状态，如"썩었다"表示"腐烂的状态"，"말랐다"表示"干的状态"，此时其语义中【+状态】语义特征得以凸显，动词便带有了明显的"状态义"，为此这些动词便可以接受程度状语的修饰。例（9）c 和例（9）d 中的动词"늘어나다（增加）"与"오르다（上涨）"表示人或事物的数量的增减变化情况，有变化就有变化的大小幅度，为此就有一个程度的问题。数量的变化也是程度在量范畴上的表现形式之一（박덕규，1998），程度的差别也体现于数量的差别（吕叔湘，1982），为此这些动词语义内部蕴含"状态义"，当这些动词后面添加过去时制词尾"았(었/였)"时，其【+状态】语义特征得到凸显，因而便具有了较强的"状态义"（武斌红，2006），为此便可以接受程度状语的修饰。

　　与第一类动词相比，第二类动词"状态义"的凸显需要借助后面添加过去时制词尾等外部条件，同时，第二类动词与程度状语组合时并不像第一类动词那样自由，而是主要与表示高量程度和过量程度等部分程度状语进行较为自由的组合。

（三）第三类动词

　　第三类动词语义中的"状态义"相对较弱，只在动态语境中与少数的形容词程度状语进行组合。这类动词主要是某些表示自然现象的动词和部分表示抽象动作的动词。某些表示自然现象的动词，表示较为抽象的自然现象变化，变化的过程不太容易被直接感知与测量，同时其词义内部隐含与旧现象向对比而出现的新变化，新的变化就意味着出现新的状态，因而这些动词在表示自然现象的同时也是在描述某一种状态，为此这些动词的词义中隐含有状态性。在动态的语言运用中，有时人们需要对自然变化所达到的量进行概括性的描述，以表示变化达到了何种程度，为此在编码者的语用驱动和语境的激化这一双重作用下，上述动词便临时具有了"状态义"，动词也随之可以接受程度状语的修饰。另一方面，部分表示某些抽象动作的动词，由于其表示的动作不太容易被直接感知，与表示具体动作的动词相比，该类动词的动作性相对较弱，词义内部隐含状态性。当人们对某一抽象动作的量进行描述时，难以用准确的方式来表达，而往往用笼统的方式来描述。在动态的语言运用中，编码者需要通过程度状语来大致量化、定位抽象动作的量。为此，同样是在语用驱动和语境的激化这一双重作用下，表示抽象动作的动词的状态性被临时凸显，该类动词就临时具有了"状态义"，因而便可以与程度状语进行组合。例如：

（10）a. 태풍이 가까이 와서 바람이 심하게 <u>분다</u>. （김경훈，1996）

b. 콩가루 같은 가루약을 십 전 주구 사서 발렀드니 병원 냄새가 지독하게 <u>나유</u>. （용례검색기）

c. … 위탁매매 수수료율을 완전 자유화함으로써 런던금융시장의 가격 경쟁력을 크게 <u>강화했다</u>. （용례검색기）

d. 하지만 그를 만나보신 부모님은 장애인에게 딸을 줄 수 없다며 심하게 <u>반대하셨다</u>. （용례검색기）

例（10）a 和例（10）b 中的动词"불다（刮）"与"나다（发出）"等是描述自然现象的动词，这类动词描述的事件为抽象事件，看不见摸不着，在语言运用中编码者无法在亲自测量的基础上进行语言描述，只能采取某种大概或模糊的表达方式。在语用驱动的作用下，加之受语境的影响，该类动词临时具有了"状态义"，可以与程度状语进行组合。例（10）c 和例（10）d 中的动词"강화하다（强化）"、"반대하다（反对）"表示抽象的动作，与表示具体动作的动词如"달리다（跑）"、"던지다（扔）"等相比，这类动词表示的动作不太容易被直接感知，其动作性较弱。当编码者根据需要对动作的量进行描述时，主要采用笼统的方式来表达。在语用驱动下，加之该类动词后面添加过去时制词尾等语境的影响，这些表示抽象动作的动词便临时具有了"状态义"，因而便可以与程度状语进行组合。

值得注意的是，与第一类和第二类动词相比，第三类动词与程度状语组合时受限较大，它们只能与少数表示程度之大的程度状语如"심하게（很）"、"크게（大大）"等进行组合。与此同时，前面的程度状语对后面的动词的"状态义"的获取也起到了一定的激化作用，与动词的组合具有固定性。换言之，第三类动词不能较为自由地与程度状语组合，只能与个别程度状语进行固定搭配。否则会出现句子不通顺的现象。例如：

（11）a. 크게 강화했다. (○)

b. 지독하게 강화했다.(×)

c. 심하게 강화했다.(×)

"강화하다（强化）"主要与表示高量程度的"크게（大大）"进行固定组合，例（11）a 是合格的句子。在例（11）b 中，当"강화하다（强化）"与表示极量程度的"지독하게（极其）"进行组合时，出现句子不通的现象，甚至在例（11）c 中当"강화하다（强化）"和与"크게（大大）"同为高量程度的"심하게（很）"组合时，句子也极为不通顺。由此可见，第三类动词与程度状语组合时并没有多大的自由度。

综合本节所述，能够与形容词程度状语进行组合的动词范畴内部，其【＋状态】语义特征或者"状态义"并非是均质的，而是存在强弱上的不同，同时动词与形容词程度状语的组合也存在自由度上的差别。其中，第一类动词即心理动词，由于在静态的词汇义内部蕴含很强的"状态义"，因而可以几乎不加条件地与表示不同程度等级的形容词程度状语进行自由组合；第二类动词即部分表示状态变化或数量变化的动词，由于其语义内部蕴含较强的"状态义"，在添加过去时制词尾等外部条件的影响下，其"状态义"得到凸显，为此可以较为自由地与部分形容词程度状语进行组合；第三类动词即某些表示自然现象的动词和部分表示抽象动作的动词，其语义内部隐含状态性，在语用驱动与语境激化的双重作用下，动态地临时具有"状态义"，可以与少数形容词程度状语进行有限的固定搭配。

四、结论

韩国语中形容词状语修饰动词谓语并非特殊现象，而是有理可循。形容词状语具有的【＋程度】语义特征和部分动词具有的【＋状态】语义特征属于相容性语义特征，是二者能够进行句法语义组合的深层原因，为二者的组合提供语义条件。

程度带有模糊性与等级性等特点，对事物的量进行大致地量化与定位。形容词状语对动词谓语的修饰，其语义本质是，程度对动作行为或变化进行到某一阶段时所处状态的量进行的一种模糊描述。

能够与形容词程度状语进行组合的动词范畴内部，其【＋状态】语义特征或者"状态义"并非是均质的，而是存在强弱上的不同，同时动词与形容词程度状语的组合也存在自由度上的差别。其中，心理动词由于在其静态的词汇义内部蕴含很强的"状态义"，因而可以几乎不加条件地与表示不同程度等级的形容词程度状语进行自由组合；部分表示状态变化或数量变化的动词，由于其语义内部蕴含较强的"状态义"，在添加过去时制词尾等外部条件的影响下，可以较为自由地与部分形容词程度状语进行组合；某些表示自然现象的动词和部分表示抽象动作的动词，其语义内部隐含状态性，在语用驱动与语境激化的双重作用下，动态地临时具有"状态义"，可以与少数形容词程度状语进行有限的组合。

参考文献

[1] 蔡丽.关于程度范畴的若干思考[J].暨南学报（哲社版），2010（2）.

[2] 吕叔湘.中国文法要略[M].北京：商务印书馆，1982.

[3] 邵敬敏.论汉语语法的语义双向选择性原则[C]//中国语言学报（八）.北京：商务印书馆，1997.

[4] 吴立红.现代汉语程度副词组合研究[D].暨南大学博士学位论文，2006.

[5] 武斌红.韩国语程度副词与动词句法组合的语义分析[C]//东方语言文化论丛（第26卷）.北京：军事谊文出版社，2006.

[6] 张文江.韩国语形容词状语语义研究[M].广州：世界图书出版广东有限公司，2017.

[7] 张谊生.现代汉语副词探索[M].上海：学林出版社，2004.

[8] 赵军.现代汉语程度量及其表达形式研究[D].华东师范大学博士学位论文，2010.

[9] 김경훈. 현대국어 부사어 연구[D]. 서울대학교 박사학위논문, 1996.

[10] 박덕규. 국어의 동사상의 연구[M]. 서울: 한국문화사, 1998.

[11] 박소영. 한국어 동사구 수식 부사와 사건구조[D]. 서울대학교 박사학위논문, 2003.

[12] 손남익. 국어 부사 연구[M]. 서울: 박이정, 1995.

[13] 이수련. 한국어와 인지[M]. 서울: 박이정, 2001.

汉韩零声母历史演进中的变异

信息工程大学　　赵天翔

【摘　要】 汉语和韩国语虽不为同语系下的亲属语言，却因为古代朝鲜半岛诸政权历史上长期、频繁、深入的文化交流，积极融入汉字文化圈的举措使中国文化和语言文字在其民族发展历程中层层积淀而成为朝鲜民族文化的重要载体，在语音和词汇方面更是因其大量的具有韩国语发音特征的"汉字词"吸引了大量中外特别是中日韩学者的关注。本文以现代汉语中存在的"零声母"为切入点，结合词汇扩散和音系学等理论基底，历时地考察汉语和韩国语（汉字音）零声母及演化为零声母的部分声母发音嬗变，厘清汉韩零声母的发展脉络和音值分布，以期对作为外国语言的韩国语教学提供历史脉络和实践案例。

【关键词】 零声母；韩汉音；中古汉语；音变；扩散

关于何谓"零声母"，各家各派从传统音韵学声、韵、调以及现代音位学等多个角度做出了解释。赵元任先生曾说，传统的中国音韵学认为声母作为音节的开头，一般是一个辅音，少数音节开头没有辅音，我们说它们的声母是零（或零声母，用 Ø 表示）。李兆同（1985：25）根据当时《现代汉语词典》统计其音节总数为 1327 个，其中辅音声母开头的有 1193 个，不用辅音声母开头的音节有 134 个，约占总数的 10%。汉语拼音方案中规定辅音声母 21 个，由此可见零声母作为一类特殊的"声母"在声母体系中是占有可观的比例的。在韩国语中大量的汉字音保留着部分中古汉语各层次的发音特点，也根据韩国语的音系特征发生了具有特色的改变。由于韩国当局语言规范机关在拼写规范中遵循头音原则[①]，汉字词词头为 Ø- 的现象更为普遍。因此，泛时性地考察汉语音和韩国语汉字音合流与分化在汉语音韵和韩汉音教学等诸多方面存在巨大需求。

而有关现代汉语普通话中零声母的本质，即如何认定零声母的地位，有不承认零声母是声母、承认零声母是一种"虚位"声母、回避等不同的观点。考虑到现代普通话零声母类在古代汉语中呈现着较为多样的分布形式，在无论是

---

①　即按照阿尔泰语系不允许流音及后接高元音的鼻音出现在词头位置的音系规则。韩国语汉字词头音为[l]、[r]、[n]的须脱落或腭化，在非词头位置仍发原音。

古代还是现代韩国语中都表现出不同的形式，本文将现代零声母类字所体现的音节开头无辅音声母的现象统称为"零声母现象"。

朝鲜半岛自古与中原文明交流密切、礼仪文物、典章学问无不受到中华文化的浸润。当前的中韩两国作为东北亚地区的重要行为体，在经贸、安全、文化等多领域开展着不同层次的合作与竞争，韩国语学习者（包括学历教育和社会教育）数量也在逐年增加、热度不减，深入了解汉韩语音差异及成因能够方便汉语为母语的韩国语学习者掌握发音规律和特征、激发研究语言文化兴趣，以加深对中韩文化发展和交流史的理解。

一、现代汉语零声母字在古代的分布与演变

自古就存在不以辅音声母开头的零声母现象。王力先生在《汉语语音史》中指出，先秦音系声母中的影母是零声母，记作喉塞音[ʔ]，包括了半元音[j]、[w]、[o]等变体；南北朝至五代，喻母逐渐变为零声母，记作半元音[j]、[w]；宋代喉塞音消失，影母并入喻母，记作半元音[j]、[w]；元代以后，零声母字大量增加，除影、喻二母外，疑母大部分也变为零声母，记作[j]、[w]，微母变为唇齿浊擦音，接近零声母，记作[v]；明清以后，部分日母字"儿、而、耳、尔、二、贰"等也转入影母。古汉语零声母字的数量随时代发展不断增加，反映了汉语声母是朝着归并简化的方向发展的。即现代的零声母字主要来源于古代汉语中的影母、喻母、疑母以及从明母中分化出的微母字之中。

众所周知，《广韵》中记录的上述声母尚未发生合并和消减，除影母外，疑、以（喻四）、明（微）都有能够区别意义的具体音值。而公元 1241 年南宋理宗淳祐元年编纂的《皇极经世解起数诀》中《韵谱》部分已经记录了影、喻、为相混的现象。（竺家宁，2005：3）

成书于 1324 年的《中原音韵》中，大部分疑母字都失去了原来位于音节开头的舌根鼻音[ŋ]变为零声母，只有少数例如"虐"、"疟"演化成[n]，其他都已变为零声母。

明代编纂的《洪武正韵》（1375）是一部古今南北杂糅的韵书。（王力，1996）《正韵》中大量出现的"影喻互用"现象，可以证明影母所带有的喉塞音脱落，因而才与发音相近的喻母合并。《正韵》是在重新建立汉人政权、宣示中华正朔的明朝开国之初组织编纂的，对比《中原音韵》来看有较为显著的"拟古"色彩。书中仍将疑母作为独立的一类声母，但已"为数无多"（竺家宁，2005），大部分已归并到了以类。以类主要包括中古为、喻母的全部以及

疑母的大部分。当时不论哪一种方言，疑母字逐渐减少是不容否认的事实。（应裕康，1970）而此时轻唇音的微母仍是独立的。

1442年成书的《韵略易通》以"早梅诗"来代表当时官话的声母系统。这首诗为：

> 东风破早梅，向暖一枝开
>
> 冰雪无人见，春从天上来

这里就已经完全没有了疑母的痕迹，韵书中也将疑母字归并到包括喻母、影母、疑母的"一母"之中，一律变为零声母。而此时微母（即《易通》中的"无母"）尚与零声母有明显界线，并且与零声母开头的合口音节形成对立，故无母应读微唇齿浊擦音[v]。

万历年间编纂的《切韵枢纽》（1582）之中微母合并入喻母内。1587年的《书文音义便考私编》中影、喻完全合流。

> 永 莹　中古于类　切韵枢纽中归影母
>
> 恶 要　中古影母　切韵枢纽中归影母

吕坤编《交泰韵》（1603）中影、疑、云（喻三）、以（喻四）母已经合并成一个零声母，（赵恩挺，1998）如：

> 影喻合流　　一东　雍（影）勇（喻）
>
> 影为合流　　六先　渊（影）远（为）
>
> 影疑合流　　三文　温（影）稳（影）
>
> 喻为合流　　三文　运（为）幸（喻）
>
> 喻疑合流　　六先　延（喻）曳（疑）
>
> 影喻疑合流　二真　淫（喻）饮（影）逆（疑）

由此可观察到影、喻、疑三母相混已逐渐走向普遍化。而成书于两年之后的《韵表》疑母已完全混入喻母。

李新魁（1983）将《韵法直图》（1612）归为体现明清读书音的等韵图一类，其中疑母来自《洪武正韵》"五母"的部分，就是中古的疑母。而来自《洪武正韵》以母的部分，等于中古的疑、喻（包括喻三，即于类）二母。尽管疑、喻合流的数目不多，但在《韵法直图》中已开始合流，可以以此推测疑母已经逐渐向零声母方向发展。声母体系中疑母、影母、喻母、微母仍分别开列。将《直图》收录《字汇》的梅膺祚在序中指出，"读须读汉音，若任乡语，便致差错。若首差一音，后皆因之而差，不可忽也"。"早梅诗"时代体现出的浊音大规模清化现象在直图中仅出现崇、船合并，其余9个全浊声母均独立表示。具有一定的保守性，体现了它力图反映官方通用语、读书音的编制追求。

直图中将唇齿合音安排在第 27—30 位，以对应三十六字母中的"非敷奉微"。京韵第 29、30 位皆为影母，而坚韵分别是影母和以母。假设这四位底层确实按照"非敷奉微"排列，27、28 位已经清楚地体现出非敷相混的现象，29和 30 两位也应该有密切的关系。京、坚二韵的 29 位是影母字，它们的音值应该与影母相近。而 29 位在江、规等 8 韵中又主要是用小字标记的微母字，一定程度上体现了微母已趋于零声母化。

《韵法横图》（1614）方面疑喻二母并未合并为零声母，疑喻二母的界限是相当分明。但和《洪武正韵》的对应中，于疑母部位可见大量疑喻合并现象。其差异基于几个原因：一是反映疑母由舌根鼻音转为零声母的阶段；此项音变初露端倪，正在进行中。部分字已变，另一部分字尚未发生变化。可以说这是方言地理学派"每个词都有它自己的历史"观点的印证，也是可视为是词汇扩散现象的生动阐释。

收录在《通雅》中的《切韵声原》最终成书于 1650 年，其中疑母、微母保持独立。疑母所收字主要来源于影、喻、疑。疑母已变为零声母。"张洪阳定二十字，李如真存影母，扩二十一字"，但"中土用二十字足矣"，声母分立的情况与"早梅诗"保持一致。轻唇音序列的非、敷、奉三母已合并为"夫"，微母下仅收 18 字，"微字之用最少，唯万物无文问味等字中原人多读深喉影母"，"晚"字与疑母字相混可见作为浊擦音的微母已逐渐向半元音[w]、元音[u]方向转化。

康熙敕撰《音韵阐微》，编纂工作始于康熙五十四年（公元 1715 年），成书于雍正四年（1726），其中收录的疑、影、喻三母北音皆读零声母，南音则各不相同。

自称长白县人的都四德编著的《黄钟通韵》（1744）中，齿音下日母字，如"日"、"肉"等皆读为零声母字，由此得知辽宁一代方音中日母此时已发生脱落。朝鲜王朝时编纂的对译材料也印证了这一点，同时现代汉韩音中日母字也读作零声母。

现代汉语中存在的零声母自先秦时代就以音位变体的形式存在，中古时期缓慢发展，到元明时期逐渐固定下来，其中各类声母进入零声母的时间互有参差，喻三早在唐代开始变为零声母，喻四在宋以后普遍进入零声母之中，疑母的音变大多发生在明以后，微母则是明代后期其浊声性质逐渐淡化从而转为零声母。

二、韩汉音零声母字的保留和新增

本文所考察的韩汉音零声母是指韩国语汉字词发音中头音为ㅇ(이응)即 Ø 的语音现象，其嬗变过程主要参考朝鲜古代吏读材料、朝鲜韵书以及针对上述资料的相关研究成果，包括李得春、金基石、权仁瀚、申佑先、尉迟治平、蔡瑛纯、宋兆祥等在内的中韩学者先行研究成果。

宋兆祥（2008：72）根据日本在朝鲜半岛的殖民统治机构——朝鲜总督府下设的中枢院搜集朝鲜吏读、乡歌等古代语言材料编纂而成的《吏读集成》，对吏读的历时分布进行了统计研究。据宋兆祥（2008）总结，中古吏读音无疑母对应字，疑母[ŋ]系类推所得，亦无晓母字。影母为喉塞音，中古云母作零声母（从匣母中分化出来，与以母合流进入喻母）。疑母吏读音作零声母，其音值应为舌根鼻音[ŋ]，但受到朝鲜语中舌根鼻音不能出现在词头的限制，因此变成零声母 Ø。从上古到中古，吏读读音中的影母由小舌音[*q]变为喉塞音[ʔ]。

	制字之始	不送气音	送气音
牙	(ㅇ[ŋ])	ㄱ[k]	ㅋ[kʰ]
舌	ㄴ[n]	ㄷ[t]	ㅌ[tʰ]
唇	ㅁ[m]	ㅂ[p]	ㅍ[pʰ]
齿	ㅅ[s]	ㅈ[ts]	ㅊ[tsʰ]
喉	ㅇ(Ø)	ㆆ[ʔ]	ㅎ[h]

汉语的影、喻、疑、微母字的发音位置分别是喉、牙和唇，韩汉音中也按照此分布进行对应。按照《训民正音》的原理和《东国正韵》的表音方法，可以确认影母ㆆ、喻母ㅇ、疑母ㆁ、微母ㅱ的对音关系。韩国语音系底层并没有影母[ʔ]，ㆆ的创制完全是为了拼读汉语语音需要，最终也避免不了简化、同化最后消失的命运。《训民正音》合字解部分指出，"ㆆ与ㅇ相似，于谚可以通用也"，由此可知在 15 世纪中叶前韩汉音影母字和喻母字或已丧失差别，且除东国正韵式注音外只使用ㅇ而不用ㆆ。但在标记汉语辅音韵尾[t]时采用"以影补来"的方式补偿促声效果，也体现了其带有喉部紧缩的语音特色遗留。

"唯牙之ㆁ，虽舌根闭喉，声气出鼻，而其声与ㅇ相似，故韵书疑与喻多相混用，今亦取象于喉，而不为牙音制字之始"，在创制《训民正音》时因"其声最不厉"，而选用ㄴ[n]、ㅁ[m]、ㅅ[s]、ㅇ(Ø)作为"制字之始"（除擦音ㅅ[s]外均为响音，带有[+son]的特征；"最不厉"则对应舌、唇、齿、喉音中最弱最初始的发音，通过增加笔画的方式创生其他字母），空缺了牙音的初始位置，以喉音ㅇ为基础创制出属于牙音ㆁ。这一现象也与元以来口语音的影、喻、疑相混的语言实际相匹配，再次印证它们听感上的差异逐渐消失。

申祐先（2015：295）对疑母字读音在韩汉音中的发展也提出了有意义的假设。他以疑母字"鱼"和鱼类词汇为例，将붕어（鮒鱼）、잉어（鲤鱼）首字的鼻音韵尾解释成第二音节的疑母前移到上一音节做韵尾的现象。

《切韵》时代重唇、轻唇尚未分化，到晚唐时合口三等字变为唇齿擦音（即轻唇），其余仍读双唇音（即重唇）形成帮滂并明、非敷奉微的对立。而韩国语中没有轻重唇的对立。正如《训民正音》序中所述，"国之语音，异乎中国"，编制朝鲜民族文字的学者们注意到两国口语的这一差异，创造了初声[①]的"连书"规则，将喉音ㅇ写在重唇音下作为轻唇音，即创造"ㅸ、ㆄ、ㅹ、ㅱ"四个字母来对应"非、敷、奉、微"四个声母。李得春（1979：80）已阐明"微母"放置在流、效二摄字的韵尾位置时并不同于其他辅音韵尾，在《训民正音》中代表着韵腹，而在注音教科书中则代表韵腹后的元音韵尾。金基石（2000：34）则凭借ㅱ既可以出现在词首辅音位置，又可出现在韵尾位置，推测ㅱ具有一定的元音性，并指出从《洪武正韵译训》（1455）到《四声通解》（1517）是韩汉音中微母逐渐演变为零声母的过渡期。

朝鲜对音文献虽体现微母元音化、零声母化的趋势，但随着"连书"系列字母的弃用，"连书"系列字母中除"ㅸ"曾经用于谓词的不规则活用，其他都只用于标记汉字音，在实际语言应用过程中不免走向衰弱。相应的汉字音也向韩国语异于汉语的发音习惯妥协，保留下全部发作重唇的明、微二母，形成韩汉音具有自身特色的音系分布。即：

微母再重唇化　[LABIALDENTAL]→[BILABIAL]/(##)_VC_0

因此，中古汉语自上古重唇帮、滂、并、明四母分化出轻唇的非、敷、奉、微四母，在韩国语汉字音又重新回到双唇音的序列内。如：

汉字	现代汉语发音	现代韩国语发音
法（非）	/fa/	/pʌp/
峰（敷）	/fəŋ/	/poŋ/
釜（奉）	/fu/	/pu/

---

① 依照《训民正音》体例，朝鲜语音节被划分为"初声"、"中声"和"终声"三部分，"初中终三声合而成字"。在标记汉字音时对应声母（包括零声母）、韵头韵腹和韵尾。

汉字	现代汉语发音	现代韩国语发音
万（微）	/wan/	/man/

由上文我们可以得知，在元代《中原音韵》时代，口语中已经出现大面积的零声母化倾向，自然存在疑母字直接以零声母化后的读音形式进入韩汉音音系的可能。系统性的差异主要体现在来、日二母的读音上。根据李准焕（2007：22）的统计，反映中世纪韩国语汉字对音的文献中，以/ㄹ/对应来母占绝对优势，以/ㅿ/对应日母占绝对优势。

语音随时代发展发生众多变化，所谓"正音"和"俗音"的关系也不是一成不变的。自《四声通考》编纂以来，正音已不等同于传统韵书中的洪武正韵式的记音而是体现出当代语音变化前的现实音体系，俗音则跟踪着变化之后的现实音体系。根据词汇扩散理论的阐释，音变最初是以突变形式触发，而音变结果渐变扩散到整个词汇体系中，因而正俗音关系发生俗音滚动成为新的正音，新的俗音随着扩散再次替代从俗音演变而来的正音的交替更新过程。《变异》中除表现大量见系字分化现象之外还明显地体现出日母字的零声母化。（李得春，2000）18 世纪刊行的《朴通事新释谚解》中便体现出零声母化的倾向，收录日母字 28 个，变为零声母字的达 6 个，例如"肉"、"然"字等。1779 年成书的《汉清文鉴》以清廷编纂的《御制增订清文鉴》（1771）为蓝本，收录的 50 个日母字已有 6 个变为零声母。《重刊老乞大谚解》（1795）收录的 20 个日母字中 8 个日母脱落变为零声母。到了百年之后的《变异》中除"芮"字俗音变为来母外其余均变为零声母。

明清两代，朝鲜使臣来华朝贡路线主要集中经过辽宁、河北、山东和江苏四省，自然受到东北官话、北方官话、胶辽官话、中原官话、江淮官话等不同方言的影响。而部分朝鲜译音展现出了异于以北京音为代表的北方官话的特点，其中一项便是日母的零声母化。综合蔡瑛纯（1999：88）的对朝鲜使臣来华路线和方言差异的分析，我们可以推测，分布在辽宁省的东北官话长锦小片、通溪小片以及胶辽官话大部与朝鲜地理上接近，且为海陆朝贡必经之地，朝鲜汉音译写中出现零声母的不规则分布可能受此方言区特色的影响。加之阿尔泰语系流音不能出现在词头位置的固有音系限制、/ㅿ/这一半齿音在 17 世纪全面消失，更加速了类似流音的卷舌日母（汉语传统归类为半齿音，对应现代语音学的边音）在韩国语汉字音中的整体性脱落。

而来母的标记则较为稳定，至 19 世纪仍有大量来母字以/ㄹ/进行转写，少数已经脱落变为零声母（李准焕，2007）。1921 年 3 月日本总督府下设的学务局制定的《普通学校用谚文缀字法大要》第四条规定"汉字头音是/ㄹ/时，不论实际发音如何，通常按/ㄹ/标记"[①]，而 1933 年由朝鲜语学会制定的韩文表记法统一案中则对/ㄹ/头音采取舍弃的态度， 韩国建国后历次修订的表记法也都坚持了这一原则。由此，来母在词头位置消失，原来的来母字变为零声母字。

不考虑词库的影响（如在合成词中分布位置和约定俗成的特殊发音等）相关规则书写如下：

$$日母整体脱落\ \eta(z)\rightarrow\emptyset/(\#\#)\_VC_0$$
$$泥、来母脱落\ n,l\rightarrow\emptyset/\#\#\_V[+high][+front]C_0$$
$$来母鼻化\ l\rightarrow n/\#\#\_V[-high][-front]C_0$$

反映中原王朝发音自然是韩汉音变化的指针，但由于流入途径繁多、字形谐声复杂、文化水平差异明显、方言因素影响大等，韩汉音出现许多例外发音，其中最常见的原因就是类推。类推是指某字受到字形相近或含义相近的另一字影响而改变原有音读的现象，也包含某字习惯被用作另一字的异体形式而增生异读的情况。

三、总结：现代汉语普通话和韩汉音中零声母的分布

来源于唐守温和尚三十六字母中的影、喻、疑、微四母区别意义消失，逐渐合成一类零声母，相对中古汉语声母序列所占比例较大，成为现代汉语中不可忽视的一大特点。它们的变化过程被记录在各类韵书（图）中，展现出一幅生动的词汇扩散动态图景，反映出汉语语音不断归并、简化的历史趋势。而作为现代汉语的"邻居"，韩国语中的汉字音即"韩汉音"中对应字的音变规律既有相同也有差异。

现代汉语中零声母字的主体是原来影、喻、疑、微母字，现代韩汉音中影喻疑三母与现代汉语类似，但微母、来日泥娘系列字有着与汉语不同的变化。为了表现出中古汉语自晚唐以后分化出的轻唇音，《训民正音》中曾有"连书"的设计，但毕竟韩国语底层音系中不存在轻重唇的对立，这种生疏的发音随着民族文字和文学的发展逐渐为韩国语母语者所弃，因此曾体现出的零声母倾向也随之消失。日母则受到辽东方言的影响独自率先完成了零声母化。

正因为韩国语固有音系发生的上述变化，在韩文创制之初存在大量位于词首位置的[n]，包括固有词在内（如녀름 [niʌɾɯm]）在口语中时常受到后接高元

---

① 原文为"漢字語의 頭音의 ㄹ인 것은 發音의 如何를 不拘하고 恒常 ㄹ로 書함"。

音[i]的影响腭化甚至脱落，对应到韩汉音里的泥娘母字也处于一种混乱的标记状态中，在发音上逐渐倾向脱落变为零声母。来母也存在着标记上的混乱，《法华经谚解》《训民正音解例本》《训蒙字会》等文献中均出现未脱落的标记形态，这种较为混乱的标记形态一直持续到近代，标记法的原则也有所反复。在韩国建国后制定的《韩文表记法》中明确规定坚持"头音原则"，造成了大量泥娘来母字出现在词头时零声母化的现象，导致同一汉字不同位置标记形态存在差异的羡余（redundancy）现象，[①] 同时也为韩国语学习者带来一定程度的不便。

汉语普通话和韩汉音零声母的相同来源和特殊分布如下表：

	共同来源	特殊分布
汉语普通话	影、喻、疑	微（重唇音轻唇化后弱化为零声母）
韩汉音		头音原则

综上所述，中古汉语声母中的影、喻、疑在中原主流官话音系中逐渐融汇成一个统一的零声母群，韩国语汉字音受中韩文化交流和固有音系的双重影响接受了这一合流趋势，但同样是固有音系的影响使得底层不存在唇齿音的韩国语无法习惯重唇分化出轻唇的变化，更不会衍生进一步弱化为零声母的现象。日母受朝贡路线和人文交流影响先行整体脱落成零声母，而近代以来特别是韩国建国以来对表记法规定的修改，强化了口语发音主导的"头音原则"，大部分泥、娘、来母字受此原则影响拥有两个正确标记形态，有损音韵体系的经济型和系统性，也为外语学习者造成一定混乱和困惑。

韩汉音作为一种域外语言的汉字音系，在历史上受到不同时期汉语语音的影响，并在韩国语底层音系的影响下发生了异于中国官话系统的音变。不论学习韩国语的中国学习者来自赣方言区、湘方言区、吴方言区、闽方言区，还是粤方言区抑或是广义的北方方言区，总能在韩国语汉字词习得过程中感受到与家乡方言的相近的发音或语感，如何巧妙地利用明了的生成音系学和汉语音韵学基础知识加以引导，将对科学认识韩汉音体系和汉语与韩国语关系提供有益帮助，进一步深化学习者对韩国语语音及音系特征和中韩文化交流史的理解也将成为一项重要课题。

---

① 有关"头音原则"详见《韩文拼写法》2017 年版第 5 节"头音法则"的第 10、11、12 项，包括 10 条补充规则和 3 类例外情况。如"旅"字，在词头位置标记为"여"，发音为/jʌ/，非词头位置则标记为"려"，发音为/rjʌ/。

参考文献

[1] 安炳浩. 韩语发展史[M]. 北京：北京大学出版社，2009.

[2] [韩]蔡瑛纯. 试论朝鲜朝的对译汉音与中国官话方言之关系[J]. 语言研究，1999（1）：83—101.

[3] 丁文艳.《韵法直图》音系研究[D]. 苏州大学硕士学位论文，2009.

[4] 胡先泽. 影母考[J]. 社会科学研究，1983（2）：322—323.

[5] [韩]姜信沆. 汉韩音韵史研究[M]. 首尔：太学社，2003.

[6] 金基石. 朝鲜对音文献中的微母字[J]. 语言研究，2000（2）：30—38.

[7] 李得春."ㅁ"终声考[J]. 延边大学学报，1979（2）：77—84.

[8] 李得春. 老乞大朴通事谚解朝鲜文注音[J]. 延边大学学报（社会科学版），1992（1）：85—93.

[9] 李兆同. 关于普通话零声母的分析问题[J]. 语文研究，1985（1）：25—29.

[10] [韩]李准焕. 近代国语汉字音的体系与变化[D]. 成均馆大学硕士学位论文，2007.

[11] 卢红红.《韵法横图》音系研究[D]. 苏州大学硕士学位论文，2009.

[12] 卢慧静. 语言接触与语言层次研究[D]. 北京大学博士学位论文，2013.

[13] 潘悟云. 喉音考[J]. 民族语文，1997（5）：5—24.

[14] [韩]申佑先. 韩国汉字音历史层次考察[D]. 台湾大学博士学位论文，2015.

[15] 宋兆祥. 中上古汉朝语研究[D]. 华中科技大学博士学位论文，2008.

[16] 汤幼梅. 现代汉语"零声母"的本质特性及理论定位[J]. 华南师范大学学报（社会科学版），2003（2）：142—144.

[17] 唐作藩. 音韵学教程[M]. 北京：北京大学出版社，2002.

[18] 王力. 汉语音韵[M]. 济南：山东教育出版社，1986.

[19] 王力. 汉语语音史[M]. 北京：商务印书馆，1985.

[20] 王力. 古代汉语（第二册）[M]. 北京：中华书局，2013.

[21] 尉迟治平. 老乞大、朴通事谚解汉字音的语音基础[J]. 语言研究，1990（1）：11—24.

[22] 徐通锵. 历史语言学[M]. 北京：商务印书馆，1991.

[23] [韩]尹佑晋. 韩国釜山华侨的荣成方言与中国荣成本土方言的语音比较研究[D]. 山东大学博士学位论文，2007.

[24] 赵恩挺. 吕坤《交泰韵》研究[D]. 台湾师范大学博士学位论文，1998.

[25] 张小英.《切韵声原》研究[D]. 山东师范大学硕士学位论文. 2002.

[26] [韩]郑荣芝.《韵法横图》与《韵法直图》研究[D]. 中山大学博士学位论文，1999.

[27] 朱英月. 韩国语汉字音声母与普通话声母的比较[J]. 汉语学习，2000（2）：29—32.

[28] 竺家宁. 12 世纪至 19 世纪汉语声母的演化规律与方向：论零声母的扩大与演化[J]. 励耘学刊（语言卷）2005（2）：1—23.

从关联理论看韩国情景喜剧词汇幽默生成机制

信息工程大学　赵雁羽

【摘　要】情景喜剧是通过语言技巧制造幽默语料的特殊喜剧形式，词语作为语言中可以独立运用的单位，在情景喜剧制造幽默笑点方面发挥着至关重要的作用。统计结果显示，韩国情景喜剧《搞笑一家人》中的词汇幽默机制可以分为 5 大类 17 小类，其中利用韩语较强的构词能力和丰富的语音变化而制造的幽默数量居多。解释词汇幽默的理论众多，本文认为，从关联理论的角度能够对韩国情景喜剧的词汇幽默生成机制做出统一有效的解释，可以发现词汇不同层面的变异特征在情景喜剧"最大关联→无关联（不和谐）→最佳关联"的幽默生成过程中得到了充分的利用。

【关键词】情景喜剧；词汇幽默；生成机制；关联理论

一、问题的提出

幽默是一种具有诉诸理智"可笑性"的精神现象，即这种可笑是思考的产物[1]。幽默可分为情景幽默和言语幽默（波切普佐夫，1981）。其中言语幽默是指与特定语境中的字面意义或语用意义紧密相连的幽默形式，又可分为语言幽默和文化幽默[2]，本文着重分析语言幽默。

人类对幽默的研究可追溯到古希腊时期[3]。此后两千多年间学者们的研究成果基本都可归为三大幽默理论[4]，这是语言学介入之前幽默研究的主要阵地。学者普遍认为幽默效果产生于人们的预期与幽默笑话中事实上出现的内容

---

① 邱玉华. 幽默语言的语用学探讨[J]. 达县师范高等专科学校学报（社会科学版），2006（16）：55—57.

② 邱细平. 从关联理论看幽默效果：以《家有儿女》对话为例[J]. 外国语文（双月刊），2011（27）.

③ 中国的幽默理论始于 20 世纪 20 年代，幽默语言学兴起于 20 世纪 80 年代，我国的幽默理论多为对西方理论的借鉴与吸收，故本文以西方幽默理论的发展为主线。

④ 17 世纪后，学者对幽默的研究逐渐从笼统的论述转入基于现代科学各门分科的细化，并逐渐形成了社会学派的优越论（superioritytheory）、精神分析学派的释放论（releasetheory）和认知学派的乖讹论（incongruitytheory）这三大研究传统。

之间的冲突，于是人们会利用词句的结构特征与意义之间的复杂关系，做出一些有悖常规的变化，从而产生幽默效果。正如哲学家叔本华所说："笑不过是因为人们突然发现，在他所联想到的实际事物与某一概念之间缺乏一致性而导致的效果。"[①]可以说，幽默来自于语言与现实或常规的乖讹与偏移。伴随着语言学的发展，学者提出了语用学的指示语、言语行为理论、合作原则等理论，中韩先后将上述理论引进本国的幽默研究，如邱玉华（2006）用合作原则、言语行为等西方理论分析幽默语言，김보빈（2015）用合作原则阐释言语幽默生成机制。直到认知语言学兴起，学界将目光由"说话人的意义"转向"话语的理解"，Raskin（1985）提出"语义脚本理论"，标志着幽默语言学正式成立。从 1985 年起，这套理论经历了三个重要发展阶段：幽默的语义脚本理论（SSTH）（Raskin，1985）、言语幽默的一般理论（GTVH）（Attardo & Raskin，1991）和幽默的本体语义理论（OSTH）（Raskinetal，2009）。幽默语言学逐步克服理论中的主观因素，为实现形式化提供了契机，成为学者分析幽默现象的重要理论依据，如戈玲玲（2012）以语义脚本理论为框架探讨汉语幽默的文本特征，박근서（1999）以语义脚本理论为基础分析广告幽默；Sperber 与Wilson（1986）在会话含义理论的基础上提出关联理论，关联理论虽不专为幽默而产生，但其理论适用于解释幽默（Yus，2003），成为幽默分析的重要理论，刘晶晶（2007）将关联理论引进中国的幽默语言规律探讨，但关联理论在韩国主要被用于翻译领域。

词语是语言中可以独立运用的单位，在幽默生成方面发挥着至关重要的作用。如陈望道先生所说："这种形式方面的字义、字音、字形的利用，把语辞运用的可能性发扬张大了，往往可以造成超脱寻常文字、寻常文法以至寻常逻辑的新形式，使语词呈现出一种动人的魅力。"[②]当话者传递的词语变异超出了听者最初构建的最大关联，就会使听者产生疑惑，进而表达了话者超越字面原意的语言含义，引导听者追寻词语背后的含义，实现最佳关联，这种复杂的假联系成为幽默产生的因素。国内对词汇幽默的研究多立足于修辞学，如胡范铸（1987）、谭达人（1997）和尉万传（2009）都是以辞格和语言技巧为主线分析幽默，而国内韩语学界对词汇幽默的研究还有待进一步深入。

情景喜剧作为一种特殊的喜剧形式，比起肢体语言，更加注重语言造成的幽默。正如苗棣、赵长军所言，"发源于广播戏剧的电视情景喜剧本质上是一

---

① [德]叔本华. 作为意志和表象的世界[M]. 北京：商务印书馆，1982.
② 陈望道. 修辞学发凡[M]. 上海：上海教育出版社，1997.

种语言艺术，它的情节展开、冲突激化和大量的幽默笑料，主要是靠人物对话完成的"（苗棣、赵长军，2004：97）。韩国情景喜剧正是如此，除了冲突的情节以及人物突出的个性特征之外，更多通过人物之间的对话制造幽默语料，可以说语言技巧是情景喜剧制造幽默效果的重要手段。本文选取《搞笑一家人》作为研究对象，该剧自 2006 年上映以来，人气一直居高不下，在国内外影响深远；作为韩国社会的缩影，该剧真实反映韩国的社会面貌、时代特色和文化背景；剧情涉及韩国的婚姻、爱情、工作、家庭、成长、政治等多角度，人物设定包含社会各个阶层和年龄段，且性格迥异，为研究提供真实而丰富的语料；作为系列情景喜剧，每集结构完整，情节独立，笑点分布均匀，便于抽样统计。

二、关联理论与词汇幽默生成

虽然之前以 Grice 的合作原则分析幽默的论文不胜枚举，但合作原则存在合作与违反自相矛盾的不足。Sperber 和 Wilson 的关联理论将交际作为认知活动，从人的认知特点和过程出发，提出了"明示—推理交际"概念和把语境拓展为心理建构体的认知语境概念，建立了用推理来寻找妙句与语境预设之间关联性的话语理解推导机制，是对合作原则的丰富和发展。

关联理论从认知交际角度入手，人们理解话语时总是以话语间的最大关联为取向，每一个明示交际的交际行为都应该设想为其本身具有最佳关联性（Sperber & Wilson，1995）。交际的目的是改变听话人的认知语境，语言交际是一个由认知到推理的互明[①]过程。据关联理论分析，人们对言语幽默的理解主要分为三个阶段：首先建立幽默的认知语境，获得最大关联；其次发现不和谐元素；最后付出额外认知努力寻求最佳关联，进而获得幽默效果。幽默理解过程即结合语境寻找关联过程，幽默效果的产生来源于最佳关联与最大关联之间的落差，落差与幽默效果成正比。以韩国幽默为例：

문제:세계적으로 알려진 세 여자는 누구?

（问：世界上最有名的三个女人是谁？）

대답:태평양,대서양,인도양이다.

---

① 传统语境观认为语境是给定的、静态的，但 Sperber 和 Wilson 却认为语境是择定的、动态的。语境预设在话语理解的过程中允许不断选择、不断修正。"在关联理论中，语境是动态的，是一个变量，它不仅仅包括先前话语或者话语发生的环境，它更多的是指解读话语所激活的相关假设集，它们的来源可以是先前的话语或对说话人及现时环境的观察，也可以是文化科学知识、常识假设，还可以是听话人处理话语时大脑所想到的任何信息。"

［答：太平洋（小姐），大西洋（小姐），印度洋（小姐）。］

依据关联理论，可将幽默认知过程总结为下图：

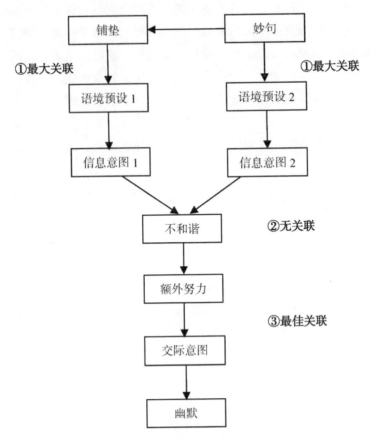

图 1 关联理论对幽默认知过程的分析模式简图

对幽默的认知一般按照三个步骤进行：一是对铺垫的推理过程，读者在感知铺垫的刺激后，在已有的认知环境中选择出语境预设 1 "答案应是三个女人的名字"，在铺垫与语境预设 1 的共同作用下推理出信息意图 1 为 "世界上最有名的三个女人是谁"。二是发现不和谐阶段，读者发现妙句并未直接回答信息意图 1 的问题，给出了一个看似无关联的答案，从妙句中可以推知隐含在铺垫中的认知假设为 "양一词多义，既指小姐，又指海洋"，这与读者理解铺垫时选择的语境预设 1 产生矛盾。由铺垫推理出的信息意图 1 会作为新的认知因素扩充到认知语境中，为新一轮认知交际做准备。妙句结合语境预设 2 推理出的信息意图 2 为 "太平洋（小姐）、大西洋（小姐）、印度洋（小姐）"。信息意图 1 与信息意图 2 形成不和谐。三是不和谐解决阶段，幽默作为变态交际，其

交际意图在这一阶段得以实现。读者对不和谐因素的解决，即对幽默生成原因的探索。读者通过付出额外努力，激活与我们理解相异的认知假设，发现양一词多义，答案有意偷换概念，从而构建最佳关联获得交际意图，进而实现语境的和谐。

简而言之，关联理论对幽默认知过程的分析模式可以简化为"①最大关联→②无关联（不和谐）→③最佳关联"的过程。

情景喜剧编剧正是利用言语幽默的理解过程将 Yus（2003）关于幽默认知步骤的理论转化为情景喜剧幽默言语的语用策略。用关联理论分析词汇幽默生成机制的论文相对较少，故本文运用关联理论，以词汇为主线，以韩国情景喜剧《搞笑一家人》为素材，从词语的语音、词义、构词、字形、语境等角度对幽默的外在表现形式和内在生成机制进行较为全面的梳理和分析，展现韩国语典型幽默词汇的变异规律。

三、韩国情景喜剧的词汇幽默机制类型

本文从《搞笑一家人》中抽取第 5、15、25、35、45、55、65、75、85、95 集对其中具韩语特色的词汇幽默进行统计分类。统计结果如下：

大类	总量	小类	数量
语音手段	37	谐音异义	21
		变雅为俗	9
		听音生意	7
词义手段	25	词源错位	3
		缩略语歧义	5
		词语歧解	6
		外语误用	11
构词手段	40	词缀造词	4
		组词造词	18
		词序变化	3
		韩式外语	15
文字手段	27	飞白	7
		联想	12

大类	总量	小类	数量
语境手段	8	缩略	5
		字形	3
		术语移用	2
		时空转换	6

由统计结果可知，情景喜剧中共有语言幽默 216 处，其中词汇幽默 5 大类 17 小类，共计 137 处，约占语言幽默的 63.4%。由此可知，词汇幽默是情景喜剧制造幽默的重要手段，其中又以构词手段和语音手段居多。究其原因主要在于韩语音素文字的特点使韩语具有较强的构词能力和丰富的语音变化，成为情景喜剧幽默制笑手段的物质基础。

（一）语音手段

作为表音文字的韩语中存在大量谐音异义词①，由此引发的误会是情景喜剧的常用手法；另外，在翻译外来词语时，往往根据音近原则用发音接近的字词进行音译，情景喜剧利用搞笑的音字对外来词语加以翻译。情景喜剧利用语音造成的误会，制造最大关联与最佳关联之间的落差，形成幽默。

1.谐音异义

谐音异义是指在同一语境之中运用发音相同或相近而意义迥异的词语巧妙传达幽默意义。如允浩从学霸女友口中听说"아프락사스(Abraxas)"一词，因不解其含义，向老师询问。

민정:아프락사스(Abraxas)?

（敏静：Abraxas？）

윤호:어 맞다!맞다!그거!그게 무슨 뜻이에요?

（允浩：嗯，对！对！就是这个，这是什么意思啊？）

민정:쉽게 얘기하자면 선과 악을 동시에 가진 신 정도?

（敏静：简单地说，就是个集善恶于一身的天神。）

윤호:신?신발은 아시죠?

（允浩：啊？是神还是鞋啊？）（韩国语中"神"与"鞋"同形同音）

---

① 狭义上主要分为两类：一类是书写形式完全相同的"同形同音词"，如"눈"既表示"雪"，亦表示"眼"；另一类是书写形式不同的"异形同音词"，如강마（讲磨）与각마（脚麻）。广义上还包括发音相近但意义不同的词，如어이（寓意）和어의（御医）。

观众据老师的话语铺垫选择的语境预设为 "Abraxas 是天神的名字"，老师传递的信息意图是 Abraxas 是一位天神。而允浩的妙句认为老师说 Abraxas 是 "鞋"，从妙句中可以推知隐含在铺垫中的认知假设为 "神是鞋"，故而允浩传递的信息意图为 "Abraxas 是鞋"，与老师传递的信息意图发生不和谐，观众通过付出额外努力发现韩语中 "鞋" 与 "神" 发音相同，建立最佳关联，获取交际意图，实现幽默效果。

2.变 "雅" 为 "俗"

编剧往往故意将音译材料中的韩语组成一些似是而非的韩语词汇，与原有的词义毫不相干，甚至变 "雅" 为 "俗"，使得读者从字面意义上就可以获得幽默的感受。再联想到词语的本义时，两相对比，就会产生极好的幽默效果。

윤주:그 신의 이름은 아프락사스(Abraxas)다.

（允珠：那个神的名字叫 Abraxas。）

윤호:(아푸락?모르는 표정)뭔 소리야 도대체 변비약이야?

［允浩：（一脸茫然）什么啊？怎么听起来像便秘药？］

观众据允珠的话语铺垫选择的语境预设为 Abraxas 是位天神，允珠传递的信息意图为 "自己崇拜的天神是 Abraxas"。而允浩的妙句却认为 Abraxas 是便秘药，从妙句中可以推知隐含在铺垫中的认知假设是 "允珠崇拜便秘药"，故而允浩的信息意图为 "允珠竟然崇拜便秘药？"，与允珠传递的信息意图不和谐，迫使观众付出额外努力发现是允浩将 Abraxas 根据自己的理解音译为아푸락，构建最佳关联，获得交际意图，构成幽默。

3.听音生义

由于英文外来词在韩语外来词汇中占据一定比重，故而不懂英文的韩国人有时会根据相似的发音推断一部分英文的意思，进而猜测整句英文的含义，但往往因为南辕北辙而产生幽默。如金融中心社长在家中设宴邀请李顺才夫妇共进晚餐，无奈李顺才不懂英语，但碍于面子不愿承认。

서양남자:(영어)박해미 원장님께는 말씀드렸지만 저희 사장님께서 감사의 뜻으로 여기 병원 의사분들 부부동반으로 꼭 저녁 초대를 하고 싶다 그러시네요.

［西洋男子：（英语）刚刚已经向朴海美院长转达过了，我们社长为了表示谢意，邀请贵院医生们携夫人共赴晚宴。］

해미:(영어)저흰 가족이에요.스케줄이 같으니까 염려마세요.8 시까지 가면 되죠?사택이 남산 근처에 있는 거 맞죠?

［海美：（英语）我们都是一家人，行程一致，所以不用担心。8 点到可以吗？社长家应该在南山附近吧？］

서양남자:(영어)네.남산공원 바로 밑입니다.그럼.

［西洋男子：（英语）是的，就在南山公园下面。］

（순재가 등산복을 들고 고민한다.）

（顺才换上登山服，一脸郁闷）

순재:아씨...이거 어디로 왜 가는지를 알아야 뭐 입을지를 알지.그냥 물어봐?아냐.분명히 마운틴이라 그랬으니까 산이겠지 뭐.

（顺才：真是的，得先知道去哪儿才能穿件合适的衣服啊。要不去问问她？不行，我明明听到他们说"什么山"的，嗯，应该是个山。）

观众据秘书的话语铺垫选择的语境预设为李顺才精通英语，秘书传递的信息意图为"社长邀请李顺才夫妇到南山下的私宅共进晚餐"，而李顺才的妙句却认为社长邀请他去登山。从妙句中可以推知隐含在铺垫中的认知假设是"秘书说社长邀请他去登山"，故而李顺才的信息意图为"要与社长一同去爬山"，与秘书传递的信息意图不和谐，迫使观众付出额外努力发现李顺才只听懂了与英文 mountain 发音接近的韩语外来词마운틴，便误以为社长邀请他去登山，建立最佳关联，获得交际意图，构成幽默。

（二）词义手段

词语的结构与意义之间具有固定的关系，语法要求词语必须按照一定规则准确、贴切、理性使用。情景喜剧会充分利用词语结构与意义之间的复杂关系，打破常规固定用法，使最大关联与最佳关联形成落差。

1.词源错位

存在大量固有词与汉字词是韩语的一大特征，固有词与汉字词之间既相互对应，又存在差异。情景喜剧巧妙地将固有词与汉字词结合，延伸了词语的含义。如李顺才在追查打碎花瓶的凶手。

순재:범이!너야!

（顺才：金范！就是你！）

김범:또 나야?왜 또 제예요?왜 또?

（金范：又是我？为什么又是我？为什么啊？）

순재:이거 안보여 이거?이 도자기에 그려진 그림이 바로 호랑이잖아?

（顺才：你没看见这个吗？你看这个瓷瓶上画的不是老虎吗？）

김범:호랑이가 뭐요?호란이가 왜요?그게 저랑 무슨 상관있어요?

（金范：老虎怎么了？老虎能说明什么？跟我有什么关系？）

순재:왜 상관 없어?호랑이가 한자로 범이잖아?범!니 이름 범!

（顺才：怎么没关系？老虎在汉字里不是写成"范"吗？就是你的名字，"范"。）（韩国语中"老虎"的汉字词与"范"相同）

观众据李顺才的话语铺垫选择的语境预设为李顺才找到了足够的证据指证金范，李顺才传递的信息意图为"有证据证明金范就是凶手"。而李顺才在妙句中出示的证据是花瓶上的花纹，从妙句中可以推知隐含在铺垫中的认知假设是"花瓶上的图案就是证据"。故而李顺才的信息意图为"花瓶上老虎的图案证明凶手是金范"，与之前传递的信息意图不和谐，迫使观众付出额外努力发现李顺才认为花瓶上有老虎的花纹，在韩语中"金范"的"范"字与"老虎"的"虎"字相同，建立最佳关联，获得交际意图，构成幽默。

2.缩略语歧义

韩语中存在大量缩略语，许多词语经过缩略之后变成同形词语，情景喜剧多利用听话人的误解或有意的曲解造成歧义。如由美来找敏浩帮忙下载电影。

유미:야동 좀 다운받아서 구워줄래?

（由美：能帮我下点 A 片吗？）

민호:야동?야동이면 혹 야한 동영상?

（民浩：A 片？你说的不会是成人电影吧？）

유미:그럼 야구 동영상일까봐?

（由美：还能是棒球视频吗？）（韩国语中"成人电影"和"棒球视频"的缩略语相同）

观众据敏浩的话语铺垫选择的语境预设为由美要看成人电影，敏浩传递的信息意图为"不敢相信由美要看成人电影"。而由美的妙句并未直言是否，而是以棒球电影反问，从妙句中可以推知隐含在铺垫中的认知假设是"看成人电影很正常"，故由美的信息意图为"多此一问"，与敏浩传递的信息意图不和谐，迫使观众付出额外努力发现在韩语中"成人电影"与"棒球电影"的缩写相同，建立最佳关联，获得交际意图，产生幽默。

3.词语歧解

词语歧解是指由于某个词语有多重意义或者用法，在某些情况下可能会出现不同的理解，或者望文生义，做出有悖于正常逻辑的解读，出乎意料。如文姬带俊河和允浩来失踪的好友家中收拾东西。

문희:어디서 진짜 객사 한거 아닌가 몰라.

（文姬：不知道是不是真的客死他乡了？）

윤호:객사가 뭐예요?혹시 길거리에서 갑자기 쓰러져서 돌아가신 거 아 닐까요?

（允浩："客死"是什么意思？是不是在路上走着走着突然摔死了。）

观众据文姬的话语铺垫选择的语境预设为好友可能客死他乡了，文姬传递 的信息意图为"好友经历可怜"。而允浩的妙句却认为客死是在路上摔死，从 妙句中可以推知隐含在铺垫中的认知假设为"客死是在路上摔死"，故而允浩 的信息意图为询问客死是否是在路上摔死，与文姬传递的信息意图不和谐，迫 使观众付出额外努力发现允浩是根据韩语词汇的字面意思理解的，建立最佳关 联，获得交际意图，造成幽默。

4.外语误用

话者不能正确理解外语的含义而导致张冠李戴或误用外语会造成幽默效 果。如由美屡屡用错英语。

유미:니가 영어를 잘하면 사람을 무시하고 난리랴?어?

（由美：你仗着自己英语好就可以看不起别人了吗？嗯？）

민호:아닌 난 그냥.세상에 미국을 UFO 라 그러는 사람이 어딨어?

（敏浩：不是那样的，只是哪有人会把美国叫成"UFO"的？）

유미:여기 있잖아.웃을 거 다 웃어 놓고 이제 와서쇼하니? 민호 너랑 끝이야.끝.엔터(enter)라고.

（由美：我不就是吗，你尽管笑吧。敏浩，你听着，我跟你分手了，分 手，enter 了。）

문희:엔터가 뭐야?

（文姬：enter 是什么意思？）

해미:엔드(end)겠죠.

（海美：她是想说 end 吧。）

观众据由美的话语铺垫选择的语境预设为敏浩惹由美生气，由美传递的信 息意图为要和敏浩分手。而由美的妙句却说要和敏浩 enter，由美的信息意图令 观众难以理解，与之前传递的信息意图不和谐，迫使观众付出额外努力发现由 美说的 enter 实是 end，建立最佳关联，获得交际意图，形成幽默。

（三）构词手段

作为音素文字的韩语具有较强的构词能力，情景喜剧往往根据具体情况创造新词，惟妙惟肖，回味无穷。新词往往出乎观众意料，观众要通过付出努力后产生最佳关联，形成落差，造成幽默。

1.词缀造词

韩语作为黏着语有丰富的词形变化，这些变异可以根据实际情况创造丰富多彩的词汇形式。如文姬对爱唠叨的儿媳朴海美时常心怀不满，背后称其为"싹퉁바가지"，"바가지"作为接尾词表贬低义，同时在韩语中又可以表示妻子琐碎的唠叨，且"바가지"意为"瓢"，暗合海美的姓氏"박（朴）"之意。观众原本难以将"바가지"与海美产生关联，观众通过努力建立新的关联发现"바가지"有一语双关之意，形成落差，造成幽默。

2.组词幽默

韩语具有较强的构词能力，情景喜剧根据具体情况，通过词语的组合构造新词，新词多生动贴切，又幽默搞笑。如李顺才曾被家人发现偷看 A 片，故而俊河误认为李顺才半夜独自坐在书房中是又在偷看 A 片，故戏称父亲为"A 片顺才"。

준하:아버지 안 주무시고 뭐하세요?

（俊河：爸，怎么还不休息？您干什么呢？）

순재:알거 없어.

（顺才：你少管。）

준하:아버지 또.자꾸 밝히시면 앞으로 야동순재라고 놀릴 꺼예요.

（俊河：爸，你不会又……你再这样以后就都叫你 A 片顺才了。）

观众据李顺才的话语铺垫选择的语境预设为李顺才因有心事难以成眠，李顺才传递的信息意图为想一个人静静。而俊河的妙句却称李顺才为"A 片顺才"，从妙句中可以推知隐含在铺垫中的认知假设是李顺才又在偷看 A 片，故而俊河的信息意图为讽刺李顺才偷看 A 片的不良记录，与李顺才传递的信息意图不和谐，迫使观众付出额外努力发现原来俊河是在讽刺父亲的不良记录，建立最佳关联，获得交际意图，造成幽默。

3.词序变化

复合词是由两个或以上的语素复合在一起形成的，利用构词要素次序颠倒的变异，生成的新词多有悖于正常逻辑，故而产生幽默效果。如一家人正坐在一起吃午饭。

준하:멈마 이거 뭐예요?감잔가?

（俊河：妈，这是什么啊？土豆吗？）

문희:고구마호박...

（文姬：红薯南瓜嘛。）

준하:고구마호박이 뭐예요?

（俊河：红薯南瓜是什么啊？）

문희:고구마호박 몰라?호박맛 나는 노란 고구마.

（文姬：红薯南瓜不知道吗？不就是南瓜味的红薯嘛。）

해미:고구마 호박이 아니라 호박 고구마요.

（海美：不是红薯南瓜，应该是南瓜红薯才对嘛。）

　　观众据俊河的话语铺垫选择的语境预设为红薯南瓜应当是红薯味南瓜，俊河传递的信息意图为这应是红薯而非南瓜。而文姬的妙句却说红薯南瓜是南瓜味红薯，从妙句中可以推知隐含在铺垫中的认知假设是文姬以为是红薯南瓜，故而文姬的信息意图为解释红薯南瓜为何物，与俊河传递的信息意图不和谐，迫使观众付出额外努力发现原来文姬混淆了修饰语和被修饰语，颠倒词序，获得交际意图，造成幽默。

4.韩式外语

　　外语学习者在说外语时往往以母语为基础，再将母语机械地转换为外语，往往带有明显的母语痕迹，滑稽可笑。如文姬问李顺才体育老师和股票投资咨询师的英文单词，李顺才对英文一知半解，却碍于面子不愿承认。

문희:여보,체육교사를영어로뭐라그래?

（文姬：老公，体育老师用英语怎么说啊？）

순재(순간당황):뭐?

［顺才：（瞬间迷茫）什么？］

문희:체육교사.식구들소개하는연습해보게.

（文姬：体育老师。我在练习介绍家人呢。）

순재:어.스포츠티처(sports teacher).

（顺才：奥，sports teacher。）

문희:아.그럼,준하는뭐라고해야돼?주식투자상담가.그거.

（文姬：奥，知道了。那怎么介绍俊河呢？股票投资咨询师，这个怎么说？）

순재:코스닥세일즈맨(stock sell's man)?

（顺才：stock sell's man 吧。）

观众据文姬的话语铺垫选择的语境预设为李顺才精通英语，文姬传递的信息意图为让李顺才教自己正确的英文单词。而李顺才的妙句却说了两个错误的英文单词，从妙句中可以推知隐含在铺垫中的认知假设是李顺才认为按照母语的构词顺序排列单词即可，故而李顺才的信息意图为将自创的单词告知文姬以维护面子，与文姬传递的信息意图不和谐，迫使观众付出额外努力发现原来李顺才是按照韩语顺序将英文单词逐词翻译，建立最佳关联，获得交际意图，造成幽默。

（四）字形手段

语言是一种音义结合的符号体系，各种语言都有一种符号体系来记录。幽默就是借助文字的字形结构、含义以及其相关变化产生的。韩语作为字母文字的结构构造以及表音的特点，加之较强的构词能力等，为情景喜剧利用这种文字形体本身增加表达效果提供了独特的物质基础。特别是随着网络技术发展的异军突起，网络对人们的语言生活也产生了一定的影响。网络语言就是建立在文字、符号、字母、数字的基础之上，通过各种新奇的组合和变异形成的特殊语言。如曾被李顺才教训过的一个中学生给他发来一条奇怪的骂人短信，李顺才不解其含义。

"영감탱 너나 잘하 3 지대 짱나...OTL 성질 조낸 캐안습..."

（老家伙，好自为之3，超丧...OTL 脾气炒鸡狗眼湿。）

순재:뭐?뭐라고 욕을 했는데?안 보여 읊어 봐.

（顺才：什么？他骂我什么了？我看不清，你给我念念。）

민용:이게 그냥 읊어선 이해가 안 가실텐데. 일단 셋이 아니라 삼이라고요. 이게 "뭐 뭐 하시오"의 줄임말이거든요. 이 짱나는 짜증나의 준말이거든요.지대는 매우,엄청이란 뜻이 되겠고.그러니까 엄청 짜증나.티엘은 우는 모양이에요.이게 사람 머리고...이렇게 무릎을 꿇고 우는 모습니죠.으으으.이 문장에선 울고 싶을 정도로 짜증난다.조낸은 지대랑 비슷한 뜻이구요.안습,눈 안자에 축축할 습자...눈에 습기가 낀다.캐는 개자식 개살구 할 때 그 개고.한마디로 눈물 날 정도로 개짜증이다.

（民龙：就这么读出来你恐怕听不懂。这里的"3"你不能读成"三"，这是"噻"的谐音，就是"怎么怎么样做"的意思。这里的"丧"就是"烦"的意思，"超"就是"非常，很"的意思。所以这句话的意思就是"非常烦"，

OTL 是一个人哭泣的样子。这是人的头，就这么跪着哭。呜呜呜。这句话是说"烦得想哭"。"炒鸡"和"超"意思差不多。"眼湿"，眼睛的"眼"，潮湿的"湿"，就是眼里流泪。"狗"就是"狗东西"、"狗杂种"的"狗"。简而言之就是"因为狗烦得想哭"。）

　　순재:영감탱이 너나 잘하쇼. 왕 짜증나. 성질 왕 짜증나. 울고 싶어. 개짜증이야?

　　（顺才：也就是说，这句话的意思是"老家伙，你好自为之吧，真烦，我这暴脾气，真是想哭，这狗真气人"吗？）

　　观众据李顺才之前的话语铺垫选择的语境预设为中学生会捉弄李顺才，李顺才传递的信息意图为中学生发的话必定是咒骂自己。而中学生的妙句却是一句似乎没有脏字的网络语言，这与观众的语境预设及李顺才的信息意图构成不和谐，迫使观众付出额外努力发现原来"3"是"삼"的代称，"삼"是祈使句"뭐 뭐 하시오"的缩略语，OTL 由字形联想一个跪地哭泣的人，故表示"伤心哭泣"。"짱"是"짜증나"的缩略语，"캐"谐音"개"，"안"和"습"分别为"眼睛"、"湿气"的汉字词，表示"眼中含泪"，观众建立最佳关联，获得交际意图，造成幽默。

（五）语境手段

　　常规语言对词语的要求是准确、贴切，因而必须严格依照词语本身的理性意义去使用。词语本身的理性意义具有相对的稳定性，这种稳定性容易使人形成思维定势。情景喜剧的幽默正是利用了"对日常尺度的轻轻悖反"[①]制造笑料。将现成的词汇形式，如术语、成语、歇后语等直接移用到与原先表达的语义大相径庭的语境之中，与观众最初构建的最大关联造成落差，形成幽默。

1.术语移用

　　术语是指在特定学科领域用来表示概念的称谓集合，但是当人们有意或者无意将某一领域的术语移用到另一完全不相关的领域，与观众最初在头脑中建立的最大关联形成落差便会形成幽默。如李顺才将家人困在阁楼上，细数家人的罪状。

　　순재:이준하 너는 나랑 상의도 없이 내 주식을 무단처분해서 나한테 막대한 손해를 입혔으므로 배임횡령,이윤호,오토바이로 내 차를 박아 홈집내고 도망갔으므로 기물파손에 뺑소니,이민호와 김범은 미성년자를 불가의

---

　　① 王玮. 笑之纵横[M]. 上海：上海社会科学出版社，1988：4—16.

야한 동영상을 내 카드를 도용해 시청했으므로 청소년보호법위반과 사기... 그리고 니들 전부 사다리를 흔들어서 나를 떨어지게 했으므로 살인미수.

（顺才：李俊河，你未和我商议就私自出售我的股票，并给我造成严重损失，你犯有渎职罪；李允浩，你骑摩托车撞坏我的车后逃跑，犯有损害他人财产罪和肇事逃逸罪；李民浩、金范，你们私自盗用我的信用卡观看严禁未成年人观看的成人电影，违反了未成年人保护法，还有，你们这些人刚刚晃梯子想摔死我，你们都犯了杀人未遂罪。）

观众根据李顺才的话语铺垫选择的语境预设为其不满儿子不和自己商议就私自卖掉股票，孙子偷骑摩托车，偷看成人电影等行为，李顺才传递的信息意图应是叱责子孙的不当行为。而李顺才的妙句却转引了"渎职罪"、"肇事逃逸罪"、"未成年人保护法"、"杀人未遂"等法律术语，从妙句中可以推知隐含在铺垫中的认知假设是李顺才认为子孙的行为"罪大恶极"，已经到了触犯法律的程度，故而李顺才的信息意图为正式宣布子孙的罪名，与李顺才之前传递的信息意图不和谐，迫使观众付出额外努力发现原来李顺才是为了加重家人的罪名才有意将其行为上纲上线，从而获得交际意图，构成幽默。

2.时空转换

语言具有时代的烙印，每个时代的语言各具时代特色，如果将某一时代的语言移植到另一个时代，就会产生落差，形成幽默。如：李顺才在外被人欺负，回家之后向家中男丁们征集意见。

순재:이일을 어쩌면 좋단말이오.북방 오랑캐가 저렇듯 우리를 능멸하고 이나라 종묘사직을 위태롭게 하고 있는데 믿고 맡길 만한 장수가 없다니...

（顺才：这可如何是好。区区北方蛮夷小国竟敢如此藐视我泱泱大国，威胁我宗庙社稷。奈何朝中无人啊。）

준민민윤(엎드려)：황공하옵니다.

［家人（跪伏）：臣等不胜惶恐。］

观众据李顺才的话语铺垫选择的语境预设为李顺才向家人寻求意见，李顺才传递的信息意图为让家人为自己出谋划策。李顺才和家人的妙句"오랑캐"、"종묘사직"、"황공하다"都来自古代语言，与现代剧的语境格格不入。从妙句中可以推知隐含在铺垫中的认知假设是此时的家中的氛围像古代君主在朝堂之上向群臣征集意见，与之前的语境预设不和谐，迫使观众付出额外努力发现编剧有意将时空转换，凸显李顺才在家中的权威犹如君王，建立最佳关联，获

得交际意图，造成幽默。

四、结论

语言是情景喜剧制造幽默氛围的重要因素，词汇作为语言的建筑材料，成为引发情景喜剧幽默的重要手段之一。

本文选取《搞笑一家人》为研究对象，在统计分析的基础上，从关联理论的角度，对韩国情景喜剧的词汇幽默生成机制进行了总结与分析。

经统计发现，韩国情景喜剧《搞笑一家人》词汇幽默可以分为 5 大类 17 小类，其中构词手段和语音手段最为居多。可以说，韩语较强的构词能力和丰富的语音变化成为制造词汇幽默笑点的重要依托点。

关联理论将幽默视为一个利用最大关联与最佳关联落差的认知过程，从关联理论出发，可以知道，韩国情景喜剧中的词汇幽默是一个努力营造别具一格的词汇格式，在一定程度上突破语音、构词法的常规，形成词汇不同层面的变异，从而借此激发听众的联想与想象的生成过程。

本文总结了韩国情景喜剧中一定数量的词汇生成类型，但我们预想，随着语料数量的增多，还可能发现更多类型的词汇幽默类型。另外，上文也提到，除了词汇幽默之外，韩国情景喜剧还包括很多非词汇类幽默类型，这些都是我们今后的研究目标。

参考文献

[1] 陈望道. 修辞学发凡[M]. 上海：上海教育出版社，1997：83—84.

[2] 戈玲玲，何元建. 基于言语幽默概论的汉语幽默文本特征研究[J]. 外国语，2012（4）：35—44.

[3] 胡范铸. 幽默语言学[M]. 上海：上海社会科学院出版社，1987：32.

[4] 刘晶晶. 浅谈关联理论对幽默话语的解释力[J]. 巢湖学院学报，2007（4）：148—150.

[5] 苗棣，赵长军. 论通俗文化：美国电视剧类型分析[M]. 北京：北京广播学院出版社，2009.4.

[6] 邱玉华. 幽默语言的语用学探讨[J]. 达县师范高等专科学校学报（社会科学版），2006（16）：55—57.

[7] 邱细平. 从关联理论看幽默效果：以《家有儿女》对话为例[J]. 外国语文（双月刊），2011（27）.

[8] [德]叔本华. 作为意志和表象的世界[M]. 北京：商务印书馆，1982：112.

[9] 谭达人. 幽默语言与幽默[M]. 北京：生活·读书·新知三联书店，1997：41.

[10] 王玮. 笑之纵横[M]. 上海：上海社会科学出版社，1988：4—16.

[11] 尉万传. 幽默言语的多维研究[D]. 浙江大学博士学位论文，2009.

[12] Raskin, V.(1985). Semantic Mechanismsof Humor. Dordrecht: Reidel.

[13] Sperber, Wilson.(1986). Relevance: Communicationand Cognition. Blackwell: Oxford.

[14] Sperber, Wilson.(1995). Relevance: Communicationand Cognition. Blackwell: Oxford.

[15] Yus, F. Humor and the Search for Relevance. Journal of Pragmatics, 2003(35).

[16] 김보빈(2015). 시트콤 Friends 에 나타난 Grice 의 격률과 유머 분석. 조선대학교교육학석사학위논문.

[17] 노은주(2005). 관련성 이론에서의 비유법 분석: 은유, 반어법, 그리고 과장법. 담화·인지언어학회.

[18] 연경원(2005). 시트콤 《我爱我家》텍스트 분석.성균관대학교 교육학석사 학위논문.

解析 "ир-" 语法化的句法环境促进机制

信息工程大学　张建利

【摘　要】在蒙古语中，"ир-"（来）既可以作为实义动词充当句子的核心谓语，表达"空间位移"意义，也可以作为助动词，在"Vx+ир-"结构中对前动词附加"趋向"或多种"体"意义[1]。考察"ир-"语法化的句法环境促进机制，对其"前词语义特征变化"和"句法位置变化"进行充分描写，不仅能为解释蒙古语动词的"实词虚化"现象提供一条思路，也可为语言类型学与语法化理论相结合框架下的语法化研究提供一个语言个例。

【关键词】蒙古语；助动词；语法化；句法环境

实词虚化是语法化理论研究的主要内容之一。蒙古语词汇一直就有虚实之分，实词（бодот үг）是指名词、动词、形容词等具有实在意义的词；虚词（туслах үг）是指连词、语气词等没有词汇意义而仅有语法意义，并在语句中起一定语法作用的词。在蒙古语中，有时个别实词会因为词义引申、句法位置变化等原因致使自身词汇意义在不同程度上虚化，在语句中只表达某种抽象的语法意义，这个过程即为蒙古语的"实词虚化"。

在蒙古语中，"ир-"是实词虚化现象的典型代表，它经常同其他动词的一般副动词形式构成"Vx+ир-"的联合谓语结构。在该结构中，"ир-"有时会失去实在意义，化身为助动词，给前动词附加"趋向"和"体"等抽象语法意义并表示其语法变化。

一、"Ир-"的语义特征分析

作助动词时，"ир-"表达的抽象语法意义主要集中在空间域、心理域和时间域等语域中，结合例句可分析如下[2]：

空间域

① Батзориг усанд яваад тэмээтэйгээ ярьсаар гэртээ иртэл гадаа нь хотын

---

[1] 在该结构中，V 代表动词，x 指动词的一般副动词形式，"ир-"为动词"ирэх"的词根形式。

[2] 本文例句均引自蒙古国在线国家语料库（http://web-corpora.net/MongolianCorpus/）。

ганган том машин ирээд зогсчихсон байв. 巴特卓力格打完水，和骆驼说着话，回到家时，发现门口停着一辆城里来的大汽车。

② Би өдөр бүхэн сургууль руугаа яаран ирдэг. 我每天来学校都是匆匆忙忙的。

③ Миний хөгшин эгч бид хоёр таныг ирвэл их баярлана гэж хариу захидал иржээ. 回信中说："你要能来，我和老姐姐两个会特别高兴。"

句①中，"ир-"单独作谓语，前面带有表处所的状语，语义为从某一地方到达说话人心中的目的地，是典型的空间域词语，也是"ир-"的始源意义。句②中，"ир-"同另外一个动词联合使用，二者为并列关系，同为句子谓语之一，语义与句①中相同。句③中，"ир-"单独作谓语，主语为生命度较低的名词，但"ир-"仍带有空间域意义。

心理域

① Бат хааныг Жур хотын ойролцоо байхад нь Их хаан Өгөөдэйг нас барсан мэдээ иржээ. 巴特汗到了术尔城附近的时候，传来了窝阔台大汗去世的消息。

② Хөгжим сонсдож иржээ. 听到有音乐传来。

③ Төгсөлтийн шалгалт дууссаныг мэдэгдсэн хонх дуугарсан даруй, ээж минь надад авч ирсэн цайнаасаа аягалж өгсөн. 毕业考试结束的铃声刚响完，母亲就把带来的茶饭给我盛好了。

句①中，"ир-"单独作谓语，主语为抽象名词，在空间域中无实在的形态，"ир-"也不再是实际空间中的路径移动，而是将空间域意义映射到了"心理域"中，在心理上模拟空间中的"由远及近"。句②中，"ир-"与其他动词连用，构成联合谓语，表达主语在心理上模拟空间中的"由远及近"。句③中，"ир-"与其他动词连用，构成联合谓语，不再表达动作实施或受事，而是表前一动作本身在心理空间中的位移的趋向性。

时间域

① Өдөр <u>ирэх</u> тутам сайжирсаар байна. 一天比一天（每一天来）好起来了。

② Зорьсон хэргээ бүтээгээд Эрээн хотод хөл тавихад эх нутгийн минь дотно салхи үл мэдэг сэвэлзэх мэт сэтгэл нэг л хөнгөрөөд ирэх шиг болов. 办好了事情后来到了二连浩特，刚一落脚，就感觉好像有故乡的清风微微拂过，心情一下子就轻松了。

③ Халх голын байлдааны өдрүүдэд УАХБ-ын ажилтан анги, дивизийнхээ хамт тулалдаанд оролцох үедээ ч дайсны цэрэг, зэвсгийг гардан устгах, бичиг баримтыг олзолж ирэх үүргийг биечлэн гүйцэтгэж байв. 哈拉哈河战役期间，国家安全部门的工作人员同军队一起参加了战斗，完成了亲手消灭敌军人员和武器，获取敌军文件的任务。

④ бидний өвөг дээдэс ёс суртахууны арвин баялаг сургаал, суртлын үлгэр домог, аман зохиол, ардын зан үйл цээрлэлээр дамжуулан өвлүүлсээр иржээ. 我们的祖先通过大量的道德箴言、训诫故事、口头文学以及民俗禁忌将……传承下来了。

句①中，"ир-"单独作谓语动词使用，语义由空间域投射到时间域，表达时间主体在时间轴上的线性移动。句②—④中，"ир-"与其他动词联合使用，构成联合谓语。在谓语结构中，"ир-"语义同样由空间域投射到时间域，表达前一动作或状态在时间轴上的变化，即不同的"体"意义。

根据语义不同，我们将"ир-"作如下划分：作实义动词，在句中作为核心谓语（或之一），表动作实施的空间位移，动作施事一般为有生命体，称"ир-₁"；作助动词，在表达实在意义的同时，兼而表达前动词"V"的趋向性，称"ир-₂"；作助动词，表达前动词的"完成体"意义，称"ир-₃"；作助动词，表达前动词的"持续体"意义，称"ир-₄"；作助动词，表达前动词的"渐进体"意义，称"ир-₅"。

多年来，国内外语言学界对语法化的机制做了大量的研究工作。如 Hopper & Traugott（1993）认为，语法化产生的机制主要是重新分析和类推；Bybee（2001）指出虚化的机制有隐喻、推理、泛化、和谐、吸收；Heine & Bernd（2003）等认为语法化涉及去语义化、扩展、去范畴化和语音减损等四个相互联系的机制。国内对语法化机制的探讨主要是基于汉语实际。如解惠全（1987）提出的"实词虚化要以意义为依据，以句法地位的固定为途径"；孙朝奋（1994）的"上下文诱发新解释、重新分析、词义自身特点"；刘坚、曹广顺、吴福祥等（1995）提出词汇语法化有四个重要因素：词义变化、句法位置改变、重新分析、语境影响（主要指句法环境）。沈家煊（1998）的"隐喻、推理、泛化、和谐、吸收"；石毓智（2001）提出的"类推、重新分析"等。

沈家煊（1994）在《语法化研究纵观》中总结了当前研究语法化历时过程的两条主要"路子"，即一条是着重研究实词如何虚化为语法成分，另一条着重考察章法（discourse）成分如何转化为句法成分和构词成分。前者偏重于从人的认知规律来探究语法化的原因，后者偏重于从语用和信息交流的规律来探究语法化的原因。结合前人研究成果，作者认为"ир-"语法化机制主要包括两个层面，一是语义层面，主要指隐喻；一是词汇句法层面，主要指句法环境促进。本文将在语法化理论框架下，单就"ир-"语法化的句法环境促进机制进行探讨。

二、"Ир-"语法化过程中的句法环境演变

词汇语法化要在特定的情境中发生，语法语素的发展从来不曾，也绝无可能脱离它所在的那些结构式，因此语法化研究也常常关注结构式乃至更大话语片段的演变。П. Бямбасан、Ц. Өнөрбаян、Б. Пүрэв-Очир、Ж. Санжаа 和 Ц. Жанчидорж 等（1987）认为，在研究发挥辅助功能的动词时，必须考察与其相关的语言和非语言环境。要想在词汇体系中囊括助动词和残缺动词，并解释其意义和功能，必须要首先明确助动词和残缺动词所分布的组合结构中的其他语言单位，即语素、词、词组和句子的句法地位以及同助动词的相互关系。结合研究的具体实际，我们将"ир-"语法化涉及的语言环境分为"前词语义特征变化"和"句法位置变化"两种情况。

（一）前词语义特征变化

前词的概念是依据"ир-"在句中的实际位置而提出的。蒙古语的基本语序为"SOV"，包含"ир-"的具体句型可扩展为"SOVx+ир-"。其中，"O"是否存在取决于"V"的及物与否。在实际句子中，往往伴有时间或地点状语，它们在句子中的位置均处于"ир-"之前，故可统称为前词。本文中涉及的前词具体包括："ир-"的主语；状语，包括时间和地点状语；前动词，即"Vx+ир-"结构中的主要动词"V"。

首先，主语生命度变化。在进行"ир-"语法化过程的历时构拟时，我们发现"ир-"动作的发出者（一般是句子的主语）的生命度发生了非常大的变化。我们将部分例句分为三组予以说明：

a组（13世纪初）：

① Гэсэр нутагтаа ирэв. 格萨尔（人名）来到了故乡。

② Би Тэмүжиний харъяат буй. Их гэрт хонь хяргахаар ирлээ. 我是铁木真的部下，是来大帐剪羊毛的。

③ Добун мэргэн тэр чөх бугыг ачиж ирэх зуураа нэгэн яданги хүн хөвүүнээ хөтөлж явахтай золгож. 朵奔莫尔干（人名）驮着鹿回来时，碰到了一个穷人正领着孩子在走。

④ <u>Алан гоо</u>（人名）Добун мэргэнд <u>ирж</u>, хоёр хүү төрүүлэв. 阿阑豁阿<u>来</u><u>到</u>朵奔莫尔根家，生了两个儿子。

b 组（13 世纪初至 19 世纪上半叶）：

① Журын харвасан <u>сум</u> үд болтол бууж эс <u>ирэв</u>. 朱尔射出去的<u>箭</u>午时落在了地上，没有<u>到来</u>。

② Миний хөгшин эгч бид хоёр таныг ирвэл их баярлана гэж <u>хариу</u> <u>захидал</u> <u>иржээ</u>. <u>回信</u>中说："你要能来，我和老姐姐两个会特别高兴。"

③ <u>Хаврын сайхан улирал</u> ирж байгаа нь мэдэгдэн. 发现美好的春天<u>来了</u>。

④ Бат хааныг Жур хотын ойролцоо байхад нь Их хаан Өгөөдэйг нас барсан <u>мэдээ</u> иржээ. 巴特汗到了术尔城附近的时候，<u>传来了</u>窝阔台大汗去世的<u>消息</u>。

c 组（19 世纪下半叶起至今）：

① Дүйрэн уулын араас Түнхэлиг горхи руу нэгэн бөлөг <u>иргэн</u> <u>нүүж ирэв</u>. 从都冷山的后面有一群<u>人</u>朝着同赫力格河<u>迁徙而来</u>。

② Энэ <u>ажил</u> жаахан <u>хуучраад ирвэл</u> гайгүй болох байхаа. 这项工作稍微<u>过些时日</u>会好些的。

③ Хэдхэн тагш архи уусанд нүүр нь хөлс дааварлан <u>нүд</u> нь <u>маналзаад</u> <u>ирлээ</u>. 因为喝了几碗酒，脸上渐渐开始冒汗，<u>眼睛也逐渐发亮起来</u>。

④ <u>Манайхан</u> ажилдаа <u>шамдаад ирсэний</u> цагт бүтээгдэхүүний тоо чанар, хөдөлмөрийн бүтээмж дээшилдэг нь бахадмаар. 当<u>我们大家加劲儿干起来</u>的时候，产品的数量和质量以及劳动生产率提高之快令人庆幸。

在 a 组例句中，主语，即动作的发出者无论是专有名词还是代词，生命度均比较高，它们具有自身支配动作发出的能力。此时的"ир-"无论是否处于连动结构当中，都表达实义动词的最基本含义，在句中作谓语成分，受主语管辖。而在 b 组中，句子主语的生命度显著下降。从人变为物，甚至是抽象物，比较人而言，这些物体虽有一定的物理性，但显然无自我支配能力。此时，"ир-"的语义已经开始泛化，义项开始增多，为"ир-"的进一步虚化做好了语义铺垫。在 c 组中，从表面看来，句子的主语既包括人也包括物，无法总结其生命度的特点。但实际上，"ир-"此时已经是助动词，而非句子的核心谓语，其真正的主语已经不是动作施事主体，而是在生命度上比人和物更低的"动作、状态"等事件。因此，我们可以得出结论："ир-"实际主语的生命度与其语法化程度成反比。

其次，前动词的语义变化。蒙古语中很多助动词表达的体意义都与其实在意义密切相关，同时又受与其搭配的前动词语义的影响。一般来说，助动词附加的体意义往往同前动词缺失某种语义形成补充关系。在"Vx+ир-"结构中的"ир-"由"ир-₁"到"ир-₅"的语法化过程中，其前动词"V"在语义上同样发生了极大的变化。我们同样结合三组例句进行考察。其中，a 组为实义动词用法，b、c 两组为助动词用法。

a 组（13 世纪初）：

① Добун мэргэн тэр чөх бугыг <u>ачиж</u> ирэх зуураа нэгэн яданги хүн хөвүүнээ хөтөлж явахтай золгож. 朵奔莫尔干驮着鹿回来时，碰到了一个穷人正领着孩子在走。

② «Чи сайдаасаа асууж хэлэх хүн буюу чи? Санаагаар хэлэх хүн буюу чи? Очиж <u>асууж</u> ир» гэв. 说道："你是要问过再说，还是想随意乱说？速去问来。"

③ Би чамайг <u>эрж</u> ирлээ. 我找你来了。

b 组（13 世纪初至 19 世纪上半叶）：

① Гэргий нь Хоо марал ажээ. Тэнгис <u>гэтэлж</u> ирэв. 妻子是豁埃马阑勒，渡过了腾吉斯的水来到了这里。

② Дүйрэн уулын араас Түнхэлиг горхи руу нэгэн бөлөг иргэн <u>нүүж</u> ирэв. 从都冷山的后面有一群人朝着同赫力格河迁徙而来。

③ Завшаанаар Чүлтэм, Дагдангийн алтан босгыг алхан <u>орж</u> ирээд, Цэрмаагийн хамт түлээ хөрөөднө. 恰好，楚勒特姆跨过达噶丹家金色的门槛走了进来，要和策尔玛一起劈柴。

c 组（19 世纪下半叶起至今）：

① Оюу ч тайвшран бараг энэ байдалдаа <u>дасаж</u> ирэв. 奥尤也平静了下来，估计是渐渐习惯了这种状况。

② Хэдхэн тагш архи уусанд нүүр нь хөлс дааварлан нүд нь <u>маналзаад</u> ирлээ. 因为喝了几碗酒，脸上渐渐开始冒汗，眼睛也逐渐发亮起来。

③ Олон улсын харилцаанд энэ зарчмыг жинхэнэ ёсоор хэрэгжүүлж биелүүлэхийн төлөө, бид шургуу <u>тэмцсээр</u> ирсэн билээ. 为了在国际交往中真正贯彻执行这一原则，我们一直在进行坚持不懈的斗争。

我们知道，作为实义动词，"ир-₁"本身的基本语义参数为：[+动作性强][+空间位移][+方向性][+多价性]。在 a 组例句中，"ачиж"、"асууж"、"эрж"等动词的基本语义参数为：[+动作性强][-空间位移][-方向性][+多价性]，其中，[+多价性]的特征使它们在句中充当谓语的同时，与"ир-₁"进行连接搭配，并可以显现或者隐含受事成分；而[-空间位移][-方向性]的特征使得在与"ир-₁"搭配时，后者正好作为实义动词与前动词在句法上构成并列谓语的关系，弥补空间位移的语义空白。在 b 组中，"гэтэлж"、"орж"和"нүүж"等词普遍具有动作性强、空间位移的特征，其基本语义参数为[+动作性强][+空间位移][+方向性][+多价性]。众所周知，"ир-"本身的方向性是明确的，并且隐含着起点性、终点性等语义特征。但是，上述前动词的方向性却是潜在或不够明确的。这样一来，前动词的语义特征促使"ир-"向其靠拢，补充说明该动作的趋向性，正好填补了前动词语义方向不明确的不足。在此时的"Vx+ир-"结构中，"ир-"不再是句子核心谓语之一，而是开始作为助动词，即上文中的"ир-₂"，在很小程度上表达实施主体空间位移的同时，更多地表达共同前动词的趋向变化。如"иргэн нүүж ирэв"中，"ирэв"除表达"иргэн（人）"的"来"之外，还表达了"нүүж（迁徙）"这一动作在"趋向"方面的"来"，即"以朝向说话人设定的目的地"。在 c 组中，"дасаж"、"маналзаад"和"тэмцсээр"等词的语义特征呈现了新的特点，即[±动作性强][-空间位移][-方向性][+多价性]。这些词基本都已经失去了空间位移的特征，不具有方向性，动作性也不如之前 a、b 组中的动词强，这迫使其后的"ир-"也失去表达空间方向的意义，转而表达时间范畴意义，即产生"ир-₃"、"ир-₄"和"ир-₅"的用法。通过上述分析，我们认为"ир-"的语法化与其同现的前动词的语义特征存在密切关联，是促进"ир-"语义虚化的重要原因之一，也是"ир-"语法化程度不高的重要表现。

再次，状语的语义抽象化对"ир-"的语义同样产生了较大影响，使之在发生语法化之前，[+空间位移][+方向性]两个义素凸显，成为高度泛化的运行动词。众所周知，意义空泛的词、格式极易负载主观意义，从而为"ир-"发生语法化奠定了基础。在最初，"ир-"的句中状语一般为表示时间或地点的词，这些状语主要以时间或方位名词、名词从比格、给在格等格形式出现。表达"在什么时间发生了'来'的动作"；"从哪里'来'"或者"'来到'了什么地方"。

进中古阶段后，状语的形式不断丰富，语义也开始变得抽象。表现在同"ир-"搭配的不再只有地点或时间状语，由副动词形式"-хаар"表达的目的状语开始出现。与之前的从比格、给在格等格形式相比，目的副动词形式"-хаар"需要接加在动词词干上且意义十分抽象，如：

① Би Тэмүжиний харъяат буй. Их гэрт хонь <u>хяргахаар ирлээ</u>. 我是铁木真的部下。我是<u>来</u>大帐剪羊毛的。[《蒙古秘史》（*Монголын нууц товчоо*）]

（二）句法位置变化

我们知道，助动词等虚词和结构是句法系统两个重要的组成部分。两者相互联系，又相互影响。结合句法结构来看虚化已经成为语法化研究的重要研究视角之一，而"重新分析"、"次要句法位置的固化"等业已形成的语法化机制理论，就是在针对具体某种结构进行观察的基础上得出的。在这方面，汉语研究已经取得可观的成绩。例如，刘坚（1995）认为，大多数情况下，词汇的语法化首先是由实词的句法位置改变而诱发的。石毓智（2001）则指出，特定的句法结构和语义相宜性是一个实词发生语法化的两个必要条件。本文认为，将以"ир-"为代表的蒙古语助动词的产生、兴盛及其虚化轨迹，放在句法类型或句法转型这种结构体系的背景下来考察，注意结构体系性变化对其虚化的影响，无疑是一个独特且有一定说服力的视角。

在蒙古语最基本的 SOV 句型中，可以有多个动词共同充当谓语核心，这些动词可以各自分开，也可以以连接的形式出现，具体分为四种情况：

a."ир–₁"在前，其他动词结尾。如：

① Би номын санд ирээд номоо уншив. 我来到图书馆读书。

b.其他动词在前，"ир–₁"结尾，如：

① Би кино үзээд их дэлгүүрт ирсэн. 看完电影，我来到了商场。

c."ир–"在前，构成"ир–₁x+V"的连动结构，如：

① Тэр хүн айлын гадаа ирээд орсонгүй. 他来到毡房外没进去。

d."ир–"在后，构成"Vx+ир–₂/ир–₃/ир–₄/ир–₅"的连动结构。如：

① Төгсөлтийн шалгалт дууссаныг мэдэгдсэн хонх дуугарсан даруй, ээж минь надад авч ирсэн цайнаасаа аягалж өгсөн. 毕业考试结束的铃声刚响完，母亲就把带来的茶饭给我盛好了。

② Тэр маань бороотой өдөр болгон намайг ажлаас тарж, автобуснаас бууж ирэхэд энэ шүхэртэй буудал дээр хүлээн зогсдог байсан юм. 每个雨天，我下班乘公交车下车时，他都会带着这把雨伞等着我。

③ Олон улсын харилцаанд энэ зарчмыг жинхэнэ ёсоор хэрэгжүүлж биелүүлэхийн төлөө, бид шургуу тэмцсээр ирсэн билээ. 为了在国际交往中真正贯彻执行这一原则，我们一直在进行坚持不懈的斗争。

④ Энэ ажил жаахан хуучраад ирвэл гайгүй болох байхаа. 这项工作稍微过些时日会好些的。

在最初的"Vx+ир–"结构中，前动词与"ир–₁"连用，虽然个别时候，由

于连接副动词形式 "x" 的具体意义不同，"V" 对 "ир-₁" 有类似副词或方式状语的修饰作用。但在句法地位上，二者共属同一实施，仅有先后之分，无偏正之区别，是并列的关系。

"Vₓ+ир-₂" 结构出现后，"ир-₂" 与前动词仍共承同一主语，在结构上也与前动词保持了并列关系。但是正如前文所说，此时前动词是整个句子的谓语核心，"ир-₂" 已经开始作为助动词，更多的是赋予前动词趋向意义。在很多情况下，此类趋向意义也开始由实变虚，呈现的是说话人的一种心理主观趋向，用以表明主语跟说话人的关系是远了还是近了。而在 "Vₓ+ир-₃/ир-₄/ир-₅" 中，"ир-" 的实在意义完全消失，彻底依附于前动词，而且伴随着前动词语义的变化，"ир-" 自身也仅表达渐进、持续等语法意义，成了前动词的"体"标记。

在上述语义虚化链（bleaching chain）中，由于句法位置的变化而进入 "Vₓ+ир-" 结构是 "ир-" 语法化的重要基础，只有在特定的句法位置上，在语境等因素的影响下，"ир-" 的词义才会不断虚化，最终从实义动词发展成可以作为助动词使用。综上所述，"ир-" 句法位置的改变及其固定化主要表现为"由在句子结构中的核心句法位置变成经常出现在适合于表示特定语法关系的句法位置上，从而引起其词义变化，并一路发展下去，成为在特定语境中专门表示这种语法关系或语法功能的助动词。

此时，我们有必要对 "Vx+ир-" 结构中，"ир-" 成为虚化首选的原因做出解释。在 "Vx+ир-" 结构中，实词虚化有两种选择：要么前动词虚化，构成"状语+ир-"结构，要么 "ир-" 虚化，构成 "V+助动词" 结构。"ир-" 最终成为虚化选择的原因有很多，除了上文阐述的"前动词语义变化"外，身前副动词形式 "x" 所自带的修饰语义，也是一个重要原因。在蒙古语中，并列副动词"-ж，-ч"、共同副动词"-н"、先行副动词"-аад⁴"和延续副动词"-caap⁴"等一般连接副动词形式除在功能上可以作为句中非结尾形式谓语外，在语义上还包含某种程度的修饰的语义。当然，4 类副动词形式的包含"修饰语义"的程度不同，表现为延续副动词>先行副动词>共同副动词>并列副动词，如下面例句所示：

① Би ч өнөөдөр <u>амжиж ирэхгүй</u>, хэдэн үнээгээ хэнээр саалгадаг юм билээ гэж л бодож байлаа шүү хэмээн инээмэр болжээ. 我今天也没有<u>来得及到</u>，就想着让别人把牛奶挤了，说着笑了起来。（并列副动词）

② Хурдан морины <u>яралзан ирэх</u> эр хүний бахдал. 策马<u>奔驰而来</u>是男子汉的荣耀。（共同副动词）

③ Чи намайг морь <u>унаад ирэхийг</u> харсан шүү дээ гэхэд... 说道：你看到我<u>骑马过来</u>了。(先行副动词)

④ Батзориг ажилдаа <u>яарсаар иртэл</u> Зулаа харагдахгүй байв. 巴特卓力格慌忙地来上班时，没看到卓拉。(延续副动词)

这样一来，"V_x"整体上的确具备了"副词化"的语义基础。在特殊语境下，个别动词之后的副动词形式会逐渐演化出"副词"构词后缀的功能，使得"V_x"整体上成为副词。以共同副动词形式"-н"为例，若将其接加在"түргэ-"、"хурд-"等词干后，该动词就会产生相关的副词语义。

① Гэвч Нуржмааг <u>түргэн</u> ирсэнд баярлан:

- Ашгүй та хоёр хүрээд ирэв үү? 但是很高兴诺尔吉玛这么<u>快</u>就来了，说道：太好了，你们俩来啦？

② Явж <u>хурдан</u> ирвэл дээ,

Ямар ч юм саадгүй дээ. 如若<u>快点</u>到来，一切都不是障碍。

但是，根据对前动词的语义分析我们得知，相比于修饰性语义，前动词的动作性显然更强。同时，随着前动词语义的不断变化，在该结构中，前动词的动作行为意义逐渐超过"ир-"所体现出的对应含义，成为明显的强势动词，使得人们在不知不觉中选择了前动词作为了特定语境中的谓语核心。

三、结语

在蒙古语中，实义动词虚化为辅助动词是常见而又复杂的语言现象。长期以来，学术界对该问题的研究呈现了明显的重描写而轻解释的特点。本文以语法化及相关理论为指导，以蒙古语中的常用动词"ир-"为例，通过对"ир-"主语生命值变化、前动词语义特征的变化、"Vx+ир-"结构的形成以及自身的句法位置变化等问题进行详细探讨，揭示了动词"ир-"语法化过程中的句法环境促进机制，为解释蒙古语中类似的语法化现象提供了一条思路。

当然，语法化是多种因素共同作用的结果。语法化的诱因、条件和机制相互渗透、相互作用、相互影响。诸如"ир-"语法化的隐喻机制、"ир-"作为词汇语法化后对蒙古语句法的影响等问题都值得关注和更深一步研究。

参考文献

[1] 刘坚，曹广顺，吴福祥. 论诱发汉语词汇语法化的若干要素[J]. 中国语文，1995（3）.

[2] 马清华. 词汇语法化的动因[J]. 汉语学习，2003（2）.

[3] 清格尔泰. 蒙古语语法[M]. 呼和浩特：内蒙古人民出版社，1991：1—2.

[4] 沈家煊. 语法化研究纵观[J]. 外语教学与研究，1994（4）.

[5] 石毓智. 汉语语法化的历程：形态句法发展的动因和机制[M]. 北京：北京大学出版社，2001.

[6] Bybee. *The role of frequency in grammaticalization* [M]. In R. Janda & B. Joseph (eds.). Handbook of Historical Linguistics. Oxford: Blackwell, 2001.

[7] Hopper, Paul J. & Traugott, Elizabeth C. *Grammaticalization* (2nd) [M]. London: Cambridge University press, 2003.

[8] П. Бямбасан. *Орчин цагийн монгол хэлний байдлыг илрүүлэх задлаг аргын тухай асуудал* [J]. УБДС–ийн ЭШЗАБичиг, 1989(20): 46–54 х.

[9] П. Бямбасан, Ц. Өнөрбаян, Б. Пүрэв–Очир, Ж. Санжаа, Ц. Жанчивд орж. *Орчин цагийн монгол хэлний үг зүйн байгуулалт* [M]. Улаанбаатар, 1987.

[10] Ш. Лувсанвандан. *Монгол хэлний үгсийг аймаглах тухай асуудал* [J]. Хэл зохиол, 1967, 5(10).

[11] Ш. Лувсанвандан. *Орчин цагийн монгол хэл* [M]. Бээжин,1961.

越南汉喃碑刻的多维视野与多元价值

信息工程大学　谭志词　李梦

【摘　要】由于长期受汉字和汉文化的影响，越南拥有丰富的汉喃碑刻文献尚待发掘利用，中国学者应该发挥语言和学科优势，从历史学、宗教学、语言学、艺术学、文学等多学科视野对越南汉喃碑刻文献进行全面、深入研究，发掘其多元价值。

【关键词】汉喃；碑刻；多维；多元

20 世纪中国学术史的经验证明，方法的更新、材料的更新、视野的更新都是学科发展的重要途径。大量的学科实践证明，新学科的建立和学科的系统化，是通过视野和材料的更新来实现的。这一事实同样适用于新世纪的中国学术发展路径。新世纪以来，越来越多的从事中国传统学科研究的学者把视野转向域外，关注域外新资料的发掘利用，不断取得新成果。近年来，在国家社科基金重大项目、一般项目、教育部重大项目立项中有不少项目是与越南汉喃文献相关的，充分证明了新世纪新视野、新材料对学科发展和学术生长的重要性。而越南汉喃碑刻文献的多维视野和多元价值探讨或将成为中国多学科学术生长点之一。

碑刻是指镌刻在石碑上的文字，它是金石学的重要内容之一。碑刻往往能补史传之未备，故历来受史家推崇。中国碑刻内容丰富，有人估计，如果把中国各种石刻文字汇集起来，其数量完全可以与著名的二十四史和浩如烟海的写本、刻本书籍相当，……对它的整理与研究是一项大有前途的工程。[①] 历史上，越南曾长期将汉字作为国家正式文字使用并濡染中国文化甚深，并曾创制了民族文字——喃字。使其拥有大量的汉喃碑刻文献，这些碑刻文献是研究越南历史、文化、社会、宗教信仰、中越关系、越南华侨华人等问题所依据的珍贵文献。但是，由于种种原因，越南汉喃碑刻文献一直没有得到很好的开发、利用。笔者曾到越南专门阅读、抄录了一些越南汉喃碑刻文献，并做了一些田野考察工作，搜集了前人相关的研究成果。回国后利用这些碑刻材料完成了博士论文、博士后课题和国家课题一项，发表了一些论文。通过十多年来笔者对

---

① 徐自强、吴梦麟著：《古代石刻通论》，北京：紫禁城出版社，2003 年，第 4 页。

越南汉喃碑刻的研究，笔者认为越南汉喃碑刻文献仍有大量的学术研究空间，期待学者们从多维视野去审视并发掘其多元价值，本文拟就此问题作一探讨。

一、国内外对越南汉喃碑刻的整理和研究情况

关于越南碑刻的研究，最早关注的可能是 14 世纪的越南人黎崱，他在其成书于 14 世纪的著作《安南志略》中收录了一篇碑文即《天威径海派碑》，[①]该碑为纪念唐代高骈疏通天威海道而立（公元 870 年）。在古代越南，最为关注越南碑刻情况的应该是越南文化之集大成者黎贵惇（1726—1784），他曾踏遍越南朝野，寻古访碑，他不仅在自己的著作《见闻小录》中对越南部分碑刻和钟铭进行了较为详细的描述，还对中国和越南的碑刻进行比较。1761 年，他在出使中国时，曾花费不少工夫关注中国不同时期碑刻之不同以及越南碑刻与中国碑刻之异同同。他在著作中写道：

> 使北日见古碑碣甚多，北人取石最精，绝无筋理，但不甚厚，仿二三寸。龟趺去地亦不甚高，碑文大书深刻，上沿及三面并砌砖甓作传，石灰坚厚方洁，土人常为修补，所以能传于久。南国碑字细书，浅刻，龟趺大、高，全无遮蔽，风雨侵剥，苔藓漫漶，经久不可复解。又北方石匠最巧，工价极廉，一碑仅费银数两，非如吾国一碑之费□至百余缗也。[②]

黎贵惇注意到，中国明、清两朝进士题名碑略有不同，明碑有碑额和碑文，且碑文有劝诫之义，清碑则相对简单，只题进士及第者之姓名、籍贯和地址，没有更细致的碑文。越南的进士题名碑仿造中国明朝碑刻体例，所不同的是中国明碑撰者列于碑文之前，越南则列于碑文之后。中国碑刻石料好，碑文大书深刻，碑刻保护得好，不易损坏，保存时间长。越南碑刻则相反，石料相对较差，碑文细书浅刻，保护得不好，容易损坏。

1788 年，越南学者裴辉碧在编辑《皇越文选》[③]时就收录了部分碑刻作品。19 世纪时，清化省怀德府（今河西省）官员高朗曾将河内文庙中的所有进士题名碑碑文收集起来，编成《黎朝历科进士题名碑记》[④]一书。

---

① 中越学者对该碑的源地存有争议。台湾学者耿慧玲认为该碑源地在中国广西防城，越南学者认为其源地可能在越南北方。分别参见耿慧玲著：《越南史论——金石资料之历史文化比较》，台北：新文丰出版有限公司，2004 年，第 323 页；越南汉喃研究院与法国远东学院合编：《越南汉喃铭文汇编》，第一集，北属时期至李朝，巴黎-河内，1998 年，第 31 页。

② [越]黎贵惇：《芸苔类语》，九·品物。

③ 参见[越]裴辉碧：《皇越文选》，希文堂刻本，越南汉喃研究院图书编号：A.3163。

④ 此书藏在越南汉喃研究院，编号：A.109/1-2。

20 世纪初，越南出现了一些收录碑刻铭文的抄本，如胡得预的《爱州碑记》①收录了清化地区的 100 篇碑刻铭文。从 1900 年开始，法国远东学院（当时在河内）对越南部分地区的碑刻进行传拓并将拓片收集起来，部分拓片内容发表在法国远东博古学院集刊（BEFEO）上，至 1910 年已收集了 204 张拓片，20 世纪 20、30 年代，法国远东学院所收集的拓片越来越多。1935 年，法国人出版了《蓝山碑记影集》，这可能是越南碑刻中最早带有研究性质的成果。截至 20 世纪 50 年代，法国远东学院和越南学者已经对越南 20000 多通碑刻进行传拓，由法国远东学院统一管理。与此同时，一些越南学者也开始关注碑刻的研究，1940 年，越南南方学者黄春翰为了撰写关于李常杰的著作，曾访遍清化等省，抄录碑铭，摹印拓片，1950 年河内珥河出版社出版了黄春翰的专著《李常杰——李朝外交和宗教史》，这是现代越南学者利用碑刻文献来进行研究的最早著作。继之越南汉喃研究院从 20 世纪 50 年代起就组织人力对越南全国各地重要的金石资料进行传拓，并将拓片集中起来，统一管理。20 世纪 60 年代，越南考古工作取得新进展，发现了一些新的碑刻，考古学家何文晋教授等利用碑刻来进行历史研究。② 1969 年，越南北方著名汉学家陈文珵开始关注碑刻拓片的介绍和研究，发表了一些关于越南汉喃碑刻研究的论文。③ 20 世纪 70—80 年代，越南学者开始对碑刻拓片进行编目整理，相继编写了《越南碑刻目录》、《碑刻目录提要》等书稿，包括 25、30 册不等的打印稿，与此同时，越南文学研究院出版了《李陈诗文》④一书，其中收录了李朝、陈朝时期的部分碑刻，20 世纪 90 年代以来，越南、我国台湾和法国学者开始合作，对越南汉喃研究院收藏的碑刻拓片进行系统的整理研究（后来台湾学者退出合作），1998 年，由越南汉喃研究院与法国远东学院合编的《越南汉喃铭文汇编》（第一集）正式出版，2002 年，越南汉喃研究院与台湾中正大学文学院合作，出版了《越南汉喃铭文汇编》，第二集，陈朝，上、下册，由台湾新文丰出版公司出版。截至 2004 年，汉喃研究院收藏的各类金石铭文（包括铜钟、铜

---

① 越南汉喃研究院图书编号：VHv.1739。

② 参见何文晋：《华闾新发现公元 973 年的经幢》，载《历史研究》，1965 年，总第 76 期。

③ 参见陈文珵：《阮惠与河内进士题名碑》、《越南碑铭——碑铭拓片在社会科学中的价值及社会科学图书馆现存碑铭拓片》，分别载[越]《历史研究》，1963 年总第 46 期和 1969 年总第 118 期。后文又收入越南史学院编《史学院 50 年论文选集》，河内：社会科学出版社，2003 年，第 233—258 页。

④ 越南文学院编：《李陈诗文》，河内：社会科学出版社，第一辑：1977 年；第二辑上册：1989 年；第三辑：1978 年。

碑、铜香炉、铜磬、石碑、石磬、木牌、木匾、木联等）拓片约 40000 多张，其中绝大部分为碑刻拓片。越南汉喃研究院现设有碑刻研究小组，专门从事这些汉喃铭文的整理和研究工作。越南学者一边对汉喃碑刻文献进行收集整理，一边利用碑刻文献对相关问题进行研究，如何文晋、吴德寿、丁克顺等教授在汉喃碑刻研究方面取得了一些成果。香港学者陈荆和先生在 20 世纪 50—70 年代就利用碑刻来研究越南华侨华人问题，其成果具有引领作用。日本、俄罗斯学者也有一些相关的成果。①

值得注意的是，在相当长的时间内，中国大陆学者对越南汉喃碑刻的发掘利用方面行动比较迟缓，值得我们反思。2005 年以来，笔者利用越南汉喃碑刻文献对中越佛教关系史、越南华侨华人的宗教信仰等专题进行了研究。

2005—2009 年，越南汉喃研究院与法国远东学院等单位合作编辑出版了《越南汉喃铭文拓片总集》（以下称《总集》），共 22 册，基本涵盖了越南各个历史时期的汉喃碑刻文献，为汉喃碑刻的进一步研究提供了可贵的一手文献。此后，中国一些高校的研究生开始以《总集》为基础进行专题研究，如浙江财经大学汉语言文字学专业硕士生刘正印撰写了学位论文《越南汉喃铭文用字研究》，主要运用"汉字职能学"和"传承俗字和变异俗字"等相关理论对越南汉喃铭文的用字情况进行了比较全面、系统的研究，为汉语文字学的研究开辟了一个新的研究领域。然而，越南汉喃碑刻的研究视野和研究价值尚多。

二、越南汉喃碑刻的多维视野与多元价值

对于越南汉喃碑刻，我们可以从多维视野去审视它，去发掘其多元价值。

（一）历史学视野

从历史学的视野来看，碑刻文献往往可以补史传之未备，故历来受史家推崇。王国维有"古来新学问起，大都由于新发见"之说，陈寅恪亦强调"取地下之实物与纸上之遗文互为释证"、"取异族之故书与吾国之旧籍互相补证"、"取外来之观念与固有之材料相互参证"，"以转一时之风气，而示来者以轨则"。② 陈垣先生非常重视碑刻文献的收集整理和利用，他曾编有《道家金石

---

① 参见[日]KIKUChI SeIIChI：《会安古街的形成和发展——以碑刻、史籍及考古材料为依据》，载[越]《历史研究》，2001 年第 6 期；《考古学视角下的会安日本街》，载[越]《历史研究》，2003 年第 2 期；[俄]菲多林（音译）：《越南历史、政治、社会研究中的碑铭资料统计分析的方法论及部分结果》，载《汉喃杂志》，1992 年第 2 期；等等。

② 转引自王昆吾著：《从敦煌学到域外汉文学》，北京：商务印书馆，2003 年，第 357 页。

略》一书，被认为是中国道教最完备的碑刻文献。越南汉喃碑刻文献也能补越南史传之未备，如据越南正史《大越史记全书》记载，陈朝时，把全国分为十二路，这十二路具体名称是什么，越南史书没有完整的记载，黎崱的《安南志略》里面只记载了十一路，最后一路一直难以寻找。通过研究越南河南省陈朝时期的碑刻《吴家氏碑》，找到了最后一路叫"利仁路"；如果是从华侨华人史的角度来看，越南汉喃碑刻所补史传之未备的情况就更多了，如笔者博士学位论文所研究的拙公和尚的身世及其在越南传播佛教的情况，越南正史文献只字未载，但碑刻中却有颇多载录，如《万福大禅寺碑》、《普光塔碑记》、《献瑞庵报严塔碑铭》、《献瑞庵香火田碑记》、《勅建尊德塔券石》、《结莲华社选佛场图》等，为我们研究郑阮纷争时期的越南社会、文化及中越文化交流史提供了珍贵的文献。此外，碑刻还可以纠史传之谬，如潘辉注《历朝宪章类志》中认为越南官服中的"鱼袋之制"到李朝以后就不再使用了，但根据陈朝碑刻《兴福寺碑》、《开严碑记》、《显曜塔》记载，到了陈朝仍然存在"鱼袋之制"。

（二）宗教学视野

从宗教学的视角来审视碑刻，我们可以看到，越南汉喃碑刻可以为我们提供许多关于越南宗教组织、宗教礼仪、宗教建筑、宗教与社会、政治的关系等多方面的珍贵文献，为我们研究这些问题提供一手文献。如通过碑刻，我们知道，越南北宁省的笔塔寺还有一个鲜为人知的别名，叫"少林寺"。该寺《重兴宁福禅寺碑记》曰："宁福古刹，少林别名。乃圣贤之旧基，实形势之超类，连三岛而跨长江，挟安子以带卧云。"[1] 又如，通过碑刻文献，我们既可以看到越南佛教寺庙建筑的民族特色如"丁"字形建筑符合越南寺多地少的国情，如"后佛"、"后神"现象反映越南佛教与民间信仰相融合的特点；当然，通过碑刻文献，也可以看到越南佛教寺庙建筑艺术与中国有许多相同之处，如主体建筑都用来供佛，又如碑刻装饰方面多用龙、凤朝阳、双龙朝月等。

（三）艺术学视野

通过越南汉喃碑刻，可以研究汉字书法在越南的发展变化以及雕刻艺术、绘画装饰艺术等。如《阳岩摩崖碑》是越南陈朝著名文学家范师孟的书法手迹，通过这通碑刻可以研究越南陈朝的汉字书法艺术；又如通过《云磊寺碑》可以研究越南南北纷争时期郑主郑森的书法艺术等等。目前国内对越南汉字书法的研究尚欠深入，今后若要进行深入研究，需要通过考察碑刻文献。

---

[1] 明行撰：《勅建宁福禅寺碑记》，越南汉喃研究院拓片号：2894。

（四）语言学视野

从语言学的视野来审视越南汉喃碑刻，可以研究越南喃字、中国汉字字学、音韵学、训诂学、词汇学等诸多问题，进而编写越南金石字典、词典、研究汉字在越南的传播与发展变化等问题。这些都是颇有学术价值的课题。越南历史上的讳字、俗字及其背后隐含的避讳制度、民族心理等，尚待开发研究。从目前来看，学者们仅对越南汉喃碑刻的文字学进行了初步的研究，对音韵学、训诂学、词汇学等诸多问题涉入尚浅，因此，这一领域尚存广阔的学术研究空间。

（五）文学视野

王小盾教授非常重视新资料在文学研究过程中的作用，他说："当我们讨论文学研究在新世纪的学术生长点问题之时，应当建立这样一个认识：新资料（包括具有新内涵的资料）是造就新学术的最重要的资源。"① 越南汉喃碑刻文献不仅对越南文学研究，而且对中国文学研究来说都是一片尚待开发的学术新文献，其重要性不言而喻。越南汉喃碑刻中有很多文人墨客甚至是帝王的作品，为我们开展越南汉文文学、文体学、文学思想、作家作品、文学发展史、中越文学交流史等领域的研究提供了丰富的新文献，如刊刻于 1875 年的嗣德帝《御制谦宫记碑》是嗣德帝生前为自己写的墓碑，该碑现立在顺化帝王陵嗣德陵的碑亭中，碑体长达 4 米，宽 2 米多，文字洋洋洒洒约 5000 字，堪称越南规模最大、字数最多的碑刻。碑文伊始，嗣德帝曰："天气轻清，故能悠久，风云雨露无常形，故不必说。若有形，虽大如地，亦有时坼圮，明如日月，亦有时阙昃晦蚀，他如山高海深，金坚石确，皆其为物之最卓卓者，亦不能无崩涸销烂之虞，何况于人乎哉？"以此优美、情真意切的词句导入，该碑文堪当一篇优美的散文欣赏，其间，嗣德帝亦言及越南近代历史、政治："重洋万余里、风马牛不相及之欧洲人而素有旧之富浪沙国者，师船突如其来，弃好寻仇，侵我边鄙，恃船坚炮利，肆其吞噬，遏于广南，轶于嘉定、北圻，喜乱奸民亦因而蠢动。承平日久，民不知战，干城保障有几人焉，以致山海群盗，内奸外寇，暗相缔串。滋蔓所至风靡，谁与保吾境，矧可保吾民……"② 此数句碑文道出了近代越南外受西方殖民者坚船利炮的侵略，内有奸臣当道、政局不稳，作为弱国弱民的帝王回天无力的痛苦。笔者认为，这通碑刻不仅具

---

① 王昆吾著：《从敦煌学到域外汉文学》，北京：商务印书馆，2003 年，第 357—358 页。
② 嗣德帝撰：《御制谦宫记》，越南汉喃研究院拓片号：18303-18304。

有文学鉴赏价值，可当作一篇帝王散文来欣赏，同时亦具有历史学、政治学价值，对研究当时越南历史、政治具有很大的学术价值。此外，越南尚有很多帝王的诗歌作品均刻在碑刻上，值得我们去发掘它们的文学价值。

三、越南汉喃碑刻研究中应注意的问题

对越南汉喃碑刻进行研究，笔者认为有四点需要注意：打通关系、掌握越语、田野考察、加强合作。

（一）打通关系

包括两个方面：一是打破学科壁垒，打通学科之间的关系，采用跨学科研究方法对越南汉喃碑刻进行综合研究。二是打通碑刻文献与其他文献的关系，把碑刻文献与其他文献（纸质文献、考古实物等）相结合来研究，互为印证，更有说服力。因为，碑刻文献篇幅有限，阐述问题往往点到为止，概括性强。纸质文献相对碑刻文献而言篇幅要长得多，对问题的阐述比较具体、深入，因此，在利用碑刻文献来进行相关问题研究时，需把两种甚至多种文献进行相互对照，互为印证，方能得出正确的结论。

（二）掌握越语

诚然，作为中国学者，不懂越南语也能看懂越南汉喃碑刻文献，但是，碑刻文献毕竟在越南境内，越南学者非常重视对碑刻进行发掘利用，取得了很多相关研究成果。如果我们能够掌握越语，就可以充分参考越南学者的研究成果，减少重复劳动。

（三）田野考察

要重视到越南对碑刻进行田野考察，其间可能会得到意外的收获。如笔者在越南考察期间，获得了珍贵的文献《拙公语录》。近年，越南学者在考察过程中，也不断有新的收获。如 2013 年，越南学者发现了迄今为止越南最早的汉字碑刻即立于公元 314 年的《陶璜碑》等。

（四）加强合作

如上所述，越南汉喃碑刻文献具有多学科的研究价值，因此需要多学科的学者进行合作，方能充分发掘其多元价值。此外，如有条件，中国学者最好与越南、法国、日本等多国学者合作，取长补短，方能取得重大成果。

四、结语

越南汉喃碑刻承载着汉字和汉文化在域外传播，汉字和汉文化在域外的发展变化对域内的汉字和汉文化同样具有丰富内涵、拓展职能、启迪思维等积极作用，随着学术的不断发展，域内的学术视野需要向域外拓展，去发掘那些具有多元价值的学术空间，方为学者创新之道。对越南汉喃碑刻的研究，本应成为中国学者的优势，希望中国学者能发挥这一优势，从跨学科的视野对越南汉喃碑刻进行深入研究，争取获得更有价值的学术成果，推动学科不断向前发展。

参考文献

[1] 陈日红，刘国祥．越南汉喃铭文拓片总集述要[J]．中南大学学报，2013（6）．

[2] 耿慧玲．越南史论：金石资料之历史文化比较[M]．台北：新文丰出版有限公司，2004．

[3] 刘正印．越南汉喃铭文用字研究[D]．浙江财经大学硕士学位论文，2016．

[4] 王昆吾．从敦煌学到域外汉文学[M]．北京：商务印书馆，2003．

[5] 徐自强，吴梦麟．古代石刻通论[M]．北京：紫禁城出版社，2003．

[6] [越]丁克顺，[中]叶少飞．越南新发现"晋故使持节冠军将军交州牧陶列侯碑"[C]//刘迎胜．元史及民族与边疆研究集刊（第十三辑）．上海：上海古籍出版社，2015．

[7] [越]何文晋．石刻与铜铭—铭文与历史[M]．河内：社会科学出版社，2002．

[8] [越]汉喃研究院与法国远东学院．越南汉喃铭文汇编[M]．第一集，北属时期至李朝．巴黎–河内，1998．

[9] [越]汉喃研究院与台湾中正大学文学院．越南汉喃铭文汇编[M]．第二集，陈朝，上、下册．台湾新文丰出版公司，2002．

[10] [越]阮光红．越南汉喃铭文[M]．河内：社会科学出版社，1993．

[11] [越]吴德寿．越南史讳研究．河内：文化出版社，1997．

[12] [越]越南文学院．李陈诗文[M]．河内：社会科学出版社，第一辑：1977；第二辑上册：1989；第三辑：1978．

现代越南语趋向结构研究述评

信息工程大学　曾添翼

【摘　要】现代越南语趋向问题长期受到学界关注，趋向结构研究突破了以往趋向词的分析框架，注重从成分搭配、分布、意义、功能、概念表征等方面进行探讨。综观现有研究成果，现代越南语趋向结构研究大致呈现以下特点：研究内容从形式转向功能，研究路径从形式到意义转为从意义到形式，研究方法从内省为主到更加注重实证、从描写为主到更加注重解释，研究对象从越南语本体扩大到跨语言对比。现代越南语趋向结构还可以运用语料库、心理实验等实证方法从空间认知、语言习得等视角进行研究。

【关键词】越南语；趋向词；趋向结构

　　越南语中有一组封闭类词，包括 vào, ra, lên, xuống, sang, qua, đi, lại, về, đến, tới，它们意义丰富，用法灵活，既可以单独出现在中心谓语位置，也可以出现在谓词或谓词短语之后。越南学者 Nguyễn Lai 从词义出发，将其统称为 "từ chỉ hướng"（暂译为 "指向词"）[1]，规避了词类问题的困扰，得到了学界的认可。为了论述的方便，兼顾越南语实际情况，我们暂且将这组词称为 "趋向词"[2]。

　　趋向词是越南语学界长期讨论的问题，越南语趋向词的研究越来越精细化。除此之外，不少学者突破词汇学的框架，从短语或词组的视角分析趋向结构的构成机制、意义、语用功能等问题。目前，学界对越南语趋向结构没有明确的界定，本文暂且将其理解为所有包含越南语趋向词的结构。[3]

---

　　[1] Nguyễn Lai. *Một vài đặc điểm của nhóm từ chỉ hướng được dùng ở dạng động từ trong tiếng Việt hiện đại* [J]. Ngôn ngữ, 1977 (3): 8–29.

　　[2] 国内学者多使用 "趋向动词" 这一术语，如黄敏中、傅成劼（1997），林明华（2016），梁远、祝仰修（2012），谭志词（2013）。

　　[3] 郭晓麟对汉语的趋向结构和动趋结构进行了区分：趋向结构包括所有包含趋向动词的结构，而动趋结构指的是趋向动词作补语的情况，动趋结构是趋向结构这个大的范畴的组成部分。详见郭晓麟. 现代汉语趋向结构系统的功能研究：基于事件语义学的考察[M]. 北京：中国书籍出版社，2016：1.

一、传统视野下的趋向结构研究

（一）对趋向结构成分的研究

1.趋向结构中趋向词的性质

学界一致认为趋向词有单独充当谓语的功能，但对谓词后趋向词的性质存在"动词"、"虚词"、"副词"、"介词"等不同认识。词的语法功能通过搭配来体现，很多学者借助趋向结构来分析趋向词的性质。

Nguyễn Tài Cẩn 最早在其博士论文 *Từ loại danh từ tiếng Việt*（1960）中把短语分析框架应用于越南语研究。Nguyễn Tài Cẩn（1975）从结构主义视角，根据"Đ+X+Đ"[①]结构中 X 和 Đ、Đ 的组合关系来确定 X 的性质。如果 X 和 Đ 关系更紧密，则 X 为介词；如果 X 和 Đ、Đ 没有关系或者关系均等，或者 X 和 Đ 关系更紧密，则 X 为趋向词。[②] Nguyễn Kim Thản（1977）认为"Đ+X+Đ"中的 X 不一定是介词，当 Đ 为时间名词时 X 一般为介词。[③] Đinh Thanh Huệ（1985）用变换分析法分析"Đ+X+Đ"结构中 X 的性质，得出的结论和 Nguyễn Tài Cẩn 类似[④]。她还考察了"X+Đ"、"Đ+X"和"Đ+Đ+X"等变体，认为"X+Đ"中的 X 是运动动词，"Đ+X"、"Đ+Đ+X"中的 X 是非句法虚词。Đinh Văn Đức（2015）分析了"Đ+ra₁"和"Đ+ra₂+Đ"，ra₁ 是表示方向或结果的辅助词，ra₂ 不完全是动词的附属成分，还跟名词有关系，也证实了上述学者的观点。

有学者用具体例子分析"Đ+X+Đ"和"X+Đ"结构中 X 的性质。Nguyễn Lai（1977）以 Chim bay về₁ tổ/Chim về₂ tổ 为例考察"về₁"和"về₂"之间的关系：về₂ 之所以能单独作谓语，是因为增加了动词 bay 的功能，于是 về₂=bay

---

① 为方便起见，如无特别说明，本文统一使用英文字母表示有关术语：Đ 表示动词，đ 表示趋向词，T 表示形容词，V 表示谓词，Đ 表示名词，Đ₁ 表示受事名词，Đ₂ 表示处所名词，B 表示补语，B₁ 表示对象补语，B₂ 表示处所补语（多为终点），X 表示待论证的成分（一般为趋向词或介词）。

② 据 Đinh Văn Đức 在专著 *Ngữ pháp tiếng Việt: từ loại (I&II)* 中的论述，该观点源自 Nguyễn Tài Cẩn 的专著 *Ngữ pháp tiếng Việt (Tiếng – từ ghép – đoản ngữ)*。该书最早于 1975 年出版，后多次再版。本文参考文献中所列为 1996 年再版。下同。

③ 据 Nguyễn Anh Quế 在专著 *Hư từ trong tiếng Việt hiện đại* 中的论述，该观点源自 Nguyễn Kim Thản 的专著 *Động từ trong tiếng Việt*。该书最早于 1977 年出版，后多次再版。本文参考文献中所列为 1999 年再版。下同。

④ Đinh Thanh Huệ 更多从句法功能角度进行考察，使用的术语是"句法虚词"（介词）和"非句法虚词"（状词）。

về₁，从而得出结论：趋向词包含的运动义素和方向义素都是潜在的，语义实现受运动主体的制约。Nguyễn Kim Thản（1977）分析了 Tôi đi ra₁ sân 和 Tôi ra₂ sân 的不同：ra₁ 表示主体的活动方向，不是独立动词，ra₁ 从属于动词 đi，和 đi 之间不能加 mà, đã 等词；ra₂ 表示主体向目标运动，是独立动词。之所以有学者认为 đi ra₁ 和 ra₂ 意义相近，是因为 đi 的语义太笼统，如果换成 chạy, nhảy, tiến công 等词则不然。

还有学者考察双补语结构中 X 的性质。Đinh Văn Đức（2015）考察了"Đ+D₁+X+D₂"，认为直接补语 D₁ 的存在改变了 Đ 和 X 之间的关系。X 的介词性增强，起连接 Đ 和 D₂ 的作用，去掉 X 后结构不成立（例如可以说 treo vào tủ，但不能说 treo tủ），X 之前还可以出现 không, chẳng, chả, mà 等词（例如 Nó treo cái áo không vào tủ, mà vào tường）。Nguyễn Văn Lộc（2017）考察了"D₁+Đ+D₂+vào/ra/lên/xuống+D₃"，认为 vào/ra/lên/xuống/về 具有介词的功能，与名词一起充当补语。

Nguyễn Anh Quế（1988）根据语义把趋向词分成两组，分别考察它们在"Đ+（B₁）+đ+B₂"①结构中的特点。第一组趋向词为表示明确方向的 ra, vào, lên, xuống，充当 Đ② 的附属成分。Đ 可以确定运动的起点和终点，可以带 B₂，带 B₂ 时 đ 的语义更具体。đ 和 Đ 的关系比 đ 和 B₂ 的关系更密切。没有 B₂ 时，đ 只受 Đ 的支配。有 B₂ 时，受 Đ、B₂ 的共同支配，đ 的功能和语义都发生改变：功能方面，除了表示 Đ 的方向，还有连接 Đ 和 B 的功能，如果没有 đ，B₂ 可能变成其他补语（比如 B₁）。语义方面，特别是当有 B₁ 时，đ 的方向义淡化，具有了介词的功能。此外，ra 还可以表示结果，vào, lên 还可以表示命令语气。第二组趋向词为不表示明确方向的 đến/tới, qua/sang, về, lại, đi，通常需要添加补语来明确方向，而且 đ 可以是不同的词，例如 đi về/lại/đến dãy hàng lợn。đ 有连接 Đ 和 B₂ 的功能，有可能转化为介词，đến/tới, qua 都可以和 B₂ 构成介词短语；đ 还虚化为助词，与其他词构成固定结构，例如 đến nỗi, đến nơi đến chốn; trải qua, cho qua; về già, về sau 等等。

2.趋向结构中谓词的性质

趋向结构既有"动+趋"式，也有"形+趋"式，趋向结构中的谓词包括动

---

① 汉语"动趋式"中的趋向动词充当动词的补语，名词充当宾语，因而有"动词+受事宾语+趋向动词+处所宾语"双宾语结构；越南语"动趋式"中的趋向动词是动词的附属成分，名词充当补语，因而有"动词+对象补语+趋向词+处所补语"双补语结构。

② 此处 Đ 为空间运动动词，例如 đi,chạy, bò 等等。

词和形容词。一些学者探讨了能够与趋向词组合、进入趋向结构的谓词的性
质。

Vũ Thế Thạch（1978）指出，动词本身的方向性决定其能否与 ra, vào, lên,
xuống 组合。Đinh Thanh Huệ（1985）考察"Đ+đ"组合中 V 的方向特征：1）
Đ[+动作]+đ，Đ 的方向由 đ 表示，例如 chạy về (nhà), đi ra/vào/lên/xuống；2）Đ[+方
向]+đ，Đ 的方向义由 đ 突显，例如 mở ra, thêm vào；3）Đ[−方向]+đ，Đ 的方向由
越南人的地理方位认知决定，例如 chuyển ra Hà Nội, gửi vào Sài Gòn；4）抽象
义 Đ+đ，đ 仅表 Đ 和体词之间的句法关系，例如 nghĩ về vấn đề này, hiểu về
ngôn ngữ。Nguyễn Anh Quế（1988）专门考察了 Đ[+运动]（例如 đi, chạy）和 đ 的
组合机制。đ 的运动义素和方向义素本来是显性的，充当 Đ[+动作]的附属成分之
后，đ 的运动义素被压制。由于时间总是和行为相关，与方向无关，所以 đ 不
能和 đã, đang, sẽ 等时间副词组合（例如不能说 đi đã ra, chạy sẽ vào）。

以上学者只考察了"动+趋"式，Nguyễn Cảnh Hoa（2001）和 Diệp Quang
Ban（2008）在"谓+趋"组合中还一并考察了"形+趋"式。Nguyễn Cảnh
Hoa 根据谓词语义的不同，总结得出 5 种"谓+趋"组合：1）运动动词+đ（例
如 chạy về nhà, bay lên rời）；2）动作动词+B₁+đ（例如 đặt lọ hoa lên bàn, mang
củi ra sân）；3）感知、言语动词+ đ（例如 trông lên trời, cúi xuống đất）；4）发
展、创造义动词+đ（例如 tìm ra sự thật, nhận thức ra vấn đề）；5）颜色、感触、
状态形容词+ đ（例如 cô ấy đẹp lên, anh ta khoẻ ra）。Diệp Quang Ban 认为有 4
类谓词可以和趋向词组合：1）移动动词，包括自移动词（例如 đi, chạy, bò）
和致移动词（例如 đẩy, đưa, kéo）；2）姿势动词，添加趋向词后具有施为性；
3）表示物质或精神活动的动词，由趋向词补充事物的发展方向或结果；4）状
态形容词，添加趋向词后具有动态性，表示相应的趋势（例如 béo ra, giàu lên,
gầy đi, nhỏ lại）。

Nguyễn Văn Lộc（2017）考察了能进入"Đ+đ+D"（đ=về/đến/tới/vào）、
"Đ+D₁+đ+D₂"（đ=vào/ra/lên/xuống）趋向结构的动词的语义特征。能进入
Đ+D₁+đ+D₂（đ=vào/ra/lên/xuống）结构的 Đ 为三价动词，可以是致移动词（例
如 dời, đặt, ném），也可以是表示运用意义的动词（例如 vận dụng, ứng dụng）。

3.趋向结构中补语的性质

一些学者考察了趋向结构中补语的性质，还涉及了双补语的问题。Bystrov
（1962）认为补语可以放在趋向词之后，也可以放在动词和趋向词之间。趋向
词后的补语一般为表示运动终点的地点名词，而 ra 和 xuống 后的补语既可以是

运动起点，也可以是运动终点。

Nguyễn Tài Cẩn（1996，1999）认为趋向结构以动词为中心，补语是附属成分，补充中心动词的细节内容。补语由名词充当，分为两类：1）表示出发点、经过点、到达点（例如 đi Hà Nội, về quê）；2）表示内容（例如 bàn về ngữ pháp），受中心动词概念义的支配。Nguyễn Tài Cẩn 还认为越南语中存在由对象补语和方向补语组成的双补语结构（例如 Thọc tay vào túi quần）。对此，Diệp Quang Ban（2008）有不同看法，他以 pha sữa vào cà phê 为例，认为表示对象的 sữa 不是补语，而是受事宾语，cà phê 才是由 vào 连接的补语。

Nguyễn Văn Lộc（2017）考察了"Đ+về+D$_2$"、"Đ+đến/tới+D$_2$"、"Đ+vào+D$_2$"和"Đ+D$_1$+vào/ra/lên/xuống+D$_2$"结构式，认为 về+D 充当方向补语，đến/tới+D 充当范围补语，vào+D 充当依靠补语，vào/ra/lên/xuống+D$_2$ 充当致移动作的目标方向补语。他还认为"đ+D$_2$"除了充当动词的补语之外，还可以充当句子的补语（一般位于句首）。充当句子的补语时，不是句子主干，而是句子的次要成分或附属成分。

（二）将趋向结构作为整体的研究

1.趋向结构的性质

有些趋向结构虽然形式一样，但性质不同。有些学者探讨了"Đ+đ"、"đ+D"等组合的性质及区分标准。Trương Vĩnh Ký（1867）在类比印欧语言的基础上认为"Đ+đ"是合成词。Nguyễn Kim Thản（1977）根据能否拆分的原则，判定只有少数的"Đ+đ"是合成词（例如 trở về、trả lại），绝大多数属于词组。Nguyễn Văn Thành（2003）认为 trở về, ra về, ra đi, bỏ đi, trôi qua, đi qua, biến đi, vùng lên 等是合成词，đi đến, đi vào, đi ra, đi lên, đi về, đi xuống 等不是合成词，但没有说明区分的标准。

Nguyễn Ngọc Ấn（2016）从搭配和意义上考察"đ+D"组合的性质和区分标准：如果 D 不表示地点或空间，且语义 đ+D≠đD，则 đD 为合成词，例如 ra mặt, xuống thang, đến cùng；如果 D 表示地点或空间，且语义 đ+D=đD，则 đD 为词组（或短语），比如 lên Hà Nội, vào bộ đội。Đinh Văn Đức（2015）认为"X+D"不一定是介词短语，理由是：1）X 和 D 之间可以插入 không, chưa 等辅助词；2）X 和 D 之间可以插入位置词（trước, sau, trong, ngoài 等），由位置词和 D 构成介词短语。

2.趋向结构的分布特点

Lê Anh Hiền（1973）发现 đến/tới 可以表示程度、界限、结果、方向等意义，并以此为基础来考察 "a+đến+x" 和 "a+y+đến+x" 结构中 a、y、x 位置上的分布情况：1）当 đến 表示程度时，a 可以是行为动词或感想、言语动词，x 可以是动词、动词词组、形容词或小句，y 是副词；2）当 đến 表示界限时，a 可以是存在动词或形容词，x 可以是 "数词+名词" 词组、表示时间点或终点的词或词组，y 是副词；3）当 đến 表示结果时，a 通常是运动动词或行为动词，x 通常是名词或名词短语，充当位置补语或地点补语，y 是副词；4）当 đến 表示方向时，只有 "a+đến+x" 一种结构，a 通常是感想、言语动词，x 通常是名词或名词短语，充当 a 的对象补语。可见，Lê Anh Hiền 对趋向结构进行了细致的描写，但缺乏统合，略显繁杂，而且在对 đến 进行语义描写时混淆了趋向词和趋向结构的意义。

Nguyễn Anh Quế（1988）考察了由表示明确方向的 ra, vào, lên, xuống 构成的趋向结构：1）"Đ+đ+（B$_2$）"，Đ 一般为一价动词，đ 和 Đ 联系更密切，Đ 还可以带其他附属成分（特别是体格成分），放在 Đ 和 đ 之间的位置（例如 chạy ngay ra; bước vội vào）。2）"Đ+B$_1$+đ+（B$_2$）"，Đ 一般为二价动词，例如 lấy củi ra cho họ。没有 B$_2$ 时，B$_1$ 通常紧跟在 Đ 之后，在 đ 之前；B$_1$ 为较长的短语或命题时，也可以放到 đ 之后（例如 lấy ra một bó củi）。在有些语境下，B$_1$ 也可以提到 Đ 之前，此时 B$_1$ 通常也比较长（例如 Giương cao lá cờ lên→Lá cờ giương cao lên）。lôi, vứt, ném, thọc 等词的 B$_1$ 扩展后也可以放到 B$_2$ 之后（例如 vứt ra đường ba thùng rác）。

Lê Biên（1999）考察了 "Đ+D$_2$" 和 "Đ+đ+D$_2$" 两种结构。"Đ+D$_2$" 中的 Đ 是有向移动动词，可能的组合有：1）"Đ+（位置范围词）+D$_2$"；2）"Đ+（界限词 đến/tới）+（位置范围词）+D$_2$"；3）"Đ+đ+D$_1$/D$_2$"。"Đ+đ+D$_2$" 中的 Đ 有多种情况，可能的组合有：1）Đ$_{[-方向][+移动]}$+đ+（位置范围词）+D$_2$，Đ$_{[-方向][+移动]}$ 一般为自移动词，本身不表示方向，只表示移动和方式，不能直接和处所词组合，必须由趋向词和处所词组合成处所补语，đ 虽然语义虚化，但具备动词的完整语法特征。2）Đ$_{[-运动]}$+đ+D，đ 和 D 组成介词短语，充当 Đ$_{[-运动]}$的补语，在句中可以变换位置。位置有两种情况：1）单补语结构为 ĐđD；2）双补语结构为 ĐđD$_1$D$_2$ 或 ĐD$_1$đD$_2$。

Nguyễn Kim Thản（1977）认为趋向结构中 V、v、Q 或 M 之间的组合关系是 VvQ 或 VvM。当 V 的方向是虚拟方向时，只能是 Vv 式，当 V 是动作动词或限制动词时，一般为 VOvM 式（例如 Để sách xuống bàn）。但有的体词放在 Vv 之后不是终点，而是宾语。此时，除了根据语境之外，还可以根据以下标准进行判断：1）该体词必须形式化；2）必须被限定；3）可以参与构成 "tất cả+N"、"数量词+N" 或者 "N+指示代词" 等短语（例如 Nó mang về một quyển sách）。①

我国学者黄敏中、傅成劼（1997）总结了趋向结构的 5 种序列：1）VĐV'；2）VV'Đ（Đ 必须是名词或名词词组）；3）VV'N；4）VĐV'N；5）VV'NĐ（Đ 必须是名词或名词词组）。在陈述句中，Đ 通常放在 V 和 V' 之间。②

此外，Diệp Quang Ban（2008）还描写了几种特殊的趋向结构：1）"Đ₁+D₂+Đ₂"，D₂ 为主要动词，例如 đi chợ về, về quê lên, vào nhà trong ra；2）表起点的关系词+D₂+Đ，例如 từ quê lên, ở quê ra；3）重叠结构，例如 đi đi lại lại, nay vào mai ra, nói lên nói xuống 等等，表示次数多、时间长，体现方式、程度或评价意义。

3.趋向结构的句法功能

Nguyễn Kim Thản（1997）分析了趋向结构充当终点补语和地点状语的区别。终点补语位于动词之后，是动词的附属成分，如果调换到动词之前，则变为名词性偏正短语（例如 Tôi vào thành phố→Thành phố tôi vào）。地点状语可以位于句首或句尾，在句首时表示句中描述事物存在的地点，可以用体词、词素或介词表示；在句尾时用于描写行为进行的环境，通常是介词或词素。表示出发点的状语通常位于主语之后谓语之前（例如 Anh Dậu lử thử từ cổng tiến vào）。③ Hoàng Thị Thanh Bình（2005）同意 Nguyễn Kim Thản 的观点，认为趋向结构不仅能作状语，还能作主语（位于句首时），作主语时趋向词变为介词。

Nguyễn Văn Thành（2003）认为，"Đ+đ" 即使不带名词也能构成完整的句子，Đ 表示自动（如 đi, chạy, nhảy）或施动（đưa, uốn, bê, cởi 等等）。带上处所

---

① Nguyễn Kim Thản 在 *Động từ trong tiếng Việt* 中用 V、v、Q、M、O、N 分别表示运动动词、方向副动词、运动经过点、运动终点、宾语和名词。

② 黄敏中和傅成劼在《实用越南语语法》中用 V、Đ、V'、N 分别表示动词、对象补语、趋向动词、处所补语。

③ 据 Nguyễn Anh Quế 在 *Hư từ trong tiếng Việt hiện đại* 中的论述，该观点源自 Nguyễn Kim Thản 的专著 *Nghiên cứu về ngữ pháp tiếng Việt*。该书最早于 1963 年出版，后多次再版。本文参考文献中所列为 1997 年再版。下同。

名词后，Đ 表示从主体向外的运动过程，đ 变为方向介词，和名词构成介词短语，表示行为的处所（起点、经过点、终点），充当句子的地点状语。

4.趋向结构的语用特点

在逻辑上，物体的运动要具备起点、经过点、终点等要素。但在交际中，受语言经济原则的影响，人们通常会省略一到两个要素。据此，Nguyễn Kim Thản（1977，1999）将以有向运动动词为中心的词组分为三类：1）有两个运动点；2）有一个运动点；3）不出现运动点，只使用虚词（表示动词运动方向的副动词）。

Nguyễn Kim Thản 没有具体讨论趋向结构的语用特点，学界主要对特殊结构的语用特点比较关注。阮智贵（Nguyễn Trí Quý，2014）在汉、越对比时分析了"V Đi V Lại"的语用特点。[①] 很多学者从地理观念、地形特点、位移参照点的角度讨论"vào Nam/ra Bắc"的用法。Phan Khôi（1955）最早提出"vào Nam/ra Bắc"的用法受越南民族地理观念的影响：越南北部开拓在先，视为空旷，南部开拓在后，视为封闭，根据语义，从空旷处到封闭处用 vào，故从北到南用 vào，反之用 ra。Nguyễn Kim Thản（1977，1999）认为"vào Nam/ra Bắc"的用法和位移起点有关：位移起点在中部、南部且终点在北部时用 ra，反之用 vào；位移起点、终点都在北部南区时则根据地势高低用 lên/xuống，而不用 ra/vào。Nguyễn Tài Cẩn（1990）[②]认为"vào Nam/ra Bắc"的适用条件是：1）表示跨地区和北中部地区内的位移事件，而且与交通干线串联、行政区划规定等因素密切相关；2）存在其他显性地形因素（比如地势、河流、山隘等）时，"南"、"北"概念淡化，vào/ra 被其他趋向动词替代；3）只适用于描述越南本土范围内的位移事件。Lý Toàn Thắng（2009）将"vào Nam/ra Bắc"的用法进一步解释为：1）只是一个笼统的表达，源于人们以区域地形特点为基础、归纳全国地形特点而形成的认知地图；2）分为地区内和跨地区两种情况。地区内的位移事件要结合地形特点、有无河流、是否向海、南北轴线（如 1 号国道、南北大铁路）等因素综合考虑。跨地区的位移事件不单由地理方位决定，还受 1 号国道、南北大铁路和越南"北部"、"中部"、"南部"行政

---

① 关于阮智贵的论述详见后文"基于汉、越对比（比较）的研究"部分。

② 文章标题为 *Về việc dùng hai động từ "vào" "ra" để chỉ sự di chuyển đến một địa điểm ở phía nam hay phía bắc*，最早由作者于 1990 年 6 月在巴黎进行的"东亚语言会议"上宣读，后发表于《河内综合大学学报》1991 年第 4 期，2003 年被收录在河内国家大学出版社出版的《语言、文字与文化的若干印记》（*Một số chứng tích về ngôn ngữ, văn tự và văn hoá*）一书中。

划分的影响。

二、新视野下的趋向结构研究

（一）基于功能主义的研究

Nguyễn Thị Quy（2002）和 Hoàng Thị Thanh Bình（2005）用配价和标记理论分析了趋向结构。总的来看，在新的理论体系下，趋向结构的描写更加细致了，但和传统视角相比，解释性不强，观点上鲜有突破。

Nguyễn Thị Quy（2002）用到了功能语法中的"论元"、"价"的概念，但又未抛弃传统语法中的"补语"的概念。她认为，二价行为谓词除了行为主体之外还有第二行动元，充当谓词的补语。她将行为谓词分为 $V_{[-位移]}$ 和 $V_{[+位移]}$ 两种。$V_{[-位移]}$（例如 nhìn, trông, ngó）可以带由趋向词引导的间接补语，$V_{[+位移]}$ 可以带由趋向结构表示的方向和目标。[①] 此外，1）lên, xuống, ra, đi 可用作一价谓词（或称内动动词），不带补语，表示有方向的位移；也可以用作二价谓词，带目标补语。2）tới, đến, vào, sang, về, lại 只能用作二价谓词，带目标补语。如果补语缺省，一般默认为"đây, chỗ này"，或者可以根据上下文进行判断。ra, xuống, về 的第二行动元可以是出发点或目标点，在书面语中容易产生歧义，但在口语中可以通过语音特征来区分：表示出发点时 ra, xuống, về 有明显的重读。

趋向词可以用在谓词之后表示位移方向，但 tới, đến, về, lại 不能表示确切方向。有些谓词本身具有方向特征，但只能和特定趋向词组合（例如 nâng lên, rơi xuống），加上目标补语之后，又可以和不同趋向词组合（例如 vạch rơi xuống→vạch rơi xuống đầu nó→vạch rơi lên/vào đầu nó）。此时，趋向词不再表示谓词的位移方向，而是起到标记补语的作用。

Hoàng Thị Thanh Bình（2005）以功能语法为指导，分析了空间定向表达式的意义、形式和功能。

空间定向表达式的语义角色有两种：行动元和状态元。行动元通常是第二行动元。空间定向表达式充当行动元只能出现在表示行为的句子中，不能出现在表示过程、状态、关系的句子中。行动元的性质取决于中心谓词。如果中心

---

① Nguyễn Thị Quy 认为，一个完整的位移事件包括主体、源点、方向、目标、路径、状态（完成与否）、方式、工具等多个要素。以 $V[+位移]$ 为中心的位移事件只需标明主体和目标。因为在具体语境中，源点通常已知，目标是主体趋向的物体和位移的终点，可以决定位移的方向和路径。

谓词是动作动词，行动元是终点或起点；如果是表示离开义的 ra/xuống/qua+khỏi，行动元是起点；如果是 ra, xuống，行动元是起点或终点。行动元的形式可以是名词、名词短语或代词。空间定向表达式充当状态元时通常出现在由运动动词充当中心谓词、表示行为的句子中。如果中心谓词是 đẩy, kéo, phóng 等致移动词，要有由趋向词引导的状态元，表示运动的终点或起点。空间定向表达式充当状态元时通常作句子的补语，补充说明事件的地点，可以位于句首或句尾。状态元的形式可以是名词、名词短语、代词、"词+名词短语"或"词+介词短语"。

空间定向表达式的功能是充当补语或辅助谓语（传统上称为状语）。补语按形式标记分为直接补语和间接补语，按构成分为名词性补语、名词短语性补语、代词性补语，按语义内容分为终点补语、起点补语、障碍物补语。辅助谓语的结构特点是：1）V（或 VP）位于句首且被逗号和主句隔开；2）可以变换到主句主语之后的位置；3）可以放在主句主语之后构成一个独立的句子，且不需要谓语。形式特点是：V+N、V+NP、V+v+N、V+v+NP、v+pron 或 S-V。空间定向表达式充当辅谓语表达和句子核心谓词同时发生或早先发生的事件。[①]

（二）基于认知语言学理论的研究

随着认知语言学在越南的发展，很多学者尝试运用人类普遍认知机制去解释越南语现象，也有学者探索语言背后越南民族的认知特点，并将语言现象同文化、社会等因素联系起来。

Lý Toàn Thắng（2000）[②]突破传统的分析框架，从空间认知视角，以 qua 为例，对以山、河、球场、田野等为参照物的空间运动模型进行阐释，认为说话人的视角、对参照物属性和空间关系的识解方式会影响 qua 的用法。Lý Toàn Thắng（2004）进一步运用 Fillmore 的"框架"理论和认知语言学的意象图式、背景—图形等理论，阐释以趋向词 ra 为核心的空间定向结构。他还以 Nó đi ra sân 为例进行跨语言比较，发现印欧语不仅关注"出"（ra khỏi nhà）的过程，还关注"进"（vào trong sân）的过程。但越南语强调从内到外运动的整体

---

①V 为动词，VP 为动词短语，N 为名词，NP 为名词短语，v 为趋向词，pron 为介词，S-V 为主谓词组。

②原文题为 *Trở lại câu chuyện về từ qua*，首次刊登于 *Báo Kiến thức ngày nay* 2000 年 7 月 10 日第 357 期，后收录于专著 *Một số vấn đề lí luận ngôn ngữ học và tiếng Việt*，2012 年由社会科学出版社出版。

过程，ra 仅表示主体向外移动，离开参照物（nhà），没有词表示"进入"新的参照物（sân）。此外，ra 还有可能仅表示在参照物内部的移动路径。例如：Nó chạy ra cửa 中的 ra 仅表示移动到门口，没有到门外。

Hoàng Tuyết Minh（2014）在 Talmy 运动事件理论的基础上，探讨越南语运动事件中方向义素的词汇化模式，认为越南语趋向词倾向于充当卫星成分，越南语属于"卫星框架语言"。[①]越南语趋向词有时候也用作运动动词，但英语介词不能用作运动动词。Hoàng Tuyết Minh（2016）还考察了趋向词作动词和不作动词的频率，运用定性、定量结合的方法分析了越南语运动动词对路径成分进行编码的情况。

（三）基于汉、越对比（比较）的研究

英语介词的研究成果比较丰富，Jackendoff（1973）、Talmy（1975）、Bennett（1975）、Dowty（1979）、Herskovits（1985，1986）、Levinson（1991）等学者都有论述。以此为参考，Nguyễn Cảnh Hoa（2001）、Lê Thị Hải Chi（2014）、Trần Quang Hải（2001、2010）等学者将英语、越南语的空间介词进行比较。空间介词的分析框架实际上统合了传统的趋向词和介词两个范畴，也被用于汉、越比较研究。[②]越南语和汉语的趋向结构有很多相似之处，有很多在中国攻读硕士、博士学位的越南留学生借用汉语研究的术语和框架分析越南语趋向结构。

阮氏正（Nguyễn Thị Chính，2010）以汉语动趋结构研究为参考，从传统视角比较了汉语、越南语动趋结构的构成成分、匹配能力、句法功能和语义特点，认为：1）汉语中动词与趋向动词结合的能力比越南语强。2）汉语有单纯趋向动词和复合趋向动词两类，有些趋向动词自身还存在立足点因素。越南语只有单纯趋向动词，主要表示位移方向，不需要确定位移的立足点。3）汉语单纯趋向动词与动词搭配时受到限制，而越南语中没有这个限制。汉语复合趋向动词与动词结合时不受宾语限制，宾语可以位于复合趋向动词之前、之后或中间。如果宾语是处所宾语，只能位于复合趋向动词中间。4）汉语有些动趋

①Talmy 根据各语言运动事件表达中路径成分词化方式的不同，将语言分为"动词框架语言"和"卫星框架语言"，前者的路径成分由动词表示，后者的路径成分由卫星成分表示。但这只是一种相对趋势，而不是绝对的区分标准。实际上，越南语运动事件的路径成分也可以由动词表示，例如：Anh ấy vào nhà，此时 vào 为运动动词。

②趋向词和介词的区别详见 Nguyễn Tài Cẩn（1975）、Đinh Thanh Huệ（1985）、Nguyễn Anh Quế（1988）、Đinh Văn Đức（2015）等学者的具体分析。

结构可用于可能式，越南语动趋结构无此功能。5）汉语动趋结构可以作宾语，而越南语不行；越南语动趋结构可以作状语，而汉语不行；汉语动趋结构单独作谓语时大部分情况下是复合趋向动词与动词结合在一起使用，单纯趋向动词除了"上/下"以外，其他的都不能与动词构成动趋短语单独作谓语，而越南语不受限制；汉语动趋结构作补语时，需要有标记"得"引出，而越南语里不需要；汉语动趋结构作定语时，与中心语构成定中短语还要有"的"标记，越南语里不需要。6）汉越语动趋结构都可以表示现实趋向义和虚拟趋向义。动趋结构表示现实趋向义时，汉越语的单纯趋向动词使用比较对称。但汉语的"来、去"表示立足点的位移方向，复合趋向动词既表示位移方向，又表示位移方向立足点。而越南语里动趋结构主要表示位移方向，不需要确定空间位移的立足点。两者表达虚拟趋向义时既有对称也有不对称现象。7）复合趋向动词的存在使得汉语的表达比越南语复杂，越南语里没有"来、去"的因素，只有一种表达方式。但是，该论文以汉语为参照来分析越南语，属于单向比较，对越南语本身的描写不够详尽，对两种语言异同点的梳理还不够清晰，还混淆了汉、越语的一些语法术语。

阮智贵（Nguyễn Trí Quý，2014）对比了现代汉语"V 来 V 去"和越南语"V Đi V Lại"的异同。除了传统的结构、语义平面的对比，他还把研究扩展到语用平面：1）在语用含义上，两者都可以表示不满或心烦的语气；2）在语用功能上，两者都可以用来描述客观事物并表示带有说话者感情色彩的主观评价；3）在语用语境上，两者一般都有后续成分，如"还"（vẫn）、"也"（cũng）、"才"（mới）等，用于强调说话人（叙述者）对某种动作行为或者某件事情的主观评价和不满心态。语用特点的不同之处在于：1）"V Đi V Lại"可以表示做事认真，也可以用来解释如何做某事，或劝勉他人认真做事，"V来 V 去"没有这种用法，它所表达的是说话人得到的信息或者看到的事情跟自己希望的结果不太一样，或者使说话人难受、不满、烦躁；2）"V Đi V Lại"表示说话人（叙述人）经反复思考之后得出结论；3）"V Đi V Lại"的前面和中间可以插入其他成分，用来表示说话人的埋怨、不满、烦躁等心态，有时也可以表示劝勉。阮智贵从三个平面对比分析了"V 来 V 去"和"V Đi V Lại"的异同，如果把它们看作构式，还可以从认知构式语法的角度进行对比。

阮氏青兰（Nguyễn Thị Thanh Lan，2013）以 Talmy 的运动事件词汇化理论为指导，通过汉—越语对比分析，找出了制约语义成分词化意义派生过程的深层机制，发现了汉—越语两者表达的一些共性，从某种程度上印证了人类认知的普遍规律。另一方面，汉语和越南语在一些位移范畴语义成分词汇化方式上和一些具体的语法表达方式上表现出局部差异性，反映了不同民族文化对世界图景的不同认识。她从意义建构出发，最终落实到对语言编码形式的分析，符合人类认知的一般规律，是将认知语言学理论用于越南语研究的一次全新尝试。

阮氏正和阮智贵基本上沿用从形式到意义的传统研究路径，从三个平面进行汉、越对比。阮氏青兰遵循从意义到形式的研究思路，先确立位移范畴的语义框架，然后运用语义构架对内部成分的词汇化模式分别对汉语和越南语进行详尽的探讨、分析、解释，在此基础上去寻找形式上的表现和验证。在研究方法上，阮氏正和阮智贵的研究以描写为主，解释较少。阮氏青兰在内省基础上溯因假设，缺少实验观察。尽管用语料库进行验证，但语料库规模偏小，语料的全面性和权威性也有待改进。

（四）基于外语习得的研究

学界对越南留学生习得汉语的研究成果比较丰硕，但是基于越南语习得的研究成果不多。目前只有陈秋恒（Trần Thu Hằng，2012）的硕士学位论文涉及了这一领域。她在问卷调查的基础上，将中国学生习得越南语趋向结构的偏误归纳为五种类型：遗漏、误加、误代、错序、回避使用，认为产生偏误的原因和越南学生学习汉语趋向补语的情况相似，不外乎受母语的干扰、目的语的负迁移、受学习策略和环境立足点混淆等。汉语和越南语有很多共同点，中国学生通过简单的对比、翻译法等来学习越南语趋向结构，把汉语的词义、结构和语序机械地套用在越南语上，导致表达不仅复杂化，而且产生了立足点混乱的偏误。最后，论文分别就初级和中高级阶段教学提出教学策略：遵守循序渐进、从易到难的原则，加强语义和语用教学，设计主动性、针对性强的练习题。问卷调查方法的局限性在于，被调查者容易受问卷框架的限制，特别是翻译句子一项，被试容易受到母语的暗示，从而影响目的语语料的客观性。如果能结合语言实验方法，兼顾对口语语料的收集和分析，研究结论可能更加客观、全面。

三、余论

从已有的研究成果来看，学界对能够进入趋向结构的谓词的语义角色、组合能力、配价特征进行了分析，对趋向结构中补语的性质、句法位置进行了描写，对主要趋向结构的句法功能和特殊趋向结构的语用特点进行了阐述。一部分学者还突破传统理论框架，从功能主义、认知视角进行探讨。还有一些学者将研究范围扩大到跨语言对比和外语习得领域。总的来看，大部分学者更关注趋向词的意义，分析趋向结构整体意义的不多，很多文章混淆了词义、结构义和句法语义，把趋向结构或谓语动词的意义归结为趋向词的意义。对趋向结构的研究聚焦于"Đ+đ+D"、"Đ+đ"、"đ+D"、"Đ+D₁+đ+D₂"等常规结构，对"Đ+đ₁+Đ+đ₂"、"đ₁+đ₁+đ₂+đ₂"等存在构式特征的结构讨论很少，对含趋向词的成语、熟语的探讨更不多见。在跨语言对比和外语习得研究上，大多属于浅层分析，没有深入分析语言现象背后的民族认知特点。

　　语料方面，从最初完全使用内省语料，到引用词典例句和文学作品语料进行验证，再到对语料库语料进行观察、分析。在研究方法上，从以内省为主、定性分析占主导，逐渐转向内省与实证相结合、定性与定量相结合。有学者直接引用《越南语词频词典》（*Từ điển tần số tiếng Việt*，1980）[①]的数据，有学者以某部词典或某几部文学作品为语料库进行统计，也有学者自建小型双语平行语料库进行跨语言对比。数据验证了观点，定量分析是对定性研究的补充。但是，语料库研究法还没有得到充分运用。目前，比较权威的越南语标注语料库尚未问世，自建语料库的全面性、权威性有待提高，现有研究的分析语料以书面语为主，口语较少。我们认为，对现代越南语趋向范畴的进一步研究，需要一个多领域均衡、书面语和口语兼顾的现代越南语标注语料库。此外，还可以通过心理实验从母语习得、外语习得的角度进行实证研究，进而探索趋向表达所反映的空间认知特点。

　　此外，已有研究侧重于对语言材料进行描写，而当代语言学研究越来越注重对语言现象进行解释。比如，产生于 20 世纪 70 年代中期的认知语言学主张通过认知方式、知识结构对语言做出统一解释，可以用作解释越南语趋向结构特点、越南民族空间认知特点的理论工具。认知语言学研究同时又是基于用法的研究，运用标注语料库，从大量语言事实出发，在对语言材料进行描写的基础上，总结语言规律，并从认知角度进行阐释，亦不失为一种可行的研究路径。

参考文献

[1] [越]陈秋恒. 汉、越趋向结构的双向习得分析研究[D]. 厦门大学硕士学位论文，2012.

---

① 该书由 Nguyễn Đức Dân 主编，在法国巴黎用法文出版。

[2] 黄敏中，傅成劫. 实用越南语语法[M]. 北京：北京大学出版社，1997.

[3] [越]阮氏青兰. 汉—越语空间位移范畴的对比研究[D]. 吉林大学博士学位论文，2013.

[4] [越]阮氏正. 汉、越语动趋结构比较研究[D]. 华中师范大学硕士学位论文，2010.

[5] [越]阮智贵. 现代汉语"V 来 V 去"与越南语"V Đi V Lại"格式对比分析[D]. 福建师范大学硕士学位论文，2014.

[6] Diệp Quang Ban. *Ngữ pháp tiếng Việt* [M]. Hà Nội: NXB Giáo dục, 2008.

[7] Đinh Thanh Huệ. *Thử dùng một số tiêu chí để khu biệt hư từ cú pháp (giới từ) và hư từ phi cú pháp (hư từ chỉ hướng đi sau động từ) trong cấu trúc AXB* [J]. Ngôn ngữ, 1985 (4): 9–10.

[8] Đinh Văn Đức. *Ngữ pháp tiếng Việt: từ loại (I&II)* [M]. Hà Nội: NXB Đại học Quốc gia Hà Nội, 2015.

[9] Hoàng Tuyết Minh. *Bước đầu xác định mô hình từ vựng hoá nghĩa tố chỉ phương hướng của các sự tình chuyển động trong tiếng Việt dưới góc nhìn của ngữ nghĩa học tri nhận* [J]. Ngôn ngữ, 2014 (10): 21–27.

[10] Hoàng Tuyết Minh. *Động từ chỉ đường đi trong tiếng Việt* [J]. Ngôn ngữ & Đời sông, 2016 (1): 2–6.

[11] Hoàng Thị Thanh Bình. *Khảo sát đặc điểm của các biểu thức có ý nghĩa không gian trong tiếng Việt* [D]. Luận văn thạc sĩ Tường Đại học Khoa học Xã hội và Nhân văn, ĐHQGHN, 2005.

[12] Lê Anh Hiền. *Tìm hiểu ý nghĩa và cách dùng của từ "đến" (hoặc "tới") theo sau động từ* [J]. Ngôn ngữ, 1973 (1): 44–48.

[13] Lê Biên. *Từ loại tiếng Việt hiện đại* [M]. Hà Nội: NXB Giáo dục, 1999.

[14] Lý Toàn Thắng. *Một số vấn đề lí luận ngôn ngữ học và tiếng Việt* [M]. Hà Nội: NXB Khoa học Xã hội, 2012.

[15] Lý Toàn Thắng. *Ngôn ngữ học tri nhận: Từ lý thuyết đại cương đến thực tiễn tiếng Việt* [M]. Hà Nội: NXB Phương Đông, 2009.

[16] Lý Toàn Thắng. *Ngôn ngữ học tri nhận: thử khảo sát ý niệm RA* [J]. Ngôn ngữ và Đời sống, 2004 (17): 4–8.

[17] Nguyễn Anh Quế. *Hư từ trong tiếng Việt hiện đại* [M]. Hà Nội: NXB Khoa học Xã hội, 1988.

[18] Nguyễn Cảnh Hoa. *Nghiên cứu ngữ pháp và ngữ nghĩa của giới từ tiếng Anh, đối chiếu với tiếng Việt* [D]. Luận án tiến sĩ Trường Đại học Khoa học Xã hội và Nhân văn, 2001.

[19] Nguyễn Cảnh Hoa. *Về việc phân biệt giới từ với từ chỉ hướng vận động trong tiếng Việt* [C] // Hội Ngôn ngữ học Việt Nam. *Ngữ học trẻ 2001*. Hà Nội: NXB Khoa học Xã Hội, 2001.

[20] Nguyễn Kim Thản. *Động từ trong tiếng Việt* [M]. Hà Nội: NXB Khoa học Xã hội, 1999.

[21] Nguyễn Kim Thản. *Nghiên cứu về ngữ pháp tiếng Việt* [M]. Hà Nội: NXB Giáo dục, 1997.

[22] Nguyễn Lai. *Một vài đặc điểm của nhóm từ chỉ hướng được dùng ở dạng động từ trong tiếng Việt hiện đại* [J]. Ngôn ngữ, 1977 (3): 8–29.

[23] Nguyễn Lai. *Nhóm từ chỉ hướng vận động trong tiếng Việt* [M]. Hà Nội: Tủ sách trường Đại học Tổng hợp Hà Nội, 1990.

[24] Nguyễn Ngọc Ấn. *Phân biệt từ ghép chính phụ với cụm từ chính phụ có thành tố chính chỉ hướng vận động trong tiếng Việt* [C] // Hội Ngôn ngữ học Việt Nam. *Giữ gìn sự trong sáng của tiếng Việt và giáo dục ngôn ngữ trong nhà trường: Kỷ yếu hội thảo khoa học 2016 (tập 1)*. Hà Nội: NXB Dân trí, 2016.

[25] Nguyễn Tài Cẩn. *Một số chứng tích về ngôn ngữ, văn tự và văn hoá* [M]. NXB Đại học Quốc gia Hà Nội, 2003: 118–128.

[26] Nguyễn Tài Cẩn. *Ngữ pháp tiếng Việt (Tiếng – từ ghép – đoản ngữ)* [M]. Hà Nội: NXB Đại học Tổng hợp Hà Nội, 1996.

[27] Nguyễn Thị Quy. *Ngữ pháp chức năng tiếng Việt (vị từ hành động)* [M]. Hà Nội: NXB Khoa học Xã hội, 2002.

[28] Nguyễn Văn Lộc, Nguyễn Mạnh Tiến. *Ngữ pháp tiếng Việt* [M]. Hà Nội: NXB Giáo dục Việt Nam, 2017.

[29] Phan Khôi. *Việt ngữ nghiên cứu* [M]. Hà Nội: NXB Văn nghệ, 1955.

[30] Vũ Thế Thạch. *Nghĩa của những từ "ra – vào; lên – xuống" trong các tổ hợp kiểu "đi vào; đẹp lên"* [J]. Ngôn ngữ, 1978 (3): 30–39.

认知视阈下越南语形容词 nặng 的语义探析

信息工程大学　张怡

【摘　要】论文以认知语言学理论为基础，从越南语形容词 nặng 的始源义出发，探析认知视阈下 nặng 的语义扩展路径。分析发现，nặng 通过通感隐喻从触觉感知映射至其他感官，再通过概念隐喻，由近及远，映射至身体部位，由具体至抽象，映射至抽象概念，从而不断扩展其语义域，搭建起越南人重量感知的语义网。发现越南人对于触觉感知的依赖度较大，语言描述上倾向于融合心理认知，追求对事物细节多维度把握。

【关键词】nặng；语义扩展路径；隐喻

认知语言学以"意义"为中心，其核心观点是，意义来源于感知体验，感知基于人的身体构造。人类的认识是基于自己的身体（包括感觉器官）以及空间的理解，沿着由近及远，由具体至抽象，由身体和空间到其他语义域的路径，通过互动等方式逐步发展起来。[①]

原型范畴理论、隐喻、转喻与意向图式结合起来可较好地解释语义如何实现其扩展路径。[②]原型范畴理论认为范畴是以原型成员为中心，通过家族相似性不断向外扩展，词义也有这样的特点，以中心意义为基础不断扩展形成了一个意义链，构成一个语义网络。链条上语义之间的相互关系是通过特定的语义延伸机制，如隐喻、转喻实现。[③]意象图示理论认为，人们在与世界互动性体验中形成了基本的意象图式，通过隐喻、转喻机制的扩展和转换，形成更多的范畴和概念。人们用一个词语表达多种事体和意义，是因为这些事体和意义之间具有某种联系，这种联系是来自同一意象图式为出发点，通过隐喻和转喻的映射而形成。[④]隐喻是通过人类的认知和推理，将一个概念域系统地对应地映合到另一个概念域。[⑤]

本文以越南语形容词 nặng 为出发点，探析 nặng 从"重"的始源义（nghĩa

---

① 王寅. 认知语言学[M]. 上海：上海外语教育出版社，2007：288.

② 王寅. 认知语言学[M]. 上海：上海外语教育出版社，2007：306.

③ 王寅. 认知语言学[M]. 上海：上海外语教育出版社，2007：116.

④ 王寅. 认知语言学[M]. 上海：上海外语教育出版社，2007：172—178.

⑤ 王寅. 认知语言学[M]. 上海：上海外语教育出版社，2007：406.

ngốc）（原型范畴理论中为中心意义，意象图式理论中为意象图式），如何通过隐喻机制，扩展其语义链，进而构筑越南语重量感知语义网。

本文语料库来源有越南词典中心语料库①，并辅之以武重奉（Vũ Trọng Phụng）1936 年出版的长篇小说《暴风骤雨》（Giông tố）②，吴必素（Ngô Tất Tố）1939 年出版的长篇小说《熄灯》（Tắt đèn）③，南高（Nam Cao）1941 年出版的中篇小说《志飘》（Chí Phèo）④，阮辉想（Nguyễn Huy Tưởng）1961 年出版的长篇小说《与首都共存亡》（Sống mãi với thủ đô）⑤，保宁（Bảo Ninh）1991 年出版的长篇小说《战争哀歌》（Nỗi buồn chiến tranh）⑥，共五部小说。选取的小说为越南文学经典之作，对人物心理有细腻的描写，并具有典型的时代性。同时结合越南情景喜剧《周末喜相逢》（Gặp nhau cuối tuần）⑦，通过人工识别和关键词检索方式，探析 nặng 的语义转换路径。

一、nặng 的通感隐喻

在认知视阈下，通感不仅是一种修辞手法，也可作为一种隐喻。⑧

通感隐喻是在两个或多个感官之间进行映射，不同的感官分别对应隐喻中的始源域和目标域。始源域的感官通常较简单低级，目标域的感官通常较复杂高级。⑨通过通感隐喻，说话者将始源域的感官体验 A 映射至目标域感官体验 B，同时说话者把体验 A 的情感色彩以及自身在特定环境中感受映射至体验 B。所以接受者能获得感官体验 B 中 A 的感官体验、情感色彩，以及说话者当

---

① 网址为 https//www.vietlex.vn.

② Vũ Trọng Phụng. Giông tố. http://www.sachhayonline.com/tua-sach/giong-to.

③ Ngô Tất Tố. Tắt đèn. http://www.sachhayonline.com/tua-sach/tat-den.

④ Nam Cao. Chí Phèo. http://www.sachhayonline.com/tua-sach/truyen-ngan-nam-cao/chi-pheo/924.

⑤ Nguyễn Huy Tưởng. Sống mãi với thủ đô. http://www.sachhayonline.com/tua-sach/song-mai-voi-thu-do.

⑥ Bảo Ninh. Nỗi buồn chiến tranh[M]. Nxb trẻ, Hà Nội, 2016.

⑦《周末喜相逢》是越南电视台 VTV3 于 2001 年播出的情景喜剧，是当时最受广大观众喜欢的节目之一。该剧涉及很多领域的敏感问题，于 2007 年停播。剧中主人公之间的对话具有很强的口语性和很浓的生活气息。

⑧ 对于通感是否是一种隐喻，存在较大争议。在我国，赵艳芳、汪少华等学者，运用认知语言学的概念隐喻理论，以及概念整合理论，并结合神经学、心理学等领域的研究，提出了通感的认知语言学诠释。本文赞同将通感作为隐喻的观点。

⑨ 汪少华，徐健. 通感与概念隐喻[J]. 外语学刊，2002（3）：91—92.

时的自身体验。

    nặng 的触觉感官可以作为始源域，通过通感隐喻映射至嗅觉、视觉、听觉。这是 nặng 的第一次语义扩展。生活中重的物品会使人们消耗更多体力，因此"重"带来的情绪体验是消极。所以映射还带有由重量感而产生的消极情绪色彩。此类通感隐喻常为消极义。

（一）从触觉到味觉

    越南语形容气味难闻、味道大、味道冲，有"nặng mùi"（味道重）的表达，释义为"[kng] có mùi khẩm bốc lên mạnh"（[口语]腥臭味强烈地涌出）[①]。将 nặng 重量感映射至鼻子，从而使嗅觉可触并有了重量，接收者获得了嗅觉和触觉相融合的超感官体验：

    Mồ hôi ra nhiều như dầu, dính, tanh, <u>nặng mùi</u>, ướt hết chăn đệm,trung tiện ẩm ầm.（味道大）（Vietlex）

    Suốt đêm qua tôi mất ngủ vì cái <u>mùi nặng</u>.（味道大）（Vietlex）

    在《周末喜相逢》（*Gặp nhau cuối tuần*）之《迎接老板》（*Đón sếp*）一集中，当员工脱了鞋踩在老板双肩上擦电灯时，老板一边很艰难地托着他一边喊道："Ôi chết, Mùi chuột chết nặng mùi quá, anh ơi!"（哎哟，要死了！像死耗子一样臭，太臭了！）这里 nặng mùi quá 强调其味道之臭。在这种情境中，老板筋疲力尽，尽量托住国庆，为何在语言使用过程中违反经济原则，不使用"臭"的直接表达（即 thối 等形式简单的词），反而要选择 nặng mùi 形式较为复杂的表达方式呢？当时老板被别人踩着肩膀，其自身最大、最直接的体验就是"重"。而我们的感知来源于我们的体验，所以当身体上有强度较大的体验时，会倾向于用感知上的"重"表达"臭"的概念，将强度感体现出来。

    通过从"重"映射至"臭"，接收者能感觉到臭味的重量感以及不悦感。同时老板也对接收者传达了自己身体上所承载的"重"。

（二）从触觉到听觉

    当以触觉体验描写人的听觉感官体验时，nặng 可以映射至声音的接受器官，即耳朵；映射至声音本身（没有声音的状态也能够通过 nặng 映射进行描写）。

[①] Hoàng Phê. Từ điển tiếng Việt. Nxb Đà Nẵng, Đà Nẵng, 2011, tr. 1031.

1.映射至声音接受器官

越南语中表达听力不好有 "nặng tai"（耳朵重），将 nặng 的重量感和消极情绪移动至耳朵。nặng tai 释义为 "hơi điếc, nghe không rõ"（有些聋，听不清）①。与 nặng tai 近义的表达有 điếc，其第一项释义为 "mất khả năng nghe, do bị tật"（由于遭受疾病而失去听觉）②。二者在程度上有区别。在本文语料库得到相关例句如：

Dầu <u>bị nặng tai</u>, từ nhiều năm nay, vẫn nghe rõ.（听力不好）（Vietlex）

Bà Tư Rêu áp sát <u>ông già nặng tai</u>, rít lên.（听力不好的老头）（Vietlex）

2.映射至声音

nặng 映射至声音（包括拟声词），突出声音低沉、沉闷、浑厚的音质和较强的强度，以及听话者对这种声音较为消极的反应。如：

Ngay cả giọng nói cũng như lạc khác đi, như thể lại một lần nữa vỡ giọng, <u>nằng nặng buồn phiền</u>.（声音有点沉重忧伤）（《战争哀歌》）

Anh đừng <u>nặng giọng</u> như thế.（大声）（Vietlex）

Gói nhỏ ấy va vào mặt bàn làm <u>một tiếng cạch nặng nề</u>（重重的咯咯声）（《暴雨骤雨》）

Tiếng gió vù vù <u>làm nặng thêm</u>, âm vang thêm những tiếng đục tưởng thình thịch, gấp gấp.（使声音更加沉重）（《与首都共存亡》）

nặng 也可以映射至没有声音，形容安静的程度和带给人沉重的感觉，如：

Một thứ <u>im lặng nặng trĩu</u>.（重重的静谧）（《与首都共存亡》）

（三）从触觉到视觉

贝克莱在其视觉研究的理论中提出：我们所看到的图像是通过触觉感知获得的，是触觉的对象，不随视觉条件的变化而变化。这样来说，图像信息中包含的视觉印象包括了触觉感知的痕迹。③ 因此从触觉映射至视觉，能突出图像信息中触觉感知的部分。

在从 nặng 映射至视觉时，本文基于语料库搜索结果，将视觉形象分为动态、静态两大类，并选取语料库中搭配较为新颖独特或出现较多、较为典型的视觉效果，在动态中分析下雨、刮风两种视觉印象，静态中选取湿、身形两种

---

① Hoàng Phê. Từ điển tiếng Việt. Nxb Đà Nẵng, Đà Nẵng, 2011, tr. 1032.

② Hoàng Phê. Từ điển tiếng Việt. Nxb Đà Nẵng, Đà Nẵng, 2011, tr. 505.

③ 参见王哲．触觉：雕塑中身体触觉空间的探索[D]．中央美术学院学位硕士论文，2012．

视觉体验。

1.映射至动态

形容雨下得强度大时，越南语中常见"mưa to"（雨下得大），但也有"mưa nặng nề"（雨下得重），如：

Có đêm mưa nặng nề xối dội, có đêm vội và từng cơn rào.（雨下得很重很汹涌）(《战争哀歌》)

mưa nặng nề 将 mưa 图像信息中不易为人所发现的触觉痕迹显现化并强调。同时将重量感转移至雨，能让人感受到大雨倾盆而下，从上至下的重量感。mưa to 是中性词，客观描述雨量，mưa nặng nề 具有消极的情绪色彩，能感受到人在大雨中感到的压抑感，加强句子的情感渲染效果，突出作者感情。

在《战争哀歌》中描写雨大绝大多数使用的是 mưa to，为何选择在这一处使用 mưa nặng nề? 在句中，mưa nặng nề 后有 xối dội。xối 释义为："giội mạnh nước từ trên xuống dội"（水从上而下淋倾、浇注）[①]，dội 释义为："[âm thanh] bật mạnh trở lại với nhiều tiếng vang"（声音很响亮地突至）[②]。xối dội 提供了从上而下的画面感和大雨倾盆时的响亮声音，nặng 与 mưa 搭配又有了重量感，整个画面变得生动。

形容风的强度大时，越南语中有将 nặng 映射至 gió，形容风刮得强烈，突出风刮时人触觉感知：

Những luồng gió mạnh mẽ nặng nề và những hạt mưa to ào ào hắt vào bốn bề cửa kính.（风刮得很强很重）(《暴雨骤雨》)

2.映射至静态

形容湿这一静态视觉印象时，nặng 映射至 ướt（湿），突出 mái tóc ướt nặng（头发湿）(《战争哀歌》)中的触觉感知，既使人感受"湿"的重量体验，又描写其湿透的程度。

在形容身形魁梧时，也有将 nặng 映射至 vóc 的用法，使身形视觉上的魁梧有重量感在其中：

Những thân hình còn mảnh dẻ tương phản với những cái vóc nặng nề, cục mịch, những đầu bóng mượt với những mớ tóc bù rối.（沉重的身形）(《与首都共存亡》)

---

① Hoàng Phê. Từ điển tiếng Việt. Nxb Đà Nẵng, Đà Nẵng, 2011, tr. 1784.

② Hoàng Phê. Từ điển tiếng Việt. Nxb Đà Nẵng, Đà Nẵng, 2011, tr. 423.

Nhưng cái cử chỉ ấy chỉ <u>làm nặng nề thêm cái thân hình</u> của chị.（使身形更加沉重）（《与首都共存亡》）

二、nặng 的人体部位概念隐喻

nặng 不仅通过通感隐喻实现感官体验之间的映射，还可以通过概念隐喻，映射至身体部位，实现 nặng 第二次语义拓展。下面基于语料库搜索结果，着重分析与 nặng 搭配较多的头、脸、手、脚。

（一）头、脸

nặng 映射至头，形象突出了头部沉闷、不适的体验和消极的情绪。

Sao <u>đầu nặng quá</u> mà chân thì bẩy rẩy.（头太重）（《志飘》）

nặng 映射至脸部，有重量感使脸耷拉之意，也有脸色严肃凝重之意。nặng mặt sa mày（等同于 mặt nặng mày nhẹ）释义为 "từ miêu tả vẻ mặt nặng nề, biểu hiện thái độ khó chịu, bực bội hoặc tức tối"（描写脸色沉重，表现难受、生气、郁闷的态度。）[1]

Hắn cố <u>làm ra vẻ nặng nề</u>, ngồi lên.（做出沉重的样子）（《志飘》）

Quan Phủ <u>vểnh cái mặt nặng trịch</u> và đập tay xuống mặt bàn.（板起重重的脸，拉长脸）（《熄灯》）

（二）手、脚

nặng 映射至手部，路径向外，表示手表面感觉重。nặng tay 第一项释义为 "[kng] cảm thấy nặng hơn khi nâng lên, khi cầm lên hàm ý nhiều hơn, nặng hơn."（[口语]当拿起来的时候感觉重些，含有更多、更重之意。）如 "món quà biểu nặng tay"（重手的礼物）。第二项释义将 "手重" 继续向外延伸，将其抽象化："[id] không có sự nương nhẹ trong đối sử, trong trừng phạt."（[少用]在对待、惩罚上没有手软。）如：trừng phạt nặng tay（重惩）[2]

nặng 映射路径可以向内，将外部的重量感觉转化为手内部，即手上有力，手劲大，如：

Anh ta <u>nặng tay làm gãy đòn gánh</u>.（手重弄断了扁担）[3]

Ngày nào, Thơn cũng <u>đánh nặng tay</u>, thân tím khắp người.（打得很重）

---

① Hoàng Phê. Từ điển tiếng Việt. Nxb Đà Nẵng, Đà Nẵng, 2011, tr. 969.

② Hoàng Phê. Từ điển tiếng Việt. Nxb Đà Nẵng, Đà Nẵng, 2011, tr. 969.

③ 曾瑞莲，罗文青，蔡杰. 新越汉词典[M]. 南宁：广西教育出版社，2011：623.

（Vietlex）

当 nặng 映射至脚，描写脚步沉重、拖沓之感。如：

Anh muốn bước nhanh, mà <u>chân cứ nặng nề</u>. （脚很沉、很重）（《与首都共存亡》）

三、nặng 的具体物质概念隐喻

通过隐喻，nặng 可以突破身体感知的界限，继续向外映射，将 nặng 的重量感映射至具体的物质概念，形成具体物质概念隐喻。这种映射通常表消极义。这是 nặng 第三次语义扩展。

金钱是具体物质概念中较为典型的代表之一，将 nặng 映射至金钱概念具有独特性。所以下面选取物质概念中的金钱分析。在 vietlex 中，nặng 与金钱相关的例句有：

Muốn lấy vợ giòn phải <u>nặng tiền chèo</u>. （向村社交够彩礼钱）

Cách buôn "văn minh" chỉ là cái cách buôn <u>nặng tiền "tổng phí"</u> mà thôi. （砸钱）

可见，nặng 只能映射至金钱中表示消耗类的那部分钱，以重量表达数量，并映射心理压力和消极情绪色彩。下面对 nặng 映射至 tiền chèo（婚娶时向乡社缴纳的款项或礼物）、thuế（税）进行具体分析。

（一）tiền chèo （婚娶时向乡社缴纳的款项或礼物）

越南人修饰钱 "多" 通常使用形容词 "nhiều"。但 tiền chèo（婚娶时向乡社缴纳的款项或礼物）可与 nặng 搭配。越南人在结婚时会向当地的乡社缴纳一定数额的钱或礼物，这是越南的民间风俗，用 nặng 形容这笔钱，将 nặng 给人的重力感和压抑情绪映射至这笔钱中，可见其给缴纳者带来了心理、家庭物质上的压力，由此推测越南人对这项习俗的认知并不积极。

（二）thuế （税）

在汉语中描述税收得多，常用税 "高"，也有 "重"，在越南语词典中心语料库中输入 thuế nặng，出现了 8 条检索结果[①]，输入 thuế cao 仅出现一条检索结果。说明在越南的认知里，"高" 不足以描写其内心的压力感，倾向于用重量感来形容税的多，在语言描述中，倾向于尽可能地完整表现其心理感受。

---

① 检索结果中多为 sưu cao thuế nặng 的搭配。

四、nặng 的抽象概念隐喻

nặng 能跨越具体物质映射，继续向抽象概念进行映射，以最原始的触觉感知，实现对抽象概念的体验理解。此为 nặng 的第四次语义扩展，也是最高级的语义扩展。当 nặng 映射至抽象概念时，分三条路径：1. nặng 直接映射至抽象概念；2. nặng 映射至程度概念，再映射至抽象概念；3. nặng 映射至重要性概念，再映射至抽象概念。

（一）映射重量至抽象概念，一次映射，消极义

nặng 直接将重量映射至抽象概念，有"重"、"沉重"、"艰难"之义，情绪色彩为消极，但消极色彩的程度在映射过程中可发生变化。此类抽象概念有心理感受类形容词、中性类名词、移动及发出类动词。

1.映射至心理感受形容词

nặng 直接映射至心理感受，或 nặng 本身作为心理感受类形容词，描写主体 nặng 心情沉重。

Tôi tưởng không nên quá nặng nề về tình cảm nữa.（为感情太沉重）(《与首都共存亡》)

2.映射至中性类名词

nặng 映射至如时间、情况、工作等中性类名词①。nặng 作定语修饰此类名词。其中时间的名词出现频率较高。可见越南人时间观中有较强的重量感知，难熬、过得不舒服的那段时间给人的心理体验是"重"。此路径的映射将重量的消极色彩不同程度映射至名词，从消极义较低的"重"②到消极义较高的"艰难"。

（1）表一段时间

Trong khoảng hơn nửa tháng trôi, cả làng, từ trẻ đến già, từ nhớn đến bé, đã sống qua những ngày giờ nặng trình trịch, rất hỗn loạn.（沉重、混乱的日子）(《暴雨骤雨》)

Không phải ai cũng chịu đựng nổi một quá trình tự cầm cố, tự giam mình vào đêm tối nặng nề và dai dẳng như vậy.（沉重的夜晚）(《战争哀歌》)

---

① 大部分为中性类名词，其中也包括小部分偏消极义名词，如战争、危机等。

② 当 nặng 映射至如时间、情况、工作等中性类名词时，消极义甚至可以低至中性，即单纯表达"重"的概念。

（2）表情况、氛围

Nhưng chúng tôi thấy <u>tình hình mỗi lúc một nặng ra</u>.（情况日益严峻）(《与首都共存亡》)

Trong một lúc lâu, bầu không khí hóa ra <u>nặng nề</u>.（气氛变得凝重）(《暴雨骤雨》)

（3）工作、任务

Chủ đã phó thác cho <u>công việc nặng nề</u>.（沉重的工作）(《暴雨骤雨》)

Anh nhận một <u>nhiệm vụ nặng nề</u>.（沉重的任务）(《与首都共存亡》)

（4）战争、危机

Vì rằng cái nạn khủng hoảng kinh tế <u>mỗi ngày một nặng thêm</u>.（日益沉重的经济危机）(《暴雨骤雨》)

Anh nghĩ phụ nữ và trẻ con là những người phải chịu <u>cái gánh của chiến tranh nặng nề</u> hơn cả.（沉重的战争重担）(《与首都共存亡》)

3.映射至移动类、发出类动词

nặng 映射至向上、向下移动或由中心向四周、由四周向中心的动词，和呼吸、发出声音等发出类动词及传递类动词，nặng 作状语修饰以上动词。

（1）向上、向下移动类

向上移动类动词需要克服重力，重量会使动作变得困难。当 nặng 映射至此类动词表动作的艰难、费劲以及内心的沉重。

Mặc kệ chúng nó, anh chàng ốm yếu im lặng dựa gậy lên tấm phên cửa, <u>nặng nhọc chống tay</u> cào gối và bước lên thềm.（艰难地支起手）(《熄灯》)

Aanh <u>nặng nề đứng dậy</u>.（艰难站起来）(《战争哀歌》)

重量感会使向下类动作更有力量感，当 nặng 映射至向下方向如揿、压等动作，表向下动作的用力感。同时因为动作施动，受事方发生较强的挤压变形，给受事方造成的巨大压力，所以如果受事方为人，还表人强烈的心理重负。当 nặng 映射至渗透动词，施动方穿透受事方的表面，nặng 的重量映射还展示向下的深度。

Thịnh bước nhích lên phía trước Kiên và <u>nặng nề châm chạp sụp gối</u>.（重重地跪下）(《战争哀歌》)

Nhưng họ đi lẻ tẻ, âm thầm và như bị <u>đè nặng xuống</u>.（被重重地按下）(《与首都共存亡》)

Chẳng phải là một phát hiện gì mới mà là một sự thấm nhuần[①] nặng trĩu.（重重地渗透）(《战争哀歌》)

（2）由中心向外扩散、由四周向内聚集类动词

nặng 映射至由中心向外扩散时，以动作的重量感来写施动者的数量之多，以及动作的力度。nặng 映射至由四周向内聚集类动词，使聚集动作更有力。

Trên khuôn mặt nghiêm nghị của một trong ba người linh nước mắt nặng nề ứa ra dưới cặp lông mày nhíu lại.（重重地溢出）(《战争哀歌》)

Sương gieo nặng.（重重地撒，降得很厚）(《与首都共存亡》)

Nặng nề, anh ôm ghì lấy Phương.（重重地抱，即用力抱）(《战争哀歌》)

（3）发出、传递类动词

发出类动词需要付出努力，而重量会使施动者更加费力。因此将 nặng 映射至发出类动词，以描述施动者发出动作的费劲和不适。

Kiên nặng nề thở dốc, môi mím chặt.（重重地喘气）(《战争哀歌》)

Cánh cửa nặng nề rít lên.（重重地叫起来）(《战争哀歌》)

对于传递的动作，重力也是一种阻力。đưa 表传递，đưa mắt 将看的动作过程形象化为传递眼神，nặng 的重量映射至 đưa，以描述看的动作艰难、主语心情的沉重。

Kiên áp mặt vào tấm kính cửa lạnh ngắt, nặng nề đưa mắt nhìn sâu vào ngoài đêm.（沉重地看着）(《战争哀歌》)

（二）映射重量至程度概念，再从程度映射至抽象概念，两次映射，可积极可消极

根据具身性理论，在人们的认知中重量与程度之间存在联系。[②] 并且重量感和某些抽象概念直接联系较弱，若直接映射 nặng 重量感会引起较大的矛盾，心理联想也不能很好解释矛盾。此时 nặng 的映射路径为 nặng 先映射至程

---

① thấm nhuần 在《越南语词典》中第一项释义为 thấm đẫm đều và khắp（均匀四处渗透），渗透是一种向下的移动，因此 thấm nhuần 可归为此类。详见 Hoàng Phê. Từ điển tiếng Việt. Nxb Đà Nẵng, Đà Nẵng, 2011, tr.1437.

② Kaspar, K 研究发现重量感会加深病患对药效、疾病以及药物副作用严重程度的认知，可见重量与程度概念有某种联系。详见 Kaspar, K. A Weighty Matter: Heaviness Influences the Evaluation of Disease Severity, Drug Effectiveness, and Side Effects [J]. PLoS One, 2013, 8(11): 9. 孙宇在其硕士论文中通过 3 个实验，从心理学角度考察了重量与程度存在联系的心理意义。详见孙宇. 程度范畴的重量隐喻及其对认知的影响[D]. 长沙：湖南师范大学，2015.

度概念，再从程度概念映射至抽象概念。

两次映射后，nặng 在抽象概念中所表示的情感色彩既可积极亦可消极。因为人类对于重量存在需求，因此 nặng 重量感也有满足人类的重力需求的积极义。在一次映射中，消极义覆盖其积极义。通过将重量感映射至程度再映射至抽象概念，nặng 重量感中的积极义在二次映射中能够突破消极义的覆盖，得以体现。

1.映射至名词

（1）性质、状态上的程度增加

nặng 可以映射至如错误、罪、病等消极类名词，结构通常为作定语或谓语修饰此类名词。此时以重量映射至程度概念，再映射至抽象概念，表达抽象概念性质、状态上的程度增加。nặng 的消极义与名词内的消极义叠加，强化其消极色彩。

Nhưng <u>lỗi</u> của bọn mình thì <u>quả là nặng nề</u>.（错误真的很严重）(《战争哀歌》)

Cái <u>tội nặng</u> ấy, bây giờ tôi muốn chuộc lại.（重罪）(《暴雨骤雨》)

<u>Bệnh càng nặng thêm</u>.（病越来越重）(《熄灯》)

<u>Thương vong nặng nề</u>.（伤亡惨重）(《战争哀歌》)

Thế nhưng tuyệt nhiên không phải là <u>sự ngất lịm</u> thô rắn, <u>nặng nề</u> như khi trúng đạn bị thương hoặc khi mê man bất tỉnh vì sốt cao.（重重的昏迷，即深度昏迷）(《战争哀歌》)

<u>Cô độc nặng như gang</u>.（像钢一样重的孤独，即十分孤独。）(《战争哀歌》)

（2）数量上的程度增加

nặng 也可以映射至其他名词，结构通常为作谓语带名词补语。此时以重量映射至程度概念，再映射至补语名词，表达补语名词数量多。感情色彩可以为消极或积极色彩，主要依据补语名词而定。

Mùi của gian khổ, của tuổi trẻ <u>trĩu nặng lửa đạn, đói rét, sương gió</u>.（充满着弹药、饥寒、风霜）(《战争哀歌》)

<u>Cái nhìn nặng trịch phê phán</u> của mình đối với cha.（充满批评的眼神）(《战争哀歌》)

Cái áo dài lại bằng nhung đen, đôi giầy lại có thêm phượng múa, lại thêm tay có vòng, tai có hoa, <u>cổ nặng trĩu những hạt vàng</u> nên Mịch yên tâm ngay.（领口缀满金

色的仁）（《暴雨骤雨》）

Lại vẫn nói tiếng Pháp, chỉ riêng việc này cũng chứng tỏ rằng lão này <u>nặng cảm tình</u> với địch （充满感情）（《与首都共存亡》）

2.映射至动词

当 nặng 映射至程度再映射至动词时，此类动词主要为"带有"、"承载"或"恨"、"讨厌"等消极心理意义动词。

（1）"带有"、"承载"类动词

与上述移动类动词不同，此类动词没有移动，没有克服重力的体力付出，重力的增加使其承载量加大，是程度上的增加。因此，nặng 映射至程度概念，再映射至此类动词，以重量表达程度。其感情色彩根据动词之后的名词而定。

Một thế hệ vĩ đại và bi thảm, mang <u>nặng những phẩm chất và những tình cảm</u> cao quý mà ngày nay đã bị thế hệ của anh làm cho vĩnh viễn mai một.（充满了品质和情感）（《战争哀歌》）

Cớ lẽ đến lượt chúng ta phải chịu đựng những nỗi khổ cuối cùng để rửa hết bao nhiêu <u>những tủi nhục</u> mà cha ông chúng ta và chính chúng ta đã <u>mang nặng</u> từ tám mươi năm nay.（承载的屈辱）（《与首都共存亡》）

（2）"恨"、"讨厌"等消极心理动词

此类心理动词含有消极义，nặng 映射至程度概念，再映射至此类动词，以表达此类心理动词的感情程度。

Tao ghét Pháp cũng <u>nặng</u> như tao sợ Việt Minh.（像怕越盟一样憎恨法国）（《与首都共存亡》）

3.映射至形容词

当 nặng 映射至程度再映射至形容词时，此类形容词主要为疼痛、病、痛苦等消极类形容词，nặng 映射程度概念，再映射至此类形容词，表达其消极程度。

Hai con mắt lão đỏ ngầu lên như của kẻ <u>đau mắt rất nặng</u>.（眼睛很疼）（《暴雨骤雨》）

Vì <u>đau buồn nặng như gang</u>.（像钢铁一样重的痛苦，即很痛苦）（《战争哀歌》）

（三）映射重量至重要性概念，再由重要性映射至抽象概念，积极义，但有一定心理压力

nặng 还可与重要性建立联系。[①]此时 nặng 的映射路径为：将重量映射至重要性，再将重要性映射至如情、恩、义、责任等抽象名词。在 vietlex[②]中，出现频率较高的有恩义、情、缘分。此类映射表积极义。

1. nghĩa, ơn（恩、义）

越南语中对于恩、义程度的修饰常用 nặng，在汉语中也有"恩重如山"，都是用触觉的重量感映射至恩、义。说明在中国人和越南人的思维中都赋予了恩、义较高的地位，这符合儒家文化的对回报恩、义的推崇。由此也可以看出儒家文化对于越南人思维的潜移默化的影响，对越南民族的恩义观形成、发展的影响，报恩文化心理成为越南民族一种普遍深刻的文化心理。[③]

2. tình（感情）

nặng tình 在 nặng 的检索结果中也有较高的出现频率。汉语中对于感情有"情深似海"，用深度来映射感情。在越南语中，通过 nặng 映射至重要性，再映射至抽象概念 tình，可以看出越南人对于人际间感情的尊重与珍惜。[④]在例句中的 tình 更多是指爱情和亲情，说明越南人对爱情和亲情尤为看重。另一方面，nặng 的重量感带给人沉甸甸的感觉，这与责任感的重量有一定相似性，所以 nặng 映射至 tình 也体现了越南人对家庭的责任感。由于背负较重的东西会给人劳累感，nặng 的映射也将这种劳累感融入对情感、家的认知中，由此可见在越南人潜意识中，维系家庭、经营感情需要付出较多的精力，是一种心理负担。

---

① 2006 年 Proffit 通过研究发现重量体验可能会对事物的重要性产生影响。2009 年 Jostmann, Lakens 和 Schubert 也发现，重要性以重量经验作为表征基础。2010 年 Ackerman, Nocera 和 Bargh 的实验同样发现了重量体验与抽象概念之间的关系。详见孙宇. 程度范畴的重量隐喻及其对认知的影响[D]. 长沙：湖南师范大学，2015.

② 此部分语料库采用越南语词典中心，一是 vietlex 语料库本身较为全面，具有较高的代表性；二是 vietlex 语料库建设成熟，利用 vietlex 便于整体统计，进行比较。

③ 参考孙衍峰，兰强，等. 越南文化概论[M]. 广州：世界图书出版广东有限公司，2014：81—83.

④ 祁广谋在《越语文化语言学》中认为，小农经济生产方式使得国家结构打上了家族结构的印记，而社会结构的宗法型特征导致越南文化形成伦理型范式，这种范式使得越南人比较注重人际间的温情。本文从认知语言学角度，由 nặng 的语义扩展至 tình 所得结论可以由此得到支撑。详见祁广谋. 越语文化语言学[M]. 洛阳：解放军外语音像出版社，2006：64.

3. duyên（缘分）

汉语表达男女双方特别有缘分，通常是在"有缘"一词前面加上"特别"、"很"等程度副词，在越南语中描述将夫妻、情侣双方的很有缘分是将重量映射至重要性，再映射至抽象概念 duyên，通常结构为 nặng 作谓语带补语 duyên，构成 nặng duyên。

由 nặng 的重量性可见，越南人赋予缘分较高的地位。由于重给人的体验是正式、不轻浮，由此可见越南人对于缘分抱有严谨、尊重的态度。因此可推测，越南人很敬重冥冥之中的天意，很重视男女感情中机缘巧合。[①]

五、结语

本文从认知语言学角度，通过语料分析，对越南语形容词 nặng 进行语义探析。分析发现，nặng 通过隐喻实现语义扩展，其拓展路径为：1.通过通感隐喻，映射至其他感官，将 nặng 的重量感、消极义映射至嗅觉、听觉、视觉，实现多感官融合。2.通过隐喻，映射至人体部位。3.通过隐喻，映射至具体物质概念。4.通过隐喻，映射至抽象概念，此时分为三条路径：（1）直接映射至中性类名词和方向移动类和发出、传递类动词，nặng 始源域的消极义经映射后，在目的域有由低至强变化；（2）先映射至程度概念，再映射至名词、消极类形容词，带有、承载类及消极心理活动类动词，感情色彩积极、消极都可，视具体情况而定；（3）映射至重要性概念，再映射至恩、情、义等抽象概念，感情色彩为积极。在抽象隐喻中，两次映射能突出 nặng 重量隐喻中积极色彩，从而使其隐喻的情绪色彩既有消极也有积极。

总之，nặng 语义扩展路径是通过隐喻机制，由近及远，由具体至抽象，层层递进，不断扩展其语义域，搭建重量语义网。从 nặng 语义扩展可以发现越南人对于触觉感知的依赖度较大，语言描述上倾向于融合心理认知，追求对事物细节多维度把握。

---

① 祁广谋在《越语文化语言学》中认为，由于水稻耕种的劳作方式和稳定安居的生活要求，越南人依靠自然，依赖天时人和地利，在生活实践中，越南人比较注重自然界各种因素之间的联系。本文从认知语言学角度，由 nặng 的语义扩展至 duyên 所得结论可以由此得到支撑。详见祁广谋. 越语文化语言学[M]. 洛阳：解放军外语音像出版社，2006：62—63.

参考文献

[1] 陈丽竹，叶浩生．"重"即"重要"？重量隐喻的具身视角[J]．心理研究，2017（10）：3—7．

[2] 祁广谋．越语文化语言学[M]．洛阳：解放军外语音像出版社，2006．

[3] 孙衍峰，兰强，等．越南文化概论[M]．广州：世界图书出版广东有限公司，2014．

[4] 孙宇．程度范畴的重量隐喻及其对认知的影响[D]．湖南师范大学硕士学位论文，2015．

[5] 汪少华，徐健．通感与概念隐喻[J]．外语学刊，2002（3）：91—94．

[6] 王寅．认知语言学[M]．上海：上海外语教育出版社，2007．

[7] 王宇弘．通感隐喻的认知基础和哲学意义[J]．外语与外语教学，2008（4）：13—16．

[8] 王哲．触觉：雕塑中身体触觉空间的探索[D]．中央美术学院硕士学位论文，2012．

[9] 张琳．具身视域下：重量与重要性的双向研究[D]．苏州大学硕士学位论文，2012．

[10] 赵艳芳．认知的发展与隐喻[J]．大连外国语学院学报，1998（10）：8—10．

[11] 赵艳芳．隐喻的认知基础[J]．解放军外语学院学报，1994（2）：30—34．

[12] 杨波，张辉．跨感官感知与通感形容词研究[J]．外语教学，2007（1）：16—21．

[13] Bảo Ninh. *Nỗi buồn chiến tranh* [M]. Hà Nội: Nhà xuất bản trẻ, 2016.

[14] Hoàng Phê. *Từ điển tiếng Việt* [M]. Đà Nẵng: Nhà xuất Đà Nẵng 2016.

[15] Nam Cao. Chí Phèo. http://www.sachhayonline.com/tua-sach/truyen-ngan-nam-cao/chi-pheo/924.

[16] Ngô Tất Tố. Tắt đèn. http://www.sachhayonline.com/tua-sach/tat-den.

[17] Nguyễn Huy Tưởng. Sống mãi với thủ đô. http://www.sachhayonline.com/tua-sach/song-mai-voi-thu-do.

[18] Vũ Trọng Phụng. Giông tố. http://www.sachhayonline.com/tua-sach/giong-to.

文化语言学视角下的越南语语言特征
及其在交际中的体现

信息工程大学　谢彬

【摘　要】文化语言学研究语言和文化之间的相互关系。语言作为人类最重要的交际工具，是在每个民族特定的文化背景下，在人们彼此传达信息，了解对方，彼此认同的过程中产生的。以越南文化为视角，可以探讨越语语言特征，寻求语言变化的规律；从越南词汇、语法特点等入手，可以揭示越南民族社会文化现象的丰富内涵。

【关键词】越南语；文化特征；语言特征

　　文化语言学研究语言与文化的关系，是一门研究语言所蕴含的民族文化内涵，以及民族文化对语言存在形式和演变怎样产生影响的语言学分支学科[1]。19 世纪的德国心理学家冯特认为：人是社会的产物，人的心理具有社会性，而表达人们心理工具的语言也具有社会性[2]。语言作为一种重要的文化现象，和文化共同支配和制约着人类社会的存在与发展。一方面，语言依赖于文化，它是为满足社会文化交际的需要而产生、存在和发展的；另一方面，语言在反映文化的同时，也塑造了文化，丰富了文化的内涵。

　　在人文的生态环境下，语言不可能是一种纯净物，它必须也是一种文化环境影响下的产物，它的形式与内容，生存样态与演变规律，也都需要在文化的背景下作出思考。语言的起源与生成、结构与形式、单位与组成、使用与演变都会受到这种或那种文化因素的或深或浅、或多或少的影响[3]。因此一个民族的文化与语言之间有着密不可分的关系。

　　越语文化语言学以越南语与越南社会文化的关系为研究对象。从越南文字、越语词汇的本义、引申义以及越语语法特点等入手，可以揭示越南语丰富内涵所体现的丰富多彩的民族社会文化现象；以越南社会文化为视角，探讨越语语言文字及其使用规律，从社会文化的变迁去寻求语言变化的动因，其目的

---

① 苏新春．文化语言学教程[M]．北京：外语教学与研究出版社，2006：1.
② 谢徐萍．交际用语与文化背景[J]．南通工商学报，1997（13）.
③ 苏新春．文化语言学教程[M]．北京：外语教学与研究出版社，2006：57.

是获得语言文化的功能认识①。

语言日常的功能是交际，在交际中它起着传达和沟通的作用。语言作为交际的工具，其目的是表达思想，因此，语言也可以说是一种为交际过程所制约并带有心理烙印的符号体系②。交际用语作为一个民族语言大系统中不可或缺的子系统之一，也能直观地体现一个民族的文化精神和文化行为模式。

一、文化语言学视角下的越南语语言特征

语言与文化是一种共生共存的关系，可以从语言看文化，也可以从文化看语言，进行双向研究。

从历史和地缘上看，越南是一个受到儒家文化影响为主，多种文化交汇互融的国家；从自然环境和民俗习惯看，越南形成了以农村公社为中心的基层社会结构和农业稻作文化；此外，还有越南从过去就稳固继承下来的供奉祖先、举办庙会等传统文化习俗，多民族文化百花齐放等特点。在这些文化特征的综合作用下，形成了越南语的几个显著特点。

（一）概括性、和谐性

越南语具有较高的表征性，具体体现在其语言文字概括性、结构的相对习惯性和用语的平衡、和谐性的特点上。这些特征主要是受到中国儒家文化的深远影响。

从历史沿革上看，越南文化属于东方文化中的中国文化圈，其正统文化体现出浓厚的儒家文化色彩。儒学在秦汉之际开始传入越南，在各个历史阶段都对越南有着不同程度的影响，同时也形成了越南自己的特色。

梁志明先生在《论越南儒教的源流、特征和影响》中写道：从中国输入越南的儒教，作为一种学说，有其完整的体系与内涵，古代越南确实没有创造出一种独立于中国儒学之外的学派，而是将中国儒学应用于本国。戴可来先生在《对越南古代历史和文化的若干新认识》中也表示：越南接受中国文化的特点，主要是把中国文化加以简化和实用化，以适应越南的国情。可以说中国儒学传入越南后，越南历代封建统治者和文人在遵循其基本精神的前提下，根据本国的实际情况和不同阶段的社会发展的需要，对其进行了某些阐释和改造，使其呈现出了实用和简约的特点③。

---

① 祁广谋. 越语文化语言学[M]. 洛阳：解放军外语音像出版社，2006：14.

② 戴昭铭. 文化语言学导论[M]. 北京：语文出版社，2010：14.

③ 马达. 略论越南儒学的特色及其影响[J]. 河南教育学院学报，2010（1）.

越南语概括性、习惯性结构的突出体现之一就是大量地使用具有代表性数字表达方式来表现复杂的意思。例如：ba bề bốn bên（四面八方）、ba chân bốn cẳng（三步并作两步），ba đầu sáu tay mười hai con mắt（三头六臂），ba đời bảy họ（祖宗三代），chín bỏ làm mười（宽大为怀），chín người mười ý（各持己见），trăm cay nghìn đắng（千辛万苦），trăm phương nghìn kế（五花八门），nói ba phải（见风使舵），ba chìm bảy nổi（历经艰辛），ba đời（三生），chín suối（九泉），chín tầng mây（九重天）等。

越南人传统的思维方式、稳定的农业生活习惯加之儒学的潜移默化，导致了其语言的对仗和和谐，这也可以说是越南语概括性的另一个表现。越南人讲究中和，讲究均衡对称，表现在越语中就是存在大量的双音节词，而且不少单音节词可以叠音成双音节词，如 đỏ—đo đỏ，nhỏ—nho nhỏ，im—im lìm，đẹp—đẹp đẽ等，便于语句的和谐、对仗。这一点在成语、俗语中表现得更加明显，例如 trèo cao ngã đau（爬得越高，摔得越痛），một ngày đằng đẵng, coi bằng ba năm（一日三秋），một ngày vãi chài, hai ngày phơi lưới（三天打鱼，两天晒网）等。

在中国传统文化的影响下，越南也和中国一样，家家户户过年过节会挂春联，从早期的汉字春联、喃字春联，再到国语字春联，应有尽有。这种言简意深、对仗工整的特殊的文学产品正体现了东方文化博大精深的文字艺术，对仗工整、平仄相间、节律动人、意境优美，例如 Nâng niêu bản sắc giống nòi, đất hồng lạc nở trăm ngàn hoa Tết; Gìn giữ tinh hoa dân tộc, nước tiên rồng kết muôn triệu nụ xuân（珍惜种姓本色，鸿雒地开千百节日花；维护民族精华，仙龙国绽亿兆春笑容），全联对仗工整，用典应时得当，既有春的气息，又散发着民族精神①。

在越南传统文学作品中诗歌也占据了一个重要部分。越南诗坛历史上也有许多佳作流传，除了受中国影响的五言、七言体裁外，还有其特有的六八体诗歌，都体现了语言的对仗和谐。此外，传统散文也是以诗歌的形式存在的，而这一趋势与越南语声调丰富的特性分不开，其丰富的声调为散文、诗歌增加了音乐性，如陈国俊的《檄将士文》、阮攸的《金云翘传》等。

例如：

Ngày xuân con én đưa thoi, thiều quang chín chục đã ngoài sáu mươi.

Cỏ non xanh dợn chân trời, cành lê trắng điểm một vài bông hoa.（选自《金云

---

① 祁广谋. 越语文化语言学[M]. 洛阳：解放军外语音像出版社，2006：23.

翘传》)

这一特点甚至体现在家长里短的争吵当中。越南人吵架也能吵出独特的调子，例如在 Nguyễn Công Hoan（阮公欢）的小说 Bước đường cùng（《走投无路》）里，描写一名妇女的鸡丢了之后，她在村子里叉腰大骂的情节，可以说是极具代表性的：

Làng trên xóm dưới, bên ngược bên xuôi. Tôi có con gà mái xám nó sắp ghẹ ổ, nó lạc ban sáng, mà thằng nào con nào, đứa ở gần mà qua, đứa ở xa mà lại, nó dang tay mặt, nó đặt tay trái, nó bắt mất của tôi, thì buông tha thả bỏ nó ra, không tôi chửi cho đuôi.

Ôi cái thằng chết đâm, cái con chết xỉa kia. Mày mà giết gà nhà bà thì một người ăn chết một, hai người ăn chết hai, ba người ăn chết ba. Mày xuống âm phủ thì quỷ sứ thần linh nó rút ruột ra...

节奏紧凑，时空交替，不仅骂出了自己丢失鸡的情况和丢鸡的过程，还用结构工整、抑扬顿挫的恶毒语言辱骂了偷鸡人：Mày mà giết gà nhà bà thì một người ăn chết một, hai người ăn chết hai, ba người ăn chết ba（谁杀了我家的鸡，就要他一个人吃死一个，两个人吃死一双，三个人吃死一家）。

这一特点在政论文中也有所体现。例如 Hồ Chí Minh（胡志明）的 Tuyên ngôn Độc lập（《独立宣言》）：Nếu không có nhân dân thì không đủ lực lượng, nếu không có chính phủ thì không ai dẫn đường（如果没有人民，就没有充足的力量，没有政府，就没有人指引前进的道路）；Việc gì có lợi cho dân, ta phải hết sức làm. Việc gì có hại cho dân, ta phải hết sức tránh（有利于人民的事我们就要尽力去做，有害于人民的事我们就要尽量避免）等。

（二）感情丰富

越南语丰富的词汇系统和蕴含于其中浓厚的感情色彩主要是受到以农村公社为中心的基层社会结构和农业稻作文化的影响。

通常情况下，农村公社往往是原始部落进入主权国家的必经之路，越南也不例外。在越南的古代社会，农村公社土地所有制和封建国家土地所有制长期并存，可以说农村公社是越南的封建社会和地缘关系相结合的共同体[①]，一直伴随着越南的发展而存在，影响也延续至今，农业国家的属性和公社自然经济的存在，让这种地方性的组织成了影响越南文化的重要因素之一，形成了 Pháp

---

① 张笑梅，郭振铎. 越南封建社会长期延续的原因[J]. 东南亚纵横，1997（3）.

vua thua lệ làng（王法不及乡归）的村社文化，越南文化中的社会性和自治性就来源于此，而这种独特的社会性因素也为越南语本身灌注了浓厚的感情色彩。

越南地形狭窄，纬度跨越大，各地气候颇不相同，除高山地区以外，均属于热带季风气候。全年总积温约 7000—9000 摄氏度，年降雨量 1300—2000 毫米，雨季为 4—11 月，适合水稻种植，越南大部分地区符合全年生产两季水稻的要求，部分地区可以生产三季[①]。因此越南自古以来就是一个农业国家，农业生产以粮食为主，水稻是主要的粮食作物，在越南农业和国民经济中居于极其重要的位置。伴随着越南以水稻种植为主的农业生产方式形成了具有越南民族特色的文化现象——稻作文化，包括了水稻生产及其涉及的集体生活方式、稳定的生产习俗以及注重情感的文化心态[②]等等。此外，由于农业对自然环境的依赖性较高，在越南人的多神信仰体系中，自然神也占有相当的比重，包括对天神、地神，云雨雷电等自然现象和动植物的崇拜，这些文化特性在越南语成语、俗语中都有大量的体现。

在词汇方面，每个中性意义的词都存在一系列丰富的变体，以表现不同语义色彩。例如中性意义的 xanh（绿色/蓝色），就有 xanh rì（翠绿）、xanh rờn（碧绿）、xanh lè（青绿）、xanh ngắt（深蓝）、xanh lam（天蓝）、xanh lơ（浅蓝）等一系列的词，中性意义的 đỏ（红色），也有 đỏ au（鲜红）、đỏ chót（嫣红）、đỏ hoe（淡红）、đỏ hỏn（粉红）、đỏ hoét（深红）等。此外，叠词的含义变化也极具代表性，例如 lúng túng（慌乱，不知所措）和 lúng ta lúng túng（也是慌乱的意思，但程度比 lúng túng 更轻）；lủng lẳng（悬挂，结果）和 lủng la lủng lẳng（硕果累累）等。

此外，越语词汇跟他们的生存环境也有极大的关系。例如与河流形象相关的词汇系统就很丰富，比如滩地、沙堤、海湾、洲渚、灌渠、海河等；有很多民谣中描写事物的词语既带有地方色彩，又体现了人民对大自然认识的深度，如木船、竹船、帆船、篷船、平头船、官舫等，洪流急涌、滔天巨浪、汹涌澎湃、奔流不息、波澜壮阔、静如镜面等。通过这些丰富的词语，可以感受到越南人的审美观、观察能力和喜爱大自然的特点[③]。

在语法方面，越南语使用虚词表达情感：à、ừ、nhỉ、nhé、chăng、chớ、

---

① 周婧. 试从歌谣俗语略论越南稻作文化[D]. 南宁：广西民族大学，2012.

② 周婧. 试从歌谣俗语略论越南稻作文化[D]. 南宁：广西民族大学，2012.

③ [越]阮志坚著，郑晓云编. 越南的传统文化与民俗[M]. 昆明：云南人民出版社，2011：15—16.

hả、hở、phỏng、sao、chứ等。这些没有实际意义或实际意义弱化，但具有语用色彩的虚词，可以体现说话者的主观态度、意见和立场。

例如虚词 thôi，表示对前文在范围、程度方面的限制；强调勉强同意的意思，或因为没有其他选择而承认；通过强调肯定表示对对方的劝说。

Ăn một bát thôi.（只吃了一碗而已。）

Thôi được, ngày mai anh đến lại ngã ba đây, tôi đợi.（算了，明天你再到这个丁字路口来，我等着啊。）

Không hề gì mà, dán một lá thuốc, khỏi ngay thôi.（怕什么，抽根烟什么病都好了呀。）

（三）灵活性

越南语的灵活性主要是受到多种文化影响及其自身对于多种文化的兼容并蓄。

从地理位置上看，越南地处中南半岛东部，是位于亚洲与大洋洲、太平洋与印度洋交汇的"十字路口"的东南亚国家之一。在航海时代的背景下，越南特殊的地缘环境也是其受到不同外来文化影响的重要原因之一。

当然，对于外来文化，越南也不仅仅是消极、被动地接受。文化的交往具有双向性和互动性，不管中国文化、法国文化、印度文化还是现在以美国为代表的西方文化以强制输入或是主动引入的方式进入越南，越南都以其包容性兼收并蓄、博采众长，与本土文化进行了融合。例如儒学在越南的传播就是一个被接受、吸收、改造的过程，加入了"越南"特色，像在"忠孝"观念和妇女的地位方面就与中国传统儒家思想有所差异，其他外来文化的传入也是如此。因此包容性和灵活性也是越南文化的突出特点之一。

越南语的灵活性首先体现在语法系统当中。越南语和汉语一样属于孤立语，没有词的形态屈折变化，因此其主要的语法手段为语序和虚词。较之西方的形式语法，越南语的语义语法赋予其较强的灵活性。

在词法与句法方面，越语的结构比较灵活，语言要素次序的变化会带来语义的变化，如 mắt đẹp（眼睛漂亮/漂亮的眼睛）和 đẹp mắt（悦目）。

例如表达"我（明天）要去河内"，越南语有 Tôi đi Hà Nội，Tôi sẽ đi Hà Nội，Ngày mai tôi đi Hà Nội，Ngày mai tôi sẽ đi Hà Nội 等不同的表达方法。

再例如 Trạm này mới khánh thành, và làm việc ở đây mới chỉ có một anh nhân viên kĩ thuật.（这个车站刚刚建成，仅有 1 名技术人员在这里工作。）这个例句表达的中心意思是只有 1 名技术人员在这个刚建成的车站工作。句子中的虚词

mới 表达了对数量的强调，即与一般情况相比，仅 1 名的工作人员数量是比较少的。

可以用具有相似的意义的虚词作如下替换：

Trạm này mới khánh thành, và làm việc ở đây chỉ có độc một anh nhân viên kĩ thuật.

Trạm này mới khánh thành, và làm việc ở đây chỉ có mỗi một anh nhân viên kĩ thuật.

越南语的灵活性还体现在说话方式当中，相对而言，越南人较为喜欢使用动词短语，在一句话中，有多少行动就有多少动词。比如在表达"谢谢你的到来"这一意思时，英语是 Thank you for your coming，如果按照英语表达，越语应是 Cảm ơn về sự đến chơi của anh，但越南人更喜欢使用 Cảm ơn anh đã tới chơi 这样的动词连用方式。

越语的这种灵活性，使其具有较高的概括性，简单的句子可能表达复杂的意思，这种概括性也可以说是一种模糊性，在没有语境的情况下，容易产生歧义。

二、越南语语言特征与交际文化

人用自己的创造性活动为自己构造了一个文化世界，并且生活在这个文化世界之中。语言作为人类文化的重要组成部分，是人类文化得以构建和传承的形式和手段，同时，文化也在潜移默化地影响着语言的变化和发展。作为日常交际的工具，语言起着传达和沟通的重要作用，其交际的功能伴随着特定的民族文化背景而具备不同的特征。越南语的概括性、和谐性、词汇情感的丰富性以及灵活性的特点在其交际文化中也有着不同程度的体现。

（一）交际态度——既喜欢又害怕

越南人生活的以稻作文化为中心的农业社会，相互依赖性强，非常看重社会成员与自然环境的关系，这种社会性形成了越南人喜爱交际的性格。

越南人喜欢交际的特点体现在两个方面：从交际主体的角度看，越南人喜欢拜访、探望他人。如果互相熟悉了，尽管每天见面，甚至不止一次，但有空时，越南人还是会互相拜访。探望、拜访不仅仅像西方人一样带有工作性质，更是一种情感的表现，具有增进关系的作用。

从交际对象的角度看，越南人非常好客。有客来访，无论关系亲疏，无论家境如何，越南人都会尽力招待对方，让客人吃好玩好。有俗语 Khách đến nhà chẳng gà thì gỏi, bởi lẽ đói năm, không ai đói bữa（客人进门不是鸡就是鱼，就算饿一年也不能委屈客人）。好客的这一特点在一些偏远山区体现得更加明显。

同时，与热爱交际相对的是，越南人也害怕交际。这两种互相矛盾的特征的存在源于越南农村公社的基本特征：社会性和自治性。当在人们熟悉的社会范围内时，社会性占据了支配地位，越南人表现出了平易近人、热情大方的一面。在熟悉的社会环境之外，面对陌生人时，自治性就会发挥主要作用，越南人惧怕交际的特点就会表现出来。这两种特性看似相互矛盾，但其实也不然，因为它们体现在不同的环境、场合之下，它们可以说是一种特性的两种体现，也体现了越南人个性的灵活性。

（二）交际观念——重情轻理

农业文化中的重情重义的特点导致越南人以情感作为应对的原则，所以在越南语中有这样的俗语：Yêu nhau yêu cả đường đi, ghét nhau ghét cả tông ti họ hàng（喜欢就连走的路都喜欢，讨厌就连亲戚朋友都讨厌）；Yêu nhau mọi việc chẳng nề, dẫu trăm chỗ lệch cũng kê cho bằng（只要喜欢就无所畏惧，就算歪的也能说直的）。

越南人注重宗族，注重集体，注意维持彼此间的关系；在生活中，越南人活得有情有理，但也更偏向情感，有俗语说 Một bồ cái lí không bằng một tí cái tình（道理不如感情）等。越南人在生活中常常将情谊看得很重，谁对自己施以援手，就一定会记得别人的恩情，谁给予自己教诲，就一定将对方奉为师长，因此在越南语很多词语中都有 thầy（老师）这个字，例如 thầy cả（神父）、thầy bói（算命先生）、thầy dòng（传教士）、thầy thuốc（医生）、thầy lang（郎中）等。

（三）交际习惯——了解、观察、评价交际对象

年龄、籍贯、文化程度、社会地位、家庭情况（父母是否健在，结婚与否，有子女与否，几儿几女等）都是越南人日常关心的问题。喜欢了解别人情况的习惯会让一些外国人认为越南人特别喜欢打听别人的私事。但其实这个特点也是越南人农村公社制度带来的社会性的产品之一。

由于社会性，越南人自认为有责任关心他人，因此需要对他人深入了解。此外，由于生活中注重情谊，每次交流都会有独特的人称称谓，但如果没有对他人有足够的了解，就无法选择恰当的称谓，因此越语有俗语说 Tùy mặt gửi lời, tùy người gửi của（看人说话，看人送礼）。当难以选择时，越南人也会采取

相应灵活的应对方法，如俗语所说：Ở bầu thì tròn, ở ống thì dài（在葫芦里就是圆的，在管子里就是直的）；Đi với Bụt mặc áo cà sa, đi với ma mặc áo giấy（和佛爷在一起穿袈裟，和鬼怪在一起穿纸衣）等。

（四）交际语言——含蓄、和谐、对仗

含蓄的表现手法体现在越南人喜欢 vòng vo tam quốc（在三国之间兜圈，意指绕圈子）的特点上，这与西方人相对直接的表现手法不同。因此才有了越南人 miếng trầu là đầu câu chuyện（吃槟榔，起话头）的习惯，现在，也用一杯茶、一根烟、一杯啤酒来代替槟榔，开启一段对话。

如果想知道对方父母是否健在，越南人会问：家里老人身体还好吗？如果想知道女方是否已经结婚，会问：你回去得这么晚，家里男人会责怪吗？表达男子对女子的心意的南部歌谣是这样唱的：Chiếc thuyền giăng câu, đậu ngang cồn cát, đậu sát mé nhà, anh biết em có một mẹ già, muốn vô phụng dưỡng, biết là đặng không?（小船悠悠，驶向沙滩，靠近你家门，我知道你家中有老母亲，想替你奉养，不知可否？）

含蓄的表达手法同时也造就了越南人在说话前细致揣摩的习惯：ăn có nhải, nói có nghĩ（食须细嚼，言比三思）；chó ba quanh mới nằm, người ba năm mới nói（狗饶三圈才躺下，人要三年才会说话）；biết thì thưa thốt, không biết thì dựa cột mà nghe（知道才说，不知道就靠着柱子别说话）等。正是这种特点也让越南人比较缺乏决断性。为了避免做决定，同时又为了维持关系，于是越南人就非常喜欢笑，因此笑也成了越南人交际习惯中的一个重要部分。

（五）交际路径——丰富的词汇系统和表达手法

例如称谓系统。大多数语言只使用人称代词用于称谓，但越语中还使用大量指代人物关系的名词用于称谓，而这些名词在称谓系统中甚至还占据了主要地位。家族称谓社会化是越南传统交际观念的一个重要体现，由于注重宗族，注重集体，越南人比较注意维持彼此间的关系。这一称谓系统具备如下特点：第一，具有亲密性，将社会生活中的人员视为家庭成员一般。第二，具有高度社会性，没有笼统的称谓，而是根据年龄、社会地位、交流时间、空间而定。此外，通过两个人的称谓就能看出彼此的关系：叔—侄、爷—孙、兄—弟、姐—妹等。第三，体现了上下尊卑，越南人的称谓以 xưng khiêm hô tôn（谦称尊呼）为原则，即以谦虚称谓自称，尊贵称谓他称，这也是与儒学文化的影响分不开的。因此越南有俗语 nhập gia vấn húy, nhập quốc vấn tục（人家问讳，入

国问俗）。

以礼貌用语为例，因为注重情感和语言的灵活性，越南人没有笼统的表达感谢或歉意的说法，而是根据不同的场合作出不同的表述。如 Con xin chú（收到礼物时表达感谢），Chị chu đáo quá（得到关照时表达感谢），Bác bày vẽ quá（得到接待时表达感谢），Quý hoá quá（有客人到来时表达感谢），Anh quá khen（得到赞扬时表达感谢），Cậu đã cứu cho tớ một bàn thua trông thấy 或是 Cháu được như hôm nay là nhờ cô đấy（得到帮助时表达感谢）等。

三、结语

语言与文化有着密不可分的关系，相互影响，互相依存。语言是一种符号，是人们认识、思维、交际、表达的符号，从形成开始，就参与到了人类文化生活的点滴之中，记载着一个民族的生存历程，浸透着一个民族的文化精神；文化是语言赖以存在的人文生态环境，是反映民族文化的窗口。交际行为作为人们彼此传达信息，从而了解对方，彼此认同的过程，势必与民族文化密不可分，也势必会对该民族语言特征有所影响。

在越南以儒家文化影响为主，多种文化交汇互融，以农村公社为中心的基层社会结构和由自然环境决定的稻作文化等主要文化特征的影响下，形成了越南人具有极强的社会性，喜爱交际和了解他人，重名誉，贵礼节，崇尚道德，语言含蓄，表达丰富，灵活多变等的文化性格，也形成了越南语概括性、和谐性、词汇情感的丰富性以及灵活性的语言特征。相应的，这些特征在越南人的交际态度、交际关系、交际对象和交际用语中也一一得以反映。

从越南文化到语言，语言到文化的双向研究，有助于把握越南文化特征和语言特征，提高跨文化交际的能力。在中国"亲、诚、惠、容"的四字外交理念的指导下，为中国同周边国家关系的新发展提供助力，是每一名越南学学者的共同责任。

参考文献

[1] 戴昭铭. 文化语言学导论[M]. 北京：语文出版社，2010.

[2] 梁远，祝仰修. 现代越南语语法[M]. 广州：世界图书出版广东有限公司，2012.

[3] 马达. 略论越南儒学的特色及其影响[J]. 河南教育学院学报，2010（1）.

[4] 祁广谋. 越语文化语言学[M]. 洛阳：解放军外语音像出版社，2006.

[5] [越]阮志坚著，郑晓云编．越南的传统文化与民俗[M]．昆明：云南人民出版社，2011．

[6] 苏新春．文化语言学教程[M]．北京：外语教学与研究出版社，2006．

[7] 孙衍峰．儒家思想在越南的变异[J]．解放军外国语学院学报，2005（7）．

[8] 孙衍峰，等．越南文化概论[M]．广州：世界图书出版广东有限公司，2014．

[9] 谢徐萍．交际用语与文化背景[J]．南通工商学报，1997（13）．

[10] 杨永林．社会语言学研究[M]．北京：高等教育出版社，2004．

[11] 张公瑾，丁石庆．文化语言学教程[M]．北京：教育科学出版社，2004．

[12] 张笑梅，郭振铎．越南封建社会长期延续的原因[J]．东南亚纵横，1997（3）．

[13] 周婧．试从歌谣俗语略论越南稻作文化[D]．南宁：广西民族大学，2012．

[14] Bùi Thanh Hoa. *Nhóm Hư Từ Tiếng Việt Mang Ý Nghĩa Đánh Giá "Ít"* [J]. Ngôn Ngữ, 2012 (1).

[15] Trần Ngọc Thêm. *Cơ Sở Văn Hoá Việt Nam* [M]. Nhà xuất bàn Giáo dục, 1999.

泰语动物熟语的认知转喻解读

信息工程大学　杨绍权

【摘　要】传统语言学观点认为，熟语只是一种特殊的语言现象，是一种约定俗成的习惯用法，是无理据的。认知语言学则认为，熟语意义的形成是有理据的，大部分熟语的意义可以通过分析和推导得出。通过对泰语动物熟语的认知转喻研究表明，泰语动物熟语意义的形成建立在人的认知机制上，转喻在泰语动物熟语语义构建过程中发挥着重要作用。泰语动物熟语语义的转喻扩展方式主要体现为事件和构件之间的转喻扩展、范畴和成员之间的转喻扩展、范畴和特征之间的转喻扩展。

【关键词】泰语动物熟语；认知转喻；理据；事件域；范畴

各民族语言在自然发展过程中，都会产生大量的熟语。熟语在语言中占有相当大的比重，并且在人们的日常交流中起着重要的作用。这一语言现象也因此受到了许多语言学家的重视，他们从不同的角度对熟语展开了深入研究。传统观点认为，熟语是一种固定的搭配，它的语义是一个不可分割的整体，无法从构成要素的字面意义中推导得出，因此熟语是无理据的。认知语言学派则认为，许多熟语的构成要素在解释熟语的意义时系统地发挥着作用，熟语的深层含义与其字面意义之间存在理据关系，是可以分析和推导的，而非完全任意的。本文拟从认知转喻的角度，探讨泰语动物熟语语义形成的理据。

一、泰语熟语研究回顾

目前，国内外对泰语熟语的研究，可以分为两类。一类是泰语熟语集，以辞书为主，侧重于对泰语熟语的来源、类型、语义和用法等方面进行研究。如：英拉·安迪（ยิ่งลักษณ์　งามดี）的《泰语成语、谚语和俗语》（2000），车猜·帕素蓬（เชิดชัย　ผาสุพงษ์）编著的《中泰俗语词典》（2002），也格勒·乌通鹏（เอกรัตน์　อุดมพร）汇编的《泰国四地区谚语》（2007）和《泰语谚语 2000 条》（2008），拉查妮·娑索提袋（รัชนี　ซอโสตถิกุล）的《用动物作比喻的泰语俗语、成语和谚语》（2008），古素玛·拉沙玛尼（กุสุมา　รักษมณีและคณะ）编写的《泰语俗语》（2010）等。这些著作或者词典比较全面地收集汇编了泰语的熟语，说明其来源并解释其意义，且附有例句，为后人的研究提供了丰富的语料。

另一类是从对比语言学的角度对汉泰熟语、成语的来源、语义、语法、修辞等方面进行对比，并从自然地理、风俗习惯、宗教信仰等方面论述汉泰俗语、成语、谚语反映的民族文化内涵的异同。如：岑容林的《中泰俗语比较研究》（1983），甘妮卡·戈威塔衮（กรรณิการ์ โกวิทกุล）的《中国谚语、成语和泰国俗语、谚语对比》（2001），披利亚·苏拉卡占（พิริยา สุรขจร）的《中泰动物熟语对比研究》（2001），孙永斌的《汉泰动物成语的对比分析》（2005），告达君·素帕的《汉、泰动物成语比较研究》（2006），马如丽的《汉泰生肖熟语的文化内涵比较研究》（2007），张倩霞的《泰汉语言中关于动物成语的比较考察》（2008），桂朴成的博士论文《汉泰熟语对比研究》（2009），高鲜菊的《汉泰语谚语对比研究》（2010），罗秀连的《壮泰动物熟语文化对比研究》（2011），成天赐的《汉泰动物熟语的比较分析》（2012），彭婷的《汉泰动物熟语对比研究》（2014），蔡淑妍的《汉泰动物熟语的意义和内涵研究》（2017）等。已有的这些研究成果主要侧重于对泰语熟语的结构、性质、分类以及熟语文化意义的静态分析。

近年来，随着语言学研究的不断发展，泰语熟语研究也出现了一些新的方向。例如从认知隐喻的角度对泰语熟语进行分析研究，如：石岩的《壮泰谚语对比视界中动物意象的隐喻机理阐释》（2015），杨绍权的《泰语动物熟语的隐喻义及其映射分析》（2015），阳亚妮的《认知隐喻视阈下壮泰谚语比较研究》（2016）等。

目前，从认知转喻角度对泰语熟语意义的形成过程进行分析的研究尚不多见。而转喻在词义的发展过程中发挥着重要的作用。Taylor（1995：124）认为，转喻是意义延伸的最基本的过程，可能比隐喻更为基本。Goossens（1990：323）认为，许多熟语的生成都是以转喻为基础的，其数量与隐喻作为熟语的生成基础不相上下。因此，本文将从认知转喻的角度，分析泰语动物熟语的语义形成和理解过程。

二、认知转喻理论

（一）转喻的本质

转喻长期以来都被看作是一种修辞格，是描述词语替代关系的一种语言修辞手段。而 Lakoff & Johnson（1980：35）认为，转喻不仅是一种语言现象，而且是我们日常思维的一种方式，是人类理解周围客观世界的一种认知手段和工具。后来，Lakoff（1987）进一步阐释了他自己的观点，他认为，"转喻是一种认知过程，人们常用易于理解或容易感知的事物的一个方面去指代整个事物或事物的另一个方面。"（吴宏，2013：47）Kövecses & Radden（1998：33）进一步说明了转喻产生的过程，并将转喻定义为"在同一个理想化认知模型（ICM）内，以一个概念实体（载体）从心理上激活另一个概念实体（目标）的过程"。即两个概念实体之间的转喻关系是根据理想化认知模型建立起来的，是在同一个理想化认知模型中表述和理解"部分与整体关系"的认知现象，既可以用一个部分来认识另一个部分或整体，也可以通过整体来认识部分，两者具有接触或邻近关系（Contiguity）。（王寅，2007：232）由以上对转喻的认知研究可以看出，转喻是以框架和邻近性为基础，用一个部分转指另一个部分或框架整体的认知过程。

（二）转喻的原则

一个事物有很多属性，按照人类认知的特点，人们更容易感知、理解、辨认和记忆事物比较突出的属性，即突显（salient）属性。对事物突显属性的认识来源于人的心理上识别事物的突显原则。（赵艳芳，2004：115）Langacker（1993：173）认为，转喻是一个参照点现象（reference point phenomenon），即以一个概念实体为参照点，通过其最容易被感知的突显属性，来理解另外一个实体的认知过程。人们在认识一些难以认知和理解的事物时，往往将具有突显属性的事物作为参照点，然后通过参照点的概念来认识目标概念。Alac & Coulson（2004：22）指出，转喻由相对突显（relative salience）的认知原则提供理据，中心的和高度突显的事物作为认知参照点唤起其他不那么突显的事物，从而激活目标概念事物。一般来说，突显度高的事物容易激活突显度低的事物。人们对周围世界的认知都遵循着这种原则，在认知事物的过程中更加注意那些相对突显的、易感知的事物，用相对突显的部分来代替整体或整体中相对不那么突显的其他部分。这种以人类认知经验为基础的转喻也为理解熟语的语义扩展提供了途径和理据。

（三）转喻的分类

转喻是在同一认知域或理想化认知模型（ICM）内以邻近性为基础，用易突显、易感知或易辨认的部分代替整体或整体的其他部分，或用具有完形感知的整体来替代其部分。Radden & Kövecses（1999）根据理想化认知模型本体与喻体的关系，将转喻分为两大类：一类是整体 ICM 与其部分之间的转喻关系，包括：事物—部分转喻、事件—构件转喻、范畴—成员转喻、范畴—特征转喻、标量转喻、构成转喻；另一类是同一个 ICM 中不同部分之间的转喻关系，包括：行为转喻、因果转喻、邻属转喻、生产转喻、控制转喻、容器转喻、地点转喻。本文将以 Radden & Kövecses 的认知转喻理论为依据，对泰语动物熟语的理据进行解读。

三、泰语动物熟语理据的认知转喻分析

转喻作为理解熟语的一个重要认知机制，在熟语的语义构建过程中，起着不可忽视的作用，它为理解熟语的转喻义扩展提供了认知理据。

根据 Radden & Kövecses（1999）对转喻的分类，我们认为，泰语动物熟语字面义向引申义的转喻扩展主要体现为三种类型，它们是事件和构件之间的转喻、范畴和成员之间的转喻、范畴和特征之间的转喻。

（一）事件和构件之间的转喻扩展

在事件域认知模型（ECM）中，人们往往倾向于选取事件域中突显程度高的部分或事件作为转喻的喻体，并且将其作为认知参照点，通过转喻性思维，达到认识整个事件域的目的。通常来说，事件不是孤立的，是由多个部分组成的复杂整体，我们把这些组成部分称为"事件构件"（吴宏，2013：106）。Taylor（1995）指出，"当我们提及一个事件时，通常只有其中的一部分内容被激活，从而在激活与半激活/未激活之间形成了部分—整体的关系。"也就是说，转喻发生在同一个事件域之中，人们可以用这个事件域中的事件构件互代，或者事件构件与事件整体之间互代。

泰语中有许多熟语都来自于历史事件、神话传说、民间故事、寓言故事等，这些熟语在本文中通称为典故型熟语。典故型熟语"一般是这些神话传说和寓言故事等的浓缩和提纯，通常只截取其中的几个关键词组成熟语"（张辉，2003a：252），而由关键词组成的熟语正是整个典故所描述场景的突显部分，即当我们看到这些熟语时，能够通过联想扩展到整个典故。这种转喻扩展使熟语言简意赅，含义深刻，因为每个熟语转喻地连接着一个复杂的事件框架。（张辉，2003b：88）例如：

（1）อย่าไปสนใจเลย คนไม่เคยมี พอมีสักเล็กน้อยก็ลืมตัว พวกกิ้งก่าได้ทอง

（别太在意，那些没钱的人刚有了点小钱就忘了自己是谁，真是<u>变色龙得金</u>。）

กิ้งก่าได้ทอง（变色龙得金）来源于泰国的一则寓言故事："一只变色龙住在宫

殿园林的拱门上，每次当国王去园中游玩，它都会爬下来鞠躬致敬，国王见它很忠诚就赐它一条金项链。但是自从变色龙得到金项链之后，便只顾着伸着脖子炫耀金项链，再也不爬下来向国王鞠躬致敬了。国王看到变色龙那么嚣张，于是下令取下它的金项链。"这个熟语包含了一个复杂事件，整个复杂事件由许多事件构件组成，人们只截取了"变色龙得金"这个突显的部分代指整个事件，用来形容"暴富起来的人忘本，自以为了不起，看不起别人"。

（2）ใคร ๆ ก็ร่ำลือว่า คุณครูประยงค์ศรีดุมาก แต่เขาก็ทำใจดีสู้เสือ เดินเข้าไปหาเพื่อสารภาพผิด

（大家都说巴雍斯老师很凶，但是他还是<u>好心斗虎</u>，进去找老师承认错误。）

ใจดีสู้เสือ（好心斗虎）描述的场景是："一个老人在森林里遭遇一只老虎，非常害怕，但是他知道老虎也看见了他，已经无法逃避。于是他假装很沉着地向老虎走过去，并且说世界将要被大水淹没了，他是好心来拯救老虎的，必须把老虎绑在树上才不被淹死。老虎见这个老人一点都不害怕它，便信以为真，让老人把它绑在树上。结果老虎不但没有吃到老人反而被老人杀了。"这个熟语的引申义是"沉着、冷静，不怕灾难的来临而尽量找出解决方法"。熟语的字面义"好心斗虎"只是整个场景的一部分，激活了包括老人遇虎时的状态、斗虎的过程和斗虎的结果的整个场景。

（3）เรื่องแค่นี้อย่าให้กลายเป็นน้ำผึ้งหยดเดียวเลย จะเสียหายด้วยกันทุกฝ่าย

（别让这点小事变成<u>一滴蜂蜜</u>，所有人都会遭受损失。）

น้ำผึ้งหยดเดียว（一滴蜂蜜）来源于寓言故事《一滴蜂蜜》，该寓言故事描述了这样一个场景："一名男子拿蜂蜜到城里去卖，一滴蜂蜜掉在地上，苍蝇来吃蜂蜜，壁虎来吃苍蝇，猫来抓壁虎，狗来咬猫，猫的主人来打狗，狗的主人来打猫的主人，两方认识的人也开始大打出手，双方死伤惨重，而造成这大麻烦的原因只不过是一滴蜂蜜。"这个寓言熟语的寓意为"一件小事可能会招来很大的麻烦"。该熟语用"น้ำผึ้งหยดเดียว（一滴蜂蜜）"来代表这个事件，根据 ECM 对转喻机制的认知解释，我们把这个寓言故事看作是一个复杂的事件域，这个事件域包含有很多子行为和子事件，而我们仅用其中的一个子事件要素——"一滴蜂蜜"就可以表达整个事件，这实际上也是一种以部分代表整体的转喻思维在起作用。

一个事件域由许多事件构件组成，事件与构件之间是"整体与部分"之间的转喻关系。典故型的熟语大多截取了事件中关键部分来代表整体的过程、后果，用其中高度突显的部分来代表整个事件，从而使这些熟语具有了较其字面义更为丰富的含义。

（二）范畴和成员之间的转喻扩展

人们常常可以通过范畴中的典型代表来认识和理解整个范畴，这时转喻起着"以部分代表整体"的认知作用，通过某个认知上显著的、易理解的、代表性的成员来认识整体范畴。（王寅，2007：232）范畴和其成员的关系是整体—部分、类属—具体之间的关系。简单地说，就是用一个描写具体情景的陈述来传达一种一般性的理解，然后再将这种一般性的理解用来描述另一个具体的情景。例如：

（4）เธอเพิ่งจะหนีพวกนักเลงอัธพานแถวบ้าน ขึ้นรถเมล์ถูกล้วงกระเป๋าบนรถเมล์อีก เข้าทำนอง<u>หนีเสือปะ</u><u>จระเข้แท้ ๆ</u>

（她刚躲开家附近的一群地痞流氓，在公车上又被小偷摸腰包，真是<u>避虎遇鳄</u>啊！）

"หนีเสือปะจระเข้" 是由一个具体的情景"躲开老虎又遇到鳄鱼"浓缩而来的，进而抽象地描述一个高度概括的情景"人们刚刚躲过一种危险又遭遇另外一种危险"，形成从具体到一般的转喻，我们在使用这个熟语时，又形成了从一般到具体的转喻。"这种从具体到一般再从一般到具体的转喻是多数熟语形成发展和使用的认知基础。"（张辉，2003b：89）

（5）คุณอย่าเป็นจระเข้ขวางคลอง ไม่ช่วยแล้วยังทำให้งานเสร็จช้าลงอีก

（你别当<u>鳄鱼拦河道</u>，不帮忙就算了还使得工作延期完成。）

在 จระเข้ขวางคลอง 这一熟语中，始源域是指"鳄鱼挡在河道中间"，目标域是指"阻碍、障碍"。"鳄鱼挡在河中间"属于一种具体场景的描述，来源于人们日常生活中的直接体验，具有具象性；而"阻碍、障碍"是一种抽象状态，我们无法直接感知得到。从认知突显度来看，前者明显高于后者。泰国河流众多，河道是泰国人主要的交通线路，鳄鱼也是人们常见的一种凶猛动物，如果鳄鱼拦在河道中，对人的生命安全构成严重威胁，就会阻碍人们顺利过河；而人们在工作中，如果遇到困难，工作就无法继续进行。基于二者在场景上的这种相似性和经验相关性，随着始源域所表示的具体场景的激活，"阻碍、障碍"这一抽象义也随之被激活，从而实现了字面义向"阻碍、碍事、挡路"这一引申义的扩展。同时，这一熟语的语义扩展又同时具有转喻的基础：人们渡河的场景是一个复杂事件，它包括一系列概念上邻近的动作和事件，人们更多地注意到其最突出、最容易理解和记忆的部分——จระเข้ขวางคลอง（鳄鱼拦河道）；在运用这个熟语时，鳄鱼拦河道的场景激活了人们渡河的整个场景，是以"部分代替整体"的转喻映射。

此外，人们在认识和理解范畴的过程中，常用范畴中某些典型的或特别的成员来"以偏概全"地认识和表达整个范畴。（王寅，2007：233）例如：

（6）คุณยายฉันมีจานสมัยอยุธยาหลายใบ ฉันขอก็ไม่ให้ กลับเอาไปยกให้พี่ฉันซึ่งไม่สนใจของโบราณเลย ทำอย่างนี้เหมือน<u>ยื่นแก้วให้วานร</u> พี่ฉันไม่รู้หรอกว่าจานเหล่านั้นมีค่าแค่ไหน

（我的外婆有很多阿瑜陀耶时期的盘子，我求她都不给，反而把这些<u>盘子</u>交给对古董不感兴趣的姐姐，这样做就像<u>把宝石给猴子</u>，我姐姐根本不知道这些盘子有多大的价值。）

（7）เพื่อนบ้านเอาของขวัญปีใหม่มาให้ เราจะไม่ให้ของเขาตอบแทนได้อย่างไร ต้อง<u>หมูไปไก่มา</u> จึงจะไม่ น่าเกลียด

（邻居给我们送新年礼物，我们怎么能不回送东西作为报答呢？应该<u>猪去鸡来</u>，才不会让人讨厌。）

（8）เด็กพวกนี้ไม่เคยได้ลิ้มรสอาหารประเภท<u>หมูเห็ดเป็ดไก่</u>หรอกวันไหนมีน้ำพริกปลาทูก็นับว่าวิเศษแล้ว

（这群孩子还没有尝过<u>猪肉、蘑菇、鸭肉、鸡肉</u>那样的大餐，哪天能吃到煎鲭鱼蘸辣酱就觉得非常好了。）

这三个例子都是以各自认知范畴中的典型成员指代整个范畴，都是以"部分—整体"这一理想化认知模型为依据建立起来的转喻关系。猪和鸡都是泰国人们日常生活中常见的动物，民间往来也常用作礼物相互交换。例 6 中以典型的成员"แก้ว（宝石）"指代整个范畴"有价值的、贵重的物品"，熟语的引申义为"把有价值的东西交给不识货的人"。例 7 中 หมูไปไก่มา（猪去鸡来）用猪和鸡指代"礼物"这个范畴，引申义表示"礼尚往来"。例 8 中以日常生活中常见的食材"猪肉、蘑菇、鸭肉、鸡肉"指代整个范畴"丰盛的佳肴"。

（三）范畴和特征之间的转喻扩展

范畴和特征转喻关系主要是指用范畴的某一显著特征转指这个范畴。所谓显著特征是指最能体现事物性质的特征。作为范畴的其中一个部分的突显特征有时可以指代整个范畴，成为认识整个范畴的一个参照点。在泰语中，许多动物熟语也包含范畴及其特征之间的转喻映射。这些动物范畴是由一组特征来定义的，这些特征就是这些动物范畴的一个组成部分；这些动物范畴一般会转喻地指代这些动物的一些基本特征，或某一基本特征可能会指代这些基本特征所界定的范畴。（张辉，2003b：93）例如：

（9）ข้อสอบข้อนี้<u>หมู</u>มาก ทำเดี๋ยวเดียวก็เสร็จ ไม่ต้องเสียเวลาคิดเลย

（这道考试题很<u>猪</u>，一会就做完了，不需要花时间去想。）

（10）เขาคงจะเห็นฉัน<u>เป็นหมู</u> อยากจะให้ทำอะไรได้กระมัง

（他可能以为我是<u>猪</u>，让我做什么都行吧。）

（11）ลูกบ้านนี้ดีแต่แต่งตัว แต่<u>กินเหมือนหมู</u> อยู่เหมือนหมา หาความเป็นระเบียบเรียบร้อยไม่ได้

（这家的孩子不过是打扮得漂亮罢了，但是<u>吃得像猪</u>，住得像狗，一点也不整洁斯文。）

在熟语中，我们往往是通过凸出动物的某一些突显属性来获得转喻义扩展。猪是泰国人民非常熟悉的动物。猪有多种特征：贪吃，脏，邋遢，没有特殊的能力，地位低下，软弱；猪肉作为人类食物的重要来源在日常生活中很容易获取，等等。例 9 中 หมู 的引申义为"容易"，因为猪肉是泰国人民日常生活中一种很普通、很常见的食物，人们可以轻易获得，因此，泰国人将"猪"的字面义扩展为"很容易、很简单的事情，做起来很方便、很顺利"。例 10 中熟语的字面义为"是猪"，突显的是猪的"软弱、地位低下"这一特征，引申义指的是"很软弱、没地位"，因为猪与软弱、地位低下之间存在抽象的邻近性。例 11 由于猪吃东西时，很邋遢，很脏，看起来不斯文、不整洁，这里的"猪"指代的是猪"邋遢、脏"的特点。由于"猪"和"人"属于两个不同的认知域，把猪的这些特征都用来投射到人的活动或特征上，就构成了熟语的引申义。同时上述几个熟语也在隐含着范畴—特征的转喻映现。因为我们或用"猪"这个范畴代表其某些特征，或用其突显的特征代表"猪"这个范畴本身，这其中包含着"部分和整体"之间的转喻关系。

此外，在动物熟语中，我们常常用具体来代表抽象，用视觉上情感的具体行为表现转喻地代表非视觉的抽象的情感概念，如 ตีปีก（扑棱翅膀）表示"高兴"、ลิงโลด（猴跳）表示"开心"等，人在高兴时常常会表现出多种特征，包括说话语气、面部表情、肢体动作等，这里用动物的行为来隐喻人的行为，再通过人的具体行为表现转喻人的情感活动。

四、结语

词汇意义的发展遵循从具体到抽象、从简单到复杂的发展过程，这是人类认知活动的产物。作为由多个词汇组成的语言单位，大多数泰语动物熟语的引申意义都是有理据、可分解的，可以从其字面意义中推导得出，其深层含义与其组成词汇的字面意义之间存在理据关系。泰语动物熟语语义的转喻扩展方式主要体现为事件和构件之间的转喻扩展、范畴和成员之间的转喻扩展、范畴和特征之间的转喻扩展，在概念邻近性的基础上以突显的部分来代替整体，形成了熟语的转喻义。

参考文献

[1] 王寅. 认知语言学[M]. 上海：上海外语教育出版社，2007.

[2] 吴宏. 日语惯用语的认知语义研究：以人体词惯用语为中心[M]. 广州：世界图书出版广东公司，2013.

[3] 张辉. 熟语：常规化的映现模式和心理表征——熟语的认知研究之一[J]. 现代外语，2003a（3）：249—258.

[4] 张辉. 熟语及其理解的认知语义学研究[M]. 北京：军事谊文出版社，2003b.

[5] 赵艳芳. 认知语言学概论[M]. 上海：上海外语教育出版社，2004.

[6] Goossens, L. Metaphtonymy: the interaction of metaphor and metonymy in expressions for linguistics action [J]. *Cognitive Linguistics*, 1990 (1): 323–340.

[7] Kövecses, Z. & Radden. Metonymy: Developing a cognitive linguistic view [J]. *Cognitive Linguistics*, 1998 (9) :33–37.

[8] Lakoff, G. & Johnson, M. *Metaphors We Live By* [M]. Chicago: The University of Chicago Press, 1980.

[9] Lakoff, G. *Women, Fire, and Dangerous Things: What Categories Reveal about the Mind* [M]. Chicago: The University of Chicago Press, 1987.

[10] Radden, G. &Kövecses, Z. Towards a theory of metonymy [C]// *K. Panther. Metonymy in Language and Thought*. Amsterdam: John Benjamins Publishing Co., 1999: 17–59.

[11] Taylor., J. *Linguistic Categorization: prototypes in linguistic Theory (2rd edition)* [M]. Oxford: Clarendon Press, 1995.

[12] กรรณิการ์โกวิทกุล. *การเปรียบเทียบภาษิต-คำพังเพยจีนกับสำนวน-ภาษิตไทย* [D]. จุฬาลงกรณ์มหาวิทยาลัย, 2544.

[13] กุสุมารักษมณี. *สำนวนไทย* [M]. กรุงเทพฯ: โรงพิมพ์สกสค.ลาดพร้าว, 2553.

[14] เชิดชัยผาสุพงษ์. พจนานุกรมสำนวนจีน-ไทย [Z]. กรุงเทพฯ: สำนักพิมพ์พู่กันจีน, 2545.

[15] พิริยาสุรขจร. *สำนวนจีนและสำนวนไทยที่มีคำเกี่ยวกับสัตว์: การศึกษาเปรียบเทียบ* [D]. จุฬาลงกรณ์มหาวิทยาลัย, 2544.

[16] ยิ่งลักษณ์งามดี. *สุภาษิตคำพังเพยและสำนวนไทย* [M]. กรุงเทพฯ: บริษัทอักษราพิพัฒน์จำกัด, 2543.

[17] รัชนีซอโสตถิกุล. *สำนวนภาษิตและคำพังเพยของไทยที่นำสัตว์มาเปรียบ* [M]. กรุงเทพฯ: สำนักพิมพ์แห่งจุฬาลงกรณ์มหาวิทยาลัย, 2551.

[18] เอกรัตน์อุดมพร. ๒๐๐๐สุภาษิตไทย [M]. กรุงเทพฯ: พัฒนาศึกษา, 2551.

[19] เอกรัตน์อุดมพร. สุภาษิตไทยสี่ภาค [M]. กรุงเทพฯ: พัฒนาศึกษา, 2550.

泰文字母的起源与演变

信息工程大学　陈炜

【摘　要】泰文是用于书写泰语的拼音文字，泰文字母的起源可以追溯至印度的婆罗米字母。随着商贸往来，印度字母通过海路传播到东南亚。本文立足史料，从印度时期的文字、东南亚的帕拉瓦字母、古高棉字母、古孟文字母为古泰文字母诞生前的主线，再以泰国各个历史王朝作为泰文字母诞生后的主线，来整体把握分析泰文字母的发展演变。

【关键词】泰文；帕拉瓦字母；重叠辅音；独立元音

关于泰文字母的起源，学界一般认为始于素可泰王朝兰甘亨国王时期的古泰文字母（ลายสือไทย）。1851 年，曼谷王朝拉玛四世在泰北云游时，偶然发现了镌刻于 1293 年的兰甘亨石碑。这块石碑不仅详尽地记载了兰甘亨国王时期的历史情况、生活风俗和国家概貌等，还明确地指出了兰甘亨国王是古泰文字母的创造者。但根据对更早的碑铭研究，国内外学者一致认为古泰文字母是将古孟文字母和古高棉字母加以改造而成，源头可追溯至古印度时期的婆罗米字母。虽然有学者在专著中提到泰文字母的起源，但是鲜有人细致完整地梳理整个文字系统的起源演变历程。因此，笔者立足手中掌握的资料，尝试着梳理泰文字母的起源与演变，力求给读者提供一个较清晰的泰文发展面貌。但由于收集的史料有限，不足之处还请广大同仁批评指正。

一、古泰文字母的起源

（一）古印度时期的文字

公元前 2300—前 1700 年的哈拉巴文明时期出现了最早的印度文字，随着该文明的消失，该文字也随之失传。公元前 1500 年左右，中亚的雅利安人进入南亚次大陆。大致在公元前 7—前 6 世纪的时候，印度的雅利安人已经有了早期的文字，即早期的婆罗米文。到公元前 6—前 5 世纪（中国东周），文字的应用逐渐推广开来。根据镌刻在石头、金属板、布等载体上的铭文，我们可以确信，到阿育王时代时，婆罗米字母已经发展完善并完美地应用于书写中。[①]
婆罗米文字是一种元音附标文字，即它是以辅音字母为主体，元音字母以附加
形式标出的表音文字。婆罗米字母的辅音字母本身就有元音，能够单独成一个
音节，而当与其他元音拼合的时候能够改变音节的读音。婆罗米字母早期采用
从右向左的"右起式"书写顺序，在经历了一行向左、一行向右、左右交替的
所谓"牛耕式"的过渡性笔顺后，婆罗米字母最后以自左向右的书写顺序固定
下来。

公元前 3 世纪后，婆罗米字母开始产生地区性分化特征。简而言之，婆罗
米字母逐渐出现了孔雀形（Maurya）、达罗维第形（Drāvaḍi）、巽迦形
（śuṅga）、"前北方系"形及"前南方系"形等字形。在公元 4 世纪时，由于笈
多（Gupta）王朝古典文化的兴盛，"前北方系"的婆罗米字母演变出了"新笈
多"形文字，并逐渐在北印度取得优势地位，成为现今众多雅利安文字的原
型。"前南方系"则衍生出了帕拉瓦字母，东南亚文字如古兰塔文、爪哇字
母、卡维文、贝贝因字母、孟文、缅文、高棉文、老傣文、泰文、老挝文和西
双版纳傣文都是直接或间接派生自帕拉瓦字母表。[②]随着印度文明的传播，婆
罗米字母成了南亚、东南亚众多国家和地区的字母原型。

（二）东南亚的帕拉瓦字母

1.帕拉瓦字母

印度字母南向传播，遇到一片大洋。斯里兰卡岛和马尔代夫群岛，土地不
大，人口不多。南向传播的成果不大。印度字母的北向传播，遇到荒凉的高原
（中国的西藏）和浩瀚的沙漠（中国的新疆），土地很大，人口不多……北向传
播的成果也不大。印度字母的扩大传播，成果最多的是东向……中南半岛大部
分以及东南亚的广大岛屿区域，整个是印度字母的传播空间。[③]在湄公河流
域、湄南河流域、萨尔温江流域和马来半岛地区出土了众多建造于公元 7—10
世纪的印度系字母碑铭。这些碑铭中洛坤府的玛荷咏寺碑铭、素攀武里府乌通
县国家博物馆收藏的法轮基座上的碑铭、巴真武里府的考朗碑铭、佛丕府的西
贴碑铭、北标府考翁洞碑铭、乌隆府孟河河口碑铭和柬埔寨的柯待昂碑铭等碑

---

① 李洁茹，苏杰. 印度铭文与婆罗米字母：法籍印度裔印度学者瓦桑达拉·卡瓦利·菲利奥扎
在复旦大学的讲演[N]. 文汇报，2015-01-09（T13）.

② http://skyknowledge.com/pallava.htm.

③ 周有光. 世界文字发展史[M]. 上海：上海教育出版社，1997：279.

铭上的字母与南印度帕拉瓦王朝时期的文字非常相似。[①] 在印尼、马来西亚、老挝和缅甸等地也都发现了同一或相近时期的帕拉瓦字母碑铭。可见，这一时期的印度文化曾对这一地区产生深刻的影响。由于大自然的侵蚀和笔记的不同，这时的东南亚字母虽与原型有别，但总体仍然保持着南印度帕拉瓦王朝时期的风貌，例如保留字母的长垂线，上顶线为短横线等。

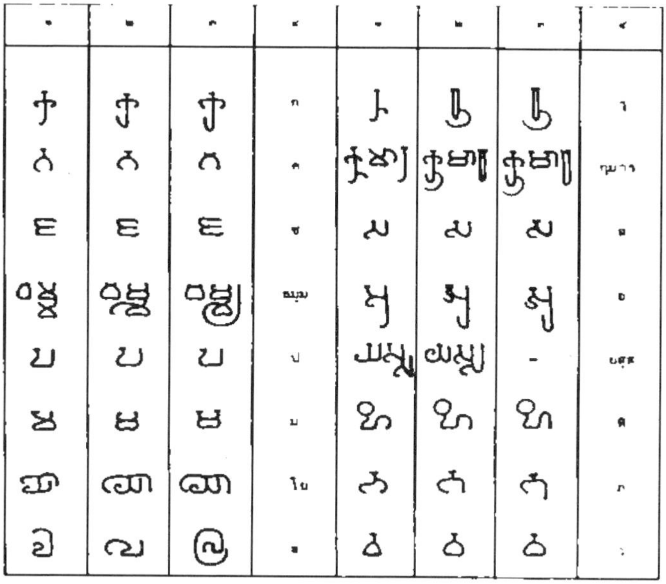

图 1　公元 5—7 世纪不同地域的帕拉瓦字母

根据对现有资料和公元 6—7 世纪柯待昂、考朗、西贴、考翁洞和玛莱洞碑铭上帕拉瓦字母的分析，笔者发现这一时期的东南亚帕拉瓦字母共有 29 个辅音字母、6 个独立元音字母[②]、13 个依附元音字母。[③]

[①] ก่องแก้ว วีระประจักษ์. 700 ปีลายสือไทย (อักขรวิทยา ฉบับย่อ). กรมศิลปากร, ๒๕๒๖: หน้าที่ ๘.

[②] 独立元音指无需依附于辅音字母而可以单独存在的元音字母，这些独立元音字母可后接阻声辅音字母（现代泰语没有独立元音）。依附元音字母指必须依附于辅音字母而存在的元音，它们可以写在辅音字母的上下和前后，类似于现代泰语中元音与辅音的搭配结构。

[③] 注：29 个辅音字母是 กขคงจฉญฎฑณตถทธนปผพภมยรลวศษสหอ，6 个独立元音字母是 อะอาอิอุเอโอ，13 个依附元音字母是 -ะ-า-ิ-ุ-ี-ื-ิ-ไ-โ-เ-าฤ-ือ-。根据对多方资料的收集，大家对 6—7 世纪的东南亚帕拉瓦辅音字母数目一致认定为 29 个，而对元音字母的认定有较大差异。ก่องแก้ว วีระประจักษ์ 认为有 5 个独立元音字母：อ（作者在表中标为 อ，但对比分析其他资料后，笔者认为此处的 อ 与 อะ 同音）、อา、อิ、อุ、ไอ）；13 个依附元音字母：-ะ-า-ิ-ุ-ี-ื-ิ-ไ-โ-เ-าฤ-ือ-。ธวัช ปุณโณทก 认为有 6 个独立元音字母：อะอาอิอุไอเอ；13 个依附元音字母：-ะ-า-ิ-ุ-ี-ื-ิ-ไ-โ-เ-าฤ-ือ-。กรรณิการ์ วิมลเกษม 认为有 7 个独立元音字母：อาอิอีอุเอโออเอา；10 个依附元音字母：-า-ิ-ุ-ี-ื-ิ-ไ-โ-เ-าฤ-。

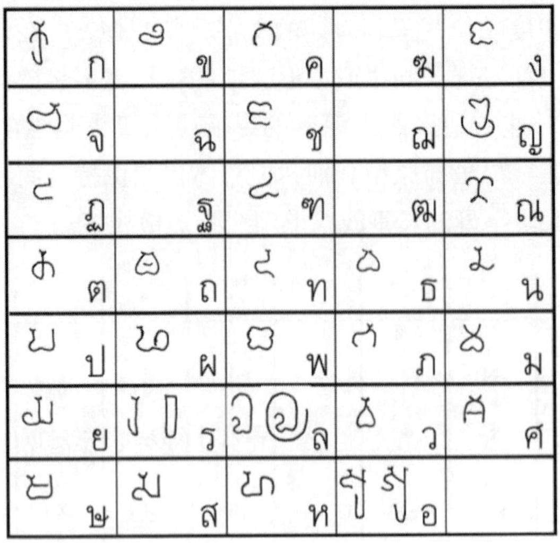

图2　6—7 世纪的帕拉瓦辅音字母

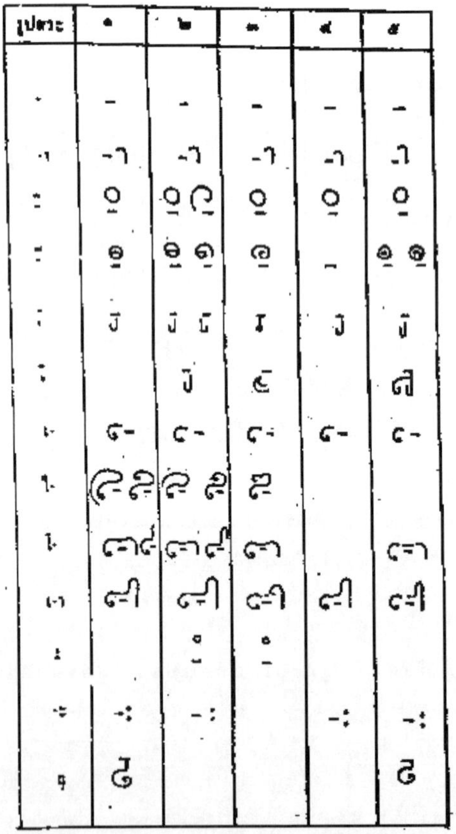

图3　6—7 世纪的帕拉瓦依附元音字母

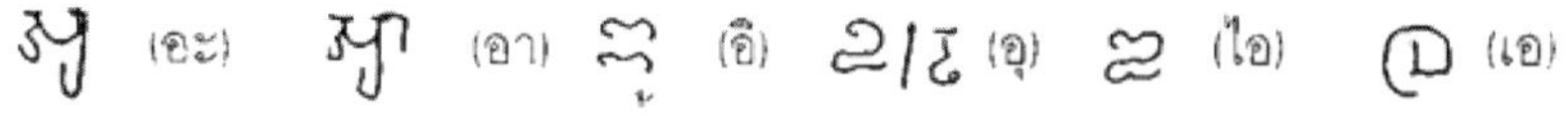

图 4　6—7 世纪的独立元音字母

2.后帕拉瓦字母

公元 8—10 世纪，即在帕拉瓦字母进入中南半岛大约一个世纪后，部分帕拉瓦字母开始发生变化，但是这些变化基本是在原字形基础上进行细节上的改动，跟帕拉瓦字母体系相比其差异性和辨识度不够突出，无法单列派系，所以这一时期的字母又称为"后帕拉瓦字母"（อักษรหลังปัลลวะ）。8—13 世纪的后帕拉瓦字母共有 33 个辅音字母、7 个独立元音字母、12 个依附元音字母。[①]

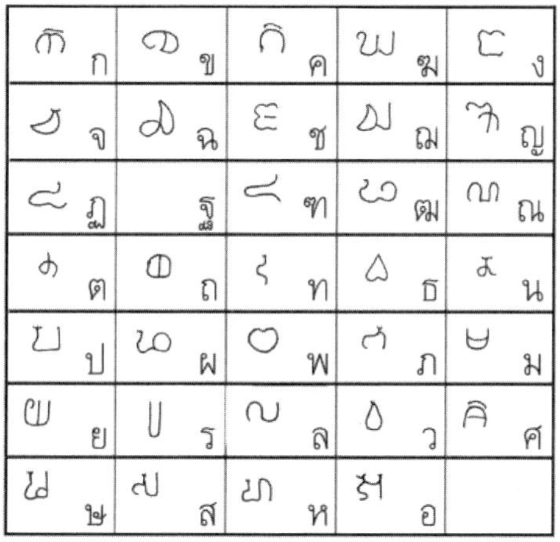

图 5　8—13 世纪的后帕拉瓦辅音字母

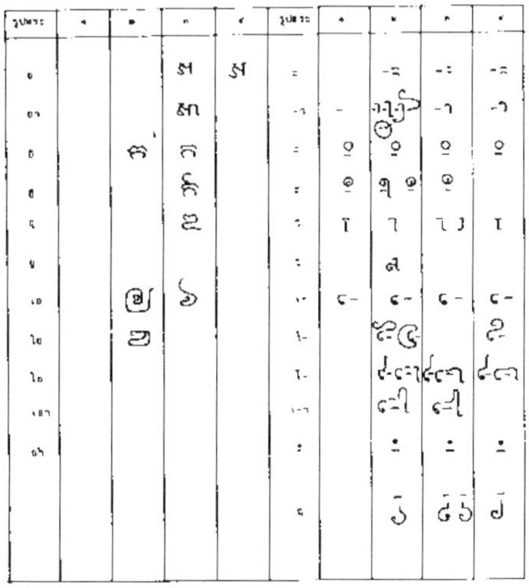

图 6　8—13 世纪的后帕拉瓦元音字母

对比帕拉瓦字母，后帕拉瓦字母字形特征如下：

（1）缩短下沉的长垂线，平齐于字母下端。

（2）截去长垂线的顶端部分，不超过上方线条。

（3）拉长部分字母的上顶线，呈现波纹形态。

---

① 注：33 个辅音字母是 กขคฅมงจฉชฌญฎฏฐทฒฌตถทธนปฝพภมยรลวศษสหอ，7 个独立元音字母是 อะ อา อิ อี อุ เอ ไอ，12 个依附元音字母是 -ะ-า-ิ-ุ-ุ-ี-ึ-ื-เ-ไ-โ-า-ฤ-ฤ。学界一致认为 8—13 世纪后帕拉瓦辅音字母的数目为 33 个，但对元音字母的数目莫衷一是。ก่องแก้ว วีระประจักษ์ 认为有 7 个独立元音字母（อะ อา อิ อีอุ เอ ไอ）、12 个依附元音字母（-ะ- า- ิ อี อุ-ุ-ี-ี-เ-ไ-โ-า อี）。而 กรรณิการ์ วิมลเกษม 认为有 4 个独立元音字母（อาอิอุเอ）、10 个依附元音字母（-า-ุ-ุ-ี-ี-เ-ไ-โ-า-ฤ）。

	ปัลลวะ	หลังปัลลวะ		ปัลลวะ	หลังปัลลวะ
ก			ย		
ค			ล		
ฆ			ว		
ง			ห		
จ			อ		

图 7　帕拉瓦字母与后帕拉瓦字母对比图

3.正字法

通过对现泰国及周边地区的帕拉瓦及后帕拉瓦字母研究考察，5—13 世纪的帕拉瓦和后帕拉瓦字母与现代泰语的正字法有明显差别。

（1）元音系统分依附元音字母与独立元音字母。依附元音字母置于辅音字母四周拼合，不可单独表示音节（与现代泰文一样），而独立元音字母不依赖辅音字母，单独可成音节，也可后接韵尾辅音字母成音节，例如：

用⦿现代泰文写作 เอ๋，◌ 表示 เอ，◌ 表示 ว，◌ 表示 -๋。

用 ꧑ꦴ现代泰文写作 ดูกปกๆ，◌ 表示 ดู，◌ 表示 ก，◌ 表示 ปา，◌ 表示 ก๋。

（2）出现重叠辅音现象。重叠辅音是从文字本位出发界定的概念，它是指两个辅音字母上下重叠。在重叠辅音中，上面部分为上辅音字母，下面部分为下辅音字母（或称为字脚）。[1]当辅音字母做下辅音字母的时候，其外形经常会发生不同程度的变化。例如：

ย 的原型是 ꦪ，做下辅音时变为 ꧀，写作 ꦑꦪ（กขุย）

ร 的原型是 ꦫ，做下辅音时变为 ◌，写作 ꦩꦲꦤ์ꦠꦸꦫ（มเหนุทร）

虽然现代泰语没有独立元音字母和重叠辅音现象，但在现代柬埔寨语中这两种文字现象却保存了下来。

（三）古高棉字母

11 世纪初，真腊国王苏利耶跋摩一世率军对外征战，占领了今日的泰国南部到老挝北部的琅勃拉邦地区。苏利耶跋摩二世即位后又征服了占城国并进攻泰国的华富里地区。伴随真腊的强盛和堕罗波底国的式微，真腊的语言文字、

---

① 郑军军. 柬埔寨语基础语音教程[M]. 广州：世界图书出版广东有限公司，2015：116.

文化艺术和宗教信仰开始向其统治区域逐渐渗透。像当年的印度人改写婆罗米文字一样，每个民族都会根据自己的喜好来改写自己的文字，所以东方人就把印度字母改写成了古高棉字母，并把它们刻在柬埔寨吴哥窟和其他寺庙的石碑上。① 真腊的古高棉字母不断在统治范围内扩散，其疆域包括现柬埔寨、泰国和老挝境内的部分地区出现了众多古高棉字母碑铭，例如 1042 年四色菊府的萨刚萍雅寺的碑铭、1082 年呵叻府帕农湾寺石宫上的碑铭、1167 年那空沙旺府的东美娘勐碑铭、1177—1218 年素林府的石宫碑铭和 1213 年华富里府的娜波希拉佛像背后的石刻，它们的内容都是用古高棉字母书写。根据对上述碑铭和其他史料，我们发现 11—13 世纪的古高棉字母共有 32 个辅音字母、6 个独立元音字母、12 个依附元音字母。② 正字法上，古高棉字母与帕拉瓦字母时期一致。字形上，人们通过添加装饰性元素、柔化字母线条等手法继续改动、美化字母的外形。这种做法虽然使字母更加美观，但也使字母间差异变小、区别度降低。总的来说，此次外形调整有三处：

1.继续弱化长垂线的作用。在帕拉瓦字母时期，长垂线在整体形态中占据重要地位，它始于字母上方，下沉超过低沿。在后帕拉瓦字母时期，长垂线的下沉部分开始缩短，水平于字母下沿。在古高棉字母时期，大多数字母将长垂线从内部剔除，少部分字母以中线的形式替代长垂线。

2.新增花形顶髻。从帕拉瓦字母到后帕拉瓦字母，上顶线虽然经历了长短和曲折变化，但整体仍属线条序列。在古高棉字母中，为提升字母的观感度和审美性，人们将原来上方的线条剔除，转而置换成了左右排列的花形顶髻。这种变化使字母书写变得更加复杂，但也使外形变得更加精致。

3.重叠辅音现象更加突出。由于梵巴语不断进入高棉语词汇系统，高棉语中带复合辅音的外来词数目变得越来越多，所以重叠辅音现象在古高棉字母系统里也更加普遍。

---

① ยอร์ชเซเดส์. ตำนานอักษรไทย. โรงพิมพ์โสภณพิพรรธนากร, พ.ศ. ๒๔๖๗: หน้า๗-๘.

② 注：32 个辅音字母是 กขคฆงจฉชฌญฎฏฐฑฒณตถทธนปผฝพฟภมยรลวศษสหฬอ，6 个独立元音字母是 อะ อา อิ อุ เอ โอ，12 个依附元音字母是 ‑ะ ‑า ‑ิ ‑ุ ‑ฺ ‑ฺ ‑ี ‑ิ ‑ี ‑ไ ‑โ ‑า‑ ‑ฺ。学界对古高棉字母的 32 个辅音字母没有分歧，而对元音字母的认定没有统一意见。ก่องแก้ว วีระประจักษ์ 认为有 6 个独立元音字母（อะ อา อิ อุ เอ โอ）、11 个依附元音字母（‑ะ ‑า ‑ิ ‑ุ ‑ฺ ‑ี ‑ิ ‑ี ‑ไ ‑โ ‑า‑ ）。ธวัช ปุณโณทก 认为有 6 个独立元音字母（อะ อา อิ อุ เอ โอ）、10 个依附元音字母（‑ะ ‑า ‑ิ ‑ุ ‑ฺ ‑ี ‑ิ ‑ี ‑ไ ‑โ ‑า‑）。而 กรรณิการ์ วิมลเกษม 认为有 5 个独立元音字母（อา อิ อุ เอ โอ）、10 个依附元音字母（‑า ‑ิ ‑ุ ‑ฺ ‑ี ‑ิ ‑ี ‑ไ ‑โ ‑า‑ฤ）。

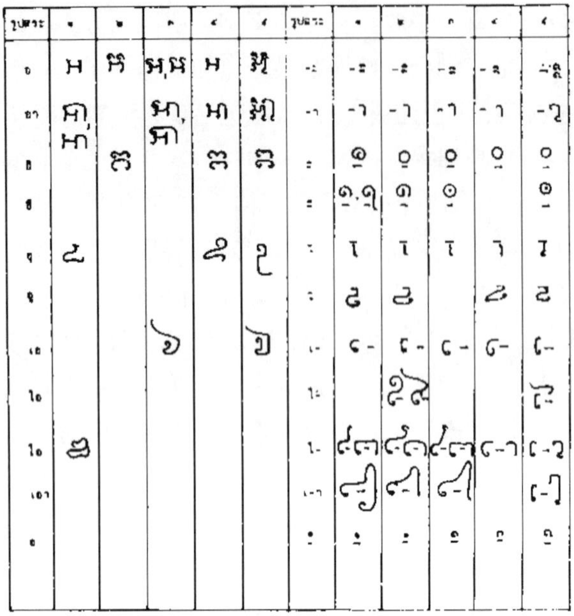

图 8　11—13 世纪的古高棉元音字母 　　　图 9　10—13 世纪的古高棉辅音字母

（四）古孟文字母

古孟文字母继承发展于帕拉瓦文字体系。公元 403 年，佛音把用帕拉瓦文字书写的巴利语佛教经典带到了缅甸的直通地区。大约在五六世纪时，孟人在帕拉瓦文字的基础上创制了孟文。公元 1057 年，蒲甘王朝的阿奴律陀以求取佛经为借口，率军南下，攻陷直通城，随后把孟人的巴利文佛教经典、国王、大臣、高僧和工匠悉数掳掠到蒲甘。直通之俘虏……对于缅甸文化，殊有贡献，并产生三项直接效果……缅甸人采用得楞字母（古孟文字母），而始有文字。[①] 1047 年，孟人统治下的哈利奔猜国霍乱流行，其民众便逃到孟人统治下的直通城。在直通城被缅族的阿奴律陀王占领后，民众又转移到了孟人统治下的勃固。根据暹罗编年史 Phongsawadan Yonaka 的记载，待到哈利班超（哈利奔猜）的霍乱流行病已经停止之后，逃跑到白古（勃固）的猛人（孟人），又回到他们的祖国。而且，他们回来的时候，好多在缅甸的猛人也跟着他们迁到哈利班超，同时，介绍了孟文。[②] 根据对收藏在南奔、清迈和清线国家博物馆碑铭的调查显示，泰国北部发现最早用古孟文字母书写的碑铭是 13 世纪的 6

---

① 陈序经. 猛族诸国初考[J]. 中山大学学报（社会科学），1958（2）.

② 陈序经. 猛族诸国初考[J]. 中山大学学报（社会科学），1958（2）.

块南奔碑铭（包括清迈府讪巴东县王玛诺寺的碑铭）。① 这些文字与蒲甘王朝的阿奴律陀和江喜陀时期的文字几乎完全一样。

根据对 12 世纪南奔府古谷寺碑铭和其他史料的研究，笔者发现 12—13 世纪的古孟文字母共有 28 个辅音字母、4 个独立元音字母、11 个依附元音字母。② 古孟文字母的正字法与帕拉瓦字母和古高棉字母正字法基本保持一致，即元音字母仍然分为独立元音字母和依附元音字母，重叠辅音现象保留了下来。在外形上，对比帕拉瓦字母与泰国中部、东北部的古高棉字母，这一时期的古孟文字母弱化了长垂线和顶饰的作用，具体来说：

1.剔除或缩短字母的长垂线。为提高书写的便利性，古孟文字母将帕拉瓦字母内部的长垂线条进行部分缩短或者整体移除，这种处理方法与同一时期古高棉字母的思路如出一辙。

2.逐渐去掉字母上方的顶饰。古高棉字母在上方添加左右排列的花形顶髻，虽增进了字母的美感，却也提升了字母的书写难度。鉴于此，古孟文字母逐步弱化顶饰的作用，渐进地将其从内部剥落，最终在整体上呈现出简约的形态。

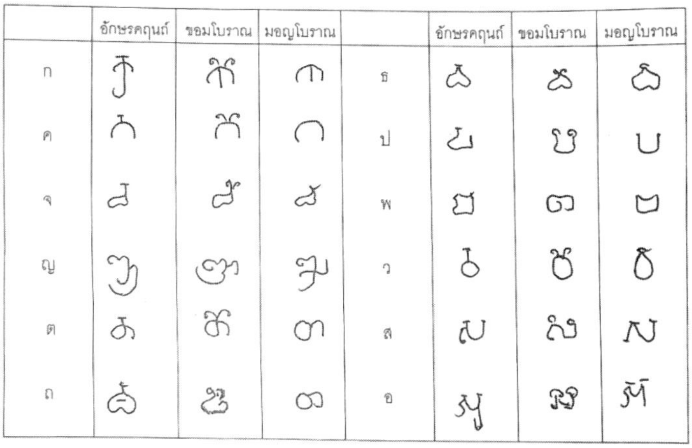

图 10　帕拉瓦字母、古高棉字母和古孟文字母对比图

① ธวัช ปุญโณทก. อักษรไทยโบราณ ลายสือไทย และวิวัฒนาการอักษรของชนชาติไทย. สำนักพิมพ์แห่งจุฬาลงกรณ์มหาวิทยาลัย, พ.ศ. ๒๕๔๘: หน้าที่ ๖๖.

② 注：28 个辅音字母是 กขคมงจฉญฎฐณตถทธนปพภมยรลวสหอบ，4 个独立元音字母是 อาอุเอโอ，11 个依附元音字母是-ะ- า- ◌ิ- ◌ี- ◌ุ- ◌ู เ-เ-ไ -โ- ◌ั。ธวัช ปุญโณทก 认为古孟文字母有 9 个独立元音字母（未给出具体独立元字母）、10 个依附元音字母，未提到辅音字母数目。กรรณิการ์ วิมลเกษม 认为有 26 个辅音字母（笔者界定为 28 个，多 ฎบ 两个辅音字母）、4 个独立元音字母（อา อุ เอ โอ）、7 个依附元音字母（-า -โ-ไ-◌ุ-◌ี-◌ิ-）。

二、泰文字母的诞生与历变

（一）素可泰时期的泰文字母

1.兰甘亨国王时期的古泰文字母

在素可泰王国建立前的几百年间，迁徙到泰国境内的泰人活动范围集中在泰国北部和中部地区，大大小小的泰人部落处于割据分立的状态。在蒲甘王朝和吴哥王朝强势文化的影响下，北部泰人从孟人那里接受了古孟文字母，素可泰地区的泰人从吴哥王朝接受了古高棉字母。1238 年，泰族的首领室利膺沙罗铁在素可泰地区推翻了真腊的统治，建立了素可泰王国。伴随疆域的扩大，古高棉和古孟文字母文化圈都被纳入素可泰王国的统治范围内。通过阅读古高棉和古孟文字母撰写的佛经，这时有些学者已经能够通晓两种文字，并且能用两种文字书写泰语。在后来的使用中，这些文字慢慢产生新的变体。但由于古高棉和古孟文字母在之前是用于记录梵语、巴利语、孟语和高棉语，所以这些变体文字在记录泰语的时候难免水土不服。另外这些学者在改写古高棉和古孟文字母的时候各行其是，没有统一的文字体系，所以在古泰文字母出现前，记录泰语的文字体系实际是有诸多问题。为革除文字体系的弊病，兰甘亨国王召集部下通晓古高棉和古孟文字母的专家设计出了第一代泰文字母——古泰文字母（ลายสือไทย），正如兰甘亨石碑所记载："泰文前此无有。大历 1205 年（未）年，坤兰甘亨王精心思构，创设泰文。泰文之成立，乃因国王所创造。"[1]

古泰文字母共有 39 个辅音字母[2]、20 个元音字母[3]，增加了两个声调符号[4]。外形呈现圆化发展趋势，线条更简约，字母组成部分也更加简单。具体来看，去掉了辅音字母的花形顶髻，元音字母调整为辅音字母同样大小，字母内出现小圆圈等。另外，古泰文字母的正字法与前期的帕拉瓦系字母也有较大差别：

（1）重叠辅音现象删除。在大规模的外来词进入泰语系统以前，泰语以单音节为主，依托复合辅音的重叠辅音在古泰文字母系统中失去了存在的基础。另外，素可泰时期人们誊写佛经和其他经典的时候更倾向于使用古高棉字母，所以古泰文字母也就不必保留重叠辅音来满足佛经里梵巴语的特殊复合辅音字

---

① 巫凌云. 泰国兰甘亨碑铭释文补正[J]. 云南民族学院学报，1987（2）.

② 注：在古高棉字母的基础上新增了 7 个辅音字母：ขฆฎชคฟฬ。

③ 注：20 个元音字母分别是：-ะ-า◌ุ-◌ู-◌ิ-◌ี-◌ื-◌ั-แ-แะโ-◌อ◌ัว-◌ัยเ◌ือเ◌ิ◌ิ◌ิ◌ำ-ไ-ไ-า。

④ 注：两个声调符号分别是：-◌่ -◌้。"-◌่"表示第一声调符号，"-◌้"表示第二声调符号，等于现在的"◌้"。它们的位置与现代泰语一样，都写在辅音字母的上面。

母组合。因此，古泰文字母也就没有保留重叠辅音现象，相应的下辅音字母的变体（字脚）也没有保留。

（2）整合元音字母并改变位列方式。之前的帕拉瓦系文字区分独立元音字母和依附元音字母，而古泰文字母将二者合二为一，新的元音字母既可充当独立元音字母，也可充当依附元音字母。牵一发而动全身，这种改变要求所有元音字母置于辅音同一格。这样一来，所有的单元音字母（除 อะ、อา 和 อำ 外）都写在辅音字母前面，复合元音则把原来需要上置和下置的字母改写到辅音字母前方或后方。

（3）上方元音符号 ◌ั 用重复尾辅音的形式替代，例如 หัว 写作 หวว，วันดับ 写作 วนนดบบ。

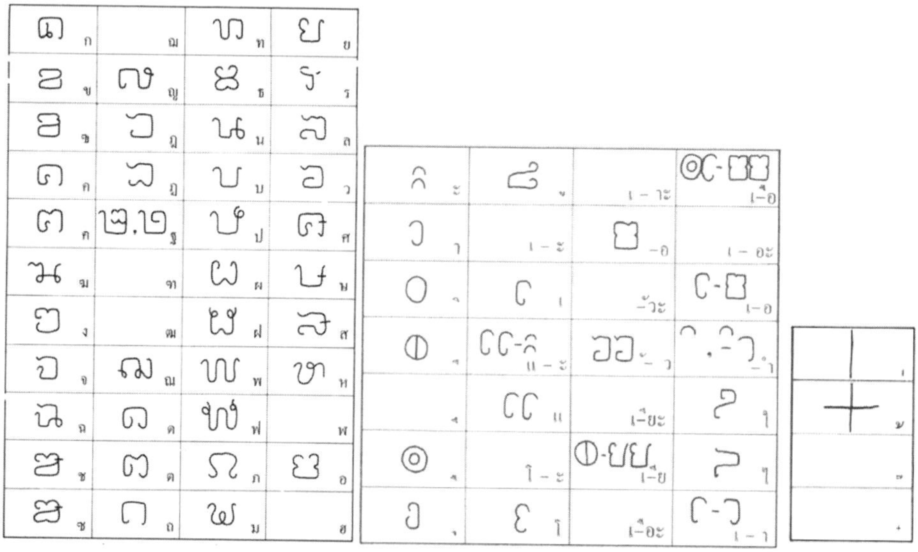

图 11　古泰文字母的辅音字母、元音字母和声调符号

2.立泰王时期的泰文字母

立泰王时期的辅音字母、元音字母和声调符号的数目与兰甘亨国王时期相比基本没有变化。辅音字母有 38 个，元音字母有 22 个，声调符号 2 个。[1]元音字母的排列方式变回古高棉字母、古孟文字母采用的依附元音体系，也正是从立泰王时期开始，独立元音字母正式退出泰文字系统的舞台。从形态上看，立泰王时期字母整体与兰甘亨国王时期相似，形态圆润、弯曲，仅少部分字母发生了变化：

① 注：立泰王时期比兰甘亨国王时期少一个辅音字母"ษ"，多两个特殊元音字母"ฤ"、"ฦ"。

（1）需要上置或下置的 6 个单元音字母形态发生了变化，2 个复合元音字母也跟着变化。

  1）单元音字母：◌ 表示-◌̂，◌ 表示-◌̂，◌ 表示-◌̂、-◌̂，◌ 表示-◌，◌ 表示-◌。

  2）复合元音字母：◌ 表示 เ-◌ื，◌ 表示 เ-◌ื。

（2）取消元音字母与辅音字母等高的限制，ไ-ใ-ึ三个元音字母可高于辅音字母。

（3）部分辅音字母形态发生较大变化。

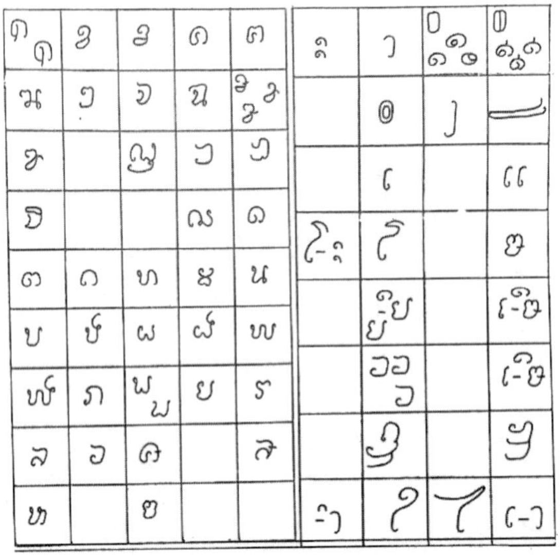

图 12　立泰王时期的泰文字母

虽然立泰王时期的泰文字母取代了古泰文字母成为官方文字，但人们仍保留了兰甘亨国王时期的部分书写习惯，例如在立泰王时期的泰文字母碑铭上有时也能发现兰甘亨国王时期的元音字母前置被作为独立元音使用。

（二）阿瑜陀耶时期的泰文字母

素可泰王朝在兰甘亨国王开启了盛世之后，不断式微，南部的泰人王国迅速兴起。1350 年，罗斛国的首领乌通王战胜素可泰王朝独立，泰国历史进入阿瑜陀耶王朝。阿瑜陀耶时期，人们的主要记录载体不再是碑铭，而是更为方便的纸张和贝叶，但这类载体没有素可泰王朝所用的石碑耐腐蚀、易保存，加之历史上的多次战乱，所以留存下来的阿瑜陀耶时期文字材料并不多。[①] 截至目前，我们发现的阿瑜陀耶时期泰文共有 35 个辅音字母、22 个元音字母、2 个声调符号，新增了重复符号。[②] 正字法延续了立泰王时期的依附元音体系。字形方面，阿瑜陀耶时期的文字整体向纤细化、直线化、折线化的方向发展。初期的大多数泰文字母保留了立泰王时期的弯圆字形，仅少部分辅音字母发生变化，部分圆形元音字母变为半圆。到阿瑜陀耶王朝后期，即纳莱王或稍早时期，泰文字母外形愈来愈接近现代泰语文字（印刷出现前），其辅音字母、元音字母的外形与现在一致。[③]

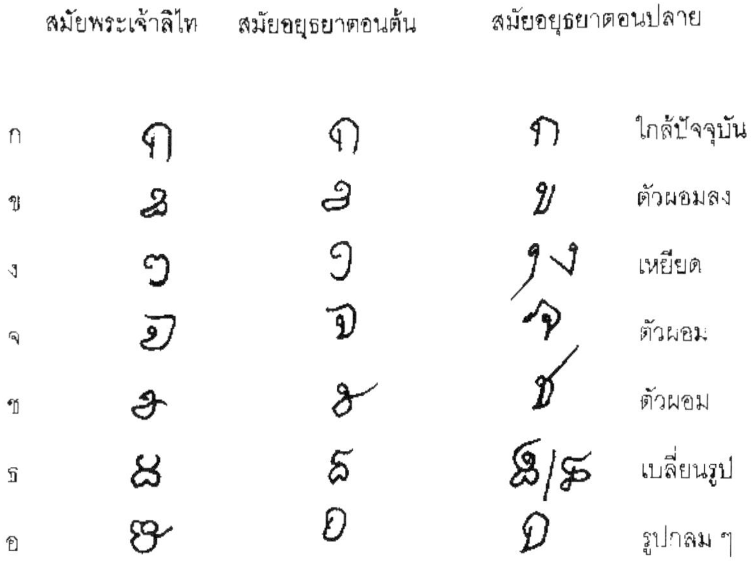

图 13　立泰王时期、阿瑜陀耶初期、阿瑜陀耶后期部分辅音字母的变化

纳莱王时期的泰语字体分为三种，分别是用于书写正式文体的楷体（อักษรบรรจง）、书写私人或非正式文体的草体（อักษรหวัด）和外形类似高棉文楷体（อักษรขอมบรรจง）的泰文简体（อักษรไทยย่อ）。到阿瑜陀耶王朝末期，泰文简体逐渐退出历史舞台，而楷体和草体则继续流传下去。

---

① วิโรจน์ ผดุงสุนทรารักษ์. อักษรไทยและอักษรขอมไทย. สำนักพิมพ์มหาวิทยาลัยรามคำแหง, ค.ศ. ๒๕๔๐: หน้าที่ ๑๐๔.

② 注：辅音字母有 กขคฅงจฉชซฌญฎฏฐฑฒณดตถทธนบปผฝพฟภมยรลวศษสหฬอฮ，元音字母有 ะ -ั -า -ิ -ี -ึ -ื -ุ -ู เ- แ- โ- ใ- ไ- -อ -ือ เ-ีย เ-ือ -ัว เ-า -ำ ฤ ฤๅ ฦ ฦๅ -็ -่ -้ -๊ -๋ -์ -ฺ -ๆ ๏ ๚ะ，第二声调符号将十字形符号 ✛ 改为如今使用的 ๋。

③ ธวัช ปุณโณทก. วิวัฒนาการภาษาไทยและอักษรไทย. สำนักพิมพ์แห่งจุฬาลงกรณ์มหาวิทยาลัย, พ.ศ. 2553: หน้าที่ ๒๓๖.

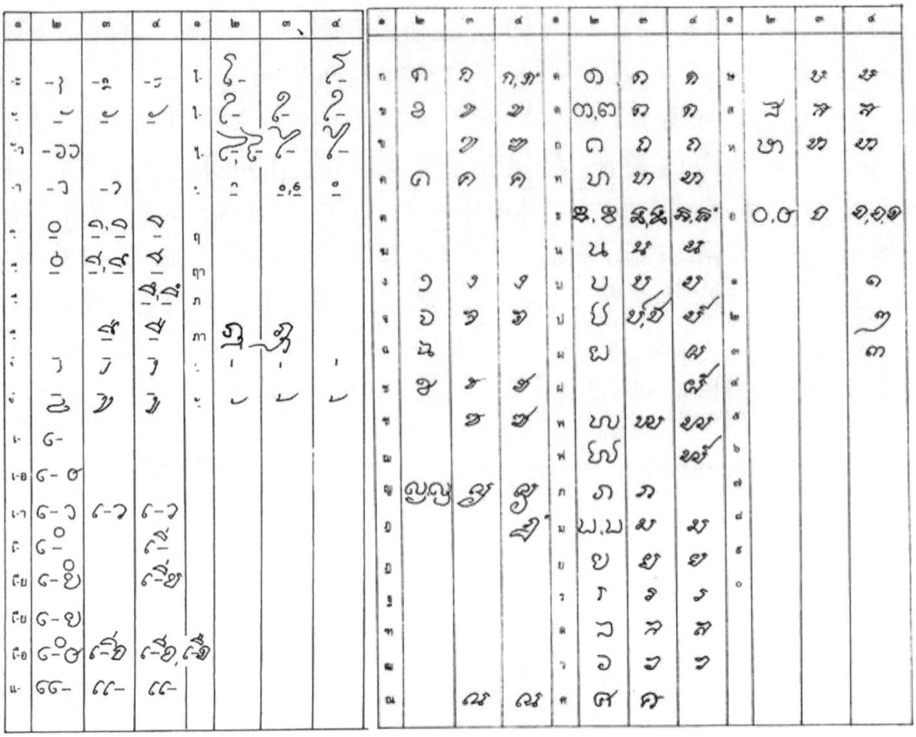

图 14　阿瑜陀耶时期的泰文楷体

三、现代泰文字母的成形

（一）曼谷王朝时期的泰文字母

在印刷术出现前的曼谷王朝初期，大量的泰语文献记载在树皮做的本子或贝叶上。此时泰文系统已经成形，共发现 44 个辅音字母、32 个元音字母、4 个声调符号。[①]正字法采用依附元音体系，形态与阿瑜陀耶后期类似，分为楷体和草体。对比两个时期的字迹可以发现，纳莱王时期的文字整体右倾，字尾喜欢带笔延长线条，而曼谷王朝时期泰文修正了倾斜幅度，弱化了字尾带笔。

①注：1803 年和 1794 年，在两个官方文件中首次分别发现了第三和第四声调符号。至此，泰语的四个声调符号成形。

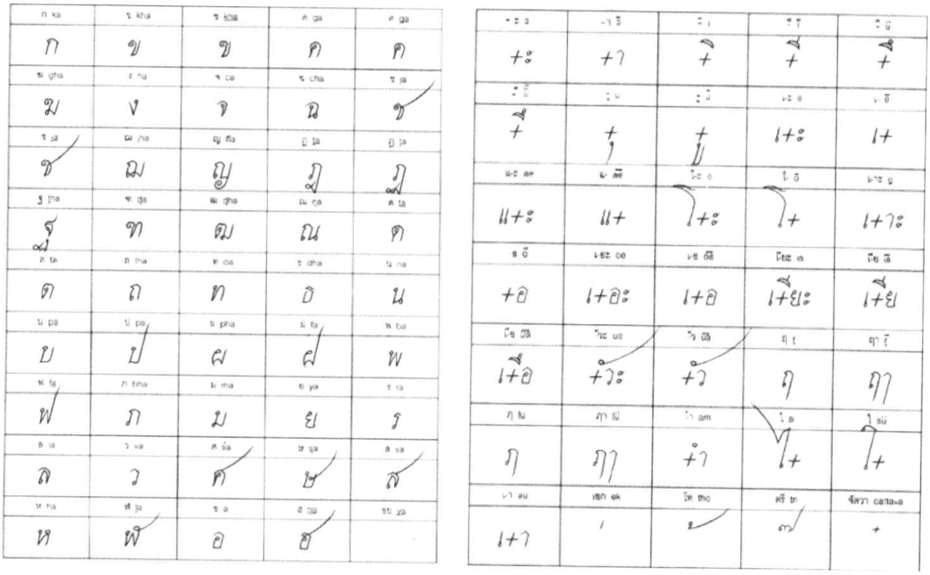

图 15　曼谷王朝的泰文字母

　　从三世王时期开始，愈来愈多的西方人到泰国传教经商，他们迫切地需要学习泰语语言，于是一批新式的印刷厂组建兴办起来。泰国的印刷业兴起于拉玛三世后期。1828 年，在詹姆斯·罗完成了《泰语语法》后，他用美国修女南希女士所制作的泰语字母印刷系统在印度印刷了第一批用泰语字母书写的书籍。[①] 后来，美国传教士布拉德利从新加坡购买了这套印刷机并在曼谷设立了印刷厂。1836 年 6 月 3 日，首部在泰国本土出版的书籍从这个印刷厂问世。[②] 为适应印刷系统需要，泰文印刷体应运而生。印刷体文字相比手写体，型号变小，高度变低，宽度变长，字尾变短，字形变得更加方正。而泰文手写体元音字母、辅音字母和声调符号的外形特征与曼谷王朝初期的字形基本一致，只是正字法表现出了特殊之处，即人们有时会在辅音字母上方书写第一声调符号 อ่ 来替代元音 อะ ออ 或 โอะ。

　　到曼谷王朝初期，泰文字母已经定下型来。现代泰语中，44 个辅音字母（实际用到的只有 42 个辅音字母）分为高、中、低辅音字母三组，用来表示泰

---

① ธวัช ปุณโณทก.　อักษรไทยโบราณ ลายสือไทย และวิวัฒนาการอักษรของชนชาติไทย.　สำนักพิมพ์แห่งจุฬาลงกรณ์มหาวิทยาลัย, พ.ศ.๒๕๔๘: หน้าที่ ๑๑๗.

② ธวัช ปุณโณทก.　อักษรไทยโบราณ ลายสือไทย และวิวัฒนาการอักษรของชนชาติไทย.　สำนักพิมพ์แห่งจุฬาลงกรณ์มหาวิทยาลัย, พ.ศ.๒๕๔๘: หน้าที่ ๑๑๗๘.

语中的 21 个辅音；32 个元音字母用来表示泰语中的 18 个单元音和 3 个双元音（元音分长短，可区分词义）；4 个声调符号分别表示第二到第五声调，即除第一声调中平调外的低平调、降调、高平调和升调。另外，曼谷王朝初期也已经与现代泰文正字法一致，采用依附元音体系，元音字母上置、下置、前置、后置在辅音字母四周进行拼合，不能脱离辅音字母单独存在。

（二）特殊的泰文字母

近代以来，泰国社会还出现了一些特殊的文字系统，分别是：拉玛四世设计的雅利安文字、拉玛六世的新式文字和披汶颂堪时期的文字。

1.雅利安文字

1847 年，四世王在出家期间，以罗马字母为原型，通过各种反转变换，设计出了一套专门用于书写巴利语的文字体系，叫作雅利安文字（**อักษรอริยกะ**）。雅利安文字有 33 个辅音字母、8 个元音字母，没有声调符号，正字法与罗马字母类似。元音字母与辅音字母拼读时，元音字母大多写在辅音字母之后，有时也可放置在辅音字母前单独成一个音节。而辅音字母除了与元音字母拼读外，还可后置做韵尾辅音。

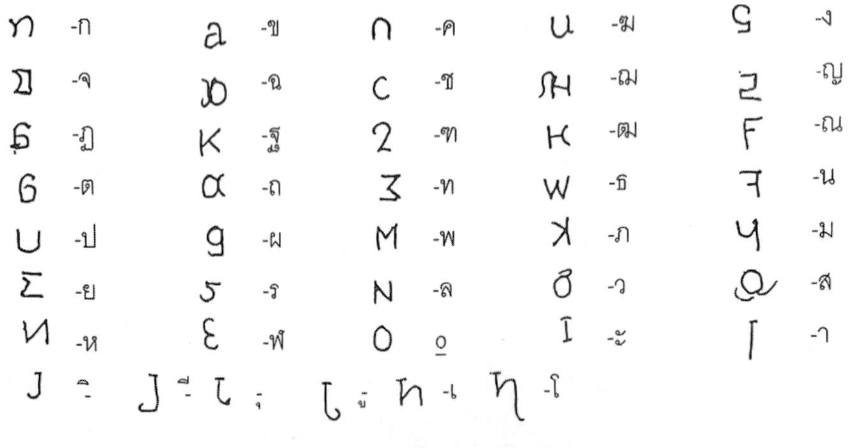

图 16　四世王时期的雅利安文字

由于雅利安文字专门为巴利语量身定做，它的元音、辅音数量以及声调符号决定其不能够满足泰语需要，所以它也只是短时期地流行于小众僧团之中，而没能进入现代泰语文字体系。

2.六世王时期的新式泰语文字

拉玛六世认为目前使用的泰文字问题诸多，正字法繁复无常，拼读规则不合理，词语之间不留空等，让本国和外国的语言学习者产生诸多疑问和困难。鉴于此，他下令对泰文字系统进行改革，使之更为规范，便于学习。

这次改革将元音字母置于辅音字母之后且书写在同一格，即按照兰甘亨国王时期的正字法进行改写，它改变了原先将元音字母置于辅音字母四周的放置方式。在新正字法的指导下，新式泰语文字系统首先对元音字母形态进行了调整，具体如下所示：

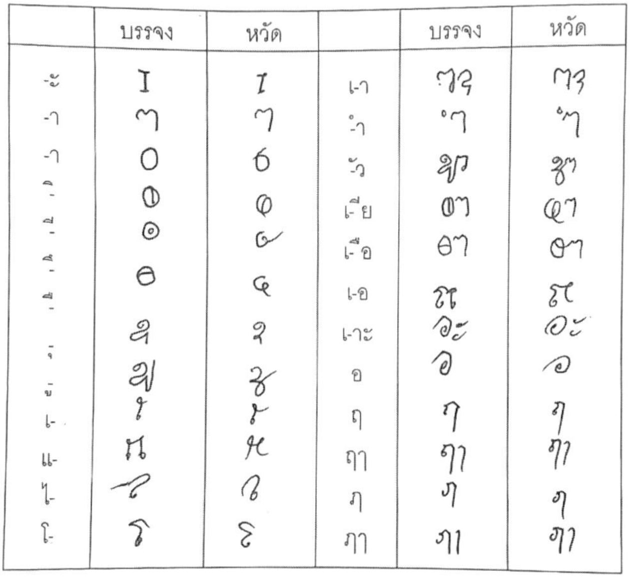

图 17　六世王时期的新式元音字母

在书写泰语句段的时候，新式字母需要像英语一样字与字之间留空格，不可以一口气写到底。

在六世王发明出了新式泰语文字系统后，他没有立即下令在全国推广，而是先小范围试用，再出版书籍介绍其特征。然而事与愿违，大家的反响并不热烈，人们已经适应了原先的书写方式，对文字系统做过大改动并不符合大家的

现实需求。于是，在六世王过世之后，这套新式泰语文字系统便被弃用了。

3.披汶·颂堪时期的文字

在 1922 年至 1944 年间，时任泰国军政府领导人披汶·颂堪利用自身强大的政治实力和影响力，在泰国境内推行新式的文字系统。披汶·颂堪时期的新式文字旨在解决泰语文字系统内的字母冗余和正字法问题。

（1）革除重复的辅音字母和元音字母。在泰语字母体系中，某些音位可以同时对应多个字母，导致文字体系冗余繁杂。为了使书写精简化，披汶颂堪时期的文字体系去掉了 13 个重复辅音字母和 5 个重复元音字母，它们是：

1）辅音字母：ขฅฌญฎฏฐฑฒณศษฬ

2）元音字母：ใฤๅฦๅ

（2）简化词语的拼读方式和正字法。由于外来词通过语音、语义、语法或者书面词形等方式进入到泰语的词汇系统，泰语部分外来词在拼读规则与正字法方面呈现出特殊形态，这对语言学习者造成了极大的困难。所以，披汶颂堪时期的文字体系对部分单词采取同音替代、冗余革除的方式，改变了某些单词的写法。

例如：พฤกษา 写作 พรึกสา，ฤกษ์ 写作 เริกส์，ควรส่งเสริม 写作 ควนส่วเสิม

虽然这次改革简化了书写形式，但是未得到民众普遍的支持，所以在推行两年后也便停止了。此次改革对现行泰文也产生了一些影响，即短音符号从此不再用于标记梵文单词，而巴利语中的重复字母则减去后面的字母，只保留一个作为塞音韵尾的字母。

四、结语

通过研究泰文字母的起源，我们发现古泰文字母的诞生历经了婆罗米字母、帕拉瓦字母、古高棉字母和古孟文字母的演变。古印度时期，婆罗米字母"南传"形成了帕拉瓦字母。随着印度与东南亚的商贸往来，帕拉瓦字母向东来到中南、马来半岛和印尼群岛等地区。6—7 世纪的东南亚帕拉瓦字母外形与印度帕拉瓦王朝时期的文字一致，具有重叠辅音现象，区分独立元音字母与依附元音字母，共有 29 个辅音字母、6 个独立元音字母、13 个依附元音字母。8—13 世纪的后帕拉瓦字母形态发生部分变化，正字法没变，共有 33 个辅音字母、7 个独立元音字母和 12 个依附元音字母。11—13 世纪的古高棉字母外形较前者更加复杂美观，正字法未变，共有 32 个辅音字母、6 个独立元音字母、12 个依附元音字母。12—13 世纪的古孟文字母在外形上弱化了长垂线和顶饰的作用，正字法基本未变，共有 28 个辅音字母、4 个独立元音字母、11 个依附元音字母。

从兰甘亨国王创设古泰文字母到现代泰文的最终形成，泰文字母在各个历史王朝均发生了不同程度的变化。素可泰时期兰甘亨国王在古高棉文和古孟文字母的基础上主持创设了古泰文字母。古泰文字母外形更加简约，删除了重叠辅音现象，整合了独立元音字母与依附元音字母，改变了元音字母的位列方式，共有 39 个辅音字母、20 个元音字母和两个声调符号。立泰王时期的泰文字母形态圆润、弯曲，删除独立元音字母，采纳依附元音体系，共有 38 个辅音字母、22 个元音字母和两个声调符号。阿瑜陀耶时期的文字外形向纤细化、直线化和折线化发展，采用依附元音体系，共有 35 个辅音字母、22 个元音字母、两个声调符号和 1 个重复符号。曼谷王朝时期，泰文字母最终成形，外形和正字法与现在基本一致，共有 44 个辅音字母、32 个元音字母和 4 个声调符号。近代以来，泰文字母在使用过程中又出现了雅利安文字、六世王时期的新式文字和披汶·颂堪时期的文字，这些文字在泰文字母发展过程中昙花一现，未能最终进入到文字系统。

从泰文字母的起源与演变，我们看到了文字的发展规律。从短时期看，文字是稳定的；从历史的长河看，文字是不断发展变化的。从原始到成熟，文字蜕变于它的成长；从成熟到传播，文字流通于新的环境；从传播到再生，文字内化于它的语言。随着泰语语言与词汇系统的更新，相信未来的泰文字母系统也会随着语言一道发展变化。

参考文献

[1] [法] G. 赛代斯. 东南亚的印度化国家[M]. 蔡华，杨保筠，译. 北京：商务印书馆，2008.

[2] 陈序经. 猛族诸国初考[J]. 中山大学学报（社会科学），1958（2）.

[3] 李洁茹，苏杰. 印度铭文与婆罗米字母：法籍印度裔印度学者瓦桑达拉·卡瓦利·菲利奥扎在复旦大学的讲演[N]. 文汇报，2015-01-09（T13）.

[4] 梁英明. 东南亚史[M]. 北京：人民出版社，2010.

[5] 巫凌云. 泰国兰甘亨碑铭释文补正[J]. 云南民族学院学报，1987（2）.

[6] 郑军军. 柬埔寨语基础语音教程[M]. 广州：世界图书出版广东有限公司，2015.

[7] 周有光. 世界文字发展史[M]. 上海：上海教育出版社，1997.

[8] กรรณิการ์ วิมลเกษม, *พัฒนาการของอักษรโบราณในประเทศไทยในสังคมและวัฒนธรรมในประเทศไทย* [M]. กรุงเทพ ศูนย์มานุษยวิทยาสิรินธร, ๒๕๔๒.

[9] ก่องแก้ว วีระประจักษ์, *700 ปีลายสือไทยอักขรวิทยาฉบับย่อ* [M]. กรมศิลปากร, ๒๕๒๖.

[10] ยอร์ชเซเดส์. *ตำนานอักษรไทย* [M]. โรงพิมพ์โสภณพิพรรฒธนากร, พ.ศ. ๒๔๖๗.

[11] จุฑารัตน์ เกตุปาน. *วิวัฒนาการของอักษรอินเดียในประเทศไทยก่อนพุทธศตวรรษที่ ๑๘* [M]. พิษณุโลก: สำนักพิมพ์มหาวิทยาลัยนเรศวร, ๒๕๕๘.

[12] วิโรจน์ ผดุงสุนทรารักษ์. *อักษรไทยและอักษรขอมไทย* [M]. สำนักพิมพ์มหาวิทยาลัยรามคำแหง, พ.ศ. ๒๕๔๐.

[13] ธวัช ปุณโณทก, *อักษรไทยโบราณ ลายสือไทย และวิวัฒนาการอักษรของชนชาติไทย* [M]. สำนักพิมพ์แห่งจุฬาลงกรณ์มหาวิทยาลัย, พ.ศ. ๒๕๔๘.

[14] ธวัช ปุณโณทก. *วิวัฒนาการภาษาไทยและอักษรไทย* [M]. สำนักพิมพ์แห่งจุฬาลงกรณ์มหาวิทยาลัย, พ.ศ. ๒๕๕๓.

老挝语多项定语的优势语序及其认知理据

信息工程大学　黄勇

【摘　要】依据定量分析与定性研究相结合的方法，老挝语多项老挝语的优势语序可确定为：*中心语——性质定语——功用定语——同一性定语——比况定语——数量定语——领属定语——状态定语——关涉定语——来源去向定语——时间定语/处所定语——指别定语*。总体而言，从图形到背景的认知策略决定了老挝语中定短语的整体语序，即中心语在前、定语在后；距离相似性原则决定了老挝语多项定语的基本语序，即按照反映事物内在本质的程度来进行排列，越反映事物本质属性的定语越靠近中心语；可别度领先原理则决定了老挝语多项定语语序的灵活性与自由性，并由此产生了移位语序。

【关键词】多项定语；优势语序；认知；理据

定语是各语言最常用的语法成分之一。由于性质、形式、意义多样，且与中心语关系繁复以及使用不规范等原因，老挝语多项定语的各项成分在语序排列上较为复杂，移位情况较多，规律难寻，且定语标记的大量使用使得其语序结构进一步复杂化，因此定语语序问题一直以来都是老挝语教学和研究的重点。本文拟通过定量分析和定性研究相结合的方法，确定老挝语定语三大语义域及构建语义类别系统，并以量化数据为支撑，在定语语义类别同现频率及定语语义域排列次序的基础上建立老挝语多项定语的优势语序序列，并尝试从语义、认知等角度对其优势语序的形成进行理论解释。

一、老挝语定语三大语义域与语义类别系统

（一）三大语义域

根据在确指过程中各类定语所实现的修饰功能，国内外学者通常将定语划分为两或三大类型。主张划分为两大类型的西方学者 Givon 和 Seilor 等认为，名词修饰语可分为两类：即限制性修饰语（restrictive modifier，RM）和非限制性修饰语（non-restrictive modifier，RM）。[①]国内学者刘月华等则采用了限制

---

① 参见张敏. 认知语言学与汉语名词短语[M]. 北京：中国社会科学出版社，1998：241.

性和描述性定语的表述，认为限制性定语的主要作用是限制、指明中心语所表示的事物是"哪个（些）"，而描写性定语的主要作用则是说明中心语所表示的事物是"什么样的"。① 可以看到，虽然中西方学者在定语类型的表述上略有差异，但划分的标准和观点却基本相同，即都从定语（修饰语）的基本功能出发将定语划分为两大类，一类用来确定指称，一类用来刻画属性。

主张划分为三大类型的主要为国内学者张卫国、方希、王远杰、程书秋等。如张卫国将定语分为区别性定语、描写性定语和限定性定语三类。② 方希按照在确指过程中修饰语实现的修饰功能，将名词前修饰语划分为限定性、描写性和归属性修饰语三个层次。③ 王远杰在名词短语中区分三类定语槽位：定位槽位、定量槽位、定类槽位。④ 程书秋则依据不同语体中定语语义类别的使用频率统计结果将名词短语内部核心名词前的句法位置划分成三大"语义域"，即"领属域"、"状态域"和"性质域"，并指出这三域分别回答了人们在信息交流时最关注的三个基本语义信息，即"谁的/什么的/哪儿的？"、"什么样的？"和"什么？"。⑤

可以看到，尽管表述不同，但较之二分法，三分法主要将非限制性或描写性修饰语进行了再切分，分成表述中心语固有性质的定语和描述中心语情状的定语；这样一来，中心语名词所体现的事物的内在属性（性质）和外在属性（情状）就得到了更好的体现。参考上述三分法的做法，我们拟将老挝语定语语义类别分别以定性域、定位域和定态域来概括。其中"定性域"主要用来刻画事物的内在性质；"定位域"的功能主要用来给事物定位，即确定指称；"定态域"主要用来刻画事物的外在情状。这种分类表述一方面符合并体现了人类的普遍的认知规律：我们在认识和表达某一事物时，最关注该事物"是什么"（定性）、"是谁的/什么的/哪儿的"（定位）以及"是什么样的"（定态），这是语言通过向心结构对事物进行确指的过程；⑥ 另一方面，它也符合老挝语定语

---

① 转引自程书秋．现代汉语多项式定中短语优先序列研究[M]．北京：中国社会科学出版社，2013：94．

② 张卫国．三种定语、三种意义及三个槽位[J]．中国人民大学学报，1991（4）．

③ 方希．有定与向心结构的语序[J]．语文研究，1999（1）．

④ 王远杰．再探多项定语"的"的隐现[J]．中国语文，2008（3）．

⑤ 程书秋采用分项+定位的统计方法对 14 种定语语义类别在不同语体种的使用情况进行了统计，得出的使用频率显示，性质定语的使用频率最高，其次为领属，再次为状态。

⑥ 方希将这一过程形象地比作在时空结构中搜索，通过外部路径和内部路径迅速找到这个中心的位置。方希．有定与向心结构的语序[J]．语文研究，1999（1）．

的实际情况，因为在对老挝语定语语义类别的使用情况观察时发现，性质定语（属定性域）在所有定语类别中的使用频率也为最高，其次为领属（属定位域），再次为状态（属定态域）。

（二）语义类别系统

依据各语义域的功能属性，我们将各定语语义类别归并到上述三大语义域中，以建立一个完整的老挝语定语语义类别系统。

首先，"定性域"方面，其主要功能是用来刻画事物的内在性质，包括对事物类别属性及功能的确定、内质属性的描写等。从语义角度看，"性质"定语、"功用"定语的作用是用来表述中心语"是什么"以及"做什么用的"，都是在确定和描写事物的内在性质，因此可归类于"定性域"。而"同一性"定语的作用是用来解释中心语事物的特定含义，它和中心语之间是同一关系，指称同一概念、同一内容，归并于"定性域"也毫无疑义。

其次，"定位域"方面，其主要功能属性是用来定位，即确定指称。在定语语义类别中，"领属"、"时间"、"数量"、"来源去向"、"处所"、"关涉"、"指别"等 7 种语义类别都具有很强的确指能力，能够把人或事物从中心语所指的同类人或事物中区别出来，清晰地体现中心语与一般概念所不同的标志性特征，如中心语的领属关系、时间、数量、来源、处所以及对中心语的指示和区别等。

再次，"定态域"方面，其主要功能是用来刻画事物的外在属性，包括说话者对中心的主观评价、对中心的状态描写、形态描写以及从说话者角度观察到的中心透露出的心理状态等。[①] 从语义角度看，"状态"定语的作用是用来描述中心语"什么样的"，"比况"定语是用来描述中心语"像什么样的"，都具有非常强的描写性。因此，可将"状态"定语、"比况"定语归类于"定态域"。

综上所述，我们对老挝语定语语义类别系统构建如下：

---

① 方希. 有定与向心结构的语序[J]. 语文研究，1999（1）.

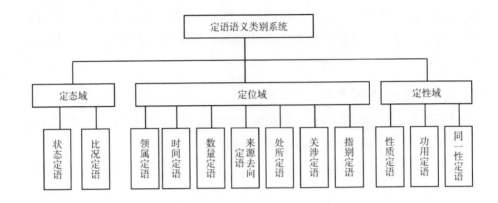

（三）三大语义域的排列次序

陆丙甫于 1993 年在《核心推导语法》一书中指出汉语定语的基本语序规律是遵循语义靠近原理，认为越是反映事物稳定的内在本质的定语越靠近核心，并据此提出了定语语序的内在性和稳定性标准，其中内外之分为定语的本质差别。虽然陆丙甫主要是针对汉语语序提出该原理的，但世界语言在语义层面有很多共性规律。老挝语与汉语又同属汉藏语系和 SVO 型语言，该原理也同样可运用于老挝语定语语序的分析。根据上述原理，定语越靠近中心语，刻画属性概念的作用就越强，确定指称的作用就越弱；越远离中心语，确定指称的作用就越强，而刻画概念的作用就越弱。在三大语义域中，"定性域"和"定态域"都是对事物属性概念的刻画。其中，"定性域"反映的是事物的本质属性，刻画属性概念的作用最强，其位置应在"定位域"和"定态域"之前，最贴近中心语，"定态域"反映的是事物的外在属性，刻画属性概念的作用次之，因此其位置应在"定性域"之后；而"定位域"是确定指称的对象，主要作用于中心语概念的外延，其确定指称的作用最强，而刻画概念的作用最弱，因此其通常处于最远离中心语的位置，即"定态域"之后。综上所述，老挝语定语三大语义域的排列顺序可概括为：

中心语——定性域——定态域——定位域

三大语义域的排列顺序、各域之间的分界点及其与语义功能之间的对应关系如下图所示：

二、老挝语多项定语的优势语序

（一）各域内不同语义类别之间的排列顺序

依据量化统计方法，我们对收集到的 1872 句多项定语短语进行了分类与统计，对定性域、定态域、定位域这三域各域内不同定语语义类别之间的同现模式进行考察与分析，找出了各域内成员之间的优先序列。

1.定性域内各语义类别之间的排列顺序

定性域主要包括"性质"、"功用"和"同一性"三种语义类别，在二项、三项、四项定语中，这三者中的任何两类及以上的同现模式情况如下：

表 1　定性域内各语义类别之间的同现模式

同现模式	同现频次
性质+同一性	12
性质+功用	6
性质+状态+同一性	3
性质+状态+功用	2

通过观察表 1，我们可以发现：

一是"性质"语义类别总是处于"同一性"和"功用"语义类别之前，这表明"性质"语义类别与"同一性"和"功用"语义类别之间的排列顺序应分别为：

性质——同一性

性质——功用

二是"同一性"语义类别和"功用"语义类别无同现情况。但对于两者之间的排列顺序，我们可以通过分析其语义功能加以确定。"功用"语义类别反映的是事物的本质属性，完全不以主观判断为转移，具有非常强的恒定性和客观性，其位置一般为紧贴于中心语后。"同一性"语义类别主要是用来解释中心语事物的特定含义，它虽然和中心语之间是同一关系，指称同一概念、同一内容，但其也具有"状态"定语的作用，可回答"什么样的？"的问题。同时，由于其作用主要是解释中心语，句式通常较长，从语用角度看，一般将其置于句尾。这符合霍金斯提出的重度等级原则，即人类语言倾向于把重的成分放在句子后面。因此，"功用"和"同一性"之间的排列顺序我们确定为：

功用——同一性

因此，我们可将定性域的优先序列确定为：

中心语——性质定语——功用定语——同一性定语

2.定态域内各语义类别之间的排列顺序

定态域主要包括"状态"语义类别和"比况"语义类别。由于统计数据尚无这两者同时出现的同现模式，因此我们主要从其语义功能角度来进行分析。

"状态"语义类别的主要功能是刻画事物的外在属性，即回答事物是"什么样的"这一问题；而"比况"语义类别除发挥上述功能外，有些还可回答事物"是什么"这一问题，因而兼具刻画事物内在属性的功能，如在"ກົດລະບຽບວິໄນໃນເໜຶ່ກຂອງການປະຕິວັດ（革命的铁纪）"这一句话中，"铁纪"也可归类于"性质"语义类别。因此，根据语义靠近原理，"比况"语义类别的位置应比"状态"语义类别更靠近中心语。

因此，我们可将定态域的优先序列确定为：

中心语——比况定语——状态定语

3.定位域内各语义类别之间的排列顺序

定位域 7 种语义类别的同现模式情况如下：

表 2 定位域内各语义类别之间的同现模式

各语义类别之间的同现模式	同现频次
数量+领属	36
数量+指别	24
数量+处所	6
数量+时间	5
领属+指别	42

各语义类别之间的同现模式	同现频次
领属+处所	18
领属+时间	12
时间+领属	3
时间+处所	8
时间+关涉	1
时间+数量	2
处所+时间	6
处所+数量	2
来源去向+时间	2
领属+来源去向	3
数量+关涉	2
关涉+数量	1
关涉+来源去向	3
来源去向+数量	3
数量+领属+指别	2
领属+关涉+时间	1
数量+时间+领属+指别	1

从表 2 我们可以看到，定位域内各语义类别的位置非常灵活，包括作为分界点的"数量"语义类别在内的各语义类别都可以自由地前后变换顺序，位置非常不固定，既可以前置，也可以后置，且这种前后变换顺序并不影响整个句子的语义，这进而导致定位域内各成员间存在多个具有合理理据的序列。但通过考察和分析，我们可以归纳出以下几个具有确定性的特征：

一是"数量"语义类别常处于"领属"语义类别之前；同时，"领属"语义类别还呈现出伴随"数量"语义类别前后移动的特征，即当"数量"语义类别前置时，"领属"语义类别也前置；当"数量"语义类别后置时，"领属"语义类别也后置。

二是"来源去向"语义类别一般处于"关涉"语义类别之后。从统计数据看，"来源去向"语义类别常处于"关涉"语义类别之后且跟随其前后移动，即当"关涉"语义类别位置居前时，"来源去向"语义类别也居前，当"关涉"后移时，其也后移。

三是从统计数据看，"时间"语义类别即可位于"处所"语义类别之前，也可位于"处所"语义类别之后，但总体而言，以位于"处所"语义类别之前稍占优势。

四是"数量"和"领属"这两种语义类别的位置比较灵活，它们既可位于"关涉"、"来源去向"、"时间"、"处所"等语义类别之前，也可位于这四种语义类别之后，但总体而言，以位于这四种语义类别之前稍占优势。究其原因，与"数量"和"领属"这两种语义类别受可别度领先原理制约而发生前移现象并形成优势语序有较大关系。

五是"关涉"、"来源去向"语义类别常位于"时间"、"处所"语义类别之前。

六是"指别"语义类别一般处于最末尾的位置。

因此，通过以上六个特征，我们可以确定定位域内各语义类别成员间的优先序列为：

中心语——数量定语——领属定语——关涉定语——来源去向定语——时间定语/处所定语——指别定语

（二）老挝语多项定语的优势语序

以上我们通过对定性域、定态域和定位域内各语义类别同现情况的考察和分析，确定了定语三大语义域内各语义类别之间排列的优先序列。同时，结合上文我们确定的三大语义域"定性域——定态域——定位域"的排列顺序，我们便可以得到一个整体的多项定语的排列顺序。即：

中心语——性质定语——功用定语——同一性定语——比况定语——状态定语——数量定语——领属定语——关涉定语——来源去向定语——时间定语/处所定语——指别定语

但是，由于上述序列只是将三大语义域的排列顺序与各域内定语语义类别的排列顺序简单加以组合，没有考虑各定语类别的跨域移位情况，现实语料反映的多项定语的优先序列必须根据各定语类别跨域间的移位情况进行修正。而根据我们对样本数据库各定语类别同现模式的统计，发生跨域移位现象最为明显并形成优势语序的是数量和领属定语，其受可别度领先原理支配和制约，常前移至状态定语之前，形成"数量定语——领属定语——状态定语"的优先序列。结合这一跨域移位情况，我们将老挝语多项定语的优势语序修正并确定为：

中心语——性质定语——功用定语——同一性定语——比况定语——数量定语——领属定语——状态定语——关涉定语——来源去向定语——时间定语/处所定语——指别定语

需要说明的是：由于老挝语多项定语的语序同时受语义、语用、认知等多种制约因素的影响，不同定语类别间的移位现象不仅限于数量和领属定语类别，定位域、定性域和定态域内的其他定语类别也广泛存在移位情况，进而形成多种有其自身存在理据的语序序列，但这些移位现象在本书的统计样本范围内没有形成优先序列，因此在建立上述优势语序时没有根据这些移位现象进行修正。同时上述优势语序只是一种理论上的优先序列，因为在实际的会话语境中，不大可能存在这 12 种定语类别同时出现的情况。

三、老挝语多项定语语序的认知理据

当代认知语言学理论认为，语言是人类认识世界及进行表述的方式与过程，不同的认知方式决定了不同的语言组织原则；也就是说，不同语言的语序受语言使用者认知方式的支配，并反映这些认知方式。鉴于此，我们认为，对老挝语定语语序现象的解释最终也需要落实到认知层面，并尝试运用图形—背景理论、象似性原则、可别度领先原理等认知规律对其优势语序的形成进行理论分析。

（一）图形—背景理论与老挝语多项定语语序

图形和背景具有定义性特征和联想性特征。图形的定义性特征为"空间或者时间的特征有待确定"，联想性特征为"比较容易移动"、"体积较小"、"关联性更高"、"形状简单"、"不容易马上感知"，但是"感知后更突出"等。背景的定义性特征为"充当参照体，空间或者时间特征具有确定性，以自身的已知确定图形的位置"等，联想性特征为"位置比较固定"、"容易移动"、"体积较大"、"形状较复杂"、"关联性较低"、"容易立即被感知"、"图形被感知后，倾向于充当背景"等[①]。通过定义性特征和联想特征，我们可以发现，空间中存在的两个物体，在没有特定的认知目的的情况下，已知的、体积较大的、更容易被感知的物体更容易充当背景，而未知的、体积较小的、不容易首先被感

[①] Talmy, L.Toward Cognitive Semantics [M]. Massatru-satte: MIT Press, 2000: 315-316.

知的物体更容易充当图形。如在 "**ขักปะຕິ ວັດ**（革命者）**ยู่ป่า**（丛林）（丛林中的革命者）" 这句话中，革命者体积较小、概念上较容易移动且不容易被感知，而丛林体积较大，位置相对比较固定，更容易被感知。这些特征决定了不论是在何种人类认知中，丛林都更容易充当背景，而革命者更容易充当图形。这表明，图形和背景具有确定性，什么作为图形或背景都是确定的，不会因为民族的不同发生改变，这是人类认知的普遍性特征。

不同的民族有着不同的思维表达方式，但总体而言，人类对客观世界的认知，在思维表达上一般遵循两种策略，一是从内到外，一是从外到内。从内到外的思维策略一般表现为先处理稳定的、相对内在性的（与对象有直接的内在联系的）、较为简单或较小的因素，后处理不稳定的、相对外在性的（与对象无直接联系的）、较为复杂的或较大的因素；从外到内的思维策略则正好相反。[①] 虽然图形和背景在人类认知上具有普遍性和不可逆性，但客观世界是立体和多维的，而语言是线性和一维的，并且被凸显的焦点信息也只可能有一个，这就导致人类语言在反映立体和多维的客观世界时存在反映次序的问题。语言是思维的直接表达形式，上述两种思维策略反映在语言结构位置上就表现为或前或后两种信息编排方式，对图形和背景两个概念而言就存在是从 "图形" 到 "背景" 还是从 "背景" 到 "图形" 两种选择方式。

从上文显示的定语语序规律可以看出，作为 "图形" 的中心语通常是前置于作为 "背景" 的定语之前的。这表明老挝人遵循的是从内到外的思维策略，从图形到背景的认知方式，即对信息的理解是从核心到边缘，从部分到整体，先理解信息中最突出最重要的部分。表现在定中短语的排列上，就是把中心语作为最突出的信息放在前面，然后再对其细节部分一一描述，最终形成清晰的整体印象。例如：

（1）**ยู่ເທິງຕ້ານສາຊກທໍ່ພິທີ ຍັງມີຮຸບຄົນເຄິ່ງຄິງສາມແຜ່ນແຂວນຮຽງ ກັນ**
在主席台横幅上方，还并排悬挂着三幅半身人像。

（2）**ເບິ່ງຄືວ່າເຂົາເຈົ້າພວມຕັ້ງໃຈ ຟັງພະນັກງານທະຫານຜູ້ໜຶ່ງທີ່ກ່າວຄໍາປາ ໄສ ຢູ່ເທິງເວທີ.**
好像他们正在专心聆听一位军官在台上讲话。

（3）**ເພາະເປັນ ສັບຄໍາເວົ້າທີ່ຂ້ອຍບໍ່ເຄີຍໄດ້ຍິນຈັກເທື່ອ.**
因为是我从来没有听到过的话语。

例 1 到例 3 的中心语 **ຮຸບຄົນ**（人像）、**ພະນັກງານ**（干部）、**ສັບຄໍາເວົ້າ**（话语）都作为图形而前置，**ເຄິ່ງຄິງສາມແຜ່ນ**（三幅半身）、**ທະຫານຜູ້ໜຶ່ງທີ່ກ່າວຄໍາປາ ໄສ ຢູ່ເທິງເວທີ**

---

① 金立鑫. 语法的多视角研究[M]. 上海：上海外语教育出版社，1999：149.

（在台上讲话的一位军人）、ຂ້ອຍບໍ່ເຄີຍໄດ້ຍິນຈັກເທື່ອ（我从来没有听到过的）等都作
为背景而后置于中心语后，以发挥修饰图形的作用。

因此我们认为，定语后置于中心语，是遵循了由图形到背景的信息编排方
式，这样的句法排序是由图形—背景理论中的先图形、后背景的认知方式所决
定的，它所反映的是老挝民族的认知特点。

（二）距离象似原则与老挝语多项定语语序

目前认知语言学家将象似性分为多种类型，如距离象似性、顺序象似性、
数量象似性、对称象似性等。其中，距离象似性是其中一个重要且研究较多的
类型。语言学家 Haiman 将距离象似性表述为：语言成分之间的距离反映了所
表达的概念与成分之间的距离。Givon 将其定义为"相邻原则"，即在功能上、
概念上或认知上更接近的实体在语码的层面放得也更近。也就是说如果两个概
念的内在意义联系得越紧密，那么表现出来的外在形式也就越紧密，表面的形
式距离是内在意义距离的临摹。[①]

根据以上我们对老挝语定语三大语义域的考察，定性域、定态域和定位域
在中心语后的排列顺序为：定性域——定态域——定位域。通过这一排列顺序
我们可以看到，其遵循的理论依据就是距离象似性原则，即和中心语语义关系
最密切的语言成分——定性域放在最靠近中心语的位置上，和中心语关系较为
密切的成分——定态域放在较为靠近中心语的位置上；而和中心语关系最不密
切的成分——定位域放在最远离中心语的位置上。如：

（1）ຈຸດທີ່ຕັ້ງທາງທະຫານທີ່ສຳຄັນກວ່າໝູ່ຂອງພວກເຂົາ.

他们的最重要的军事据点。

（2）ຜູ້ນຳກຳມະຊີບທີ່ຫາຍາກໃນເຂດອາຊີອາຄະເນ.

东南亚地区难得的无产阶级领袖。

（3）ພວກຮຸກຮານຕ່າງຊາດທີ່ທະວັງມາປຸ້ນບ້ານຊີງເມືອງທີ່ແສນຮັກຂອງເຮົາເຫລົ່ານັ້ນ.

那些企图来侵占我们无比珍爱家园的外国侵略者。

例 1 至 3 中，ທາງທະຫານ（军事）、ກຳມະຊີບ（无产阶级）、ຕ່າງຊາດ（外国）为
性质定语，归属于定性域，对相关中心语的内在属性进行描述，与中心语的语
义联系最为接近，表现在形式距离上为紧贴在中心语之后。ສຳຄັນກວ່າໝູ່（最重
要的）、ຫາຍາກ（难得的）、ທະວັງມາປຸ້ນບ້ານຊີງ ເມືອງທີ່ແສນຮັກຂອງເຮົາ（企图来侵占我们
无比珍爱家园的）为状态定语，归属于定态域，对相关中心语的外在属性进行

---

① 张敏. 认知语言学与汉语名词短语[M]. 北京：中国社会科学出版社，1998：218.

描述，与中心语的语义联系比较接近，表现在形式距离上为跟随在定性域之后。而 ພວກເຂົາ（他们）、ໃນເຂດອາຊີອາຄະເນ（在东南亚地区）、ເຫລົ່ານັ້ນ（那些），分别为领属、处所、指别定语，归属于定位域，主要作用为确定指称的对象，概念距离处在事物外围层次当中，因而形式距离离中心语最远。

同时，从多项定语的优先序列也可以看出，其在整体上也遵循了距离象似性原则。表现事物质料、型号、内容、颜色等的性质定语在语义上和中心语最为密切，反映了事物最本质的区别性特征，因此常紧贴中心语；向后随着多项定语的扩展，它们与中心语之间的线性距离也越来越远，而随着靠后的定语与中心语之间的成分越来越多，组合方式就越松散，语序的自由度就越高，也更容易进行移位，因而产生了多种具有合理理据的语序序列。但无论远离中心语的定语怎样移位，指别定语常处于优先序列的最后，这是因为指示词与核心名词的固有的本质属性关系最弱，概念距离离核心名词最远，所以常位于各优先序列的最外层。

因此我们认为老挝语多项定语的语序在总体上遵循了语言的共性特征——距离象似性原则。

（三）可别度领先原理与老挝语多项定语语序

根据前文对各域内语义类别同现模式的量化统计，可以发现部分语义类别的位置非常自由灵活，尤其是定位域的各语义类别，它们的位置既可前置，也可后置，存在非常复杂的移位现象，进而导致多项定语的语序存在多种具有合理理据的序列。这一现象，实际上是受可别度领先原理的影响所致。

语言中的词语往往具有一定的指称性，即"可确定性"，其含义是指越是容易确定所指内容的词语指称性就越强，指称性越强的内容越容易先出现。定位域内各语义类别的确指能力都非常强，可度别都非常高。同时，这些语义类别基本上是作用于概念的最外延，与中心语之间的线性距离比较远，语序的自由度和灵活度都比较高，也更容易移位。因此，根据可别度大的成分总是前置于可别度小的成分这一规则，定位域内的各语义类别都具有较强的前置倾向，在不同的语境下有可能进行域内或者跨域的移位，从而使得老挝语多项定语的语序灵活多变，存在多种合理的序列。如：

（1）ນາງອາລີຍື່ນທ່ັ້ງປັກໃຫຍ່ທີ່ຫຸ້ມດ້ວຍຕອງກ້ວຍນັ້ນ.

娘阿丽递给我<u>一个</u>用芭蕉叶包着的很大的包裹。

（2）ນາຍທະຫານລາວຜູ້ທີ່ງກ່ວາງຮັບເຈົ້າອານຸ ທີ່ໄດ້ຖືກແມ່ທັບໄທຈັບຕົວໄປທີ່ຄ້າຍພຍອງບໍ່ວ ໃນປີ 1827.

昭阿努王军队一名在 1827 年被泰军抓去关在龙布军营的老挝军官。

（3）ພວກເຮົາໄດ້ຮູ້ເລື່ອງລາວລະອຽດຈຳນວນຫນຶ່ງຂອງສອງພໍ່ລູກເພຍຕົງທີ່ຕ້ານປະຕິວັດ.

我们也知道了皮亚东父子俩一些反对革命的详情。

根据语义靠近原则，例 1 至 3 中的数量定语 ອັນຫນຶ່ງ（一个）、ຜູ້ຫນຶ່ງ（一名）、ຈຳນວນຫນຶ່ງ（一些）以及领属定语 ກອງທັບເຈົ້າອານຸ（昭阿努王军队）、ສອງພໍ່ລູກເພຍຕົງ（皮亚东父子俩）由于不涉及中心语的内在属性，只作用于中心语概念的外延特征，应处于句子的外层远离中心语的位置，但在句中都纷纷前移至靠近中心语的位置，其动因就是受可别度领先原理影响所致。众所周知，事物的数量特征相对性质、属性等其他特征来说更容易感知，更为直观，更容易确定，因而可别度高。可别度高的成分都具有较强的前置倾向，因此 ອັນຫນຶ່ງ（一个）等数量定语前移至靠近中心语的位置。而领属定语一般由人称代词或指人的普通名词构成，是生命度最高的对象。生命度与可别度正相关，生命度越高的定语越容易前置，因而 ກອງທັບເຈົ້າອານຸ（昭阿努王军队）等领属定语也前移至靠近中心语的位置。但由于数量定语可以反映事物是否具有可数这样的属性，对事物内涵属性的影响相对于领属定语要稍强一些，因而数量定语其位置无论是否移位，一般都在领属定语之前。

综上所述，对于中心语位于最前、定语位于中心语之后、各定语类别根据与中心语语义关系的紧密程度由近到远依次排列的老挝语多项定语优势语序，我们可以用认知语言学的理论进行这样的概括与解释，即：在语言表达中，老挝语定语遵循的是外部世界映照到语言的认知原则，这个原则包括思维策略和认知动因。思维策略反映的是个性特征，不同民族有不同的思维方式，而不同的思维方式在语言中都有所反映，老挝语定语遵循的是从图形到背景、从内到外的个性思维策略，因而决定了其由图形信息到背景信息，中心语在前，定语在后的信息反映模式；认知动因包括距离象似动因、可别度领先动因等，它们是人类认知的共性规律，不同的民族受到相同动因的影响，老挝语定语也概莫能外。但在具体的信息编码过程中，距离象似动因的支配和制约在老挝语定语中发挥了主导作用，它决定了多项定语的基本语序，即按照反映事物内在本质的程度来进行语序排列，越反映事物本质属性的定语越靠近中心语；可别度领先动因等发挥了次要作用，它们决定了多项定语语序的灵活性与自由性，由此产生了移位语序。

参考文献

[1] 程书秋. 现代汉语多项式定中短语优先序列研究[M]. 北京：中国社会科学出版社，2013.

[2] 崔应贤，等. 现代汉语定语的语序认知研究[M]. 北京：中国社会科学出版社，2002.

[3] 丁声树，等. 现代汉语语法讲话[M]. 北京：商务印书馆，1999.

[4] 金立鑫. 什么是语言类型学[M]. 上海：上海外语教育出版社，2011.

[5] 金立鑫. 语法的多视角研究[M]. 上海：上海外语教育出版社，1999.

[6] 李晋霞. 现代汉语动词直接做定语研究[M]. 北京：商务印书馆，2008.

[7] 李绍群. 现代汉语"名 1+（的）+名 2"定中结构研究[M]. 厦门：厦门大学出版社，2011.

[8] 吕叔湘. 近代汉语指代词[M]. 江蓝生，补. 上海：学林出版社，1985.

[9] 刘丹青. 语序类型学与介词理论[M]. 北京：商务印书馆，2004.

[10] 陆丙甫. 核心推导语法[M]. 上海：上海教育出版社，1993.

[11] 赵艳芳. 认知语言学概论[M]. 上海：上海外语教育出版社，2001.

[12] 陆丙甫. 从语义、语用看语法形式的实质[J]. 中国语文，1998（5）.

[13] 陆丙甫. 作为一条语言共性的"距离—标记对应律"[J]. 中国语文，2004（1）.

[14] 陆丙甫. 语序优势的认知解释（上）：论可别度对语序的普遍影响[J]. 当代语言学，2005（1）.

[15] 陆丙甫. 语序优势的认知解释（下）：论可别度对语序的普遍影响[J]. 当代语言学，2005（2）.

[16] 陆丙甫. 定语的外延性、内涵性和称谓性及其顺序[C]//语言研究和探索（四）. 北京：北京大学出版社，1988.

[17] 韩卫国. 三种定语、三种意义及三个槽位[J]. 中国人民大学学报，1991（4）.

浅析马来语时空隐喻的线性表征

信息工程大学　龚晓辉

【摘　要】方位隐喻是马来语时间概念化表征的重要方式，线性概念是马来语时间方位隐喻的主要特征。在方位词汇所表征的一维线性时间关系中，马来语使用以"前—后"定位的水平轴线和以"上—下"定位的垂直轴线对时间进行表征，而前者的使用要比后者更为广泛和普遍。马来语时间方位隐喻具有典型的"面向未来"特征，水平时间轴线的参照点既可以是观察者，也可以是时间本身。垂直时间轴线以另外一个时间作为参照点，主要对时间的先后顺序进行表征。

【关键词】时间；概念隐喻；方位隐喻；线性

时间方位隐喻即时空隐喻是指借助空间的概念及其范畴来感知时间这一抽象概念，并以此实现时间的空间隐喻化的一类概念隐喻。Gluckberg & McGlone 指出，语言或人类思维方式的普遍性在于人们经常系统地使用一些空间概念来表示时间的概念。[①] 相关的跨文化研究表明，"空间—时间"隐喻机制具有跨文化普遍性。不同文化中存在的"空间—时间"隐喻产生于一种泛人类的心理基础，是具有共同性的。[②] 时间方位隐喻在马来语中同样具有使用的普遍性和广泛性，并且与 Lakoff 所提出的英语时间隐喻模式是基本吻合的。由于马来民族以时间是一维、线性的概念为主，对时间的一个普遍感知就是时间沿着一条直线运动，因此马来语中时间方位隐喻表征呈现出以线性为主导的特征。本文以马来西亚语文局在线语料库中检索的自然语料为基础，对马来语中时间的空间概念化后所具有的线性表征进行分析。

一、马来语时间线性隐喻的认知原理

在人们对世界的认知中，习惯于把空间范畴和关系投射到其他非空间范畴和关系上，以此理解和把握各种非空间的范畴和关系。在时间概念隐喻的认知

---

① Glucksberg S, Keysar B, McGlone M S. Metaphor Understanding and Accessing Conceptual Schema: Reply to Gibbs [J]. *Psychological Review*, 1992 (3): 26.

② 张建理，骆蓉. 汉英空间—时间隐喻的深层对比研究[J]. 外语学刊，2007（2）：68—73.

研究中，时间的抽象性使得人们需要通过隐喻的方式来对其进行理解。由于空间关系是人类能够直接感知的，因此空间成为人们在感知和理解时间时最普遍使用的概念，也就是我们所说的时间的空间隐喻。尽管人类时间概念中的诸多方面都是无法察觉的，但是借助空间隐喻，人们能够对时间进行描述和说明。

在马来语中，时间概念化的空间思维是通过多种语言形式表现出来的。以介词的表征为例，时间介词和空间介词就包含了一些共用词汇，反映了时间借助空间进行概念化是马来语中一个普遍存在的现象。

表 1　空间介词与时间介词的映射

空间	时间
Kami dipersilakan masuk **ke** dewan pameran itu. 我们被邀请进入**到**那个展览馆。	Isteri yang setia itu berada di sisi suaminya **ke** saat terakhir. 那位忠贞的妻子一直陪在丈夫身旁**直到**最后一刻。
Bola itu ditendang **dari** penjuru padang. 球**从**球场的角落被踢出。	Perkara itu telah diketahui **dari** waktu subuh lagi. 那件事情**从**天一亮就被知道了。
Pemberitahuan itu ditampal **pada** papan kenyataan. 通知被贴**在**了公告栏上。	Bas kami bertolak **pada** pukul tujuh pagi. 我们的大巴**在**早上七点出发。

时间方位隐喻始终是与空间图式紧密联系的。三维的空间概念包含了前后、上下和左右三条空间轴线，人们在表示方向时，通常都会使用前后、上下和左右来描述空间的基本方向。在将空间概念投射到时间概念上时，由于左右意义的不确定性，人们通常比较少使用与左右相关的词语来表达时间，而且就目前而言，也尚不能确定是否存在着从左右空间概念到时间概念的完整映射。因此，表示前后方向的水平轴线和表示上下方向的垂直轴线被映射为表示时间概念的时间轴线。实际上，时间本身并不具有水平或垂直的方向，只是人们在表述相关的时间概念时，借助了相应的空间概念。人们的思维结构在描述时间的顺序时，水平维度总是为人们所优先使用的，对于以马来语为母语的观察者而言，水平轴线是普遍使用的时间轴线，时间轴线上的前后方向都是一种无界的延伸。而垂直时间轴线在马来语中也有表达，但使用范围相对局限。

二、马来语"自我参照点"线性隐喻的表征分析

在空间描述中，不同的视角所使用的参照框架不同，导致观察者与空间场

景是分离或者是融为一体的。当观察者置身于空间场景之外，空间关系的焦点是客观物体本身，观察者的位置与物体的位置之间没有关系。而当观察者的位置与客观物体的位置产生关联时，观察者成为空间场景的一个部分，对空间场景的识解和描述都是以观察者为中心的。同理，在描述具有线性特征的时间时，时间的方位必须借助一个参照框架。在以水平轴线为场景的时间方位描述中，观察者的位置处于场景之内或之外，决定了观察者是否为时间关系的焦点。当以观察者的位置为参照点来描述时间的方位关系时，可以称之为"自我参照点"水平时间轴线。

包括过去、现在和将来三个时间概念的时间指示是以观察者为中心的时间参照框架所确立的。在以观察者为参照点的水平时间轴线中，马来语时间表征中大量使用表示水平空间方向的词汇来描述时间的方位。虽然"面向未来"时间指向在马来中具有普遍性，但是通过对语料的分析可以看到，马来语中也存在着个别"面向过去"时间指向的隐喻现象，但这种现象只是存在的个例，并不能说明马来语是"面向过去"型时间指向语言。

（一）"面向未来"的"前—后"时间轴线

用前后空间词汇表征时间概念的水平时间轴线体现了时间与空间之间的隐喻关系。根据 Lakoff 所著《我们赖以生存的隐喻》，隐喻系统是具有某种结构的。时间的前后方位是与人们身体朝向相关的一种对应关系，对于时间来说，最基础的隐喻是拥有一个位于现在、面对将来的观察者，过去则位于观察者的身后。当观察者将自身置于时间轴线之中，采取主动的姿态面对时间时，时间轴线呈现"未来在前，过去在后"的指向特征，"面向未来"的观察者成为时间前后定位的参照点。

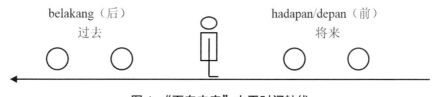

图 1　"面向未来"水平时间轴线

人们对水平时间轴线的偏好很大一部分可能是源自对运动的空间体验，而这种体验总是以"前"为指向的。人们往往将所面对的将来时间赋以空间上"前"的概念，相应的马来语表达主要通过空间方位词 hadapan/depan 表示将来的时间，以及通过空间方位词 belakang 表示已经过去的时间。

hadapan 是基词 hadap 的派生词。hadap 具有空间位置和方向的"前"、"前面"之义，其衍生的派生词也主要用于表示空间的方位，如 berhadapan（面对……，和……相对），berhadap-hadapan（面对面），menghadap（朝向……，对着……），menghadapi（面对……），menghadapkan（使面向）。作为派生词之一，hadapan 本义也是指"前面"的空间方位。在例句（1）—（3）中，作为空间概念的 hadapan 被投射到时间概念中，表示位于观察者前方的时间，也就是将来的时间，即 hari Ahad hadapan（下周日），bulan hadapan（下个月），cuti hadapan（下一个假期）。

（1）Kata Encik Daim, satu kumpulan orang-orang politik Melayu hendak menggunakan sekolah pada **hari Ahad hadapan**.（达伊姆先生说，一个马来人政治团体希望在下周日使用学校。）

（2）Ugap diterima sebagai pelajar asrama mulai **bulan hadapan**.（从下个月开始，乌加普将被接收为寄宿生。）

（3）Barangkali dalam **cuti hadapan** kita boleh ke Tanjong Karang.（或许在下一个假期，我们能够去丹绒加弄。）

作为 hadapan 的同义词，depan 也是指空间方位中的"前面"、"前方"、"正面"之义，其所衍生的派生词也基本与"前面"这一方位相关，如 terdepan/terdepanan（最前方的），berdepan（正对着……），berdepan-depan（面面相对），mendepan（面向，朝向），mendepani（在……前面）。在时间方位隐喻中，空间概念 depan 同样被映射至时间概念中，如例句（4）—（6）所示，hari depan（未来）、minggu depan（下周）、bulan depan（下个月）等所表示的都是尚未到来的将来时间。

（4）Biasanya setiap cabaran akan lebih mematangkan diri kita dalam menempuhi **hari depan**.（通常来说，每一次的挑战都能够使我们更加成熟地去面对未来。）

（5）**Minggu depan** kami akan pulang ke kampung.（我将在下周回到家乡。）

（6）Kajian itu yang dijangka mengambil masa setahun untuk disiapkan, akan dimulakan pelaksanaannya **bulan depan** oleh sebuah syarikat perunding lantikan unit berkenaan.（那项预计耗时一年完成的研究将由一家被相关部门委托的咨询公司在下个月开始进行。）

根据 Kamus Dewan（《语文局词典》），belakang 的空间意义包括：（1）bahagian badan di sebalik dada, bahagian yang dianggap sbg lawan hadapan（身体的背面）；（2）tempat (arah) yg berlawanan dari hadapan（与前面、前方相反的

位置和方向）。因此，表示人的身体后面方位的 belakang 被映射到时间域后，能够形象地表示观察者身后的时间，即过去的时间。如例句（7）—（8）所示，已经过去的时间，如 masa lalu（过去）和 masa muda（青年时期），其位置都是位于观察者身后的。

(7) Masa lalu di **belakang** anda dan masa depan adalah mustahil untuk diramal.（过去已在身后，未来无法预测。）

(8) Saat ini di usianya yang tak lagi muda yakni 4.5 bilion tahun, Matahari sudah jadi lebih tenang meninggalkan keliaran masa mudanya di **belakang**.（目前太阳已经处于不再年轻的 45 亿岁了，把年轻岁月留在身后的太阳也变得更加平静。）

马来语中，除了通过 belakang 表达过去的时间概念，其派生词 kebelakangan 更是主要的表达形式。在例句（9）—（10）中，kebelangkanan 不仅本身可以表达"近来"这一最近过去的时间概念，也能够对其他时间概念进行修饰，如 minggu kebelakangan 表示的即是"刚刚过去的这个星期"。

(9) Sejak **kebelakangan** ini hampir semua pengakap di Malaysia tidak menggunakan tongkat semasa menjalankan sesuatu aktiviti.（近来，马来西亚几乎所有的童子军在进行某项活动时都不使用手杖了。）

(10) Perkembangan politik tanah air, khususnya yang membabitkan Kelantan, pada **minggu kebelakangan** ini, cukup menarik.（在刚刚过去的这个星期，国内的政治，特别是涉及吉兰丹的政治发展非常有意思。）

（二）"面向过去"的 "前—后"时间轴线

马来语的时间方位隐喻具有典型的"面向未来"特征，在时间方位隐喻的认知模型中，观察者既可以是"面向将来静止"，也可以是"面向将来运动"。但是，在对马来语时间方位隐喻的自然语料进行分析时，发现马来语的"前—后"时间轴线中也存在着"面向过去"的个例，即观察者是"面向过去静止"的，已经发生的时间和事件是在观察者前面的。

图 2 "面向过去"水平时间轴线

dahulu 具有 "(yang) paling depan, di hadapan sekali"（最前方的；在很前

面）的空间意义，在以观察者为中心的空间场景中，描述的是位于观察者身体前方的位置。在时间方位隐喻中，dahulu 的空间概念被映射到时间域中，位于观察者前方的时间成为过去的时间。如例句（11）—（13）中所示，zaman dahulu 表示"之前的时代"，15 tahun dahulu 表示"15 年前"，serangan dahulu 表示"以往的攻击"。

(11) Berbanding dengan **zaman dahulu**, kini Malaysia melalui pelbagai rancangan telah melahirkan ramai jurulatih bertauliah. （与之前的时代相比，如今马来西亚已经通过各种计划培养了大量有资质的教练员。）

(12) Sejak **15 tahun dahulu**, saya memang berpuas hati dengan barangan yang dihasilkan. （15 年以来，我对生产的商品感到很满意。）

(13) Kali ini lebih hebat dan dahsyat daripada **serangan dahulu**. （这次较以往的攻击更加猛烈。）

在前面的叙述中，我们已经讨论过，空间方位词 belakang 主要表达过去的时间概念。但在马来语中，"belakang hari"却是一个例外，表达的是一个将来的时间概念，如例句（14）—（15）中所示，belakang hari 所表示的是"将来"之义。

(14) Saya tak mahu tengok abang susah di **belakang hari** nanti. （我不想看到哥哥你在将来生活困难。）

(15) Biarkan supaya jadi tanda peringatan kepada cucu cicit, keturunan kita di **belakang hari** kelak. （就让其成为将来我们子孙后代的一个提醒标志吧。）

通过对语料的分析和归纳，我们发现，"面向过去"的"前—后"时间轴线在马来语中是极少数的个例，已有的表达也只包含了 dahulu 和 belakang hari 两例。相比之下，"面向未来"的"前—后"时间轴线在马来语时间方位隐喻中，无论从使用数量还是从分布范围的角度，都是占据着主导地位的。

三、马来语"时间参照点"线性隐喻的表征分析

在以水平轴线为场景的时间方位描述中，当观察者脱离于时间场景，其位置与时间的方位关系无关时，可以称之为"时间参照点"水平时间轴线。通常，在以观察者为参照点对时间的前后定位中，前面是观察者视觉所看到的方向；如果把观察者当作是时间轴线上的一个隐性存在，又或者完全把观察者排除在时间轴线之外，而使用时间或事件互为参照点对时间进行表征时，前、后所表示的只是一种时间先后的顺序。因此，Nunez & Sweetser 将时间隐喻分为

了"自我参照点"隐喻和"时间参照点"隐喻。他们通过语料分析发现：第一，用于时间的空间语言并非都是动态的；第二，时间被视为运动时，并非总是以"自我"为参照点，如在"周三跟着周二"的例子中，就不涉及"自我"的参照点；第三，具体表示"现在"的时间并非是必需的参照点，将来或过去也无须区分，如"春天紧跟着冬天"表示春天在冬天之后到来，这和"婚礼临近了"所表示的时间向"自我"移动是完全不同的，因为只有婚礼位于将来的时间，这句话才是有意义的。因此，研究者认为，除了"自我移动"和"时间移动"两种以"自我"为中心的时间—空间隐喻以外，还存在不涉及具体"自我"和"现在"的时间隐喻系统。[①]"时间参照点"隐喻体现的是时间序列上"早于"和"晚于"的关系，并没有强制性的关于"自我"和"现在"的定位，时间中较早发生的事件是先于较晚发生的事件的。

Nunez, Motz & Teuscher 提出了"时间参照点"隐喻的三个重要蕴涵。第一，如果物体 B 跟随物体 A（在空间的源域中），那么，通过映射，时间 B 的出现要晚于时间 A，较早的时间位于较晚的时间之前。第二，映射保持着可传递的关系。在源域中，如果物体 C 在序列中跟随物体 B，物体 B 跟随物体 A，那么物体 C 是跟随物体 A 的。因此，通过映射，如果时间 B 晚于时间 A，时间 C 晚于时间 B，那么时间 C 晚于时间 A。第三，既然物体的序列是一维（线性）的，那么时间也是一维的。[②]

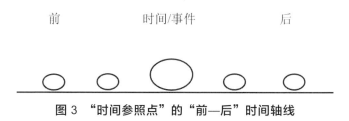

图 3 "时间参照点"的"前—后"时间轴线

马来语中，常用 lebih awal 表示事件在"时间参照点"水平轴线上的先后顺序。根据 Kamus Perdana（《最新马来语大词典》），awal 具有表示空间"起点"的意义。如下图所示：

① Nunez, E. & Sweetser, E. Aymara. Where the Future Is behind You: Convergrent Evidence from Languae and Gesture in the Crosslinguistic Comparison of Spatial Construals of Time[J]. *Cognitive Science*, 2005.

② Nunez, Motz and Teuscher. Time after Time: The Psychological Reality of the Ego- and Time-Reference-Point Distinction in Metaphorical Construals of Time[J]. *Metaphor and Symbol*, 2005.

图 4　awal 空间位置图

在现代马来语中，awal 的空间意义已越来越少出现，而马来语使用者对其在时间表达上的隐喻映射义则已经习以为常，awal 已成为主要描写时间上"早"、"先"的一个词汇，lebih awal 成为描述事件先后顺序的习惯表达。例如：

(16) Mengikut bukti-bukti yang lebih konkrit seperti berhala Borabudor dan Prambanan, alat-alat gamelan telah wujud **lebih awal** daripada zaman Hindu-Jawa. （根据婆罗浮屠和普兰巴南佛像这些更加具体的证据，加麦兰乐器在印度-爪哇时代以前就已经存在了。）

(17) Saya telah dimasukkan ke wad **lebih awal** dari tarikh jangkaan kerana darah tinggi. （由于血压高，我在预计日期之前就住院了。）

(18) Suatu malam pada 1978, Henry Sim, 75, masuk tidur **lebih awal** dari biasa pukul 10.00 malam. （在 1978 年的一个晚上，75 岁的亨利·西姆睡得比平时的 10 点钟要早。）

在例句（16）—（18）中，如表 2 所示，时间成为反映事件先后顺序的参照点。

表 2　以时间为参照点的事件先后顺序

事件	早于	时间
alat-alat gamelan wujud（加麦兰乐器的存在）	lebih awal	zaman Hindu-Jawa（印度-爪哇时代）
dimasukkan ke wad（住院）	lebih awal	tarikh jangkaan（预计日期）
masuk tidur（睡觉）	lebih awal	pukul 10.00 malam（晚上 10 点）

(19) Perkampungan Melayu di Tanjung Tokong sudah pun wujud **lebih awal** daripada kedatangan Francis Light. （丹绒道光的马来村庄在弗朗西斯·莱特的到来之前就已经存在了。）

(20) Filem Melayu tempatan dikehendaki menyerahkan skrip filem kepada pihak penapis filem **lebih awal** sebelum filem itu dikeluarkan. （国内的马来电影需要在影片发布之前向电影审查机构提交电影剧本。）

(21) Lagi pula Latifah akan kembali ke Kolej Islam dua minggu **lebih awal** dari Jaya kembali belajar.（拉蒂法比佳雅早两周回到了伊斯兰学院。）

在例句（19）—（21）中，如表 3 所示，事件成为反映事件之间先后顺序的参照点。

表 3 以事件为参照点的事件先后顺序

事件	早于	事件
perkampungan Melayu wujud（马来村庄的存在）	lebih awal	kedatangan Francis Light（弗朗西斯·莱特的到来）
menyerahkan skrip filem kepada pihak penapis filem（向电影审查机构提交电影剧本）	lebih awal	filem dikeluarkan（影片发布）
Latifah kembali ke Kolej Islam（拉蒂法回到伊斯兰学院）	lebih awal	Jaya kembali belajar（佳雅回来学习）

通过上面的分析，可以看到在以时间或事件为参照点的水平时间轴中，事件的先后顺序与观察者所在的位置是没有关系的，"现在"并不是一个需要明确的位置，即事件发生的顺序是不需要与"现在"有关联的。马来语中，除了用 lebeih awal 表示事件发生的先后顺序，位移动词 menyusul 也被用来表达两个时间或事件发生的先后顺序。menyusuli 本义是指"跟随"、"跟着前面的"，反映的是一种空间位置上的前后关系，而通过映射，空间位置的前后概念被映射到了目标域时间上，用以表示时间的先后顺序。

(22) Tahun Baru **menyusuli** Krismas.（新年在圣诞节之后。）

(23) Dalam pertumpahan darah di antara penganut Hindu dan Islam yang **menyusuli** kejadian itu, 3,000 orang dilaporkan terbunuh.（在那个事件之后发生的印度教徒和伊斯兰教徒的流血冲突中，据说有 3000 人被杀。）

(24) Korea Utara dilanda kemarau yang paling dahsyat dalam abad ini yang **menyusuli** banjir teruk selama dua tahun berturut-turut, yang memusnahkan bekalan makanan negara tersebut.（在连续两年遭受严重洪灾后，朝鲜又遭受了本世纪最严重的旱灾，国家的粮食储备耗费殆尽。）

在例句（22）—（24）中，如表 4 所示，menyusuli 后面的时间或事件作为参照点，表示的是在 menyusul 前面时间之前的时间或比前面事件更早发生的事件。

表 4 位移动词 menyusuli 所表示的时间或事件先后顺序

时间/事件	跟随 （在……之后）	时间/事件
Tahun Baru（新年）	menyusuli	Krismas（圣诞节）
pertumpahan darah（流血冲突）	menyusuli	kejadian（事件）
kemarau（旱灾）	menyusuli	banjir（洪水）

四、马来语时间垂直线性隐喻的表征分析

在马来语"时间是空间"概念隐喻中，除了普遍存在的水平方向上的线性隐喻，同时也存在着垂直方向的线性隐喻。从时间描述的参照框架看，垂直时间轴线上的时间实体是独立于观察者的身体位置而存在的，时间轴线上的时间是以另一个时间为参照点的，使用时间参照框架描述时间的先后顺序。因此，马来语中的垂直时间轴线属于"时间参照点"垂直时间轴线，即时间先后顺序的确定并不是以观察者为参照点，而是使用另外一个时间作为参照点对时间进行表征。在马来语的垂直时间思维方式中，观察者本身并不在时间场景中，而更像是一个站在旁边静静观察时间先后顺序的隐性实体。因此，atas（上）、bawah（下）在表征时间时，并不指示过去或将来的位置，而只是指示时间的先后顺序。

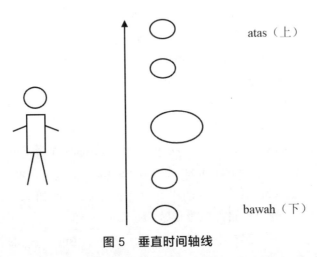

图 5 垂直时间轴线

如图 5 所示，垂直时间轴线是通过上、下两个方向进行定位的，通过空间隐喻，时间能够像空间中的物体一样上下移动，atas（上）表示某一时间参照点及该参照点之后的时间，bawah（下）表示某一时间参照点及该参照点之前

的时间。

马来语中，方位词 atas 在描述时间时通常与介词 ke 搭配组成 ke atas，从字面上看含有"向上"、"往上"之义，置于时间词之后表示在此时间及此时间以后的时间。在例句（25）—（27）中，tahun 2002 ke atas 表示"2002 年以后（含 2002 年）"，tahun 2007 ke atas 表示"2007 年以后（含 2007 年）"，tahun kesembilan ke atas 表示"第九年以后（含第九年）"。

（25）Sharuddin Mohamed turut membuat kajian pada tahun 2002 **ke atas**.（从 2002 年开始往后，沙鲁丁·穆罕默德也参与了研究。）

（26）Calon lepasan SPM tahun 2007 **ke atas** yang memohon selepas April.（2007 年及之后的马来西亚高级文凭准毕业生在 4 月之后提出申请。）

（27）Penghasilan boleh meningkat sehingga 9000 kg/ha pada tahun kesembilan **ke atas**.（从第九年开始，产量能够提高至每公顷 9000 公斤。）

作者在对 1000 条语料进行识别和整理时，发现了一例 atas 置于时间词之前的时间表达。

（28）Bagi mereka yang lahir atas tahun 1990 pula, memang kurang mengenali insan bernama Mahathir.（对于他们那些在 1990 年以后出生的人，的确不太了解马哈蒂尔其人。）

在例句（28）中，atas tahun 1990 表示 1990 年以后的时间，1990 年并不包括其中，这与 ke atas 是存在着区别的。从语料的统计情况可以看到，此种用法非常罕见，并不是一种常规的时间表达方式。

同样，方位词 bawah 在描述时间时，通常也会与 ke 搭配组合为 ke bawah，含有"向下"、"往下"的字面意义，置于时间词之后表示在此时间及此时间以前的时间。在例句（29）—（31）中，tahun 2004 ke bawah 表示"2004 年以前（含 2004 年）"，tahun 1999 ke bawah 表示"1999 年以前（含 1999 年）"，tahun 2003 ke bawah 表示"2003 年以前（含 2003 年）"。

（29）Seorang pesara tentera mohon pihak berkaitan mengkaji semula penyelarasan pencen bagi pesara tentera pada tahun 2004 **ke bawah**.（一名退休军人恳请有关方面对在 2004 年及之前退休的军人的退休金调整进行复审。）

（30）Kelayakan biar kereta dari tahun 2000 hingga ke atas, kereta lama tak dibenarkan dari tahun 1999 **ke bawah**.（只有 2000 年及之后的汽车才符合资格，1999 年及之前的旧汽车不符合资格。）

（31）Pengguna perlu menggunakan komputer desktop tahun 2003 **ke bawah** walaupun telah usang dan tidak ekonomik untuk dibaiki.（虽然已经过时，修理起

来也不经济，但是用户仍需使用这些 2003 年及之前的台式电脑。）

除了用于表示某一时间参照点以前或以后的时间，ke atas 和 ke bawah 还可以用于表示某一年龄参照点以前或以后的年龄。在例句（32）—（33）中，lima tahun ke atas 表示"5 周岁以上（含 5 周岁）"，12 tahun ke bawah 表示"12 周岁以下（含 12 周岁）"。

(32) Anak yang berusia lima tahun **ke atas** lazimnya sudah boleh memflos gigi sendiri dengan pengawasan ibu bapa.（通常 5 周岁及以上的儿童已经可以在家长的监督下自己用牙线清洁牙齿了。）

(33) Semua pemain mestilah berumur 12 tahun **ke bawah** pada 1 Januari tahun pertandingan.（在赛事当年的 1 月 1 日，所有参赛者的年龄都必须未满 12 周岁。）

马来语垂直时间轴线中，除了用空间方位词 atas 和 bawah 映射时间的先后顺序这一典型的空间—时间隐喻表征以外，家族树的表达也具有"上—下"的垂直思维方式。在马来语中，家族树是竖轴的，通常 nenek moyang（祖先）被画在树的上方，keturunan（子孙/后代）被画在树的下方。keturunan 的基词 turun 本义为"dari tempat tinggi ke tempat yang rendah"（从高的地方到低的地方），具有"从上到下"的空间意义，keturunan 在表示"子孙"、"后代"之义时，本身也承载着基词 turun 的空间意义，通过"从上到下"的空间顺序表达了"从前往后"的时间顺序。在例句（34）—（36）中，keturunan Cina 表示"华人后裔"，keturunan raja 表示"王族后裔"，keturunan Arab 表示"阿拉伯人后裔"。

(34) Saya mengerti kehadiran ramai pelajar Malaysia **keturunan Cina** di pusat pengajian tinggi luar negara.（我知道在国外的高等教育中心有很多马来西亚的华裔学生。）

(35) Hamba bukannya **keturunan raja**.（我并不是王族的后裔。）

(36) Oleh kerana orang Mesir dan Jordan **keturunan Arab** maka bahasanya juga ialah bahasa Arab.（由于埃及人和约旦人都是阿拉伯人后裔，所以他们的语言也正是阿拉伯语。）

五、结语

空间是时间概念化的重要源域，方位隐喻是时间概念化表征的重要方式。通过对马来语时间方位隐喻语料的语言分析和认知分析，我们认为"时间是空间"概念隐喻在马来语中的使用具有普遍性和广泛性，线性时间的隐喻思维是时间空间化的主要依据。在方位词汇所表征的一维线性时间关系中，马来语使用以"前—后"定位的水平轴线和以"上—下"定位的垂直轴线对时间进行表征。由于水平时间轴线所表征的时间与人身体的自然朝向一致，因此水平时间轴线和水平时间概念的使用要比垂直时间轴线和垂直时间概念的使用更为广泛和普遍。水平时间轴线的参照点可以是观察者，也可以是时间本身。在以观察者为参照点的水平时间轴线中，虽然马来语时间概念的空间化表征具有典型的"面向未来"特征，但是也存在着"面向过去"的个例；在以时间为参照点的水平时间轴线中，时间轴线与观察者的位置没有任何关系，被表征的仅仅是时间上的先或者后的次序。

参考文献

[1] 胡壮麟．认知隐喻学[M]．北京：北京大学出版社，2004．

[2] 蓝纯．认知语言学与隐喻研究[M]．北京：外语教学与研究出版社，2005．

[3] 束定芳．认知语义学[M]．上海：上海外语教育出版社，2008．

[4] 王寅．认知语言学[M]．上海：上海外语教育出版社，2007．

[5] 文旭．语义、认知与识解[J]．外语学刊，2008（6）：35—39．

[6] 徐先玉．时间概念化的隐喻机制[J]．中国俄语教学，2015（1）：24—28．

[7] 赵艳芳．认知语言学概论[M]．上海：上海外语教育出版社，2001．

[8] Evans V. (Eds.). *The Structure of Time: Language, Meaning and Temporal Cognition* [M]. Sussex: John Benjamins Publishing, 2003.

[9] Kövecses Zoltán. *Metaphor in Culture: Universality and Variation* [M]. Cambridge: Cambridge University Press, 2005.

[10] Lakoff G, Johnson M. *Metaphors we live By* [M]. Chicago: University of Chicago Press, 1980.

[11] Lakoff G, Johnson M. *Philosophy in the Flesh: The Embodied Mind and Its Challenge to Western Thought* [M]. NY: Basic Books, 1999.

[12] Ning Yu. *The Contemporary Theory of Metaphor: A Perspective from Chinese* [M]. Amsterdam: John Benjamins Publishing, 1998.

[13] Asmah Haji Omar. *Bahasa dan Alam Pemikiran Melayu* [M]. Kuala Lumpur: Dewan Bahasa dan Pustaka, 1993.

[14] Asmah Haji Omar. *Konsep Masa dalam Bahasa dan Pemikiran Melayu* [A]. Kertas Kerja Seminar Kosmologi Melayu, Universiti Malaya, Kuala Lumpur, 1994.

[15] Hasan Ahmad. *Metafora Melayu: Bagaimana Pemikir Melayu Mencipta Makna dan Membentuk Epistemologinya* [M]. Sungai Ramal Dalam, Kajang: Akademi Kajian Ketamadunan, 2003.

马来语中的名物化现象及其语篇功能

信息工程大学　刘勇

【摘　要】名物化是马来语中常见的语法隐喻现象，主要包含词汇的名物化和小句的名物化。词汇的名物化主要通过动词和形容词变形为名词来实现，而小句的名物化则包含 Yang 结构以及其他一般类型的小句共同作为次级结构在另一个小句中起到名词的功能。马来语中名物化现象的广泛使用，主要是因为它能够突显语篇客观性，拥有双重语义特征，同时还能促进语篇表达的简洁性。因此，由其特点所决定，名物化拥有浓缩语义，突显客观性和衔接语篇的功能。

【关键词】马来语；名物化；语篇功能

名物化归属于语法隐喻范畴，最早提出语法隐喻概念的是系统功能语法的创始人韩礼德，他认为语法隐喻主要体现在句法层，主要是常规句式的变异使用而产生。韩礼德将语法隐喻分为概念语法隐喻和人际语法隐喻两大类，概念语法隐喻主要的表现形式就是以名词形式表达本应由动词和形容词等表达的过程和性状，简单地说，概念语法隐喻的主要表现形式是语言中的名物化现象。马来语名物化大量出现在书面语中，经过名物化实现的重新范畴化可以使动作、过程、特征和评价变为事物，将本来的动态范畴变为静态范畴。

一、名物化与马来语小句的重构

语法隐喻中有一个重要概念是一致性，与隐喻形式相对应，一致性的表现形式为一致式。韩礼德认为一致式指的是语义范畴和语法范畴处于自然的那种关系，也就是在概念功能的及物系统，过程由动词体现，参与者由名词体现，特征由形容词体现，时间或者结果等逻辑关系由连词体现。但是当语义和语法范畴之间的关系是非自然的时候，例如，过程和特征可以由名词词组体现，逻辑关系由名词词组、动词词组和介词短语体现。这种语义和语法范畴之间非自然的体现关系就是非一致式的，即隐喻式。而隐喻式是马来语书面表达的常用形式，主要通过名物化现象来实现，马来语中的名物化主要体现在词汇和语句层面。

（一）马来语中的词汇名物化

名物化现象是指语言结构并不直接反映语法现实，而是表现出一种扭曲关系，这种不一致的关系是语言形式之间的隐喻过程，即不同的语法域中语言单位之间的转化过程。名物化是马来语的一个重要特点，通过名物化将一致式的动词或者形容词转换为隐喻式的名词。

1.动词的名物化现象

动词的名物化是词汇名物化的重要组成部分，当动词被名物化时，通常是指将动作或者过程名物化，在句子中充当一定成分，使语句表达重点从强调动作变为强调过程或者状态。

如下例句：

[1a] Dia **datang** ke sini, dan kerja kita menjadi mudah.

他来了之后我们的工作变简单了。

[1b] **Kedatangannya** memudahkan kerja kita.

他的到来使我们的工作简单了。

[2a] Rakyat Malaysia sentiasa **menggunakan** media sosial seperti Facebook, Twitter dan Instagram dan ini bukan sesuatu masalah asing.

马来西亚人民常常使用如 Facebook 和 Twitter 以及 Instagram 等社交媒体，这已经不是什么新鲜事了。

[2b] **Penggunaan** media sosial seperti Facebook, Twitter dan Instagram bukanlah sesuatu yang asing bagi rakyat Malaysia.

社交媒体例如 Facebook 和 Twitter 以及 Instagram 的使用对于马来人来说已经不是什么新鲜事了。

以上两组例句是一致式的小句与隐喻式小句之间的典型对比，通过语法隐喻，将意义通过其他的方式表现出来，改变了原来各个语言元素在句子中的结构，而以上隐喻式小句的主要建构方式是依托于动词的名物化。第一组例句中，一致式 1a 句中的 "datang"（来）这个表示动作的动词被名物化为 "kedatangan"（到来），从而其语法结构和语法意义发生了转变，成了参与者充当事物，而句中的其他成分也相应发生了变化，被降级了的原来参与者 "dia"（他）成了新参与者 "kedatangan" 的描述语。同样被降级了的原参与者 kerja 因为句型的变化，成了次级参与者，"dan"（和）这个描述承接关系意义的连词也通过句中表示过程的 "memudahkan"（使……简单）这个动词来体现，同时形容词 "mudah"（容易的）所体现的性质也包含在了动词之中，

"memudahkan"这个动词不仅具有连词的功能，还包含了形容词的意思。可见，一致式 1a 句中的动词在名物化之后由隐喻式 1b 句中的名词代替了其相关意义和功能，而一致式中连词和形容词的功能和意义也由隐喻式中动词所表示，因此上述句子是典型的动词的名物化过程，通过将动词名物化为名词将动作意义转变成为事件意义，并将逻辑关系通过新的动词来表示，增加了句子的描述性。

第二组例句中，一致式 2a 句中动词"menggunakan"（使用）通过名物化变成了隐喻式 2b 句中的名词"penggunaan"（使用），一致式中的谓语和宾语通过动词的名物化转换之后，成了句中的参与者"……多种社交媒体的使用"，它的句法结构发生了较大的变化，而原来的参与者"rakyat Malaysia"则被降级成了表示环境意义的成分。由此可见，马来语中当动词名物化之后，原来一致式中的句型结构一般会发生较大变化，各语言要素功能也会在隐喻式中发生改变，同时强调动作的句子也因为名物化转而强调过程或者事件，从动态范畴转向静态范畴，增强描述的客观性。

2.形容词的名物化现象

除了动词的名物化现象之外，形容词的名物化现象也十分常见。形容词在名物化过程中主要体现在事物的特征和状态被名物化，打破了原有的句子成分特性，从而改变了句子的建构顺序，展现了不同的语义特征。

例如以下句子：

[3a] Siti sangat **cantik** dan kami semua cinta padanya.

西蒂很美丽，我们大家都很喜欢她。

[3b] **Kecantikan** Siti telah mendapat kecintaan kami semua.

西蒂的美丽得到了我们所有人的青睐。

[4a] Pendekar Jepun merendah-rendahkan hulubalang Melayu, kerana mereka tidak **berani** dan tak **boleh** berjuang dengan orang lain.

日本武士很看低马来武将，认为他们不勇敢且没有能力与别人战斗。

[4b] Pendekar Jepun merendah-rendahkan **keberanian** dan **kebolehan** hulubalang Melayu.

日本武士很藐视马来武将的勇气和能力。

上述两组例句是形容词名物化之后的典型例子，第一组例句中的一致式中表示特点的形容词"cantik"（漂亮的）被名物化成了隐喻式中的"kecantikan"（漂亮），成为句子的主位，成为被强调的部分，一致式的参与者 Siti 在名物化之后的句子 3b 中被降级成了主语描述语，而一致句中表示参与者特点的形容词名物化成为隐喻句中的参与者，同时第二个小句中的动词 "cinta"（爱）也转变成名词 "kecintaan"（爱），使得次要参与者 "kami"（我们）成了 3b 句中的另外一个描述语。从而使得句子表达的意思更加深入，"我们喜欢西蒂"是因为她的"美"，或者说"西蒂的美"才是我们喜欢的，隐喻式强调了事物的性质和特点。第二组例句中，形容词 "berani"（勇敢的）和 "boleh"（能够的）在一致式句型中主要起到对宾语的描述性作用，而通过名物化的转变之后成了新句式中的 "keberanian"（勇气）和 "kebolehan"（能力）。在一致式中其句子成分主要是起对宾语的修饰功能，在隐喻式句型中则成了句子的宾语，替代了原来句子中的宾语"马来武将"，从而突出其某种特性。

通过形容词和动词的名物化现象，隐喻式小句与一致式小句相比，其参与者都发生了相应的变化，动词名物化之后隐喻式句子的参与者一般为表示该动作的名词，形容词名物化后隐喻式的参与者通常为其所形容的某种特点，并且它们在句中的成分不仅可以作为主要的参与者，还可以作为次要的参与者。同时一致式小句中的逻辑关系通常会从描述性语义转变为隐喻化的致使性语义。总的来看，形容词的名物化与动词的名物化大体相同，其核心都是改变了原句各要素的特点和语义特征，不同的是动词名物化主要是将动作名物化，而形容词的名物化主要是状态或者性质名物化。名物化通常能够将简单的小句组合通过语素结构重构，转变为包含较为复杂的语言要素的长句子。

综上所述，词汇的名物化范畴主要指动词和形容词经过名物化之后，通过句子成分之间的变化实现意义的重构，各种表示动作、过程、状态、环境或者逻辑关系的词在句中的成分都发生了相应的变化，正如上文所介绍的参与者被降级成为描述语，动作、过程或者状态等则成了名物化句型之后新的参与者。同时随着句子的重新建构，句中其他的成分也都发生了相应的功能变化。通过名物化这一过程，语言的强调重点发生了变化，也使得语句表达更加客观。

（二）马来语小句的名物化

通过词性的变化来实现的名物化，通常被称作是词汇的名物化，马来语作为黏着型语言，可以通过添加 ke-an、pe-an 和 per-an 等词缀来实现动词和形容词的名物化，这是一种典型的马来语名物化的方式，通过词缀的添加，使得本应由动词表示的动作、形容词表示的状态都由名词表达。除了词汇的名物化之外，名物化还包括小句的名物化。

1.小句名物化中的 yang 结构

马来语中小句的名物化主要是指任何一个小句作为一个次级成分在另外一个小句中充当名词的功能。包括 Yang+动词/形容词结构，它通过 Yang 结构加上动词或者形容词组成小句，在句中一般充当名词的作用，从而实现小句名物化的功能。

如下例句：

[5a] Sutera yang paling baik mutunya itu mahal.

质量最好的那个丝绸很贵。

[5b] **Yang mahal itu** ialah sutera yang paling baik mutunya.

贵的那种是质量最好的丝绸。

[6a] Hanya tiga orang sahaja datang menolong.

只有三个人来帮忙。

[6b] **Yang datang menolong** hanya tiga orang sahaja.

来帮忙的只有三个人。

上述例句 5a 中，属于句子的正常语序，"sutera"（丝绸）在句子中作为主要的参与者，而形容词"mahal"（昂贵）则是在句中表示参与者的性质；而在5b 句中，句子的主要参与者成了"yang + mahal"引导的名词词组，抑或说通过"yang"的使用，形容词"mahal"从一个表示性状的词成了句子的主要参与成分，而"sutera"则从主要的参与者降级成了次要的参与者，通过"yang"结构的使用，句子的语序得以重构，原句中的各成分属性发生了相应的变化，强调的重点也发生了变化，在句中体现了不同的小句结构，同时句子的强调重心也发生了变化，因此这属于马来语特殊的名物化现象。

同理在 6a 句中，动词"datang"（到来）表示的是一种动作或者说是过程，而句子的主要参与者是"tiga orang"（三个人），而 6a 句也是典型的一致式句型的表达方式。但是 6b 句中，"yang+datang"将动词名物化，通过"yang"与动词"datang"的组合变成了一个新的名词，在句中担任主要参与者的角色，而 6a 句中主要的参与者"tiga orang"则被降级为次要参与者，这也是典型的隐喻式的表示方式，体现了名物化的典型特征。

在小句名物化所造成的句子重构中，通过对于参与者特点的转变，小句的侧重点发生了变化，所突显的焦点也发生了变化，一致式句式通常只是对事件的一般描述或者陈述，而"yang"所引导的小句名物化除了包含一致式句中相应的意思之外，还包含了更多的意思，特别是对于句子主要参与者的强调。例如 5a 句和 5b 句的对比中，5a 句只是简单的描述性语言，表示"质量好的丝绸很贵"，这是简单的陈述事实，而 5b 句中意思是"那种很贵的丝绸是质量好的"，这除了表示了"质量好，价格贵"之外，包含了更多的信息，"便宜的丝绸质量比较一般""你想买便宜的可以挑挑质量差的"等等，因此 5b 句名物化的小句表达的意思更丰富，更具有特定沟通的目的性。同理 6b 句中名物化的小句也表达了很多意思，除了"有三个人来帮忙"之外，很可能言外之意是"那里有很多人，但是来帮忙的仅仅是三个人"，通过名物化小句的表达，不仅阐述了事实，通过对其强调重点的转化，还添加了一定的思想感情，使得名物化小句的意义表达更加多元化。

2.一般形式的小句名物化

除了 yang 结构的名物化之外，马来语中还包括一般类型的小句名物化，例如由名物化的词汇以及其他的成分所组成的小句。如以下例句：

[7] **Penangguhan sesi persekolahan waktu petang pada 8 Mei itu** diberikan kepada sekolah yang dijadikan pusat mengundi bagi member laluan kepada SPR membuat siapan untuk PRU-14.

让作为投票中心的学校推迟于 5 月 8 号下午的学校会议，以便选举委员会方便进行第 14 次大选的准备工作。

[8] **Gurunya telah menjatuhkan hukuman padanya tanpa usul periksa** menyedihkan hatinya.

老师不分缘由地惩罚他让他十分伤心。

在上述例句 7 中，"推迟于 5 月 8 日下午举行的学校会议"这个句子就是典型的名物化的小句作为了句子的主语，再结合被动语态的使用，将"学校会议推迟"这一事件进行突出的描述。在这一句子中，首先"Penangguhan"是典型的词汇名物化，将动词转变为名词，再加上其他的语言要素，构成了名物化的小句，共同作为句子中被动语态的主语，起强调作用。例句 8 中，充当句子主位的是"老师不分缘由地惩罚他"这件事，这是由一个完整小句作为一个次级成分在另外的小句里面充当主位的角色，在作为主位的小句中并没有像例句 7 中通过名物化词汇所组成，而是一个正常的拥有主位述位的句子。因此从上述两个例句中可以看出，作为小句名物化中的小句，可以是由名物化的词汇所引导的隐喻式小句，也可以是正常的一致式小句，通过名物化共同在新的小句中充当名词的功能。

因此在马来语的名物化现象中，除了通过词型变化，例如添加名词性词缀包括 ke-an、pe-an、per-an 等来实现词汇的名物化，然后再通过语序的重新建构实现小句的重组之外，马来语中独特的 yang 结构所构成的小句名物化也是其名物化现象构成的重要组成部分。但是它有别于传统的词形变化的方式，通过 yang 与动词或者形容词的组合产生具有名词性功能的小句，从而实现句子的重构，体现出与一致式小句所不同的语义特征，表达作者相应的思想感情。同时除了 yang 结构之外，马来语中还有一些一般的形式，也可以让一个名物化的小句共同在新的小句中充当名词成分，此外，它们在句中的成分除了可以作为句子的主语外还可以作为句子的宾语。

二、马来语名物化的特点

通过以上词汇名物化和小句名物化所带来的语义特征的变化可以看出，名物化具有如下特征：

第一，名物化可以通过将各类经验建构为事物的形式，将非参与者转换为参与者，将一致式小句中的施事虚化或者是直接省略掉，通过对于语序结构的变化，更加强调事件的结果而并非动作、过程或者状态，从而增加表达的抽象程度，展现句子的客观性。例如在 1a 句中的表示动作的词 "datang" 就转变成了 1b 句中的具有抽象意义的新参与者 "kedatangan"，同时 1a 句中的施事 dia 则被降级成了 1b 句中的描述语；2a 句中的动作 "menggunakan" 转变成了 2b 句中的新参与者 "penggunaan"，而 2a 中的主要参与者 "rakyat Malaysia" 被降级成了 2b 句中的环境成分，次级参与者 "media social" 则成了参与者的描述语；3a 句中施事 "Siti" 成了 3b 句中的新参与者的描述语，而形容词 "cantik" 成了 3b 句中的新参与者名词 "kecantikan"，而原来的次级参与者 "kita" 也成了新的次级参与者 "kecintaan" 的描述语；同理在 "yang" 结构引导的句子中，表示动作或者过程的动词或者表示状态或者性状的形容词也都变成了小句的参与者，原来的参与者成分也都发生了相应的变化。可见通过隐喻式的重构，小句的参与者人或者物都变成了由动词或者形容词所重新构建的名词，而原来的施事都变成了小句的其他成分，重要性降低，有的甚至都省略了，名物化后的句子更像是对事实的客观陈述和描写，因此可以说名物化后小句的重构更容易突显其客观性。

第二，名物化之后的"事物"在语法上以名词形式出现，具有双重语义特征。韩礼德指出，任何表示环境、过程、逻辑关系等的词语都可以在名物化之后通过句法上的名词来表现，反映了这些成分所固有的语法特征。同时由于其名物化之后的名词体现抽象事物，成了新的参与者，因此具有了事物所蕴含的新的语义特征。因此可以认为名物化之后的词包含了双重的意义，名物化的过程不仅保持了过程、环境和关系等原有的一致性意义，而且还保持了新的作为事物的隐喻性意义，因此可以认为名物化包含"过程义"和"事物义"两个范畴，其中过程义体现在具体的动词的语义当中，而事物义则是体现在动词名物化之后的名词当中。而名物化正是体现了两种意义之间的隐射关系，从过程义到事物义的隐射。同时这两个意义也分别来自语言系统的不同层次，及词汇语法层和语义层。[①] 例如在 1a 句中过程义在表示动作的"datang"中体现出来，而事物义则主要体现在 1b 句名词"kedatangan"中，同时"datang"这个动作的语义特征已经由 1b 句中名物化了的"kedatangan"所表现出来，并且"kedatangan"作为抽象事物和新的参与者实体，还表现了新的语义特征及作为某些新的抽象事物。同理，2a 句中的"menggunakan"主要体现了过程义，而"penggunaan"则是体现事物义，同时表示动作的"menggunakan"这个一致性意义也由 2b 句名物化的"penggunaan"的隐喻性意义所表现出来，同时"penggunaan"作为 2b 句中新的事物性名词，充当 2b 句的参与者，其语义特征也得到了相应的扩展。3a 句中，表示性状的词"cantik"的意义也在新的参与者"kecantikan"中表示出来，但是"kecantikan"同时还蕴含了新的意义。"Yang"结构中，语义特征的拓展表现得更加明显，例如表示动作的"datang"在"yang+datang"中同样得到了体现，同时"yang+datang"在句中不仅表示了"来"这个动作，还体现了"来的人"这个名词特性，因此作为新的参与者也就顺理成章。因此可见，通过对名物化理据的探讨，通过从过程义到事物义的隐射这一名物化过程，可以看出事件的发生是短暂的，而描述中需要更加稳定的现象实现更为系统的语言组织，从这个角度来说，语句表达中表示事物义的词与表达过程义的词相比意义更加稳定，因此为了表达事物义，名词是最合适的选择，而名物化现象最主要的作用也是从过程义转变到事物义，从强调动作和状态到重视其所表达意义的整体性。

第三，通过以上名物化之后的小句来看，很多表示关系、过程、环境的词都通过句型的转换变化了语义特征，都不同程度地成了新的参与者的描述语或者其他成分，这种包含了若干修饰语的名词性机构浓缩了信息量，增加了小句的词汇密度。从一致式和隐喻式的对比来看，两句中的很多语义成分都发生了很大的变化，例如 1a 句和 1b 句中的参与者分别是"dia"（他）和

---

① 杨波. 概念语法隐喻的认知视角[J]. 外国语（上海外国语大学学报），2013（5）.

"kedatangannya"（他的到来），一致式中是人作为参与者，而隐喻式中则是人的行为作为参与者。从语义层面进行分析，"kedatangannya"（他的到来）这一语义的转换，首先来自于观察视角的变化，也就是认知视角的变化，认知语言学的图形—背景理论指出，当我们观察视角发生变化时，我们所看到的侧重点——图形——也将会发生变化。在一致式小句中，当我们的突显中心是人时通常采用动词表示动作方式，因为在事物的一般发展规律中，人是所有事物发生的主导，以人作为出发点更符合常规的认知规律，因此当人物作为主语，人的行为用动词表示，因此在一致式的表达中就侧重表现在动作上。而当我们的突显中心是物时，为了表示其状态和性质等特点，一致式小句中通常使用形容词，而在隐喻式小句中，随着词性的变化，我们的突显重点变成了人的行为或者事物的特点，因此从观察视角来说，它比以人和物作为中心这一观察方式，在逻辑层次上更深一层。从观察的一般规律来说，人和物只有先出现在视野里，才可能有进一步的行为，才能观察到他们的特点。而隐喻式句型中直接跳过了人的出现，将焦点集中到了人的行为或者特点上，相比于一致式这种简单的小句，隐喻式的意义更进一步，因此体现在具体的语言层面，隐喻式的表达所包含的语义将会更加丰富，同时又更加简洁明了，其关注的重点已经超越了人或者事物本身，强调其整体性。

三、马来语名物化的语篇功能

名物化大量出现在语篇中，特别是用于书面语中，通常作者为了追求语言表达新颖奇特，以吸引读者，会使用一些与现实世界一致性程度较低，甚至与其相违背的语句。加上名物化所特有的一些特征赋予了其一定的语篇功能，因此总的来说名物化现象能够浓缩语义使语篇简洁明了，增强语篇的客观性，以及促进语篇上下文的衔接且增强语序逻辑。

（一）语义浓缩功能

众所周知，语义浓缩功能主要是指通过名物化词汇的运用，将原有的应该通过一致式表达的句子通过复合句表现出来，减少了原来的小句数量，使句子的表达更加紧凑，意义表达也更加浓缩。如以下例句：

[9a] Malah, kata beliau,perdagangan dua hala antara Malaysia dan Australia semakin berkembang dengan peningkatan pelaburan sebanyak 23.7 peratus pada tahun lalu berbanding pada tahun 2016.

他说实际上与 2016 年相比去年马来西亚和澳大利亚以 23.7%的投资增量

实现了双边贸易的进一步发展。

其中在句中 peningkatan 就是名物化的典型使用，按照常规的句式构造来说，上述复合句按照常规句式应该是：

[9b] Malah, kata beliau, pelaburan Malaysia dan Australia ditingkatkan sebanyak 23.7% pada tahun lalu berbanding pada tahun 2016, perdagangan dua hala semakin berkembang.

与 2016 年相比，去年马来西亚和澳大利亚的双边投资提高了 23.7%，双边贸易持续发展。

按照一致式的原则，动作应该使用动词来表示，通过动词的使用来阐述两个事实，一是"双边投资额提高了 23.7%"，另一个是通过这种提高反映出"双边贸易的持续发展"。而在隐喻式中，通过名物化处理，将动词"meningkatkan"名物化为"peningkatan"从而使句子的表达方式发生变化，隐喻式中新的参与者也与一致式中的参与者不同，实现了语句的重构。同时两个小句之间的相互关系也由"peningkatan"的使用所表示出来，"双方贸易的持续发展"是从"双边投资额提高了 23.7%"所体现的，通过这样的句义特征，句子的语义得以浓缩，原本两个表示陈述功能的一致式句子复合成为一个句子，并体现了前后逻辑关系。由此可见，名物化常常涉及一系列句子要素的转变，例如关系项、环境、过程等等都可以转变为特点，作为名词性词组的修饰语，因此名物化结构可以用更小的篇幅表达更多的信息内容，使篇章中的小句层次减少，词汇密度增大，从而信息容量也就越大。

（二）客观性功能

名物化大量地使用在各种正式的语篇文体当中，通常马来语中动词的名物化会将一致式句子的主语转换为前置逻辑修饰语，将逻辑宾语转换为后置修饰语，或者直接将其省略，从而突显事件的某种动作或者是过程性，增加句子的客观性。而形容词的名物化主要是将作为谓语或者定语的形容词转换为隐喻式句子的主位，从而强调事物的某种特性。

[10] Paling ketara, **pengiktirafan** Sijil Peperiksaan Bersepadu(UEC) dijadikan modal untuk meraih undi bagi tujuan **penawaran** biasiswa pendidikan negeri serta peluang pekerjaan di bawah Suruhanjaya Perkhidmatan Awam(SPA) negeri Perak.

很明显，**承认**统一考试证书只是其拉票的一种策略，用以在提供霹雳州教育奖学金和在公共服务委员会获得工作机会等事件中**讨价还价**。

上述例句是马来西亚执政党联盟国民阵线发言人在批判反对党联盟发表竞

选宣言时给予的表态性发言。一句中使用了两个名物化词汇，从而将四个小句的意思通过一句话来表达，同时为了体现句子的客观性，通过名物化的使用，省略了句子的限定性成分。在例句中的具体表现是省略了"承认"和"讨价还价"的主语，也就是"反对党联盟"，从而显示其对"反对党联盟"的评价是客观和公正的，同时还降低了语言的正面攻击性。

研究人员对小说、新闻、法律和儿童文学等作品进行分析发现，名物化的使用比例与语篇类型的正式程度相吻合，也就是说名物化的比例与语篇的正式化程度成正比，即名物化程度越高，语篇的正式程度越高。因此在科技、法律、政府公文等书面语篇中通常要求使用较为正式的语言，在这些语篇中使用名物化的结构更能够显示出语篇的严肃性和客观性，也更有说服力。

（三）衔接功能

名物化另外一个十分重要的功能是衔接功能。胡壮麟曾指出：主位/述位的衔接是实现语篇衔接和连贯的一种重要手段，其中包括三种基本模式：重复前句的主位；前句述位中的某个部分转为一个新的主位；前句中的主位和述位中的内容共同产生一个新的主位。[①] 名物化在马来语语篇中的衔接功能主要是通过将前一部分主位或者述位的一部分内容压缩后转换成为后一句的主位。例如：

[11] Kesemua mereka datang bagi mendengar sendiri manifesto Jaminan Orang Muda yang **dilancarkan** oleh Pengerusi Pemuda BN, Khairy Jamaluddin. Yang hadir sama dalam **pelancaran** tersebut ialah Timbalan Pengerusi Pemuda BN, Khairul Azwan Harun.

他们所有人都来听取巫统青年团主席凯里·贾马鲁丁**发布**的年轻人保障宣言。出席上述**发布活动**的有巫统青年团副主席凯陆阿兹万哈伦。

[12] Walaupun hanya 6,941 sekolah menjadi pusat pengundian dalam PRU–14, namun kita **berikan** cuti peristiwa khas kepada semua sekolah harian di bawah Kementerian Pendidikan. Justeru, dengan **pemberian** cuti khas ini, diharap dapat melancarkan segala proses pengundian pada hari tersebut, Katanya dalam siding akhbar.

虽然只有 6941 所学校作为第 14 次大选的投票点，但是我们把这个特殊的假期**给予**所有在教育部名下的全日制学校。而且，通过这一特殊假期的**给予**，

---

① 胡壮麟. 语篇的衔接语连贯[M]. 上海：上海外语教育出版社，1994：86.

希望在当天所有的投票事务都能顺利进行，他在发布会上说道。

上述例句 11 中，即是将上一句中的述位 "dilancarkan" 压缩之后，转换为下一句的主位 "pelancaran"，但是并没有将其单独作为主位，而是同 yang 结构搭配，组成了名物化小句，从而作为新的一句的主位，使句子很自然地转向了介绍发布活动的相关人，使得句子的衔接更为流畅和自然。例句 12 中，用法相似，首先在前一句介绍了 "给予假期" 这一事件，在后一句中自然过渡到希望 "假期的给予" 能够对大选的投票顺利进行，通过名物化的使用，运用同一个基词的不同形式实现了语篇的自然衔接。

四、结语

名物化是语法隐喻中的重要概念，也是马来语中常见的语言现象，它主要表现在词汇层面和小句层面，通常是将动词和形容词转化为名词，让事件或者性状作为隐喻式句型中的参与者，或者让某个小句成为另一个小句的次级成分，从而突出事件的过程性。名物化源于认知视角的转变，它不仅增加了表达的抽象和客观程度，还起到了表达双重语义的功能。同时基于名物化的相关特点，其在语篇中主要有浓缩语义，增强语篇客观性和衔接语篇的相关功能。

参考文献

[1] 戴卫平. 词汇隐喻研究[M]. 广州：世界图书出版广东有限公司，2014.

[2] 范文芳. 名词化隐喻的语篇衔接功能[J]. 外语研究，1999（1）.

[3] 胡壮麟. 语篇的衔接与连贯[M]. 上海：上海外语教育出版社，1994.

[4] 王晋军. 名词化在语篇类型中的体现[J]. 外语学刊，2003（2）.

[5] 杨波. 概念语法隐喻的认知视角[J]. 外国语（上海外国语大学学报），2013（5）.

[6] 赵艳芳. 认知语言学概论[M]. 上海：上海外语教育出版社，2001.

[7] Halliday. M.A.K. *An Introduction to Functional Grammar* [M]. Beijing: Foreign Language Teaching and Research Press, 2000.

[8] Halliday. M.A.K. & Hasan, R. *Cohesion in English* [M]. London: Longman, 1979.

[9] Thompson, G. *Introducing Functional Grammar* [M]. Beijing: Foreign Language Teaching and Research Press, 2000.

印尼语语篇中的名称回指及其语篇功能

信息工程大学　陈扬

【摘　要】名称词语是语言回指的手段之一。在印尼语语篇中，名称词语作为回指语的频率比英语和汉语语篇都要高。研究印尼语名称回指时，可以把作为名称词语分为光杆专有名称、缩略专有名称、专有名称短语、光杆类属名称和类属名称短语五类。通过观察和分析可知，不同种类的名称短语具有各自特殊的用法。它们除了具有提取所指对象实体的功能外，往往还具有突出话题、区分话题、褒扬话题、修饰话题、给话题添加更多的情感信息的其他语篇功能。

【关键词】印尼语；语篇；回指；名称词语

名称词语是在特定语言人群中约定俗成的指代某个人或某个事物的词汇。在印尼语语篇中，名称词语与零形式、代词、指示词等其他名词性词语一样，被广泛地用于指代同一语篇中另一个语言表达式所表达的人物、事物、事件或意义。这种语言现象被称作印尼语语篇中的名称词语回指，简称"名称回指"。名称回指与零形回指、代词回指等其他回指形式的最大不同就是不使用一个语义上更为缩减的语言表达式来指称语篇中曾经提及过的某个对象实体；它既可以直接使用实体对象的名称直呼其名，也可以间接采用其他相关的名称委婉表达。为了揭示印尼语语篇中的名词回指的特点和功能，将语篇功能研究推向深入，本文在印尼语语篇回指语料库基础上，试图对印尼语名称词语的分类及其回指用法进行系统探讨。

一、印尼语名称词语的分类

为了便于研究，本文参照 Ariel（1990：73）可及性理论中可及性标记级阶，将印尼语名称词语分为专有名称和类属名称两大类，其中又可分为共五个小类，分别是：光杆专有名称、缩略专有名称、专有名称短语、光杆类属名称、类属名称短语。

（一）光杆专有名称，也可叫作专有名词，一般用来称呼"独一无二"的事物。人名、地名、机构名都是典型的光杆专有名称，如 Joko Widodo（佐科·维多多）、Yogyakarta（日惹）、Dewan Perwakilan Rakyat（印尼国会）等。就指人的光杆专有名称而言，可及性级阶上区分了全名、姓和名。不过，印尼人的姓名一般有三种命名系统，即"纯粹本名"系统、"本名—姓氏"系统、"本名—继承名"系统，但是印尼本土文化的突出代表——爪哇文化和巴厘文化则基本属于"纯粹本名"系统（陈扬，2011：92—96）。因此，本文不再区分姓或名，只区分专名（人名）全称或专名简称。

（二）缩略专有名称，是指缩略化的专有名称，如 Jokowi（佐科·维多多）、DIY（日惹特区）、DPR（印尼国会）等。由于印尼语存在大量的缩略词汇，而且大部分都是以专有名称出现的，因此成为本文的关注点之一并单独成为一类。印尼语中的缩略名称可以分为两种：一种叫首字母缩写词（initialism/singkatan），如 DIY 是由专有名称"Daerah Istimewah Yogyakarta"中每个单词的首字母构成，并按字母单独发音；另一种叫缩略词（acronyms/akronim），如 Jokowi 是由专有名称"Joko Widodo"缩略而来，一般按照单一的词读出。本文所说的缩略专有名称包括上述两类词汇。

（三）专有名称短语，是指附加了修饰语或限定语的专有名称，基本等同于可及性级阶上的"全名+修饰语"，如 Presiden Republik Indonesia Keenam Joko Widodo yang berasal dari Solo（来自梭罗市的印尼共和国第六任总统佐科·维多多）。

（四）光杆类属名称，是指一类事物所有的名称，如 meja（桌子）、meja tulis（书桌）、pedagang kaki lima（流动摊贩），类似于可及性级阶上的"短有定描述语"。当类属名称用于语篇回指时，往往指的就不是一类事物，而是某个或某些具体事物。

（五）类属名称短语，是指附加了修饰语或限定语的类属名称，类似于可及性级阶上的"长有定描述语"，如 meja merah（红色桌子）、si terdakwa（被告）、pedagang kaki lima di Pondok Labu Jakarta Selatan（雅加达南区瓜庐区的流动摊贩）等。

专有名称的划分标准比较明确清晰。但是类属名称的划分就较为复杂，特别是区分光杆类属名称和类属名称短语有时就不好把握。首先光杆类属名称不等于单个名词。其次，做好上述区分需要注意两条标准，按优先度依次为：(1) 约定俗成的名词词组可以作为光杆类属名称，以权威的词典为标准；(2) 光杆类属名称一般没有冠词、指示词、动词、形容词、数词、介词短语、关系小句的限定或修饰。例如："meja tulis"是由名词+动词构成的词组，并不符合第二条标准，但是它是《印尼语大词典》中注明的词组，因此可以看作是光杆类属名词。"pedagang kaki lima"是由"名词+数词"构成的词组，尽管结构很长，也是光杆类属名词。

另外，英语中光杆类属名词一般带有定冠词，如 the car。然而，印尼语的情况则不同，有定标记不是强制出现的。本文把带冠词 si 或 sang 的光杆类属名称看作是类属名称短语，其理由是：（1）si 和 sang 与英语冠词 the 不同，它们带有一定的感情色彩，如：si 可以和人名连用，sang 则是具有头衔性质（Alwi，1998：305）；（2）更加符合"光杆"两个字的含义。

二、印尼语语篇中名称回指的统计数据

名称词语用于语篇回指是自然语言的一种普遍现象。Ariel（1990：18）对 2200 词英语语料[1]的回指研究显示，英语语篇中的名称回指（含各种姓名和有定描述语做回指语）占全部回指样本的 18.8%。许余龙（2004：93—98）曾对汉语名称回指的使用情况进行过统计：在约 11000 词的民间故事语料中，名称回指占全部回指样本的 28.1%。本文也对约 11000 词的印尼语语料[2]进行了统计，发现名称回指占全部回指样本的 32.4%。这说明印尼语语篇中名称回指的使用频率比英语和汉语语篇都要高，其具体使用情况值得进一步研究。

根据印尼语语料的统计数据，在所获得的全部 504 个名称回指样本中，光杆专有名称回指 208 例，占 41.3%；缩略专有名称回指 4 例，占 0.8%；专有名称短语回指 58 例，占 11.5%；光杆类属名称回指 86 例，占 17.0%；类属名称短语回指 148 例，占 29.4%。从不同类型的语篇情况看，短篇小说语篇中光杆专有名称回指占 49.6%，缩略专有名称回指占 0.7%，专有名称短语占 14.1%，光杆类属名称回指占 11.1%，类属名称短语回指占 24.4%。书面报道语篇中这五类名称回指语分别占 12%、0%、4%、32%和 52%。口头播报语篇中这五类回指语分别占 40.0%、1%、12.0%、7%和 43%。

---

① 共计四篇文章，其中两篇小说类、两篇非小说类。小说类包括 E.H. Young 的长篇小说 *The Curate's Wife* 开篇部分，G. Paley 的短篇小说 *The Little Disturbances of Man*；非小说类包括美国职业女性全国委员会报告 "Trouble on the Set: An Analysis of Female Characters on 1985 Television Programs" 节选，J.E. Tucker 的著作 *Women in Nineteenth Century Egypt* 节选。

② 印尼语语料有：《罗盘报》刊载的短篇小说约 6000 词，包括全文统计两篇：*Mata Mungil yang Menyimpan Dunia* 和 *Arwana*，部分统计（前 800 词左右）3 篇：*Si Gila dari Dusun nCuni*、*Cucu Tukang Perang*、*Sepucuk Surat*；Tempo 杂志书面报道新闻两篇：*Kapal Jerman Manggergaji Laut* 和 *Cara Mengakali Armada Bekas Jerman*，约 2000 词；以及 SCTV 口头播报新闻20 则，约 3000 词。

对上面的数据做一些简单分析：首先，光杆专有名称回指较为突出，主要是由于在小说类语篇中占比很高。因为小说人物一般比较多，使用光杆专名区分人物较为便利。其次，缩略专有名称回指在三类文体语篇中的比例都很低，这可能和语料的选择有一定关系，恰好所统计的书面报道语篇中，没有出现一例。再次，类属名称短语回指的使用频率也很高，特别是在新闻类语篇中，因为这类回指语也是传递信息的主要途径之一。

三、印尼语语篇中名称回指的具体用法

（一）光杆专有名称作回指语

光杆专有名称一般用于指人物、地点、某个机构、特定事件等。光杆专有名称作回指语的所指对象非常明确，具有唯一性。

1.在需要准确传递信息的语篇，如新闻语篇中，光杆专有名称的使用频率比较高。如例 1 中，播报员在回指先前提到的地点 Singapura 时，使用了光杆专有名称以体现信息的准确性。

例 1：<u>Singapura</u>sebagai negara kepulauan, sejak tahun 1960an terus berupaya menambah luas daratan dengan cara reklamasi pantai. Dan hingga saat ini, luas negara <u>Singapura</u> telah bertambah 120 kilometer persegi....(SCTV: *Reklamasi Pantai, Luas Singapura Bertambah*, 14/03/2007)

2.如果是在语篇中存在多个角色，也经常使用光杆专有名称指称语篇的主人公，可以更为明确地区别不同人物，如例 2。如果语篇中人物比较单一，那么光杆专有名称就需要和其他回指手段（代词或零形式）一起使用。如例 3，因为人物单一，则同时使用了人名全称、简称、零形式、代词形式来指称同一个对象实体。

例 2：Ketika <u>Jali</u>mendirikan koperasi syariah al Amin, <u>Patek</u>mengalihkan dana tabungannya ke koperasi itu. <u>Jali</u>tahu jumlah uang simpanan <u>Patek</u>, tapi ia tidak pernah memberi tahu kepada orang lain. (*Si Gila dari Dusun nCuni*, M. Dawam Rahardjo, Cerpen Kompas15/01/2006)

例 3：Juru bicara Kremlin memastikan kematian <u>Boris Yeltsin</u><u>presiden pertama Rusia</u> sejak Uni Soviet runtuh pada 1991 akibat serangan jantung. <u>Yeltsin</u> adalah pemimpin yang memperkenalkan perekonomian Rusia terhadap pasar dan<u>Ø</u>menghapuskan pengontrolan harga. Namun <u>dia</u> pula yang menggelar perang terhadap Chechnya....(SCTV: *Boris Yeltsin Tutup Usia*, 24/04/2007)

3.如果先行语是一个专有名称短语或者是较长的光杆专有名称，那就可以使用专名简称或者说专有名称的一部分来进行回指。这种名称的简化在印尼语中非常有必要，因为很多印尼人的全名都很长。所以一般印尼人都会告诉他人用什么名称来称呼自己，因此使用专名简称（也就是可及性标记级阶中的名或姓）相对就是更为简便和经济的回指手段。如例 4 中，使用了专名简称来回指前文已经用全称提到过的陆军参谋长普拉莫诺·艾迪·维博沃；顺便提一句，普拉莫诺的父亲叫 Sarwo Edhie Wibowo，因此，他的专名简称只能是普拉莫诺，如果使用艾迪或者维博沃，就可能和其父亲混淆。

例 4：Pucuk Pimpinan tertinggi TNI Angkatan Darat telah diserahterimakan dari George Toisutta kepada Pramono Edhie Wibowo. Dalam kesempatan itu, Pramono menyatakan akan terus meningkatkan kualitas personil dan juga peralatan TNI Angkatan Darat. (SCTV: *Pramono Saya Hanya Ingin Jadi Tentara*, 07/07/2011)

4.在印尼语中光杆专有名称能够作为第一、第二人称代词使用。武文侠（2001：80）认为"这是印尼在称呼使用上的一个独特之处"。从本质上讲，专有名称属于第三人称，使用第三人称代替第一、二人称被称为人称颠倒，一般被认为发生在儿童的语言学习阶段。但是也有许多的印尼女孩，喜欢使用人名简称来称呼自己或对方。如例 5 中，说话人叫维塔丽娅·曦夏，她在接受采访时是使用专名来称呼自己。

例 5："Vita sudah pakai uang itu untuk membeli… Tapi Vita usahin kalo memang harus dikembaliin ke KPK. Vita gak nyangka kalo jadinya kayak gini," kira-kira begitulah ucapan Vitalia Shesya.[①]

对于在成年人的话语中出现人称颠倒的原因，存在有两种不同的看法。一种是认为说话人以自我为中心；另一种是说话人由于感到交谈双方关系不够亲密，感到拘谨而不使用人称代词。

（二）缩略专有名称作回指语

形形色色的缩略词是印尼语中的一大特色，而缩略专有名称占了印尼语缩略词的绝大部分。由于语言形式更为简单，在印尼语语篇中，经常用来进行回指。

1.指人的缩略专有名称和专名简称最大的区别就是，缩略专有名称一开始便是社会大众赋予的，而专名简称是人物自己取的。也就是说缩略专有名称往

---

① Hurek. Nama sebagai Kata Ganti Orang Pertama [EB/OL]. (2013-05-28). http://hurek.blogspot.com/2013/05/nama-sebagai-kata-ganti-orang-pertama.html.

往附加了更多的社会属性和内涵。从这个角度上看，缩略专有名称不同于可及性标记级阶上的全名、名或姓。如例 6 中介绍的人物是印尼副总统优素福·卡拉。他在从政过程中，被社会大众称为 JK。这种专名往往不只是用于指称，还透露出一种亲切的情感，比相应的人名全称或是简称都更为常用。

例 6：<u>Muhammad Jusuf Kalla</u> atau yang akrab dipanggil <u>JK</u>, adalah tokoh yang sempat terpilih sebgai wakil Presiden RI pada periode 2004–2009. (Mubarok, 2012: 133)

2.表示机构名或地名的缩略专有名称用于回指，在所指对象的提取上和完整名称没有太大的区别。但是可以营造出一种共同感，即说话人和受话人是同属一个语言集团。只有这个语言集团的人才能准确无误地解析缩略名称。当然，如果缩略名称尚未被语言集团成员所熟知的话，一般要在语篇中体现出缩略名称和完整名称之间的同指关系。如：

例 7：Hari ini <u>Tentara Nasional Indonesia</u> atau <u>TNI</u>memperingati Hari Ulang Tahunnya ke–66. Peringatan dipusatkan di Mabes <u>TNI</u> di Cilangkap. (SCTV: Anggaran Alutsista TNI Ditambah, 05/10/2011)

例 8：Puluhan mahasiswamelakukan aksi damai untuk menuntut kejelasan Qanun <u>Komisi Kebenaran dan Rekonsiliasi (KKR)</u> Aceh [....] Qanun <u>KKR</u> Aceh telah disahkan[…]. (ANTARA News, 11/12/2015)[①]

例 7 和例 8，分别出现了两个缩略专有名称，它们在语义上和其完整形式一样，可以用于回指对象实体，但是在情感上使用缩略名称就更为亲切。在体现同指关系的手段上，如果是口语，如例 7，一般采取使用连词 atau（或）或是 alias（又名）来表示出缩略名称和完整名称之间的同指关系；如果是书面语，如例 8，则可以采用缩略名称加括号的方式。

3.表示官职、头衔的缩略专有名称也经常直接用于回指。如例 9 中，"Kapolri"的全称为"Kepala Kepolisian Republik Indonesia"，是指称对象的官职，因为形式太长，一般都会使用社会大众已经接受的缩略形式进行回指。

例 9：<u>Kapolri Jenderal Polisi Timur Pradopo</u> menantang lembaga terkait untuk mengaudit kepolisian[....]<u>Kapolri</u> siap diperiksa KPK atau pun Kejaksaan terkait penerimaan dana Freeport. (SCTV: *Kapolri Siap Diperiksa KPK*, 07/11/2011)

---

① ANTARA News. Mahasiswa Tuntut Kejelasan Qanun KKR [EB/OL]. (2015–12–11). http://aceh.antaranews.com/berita/27954/mahasiswa–tuntut–kejelasan–qanun–kkr.

（三）专有名称短语作回指语

专有名称短语是指附加了修饰语或限定语的专有名称，印尼语中有很多专有名称短语用于回指的情况。

1.用于回指的专有名称短语最常见的就是"职务+人名"。在印尼语新闻中，即便是家喻户晓的人物，在首次提及之后，仍然习惯使用"职务+人名"进行指称。如例 10 中，再次提及苏西洛时，采取了多种专有名称短语，如"总统+全称"、"总统+简称"、"总统+缩略"，但是"总统"一词是必称的。

例 10：Setelah dua pekan sibuk dengan perombakan kabinet, <u>Presiden Susilo Bambang Yudhoyono</u> dan jajaran kabinetnya Rabu sempat menikmati keindahan Pantai Mandalika, Lombok Tengah di Nusa Tenggara Barat.Kedatangan <u>Presiden Yudhoyono</u> [....]<u>Presiden Susilo Bambang Yudhoyono</u> dan Ibu Negara Ani Yudhoyono[....] <u>Presiden SBY</u> [....] Bahkan <u>Presiden SBY</u> [....]Kedatangan <u>Presiden Susilo Bambang Yudhoyono</u>[....] (SCTV: *SBY dan Istri Berlibur di Pantai Mandalika*, 20/10/2011)

2.印尼人还习惯在人名前添加各种称呼和头衔，用于称呼他人。荣誉称呼或头衔具有社会指示作用，它们在语篇中作为专有名称回指语的一部分，如果与先行语的身份和角色一致时，不仅可以完成回指的提取功能，也凸显了这种回指手段的人际功能。这一点也体现在回指语的选择上：在较为正式的印尼语语篇中，经常使用含有各种头衔的专有名称短语来进行回指，以体现出对所指对象的尊重。如：

例 11：Di pintu gerbang ia berpapasan dengan <u>Prof. Dr. Abdul Aziz Abduh</u>. Mahmud menyalaminya dengan penuh takzim [....] Kata–kata <u>Prof. Dr. Abdul Aziz Abduh</u> itu sangat menyejukkan hatinya. (*Nyanyian Cinta*, Habiburrahman El Shirazzy)

例 11 是短篇小说的一部分，全文每次提及"阿齐兹博士，教授"都使用了带有教衔和学衔的专有名称，以突显对这位大学者的尊重之情。如果直译为汉语的话，恐怕是难以让人接受的。可以说，在回指语的选择上语言的经济性要让位于礼貌准则在内的语用原则。

（四）光杆类属名称作回指语

印尼语和汉语一样，光杆类属名称一般由单个类属名称构成，如"mobil（车子）"。光杆类属名称在做回指语时，一般都是有定的。由于印尼语中没有类似英语 the 的定冠词，因此表示常用指示词 ini 和 itu 表示有定性。通过对语料的分析，我们发现印尼语光杆类属名称作为回指语使用时有以下几个特点：

1.在有明显先行语的情况下，光杆类属名称与简单指示短语用于回指时区别不大，但是后者更为常用，可能是使用指示词的回指意味更浓。如例 12 中光杆类属回指语"kapal（军舰）"指的就是"之前快沉的军舰"，在这里如果使用简单指示短语"kapal itu"也没有任何问题。

例 12：[…] Salah satu kapal, dari 16 kapal yang berenang, hampir tenggelam di Teluk Biscay, Spanyol. […] Beruntung <u>kapal</u> akhirnya bisa ditarik tim SAR Spanyol ke Gijon. (*Kapal Jerman Manggergaji Laut*, Majalah Tempo, 19/10/1998)

2.在有明显先行语的情况下，正式语篇中出现的表示职务或机构的光杆类属名称比相应的简单指示短语可能更符合习惯。如：

例 13：<u>Presiden Susilo Bambang Yudhoyono</u> menggelar buka puasa bersama [….] Dalam renungan tujuh menit ini<u>Presiden</u> berharap masyarakat Indonesia menjadi orang yang taat pada norma dan tatanan hukum[….] (SCTV: *Taat Hukum Jangan Hanya Selama Puasa*, 04/08/2011)

例 13 中，光杆类属名称"Presiden（总统）"指的就是上文曾经出现过的"苏西洛总统"；此处如果加上指示词 itu 的话，就会显得奇怪。再看例 14：

例 14：Engku Nawar mengucek-ucek matanya. Menguap dan cepat tersadar. Wali Kota telah berada di depannya. <u>Wali Kota itu</u> juga sudah kelihatan lelah dan bermata merah. (*Arwana*, Harris Effendi Thahar, Cerpen Kompas 26/02/2006)

例 14 是短篇小说节选。光杆类属名称"Wali Kota（市长）"同样也是职务，但在这里使用简单指示短语"Wali Kota itu"则没有问题。我们认为，例 13 不能使用"Presiden itu"进行回指，是因为所指对象是现实中的人物，人物非常明确。在当时的语篇语境中，"总统"在整个社会共同知识中具有唯一性，即提到"总统"自然就是苏西洛，不需要再度进行指示。如果使用了指示词，反而有种对比的意味，即让人觉得除了"这位总统"外，可能还存在"那位总统"。而在小说的语篇中，尽管"市长"的显著度也很高，但只是虚构的人物，只能在语篇中具有唯一性，因此读者就能够接受继续使用指示词修饰"市长"，构成简单指示短语。

3.在没有明显先行语的情况下，光杆类属名称还可以扮演间接回指语的角色。Quirk 等（1985）认为，回指可以分为直接回指和间接回指。间接回指中的回指语与先行语之间的共指关系不明显，必须通过推理才能确立。换言之，间接回指就是回指语和先行语之间指称不同但相关。项成东（2004：10）认为"间接回指语的一个典型特征就是它们通常不能用代词或指示限定词充当"。基于上述认识，本文发现光杆类属名称是印尼语语篇中间接回指语的主要形式。
如：

例 15：Seorang TKI bernama <u>Siti Mariyam</u>, warga Serang, Banten, dikabarkan
tewas di Arab Saudi. Siti Mariyam bekerja sebagai pembantu rumah tangga. Namun
<u>korban</u> tak bisa didatangkan ke Banten karena harus menjalani visum dan juga
otopsi. (SCTV: *TKI Asal Banten Tewas di Arab Saudi*, 05/05/2011)

例 16：Bandara masih remang ketika aku turun dari <u>taksi</u>.Kutarik <u>koper</u> dari
<u>tempat duduk belakang</u>. Menurunkannya di lantai danmemanjangkan <u>alat penarik</u>.
(*Abu Jenazah Ayah*, Kurnia Effendi, CerpenKompasEdisi /0806/2003)

在例 15 中，光杆类属名称"korban（受害人）"一词本身和先行词 Siti
Mariyam 原本没有共指关系。但是动词"tewas（死亡）"给两者搭建了一座桥
梁。例 16 中，"tempat duduk belakang（后座）"和"alat penarik（拖杆）"分别
依靠百科知识与先行语"taksi（出租车）"和"koper（行李）"取得间接关联。
回指过程并不需要借助指示短语完成。

（五）类属名称短语作回指语

类属名称短语是指附加了修饰语或限定语的类属名称。当类属名称短语用
作回指语时，本文发现：

1.使用含有冠词 si 和 sang 的类属名称短语进行回指，能起到与指示短语相
同的作用。但是，这两者的使用具有一定的区别，主要表现在：

第一，张琼郁（1993：9—14）和 Alwi 等（1998：304—306）都认为，si
和 sang 通常的差别在于：sang 具有尊敬的意味，可以和"presiden（总统）"、
"menteri（部长）"、"raja（国王）"连用，表示受人尊敬的人或事物，如 Sang
juara（冠军）、Sang Merah Putih（印尼红白国旗）等；而 si 则缺少尊敬含义，
可以和不具有尊敬概念的形容词连用，表示亲近或卑微的人或事物，如"si
gemuk（胖子）"、"si miskin（穷人）"等。如：

例 17："Dia <u>si pengukir nisan</u>, Tan Kim Hok," kata salah seorang yang
mengenalnya.Kabar kematian Kim Hok menjadi buah bibir kaum Batavia selama
berminggu–minggu.Mereka bertanya–tanya apa gerangan yang menyebabkan <u>sang</u>
<u>pengukir nisan</u> meninggal. (*Pengukir Nisan*, Dwicipta, Cerpen Kompas, Edisi
12/02/2006)

在例 17 的直接引语中，作者模拟主人公熟人的口吻，使用"si pengukir
nisan"，表现出说话人和主人公互相认识。而当作者站在叙述者的角度使用

"sang pengukir nisan" 称呼枉死的主人公，则可以体现出作者对死者的尊重。

第二，Purwo（1982：271）认为，si 一般和表示受事（objektif）的名词连用，而 sang 和表示施事（agentif）的名词连用，他举的例子是"si tertindas（受压迫者）"和"sang penindas（压迫者）"。本文不认同该观点，并继续选取了几个类似的表示受事的词：terpidana（被判刑者、罪犯）、terdakwa（被控告者、被告）、tersangka（被怀疑者、嫌疑人）在印尼国家通讯社 Antara 网站上进行检索，发现它们都有和 sang 连用的情况，如：

例 18：Pesan untuk presiden baru dari Nazaruddin <u>sang terpidana</u>.（Antara News，09/07/2014）①

例 18 中，纳扎鲁丁是印尼民主党前首席财务官，后因涉嫌贪污被判罪。尽管这纳扎鲁丁被认定是罪犯，但是因为他是知名人士或案件有疑点，因此作者还是使用了冠词 sang 而不是 si。而在具有施动含义的名词前使用 si 的情况就更多了，如 si perawat（护士）、si pengirim（寄件人）、si penerima（收件人）等。从上面的情况可以看出，使用冠词 sang 或是 si，不是因为施事和受事的关系，而是看使用者是否倾向表达出一种尊重。

第三，si 具有非领属化的倾向。si 构成的类属名称短语一般不和说话人、听话人以及句中的主语构成领属关系。如：

例 19：Di situ <u>sepasang suami isteri</u> muda […] Pintu berderit terbuka. Siska menoleh dan melihat <u>si suami</u> membungkuk serta bilang terima kasih. (*Badai Pasti Berlalu*, Marga T.)

如果例 19 中，使用 sang suami 就可能有另外一种理解，就是希思嘉的丈夫。该例中，如果想表达不是希思嘉的丈夫，还可以使用 si suami itu，用于强调；但一般不能使用 si suaminya。因为-nya 作为附着代词，置于名词后的领属意味非常强烈。

第四，si 可以和人名连用，在非正式语篇中可以和代词 dia 连用；而 sang 一般不可以（Alwi，1998：306）。如：

例 20：<u>Si Amat</u> akan meminang <u>si Halimah</u> minggu depan.

例 21：Mengapa <u>si dia</u> tidak kamu ajak datang?

2.当作为回指语时，类属名称短语和指示短语一样可以传递大量的信息。

---

① Antara News. Pesan untuk presiden baru dari Nazaruddin sang terpidana [EB/OL]. (2014-07-09). http://www.antaranews.com/berita/443281/pesan-untuk-presiden-baru-dari-nazaruddin-sang-terpidana.

两者的主要区别在于是否出现指示词 ini 或 itu。而在比较长的语言形式中，itu 主要有两个功能，一个是表示强调，二是起到区隔句子成分的作用。因此，类属名称短语作回指语一般都是不需要和其他句子成分间隔以及不需要强调的情况。如：

例 22：Orang–orang yang sabar menunggu lebih banyak mencurahkan perhatian pada <u>ikan arwana di dalam akuarium</u>, kemudian pada ajudan itu. […] <u>Ikan arwana yang tetap mondar–mandir di dalam akuarium itu</u> kelihatan semakin besar[….] (*Arwana*, Harris Effendi Thahar, Cerpen Kompas 26/02/2006)

在例 22 中，两个画线部分都是用来回指之前提到过的金龙鱼。第一个画线部分是类属名称短语，因为在这里作者更为强调的是秘书，而且后面有逗号，不需要区隔成分，因此不需要指示词修饰。第二个画线成分是指示短语，因为结构太长，就需要使用 itu 将主语部分和谓语部分区隔。

3.类属名称短语也可以和光杆类属名称一样，可以用于间接回指，如：

例 23：Sekitar jam empat sore mereka mengetuk pintu[….] Istriku menyilakan <u>tamu tersebut</u> duduk, sementara istri memberitahukan kedatangannya kepadaku.Aku pun keluar kamar. <u>Orang yang tak kukenal</u> sudahduduk dan melemparkan senyum kepadaku. Ternyata ia ditemani oleh Pak Marjan, seorang ketua RT dari wilayah yang berbeda. (*Surat Undangan*, Putu Oka Sukanta, CerpenKompas, Edisi 24/07/2005)

例 23 中，类属名称短语 "Orang yang tak kukenal（我不认识的这人）" 和前文中的 "tamu tersebut（那些客人）" 构成间接回指关系，因为 "这个人" 只是客人中的一员。

4.类属名称短语回指语本身的褒贬含义能反映出说话人的情感和态度。如：

例 24：Bentrokan antara warga dengan polisi ini dipicu oleh aksi pemukulan yang dilakukan <u>oknum polisi</u> terhadap salah seorang warga yang terlibat perkelahian. (SCTV: *Warga dan Polisi Bentrok*, 24/10/2011)

在例 24 中，类属名称短语 "oknum polisi（警务人士）" 与上文中与村民发生冲突的警察形成间接回指关系。在这里只用 "polisi（警察）" 就足以完成语篇的衔接。而使用含有贬义色彩的 oknum 则反映出播报员（或新闻编导）对警察强行闯入村庄的不认同，传递出明显的情绪和态度。

四、印尼语语篇中名称回指的功能探讨

名称词语作为回指语在印尼语语篇中主要承担提取所指对象实体的功能。除此之外，由于具有不同于其他回指语的特殊用法，印尼语名称词语往往还承担有其他的语篇功能。

（一）专有名称

首先，专有名称作为回指语具有将话题再次突出的语篇功能。当一个话题在通过专有名称引入语篇后，就可以采用零形式、代词或指示词等多种手段进行回指。但是在经过一定的语篇距离后，该话题就很难通过零形式或代词进行延续或者通过指示词进行接续，就需要使用专有名称再次突出。如果专有名称比较长，那么在接下来的语篇中，就可能会使用专名简称或缩略名称来替代。

其次，专有名称作为回指语具有区分多个交叉话题的语篇功能。如果同一个语篇中有多个话题而且交叉提及时，单靠代词或是指示词就不足以清楚地区分话题，更何况印尼语的代词表达手段还相对匮乏。这时就需要使用专有名称明确将不同的话题区分开来。

再次，缩略专有名称作为回指语可以给话题添加更多的情感信息。因为缩略名称是社会共识的产物，凝聚着大众对所指对象的一种情感。使用缩略专有名称回指可以使话题更为亲切，给交谈双方营造出一种共同感。

最后，专有名称短语作为回指语具有褒扬话题的语篇功能。复杂指示短语的修饰功能不同，印尼语中的专有名称短语通常携带有诸如官职、军衔、学衔等各种荣誉性的信息。使用专有名称短语进行回指时，能体现出对所指对象的尊重。

（二）类属名称

首先，光杆类属名称作为回指语具有突出的语篇间接回指功能。在印尼语中光杆类属名称用于直接回指的情况不多，因为它们更习惯与指示词 ini 和 itu 连用进行直接回指。但是在语篇中，类属名称经常和某个先行概念通过语篇内或语篇外的某种"桥梁"产生间接的联系，使语篇衔接得更为紧密。

其次，带有 si 和 sang 的类属名称短语作为回指语具有接续话题的语篇功能。si 和 sang 的类属名称短语和指示短语一样具有较强的话题接续功能。不仅如此，si 和 sang 还能传递出一种感情色彩，丰富话题的情感属性。

最后，类属名称短语作为回指语具有修饰话题的语篇功能。类属名称短语和复杂指示短语一样，都能表达出更多的信息，甚至传递出说话人的情感态

度，使话题变得更加丰满。

五、结语

印尼语的名称词语可以分为光杆专有名称、缩略专有名称、专有名称短语、光杆类属名称和类属名称短语，并用作回指语。在印尼语语篇中，名称词语作为回指语的频率比英语和汉语语篇都要高。这与印尼语名称词语的具体用法有关。

根据对语料的观察和分析，本文发现新闻语篇中光杆专有名称的使用频率比较高；缩略专有名称不同于专名简称，前者是社会大众赋予的，因此附加了更多的社会内涵，可以营造出一种"同属一个语言集团"的共同感；在名称前添加职务、头衔等荣誉性称呼的专有名称短语常用于回指，以体现出对所指对象的尊重；在没有明显先行语的情况下，类属名称则可以扮演间接回指语的角色；使用含有冠词 si 和 sang 的类属名称短语进行回指，能起到与指示短语相同的作用。此外，专有名称作为回指语除了具有提取所指对象实体的功能外，往往还具有突出话题、区分话题、褒扬话题、修饰话题、给话题添加更多的情感信息的其他语篇功能。光杆类属名称作为回指语还具有突出的间接回指功能。

参考文献

[1] 陈扬. 印尼人姓名中的文化差异与融合[J]. 东南亚研究，2011（5）：92—96.

[2] 武文侠，陆春林. 印度尼西亚[M]. 北京：世界知识出版社，2001.

[3] 项成东. 代词性和指示性间接回指语及其认知基础[J]. 外语与外语教学，2004（3）：10—14.

[4] 许余龙. 篇章回指的功能语用探索：一项基于汉语民间故事和报刊语料的研究[M]. 上海：上海外语教育出版社，2004.

[5] 张琼郁. 现代印尼语语法[M]. 北京：外语教学与研究出版社，1993.

[6] Alwi, Hasan. dkk. *Tata Bahasa Baku Bahasa Indonesia (Edisi Ketiga)* [M]. Jakarta: Balai Pustaka, 1998.

[7] Ariel, M. *Accessing Noun-Phrase Antecedents* [M]. London/New York: Routledge, 1990.

[8] Mubarok, DR. M. Mufti. *Anak Kampung Paling Fenomenal: Berguru pada 10 Tokoh Inspiratif & Inovatif* [M]. Surabaya: Reform Media, 2012.

[9] Purwo, Bambang Kaswanti. *Deiksis dalam Bahasa Indonesia* [D]. Universitas Indonesia, 1982.

[10] Quirk, R. et al. *A Comprehensive Grammar of the English Language* [M]. London: Longman, 1985.

浅析中国的中世纪印地语研究

广东外语外贸大学　　任婧

【摘　要】印地语是当今印度最具影响力的通行语言之一，在印度社会、经济、文化的发展过程中发挥着无可替代的作用。作为印度历史上一个特殊的转折点，中世纪不仅是印地语从中古雅利安语演变形成现代标准语的关键时期，而且与近现代印度社会上的许多文化现象密切相关，对印度社会、文化的发展具有重要意义。然而，受国内印度语言文化研究的传统影响，加上中世纪印地语与现代标准语之间存在种种差异，相比起对梵语及其他印度现代语言的研究，目前我国针对中世纪印地语的研究状况并不十分理想。

【关键词】现代标准印地语；中世纪印地语；帕克蒂运动

数千年的历史中，印度经历了多次规模不同、时长不等的异族入侵。伴随着民族的迁徙、政权的更迭，外来文化不断进入南亚次大陆，与本土文化相互碰撞、冲击与融合，造就了当今印度宗教、语言、文化独特的多样性。作为宪法承认的联邦级官方语，印地语不仅是南亚次大陆中、北部地区人民长期使用的语言，而且是印度最具影响力的通行语言之一，在印度的政治、媒体、网络以及印度人民的日常生活中发挥着无可替代的作用，尤其是莫迪政府上台推行了一系列加强印地语的政策，印地语在印度的优势地位更加明显和稳固。除印度本土以外，印地语在毛里求斯、斐济、美国、特立尼达和多巴哥、圭亚那、苏里南等地的印度裔侨民中也被广泛使用，成为他们赖以寻求身份认同的工具。如此看来，印地语作为天然的文化载体，对于印度民族情感和国家精神的凝聚具有极其重要的意义。

一、中世纪印地语①在语言发展及社会历史中的价值

---

① 关于印度"中世纪"这个概念在学界饱受争议。历史系学者以政治经济为标准，偏向认为，印度中世纪始于穆斯林的入侵，终于英国殖民统治的开始，而语言文学学科出身的学者认为印度中世纪始于以梵语为代表的古典语言衰落之际，终于现代民族语言兴起之时。除此之外，"早期现代"（early modern）近年来也被西方学界用以指代中世纪后期、欧洲殖民之前的一段时期（约16世纪至 19 世纪）。因此，这一时期的印地语各地方语言，也被统称为"早期现代印地语（Early Modern Hindi）"。综合以上几种意见，本文所论述的中世纪印地语主要指示的是15、16世纪前后

一般来说，印地语具有广义印地语和狭义印地语两层含义，广义印地语指包括伯勒杰方言（Braj Bhasha）、克利方言（Khari Boli）、阿沃提方言（Avadhi）等多种方言在内、使用于印度北部和中部的共同语言，狭义印地语指以克利方言为基础、以天城体字体书写的现代标准印地语（Modern Standard Hindi, MSH）。目前，人们讨论或研习印地语，所指通常为后者。

（一）中世纪印地语在语言发展史中的特殊价值

从语言发展史的角度来看，印地语源自印度雅利安人的古代语言，即古代印度雅利安语群（Old Indo-Aryan languages，OIA）。历经吠陀梵语（Vedic Sanskrit）、民间梵语（Laukika Sanskrit）、波罗克利特语（Prakrit）[①]以及阿波布朗舍语（Apabhramsa）时代，公元 10 世纪前后，中古印度雅利安语群（Middle Indo-Aryan languages，MIA）开始向现代印度雅利安语群（New Indo-Aryan Languages，NIA）过渡，逐步完成由以梵语为代表的屈折语向孤立语转变的简化过程。在此基础上，现代印地语逐渐演化成形。根据多数学者的观点，印地语发展大致可以分成三个阶段，即初期（公元 1000 年至 1500 年前后）、中期（公元 1500 年至 1800 年前后）以及现代（公元 1800 年前后至今）。

初期阶段中，印地语尚未得到全面发展，波罗克里特语和阿波布朗舍语的影响清晰可见，甚至可以说，"这一时期里印地语同中古印度语的语法形式没有很大的差别"[②]，词汇方面也没有太大变化。不过，随着土耳其和阿富汗统治的确立，土耳其语、阿拉伯语以及波斯语词汇开始进入印地语中。

中期阶段被称作印地语发展的黄金时期。这一时期中，阿伯布朗舍语的影响基本消失，印地语渐渐形成了自己特有的语法形式。摩羯陀阿波布朗舍语（Magadhi Apabhramsa）、半摩羯陀阿波布朗舍语（Arddhamagadhi Apabhramsa）以及修罗塞纳阿波布朗舍语（Sauraseni Apabhramsa）逐渐演化出印地语的五个分支，并且在此基础上衍生出印地语的各种主要方言，具体如下表所示：

至 19 世纪在北印度文学创作中占主导地位的印地语方言群。

　①波罗克利特语，本义为自然，通常指相对梵语而言在民间自然产生和流传的中古印度雅利安语群。

　②殷洪元. 印地语语法[M]. 北京：北京大学出版社，1993：2.

	阿波布朗舍语	分支	方言
1	修罗塞纳语	西部印地语	克利方言、伯勒杰方言、哈里亚纳方言、卡瑙季方言 (Kannauji) 等
2	半摩揭陀语	东部印地语	阿沃提方言、巴凯利方言 (Bagheli)、三十六堡方言 (Chettisagadhi)
3	修罗塞纳语	山地印地语	库茂恩方言 (Kumauni)、加瓦尔方言 (Garhwari)
4	修罗塞纳语	拉贾斯坦语	马尔瓦尔—斋普尔方言 (Marwar Jaipuri)、梅瓦底方言 (Mewati)、马尔瓦方言 (Malwi)
5	摩羯陀语	比哈尔语	博杰普尔方言 (Bhojpuri)、迈提里方言 (Maithili) 等

基于中期分化的方言架构，印地语在现代的发展大致可以划分成两个阶段。1947 年独立前，英语词汇大量进入印地语中，导致印地语标准语的语音和词汇发生了一系列转变。独立后，宪法将印地语和英语同时规定为官方语言，所以各个学科的术语中出现英印混合运用的现象。与此同时，这一时期内，波斯语、阿拉伯语等语言的词汇使用逐渐减少。

由此可见，尽管初期阶段是现代印地语诞生和萌芽的时期，然而，印地语及其主要方言真正成为独立的语言却是在中期。在这个阶段中，这些方言不断发展，日趋成熟，为现代印地语的成形和标准化奠定了坚实的基础。不仅如此，克利方言、伯勒杰方言和阿沃提方言等地方语言更是在中世纪印地语文学创作中占据主要地位，对后世印地语文学的发展产生了不可磨灭的影响。

（二）中世纪印地语在社会历史发展中的重要价值

从社会和文化角度来看，中世纪是印度历史上的一个转折点。就北印度而言，随着穆斯林政权的建立，为确保穆斯林的特权地位和将非穆斯林穆斯林化，统治者将伊斯兰教确立为国教，接受伊斯兰教法作为治国方针，对印度本土宗教实行各种不平等政策。一方面，他们严格限制本土宗教寺庙的建立，在战争时期甚至摧毁并改建其他印度本土宗教，尤其是印度教的神庙；另一方面，他们以一切手段强迫或劝诱其他宗教信徒改宗伊斯兰教。与此同时，伊斯兰教宣传在神面前人人平等的宗教观念，对在印度教种姓制度中深受歧视和压迫的低级种姓者具有很大的吸引力，从而促使他们偏向伊斯兰教。暴力和宗教竞争的双重压力下，印度教面临严重的生存危机，为求复苏和振兴，兴起于南印度的印度教宗教革新运动——帕克蒂运动（Bhakti Andolana）在北印度也顺势而兴。

作为印度教内部一次崇尚平等、民主的变革运动，这场运动几乎牵扯到北印度的各种姓、各阶层甚至各种宗教，改革内容涉及社会的方方面面，取得了巨大的成功，不仅复兴、发展和完善了印度教本身，还成为印度教抗拒伊斯兰教的一道屏障，成功地维护了印度教传统和印度教文明。整个运动过程中，尽管神学理论不尽相同，但是为了获得更多下层信徒的支持，各教派的帕克蒂大师都坚持以地方语言代替梵语吟唱自己的诗歌、宣传自己的宗教思想。受其影响，这一时期文学创作与宗教改革紧密结合，宣传宗教教义、阐释宗教哲理成为诗人进行创作的首要宗旨。长此以往，印地语各方言中形成了一种广泛而强大的文学倾向。这种特殊的文学倾向被称为帕克蒂文学，在中世纪印度文学中占据主流地位。从这个角度来说，中世纪印地语方言的各种诗歌不仅是优秀的文学作品，也是宣扬帕克蒂思想的宗教经典，具有深刻的宗教象征意义，不仅对后世的印地语文学，甚至对整个印度宗教、社会和文化都产生了深远的影响。因此，学习、掌握和研究帕克蒂文学的主要创作语言——中世纪印地语对于正确理解印度社会文化而言十分必要。

二、中国对于中世纪印地语的研究状况

尽管目前学者仍对中印文化交流的开端有着各种各样的推测[1]，但是相关史料显示，中印之间很早就在商品贸易、神话传说、天文历法等方面有了互通记录。漫长的岁月中，语言和文学作为文化交流的重要载体和组成部分，在两大文明相互靠近、彼此了解的过程中发挥了不可替代的作用，因而备受学者关注。

尽管在最初的文化交流中，中印两国人民可能已经对彼此的语言文字有所认识，但是早期的文献并没有明确的记载。直至公元前后，随着张骞出使西域，佛教传法僧踏足东土，中国才开始有意识地对印度语言文学进行探索。过去的两千多年中，学者们翻译了无数宗教、文学经典，编纂了诸多语法著作和词典，研究方面也取得了令人瞩目的成就。然而，从统计数据上来看，这些已经出版的论著和文章大部分与梵语以及标准印地语、乌尔都语、孟加拉语等现代语言相关，专门针对中世纪印地语的成果相对较少。

语言研究方面，金鼎汉译自印度知名学者提兰德尔·沃尔马（Dhirendra Verma）的《伯勒杰语语法》（待出版）是迄今为止中国唯一一部与中世纪印地

---

[1] 详见薛克翘. 中印文化交流史[M]. 北京：昆仑出版社，2008：31—38.

语相关的语法书籍。

作品译介方面，金鼎汉和姜景奎等分别于 1988 年和 2016 年将中世纪帕克蒂运动中的两部重要诗集——杜勒西达斯（Tulsidas）的《罗摩功行之湖》（Ramacaritamanas）以及苏尔达斯（Surdas）的《苏尔诗海》（Sursagar）译成中文出版。

文学研究方面，尽管目前国内尚未发表专门针对中世纪印地语文学的学术论著，但是一些与印度文学或文学史相关的书籍中存有部分诗歌的汉译和一些整体性、全面性的文字。许地山所著的《印度文学》（1930）是中国第一部系统叙述从古代到近代印度文学发展进程的文学史著作，其中第四章第三节对中世纪印地语文学进行了介绍①。其后，刘安武所著的《印度印地语文学史》（1987）将中世纪分成前中期（1350—1600）和后中期（1600—1857），分别在第二、三章对各个时期的主要作家的生平、诗歌作品、思想内容、历史影响等进行了评述。季羡林在《印度古代文学史》（1991）第五编中论述了印度各语种虔诚文学的发展状况，其中内容涉及中世纪印地语文学。薛克翘、姜景奎等著的《印度中世纪宗教文学》（2011）是一部专门论述印度中世纪文学的著作，该书上卷以印度教为纲，以中世纪印地语虔诚文学作为主要介绍和评论对象。

除去以上论著，我国还发表了不少针对中世纪某位特定诗人或某部特定作品进行详细探讨和研究的学术论文。以时间为序，这些论文中比较重要的有：刘国楠的《论迦比尔及其诗歌》，刘安武的《十六世纪印度大诗人苏尔达斯》②、《印度中世纪的大诗人杜勒西达斯和他的〈罗摩功行录〉》③，季羡林的《喜读〈罗摩功行之湖〉》④，姜景奎的《简论苏尔达斯》⑤、《〈苏尔诗海〉六首译赏》⑥，王靖的《〈苏尔诗海〉六首诗歌的分离艳情味赏析》⑦，任婧的《浅析〈苏尔诗海〉的牧女形象》⑧等。此外，其他一些涉及印度文学、印度中世

---

① 详见许地山. 印度文学[M]. 长沙：岳麓书社，2011：73—90.

② 刘安武. 十六世纪印度大诗人苏尔达斯[J]. 外国文学研究，1983（4）：68—73.

③ 刘安武. 印度中世纪的大诗人杜勒西达斯和他的《罗摩功行录》[J]. 南亚研究，1983（7）：41—52.

④ 季羡林. 喜读《罗摩功行之湖》[J]. 世界文学，1988（3）：293—294.

⑤ 姜景奎. 简论苏尔达斯[J]. 北大南亚东南亚研究，2013（1）：173—187.

⑥ 姜景奎，等.《苏尔诗海》六首译赏[J]. 北大南亚东南亚研究，2013（1）：257—267.

⑦ 王靖.《苏尔诗海》六首诗歌的分离艳情味赏析[C]//东方语言文化论丛（第 32 卷）. 北京：军事谊文出版社，2013：297—311.

⑧ 任婧. 浅析《苏尔诗海》的牧女形象[C]//东方语言文化论丛（第 33 卷）. 北京：军事谊文出

纪宗教运动等方面的论文，例如，朱明忠的《印度教虔信派改革运动及其影响》①，姜景奎的《一论中世纪印度教帕克蒂运动》②、《再论印度帕克蒂运动》③，邓兵的《印度帕克蒂运动及黑天文学》④等，均以不同篇幅、不同侧面介绍了中世纪印地语文学的发展状况。

三、中国中世纪印地语研究不足的原因

由上述事实可知，中国对于中世纪印地语的研究主要开始于 20 世纪 80 年代。尽管，过去数年中，越来越多的学者将自己的注意力从标准印地语转移至中世纪印地语语言和文学上，但是相比起对梵语及其他印度现代语言的研究，国内对中世纪印地语的研究仍然稍显不足。造成这一现象的原因多种多样，其中比较重要的包括以下两点：

（一）研究的传统和目的

如前所述，西汉末年和东汉初年，佛教传入中国。根据《高僧传》记载，为了翻译佛教典籍，早期来华的印度传法僧人很快学会了汉语，并且会在翻译佛经的同时接收弟子。另一方面，当时的中国僧人为了协助他们也学习了梵语。在这样的背景下，中国对印度语言文学的研究正是起源于古代僧人对于佛经的翻译。根据学界普遍认可的观点，中国对印度语言文学的研究可以分成三个时期，即古代时期（1840 年以前）、近现代时期（1840—1949 年）以及当代时期（1949 年以后）。

古代时期，中国翻译了大量的佛教经典，仅以《大唐开元释教录》以及《贞元新定释教目录》的统计为例，从东汉永平十年（公元 67 年）至唐贞元十六年（公元 801 年）的 734 年间，先后有 185 名重要的译师翻译了佛经 2412 部 7352 卷⑤。伴随着佛经的翻译，一些印度民间故事、寓言和童话也被译为汉语，例如《百喻经》、《六度集经》、《本生经》等。此外，一些带有佛教色彩的文学作品也被翻译成汉语，例如，北凉昙无谶翻译了马鸣的《佛所行赞》。值得一提的是，针对这部译本，义净在《南海寄归内法传》中称赞道，"意明字

版社，2014.

① 朱明忠. 印度教虔信派改革运动及其影响[J]. 南亚研究，2001（1）：36—43.

② 姜景奎. 一论中世纪印度教帕克蒂运动[J]. 南亚研究，2003（2）：72—76.

③ 姜景奎. 再论中世纪印度教帕克蒂运动[J]. 南亚研究，2004（1）：57—62.

④ 邓兵. 印度帕克蒂运动及黑天文学[J]. 解放军外国语学院学报，2008（1）：111—116.

⑤ 参见姜景奎. 印度经典汉译的历史、现状和展望[J]. 山东社会科学，2014（10）：78—85.

少而摄义能多，复令读者心悦忘倦"①，这在某种程度上也可算是早期的文学评论。

毫无疑问，佛教经典汉译在古代中国对印度文献的研究中占主流地位。出于译经的需要，学者们开始关注印度语言学的知识。起初，这些知识通过佛经的翻译传入中国，例如，竺法护所译的《普曜经》以及阇那崛多所译的《佛本行集经》均提及"六十四书"，即 64 种文字的书体；佛陀什、竺道生译出的《五分律》卷二十六提及梵语元音的长短、辅音的清浊、名词的性数、动词的时态变化等。后来，中国学者逐渐对印度的语言形成了自己的认识和理解，例如，多位僧人曾在自己的著述中阐述印度语言学的知识，包括玄奘在《大唐西域记》卷二提及波尼你的《声明论》；义净在《南海寄归内法传》卷四"西方学法"部分介绍印度古代语法学；僧祐在《出三藏记》论及梵书和佉楼书的书写特点，等等。此外，这一时期中，为了解读佛经，僧人们还编纂出几部重要的辞书，例如，玄应的《一切经音义》(《玄应音义》)以及慧琳的《一切经音义》(《慧琳音义》)。

自唐德宗之后，受国内政治形势、本土信仰发展等多方面因素影响，佛教在中国的传播遭受重创，译经事业一度陷入停滞。尽管公元 982 年，在天竺僧人天灾息和施护的召集下，北宋朝廷重开译经院，但其运作规模和译本数量完全无法与唐朝鼎盛时期相提并论。随着 12 世纪前后佛教在印度逐渐衰落及消亡，中国对印度语言文学的研究失去了原初动力，此后长达数个世纪中始终停留在以梵语为主要媒介、以佛教经典为主要对象的时代。

进入近现代以后，中国学者在印度语言和文学研究方面取得了令人瞩目的成就，例如，语言研究方面，1907 年，苏曼殊根据马克思·穆勒（Max Muller）的《梵文文法》编译了《梵文典》；季羡林 1941 年以论文《〈大事〉中偈颂部分限定动词的变位》获得博士学位，1944 年和 1949 年分别发表《中世印度语言中语尾-am 向-o 和-u 的转化》、《使用不定过去时作为确定佛典年代和来源的标准》；金克木 1945 年写成《梵语语法〈波尼你经〉概述》、《试论梵语中的"有—存在"》，1947 年在申报《文史》周刊上发表《梵语语法理论的根本问题》等；文学研究方面，在泰戈尔 1924 年访华的前后五六年中，中国兴起了"泰戈尔热"，不但他的主要著作几乎都有了中文译本，而且各种介绍泰戈尔生平、思想的文章以及作品评论在刊物上比比皆是；许地山 1925 年在《小说月报》上发表《中国文学所受印度伊斯兰文学的影响》，为近代中国最早

---

① 义净 著，王邦维 校注. 南海寄归内法传校注[M]. 北京：中华书局，1995：184.

的中印比较文学的文章，1927 年撰写了《梵剧的体例及其在汉剧上的点点滴滴》；季羡林依据《本生经》和《五卷书》于 1941 年编译出《印度寓言》，1946—1949 年，他共写出七篇中印比较文学的论文，如《梵文〈五卷书〉：一部征服了世界的寓言童话集》、《从比较文学的观点上看寓言和童话》、《三国两晋南北朝正史与印度传说》等。

现代时期被称作中国印度语言文学研究的黄金时期。出于抗战的需要，国立东方语文专科学校 1942 年在云南成立，1949 年东方语专并入北大东语系，印地语成为国内印度学科最早的现代教研语种之一。进入 21 世纪后，其他大学，如中国传媒大学、北京外国语大学、西安外国语大学、上海外国语大学、广东外语外贸大学、云南民族大学等，也相继开设了印地语专业，培养了大批精通标准印地语、了解印度文化背景的专业人才。得益于此，这一时期中，语言方面，各种教材、语法书籍以及词典相继出版，例如，《印地语基础教程》（金鼎汉等，1993）、《印地语语法》（殷洪元，1994）、《印地语语法》（古鲁著，殷洪元译，2016）、《印地语汉语大辞典》（2000）、《汉语印地语大辞典》（2016）等；文学方面，各种文学作品直接从印地语翻译成中文，例如，索纳译的《妮摩拉》（1959），刘安武所译的普列姆昌德作品（集），包括《新婚》（1982）、《如意树》（1983）、《普列姆昌德短篇小说选》（1984）、《割草的女人：普列姆昌德短篇小说新集》（1985）等，刘宝珍、彭正笃译的《公理和惩罚》（1986），仇标译的《章西女王》（1987），刘国楠、薛克翘译的《肮脏的裙裾》（1994），金鼎汉译的《虚假的事实》（2000）等。在此基础上，大量研究专著、期刊论文以及学位论文获得发表，例如，《印度印地语文学史》（刘安武，1987）、《普列姆昌德和他的小说》（刘安武，1992）、《普列姆昌德评传》（刘安武，1999）、《印度戏剧文学》（姜景奎，2002）、《印度近现代文学》（薛克翘等，2014）等。

由上述事实可以看出，古代时期，几乎没有人专门从事印度语言文学研究，出于佛经翻译的需求，梵语成为学者重点关注的研究对象。尽管进入近现代时期后，中国学者开始真正从文学角度而非宗教角度去研究印度语言和文学作品，但是古代后期研究停滞的时代正好是中世纪印地语定型和发展的关键阶段，由于语言知识的匮乏，所以除泰戈尔外，国内的研究重点仍旧停留在梵语和巴利语上。现当代时期，标准印地语是国内各高校主要教授的印度语言之一，自然吸引了广大学者的目光。正因如此，目前国内在印地语语言文学研究上所取得的绝大部分成就都与现代标准印地语有关。

（二）中世纪印地语与标准印地语的差异

对外语研究者来说，无论是从事译介工作还是研究工作，面临的一个首要问题就是如何将原文作品准确恰当地译读出来。一般来说，译读的过程可以分为两大环节——理解和表达。研究者必须首先作为一般读者，依靠自己掌握的源语言知识透彻地理解原文，然后把他所理解的东西用另一种语言透彻地转化或表达出来。由此可见，理解是研究的基础，是沟通两种不同语言的桥梁。

如前所述，现今通行于北印度以及国内广大印地语研究者所掌握的印地语是现代标准印地语，它以克利方言为基础，与中世纪其他印地语方言比较接近，它们在语言结构方面有很多相似相通的地方，词汇也大都继承自梵语。因此，对中国印地语学者而言，看懂、理解、翻译或研究中世纪印地语著成的文学作品是可能的。

然而，一方面，克利方言本身就与中世纪印地语其他方言不尽相同，另一方面，现代印地语由克利方言历经数个世纪发展至今，自身发生了很大的变化，如此现代标准印地语和中世纪印地语各种方言之间必然存在种种差异。这些差异不仅仅体现在字母的发音及词语的拼写上，还体现在屈折语的核心基础——词语的屈折变化上。这无疑给印地语学习者理解中世纪印地语文学作品造成了一定的困难和阻碍。由于篇幅所限，本文仅选取中世纪印地语方言中对文学影响力最大的伯勒杰方言，以表格的形式，以第三人称单数代词变格以及动词"是"的现在时和将来时变位为例，对这两种语言进行比较。具体如下：

表 1　第三人称单数代词变格

	现代标准印地语	伯勒杰方言
主格	वह	वह
属格	उस का, के, की	वा, ता कौ
与格	उस को, उसे	वा, ता कौं, ताहि
宾格	उस को, उसे	वा, ता कौं, ताहि
离格	उस से	वा सों, ता सों

表 2　动词"是"的现在时和将来时变位

	现代标准印地语		伯勒杰方言	
	现在时	将来时	现在时	将来时
मैं	हूँ	हूँगा	हौं	हैहौं

	现代标准印地语		伯勒杰方言	
	现在时	将来时	现在时	将来时
तू	है	होगा	हौ	हैहैं
वह	है	होगा	है, हौ, आहि	हैहैं
हम	हैं	होंगे	है, हैं	हैहैं
तुम	हो	होगे	हौ	हैहौ
वे	हैं	होंगे	है, हैं	हैहैं

综上所述，历经漫长的演变历程，印地语最终得以从阿波布朗舍语演化成现今通行于印度以及广大印地语研究者学习的现代标准印地语。在这个过程中，由于具有特殊的社会历史背景，中世纪不仅在语言发展史上是现代印地语形成的关键时期，而且对整个印度文学文化都产生了不可磨灭的影响，甚至我们可以说，至今依然困扰次大陆的印穆冲突、宗教民族主义、种姓问题、语言问题的根源或多或少都可以追溯到这个纷繁复杂的时代。这样看来，对中世纪印地语进行研究十分必要。虽然目前我国对中世纪印地语的研究相对较少，但是近几年越来越多的学者将自己的研究重心转移到这个方面。故此，我们有理由相信，中国对中世纪印地语研究的前景值得期待。

乌尔都语新闻语篇中转述策略的介入功能
——以巴联社①有关中印洞朗对峙事件的新闻为例

信息工程大学　孔亮

【摘　要】转述引语是报道者介入新闻语篇的理想媒介。消息来源、转述方式和转述动词是可供报道者选择的介入资源。为了引导读者按媒体设定的视角和立场看待新闻事件，针对不同的引述对象，报道者往往采用不同的转述策略，通过倾向性地使用某种资源或将多种资源搭配使用，催生介入合力，充分发挥介入功能。

【关键词】乌尔都语；新闻语篇；转述策略；介入功能

在系统功能语言学中，语篇被视为社会成员间进行社会意义交换的互动过程。过程中人际间的语言交流带有一定的目的性，如影响他人的态度或行为，解释自己的态度或行为，向他人提供信息或使他人向自己提供信息等等。可以说人们在日常生活中所说的很多话语不是对事实的陈述，而是为实现人际功能对情景、人物、自己或他人的行为和话语做出的评价。换言之，语篇中的很多语言资源具有评价意义。评价理论将具有评价意义的语言资源综合在一起并依据语义将其划分为三个系统：态度、介入和分级。

新闻报道是一种社会实践，由此产生的新闻语篇实际上是报道者对客观事实进行主观反映后形成的观念性信息，是其对客观事实进行建构的过程。报道者所持的立场、观点和分析方法渗透于新闻的主题、内容和形式之中，而媒体则通过对新闻的加工为受众构建出一个虚拟的环境，令其以媒体设定的视角和立场看待问题。从这个角度来说，新闻语篇中充斥着具有评价意义的语言资源。

在实际生活中，新闻并非纯粹地陈述新近发生的具体事件，而是在很大程度上记述了人们所说的话以及他们的说话方式，很多新闻甚至是通过层层转引而来的。媒体根据新闻的客观性需要对事件相关人进行采访，转述或引用当事

---

① 巴联社的全称为巴基斯坦联合通讯社（Associated Press of Pakistan，APP），是巴基斯坦最大的通讯社，由巴基斯坦政府新闻广播部领导。

人或负责人的某些言论。不过，新闻的客观性不是绝对的。报道者在编写新闻时往往或多或少地加入自己的观点，而转述便是报道者传达自身观点的理想方式。媒体对各方声音的表述能够反映媒体对事件本身和相关各方所持的态度，同时能直接影响读者对相关各方的印象。

一、转述在评价理论中的定位

在评价理论中，转述被归入介入系统。介入系统是对 Bakhtin 语篇对话性理论的语言学发展，用来描述那些把某一话语或语篇构建为一个多声场所的意义类型，这一多声性的话语场所混合了先前的话语、不同观点的话语以及期待的话语。（Martin & White，2005：97）介入系统按照对待不同观点的言语策略的选择分为自言和借言。自言是纯粹的陈述，借言是刻画社会多元定位可能性的资源网络。（王振华、路洋，2010：54）按照介入资源主体间功能的变化，借言可分为对话性扩展和对话性压缩两个范畴。对话性扩展表现为开启与其他可能性的对话空间，分为引发和摘引；对话性压缩表现为关闭与其他可能性的对话空间，分为声明和否认。

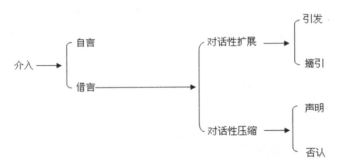

图 1　介入系统概览①

在词汇—语法层面，介入系统纳入了投射和相关表示声音来源/直接引语的结构、情态动词、情态附加语、现实阶段（对动词短语的详细化）、表示"意料之中"和"意料之外"的关联词/连接词等。（胡壮麟等，2005：326—327）通过使用上述语言资源，语言使用者可以表现出对他人话语的态度，如接受、承认、回应、挑战、反对等，还可以表达对他人回应自己话语的期待。

针对新闻语篇，报道者对各方声音的引述属于借言系统内话语扩展策略中的摘引策略。报道者把某个/些观点通过他人的话语呈现出来，报道者自身的话

---

① 图中，"["表示析取选择，即在可供选择的项目中只能选择一项。

语则退居幕后。在表达不同观点或不能确信某个/些观点时，报道者通过对其他话语场中某个/些观点的摘引，为自己声音的后退留出人际空间，所引观点的可信度也随声源的不同而变化。因此，要研究报道者通过转述介入新闻语篇的情况，应主要从两方面着手：一是转述引语和报道者话语的融合程度；二是报道者对转述引语内容的态度以及可能对读者产生的影响。鉴于此，笔者将从消息来源、转述形式和转述动词等三方面进行考察，所选取的语料是有关中印洞朗对峙事件的报道。

笔者利用巴联社网站的关键词检索功能，以"دوکلم"（洞朗）为关键词进行了检索，共得到 3 篇新闻。其标题和发布时间如表 1 所示：

表 1　巴联社有关中印洞朗对峙事件新闻的标题及发布时间

1	چین نے دوکلم سرحدی تنازہ پر بھارتی وزیر دفاع کے بیان کو مسترد کر دیا 中国否定了印度国防部长就洞朗边境争端的讲话	2017.8.23
2	دوکلم کے سرحدی علاقے میں فوجیوں کا گشت جاری رہے گا، ترجمان چینی وزارت خارجہ 军队在洞朗边境地区的巡逻将继续下去，中国外交部发言人	2017.8.30
3	بھارت سرحدی تنازعات پر چین کے ساتھ تعلقات بگاڑنے کے اقدامات سے گریز کرے، چینی اخبار کی رپورٹ 印度在边界争端上应避免破坏对华关系的行动，中国日报报道	2018.1.5

二、转述策略的介入功能

（一）消息来源表述策略的介入功能

消息来源是指报道者所引话语的发出者。报道者在引述他人言论、观点时，通常要交代其来历。交代的方式主要有三种：一是具体确切的消息来源，即报道者明确地指出发出话语的机构或个人，如"新华社报道"、"中国主席表示"等等；二是含而不露的消息来源，即报道者不直接点明引语的发出者，而是用一些较为笼统的词语间接地暗示，如"中方表示"、"消息人士指出"等等；三是似真非真的消息来源，即报道者不知道消息来源，或者觉得消息来源不重要，抑或故意隐瞒消息来源，但出于显示客观性和准确性的考虑，便用一些含糊不清的惯用短语交代引语来源，如"据报道"、"据悉"、"援引外媒报道"等等。（张健，1994：85—89）

从新闻标题来看，在中印洞朗对峙事件上，巴联社的消息主要来源于中方，这在正文部分得到了印证。在上述 3 篇新闻的正文中，共出现了 12 个消息来源。其中，具体确切的消息来源有 5 个，即 چینی وزارت خارجہ کے ترجمان（中国外交部发言人）、چینی ترجمان（中国发言人）、چینی وزارت خارجہ کی خاتون ترجمان ہوا چن ینگ（中国外交部女发言人华春莹）、چینی اخبار（《中国日报》）和 چائنا ڈیلی（《中国日报》）；含而不露消息来源的有 4 个，其中 2 个是 چین（中国），剩下的 2 个分别是 بھارتی حکومت（印度政府）和 دونوں ممالک（两国）；似真非真的消息来源有 3 个，其中 2 个为 رپورٹ کے مطابق（据报道），剩下的 1 个是 بھارتی ذرائع ابلاغ کے مطابق（据印度媒体称）。就消息来源的归属而言，属于中国的有 7 个，属于印度的有 2 个，属于中印双方的有 1 个，不确定归属的有 2 个，中国优势明显。就消息来源的地位而言，中方明显高于印方。由此可见，巴联社主要引述中方话语，即便引述印方话语，也通过模糊消息来源降低了其可信度。与之相反，在对待属于中方的消息来源时，巴联社力图通过明确其地位，暗示中方的话语更有分量、更可信，从而引导读者倾向于相信中方话语，支持中方观点。下面，以巴联社于 2018 年 1 月 5 日发布的新闻为例进行具体分析。

例 1：

بھارت سرحدی تنازعات پر چین کے ساتھ تعلقات بگاڑنے کے اقدامات سے گریز کرے، چینی اخبار کی رپورٹ

بیجنگ۔ 05 جنوری (اے پی پی) بھارت سرحدی تنازعات پر چین کے ساتھ تعلقات بگاڑنے کے اقدامات سے گریز کرے (1)۔ (2) یہ بات چینی اخبار نے اپنی رپورٹ میں کہی۔ (3) رپورٹ کے مطابق بھارتی ریاست اروناچل پردیش میں ڈوکلم سرحدی تنازعہ حل ہو جانے کے بعد دونوں ممالک نے باہمی تعلقات کو بہتر بنانے کے عزم کا اظہار کیا تھا لیکن بھارتی ذرائع ابلاغ کے مطابق وزیراعظم نریندرا مودی رواں سال کے آغاز میں اس سرحدی علاقے کے دورے کا پروگرام بنا رہے ہیں۔ (4) چائنا ڈیلی نے اپنی رپورٹ میں کہا ہے کہ اس ممکنہ اقدام پر چین کی تشویش بجا ہے۔ (5) رپورٹ کے مطابق بھارتی حکام اس بات سے بخوبی آگاہ ہیں کہ انہیں اس معاملہ پر نہایت احتیاط سے کام لینے کی ضرورت ہے۔

参考译文：

印度在边界争端上应避免破坏对华关系的行动，《中国日报》报道

北京，1 月 5 日（巴联社）：印度在边境争端上应避免破坏对华关系的行动。此话是《中国日报》在自己的报道中说的。据报道，在印度"阿鲁纳恰尔邦"[①]洞朗边境争端解决之后，两国表达了改善双边关系的决心，但据印度媒体称，总理纳伦德拉·莫迪在今年年初时正制定视察该边境地区的计划。《中国日报》在自己的报道中称，对这一可能的行动，中国有理由感到不安。据报

---

① 即藏南地区，中国政府从不承认所谓的"阿鲁纳恰尔邦"。本文为求翻译准确，故采用这一名称。

道，由此印度官员十分清楚，他们需要在此事上特别谨慎。

该篇新闻的正文部分共五句话，为方便分析，笔者在每个句子前加了编号。[①] 根据语义，句（1）和句（2）共同构成一次完整的转述。句（1）是引语，交代了转述的内容，句（2）是转述句，交代了引语的消息来源，故而笔者将这两句改写为一句，即句（1'） چینی اخبار نے اپنی رپورٹ میں یہ بات کہی کہ بھارت سرحدی تنازعات پر چین کے ساتھ تعلقات بگاڑنے کے اقدامات سے گریز کرے（《中国日报》在自己的报道中称，印度在边境争端上应避免破坏对华关系的行动。）经过改写，该篇新闻由四句话组成，且四句话中均存在转述，具体情况如表 2 所示：

表 2

句子	转述	消息来源	转述内容
(1')	①	چینی اخبار	بھارت سرحدی تنازعات پر چین کے ساتھ تعلقات بگاڑنے کے اقدامات سے گریز کرے
(3)	②	رپورٹ کے مطابق	بھارتی ریاست اروناچل پردیش میں ڈوکلم سرحدی تنازہ حل ہو جانے کے بعد دونوں ممالک نے باہمی تعلقات کو بہتر بنانے کے عزم کا اظہار کیا تھا
		دونوں ممالک	باہمی تعلقات کو بہتر بنانے کے عزم
	③	بھارتی ذرائع ابلاغ کے مطابق	وزیراعظم نریندرا مودی رواں سال میں اس سرحدی علاقے کے دورہ کا پروگرام بنا رہے ہیں
(4)	④	چائنا ڈیلی	اس ممکنہ اقدام پر چین کی تشویش بجا ہے
(5)	⑤	رپورٹ کے مطابق	بھارتی حکام اس بات سے بخوبی آگاہ ہیں کہ انہیں اس معاملہ پر نہایت احتیاط سے کام لینے کی ضرورت ہے

根据表 2，该篇新闻中共出现了 6 处转述，涉及 6 个消息来源，其中具体确切的消息来源依次是 چینی اخبار（《中国日报》）和 چائنا ڈیلی（《中国日报》），含而不露是 دونوں ممالک（两国），似真非真的依次是 بھارتی ذرائع کے مطابق رپورٹ（据报道）、ابلاغ کے مطابق（根据印度媒体）和 رپورٹ کے مطابق（据报道）。就消息来源的归属而言，该篇新闻引入了中印双方的声音和来源不明的声音，构建了一个多声性的话语场所，在洞朗边境争端上开启了不同可能性的对话空间。不过，就消息

---

① 对后文中的类似情况皆做此处理，不再说明。

来源的性质而言，巴联社明确了属于中国的消息来源而模糊了属于印度的，从而预设来自中方的话语是真实可信的，且自己的声音与这一可信的、有权威性的声音融合，同时暗示印方话语的真实性存疑。

巴联社通过"认可"中方的声音并"否认"印方的声音，实质上关闭了对话空间，在评价理论中属于对话性压缩这一范畴。对话性压缩表现为关闭与其他可能性的对话空间，可分为声明和否认。声明包括认可、宣布和赞同三种方式。否认包括否定和反预期两种方式。

结合转述内容来看，巴联社的介入意图更加明显。转述①主要体现了中方对印方的要求，即印度在边境争端上不要实施有损双边关系的行动，其消息来源是具体确切的，且属于中方，表明中方重视双边关系和保护自身利益的态度是明确可靠的。与转述①相同，转述④的消息来源也属于中方，同样是具体确切的，说明中国对印度可能采取的行动的担忧是真实可信且合情合理的。就转述①和④的消息来源而言，巴联社运用了评价理论中的"认可"手段介入了该语篇。认可涉及外部声音，表明预设所引用命题是真实可信的，从而使语言使用者的声音与这一正确、有权威性的声音融合。巴联社通过突出这两个消息来源的权威性，将自己的声音融入了转述引语，暗示巴联社认可来自中国的声音。

转述②传递的核心信息是中印两国均有意改善双边关系，但其涉及两层转引，消息来源分别是似真非真和含而不露的，这降低了该声音的可靠性，暗示并非两国都有意改善双边关系。转述③的内容与②相反，强调印度总理正计划进入洞朗地区。虽然其消息来源同样是似真非真的，但比起转述②的消息来源而言无疑更确切，且两处转述的内容在转折连接词 لیکن（但是）的作用下形成对比关系，这表明与改善双边关系的意愿相比，印度破坏双边关系的意图更加可靠。在评价理论中，这是一种"反预期"手段。反预期是指语言使用者引用与自己所说或所写命题不同但相关的话语，而后对其进行替代或反击，使之受挫，属于对话性压缩的范畴。

转述⑤表达的主要内容是印方清楚，在边境问题上印度有必要谨慎行事。尽管该转述的内容强调了印度官员对边境问题的认知，似乎接下来印度不会采取激化矛盾的措施，但其消息来源却同样是似真非真的，这降低了转述内容的可靠性，暗示印度缓和边境矛盾的诚意不足，与前文传递的隐含信息相符。

通过上述分析可以发现，在转述中国单方面的声音时，巴联社选择的消息来源都是具体确切的，表明巴联社认可中方的言行。与之相反，但凡涉及印方的声音，巴联社在转述时选择的消息来源就是含而不露或似真非真的，表明巴联社对印方的声音持怀疑态度。结合转述内容来看，巴联社降低了印度谨慎处置边境问题、改善中印关系的可靠性，并且通过消息来源的对比提升了印度试图激化矛盾的可信度。通过倾向性地表述消息来源，巴联社隐蔽地表达了对洞朗边境争端和中印双方言行的态度，巧妙地介入了该新闻语篇，塑造了一个容忍克制、言行一致的中国形象和一个激化矛盾、言行不一的印度形象，暗示中方的话语更有分量、更可信，从而引导读者相信、支持中国。

（二）转述形式选择策略的介入功能

人们在转述他人话语时会根据不同目的选择不同的转述形式。根据转述者介入转述引语的程度，转述形式首先可分为直接引语（direct speech，DS）和间接引语（indirect speech，IS）两类。这两类转述形式在语用上有着相同的交际功能，即表明某些话语或思想出自他人。二者间的区别主要在于人际意义方面——转述者对所引用的话语承担了不同程度的责任。使用直接引语表明引用者在形式和内容上均忠于原话；使用间接引语表明引用者只忠实表达了原话的内容，而没有采用原话的措辞和形式。在此基础上，衍生出另外三种转述形式：自由直接引语（free direct speech，FDS）、自由间接引语（free indirect speech，FIS）和言语行为的叙述性转述（the narrative report of speech acts，NRSA）。（辛斌，2005：115）自由直接引语省略转述句，不过读者很容易判断出这些话语出自他人之口，属于借言，作者通过借言减少了自身所承担的发出话语和表达思想的责任；自由间接引语同样没有转述句，在语义和语用上往往混合了转述者和被转述者的声音，但比间接引语更忠实于原话；言语行为的叙述性转述指的是只转述他人所实施的言语行为，转述者不承诺忠实于原话内容，更不承诺忠实于原话的形式。

Leech 和 Short 依据转述者对转述引语的介入程度建立了一个介入程度的分析模型，（辛斌，2005：116）如图 2 所示：

转述者介入程度

| FDS | DS | FIS | IS | NRSA |

图 2　转述者介入转述引语的分析模型

图中，位于最左端的自由直接引语是转述者介入程度最低的转述形式，依箭头由左至右，介入程度逐渐升高，位于最右端的言语行为的叙述性转述的介入程度最高。笔者仍以例 1 为例进行详细说明。

例 1 正文中的 5 句话均为转述引语。句（1）是自由直接引语，所引话语在内容和形式上完全忠实于原话，表明巴联社原文传达了中国对印度的警告。句（2）是言语行为的叙述性转述，其作用是表明句（1）的信息来源，相当于句（1）的转述句，增强了所引话语的真实性、权威性。在该句中，یہ بات（这句话）复指句（1），即 بھارت سرحدی تنازعات پر چین کے ساتھ تعلقات بگاڑنے کے اقدامات سے گریز کرے（印度在边境争端上应避免采取破坏对华关系的行动。），起到了强调句（1）内容的作用。

句（3）是一个并列复句，起始句在转述形式上属于自由间接引语，但其内容涉及两层转引，包含一个言语行为的叙述性转述，即中印两国表达了改善双边关系的意愿；接续句是一个自由间接引语，传递的核心信息是印度正破坏双边关系。在转折连接词 لیکن（但是）的作用下，这两个小句的内容形成对比，突出了印度的言行矛盾。结合转述形式来看，印度总理计划视察中印边境争议地区的行为更忠实于被引用者的声音，可信性更高。与之相反，在印度表达改善中印关系这件事上，巴联社只是转述了印度的言语行为，不承诺忠实于原话的形式和内容，降低了该信息的可信性。

句（4）是一个间接引语，传递的核心信息是中国的担心合情合理。间接引语在很大程度上允许转述者介入被转述者的话语，因而间接引语往往是两种声音的混合交融。句（4）中出现了两个形容词，即 ممکنہ（可能的）和 بجا（正确的）。前者限定了"印度行动"的概率，即"可能的行动"，表明讲话者对该事件的有效性持怀疑态度，属于情态范畴；后者涉及归属类关系过程，赋予"中国忧虑"这一载体以属性，即"忧虑合情合理"，属于及物性范畴。然而，在间接引语中，读者很难判断出这是被转述者——《中国日报》的态度，还是转述者——巴联社的态度。巴联社通过采用间接引语这一介入程度较深的转述方式，将自身话语融入了所引述的话语中，隐含地表达了对"印度行为"的概率判断和对"中国忧虑"的属性判定。

句（5）是一个自由间接引语，传递的核心信息是印度官员很清楚印方有必要采取谨慎态度。句中出现了两处表达情态的方式，即副词 کوبی（很好地、非常）和动词短语 کی ضرورت ہو（有必要、需要）。情态的一个功能是表述讲话者对命题有效性的意见。然而在自由间接引语中，转述者和被转述者的声音混合在一起，难以区分，讲话者的身份难以确定，加之该引语的消息来源是似真非真的，那么上述两处情态反映的很可能是巴联社的态度，即巴联社认为：印度高层十分清楚，印方必须采取谨慎态度。

综合来看，巴联社在转述中方话语时，侧重于选择介入程度较浅的方式，从而暗示引语忠实于原话；转述印方话语时，基本上采取介入程度较深的方式，将自身话语融入被转述者的话语，在凸显新闻客观性的前提下尽可能地表达媒体自己的观点、态度。总之，巴联社通过选择不同的转述方式传递不同讲话者的话语，积极介入了该新闻语篇，以达到强调引语的忠实性或隐含表达自身观点的目的。

（三）转述动词使用策略的介入功能

转述引语和转述语境间存在动态作用关系，转述者可利用转述语境以微妙的方式把自己的声音融入转述引语。因此，要研究报道者对转述引语的介入情况，就不能忽视转述语境。

系统功能语言学对语境给予了很大程度的关注。根据系统功能语言学的言语行为框架理论，言语活动一定在包含形式（语言）、语境和功能（意义）等三个要素的言语行为框架里运行。三要素中，语境决定（语言）形式，形式反过来建构语境；形式表达意义/功能，意义/功能由形式体现。（司显柱，2007：53）综合 Halliday、Hasan、Martin 等系统功能语言学家的观点，语境可归纳为四个层次：直接语境，即上下文；情景语境，即语域；文化语境，即语篇体裁；意识形态。在四个层次的语境中，意识形态为语篇提供了最宏观的文化环境，任何语篇都是一种文化所包含的价值观念、道德规范、审美期待等意识形态因素作用的结果；在相同的文化背景下，不同的语篇体裁为某一类语篇提供比较稳定的纲要式结构和体现样式；在语篇体裁固定的情况下，不同的语域对语篇的主题、交际距离和语言风格等产生影响；在一定的语域中，上下文情况会对语篇中具体的形式选择产生影响。

根据功能语言学坚持的"选择就是意义"原则，在语篇分析中，形式就是意义的体现，一定的形式体现一定的意义，形式不同，所表达的意义就不一样。（黄国文，2001：44）所以对转述引语而言，需要参照所处语境才能确定其意义。如前文所述，形式对语境有建构作用，因此要研究转述引语和转述语境间的互动，就需要找到二者的契合点，即转述动词。转述动词的选择受语域和上下文的影响，其具体形式本身就体现了一定的意义，同时转述动词还构成了转述引语的最直接语境，其意义对转述引语的形式选择和功能具有重要影响。

转述动词不仅存在于转述句中，对于没有转述句的言语行为的叙述性转述而言，转述动词就是小句的动词及其延伸部分。在乌尔都语新闻中，"ﮐﮩﻨﺎ"（说）在感情色彩上属中性，是最常用的转述动词，然而该词虽客观，却往往不能准确表达原话的风格和其他人际意义，因此转述者常常选择其他动词或给"کہا"加上修饰成分，从而使自己的声音融入转述引语。从这个意义来说，转述动词是转述者介入转述引语的理想渠道。下面，笔者以巴联社于 2017 年 8 月 23 日发布的新闻为例进行具体说明。

例 2：

چین نے ڈوکلم سرحدی تنازہ پر بھارتی وزیر دفاع کے بیان کو مسترد کر دیا

بیجنگ ۔ 23 اگست (اے پی پی) (1) چین نے ڈوکلم سرحدی تنازہ پر بھارتی وزیر دفاع کے بیان کو مسترد کرتے ہوئے کہا ہے کہ نہ صرف بھارتی فوج نے غیر قانونی طور پر سرحد پار کی بلکہ بھارتی حکومت کی طرف سے اس غیر قانونی اقدام کا انتہائی مضحکہ خیز جواز دیا گیا۔ (2) چینی وزارت خارجہ کے ترجمان نے کہا کہ بھارتی حکومت نے اپنے فوجوں کے سرحد پار کرنے کے غیر قانونی اقدام کا جواز یہ بتایا ہے کہ چین اس علاقے میں ایک سڑک کی تعمیر میں مصروف ہے۔ (3) چینی ترجمان نے کہا کہ اگر بھارت کے اس جواز کو تھوڑی دیر کے لیے درست تسلیم بھی کر لیا جائے تو اس کی بنیاد پر کوئی بھی شخص اپنے پڑوسی کے گھر میں زبردستی گھس سکتا ہے اور بھارت کی طرف سے اپنی سرحد کے اندر کسی علاقے میں کسی بڑے انفراسٹرکچر کی تعمیر کو اپنے لئے خطرہ قرار دے کر چینی فوج بھی بین الاقوامی سرحد پار کر سکتی ہے۔

参考译文：

中国否定了印度国防部长就洞朗边境争端的讲话

北京，8 月 23 日（巴联社）：中国在否定印度国防部长就洞朗边境争端的讲话时称，印度军队不仅非法越过边境，而且该非法行动还被印度政府赋予了极其可笑的合法性。中国外交部发言人称，印度政府将本国军队越境这一非法行动的理由解释为中国正忙于在该地区修建一条公路。中国发言人称，如果印度的这个理由一时间得到认可，那么基于此，任何人都可以强行闯入自己的邻居家中，中国军队也可以将印度在境内任何地区的任何大型基础设施建设视为对自身的威胁而跨越国际边界。

该新闻的正文由 3 个主从复句组成，涉及 4 处转述，包括 4 个转述动词，其中句（2）涉及 2 处转述，包括 2 个转述动词。具体情况如表 3 所示：

表 3

句子	转述	转述动词	转述内容
(1)	①	مسترد کرتے ہوئے کہا ہے	نہ صرف بھارتی فوج نے غیر قانونی طور پر سرحد پار کی بلکہ بھارتی حکومت کی طرف سے اس غیر قانونی اقدام کا انتہائی مضحکہ خیز جواز دیا گیا
(2)	②	کہا	بھارتی حکومت نے اپنے فوجوں کے سرحد پار کرنے کے غیر قانونی اقدام کا جواز یہ بتایا ہے کہ چین اس علاقے میں ایک سڑک کی تعمیر میں مصروف ہے

句子	转述	转述动词	转述内容
(3)	③	بتايا ہے	چین اس علاقے میں ایک سڑک کی تعمیر میں مصروف ہے
	④	کہا	اگر بھارت کے اس جواز کو تھوڑی دیر کے لئے ۔۔۔ خطرہ قرار دے کر چینی فوج بھی بین الاقوامی سرحد پار کر سکتی ہے

句（1）的消息来源是 "چین"（中国），这是一个含而不露的消息来源，此外，该句选择的转述形式是间接引语，这些条件为报道者声音的介入创造了良好环境。在此基础上，该复句的控制句，即转述句使用了 "مسترد کرتے ہوئے کہا ہے"（否定时说）这一加入了修饰成分的转述动词，表明了巴联社对所引话语的判断：这是中国对印度国防部长就洞朗边境争端所讲话语的否定、驳斥。结合转述内容中 "انتہائی مضحکہ خیز جواز"、"غیر قانونی اقدام"（非法行为）、"（极其可笑的合法性）等感情色彩强烈的短语来看，该转述动词与转述内容形成了良好互动，表明巴联社的判断是符合实际的。这种判断未尝不是巴联社自身的态度表达，即巴联社认为印度行为是强词夺理，其言论毫无逻辑性，极其可笑。

句（2）涉及 2 处转述，其控制句是转述句，所采用的转述形式是间接引语，其消息来源是 "چینی وزارت خارجہ کے ترجمان"（中国外交部发言人），表明所引话语的权威性大、可信度高；倚赖句的消息来源是 "بھارتی حکومت"（印度政府），相对于控制句的消息来源而言比较模糊，而且该句采用了言语行为的叙述性转述，是介入程度最高的转述方式。由此可见，巴联社为倚赖句创造了更为理想的介入环境。这一点在转述动词的使用上得到了印证。转述②的动词是 "کہا"（说），是最平实的转述动词，表明中国外交部发言人是在陈述事实；转述③的动词是 "بتایا ہے"（解释、说明），带有明显的人际意义和感情色彩，结合内容来看，印度政府是在为本国军队非法越境的行为找借口、做辩解。巴联社将自己的声音巧妙地融入了转述动词，使转述引语同转述语境相互作用，将印度政府和军队置于了法律和道德的低点。

句（3）是一个内容很长的主从复句，其控制句同样是转述句，使用的转述动词也是 "کہا"（说）。倚赖句是所引述的话语，即如果印度的解释得到认可，那么规矩将受到破坏，中国会以其人之道还治其人之身。这是中国发出的警告，体现了中国的严正立场。此外，该话语的消息来源是 "چینی ترجمان"（中国发言人），参考上下文，这里的发言人应是中国外交部的发言人，说明所引话语具有权威性。结合消息来源和转述内容来看，句（3）使用的转述动词最大程度上保证了所引话语的真实性和可信度，说明巴联社的目的就是尽可能地用原文传达中方的话语，突出中国对印度的警告。

由上述分析可见，转述动词的选择受转述语境的影响，同时又构成转述引语的最直接语境，与转述内容相互构建，形成互动。媒体在保证所引话语真实、客观的前提下，可以通过选择不同的转述动词或者为转述动词增加修饰成分，创造介入条件，将自己的态度、观点、判断不漏痕迹地融入他人的话语。

三、结语

新闻报道中充斥着各种形式的直接引语、间接引语以及来源未加任何说明的话语。报道者这样做的目的在于给新闻增添真实感，显示其客观性，使读者确信报道者并未掺杂个人观点。然而，绝对客观公正的新闻是不存在的，转述引语便是报道者表达自身观点、看法、态度的理想媒介，具备介入新闻语篇的功能。报道者可以通过选择消息来源的类型强化或弱化某个/些声音的权威性、真实性；可以通过采用不同的转述方式为在引语中隐蔽地掺入自己的声音创造条件；可以通过使用不同的转述动词或给转述动词增加修饰成分来表达自己的态度。当然，消息来源、转述方式和转述动词这三种介入资源并不是独立使用的，且杂乱无章地将这些资源放在一起并不能实现引导读者按媒体设定的视角看待问题的目的。为了巧妙介入新闻语篇且不被读者察觉，报道者往往将这三种资源按一定的策略组合在一起，针对不同的引述对象有倾向地使用，催生合力，充分发挥其介入功能。

参考文献

[1] 方琰. 系统功能语法与语篇分析[J]. 外语教学，2005（6）：1—5.

[2] 胡壮麟，朱永生，张德禄，李战子. 系统功能语言学概论[M]. 修订版. 北京：北京大学出版社，2005.

[3] 黄国文. 语篇分析的理论与实践：广告语篇研究[M]. 上海：上海外语教育出版社，2001.

[4] 黄国文. 语篇分析与系统功能语言学理论的建构[J]. 外语与外语教学，2010（5）：1—4.

[5] 刘立华. 评价理论研究[C]. 北京：外语教学与研究出版社，2010.

[6] 刘世生，刘立华. 评价理论视角下的话语分析[J]. 清华大学学报（哲学社会科学版），2012（2）：134—141，160.

[7] 司显柱. 论语境的层次性对翻译的张力关系[J]. 外语与外语教学，2007（2）：53—56.

[8] 王振华，路洋. 介入系统嬗变[J]. 外语学刊，2010（3）：51—56.

[9] 王振华. 评价系统及其运作：系统功能语言学的新发展[J]. 外国语，2001（6）：13—20.

[10] 辛斌. 批评语言学：理论与应用[M]. 上海：上海外语教育出版社，2005.

[11] 张健. 新闻英语文体与范文评析[M]. 上海：上海外语教育出版社，1994.

[12] Halliday, Matthiessen. An Introduction to Functional Grammar (3rd ed.) [M]. Beijing: Foreign Language Teaching and Research Press, 2008.

[13] Martin J R, D Rose. Working with Discourse: Meaning beyond the clause [M]. London: Continuum, 2003.

[14] Martin J R, P White. The Language of Evaluation: Appraisal in English [M]. New York: Palgrave Macmillan Ltd, 2005.

[15] Martin J R. Critical Discourse Analysis/Positive Discourse Analysis: Volume 6 in the Collected Works of J.R.Martin [C]. Shanghai: Shanghai Jiao Tong University Press, 2012.

普什图语句子情状体的合成过程探析

信息工程大学　　王静

【摘　要】情状体指的是句子的内在时间语义特征，是句子完整时间意义构建的基础。句子情状体以动相为核心合成，在时间语义特征的缺省对立模式中，这一合成过程具有层级性和单向性。三层级单一合成模型可以清晰地呈现普什图语句子情状体的合成过程，并且使规则尽量简化，符合语言的"经济"原则。

【关键词】普什图语；情状体；动相；缺省对立

动相（aktionsart）[①]，指动词所表达动作或事件的内在时间结构，是光杆动词的内在时间语义特征。依据[+/Φ 动态]、[+/Φ 持续]、[+/Φ 有界]和[+/Φ 个体化]这四组时间语义特征的组合关系，普什图语动词可以划分为状态相、活动相、单活动相和瞬成相 4 种动相类型，如表 1：

表 1　普什图语动词相的类型

	相的类型（aktionsart）		语义特征组合				例词
			动态	持续	有界	个体化	
1	静态	状态相（state）	Φ	+	Φ	Φ	پوهېدل
2	动态	活动相（activity）	+	+	Φ	+/Φ	لیکل
3		单活动相（semelfactive）	+	Φ	+	+	توخل
4		瞬成相（achievement）	+	Φ	+	Φ	مرل

情状体（situation aspect）[②]指的是句子的内在时间语义特征，即去掉时、体等语素后句子语干所表达的时间意义。同样，根据上述四组时间语义特征的组合关系，普什图语句子语干可以划分为状态情状、阶段水平情状、活动情

---

① 相（aktionsart），来自德语，意为"行为类别"（Brinton, 1988: 3），是动词所表达行为动作的内在时间特征，也有学者称之为"动作方式"。尚新（2004）认为，作为"行为类别"的相是情状内在时间结构合成的最基本单位，本文观点与之相同。

② 也称语义体（semantic aspect）。

状、单活动情状、瞬成情状及渐成情状 6 种类型，分别表达如下 6 种不同的情状体义：状态情状，语义特征组合为[Φ 动态，+持续，Φ 有界，Φ 个体化]；阶段水平情状，语义特征组合为[Φ 动态，+持续，+有界，Φ 个体化]；活动情状，语义特征组合为[+动态，+持续，Φ 有界，+/Φ 个体化]；单活动情状，语义特征组合为[+动态，Φ 持续，+有界，+个体化]；瞬成情状，语义特征组合为[+动态，Φ 持续，+有界，Φ 个体化]；渐成情状，语义特征组合为[+动态，+持续，+有界，+/Φ 个体化]。

普什图语 6 种句子情状需要以表 1 中的 4 类动相为核心合成，探讨并清楚地展现这一合成过程可以为进一步研究句子体貌意义的合成奠定基础，从而构建出完整的普什图语体貌系统理论框架。

一、动相与句子情状

要讨论情状体的合成，首先要厘清动相和句子情状的关系。二者的区别主要有以下两点：

第一，动相类型（4 类）与句子情状类型（6 类）的数量不同，因为动词的内在时间结构更直观、类型少。

第二，句子情状是动相与句子论元及表示时间意义的其他成分共同合成的，所以在句子中，动相与以其为核心构建的句子情状所具有的时间意义可能一致，也可能不同。

比如，普什图语动词"ويل"（说、唱）的语义特征为[+动态，+持续，Φ 有界]，是活动相动词，而以动词"ويل"为核心的句子语干"بريالى يوه سندره ويل"（巴里亚莱唱一首歌）的语义特征为[+动态，Φ 持续，+有界]，是渐成情状，从"ويل"到"بريالى يوه سندره ويل"的过程中内在时间结构发生了变化，也就是说，渐成情状句"بريالى يوه سندره ويل"是活动相动词"ويل"与其他句子成分（宾语、补语等）一起合成的。

对"相"和"情状"加以区分，使概念更清晰，便于接下来对句子情状体合成模式的讨论。

二、情状体的合成模式

合成模式包括合成层次和合成规则两个方面。合成层次，指由动词相到句子情状所经历的层级步骤；合成规则，指两个层级之间的连接方法。

（一）合成层次

早在 20 世纪 70 年代，Verkuyl（1972）就提出情状具有合成性（compositional nature），即情状体的时间意义是由动词和相关的名词性成分的意义相互作用、共同组合而成的。情状首先是针对动作而言，动作的情状类型首先反映在动词上，其次反映在动词短语上，最后在句子中表现为不同的情状体。尚新进一步提出，情状是一个层级组织系统，第一层级为"动相"，即动词本身的内在时间特征；第二层级为"时相"，即动词群体（verb constellations）合成的内在时间结构（Smith，1997：56），由动词和其论元的时间特征合成；第三层级为"派生相"，由时间状语或方式状语与动词群体的内在时间特征合成（尚新，2004：13）。三个层级的关系可以图示如下：

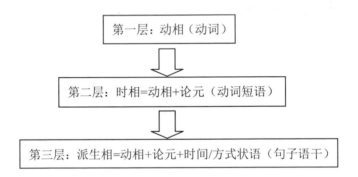

图 1　情状的三层级

动相取决于动词本身的词汇意义，是独立的，时相由动词和其论元共同决定，是合成的，动相的动态性、持续性、界限性、个体化特征对情状的内在时间构成至关重要。也就是说，动词相合成句子情状分三个层级，两个步骤，是一个逐层合成的过程。

通过对普什图语 100 个常用动词的使用情况进行总结分析，我们认为，这种分三层级逐步合成情状的具有科学性和说服力，也可以用来解释普什图语情状的合成。

以普什图语瞬成相动词"چاودل"（爆炸）扩展为句子"بمونه وار په وار وچاودل"（炸弹一颗接一颗爆炸）为例，其层级如下：

1.活动相动词"چاودل"（爆炸）为第一层，其自身的时间特征为[+动态，Φ持续，+有界]；

2.当其与复数论元"چاودل"（很多炸弹）结合后，动词短语"بمونه چاودل."（很多炸弹爆炸）成为第二层，时间特征变为[+动态，+持续，+有界]；

3.当"بمونه چاودل."又与表示动作方式的状语"وار په وار"（一个接一个地）结合后，情状"بمونه وار په وار وچاودل"（炸弹一颗接一颗爆炸）是第三层，其时间特征变为[+动态，+持续，Φ有界]。三个层级可以图示如下：

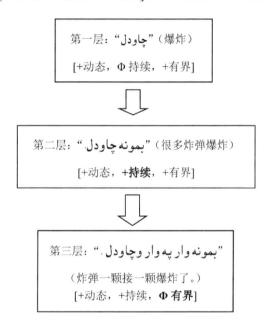

由动词，到动词短语，再到句子的三层级的合成步骤可以清晰展现句子情状形成的路径，但是，层级与层级之间还需要有具体的"规则"来连接，也就是接下来要讨论的合成规则。

（二）合成规则

在情状体的合成规则上，学界有"互动合成"（Smith，1991/1997）和"单一合成"（Olsen，1994）两种观点。尚新认为，情状应该是一种合成范畴，由动词本身的内在语义特征、句子论元（argument）结构和数量特征以及状语展现的时量和数量特征单一合成（尚新，2004：7）。我们同意其观点，认为建立在语义特征的缺省对立基础上的"单一合成"比建立在语义特征均等对立基础上的"互动合成"更符合语言的经济、简便原则。

单一合成需要建立在语义特征缺省对立的基础上，而缺省对立是 Mari Olsen（1994）研究语言体貌系统的基础。在时间语义特征的缺省对立模式中，更具体的语义特征标记为正值[+feature]，其对立方更为普通和一般，是无标记的，记作[Φ feature]，二者并不是非此即彼的对立关系，有标记和无标记在意义上是不对称的，无标记的意义可以涵盖有标记的意义。

在缺省对立模式下，动词的正标记语义特征对句子情状特征（情状体）的合成起恒常作用，而无标记的特征则是可删除的，即无标记特征并不参与情状特征的合成，相当于是一个可填补的"空位"。也就是说，在情状的合成过程中只需要在核心动相[Φ]的位置上增加相应的正值信息即可，这是一个单向过程。请对比下面每组例句中的 a 和 b 句：

例 1. 活动动词"گرځېدل"（散步）：

a. دى دباندې گرځي

散步 在外面 他

de dəbande grdzi.

他在外面<u>散步</u>。[+动态，+持续，Φ 有界]

b. دى هره ورځ يو ساعت په آزاده هوا کښى گرځي

散步 在户外 一小时 每天 他

de hara wradz yaw sa-at pə azada ha-wa ki gərdzi.

他每天在户外<u>散步</u>一小时。[+动态，+持续，+有界]

例 2. 瞬成相动词"چاودل"（爆炸）：

a. بم وچاود

爆炸 炸弹

bam wə-chawd.

炸弹<u>爆炸</u>了。[+动态，Φ 持续，+有界]

b. بمونه وارپه وار وچاودل

爆炸 一个接一个地 炸弹

bamuna war pə war wə-chawdəl.

炸弹一颗接一颗<u>爆炸</u>了。 [+动态，+持续，Φ 有界]

例 3. 状态相动词"باورلرل"（相信）

a. پر تا باورلرم

相信 你（前置词）

ta ta bawar larəm.

我<u>相信</u>你。 [Φ 动态，+持续，Φ 有界，Φ 个体化]

b. دوه ځله شوى دي چي ته تا باوردرلود

相信 （后置词）你（连词） 发生两次

dwa dzəlashəwi diche ta ta bawar darlud.

我已经<u>信</u>了你两次，…… [+动态，+持续，+有界，+个体化]

在例 1 中，动词相"گرځېدل"（散步）的语义特征组合是[+动态，+持续，

Φ 有界]，当扩展为 "یو ساعت گرخَبدل"（跑一公里）时，只需把正值信息[+有界]补在空位[Φ 有界]处，情状特征就变为[+动态，+持续，+有界]。

我们再以英语为例，"play" 的正值特征为[+活动，+持续]，在界限性方面，它是无标记的[Φ 有界]。请看下面两句情状体的合成：

例 4a. He played Mozart.

他演奏了莫扎特的曲目。

b. He played a Mozart sonata.

他演奏了一首莫扎特的奏鸣曲。（Olsen，1994：19）

"play" 的标记正值特征[+活动，+持续]对 4a 句和 4b 句是同样存在的，[Φ 有界]特征对 "play" 来说是标记零值，因而是可删除的。在 4a 句中，动词论元 "Mozart" 并没有为句子情状输入[+有界]特征，因此整句的情状体为[Φ 有界]特征；而 4b 句中的动词论元 "a Mozart sonata" 为句子情状输入了[+有界]标记正值特征，因此整句情状体就具有了[+有界]特征。

而在均等对立中，语义特征是非此即彼的对立关系，即负值特征与正值特征的地位相同，都参与情状的合成，在从动词相到句子情状的扩展过程中，必须删除原有的正值或负值特征，这就需要增加另外的规则来保证删除的实现。两种合成模式图示如下：

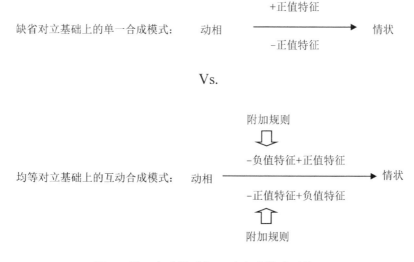

图 2　单一合成模式与互动合成模式对比图

显然，单一合成模式比互动合成模式更简单，易操作。

我们仍然以瞬成相动词 "چاودل"（爆炸）扩展为句子 "بمونه وار په وار

"وچاودل"（炸弹一颗接一颗爆炸）为例，其合成过程可以完善如下：

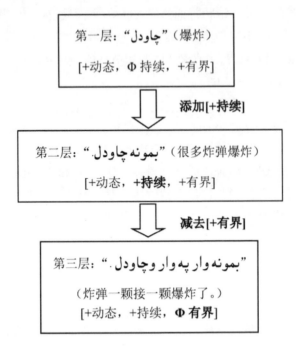

第一层："چاودل"（爆炸）

[+动态，Φ 持续，+有界]

添加[+持续]

第二层："بمونه چاودل"（很多炸弹爆炸）

[+动态，**+持续**，+有界]

减去[+有界]

第三层："بمونه وار په وار وچاودل"

（炸弹一颗接一颗爆炸了。）

[+动态，+持续，**Φ 有界**]

可见，这种建立在语义特征缺省对立基础上的三层级单一合成理论使规则尽可能简化，且能够清楚地说明普什图语句子情状的合成过程。

需要注意的是，在情状合成过程中根据需要所添加的[+持续]特征或者减去的[+有界]特征，不是对动词本身而言的，因为动词本身的语义特征是不能改变的。

三、普什图语情状体的合成过程

下面，我们就利用三层级单一合成模式来分析普什图语 4 种动相合成 6 种句子情状的具体情况。

（一）以状态相为核心的情状

普什图语状态相动词根据句法功能可以分为行为动词和系动词。普什图语系动词"دی"（是）只能表达非此即彼的静态关系，其时间语义不受论元和时间、方式状语的影响。以系动词"دی"构建的句子语干只能表达[Φ 动态，+持续，Φ 有界]这一种时间意义，体貌合成过程简示如下：

"دی" [Φ 动态，+持续，Φ 有界]→时相→派生相→句子[Φ 动态，+持续，

Φ 有界]

状态相动词中的行为动词根据及物性又可以分为及物动词和不及物动词，除可以加时间状语外，及物动词可以加宾语和时量补语从句，不及物动词可以加时量补语从句，当所加的宾语或者补语从句具有[+有界]特征时，状态相动词所构建句子的时间语义特征可能随之改变，经过"单一合成"转为不同的情状。

以及物动词"لرل"（有）、"پېژندل"（认识）和不及物动词"ارزښدل"（值）为例，合成情状的过程如下：

"لرل"（有）：

状态相 لرل（有） [Φ 动态，+持续，Φ 有界]

⇩

时相 لرل یو قلم（他有一支笔） [Φ 动态，+持续，Φ 有界]

⇩

派生相 لرل یو قلم په عمر کې هغه（他一生有一支笔）[Φ 动态，+持续，**+有界**]

"پېژندل"（认识）：

状态相 ارزښدل（值） [Φ 动态，+持续，Φ 有界]

⇩

时相 ارزښدل دا کتاب په لس افغانۍ（这本书值十阿富汗尼）

[Φ 动态，+持续，Φ 有界]

派生相 ارزښدل دا کتاب په لس افغانۍ پروسږکال（这本书去年值十阿富汗尼）

[Φ 动态，+持续，**+有界**]

"ارزښدل"（值）：

状态相 پېژندل（认识） [Φ 动态，+持续，Φ 有界]

⇩

时相 پېژندل زه تا（我认识你） [Φ 动态，+持续，Φ 有界]

⇩

派生相 پېژندل چه زه تا یو کل کېږي（我认识你一年了）

[Φ 动态，+持续，Φ 有界]

观察上面三个情状的合成过程可以看出：

第一，论元的添加并不能改变状态相动词所构建句子的时间语义特征；

第二，时间状语"په عمر کې"（在一生之中）、"پروسږکال"（去年）或时间补语从句"یو کل کېږي چه"（一年了）可以为大多数状态相动词所构建的句子加上[+有界]特征，使语干表达阶段水平情状；

第三，如 "پېژندل"（认识）、"خبرول"（知道）等认知类状态相动词所构建句子的时间语义特征不受时间状语或补语从句的影响。

所以，以状态相动词为核心可以构建出状态情状和阶段水平情状。

（二）以活动相为核心的情状

活动相动词根据及物性可以分为及物动词和不及物动词，及物动词可以加宾语和补语从句，不及物动词可以加补语从句，当所加的宾语或者补语从句具有[+有界]特征时，动词的时间语义特征可能随之改变，经过 "单一合成" 转为不同的情状。

以及物动词 "فکر کول"（思考）和不及物动词 "راتلل"（来）为例，合成情状的过程如下：

"فکر کول"（思考）：

活动相 فکر کول（思考）[+动态，+持续，Φ 有界]

⇩

时相 هغه په دې پوښتنه فکر کول（他思考这个问题）[+动态，+持续，+有界]

⇩

派生相 یو ساعت کېږي چې هغه په دې پوښتنه فکر کول（他思考这个问题一个小时）

[+动态，+持续，+有界]

"راتلل"（来）：

活动相 راتلل（来）[+动态，+持续，Φ 有界]

⇩

时相 هغه راتلل（他来）[+动态，+持续，Φ 有界]

⇩

派生相 راتلل هغه دلته به سبا（他明天来这里）[+动态，+持续，+有界]

观察上面两组情状的合成过程可以看出：

第一，当活动相动词为及物动词时，论元（主语和宾语）的添加可以为情状增加[+有界]特征，而当活动相动词为不及物动词时，论元（主语）的添加并不能改变活动相动词所构建句子的时间语义特征；

第二，地点状语 "دلته"（在这里）可以为不及物活动相动词所构建的句子加上[+有界]特征，使语干表达渐成情状。

所以，以活动相动词为核心可以构建出活动情状和渐成情状。

（三）以单活动相为核心的情状

单活动相动词根据及物性也可以分为及物动词和不及物动词，及物动词可以加宾语以及动量或时量补语从句，不及物动词可以加动量或时量补语从句，但是，所加的宾语或者补语从句是否具有[+有界]特征，不一定会影响动相的时间语义特征。

以及物动词"تکول"（敲）和不及物动词"بریښیدل"（闪烁，闪光）为例，合成情状的过程如下：

"تکول"（敲）：

单活动相 تکول（敲）　[+动态，Φ持续，+有界，+个体化]

⇩

时相 دی دروازه تکول（他敲门）[+动态，Φ持续，+有界，+个体化]

⇩

派生相1　یو ځل کبري چې دی دروازه تکول（他敲一下门）

[+动态，Φ持续，+有界，+个体化]

派生相2　دری ځله کبري چې دی دروازه تکول（他敲三下门）

[+动态，+持续，+有界，+个体化]

派生相3　تل دی دروازه تکول（他一直敲门）

[+动态，+持续，Φ有界，+个体化]

"بریښیدل"（闪烁，闪光）：

单活动相 بریښیدل（闪烁）[+动态，Φ持续，+有界，+个体化]

⇩

时相 د بریښنا ډیوه بریښیدل（电灯闪烁）[+动态，Φ持续，+有界，+个体化]

⇩

派生相1　یو ځل کبري چې د بریښنا ډیوه بریښیدل（电灯闪了一下）

[+动态，Φ持续，+有界，+个体化]

派生相2　یوه ورځ کبري چې د بریښنا ډیوه بریښیدل（电灯闪了一天）

[+动态，+持续，+有界，+个体化]

派生相3　د بریښنا ډیوه تل بریښیدل（电灯一直在闪）

[+动态，+持续，Φ有界，+个体化]

观察上面两组情状的合成过程可以看出：

第一，论元（主语和宾语）的添加不能为单活动相动词所构建的句子增加[+持续]特征；

第二，表达"两次或两次以上"的动量补语能为单活动相动词所构建的句子增加[+持续]特征；

第三，时量补语能为单活动相动词所构建的句子增加[+持续]特征；

第四，方式状语可以弱化单活动相的[+有界]特征。

所以，以单活动相动词为核心可以构建出单活动情状、活动情状和渐成情状。

（四）以瞬成相为核心的情状

瞬成相动词根据及物性也可以分为及物动词和不及物动词，但是，无论是否及物，动词都不可以加动量或时量补语从句，动词的时间语义特征只能随方式状语的特征改变。

以及物动词"پرانیستل"（打开）和不及物动词"رسېدل"（到达）为例，合成情状的过程如下：

پرانیستل（打开）：

瞬成相 پرانیستل（打开）[+动态，Φ 持续，+有界，Φ 个体化]

⇩

时相 هغه دروازه پرانیستل（他打开门）[+动态，Φ 持续，+有界，Φ 个体化]

⇩

派生相 1　هغه ټولې دروازې پرانیستل（他打开所有门）

[+动态，+持续，+有界，Φ 个体化]

派生相 2　هغه وار په وار دروازه پرانیستل（他一扇接一扇地打开门）

[+动态，+持续，Φ 有界，Φ 个体化]

رسېدل（到达）：

瞬成相 رسېدل（到达）[+动态，Φ 持续，+有界，Φ 个体化]

⇩

时相 خلک دلته رسېدل（人们到达这里）

[+动态，Φ 持续，+有界，Φ 个体化]

⇩

派生相 1　په یو وخت خلک دلته رسېدل（人们同时到达这里）

[+动态，Φ 持续，+有界，Φ 个体化]

派生相 2　خلک وار په وار دلته رسېدل（人们一个接一个到达这里）

[+动态，+持续，Φ 有界，Φ 个体化]

观察上面两组情状的合成过程可以看出：

第一，当瞬成相动词为及物动词时，宾语的数量特征可以影响动相的[Φ

持续]特征，当宾语数量大于 1 时，句子的此特征变为正值[+持续]；

第二，表示"轮流地、不间断地、一个接一个地"意义的方式状语能改变瞬成相动词所构建句子的[Φ 持续]及[+有界]特征，使句子情状变为[+持续，Φ 有界]；

第三，地点状语的添加不影响瞬成相的时间语义特征。

所以，以瞬成相动词为核心可以构建出瞬成情状、渐成情状和活动情状。

四、小结

句子情状是由动词相与句中其他相关成分（论元、状语等）共同合成的，其合成过程分三个层级：动相→时相→派生相。通过对比分析，我们认为，缺省对立基础上的单一合成模式可以简单清晰地解释情状体的合成过程，简化语法规则。运用三层级单一合成模式分析普什图语句子，我们发现：

1.普什图语状态情状和阶段水平情状主要由状态相动词构建；

2.活动情状主要由活动相动词构建，但是单活动相动词加上动量或时量补语、瞬成相动词加上表达行为动作不间断进行的方式状语也可合成活动情状；

3.单活动情状主要由单活动相动词构建；瞬成情状主要由瞬成相动词构建；

4.渐成情状可以由瞬成相、活动相和单活动相动词与有界论元或者与句子中其他表示界限的成分合成。如图 3 所示：

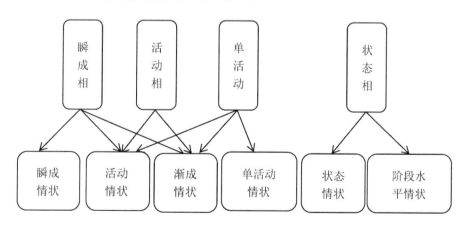

图 3　普什图语动相与句子情状的合成关系

参考文献

[1] 车洪才，张敏．普什图语基础语法[M]．北京：北京广播学院出版社，2003．

[2] 陈前瑞，汉语体貌系统研究[D]．华中师范大学博士学位论文，2003．

[3] 尚新．体义相交理论对汉语语法体体系建构的启示[J]．西安外国语大学学报，2007（3）．

[4] 尚新．语法体的内部对立与中立化[D]．华东师范大学博士学位论文，2004．

[5] 左思民．动词的动相分类[J]．华东师范大学学报（哲学社会科学版），2009（1）．

[6] Bernard Comrie. *Aspect: An Introduction to the Study of Verbal Aspect and related Problems* [M]. Cambridge: Cambridge University Press, 1976.

[7] Battistella, EdwinL. *Markedness: the evaluative superstructure of language* [M]. Albany: State University of New York Press, 1990.

[8] Carlota S. *The Parameter of Aspect* [M]. Dordrecht: Kluwer Academic Publishers, 1997.

[9] Mari O. *A Semantics and Pragmatics Model of Lexical and Grammatical Aspect* [M]. New York: Garland, 1994.

[10] Tegey, H & Robson, B. *A Reference Grammar of Pashto* [D]. Washington, D.C.: Center for Applied Linguistics, U.S. Dept. of Education, Office of Educational Research and Improvement, Educational Resources Information Center, 1996.

[11] صدیق الله، ربنتین, پښتو ګرامر[M]. پښنتو ټولنه ل.١٣٢٧.

哈萨克语可分化时序的语义特征分析

信息工程大学　张辉

【摘　要】可分化时序是哈萨克语时间范畴中语义和标记较为复杂的一个范畴。我们以语义为标准，对哈萨克语可分化时序进行特征分析，在此基础上系统梳理可分化时序的标记，标明它们在语言系统的位置，阐明交际双方对行为发生次序进行判断过程中可分化时序的重要作用。

【关键词】哈萨克语；行为；可分化时序；语义；标记

广义上的时序指两个行为之间的时间关系，这里的行为不是现实的行为，而是通过语言意义反映现实活动的时间关系，体现在多个谓语的语句中。

20 世纪 50 年代，Р.О.Якобсон 首次在 Л.Блумфилд 的术语"顺序（order）"的基础上提出了"时序"这一概念。Р.О.Якобсон 将时序定义为：以一种被报道的事实为参照，并且不论报道的实际情况如何，去描述另外一种被报道的事实（Маслов，1978：8—9）。他认为，时序是完整周期框架内的行为之间的时间关系，也就时间上的同时关系和异时关系。Р.О.Якобсон 将时序分为：依附时序和独立时序（孙玉华、田秀坤，2014：18—19）。

针对时序研究最为深入的学者当属功能语法理论的代表 А.В.Бондарко，他继承了 Р.О.Якобсон 关于时序的基本观点以及有关依附时序和独立时序的概念，但从另一个角度对时序进行了解释。А.В.Бондарко 认为，同一完整时间情景是形成时序语义范畴的基础，时序只研究同一完整时间情景下的两个行为之间的同时、先后等时间关系，这种时间关系不以说话时刻为参照点（Бондарко，2003：234）。其中，同一完整时间情景指两个行为都发生在参照点的一侧，即如果一个行为发生在参照点之前，另一个行为发生在参照点之后或者与参照点重合，那么行为之间的顺序关系就不是时序范围内的关系，而属于相对时制范围。

本文以时序中语义特征最为复杂的可分化时序为主要研究对象，从时序的结构和语义入手，以同一完整时间情景为范围，阐释哈萨克语可分化时序的语义特征和标记。

一、时序的结构

参照 А.В.Бондарко 的理论，按照同一完整时间情景下的两个行为间有无主次关系，可以把哈萨克语的时序结构分为两种基本结构，即独立结构和依附结构。虽然两种时序结构都是描述同一完整时间情景下的行为之间的时间顺序关系，但二者有所区别：

第一，独立结构时序中的各行为没有主、次之分，地位平等，每个行为都有自己独立的时间归属，都可以单独存在。哈萨克语中主要通过连接词和时间词等标记来表达行为间的独立结构关系，例如：

① Арада екі күн өтті, бұл екі күн және тез өтті. 都过了两天了，这两天过得可真快啊。

② Асан аудиторияда отырады және оқиды. 阿山坐在教室里，正在读书。

第二，依附结构时序中存在同一完整时间情景下的两个行为，其中一个行为是主要的、基本的，而另一个行为是伴随的、次要的，主要行为在缺乏次要行为时，也存在独立的时间归属，而次要行为伴随着主要行为，不能脱离主要行为而单独存在。哈萨克语中主要通过副动词、形动词和后置词等标记来表达次要行为，进而体现行为间的依附结构关系，例如：

① Кешке қарай біздің мұғалімдер мектептен компьютер әкеледі. 快到傍晚的时候，老师们从学校带来了电脑。（"带来"是主要行为，"到"是次要行为）

② Оның болмашы мәнсәпқа қолы жетіп дарып жүрген көрінеді. 他得到了一个官位，显得神气十足。（"得到"是主要行为，"神气"是次要行为）

可见，时序的结构可以通过行为之间是否有主次之分和标记两个方面加以区分。

二、时序的语义

А.В.Бондарко 认为，时序的中心语义是"同时性"和"异时性"的时间关系，而边缘语义是"制约性"（А.В.Бондарко，2003：234—239）。其中，"同时性"指的是两个行为的时间关系是同时的，即两个行为是同时发生的；"异时性"指的是两个行为的时间关系是异时的，即两个行为发生的时间有先后之分；而"制约性"指的是行为之间的时间关系和制约关系是伴随着的、同时存在的，即一个行为限制着另一个行为的发生。

根据 А.В.Бондарко 对时序的划分，结合哈萨克语实际，从时序语义的角度出发，兼顾各行为之间同时性、异时性等特征，可以将哈萨克语时序语义关系划分为单一关系和混合关系两种。

第一，单一关系。即在同一完整时间情景下，各行为之间的关系只有时间关系。根据能否区分出行为之间的时间关系属于同时还是异时，将单一时间关系分为可以区分出同时还是异时的可分化时间关系，以及无法区分出同时还是异时的不可分化时间关系，并进一步将可分化时间关系细分为同时关系和异时关系。其中，同时关系，是指在同一完整时间情景下，各行为是同时发生的，例如：

Ол күле, сөйледі. 他边笑边说。

异时关系，是指在同一完整时间情景下，各行为是先后发生的，例如：

Таң ата, ел заvotқa кетті. 天亮后，人们去上班了。

不可分化关系，即在同一完整时间情景下，各行为无法区分是否同时或者异时发生，例如：

Түстен кейін бойы, ол ән салып, ысқырып, итпен ойнады. 整个下午，他唱歌，吹口哨，和狗玩耍。

第二，混合关系。指的是行为之间同时存在时间和制约两种关系、无法分割，即两个行为之间除了基本的同时或者异时的时间关系外，一个行为还制约着另一个行为，即一个行为是另一个行为的前提、动机、目的、说明、特征以及理由等。例如：

Мен ештеңе айтпадым, өйткені бұл іс туралы мен айтағым келмейді. 我没说，因为这个事情我也不是很清楚。

例句中"不清楚"是"没说"的原因。可见，混合关系是时间关系和制约意义关系结合的产物（Бондарко，2003：237）。

可分化时序、不可分化时序和制约时序之间最大的差异就在于时间语义的不同。可分化时序的语义核心就是能够清晰地厘清两个行为之间的时间关系是同时性关系或者是异时性关系。根据这种可分化的语义特征，我们将可分化时序分为同时时序和异时时序，并分别讨论同时性和异时性的语义功能。

三、同时时序的语义类型

在哈萨克语中，同时时序有两个必要条件：第一，存在于同一完整时间情景下的两个行为，即行为 1 和行为 2，二者往往都不是一个时点行为，而是在时间轴上占据一定时段的行为，因为时点行为往往无法共存于同一时段中，第二个条件则无法完成；第二，两个行为共同存在于同一个时段中。

根据两个行为在同一完整时间情景中的体相特征不同，可以把同时时序分为完全同时和包含同时两个类型。

首先，完全同时时序中的行为 1 和行为 2 是一直同时存在的，不存在一个只有一个行为的时点，即行为 1 占据的时段与行为 2 占据的时段在时间轴上是完全重合的。所以，完全同时时序的语义是，行为 1 和行为 2 同时持续发生在同一完整时间情景中，并在时间轴上占据同一时段，如图 1 所示：

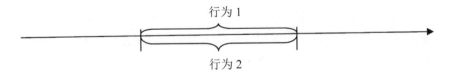

图 1　完全同时时序在时间轴上的相对位置

其次，包含同时时序中的行为 1 和行为 2 不是一直同时存在的，而是一个行为所占据的时段包含着另一个行为所占据的时段。包含同时时序中的行为 1 一定是一个具有一定持续性的，在时间轴上占据一定时段的行为，而行为 2 可以是一个瞬时行为，也可以是在时间轴上占据较短时段的行为。包含同时时序的语义是，行为 1 和行为 2 同时持续发生在同一完整时间情景中，但行为 1 在时间轴上占据的时段包含行为 2 在时间轴上占据的时段，如图 2 所示：

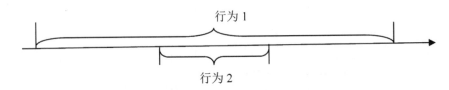

图 2　包含同时时序在时间轴上的相对位置

在哈萨克语中，完全同时时序和包含同时时序的标记是相同的，包括四种标记：

第一种，形动词。

① Театрдан үйге қайтқанда мен көршіммен қосарландым. 当我从剧院回家的时候，和邻居同行。

② Басқалардың барғысы келмей тұрғанда сен суырылып шығып: Ержан барасын -дедің. 当别人都不愿意去的时候，你挺身而出说道："让叶尔江去。"

在语义上，形动词标记所表示的行为与谓语行为可以表达完全同时时序和包含同时时序。在结构上，形动词标记构成的时序属于依附结构。所以，该标记表达的行为之间的时间关系主要取决于主要谓语行为的体相意义，如果谓语行为的体相特征为过程意义，则属于完全同时时序，如例句①；如果谓语行为的体相特征为结果意义，则属于包含同时时序，如例句②。

第二种，副动词。

① Біз мектепте қыдыра айтамыз. 我们在学校里一边散步，一边交谈。

② Өрт сумаң қағып жан-жағын жайпар барады. 喷火器的火舌乱串，把周围烧得一干二净。

在语义上，副动词所表示的行为与谓语行为之间的时间关系可以是完全同时时序，也可以是包含同时时序。在结构上，副动词标记构成的时序属于依附结构，所以，该标记表达的行为之间的时间关系同样取决于主要谓语行为的体相意义，如果谓语行为的体相特征为过程意义，则属于完全同时时序，如例句①；如果谓语行为的体相特征为结果意义，则属于包含同时时序，如例句②。

第三种，时间名词，如 кезде（……的时候）等。

① Мылтықпен атып жіберген кезде оның қолы жыбырлады. 枪响的时候，他的手颤动了一下。

② Бала кезінде ол Алматыда өтті. 小时候，他在阿拉木图生活。

时间名词标记、副动词标记和形动词标记在功能上是相同的，都可以表达与谓语行为同时发生的行为，构成同时时序。时间名词标记构成的时序在结构上属于独立时序，区分完全同时和包含同时依赖于分句中两个行为的体相意义。如果语句中两个行为的体相语义特征为过程意义，则属于完全同时时序，如例句②；如果语句中其中一个行为的体相语义特征为结果意义，则属于包含同时时序，如例句①。

我们发现，在哈萨克语同时时序中，时间名词标记前常搭配动名词。这些动名词在语义上的选择不是任意的，而是有倾向性的，主要集中在表述人的活动、人生的重要事件、社会重要事件等几种意义中。

第四种，时间连接词，如 қашан（当……的时候）等。

① Қашан олар ұйықтаған, мен үйрену жұмыстарын асығанмын. 当他们睡觉的时候，我在学习。

② Қашан көктем келеді, жапырақтар бірте бірте гүлденеді. 春天来了，叶子也都绿起来了。

由时间连接词标记构成的时间复句结构可以表达同时时序。分句中的两个行为是并列关系，二者没有主要和次要之分。在语义上，分句中行为的时间关系可以是完全同时的关系，也可以是包含同时的关系，这取决于各分句中谓语的意义。如果两个分句的谓语都表达过程意义，则属于完全同时时序，如例句①；如果两个分句中只有一个谓语表达结果意义，则属于包含同时时序，如例句②。

综上所述，哈萨克语中的同时时序以"同时性"为共性特征，在时间轴上明确地指示出同一完整时间情景下两个行为之间的时间关系，其体系下存在两个二级范畴，即完全同时时序和包含同时时序。两种类型都能表达同时时序的语义功能，行为 1 和行为 2 之间也只具有同时时序的时间意义，不具有其他任何的情态意义。完全同时时序中的两个行为在时间轴上完全重合，而包含同时时序中的行为在时间轴上包含重合。所以，完全同时时序的同时性语义特征更加凸显，居于同时时序的中心位置，而包含同时时序的同时性语义特征不凸显，居于同时时序的边缘位置。

通过从标记的角度考察同时时序，本文发现同时时序中存在四种标记，即形动词、副动词、时间名词和时间连接词，这四种标记全部存在于词汇层面，但它们的地位不完全相同。

第一，从语义上来说，四种标记所表达的各行为之间只存在时间关系，并且两个行为是同时发生的，不存在相互制约的语义关系。四种标记既都可以表达完全同时时序，也都可以表达包含同时时序。如果两个行为的体相特征都为过程意义时，二者在时间轴上重合，此时两个行为之间是完全同时关系；而当其中一个行为的体相特征为结果意义时，在时间轴上只能呈现一个行为时间包含着另一个行为时间的状态，此时行为之间是包含同时关系。

第二，从结构上来说，"时间名词"和"时间连接词"标记构成的时序属于独立结构，语句中的两个行为不分主要和次要；而形动词和副动词标记构成的时序则属于依附结构，语句中的行为有主、次之分，谓语行为通常是主要行为，而副动词和形动词标记所表示的行为往往是次要行为，该行为本身没有独立的时间意义，它的时间由主要行为的时间来决定。所以依附结构中两个行为在时间轴上的重合度更高，同时性特征更加凸显。

四、异时时序的语义类型

在哈萨克语中，异时时序有两个必要条件：第一，存在于同一完整时间情景下的两个行为，行为 1 和行为 2，二者可以是在时间轴上占据一个时点的行为，也可以是在时间轴上占据一定时段的行为；第二，两个行为发生的时段不完全相同。

根据两个行为在时段中的分布位置不同，可以把异时时序分为完全异时时序和交叉异时时序两个类型。

首先，完全异时时序中的行为 1 和行为 2 所占据的时段没有交叉，即在时间轴上任意一时点中，或者只有行为 1，或者只有行为 2，或者两个行为都没有。行为 1 占据的时段与行为 2 占据的时段在时间轴上没有一点重合，是互相排斥的，而且完全异时时序中的两个行为之间有着前后的顺序关系。所以，完全异时时序的语义体现为行为 1 和行为 2 在时间轴上占据的时段完全相异，如图 3 所示：

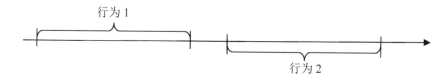

图 3　完全异时时序在时间轴上的相对位置

其次，在交叉异时时序中行为 1 和行为 2 不是一直排斥存在的，而是一个行为所占据的时段与另一个行为所占据的时段存在部分交叉重叠。交叉异时时序中的行为不能是一个瞬时的"时点行为"，只能是具有一定的持续性，并在时间轴上占据一定时段的"时段行为"。所以，交叉异时时序的语义体现为行为 1 在时间轴上占据的时段与行为 2 在时间轴上占据的时段存在部分交叉重叠，如图 4 所示：

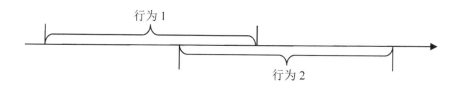

图 4　交叉异时时序在时间轴上的相对位置

这里需要对交叉异时时序与包含同时时序的异同进行说明。二者相同之处为，在时间轴的某一点上，两个范畴中的两个行为都可以同时出现。二者的不同之处在于，包含同时时序中，时间轴上的某一点如果只有一个行为，则该行为只能是行为 1，行为 2 在时间轴上不能单独存在，只能与行为 1 共同存在；而交叉异时时序中，时间轴上的某一点如果只有一个行为，则该行为可以是行为 1，也可以是行为 2，两个行为在时间轴上有重叠，但不包含，有自己单独占据时间轴的时段。

完全异时时序和交叉异时时序的标记是相同的，共有四种标记：

第一种，形动词。包含：-ар, -мақ 形动词和-ған, -атын 形动词。

① Божей деген өліпті хабарды естірде үй іші селт ете қалды. 听到波热依去世的消息后，全家都感到愕然。

② Ол екеуі кездеспек жерден ілінсе кетті. 他俩一见面，就打算大声争吵。

③ Түлкі жүгіре жөнелгенде шаян оның құйрығына жабысып алады. 狐狸刚刚向前狂奔，蝎子就钳住了它的尾巴。

④ Ол үстелге баратын, бір шар айранды лықылдатып жұтып жіберді. 他走到了桌旁，一口气把一大碗酸奶咕嘟咕嘟地都喝完了。

在语义上，形动词所表示的行为与谓语行为可以表达行为的完全异时关系和交叉异时关系。在哈萨克语中，一般使用"-ар, -мақ 形动词"标记表达完全异时关系，而且该标记所表示的行为 1 往往发生在谓语行为 2 之前，如例句①和例句②；使用"-ған, -атын 形动词"标记表示交叉异时关系，该结构中行为 1 发生在谓语行为 2 之前，并与谓语行为 2 在时间上有部分重合，如例句③至例句④。

第二种，副动词。

① Күректің сабы түсіп қалыпты, шегелеп қой. 铁锹的把儿掉了，请你钉上钉子。

② Мысық шапшып барып ілулі тұрған етті алып қашты. 猫纵身一跳把挂着的肉叼跑了。

副动词标记一般表示在主要行为之前的次要行为，主要行为的时制是任意的，标记所表示的行为与谓语行为在现实中的前后顺序也是任意的。副动词标记所表示的行为与谓语行为，可以表示出异时的关系，这种异时关系可以是完全异时时序，也可以是交叉异时时序，这取决于行为本身在时间轴上的分布，如果行为 1 完全结束后，行为 2 才开始，则属于完全异时时序，如例句①；如果行为 1 还没有结束，行为 2 就开始了，并且行为 1 结束时，行为 2 依然处于持续状态中，则属于交叉异时时序，如例句②。

第三种，后置词，例如 дейін（之前）等。

① Әуежайға жетуге дейін, олар көңілдері демдеп қалды. 到达机场前，他们的心安定下来了。

② Азаттықтан бері, адамдар сәтті өмір сүріп бастады. 自由后，人们过上了平安的生活。

可见，дейін 标记表示异时关系时，谓语行为发生在标记所表示的行为之前；而 бері 标记表示异时关系时，谓语行为发生在标记所表示的行为之后，这是由后置词标记本身的词汇意义决定的。

后置词标记与副动词和形动词标记在异时时序的语义上是相同的，都可以表示标记所表示的行为 2 与谓语行为 1 是异时发生的。至于区分完全异时时序和交叉异时时序的方法也与副动词标记一样，取决于两个行为本身在时间轴上的分布，如果行为 1 完全结束后，行为 2 才开始，则该句为完全异时时序，如例句②；如果行为 1 还没有结束，行为 2 就开始了，并且行为 1 结束时，行为 2 依然处于持续状态中，则该句为交叉异时时序，如例句①。

需要说明的是，并不是所有的后置词都可以作为异时时序的标记，一部分后置词只是状语，在语义上不能表达行为的时间关系，不能与句中的谓语行为表达时间上的先后关系，不能作为异时时序的标记，如 үшін（为了）等。

第四种，时间连接词，例如 сонда（后）等。

① Бала телезені ашып, сонда ара ұшып келді. 孩子打开了窗户，随后蜜蜂飞了进来。

② Алдымен шәкір болу, онан соң ұстаз болу. 要先当学生，后当先生。

在表示异时时序时，哈萨克语用带时间连接词标记的主从复合句表示各种时间上的先后关系，主句所描述的行为是主要行为，时间连接词标记所在的从句通常表示在主要行为发生之前的次要行为，两个行为构成异时时序。而这种异时时序通常属于完全异时时序，如各例句。

综上所述，哈萨克语异时时序以异时性为共性特征，在时间轴上精确地指示出同一完整时间情景下两个行为之间的先后时间关系，其下存在两个二级范畴，即完全异时时序和交叉异时时序。

异时时序语义广泛，两种类型都能表达异时时序的语义功能，两种类型中的行为 1 和行为 2 之间只具有异时时序意义，不具有任何限制意义。二者区别在于行为的分布在时间轴上是否完全不重合，完全异时时序中的行为在时间轴上完全不重合，而交叉异时时序中的行为在时间轴上存在部分重合。所以，完全异时时序的异时性语义特征更加凸显，居于异时时序的中心位置，而交叉异时时序的异时性语义特征不凸显，居于异时时序的边缘位置。

通过从标记的角度考察异时时序，本文发现该范畴中存在四种标记，即形动词、副动词、后置词和时间连接词，这些标记多位于词汇层面，地位不完全相同。

第一，从语义上来说，四种标记既可以表达完全异时关系，也可以表达交叉异时关系。但四种标记所表示的行为先后顺序不同。首先，在带有形动词标记和副动词标记的异时时序语句中，动词出现的先后顺序与行为实际发生的时间顺序是一致的。在哈萨克语中，副动词标记或者形动词标记往往出现在复句的第一分句中，其所表达的次要行为要先于后一分句中谓语表达的主要行为。其次，带有后置词标记的语句中，后置词标记本身就是一个行为，与句中谓语行为在时序上也有前后关系。但是，在后置词和时间连接词作为标记的异时时序语句中，动词出现的先后顺序与行为实际发生的时间顺序没有对应性，具体行为的时序则要取决于后置词和时间连接词本身的语义。当后置词或者时间连接词的意义为"之后"时，标记所表现的行为在时间顺序上先发生；反之，当后置词或者时间连接词的意义为"之前"时，标记所表现的行为在时间顺序上后发生。

第二，从结构上来说，形动词、副动词和后置词等标记所体现的异时时序都属于依附结构，句中的行为有主、次之分，其异时性特征凸显；而时间连接词标记所体现的异时时序则属于独立结构，句中的两个行为不分主要和次要，异时性特征不凸显。

五、可分化时序的语义特征

哈萨克语时序不研究两个以上情景中行为的时间关系，也不研究单一行为的出现、发展和消亡，只按照功能语法理论，研究同一完整时间情景下两个行为的时间顺序关系，即两个行为在时间轴上的同时性和异时性对立，体现两个行为在时间轴上分布是否重合、怎样重合的时间关系意义。

我们从依附和独立结构的角度出发，以同时性和异时性的对立语义为主线，勾勒了哈萨克语可分化时序的体系，划分出同时时序和异时时序两类，并根据同时、异时的重合程度，进一步将同时时序分为完全同时时序、包含同时时序，将异时时序分为完全异时时序、交叉异时时序，其特征如下：

1.体相语义对可分化时序有巨大影响。本文认为，同时性和异时性参数在哈萨克语可分化时序中占据着中心地位。行为之间的同时性、异时性关系在完全同时时序和完全异时时序中是绝对的，而在包含同时时序和交叉异时时序中却不是绝对的，而是相对的，如下表所示：

可分化时序		共性特征		位置	
		多	少	中心	边缘
同时时序	完全同时	+	−	+	−
	包含同时	−	+	−	+
异时时序	完全异时	+	−	+	−
	交叉异时	−	+	−	+

可分化时序表达行为之间的时间关系与说话时刻无关，与行为是否完成也没有关系。但是时序的语义并不只是归结为上述意义。需要注意的是，可分化时序存在两个重要的参数，即行为 1 和行为 2，二者在时间轴上都占据一定的时段，呈一定的分布形态。所以，二者都带有明显的体相特征。

行为在时间轴上的分布形态（体相意义）对行为的时序关系有一定的影响。当一个行为的体相意义是表达"过程"意义时，该行为在时间轴上占据一个时段，可以与另一个行为形成由两个时段行为参与的可分化时序关系，如完全同时关系；而一个行为的体相意义是表"结果"意义时，该行为在时间轴上往往占据一个时点，只能与另一个行为形成由时点行为参与的可分化时序关系，如包含同时关系，例如：

① Біз үйде теледидар көрдік, фон ойнадық. 我们边看电视，边玩手机。

在例句中，行为"看"和行为"玩"都是时段行为，两个行为同时发生，行为在时间轴上的分布范围可以重合，二者之间的时间关系是完全同时关系。

② Сабақ өтуі сонымен, ол кетті. 上课的时候，他出去了。

在例句中，行为"上课"是时段行为，而行为"出去"是时点行为，两个行为虽然是同时发生的，但是行为在时间轴上的分布范围无法重合，二者之间的时间关系只能是包含同时关系。

可见，体相语义因素在时序中也占有重要的地位。所以，可分化时序是一个体相语义因素和时序语义因素统一存在的时序，即"体相—时序"范畴。

2.可分化时序的标记分布广泛。从功能语义场的角度出发，以可分化时序语义为标准将能表达可分化时序语义的标记集合起来。本文发现哈萨克语可分化时序的标记广泛分布于语言系统的三个层面，即词形、词汇和句子层面。

3.哈萨克语可分化时序中只存在一个完整的时间情景。在该时间情景内，可以充分显示行为之间的顺序性，满足交际过程中交际双方对行为发生次序的准确判断。另外，如果语句中存在的两个行为分属不同的范畴情景，则行为之间的时间关系就不属于时序，而属于相对时制。

总之，哈萨克语的可分化时序指示了两个行为发生的先后次序，是由多种语言要素构成的复杂系统。我们从系统的观点出发，以语义为分类准则，分析了哈萨克语可分化时序的语义和标记，对于学习者掌握和理解哈萨克语可分化时序有着重要的意义。

参考文献

[1] 杜桂枝. 功能语法体系中的意义理论[M]. 北京：北京大学出版社，2012.

[2] 姜宏. 俄汉语中的时序：概念、语义类型及表达手段[J]. 中国俄语教学，2010（2）.

[3] 孙玉华，田秀坤. 现代俄语功能语法概论（第二版）[M]. 北京：外语教学与研究出版社，2014.

[4] 王铭玉，于鑫. 俄罗斯功能语法探析[J]. 现代外语，2005（11）.

[5] Бондарко А В. *Теория функциональной грамматики: Введение. Аспектуальность. Временная локализованность. Таксис* [M]. Москва: УРСС, 2003.

[6] Исаев С. *Қазіргі қазақ тіліндегі сөздердің грамматикалық сипаты* [M]. Алматы: Рауан, 1998.

[7] Маманов Ы. *Қазақ тілі білімінің мәселелері* [M]. Алматы: Арыс баспасы, 2007.

关于波斯语单人称动词

信息工程大学　张立明

【摘　要】单人称动词是波斯语中一类特殊的复合动词，它们构成特殊的句型。在单人称动词构成的句型中，句子主语不是通过动词人称词尾，而是通过句子中的人称代词来表示。古典波斯语中单人称动词构成的句型有三类，但只有一种延续到现在波斯语中，且主要用在波斯语口语中。单人称动词除了构成特殊句型外，还可以引导从句。

【关键词】语法；波斯语；单人称动词；人称代词

波斯语句子中动词的人称和数一般要与主语保持一致，但存在一类特殊的复合动词，它们只有第三人称单数形式，因此被称为"单人称动词"。在这类动词构成的特殊句型中，句子主语不是与动词保持一致，而是与句子中的人称代词保持一致。关于单人称动词，中外学者在相关的语法书和教科书中多有涉及：有学者从词法角度称其为"单人称动词"[①]或"单人称不及物动词"[②]；有学者从句法的角度称其为"主语嵌入式结构"[③]"单人称不及物动词句"[④]，也有学者将这类动词置于特殊的"四部句"句型中进行考察研究[⑤]。

在教学实践中，笔者发现他们的论述尽管从不同的角度反映了波斯语单人称动词的特点，但由于所用的语料不同，切入的角度不一样，或多或少存在一些不足。论文拟在前人研究的基础上，提出自己的看法。

一、单人称动词的特点

最早关注单人称动词的学者是恒拉里博士。他在《波斯语语言史》中将波

[①] 帕尔维兹·纳特勒·恒拉里. 波斯语语言史（第二卷）[M]. 德黑兰：菲尔道斯出版社，1377：176.

[②] 哈桑·安瓦里，哈桑·阿合马迪·基维. 波斯语语法（第 2 册）[M]. 德黑兰：法特米出版社，1390：32.

[③] 李湘. 波斯语教程（第二册）[M]. 北京：北京大学出版社，2008：69.

[④] 张立明. 波斯语语法[M]. 广州：世界图书出版广东公司，2016：240.

[⑤] 古兰姆·列扎·阿尔让格，阿里·阿什拉夫·萨迪基. 普通中等教育二年级语法[M]. 德黑兰：教育部教材出版社，1364：5—13.

斯语动词从结构上分为五类，单人称动词被视作一种特殊的"不及物动词"（**فعلهای ناگذر**）。他说"这类动词表面上看是及物动词，因为他们带有宾语，但这种表面上的宾语，实际上是句子语义上的主语。这类动词构成的句子中，动词永远保持一种形式，形同第三人称单数。但连写或分写式人称代词取代动词人称词尾，表示动作的发出者，这个人称代词从语法的角度看是宾语，但从语义或逻辑上看，相当于句子的主语……单人称动词总是表示一种被动的状态，因此可以称之为描述状态动词（**فعلهای بیان حال**）"[①]。

恒拉里博士总结该类动词有三个特征：（1）单人称动词是复合动词，构成单人称动词的助动词有 6 个：**آمدن، بودن، شدن، گرفتن، بردن، زدن، دادن، کردن**（2）在这类动词构成的句子中，表示逻辑主语的人称代词有连写、分写和名词三种形式。（3）表示逻辑主语的名词或分写式人称代词通常放在动词前面，后面带直接宾语标志"را"。[②]

恒拉里博士对单人称动词的研究具有开创性，他明确地指出了两点：（1）单人称动词是复合动词。（2）这类动词构成的句子的主语体现在人称代词上。恒拉里博士的研究主要以古典波斯语[③]语料为主，因此他关于单人动词的论述是相对于古典波斯语而言。虽然在相关章节的后半部分提到了单人称动词在现代波斯语口语中的广泛应用，可惜没有进行进一步深入的研究。

萨迪基博士和阿尔让格博士从句法的角度对波斯语单人称动词进行研究。他们在《普通中等教育二年级语法》中，将这类动词置于由四个核心部分构成的"四部句"的句型下进行研究。关于这类动词，作者提出了以下四点：（1）这类动词构成的句子没有主语，因此称之为无人称句（**جمله غیر شخصی**）。（2）由这类动词构成的句型有四个核心组成部分，即"名词（或形容词）+连写人称代词+动词+人称词尾"。（3）这类动词构成的句子的数量有限。（4）这类句子从结构上分为两类，第一类中的连写人称代词不能省略，第二类的人称代词可以省略。在这本语法书里，像恒拉里博士一样，作者认为构成这类动词的助动词也是 6 个。[④]

---

① 帕尔维兹·纳特勒·恒拉里. 波斯语语言史（第二卷）[M]. 德黑兰：菲尔道斯出版社，1377：176.

② 帕尔维兹·纳特勒·恒拉里. 波斯语语言史（第二卷）[M]. 德黑兰：菲尔道斯出版社，1377：176—177.

③ 在本论文中，以伊朗立宪革命为界，此前的称为古典波斯语，此后的称为现代波斯语。

④ 古兰姆·列扎·阿尔让格，阿里·阿什拉夫·萨迪基. 普通中等教育二年级语法[M]. 德黑兰：教育部教材出版社，1364：5—13.

　　萨迪基和阿尔让格的研究明确了单人称动词构成句子数量的有限性，也描述了这类动词所常用的句型。但无论是对动词特点的说明上，还是对句型结构的描述方面均存在问题。比如，他称这类动词构成的句子是无主句就不恰当。一如恒拉里博士研究所得出的结论，在古典波斯语中，动词的逻辑主语以"分写式人称代词（或名词）+را"或连写式人称代词的形式出现；在现代波斯语中，主语主要以连写式人称代词形式出现。

(1) **بهرام گور را سخت عجب آمد .**

巴赫拉姆非常奇怪。

(2) **ایشان را از آن ناخوش آید .**

他们不喜欢那个。

(3) **مدیر مدرسه و سایر معلمان نه از او خوششان می آمد و نه بدشان می آمد .**

校长和其他老师既不喜欢他，也不讨厌他。

(4) **مواظب باش موقع رانندگی خوابت نبرد / نگیرد .**

当心开车的时候别打瞌睡。

　　而波斯语的无主句是另一类特殊句型，由专门的助动词和动词形态构成。此外，两位学者主要依据现代波斯语语料进行研究，其得出的结论不够全面。有关作者提出的单人称动词构成的"四部句"存在的问题，将在下面进行论述。

　　哈桑·安瓦里博士在《波斯语语法》中，称这类动词为"单人称不及物动词"（ **فعلهای ناگذر یک شخصه** ）。作者认为这类动词是指那些只用第三人称单数的不及物动词，这类动词构成的句子中，连写式或分写式人称代词取代动词人称词尾表示动词的人称，如 **خوشم آمد** 中的"م"或者在 **مرا خوش آمد.** 中的"مرا"。这类动词通常由助动词 **آمدن، بودن (استن)، شدن، گرفتن، بردن، زدن، دادن** 构成。[①] 在他的语法书中，提到构成单人称动词的助动词有 8 个。张立明在《波斯语语法》中，称这类句子为"单数第三人称不及物动词句"，明显受到其影响。

　　安瓦里博士的研究虽然有所拓展，但遗憾的是没有明确提出单人称动词是"复合动词"这一特性，容易让人误解，认为单人称仅仅是针对助动词而言，而很多构成单人称的助动词本身却是及物动词，如： **گرفتن، زدن، کردن، بردن** 等，这与其"单人称不及物动词"的定义自相矛盾。

　　卡米亚尔先生在论文《单人称动词》中，回顾了前人对单人称动词的研

---

① 哈桑·安瓦里，哈桑·阿合马迪·基维. 波斯语语法（第 2 册）[M]. 德黑兰：法特米出版社，1390：32.

究，重点指出了萨迪基和阿尔让格编写的《普通中等教育二年级语法》中存在的不足。更难能可贵的是，他总结了可以构成单人称动词的 14 个助动词。[①] 他的研究完善了前人的研究成果，对于波斯语现实教学具有非常重要的应用价值。

结合以上学者的研究，我们认为波斯语单人称动词有以下特点：（1）单人称动词是复合动词。（2）单人称动词只用在特定的句型中。（3）单人称动词构成的句子不是无主句，但句子的主语通过句子中的人称代词体现。（4）单人称动词有限，构成的句子也有限。

二、单人称动词构成的句型

恒拉里博士将单人称动词构成的句子归纳为三个类型：

1.名词做主语的单人称动词句，句型为：

名词+را+单人称动词

(5) امیر را این جوابها سخت خوش آمد .

埃米尔对这个回答很满意。

(6) سیاوش را خشم آمد .

夏亚什生气了。

2.分写人称代词做主语的单人称动词句，句型为：

分写人称代词+را+单人称动词

(7) هرچند مرا از وی بد آید .

尽管我讨厌他。

(8) اسحق گوید مرا خشم آمد .

伊斯哈格说，我很生气。

3.连写人称代词做主语的单人称动词句，连写人称代词做主语有两种句型：

（1）连写人称代词嵌入单人称动词中间，如：

(9) خنده اش آمد چون سلیمان آن بدید ، کز شما کی من طلب کردم ژرید

苏莱曼看到之后不禁大笑，我何时曾向你索要美味佳肴。

(10) خشمت آمد که من ترا گفتم   که ترا عاشقم ، خطا گفتم .

我对你说我爱上你惹你生气，即便这是犯错我也要告诉你。

---

① 塔基·瓦希迪扬·卡米亚尔. 单人称动词[J]. 波斯语语言文学科学院通讯，1383（922）：29—37.

（2）连写人称代词放在单人称动词结尾，如：

(11) سکندر شنید آن پسند آمدش ، سخنگوی را فرهمند آمدش

亚历山大听此言甚是喜欢，认为此话乃智者良言。

在这类句子中，如果单人称动词有附加的修饰成分，连写人称代词要放在动词的前面，如：

(12) این حدیثم چه خوش آمد که سحرگه میگفت ، بر درمیکده ای با دف و نی ترسانی

我是多么喜欢那位基督徒的话语，他清晨在酒馆门前吹着笛子敲着手鼓。

恒拉里博士主要依据古典波斯语诗歌和散文语料对单人称动词的句型进行总结，他的研究结果对于我们考察单人称动词句型的发展演变具有重要的参考价值。

萨迪基和阿尔让格在《普通中等教育二年级语法》中认为，单人称动词构成的句型由四个核心部分组成："名词（或形容词）+连写人称代词+动词+人称词尾"。这个句型虽然对大部分单人称动词句有较强的描述力，但存在着一定的缺陷：

1.同助动词构成单人称动词的词类不限于形容词或名词，其他词类也可以构成，如：

(13) چشه (چش بود)؟ (疑问代词) 他怎么了？

(14) چه خبرتان است؟ (疑问形容词+名词) 你们怎么回事？

(15) چه مرگتان است ؟ (疑问形容词+名词) 你究竟怎么了？

(16) پرویز ده سالش بود که به دبستان رفت. (数次+量词) 帕尔维兹十岁才上学。

(17) چیزیم نشد. (泛指名词) 我没事。

(18) یک چیزیش هست. (数词+不定名词) 他有点不对劲。

(19) بهترش بود که به مسافرت بره. (形容词比较级) 他最好去旅行。

2.最后两部分即"动词+人称词尾"可以合并成一项。因为这里的助动词只有一种形式，两者合起来称为"助动词第三人称形式"更合适一些。这种看法与伊朗学者亚都·撒马莱的观点不谋而合，作者在《学习波斯语》教程这套书里，将单人称动词构成的句型描述为"形容词/名词+连写人称词尾+动词"，在该页的脚注上，作者强调这类动词很有限，且永远用第三人称单数。①

我们注意到，萨迪基和阿尔让格所总结的句型，与恒拉里博士总结的第（3）类句型相同，而他们研究的语料以现代波斯语为主。通过对比我们发现波

---

① 亚都拉·撒马莱. 学习波斯语（第二册）[M]. 德黑兰：伊斯兰文化指导部国际关系和合作总局出版，1369：92.

斯语单人称动词句的演变规律：古典波斯语中名词和分写式人称代词做主语的句型在现代波斯语书面语中已经很少用；连写式人称代词做逻辑主语的单人称动词句虽然延续下来，但在现代波斯语书面语中逐渐消失，仅在口语中大行其道。

我们认为，对现代波斯语单人称简单句相对科学的描写应该是：动词的主干成分+连写人称代词+助动词第三人称形式。这种描述体现以下几个优点：（1）单人称动词是由主干部分和助动词构成的复合动词。（2）主干部分不再局限于名词或形容词，更具有概括性。（3）明确使用助动词的第三人称形式。

三、构成单人称动词的主干成分

单人称动词的主干成分主要以名词或形容词为主，所以大部分语法书或教材，干脆直接将这部分写成名词/形容词。但如上所述，同助动词构成单人称动词的不仅有名词和形容词，还有其他词类甚至词组。但这些词汇的数量总体上有限，且活跃程度也不一样。有的词汇只能和固定的一个助动词搭配，如یاد只能和رفتن搭配；有的词汇则可以和多个助动词搭配，如آمدن ، گرفتن 可以同 خواب ، بردن 搭配，构成不同语义的单人称动词。下表根据学者们的研究成果和自己的积累，按字母顺序列举了构成单人称动词的常见词汇，括号中是与它们搭配的助动词。

ادعا (شدن)	الف
باور (شدن) ، بحث (شدن) ، بد (بودن ، آمدن) ، بس (بودن ، شدن)، بهت (بردن ، زدن) ، بهتر (بودن ، شدن) ، به (برخوردن) ، باک (نبودن)	ب
پیدا (بودن ،شدن)	پ
ترس (برداشتن) ، توهم (برداشتن) ، تشنه (بودن ، شدن)، تنبلی (آمدن)	ت
چرت (بردن ، گرفتن) ، چه (بودن ، شدن) ، چه خبر (بودن ، شدن) ، چه کار (بودن ، شدن) ، چه مرگ (بودن ، شدن)	چ
حالی (بودن ، شدن) ، حرف (شدن) ، حسودی (آمدن ، شدن ، کردن) ، حرص (بالا آمدن ، برداشتن ، در آمدن ، گرفتن) ، حواس (بودن ، گرفتن) ، حیف (آمدن ، بودن ، شدن)	ح
خنده (آمدن ، افتادن ، گرفتن) ، خشک (زدن) ، خواب (آمدن ، بردن ، گرفتن) خوب (بودن)، خونسرد (بودن)، خیالات (برداشتن)	خ
درد (آمدن ، گرفتن) ، دعوا (افتادن ، شدن ، گرفتن) ، دیر (بودن ، شدن) دوزاری (افتادن)	د
راحت تر (بودن) ، رقص (آمدن ، گرفتن) ، رم (آمدن) ، رو (شدن) ، روی سگ (بالا آمدن)	ر
زحمت (کشیدن) ، زور (آمدن) ، زهر (شدن ، گرفتن) ، زهرمار(شدن ، گرفتن) ، زیاد (آمدن ، بودن ، شدن)	ز
سخت (آمدن ، بودن) ، سخت تر (بودن) ، سرد (بودن ، شدن) ، سردی (کردن) ، سرفه (آمدن ، افتادن ، گرفتن)	س

شرم (آمدن) ، شوخی (آمدن ، گرفتن) ، شک (برداشتن)	ش
صرف (بودن ، کردن)	ص
عار (آمدن) ، عشق (بودن ، کشیدن) ، عطسه (آمدن ، افتادن ، گرفتن) ، عقل (کشیدن) ، عق (آمدن ، نشستن)	ع
غرور (برداشتن) ، غلغلک (آمدن ، شدن) ، غیب (زدن)	غ
فراموش (شدن)	ف
قط (بردن ، زدن)	ق
کاری (بودن ، شدن) ، کافی (بودن) ، کفر (بالا آمدن ، در آمدن) ، کم (بودن) ، کوفت (بودن ، شدن)	ک
گرسنه (بودن ، شدن) ، گرم (بودن ، شدن) ، گروی (کردن) ، گریه (آمدن ، افتادن ، گرفتن) ، گیر (آمدن)	گ
لج (آمدن ، بالا آمدن ، در آمدن ، گرفتن) ، لرز (گرفتن)	ل
مات (بردن ، زدن) ، میل (کشیدن ، بودن) ، مورمور (شدن)	م
ناامیدی (کردن) ، نفرت (آمدن) ، ننگ (آمدن ، بودن ، کردن)	ن
وهم (برداشتن) ، ویر (گرفتن)	و
هوس (کردن) ، هول (برداشتن) ،	ه
یاد (آمدن ، افتادن ، بودن ، رفتن)	ی

注: 此表根据卡米亚尔论文《单人称动词》整理补充而成。

四、连写式人称代词的句法功能

包括恒拉里博士在内的大部分学者认为，单人称动词句中连写人称代词的功能是做主语，称之为语义或逻辑主语。事实上，的确在大部分单人称动词构成的句型中，连写人称代词是句子的逻辑主语，因此有些学者，如李湘教授在《波斯语教程》中，干脆称这类句子为"主语嵌入式结构"。虽然这些人称代词以主语为主，但也有充当其他句子成分的情况，如：

(20) **من از این کتاب خوشم آمد .** (做主语) 我喜欢这本书。

(21) **صبحانه تان را بخورید تا سرکلاس گرسنه تان نشود .(یعنی گرسنه نشوید)**
吃你的早饭吧，免得上课时感到饿。(做主语)

(22) **او هنوز مریض است و نباید زیاد میوه بخورد . روزی یک دانه گلابی بسش است .(یعنی برای او بس است)**
他还是病人，不能多吃水果，每天吃一个梨就足够了。(介词宾语)

(23) **یادم رفت که کلید را کجا گذاشتم . (یعنی از یادم رفت)**
我忘了把钥匙放哪里了。(做定语)

(24) **حرص برش داشته .(یعنی و را حرص برداشته)**

他动了贪念。(做宾语)

当然，这类动词因为是复合动词，我们常常将其视作一个整体进行考察，不去单独细究其人称代词的句法功能。但简单地称之为主语，把这类句子笼统地称为"主语嵌入式结构"，还是欠妥当的。

五、构成单人称动词的助动词

构成单人称动词的助动词非常有限，从目前学者们研究的结果看，最少的有 6 个，最多的有 14 个。这些动词的活跃程度也不一样。一些助动词如 **خواستن** 只和 "**دل**" 构成单人称动词；而 **بودن، شدن، گرفتن** 等可以和多个名词、形容词或其他成分构成单人称动词。前辈学者在教材或语法书中对单人称动词的用法进行研究时，已列举了丰富的例证。笔者在前人研究的基础上，增加了一些新的动词和例证，以利于波斯语学习者参考。当然这个表和后面的例证并没有穷尽所有的构成单人称动词的助动词，随着研究的深入和语言的发展，可能会不断有新的成分补充进来。

与助动词构成单人称动词的名词、形容词和其他成分	助动词	
یخ ، غصّه ، سرد ، گرم ، تشنه ، گرسنه ، سخت ،سخت تر ، بس ، بد ، بهتر ، خوبتر ، چه ، چه خبر ، حیف ، حالی ، خوب ، خوش ، دیر ، راحتتر ، زحمت ، زیاد ، صرف ، قط ، کم ، کافی	بودن	1
غصّه ، سرد ، گرم ، تشنه ، گرسنه ، باور ، حالی، ادعا ، بحث ، بس ، پیدا ، چه ، چه خبر ، چه کار ، چه مرگ ، حسودی ، حرف ، حیف ، دیر ، دعوا ، رو ، زحمت ؛ زهرمار ، زیاد ، صرف ، عضو ، غلغلک ، فراموش ، کاری، کوفت ، کافی ، مورمور	شدن	2
غصّه ، خنده ، گریه ، درد ، خواب ، لج ، حرص، چرت ، رقص ، سرفه ، شوخی ، عطسه ، عق ، غریبی ، لرز ، نفرت ، ویر	گرفتن	3
یخ ، خوش ، بد ، درد ، خواب ، حیف ، زور ، باور ، حسودی ، حرص ، خنده ، درد ، رحم ، سرفه ، شوخی ، عز ، عطسه ، غلغلک ، گریه ، لج ، لرز ، ننگ ، شرم	آمدن	4
ترس ، حرص ، غرور ، وهم ، هول ، توهم ، خیالات ، شک ، وحشت ، هوا ①	برداشتن	5
مات ، خشک ، بهت ، غیب ، مرگ	زدن	6
خنده ، سرفه ، گریه ، لرز، یخ ، دوزاری	افتادن	7
حسودی ، سردی ، صرف ، گرمی ، ننگ ، ناامیدی ، هوس ، زیادی	کردن	8

---

① 由 **برداشتن** 构成单人称动词句，连写人称代词通常要放在 "**بر**" 之后，"**داشتن**" 之前。

与助动词构成单人称动词的名词、形容词和其他成分	助动词	
خواب ، ملت ، چرت	بردن	9
حرص ، لج ، کف ، روی سگ	بلا آمدن	10
حرص ، شور ، لج	در آمدن	11
عشق ، عق ، میل	کشیدن	12
حال	خوردن	13
بد	رفتن	14
دل	خواستن	15
عق	نشستن	16
ترس	ریختن	17
به	برخوردن	18
زور	رسیدن	19
کک	نگزیدن	20

注：此表依据卡米亚尔《单人称动词》论文补充完善而成。

(25) **خیلی ادعایش می شود ، مصاحبه اش را خواندی ؟ گفته بهترین هنرپیشه زن است .** ①

她非常喜欢自吹自擂，你读过她的访谈吗，居然称自己是最好的女艺术家。

(26) **بچه ها بنشینید ، باکتان نباشد ، از خودمان است ، با ما ندار است .**

孩子们坐下，别害怕，他是我们自己人。

(27) **اگر دست توی جیب بکنی به ام برمی خورد .**

如果你将手插在口袋里，我会感到受到冒犯。

(28) **خیلی سایه ات سنگین شده ، خیلی وقت است این جاها پیدات نیست .**

难得大驾光临，你很久没到这里来了。

(29) **توی آفتاب منتظر او می ماند و سوسن یک ربع به پنج پیدایش می شد .**

他在太阳底下等她，苏珊五点差一刻才露面。

(30) **تو اداره به آدمهایی که با کار اداری داشتند خیره می شد و ترس ورش می داشت که نکنه دستشان با اسلحه از جیب بیرون بیاید و گلوله ای توی مغزش خالی کنند .**

他坐在办公室里，盯着那些来办事的人，感到极度恐惧，担心那些人会从口袋里掏出武器，冲着他的脑袋射击。

---

① 本论文 1—24 的例句，转引自相关学者的语法、教材和论文，25—89 例句来自纳贾菲博士的《波斯语俗语词典》和安瓦里博士的《波斯语大辞典》，由笔者整理、翻译。

(31) توی مه حس کردم یکی نزدیکم است ... ترسیدم ، وقتی حرف زد ترسم ریخت .

在雾中我感到有人靠近我……我非常害怕，但他一开口说话，我反倒不害怕了。

(32) اینها از دیروز صبح که این شلوار ورزش را پوشیده اند تنبلیشان آمده عوضش کنند .

他们从昨天早晨穿上这件运动裤后，就懒得换了。

(33) وقتی که ما چرتمان می برد تازه او بنای آوازخوانی را می گذاشت .

当我们开始打瞌睡时，他却开始唱歌。

(34) چطور است بروم با این یارو سربازه چند کلمه حرف بزنم ؟ شاید او هم چرتش گرفته باشد و بترسد که خوابش ببرد .

我过去和这个当兵的家伙聊一聊如何？也许他也犯困了，担心睡着。

(35) از سر شب تا حالا همین طور یک روند ور داری و می زنی ، مخم را ترکاندی ! ... آخر چه مرگت است ؟ چه می خواهی ؟ چرا ولم نمی کنی .

整个晚上你就这样喷喷不休，我脑袋就要炸了……你究竟怎么了？想要怎样？为什么不放过我？

(36) منوچهر ایستاد و مبهوت به او نگاه کرد و با خشم گفت : باز چه مرگت شد ؟ چرا یکدفعه تغییر عقیده دادی ؟

曼努切赫尔站起来，吃惊地看着他，生气地说："你又怎么了？为什么突然就改变了主意？"

(37) لرزشی او را گرفت و ناگاه حس کرد که دارد حالش به هم خورد .

他浑身发抖，突然感到要晕倒。

(38) همیشه راحت خورده و خوابیده بودم ، حالیم نبود که نان در آوردن این قدرها هم آسان نیست .

我总是舒舒服服地吃了睡睡了吃，不知道挣钱养家这样不容易。

(39) وقتی که می دید که جیک و بوکشان با منوچهر یکی است ، حرصش در می آمد .

当他看到他们和曼努切赫尔亲密无间时，非常生气。

(40) چند بار باهاش حرفم شد ، دست به یخه هم شدیم ، خانمها جدامان کردند .

我有好几次和他发生争吵，扭打在一起，女士们把我们拉开了。

(41) آن روز سر ناهار با عباس حرفشان شد .

那天由于午饭的事他们和阿巴斯发生了争吵。

(42) من حواسم نبود ، یکهو پنجره قایم خورد به پشتم .

我一不小心，后背被窗户狠狠地撞了一下。

(43) وقتی که من دارم و همسایه ام ندارد ... البته که حسودیش می شود .

当我有，而我的邻居没有的时候……他当然会妒忌。

(44) این در اتاق را نگاه کن ، پرویز هر وقت بیرون می رفتم می دیدم خود به خود به رویم بسته می

شود ... خیالات ورم داشت ، گفتم لابد اتاق من هم مثل خانه آقای قرض الله جنی شده .

帕尔维兹，你看看这个房间的门。每次我外出，我都看到它自动关上……
我总是产生幻觉，以为我的房间也像卡尔齐拉先生的房子一样闹鬼了。

(45) امروز مثل اینکه این زنتان با آن زنتان دعواش شده ، کارشان به کتککاری کشیده .

今天好像你的两个妻子先是争吵，后来又相互大打出手。

(46) با پدر و مادرم دعوایم شده و قهر کرده ام و آمده ام بیرون که خود را سر به نیست کنم .

我同爸爸妈妈吵了一架，赌气外出，想结束自己的性命。

(47) _ آخر سرکار ، خانه من توی این خیابان است

_ خانه ات هر جا می خواهد باشد ، دستور است که هیچ کس را راه ندهیم ، دوزاریت افتاد ؟

—可是警官先生，我家就在这条街上。
—你家爱在哪儿在哪儿，这是命令，我们不能放任何人进去，明白吗？

(48) من دیرم شد ، باید بروم ... خداحافظ همگی .

我已经迟到了，应该走了……大伙再见。

(49) اگر اولاد و پاره جگر خودم هم بودی و این کارها را می کردی به تو رحمم نمی آمد .

即便你是我自己的孩子、我的心肝宝贝，如果干了这些事，我也决不对你
心慈手软。

(50) آلمانها آنقدر از روسها کشتند که خودشان رحمشان گرفته .

德国人屠杀俄罗斯人，杀得他们自己都不忍心下手了。

(51) یک چیزی می خواهم بگویم ، اما رویم نمی شود .

我有话要说，但不好意思开口。

(52) پاشو در دکان را واکن ... پاشود تا بابات بلند نشده دو باره روی سگش بالا بیاید

趁你爸爸还没起来发飙之前，赶快起来去把店铺的门打开。

(53) کاش زورم به او می رسید می رفتم یک جفت سیلی آبدار به گوشش می زدم .

要是我能像他一样强大，走过去扇他两个响亮的耳光该多好。

(54) از بس که زنکه نق زد غذا زهرمارم شد .

那个泼妇不停地抱怨，让我吃饭如同吃毒药。

(55) درس سوم را هم بدهم یا زیادیت می شود ؟ ... بگذاریم برای یک وقت دیگر .

我第三课也讲了？你是否觉得有点多？……让我们再找时间吧。

(56) گفتم : کجا ، بنشین حالا . گفت : زیادیت می کند .

我说："你要去哪儿，现在请坐下。"他说："我忍你已经很久了。"

(57) تو بچه شهری : با یک غوره سردیت می کند ، با یک مویز گرمیت .

你这个城市的孩子，吃一串青葡萄就虚寒，吃一把葡萄干又上火。

(58) بعضی چیزهاست که آدم نمی تواند به زبان بیاورد ، شرمش می شود .

有些东西人们不好意思说出口。

(59) چشمش یک طوری درخشید که شکم برداشت .

他眼睛发着狡黠的光，让我产生怀疑。

(60) زن پرسید : کی بود تلفن کرد ؟

شوهر جواب داد : مزاحم ، این موقع صبح با من شوخیشان گرفته بود .

妻子问："谁的电话？"丈夫回答："骚扰电话，这么一大早就有人拿我寻开心。"

(61) همه از او گریزان بودند ، رفقا عارشان می آمد با او راه بروند .

他家都躲着他，朋友们都羞于和他同行。

(62) عارم می آمد که بگویم بابایم قصاب است .

我羞于告诉大家我父亲是个屠夫。

(63) برو گم شو! این چه ریختی است ؟عقم نشست ... عینهو یک حمال !

滚得远远的！你这是什么形象，让我感到恶心，活脱脱一个搬运工。

(64) عشقم کشیده سر به بیابان بگذارم .

我有奔向荒野的冲动。

(65) اگر بعد ز ر جراحی بینی عطسه مان گرفت چه کنیم؟

如果鼻子手术后，我想打喷嚏该怎么办？

(66) فراموشم شده که نامه را پست کنم

我忘了寄信了。

(67) هر وقت دستم را می کنم توی ناف بابا ، بابا قلقلکش می آید .

每当我把手放在爸爸的肚脐上，他都痒得咯咯大笑。

(68) بعد چطور شد که یک دفعه غیبت زد ؟ بی خداحافظی گذاشتی رفتی .

后来你怎么突然就消失了？连个招呼也不打。

(69) با همه ناز و نعمت و آن همه آشنایی با علم و فرهنگ گاهی چنان بیخبر می نماید که کفر آدم بالا می آید .

过着那样优渥的生活、学了那么多科学知识和文化，但有时表现出的无知让人抓狂。

(70) اصلا ککم نمی گزید که باید جلوی بچه ها چوب بخورم .

在孩子们面前挨揍我根本不在乎。

(71) به نظر آنها دست من بی نمک و غذایم بدطعم و آب دهن مرده بود که الهی کوفتشان بشود !

在他们看来，我是一无是处，我做的饭难吃，让人倒胃口。真主呀，让他们见鬼去吧！

(72) ترکشهای گلوله توپ رو زمین افتاده است ... یکهو لرزم می گیرد .

炮弹的弹片落在地上，我突然浑身直哆嗦。

(73) هی می گفتی بهرام خوب نمی خواند ، هی می گفتی صدا ندارد ، آخرش لج من در آمد .

你一会儿说巴赫拉姆唱得不好，一会儿又说没有声音，最终我生气了。

(74) حاجی رنگش کبود شده بود و ماتش زده بود ، بطوری که درد ناخوشی خود را حس نمی کرد .

哈吉脸色变得铁青，愣在那里，甚至感觉不到自己的病痛了。

(75) همه ماتشان زده بود ، حتی بهروز هم با تعجب به من نگاه می کرد .

大家都惊呆了，甚至拜赫鲁兹也吃惊地看着我。

(76) الان هم که برای شما حرفش را می زنم از خجالت دارد مورمورم می شود .

现在我给你讲这事，还羞愧得如同蚂蚁在身上爬。

(77) همه آرزویش این بود که ... هروقت دلش خواست از خواب بلند شود و هر وقت میلش کشید بخوابد .

他的最大愿望就是随心所欲地睡觉起床。

(78) دیگر از چندش هم گذشته بود و نفرتم گرفته بود . آن وحشت پیشین باز به سراغم آمد .

浑身哆嗦之后，我感到非常厌恶，此前的恐惧又回到我身上。

(79) ننگش می آید که بگوید از چه خانواده ای است .

她羞于说出自己的家庭背景。

(80) خبر ترکیدن توپها توی شهر پیچید مردم هول برشان داشت ...

大炮开裂的消息在城里到处传扬，人们都惊恐万状。

(81) از این اتاق به آن اتاق رفت ، ویرش گرفت تزیینات اتاق را عوض کند .

他从这个房间走到那个房间，突然想到要改变一下房间的装饰。

(82) یک چیزی یادم افتاد : از این کار فیلسوف باید سررشته داشته باشد .

我突然想到，费尔苏夫对这件事应该在行。

六、与单人称动词从句相关的其他问题

1.单人称动词并不总是构成简单句，部分单人称动词可以引导从句。

(83) باورمان نمی شه که او به این زودی ازدواج می کنه .

我不相信他这么早就结婚。

(84) او آدم خودخواه است ، خیلی زورش می آید به دیگران کمک کند .

他是个自私的人，很不情愿帮助别人。

(85) یادتان می آید که سال گذشته به من چه گفتید ؟

你还记得去年给我说的话吗？

(86) **خیلی سختش است که این راه دراز را هر روز پیاده برود.**

他每天步行走这么远的路，实在是太不容易了。

(87) **من حیفم می آید که این ماشین را بفروشم .**

卖掉这辆车我会后悔的。

(88) **ببخشید یادم رفت که کجا شما را دیده ام .**

对不起，我忘记在哪里见过你。

(89) **دلم می خواهد هرچه زودتر به خانه ام برگردم**

我想尽快回家。

2.在现代波斯语中，在单人称动词句中充当主语人称的代词以连写式人称代词为主，但偶见分写式人称代词和名词，如：

(90) **آخرش لج من درآمد.**

最后我生气了。

(91) **یک همچین دامادی دیگر از کجا گیر شما می آید؟**

这么好的女婿你到哪里找得到？

(92) **چنان قیل و قالی راه می اندازند که سر آدم می رود.**

他们的吵闹声让人难以忍受。

(93) **می بینید آقا، پیر آدم درمی آید.**

你看看，先生，真让人受够了。

七、结语

波斯语单人称动词是一种特殊的复合动词，在它们构成的特殊句型中，句子的逻辑主语不是通过动词，而是通过句中的人称代词体现。单人称动词构成的句子在古典波斯语和现代波斯语中都有，在古典波斯语中其形式更加丰富。在现代波斯语中，只有其中一种句型即"动词的主干成分+连写人称代词+助动词第三人称形式"延续下来，且主要用在口语中。单人称动词数量有限，它们所构成的句型也是波斯语中一种特殊句型。单人称动词除了构成简单句外，个别单人称动词还可以引导从句。

参考文献

[1] 阿布哈桑·纳贾非. 波斯语俗语词典（上下卷）[M]. 德黑兰：尼鲁法尔出版社，1378.

[2] 古兰姆·列扎·阿尔让格，阿里·阿什拉夫·萨迪基. 普通中等教育二年级语法[M]. 德黑兰：教育部教材出版社，1364.

[3] 哈桑·安瓦里，哈桑·阿合马迪·基维. 波斯语语法（第 2 册）[M]. 德黑兰：法特米出版社，1390.

[4] 哈桑·安瓦里. 波斯语大辞典（8 卷本）[M]. 德黑兰：语言出版社，1381.

[5] 帕尔维兹·纳特勒·恒拉里. 波斯语语言史（第二卷）[M]. 德黑兰：菲尔道斯出版社，1377.

[6] 塔基·瓦希迪扬·卡米亚尔. 单人称动词[J]. 波斯语语言文学科学院通讯，1383 年冬季号，第 922 期.

[7] 亚都拉·撒马莱. 学习波斯语（第二册）[M]. 德黑兰：伊斯兰文化指导部国际关系和合作总局出版，1369.

[8] 李湘. 波斯语教程（第二册）[M]. 北京：北京大学出版社，2008.

[9] 张立明. 波斯语语法[M]. 广州：世界图书出版广东公司，2016.

土耳其语中转喻和隐喻的互动研究
——以派生构词为例

信息工程大学　丁慧君

【摘　要】土耳其语派生构词是一种概念形成过程，其本质是从一个概念到另一个概念的转换。而转喻与隐喻是人类通过某一领域的经验来理解和说明另一领域经验的认知过程，这一过程恰好符合人们对派生构词的认知方式。转喻和隐喻都是人类认识客观世界的一种工具，它们之间既有区别，也有联系。在土耳其语派生构词过程中，转喻和隐喻往往相互交织，共同发挥作用。

【关键词】土耳其语；派生；转喻；隐喻

转喻和隐喻是人类基本的思维方式，都是运用某一领域的经验来说明和理解另一领域经验的一种认知活动，本质上是人类理解周围世界的一种感知和形成概念的工具。土耳其语是典型的黏着语，派生法是其重要的构词手段之一。所谓派生，即一个词附加构词词缀后形成新词的过程。以名词派生为例，土耳其语中通过派生法构成的名词数量占到名词总数的 30%以上。在土耳其语派生构词的过程中，转喻和隐喻发挥着重要的作用。

一、派生构词过程中的转喻思维

转喻在传统语言学中一直被看作是词语间的相互借代，是一种修辞手段。随着认知语言学的发展，人们逐渐意识到转喻的认知本质。从 20 世纪 80 年代起，认知语言学家对转喻的思维机制进行了研究，并对转喻的基本特征进行了描述，归纳起来，包括概念映射理论、心理通道理论、参照点理论以及认知域矩阵理论等。

Radden & Kövecses（1999：18—21）将转喻定义为"一个认知过程。在这一过程中，一个概念实体或载体（vehicle）为同一 ICM 内的另一概念实体或目标（target）提供心理可及[①]。"也就是说，转喻通常体现的是同一认知域中两个

---

① Metonymy is a cognitive process in which one conceptual entity, the vehicle, provides mental access to another conceptual entity, the target, within the same domain or ICM.

概念实体间的关系，始源域和目标域之间具有邻近性，始源域的功能是为目标域提供心理可及性。这一过程恰好符合派生构词的认知方式，例如：

例 1a：Asya saçlarını **tarıyor**.

阿斯亚　　头发　　　梳

阿斯亚在梳头。

例 1b：Asya **tarağını** bulamadı.

阿斯亚　　梳子　　　没找到

阿斯亚没找到她的梳子。

例 1a 中动词 tara- 表示 "梳" 这一具体动作，例 1b 中动词 tara-（梳）附加词缀 "-Ak" 后转变为名词 tarak（梳子）。原来表示具体动作的动词派生为表示 "工具"（梳子）的名词，二者同属于 "人——用梳子——梳头（施事——工具——动作）" 这一认知域内，并且概念相邻。这正是转喻操作下 "动作转喻工具" 的体现。

转喻在本质上是一种概念现象，也是一种认知加工过程。土耳其语派生构词过程中，词根/词干为我们提供百科知识通道，使我们能够从所呈现的语言单位联想到相关的概念系统，这一过程体现的就是转喻思维。转喻一方面是用一个实体去替代另一个实体的过程，另一方面还是在心理上通过一个概念实体提取另一个概念实体的过程。以 sütçü（卖牛奶的人）为例，该词是由词根 süt（牛奶）附加词缀-çü 构成，sütçü（卖牛奶的人）的词义主要是由词根词 süt（牛奶）提供的。首先，süt 为我们提供了一个有关 "牛奶" 的百科知识通道，借助该词，我们可以联想到与牛奶相关的所有知识，如养殖、生产、销售等等。其次，我们对这些知识迅速地进行扫描整合，在大脑中形成了有关 süt（牛奶）的概念特征。最后，结合词缀-çü 的固有含义——"某类人（具体来说可以表达从事某种职业的人）"，我们将之前整合过的概念内容与-çü 进行二次整合，使其概念化为 "卖牛奶的人" 储存在头脑中。

土耳其语的派生构词是以 "原型" 为基础的构词过程，包括以词根为核心和以词缀为核心的两种意义辐射。这一过程中，词根和词缀组成了以典型意义为中心的语义辐射网络。也就是说，词根和词缀以某一 "原型" 意义为中心向各个方向扩散，这个扩散过程反映了我们大脑中的转喻思维，如下图：

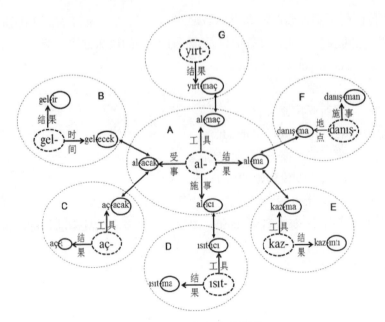

图 1　名词化多义转喻思维

该图中，域 A 组成了以动词"al-"为核心的语义网络，al-（拿，接，买）通过附加词缀-mAç，-AcAk，-IcI，-mA 派生出四个名词：

almaç：Bir elektrik akımını alıp başka bir kuvvete çeviren cihaz, reseptör（接收机）

alacak：Alınması gerekli şey（预购物品）

alıcı：Satın almak isteyen kimse, müşteri（顾客）

alma：Alma işi, ahiz, derç（获得）

这四个词的派生过程就是转喻操作下"动作转喻工具"、"动作转喻受事"、"动作转喻施事"和"动作转喻结果"的体现。

域 B、C、D、E、F 分别组成以动词"gel-，aç-，ısıt-，kaz-，danış-，yırt-"为核心的语义网络，派生过程中的转喻如图所示。

域 A、B 和 C 组成了以词缀-AcAk 为核心的语义网络，域 A 和 D 组成了以词缀-IcI 为核心的语义网络，域 A 和 E、F 组成了以词缀-mA 为核心的语义网络，域 A 和 G 组成了以词缀-mAç 为核心的语义网络。在这里，我们只选取了各域中比较典型的意义进行分析解释，事实上上述 7 个域还可以继续扩散，形成更大的网络。

土耳其语的构词特点和语义特征并非凭空而来，而是有其内在动因的，这种动因多是由转喻思维所引发的。当词根/词干附加词缀构成的新词呈现在我们面前时，我们就可以借助转喻的相关知识迅速对其进行识解，找出两个词之间的某些"共同特点"，从而正确地理解和运用该词。

二、派生构词过程中的隐喻思维

1980 年，Lakoff & Johnson 在《我们赖以生存的隐喻》一书中提出了概念隐喻（Conceptual Metaphor）理论。他们认为，隐喻的本质是用一类事物理解另一类事物[①]，即用我们熟悉的、具体的概念去感知难以理解的、抽象的概念。这一理论将隐喻从一种修辞手段升华到了人类认知思维方式的高度。

隐喻是从一个概念框架（始源域）到另一个概念框架（目标域）的一系列映射，通常有四个基本要素：始源域、目标域、经验基础和映射。其中始源域较为具体，目标域较为抽象。隐喻映射不是任意的，而是根植于人的身体经验、日常经历和生活常识。隐喻的产生过程是人类通过始源域的属性获得目标域的概念结构，且能够更加形象鲜明地反映出目标域的结构。

土耳其语派生构词过程中的隐喻大都发生在"人"与"物"这两个范畴。当某个人或物的形状、结构、功能等特征与另一人或物相似时，它们之间就能够建立起某种联系，形成隐喻映射。

（一）以人为始源域进行认知

从认知规律来看，人类最先了解和认识自己的身体并形成概念，继而借助它来认知另一个概念域。由于我们对身体四肢的熟悉使得它们成为所有空间拓展的出发点。这一身体的意象，作为严格完整和有结构的有机体，成了我们理解整体世界的一个模型（束定芳，2008：157）。因此，我们可以把人类自身作为始源域，将其特征映射到目标域，用人的特征来理解大量非人的实体，举例如下：

表 1　人体名词隐喻派生

人体名词	词缀	派生词
baş（头）	–kan	başkan（首领）
	–lık	başlık（标题）
	–çı	başçı（工头）
	–man	başman（显要人物）

[①] understanding one thing in terms of another.

人体名词	词缀	派生词
	-ak	başak（麦穗）
göz（眼睛）	-e	göze（细胞）
	-cü	gözcü（监视者）
alın（前额）	-aç	alnaç（建筑物的正面）
saç（头发）	-ak	saçak（流苏、穗状物、房檐）
can（心）	-lı	canlı（活物）
boyun（脖子）	-cuk	boyuncuk（花的雌蕊柱）
ayak（脚）	-çak	ayakçak（高跷）
kol（胳膊）	-luk	kolluk（维护安全的警察或宪兵）
parmak（手指）	-lık	parmaklık（栅栏、栏杆）
diş（牙齿）	-li	dişli（齿轮）
dil（舌头）	-cik	dilcik（簧片，小舌状物）
kulak（耳朵）	-lı	kulaklı（土耳其弯刀，双耳浅锅）
yüz（脸）	-ey	yüzey（表面、平面）
öz（自己、本人）	-ek	özek（中心、核）

（二）以物为始源域进行认知

人们可以通过已知"物"的特点，对陌生的、未知的"物"或"人"进行认知，这里的"物"可以是具体事物，也可以是抽象概念。例如：

bağ 最基本的意义为：Bir şeyi başka bir şeye veya birçok şeyi topluca birbirine tutturmak için kullanılan ip, sicim, şerit, tel vb. düğümlenebilir nesne.［为了将某物和另一物（多物）接合在一起而使用的绳、带、线等能够打结的物品］。在附加词缀-ıt 后派生出名词 bağıt（合同、契约），与 bağ（绳结）具有相似性。土耳其语派生构词过程中，以物为始源进行认知，既包含以物映射物，也包含以物映射人，如下表：

表 2　物体名词隐喻派生

	物体名词	词缀	派生词
以物映射物	pas（锈）	-ak	pasak（脏东西）

	物体名词	词缀	派生词
	toz（粉尘）	–ak	tozak（毛毛雨）
	şapka（帽子）	–lı	şapkalı（冠状植物）
	badem（巴旦杏）	–cik	bademcik（扁桃体）
	keçi（山羊）	–lik	keçilik（固执）
	ben（痣，雀斑）	–ek	benek（斑点，太阳黑子）
以物映射人	yük（货物）	–lu	yüklü（孕妇）
	yağ（油）	–cı	yağcı（阿谀奉承的人）
	katır（爆米花）	–cı	katırcı（谎话连篇的人）
	lapa（稀粥）	–cı	lapacı（体弱的人）
	batak（沼泽）	–çı	batakçı（不还钱的人）

（三）以动作、感觉为始源域进行认知

土耳其语派生构词过程中还能够通过人的动作、感觉等去认识和理解事物，也就是说把具体事物或概念进行"人化"，赋予其本不具备的运动、感觉等人的特性。例如：

gez- > gezegen（游览 > 行星）

动词 gez-（参观，游览）本义为：Hava alma, hoş vakit geçirme vb. amaçlarla bir yere gitmek, seyran etmek（为了透气或是惬意地消磨时光等目的前往一个地方，散步，溜达）。

该动词附加词缀-egen 派生出名词 gezegen（行星）：Güneş çevresinde dolanan gök cisimlerin ortak adı.（围绕太阳旋转的天体总称）。

这一派生过程将人的行为动作映射到具体事物上，通过人的行为特点联想到事物的特点，体现了隐喻思维。

土耳其语中能够通过该种隐喻模式进行派生的词缀主要包括：-Aç、-AgAn/-AğAn、-Cak、-mAç、-DI 等，例如：

tut-（抓）的本义是：elde bulundurmak, ele almak（拿到手里），附加词缀-aç，派生出名词 tutaç（钳子，镊子）：Laboratuvar maşası（实验钳子）；

say-（数）的本义是：Bir şeyin kaç tane olduğunu anlamak için bunları birer birer elden veya gözden geçirmek, sayısını bulmak.（为了知道事物的数量通过手或眼挨个过一遍，得出数量），附加词缀-aç，派生出名词 sayaç（计数器）：

Hava gazı, elektrik, su vb.nin kullanılan miktarını ölçen alet（计量天然气、电和水等用量的工具）；

salın-（身体左右摇晃）的本义是：Yürürken uyumlu hareketlerle hafifçe bir yandan bir yana eğilmek（走路时带着节奏感轻轻地由一个方向朝另一个方向倾斜），附加词缀-cak，派生出名词 salıncak（秋千，摇篮）：İki ucundan iki iple veya zincirle yüksek bir yere asılan ve üzerine oturulup sallanılan eğlence aracı.（两端被两个绳子或链条挂在高处，可以坐在上面摇晃的娱乐设施）；

al-（拿）的本义是：Bir şeyi elle veya başka bir araçla tutarak bulunduğu yerden ayırmak, kaldırmak（用手或其他工具将一个事物从其所处的位置移开），附加词缀-maç，派生出名词 almaç（接收机）：Bir elektrik akımını alıp başka bir kuvvete çeviren cihaz, alıcı, reseptör（将电流转化为其他能量的工具）；

em-（吸）的本义是：Dudak, dil ve soluk yardımıyla bir şeyi içine çekmek（在嘴唇、舌头和呼吸的帮助下吸入某物），附加词缀-meç，派生出名词 emmeç（吸尘器）：aspiratör（吸尘器）；

çık-（出来）的本义是：İçeriden dışarıya varmak, gitmek（从里面到达/去外面），附加词缀-tı，派生出名词 çıktı（打印件）：Bilgisayarda yazılan bir metnin kâğıda dökülmüş biçimi.（将电脑中的文本打印到纸上后形成的物品）。

总而言之，在土耳其语派生构词的过程中，原生词往往是与人类生活息息相关的词汇，比如头、眼、耳朵、手、脚等器官词汇和用来表达具体动作如吃、喝、睡、拿、给、来等表达具体动作的词汇，它们是人类与周围世界建立关联的基本要素。由原生词建立起来的人类经验在派生词的概念形成和意义理解过程中发挥了重要的作用，帮助我们通过已知的、熟悉的事物来理解未知的、新生的事物。

三、派生构词中的转喻、隐喻互动模式

上文中我们分别论述了转喻和隐喻在土耳其语派生构词过程中发挥的作用。但事实上，在土耳其语派生构词过程中，转喻和隐喻不是非此即彼的关系，它们往往相互交织，共同发挥作用。以土耳其语动转名派生词 yazıcı（打印机）为例，动词 yaz-（写）附加表示施事的词缀-IcI 派生出名词 yazıcı（打印机）。这一派生过程，既可以看作是转喻思维过程，也可以看作是隐喻思维过程，如图 2：

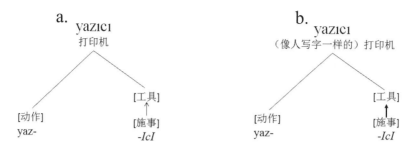

图 2 yazıcı 的转喻和隐喻模式

其中，图 2a 体现了"动作转喻工具"的转喻模式，我们可以从动词词义推导出动作行为发生所使用的工具。图 2b 则体现了"以物喻人，以人知物"的隐喻模式，在事件中与施事存在密切联系的是工具，工具在很多方面类似于施事，因此可以将打印机的工作原理看作是"像人写字"一样。

在土耳其语派生构词过程中，转喻和隐喻不是非此即彼的关系。陆俭明（2009）曾将隐喻和转喻假设为"一个认知域激活另一个认知域"。那么从激活的角度来看，隐喻、转喻是没有明确界限的。客观事物之间是互相联系的，因此在人的心智和大脑中形成的一个个认知域之间，肯定也是互相联系的，这种联系促使某一个认知域可以激活（activate）与之密切相关的另一个认知域。

（一）转喻与隐喻的互动模式

关于转喻与隐喻的互动模式，国内外许多语言学家提出了各自的观点，例如：

1. Goosens 的隐转喻

Louis Goosens（2003：349—378）发表文章《Metaphtonymy: The interaction of metaphor and metonymy in expressions for linguistic action》指出，虽然原则上隐喻和转喻是两个不同的认知过程，但二者并不互相排斥。它们在语言中常常是结合在一起的。鉴于此，他创造了"metaphtonymy"（隐转喻）一词来指称二者的相互作用现象。Goosens 以语料库为基础，考察了人体隐喻后，将隐喻和转喻的互动关系概括为以下四类①：（1）来自转喻的隐喻，（2）隐喻内包含转喻，（3）转喻内包含隐喻，（4）隐喻语境中的非转喻化。

"来自转喻的隐喻"是指在表达式所直接表征的隐喻机制背后，始源域和目标域在一个复杂的情景中可以天然地连接在一起，从中产生了转喻。也就是

---

① 其中前两类居多，后两类很少甚至没有，因此对于后两类本文不做解释。

说，隐喻和转喻在概念层面上联系紧密，隐喻可以从转喻中推得，转喻是人们对语言表达式进行隐喻识解的基础。从始源域到目标域的映射过程并非是跳跃的，而是蕴涵着一种梯度的升华和提炼，转喻从中起到了桥梁作用。

"隐喻内包含转喻"是指一个转喻式的实体被嵌入到一个（复杂的）隐喻表达式中，转喻在目标域中运作。在这种类型中，以隐喻为基础的始源域与目标域共享某个成分，该成分相对于始源域采取隐喻式识解或直接按字面义理解，而相对于目标域则肯定采取转喻式识解。

2. Ruiz de Mendoza 的隐喻、转喻相互作用模式

Ruiz de Mendoza 和其合作者（2000，2001，2002，2007，2011）针对 Goosens 的观点提出不同的看法，认为转喻本身的性质决定了在概念互动中对隐喻起到辅助性作用，并综合过往研究，总结出隐喻和转喻主要的 6 种相互作用模式（Ruiz de Mendoza & Díez Velasco，2003：518—528；Ruiz de Mendoza & Galera-Masegosa，2011：10—14）：（1）隐喻始源域中的转喻延伸，（2）隐喻目标域中的转喻延伸，（3）隐喻目标域中的转喻压缩，（4）隐喻始源域中的转喻压缩，（5）对隐喻目标域对应要素之一进行转喻扩展，（6）对隐喻始源域对应要素之一进行转喻扩展。

Ruiz de Mendoza 与其合作者认为，转喻在概念互动中相对于隐喻总是处于次要地位。转喻发生在隐喻的始源域或是目标域中，隐喻为概念互动提供了基本模式，转喻在概念互动中对隐喻和意象图式结构起辅助作用。

（二）土耳其语派生构词过程中的转喻、隐喻互动模式

结合上述两种观点，我们对土耳其语派生构词过程中的转喻、隐喻互动模式进行考察，发现在土耳其语派生构词过程中，转喻多发生在以隐喻为基础的始源域与目标域内，具体来看包括以下两个方面：

1. 隐喻始源域中的转喻延伸，即转喻发生在隐喻的始源域内，例如：

küs- > küseğen（生气 > 含羞草）

动词 küs-（生气）附加词缀-eğen，能够派生出新的名词 küseğen（含羞草），这一派生过程中的转喻、隐喻互动关系如下图：

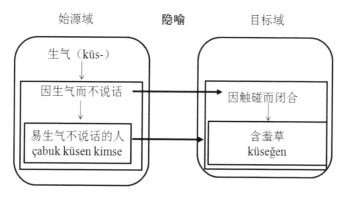

图 3　küseğen 的转喻、隐喻互动关系

图 3 中，始源域中的动词 küs-通常表达人因为生气而不说话的行为，如：Babası küstü.（他爸爸生气了）。通过这一行为动作可以联想到某人"因生气不说话"的场景，体现了转喻过程；而"因生气而不说话"和"因触碰而闭合"构成了隐喻映射，继而将"因生气而不说话的人"隐喻为"含羞草"，体现"非人是人（NONHUMANS ARE HUMANS）"的隐喻映射。再如：

eşek > eşeklik（驴 > 愚蠢、粗鲁的行为）

名词 eşek（驴）通过附加词缀-lik，派生出新的名词 eşeklik（愚蠢、粗鲁的行为），在这一名词再名词化过程中，转喻与隐喻的互动如下图：

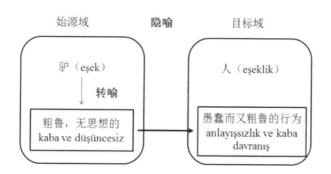

图 4　eşeklik 的转喻、隐喻互动关系

图 4 中细箭头表示转喻，粗箭头表示隐喻。始源域中，从"驴"到驴的特性"粗鲁、无思想"体现了转喻思维，形成的概念最终通过隐喻映射到人的行为方式上。

2.隐喻目标域中的转喻延伸，即转喻发生在隐喻的目标域内，例如：

doğ- > doğaç（出生 > 即兴表演）

动词 doğ-（出生）附加词缀-aç 后，派生出新的名词 doğaç（即兴表演），这一派生过程中的转喻、隐喻互动关系如下图：

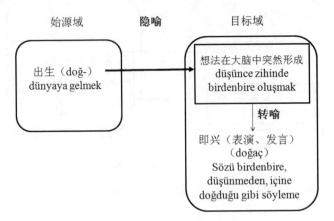

图 5　doğaç 的转喻、隐喻互动关系

图 5 中，始源域中的动词 doğ-（出生）基本意义是指"人的出生"，如：1988'de küçük bir köyde doğdu.（他 1988 年出生在一个小村子。）通过人的这一行为我们能够去认识和理解其他事物的发生过程，如思想的产生，这体现了隐喻思维。在目标域中，通过"动作转喻结果/产物"的转喻模式，派生出 doğaç（即兴表演）这个名词。再如：

baş > başak（头 > 麦穗）

名词 baş（头）附加词缀-ak 后，派生出新的名词 başak（麦穗），这一派生过程中的转喻、隐喻互动关系如下图：

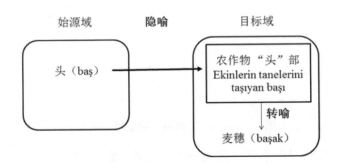

图 6　başak 的转喻、隐喻互动关系

图 6 中，始源域中的"人的头"映射到目标域中"农作物的头部"，体现了隐喻思维。在目标域认知框架中，由"农作物的头部"到"麦穗"体现了"整体到部分"转喻模式。

根据上述分析，我们可以将土耳其语派生构词过程中的转喻、隐喻互动关系描述如下：

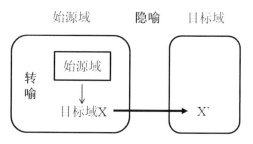

图 7   隐喻始源域中的转喻延伸

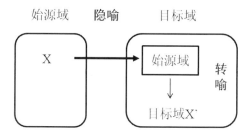

图 8   隐喻目标域中的转喻延伸

土耳其语派生构词过程中，转喻和隐喻作为主要认知机制发挥着重要的作用。在很多情况下，我们很难在它们之间划出一个确切的界限，也就是说转喻与隐喻往往是相互作用，同时发生。在这一过程中，隐喻为概念互动提供了基本的模式，转喻发生在隐喻的始源域或者是目标域，跨域的隐喻映射为转喻的延伸提供了框架。虽然转喻和隐喻共同发挥作用，但是二者的地位有所不同，转喻在概念互动中对隐喻起辅助作用，转喻相对于隐喻处于次要地位。

四、结语

语言研究的根本目的不在于找到生成语言形式的那些固定不变的规则，而在于揭示语言形式背后内在的、深层的规律，解释引发语言行为的心理过程。转喻和隐喻是人类认识客观世界的工具，也是我们描写、理解和解释土耳其语派生构词的重要理据。它们之间既有区别，也有联系，在土耳其语派生构词过程中，转喻和概念隐喻往往相互交织，共同发挥作用。

参考文献

[1] 陈建生. 认知词汇学概论[M]. 上海：复旦大学出版社，2008.

[2] 兰盖克. 认知语法基础[M]. 牛保义，王义娜，席留生，高航，译. 北京：北京大学出版社，2013.

[3] 束定芳. 认知语义学[M]. 上海：上海外语教育出版社，2008.

[4] Abdulla, Kamal & Mehman Musaoğlu. Türk Dili Kavramının Bilişsel-Lengüistik Açıklanması Üzerine [J]. *Turkish Studies*, 2012(7/2 Spring): 35–45.

[5] Akkök, Elif Arıca.Sözvarlığı Öğretiminde Bilişsel Yaklaşımlar [J]. *Dil Eğitimi ve Araştırmaları Dergisi*, 2015(1/3): 15–28.

[6] Goossens, L. *Metaptonymy: the interaction of metaphor and metonymy in expressions for linguistic action* [C]. Dirven R, Porings R(eds.). Metaphor and Metonymy in Comparison and Contrast. Berlin/NewYork: Mouton de Gruyter, 2002.

[7] Karaca, Hasan. *Türkiye Türkçesinde Eklerin İşlevleri* [D]. Sivas: Cumhuriyet Üniversitesi, 2013.

[8] Korkmaz, Feryal. *Batı Türkçesinde Tür Değiştirme* [D]. İstanbul: İstanbul Üniversitesi, 2007.

[9] Korkmaz, Zeynep. *Türkiye Türkçesi Grameri Şekil Bilgisi* [M]. Ankara: Türk Dil Kurumu Yayınları, 2014.

[10] Panther, Klaus–Uwe, Linda L. Thornburg & Antonio Barcelona. *Metonymy and Metaphor in Grammar* [C]. Amsterdam/Philadelphia: John Benjamins Publishing Company, 2009.

[11] Radden, G. & Z. Kövecses. Towards a theory of metonymy [C]// Panther K–U. & G.Radden (ed.). *Metonymy in Language and Thought*. Amsterdam/ Philadelphia: Benjamins, 1999: 21–27.

[12] Ruiz de Mendoza I,F.J. & A.Galera–Masegosa. Going beyond metaphtonymy: Metaphoric and metonymic complexes in phrasal verb interpretation [J]. *Language Value*, 2011(3): 1–29.

认知语境与土耳其语形动词名词化结构的识解

信息工程大学　彭俊

【摘　要】土耳其语中形动词名词化结构意义的获得建立在一定认知语境的基础之上，是词缀的使用特征不断强化和固化的结果，也是人们调动各种知识和经验对其进行抽象的结果。认知语境是认知者内在化、系统化的百科知识，它以图式的形式储存在大脑中。在认知语境的驱动下，形动词名词化结构所包含的信息能够不断地被选择、利用直至全部意义的获得。

【关键词】认知语境；土耳其语；名词化

人作为认知主体，总是处于一定的语境之中，意识的产生会受到语境的制约，心智的发展也要依赖于语境。传统的"语境"概念，几乎是个包罗万象的范畴，涉及语言的知识，语言的上下文，交际的时间、地点、话题、说话方式，交际者的地位及相互之间的关系，彼此了解的程度，人的世界知识，交际的文化、社会、政治背景等等（熊学亮，1999：113—114）。也就是说，传统的语境是包括语言知识、上下文知识、情景知识以及文化背景知识等等一系列知识内容的集合体。而随着认知科学的兴起，一些学者开始关注语境的"认知性"，引起了语境研究的认知转向。

一、认知语境及其构成

（一）认知语境

一般认为，最早从认知角度来研究语境的是 Sperber & Wilson（1986，2001），他们在《Relevance: Communication and Cognition》中提出了认知环境（cognitive environment）[①]的概念。Sperber & Wilson（2001：39）认为："某事实在某时对某人显明，当且仅当他在此时能够对该事实作心理表征并接受该表征为真或可能为真；个人的认知环境是对其显明的事实之集合。一个人的全部认知环境是其所处的物质环境及其认知能力两者的涵项。它不但包括当事人在

[①] 从当前的研究成果来看，认知环境和认知语境两个概念并没有严格的区分，基本上视两者意义等同（胡霞，2015：41）。

自己所处的物质环境里所知道的全部事实，而且还包括他有能力进一步了解的所有事实。个人已经知道的事实（即他业已获得的知识）当然会有助于增强他的能力，令其认识更多的事实，因为记忆中的信息是认知能力的一个组成部分。"

我国学者熊学亮（1996，1999，2008）在前人的研究基础上进一步探讨了认知语境的概念以及认知语境在推理过程中的运行机制。熊学亮（2008：19）认为认知语境指的是语用者在知识结构中已经建立起来的知识单位、知识单位之间的连接习惯以及连接知识单位的典型的逻辑方式。语言使用和话语理解所涉及的已经结构化、系统化和逻辑化的百科知识，就是认知语境的内涵，或者说认知语境是语用人已经内在化、认知化或已经固化在头脑里的概念典型和关系典型。有了这种知识或典型，在语言使用中，语用者处理信息的过程，就是先对语言符号在文字平面上的字面意义进行充实，然后在认知平面上对已经充实了的文字信息做进一步的补充和完善。以土耳其语词缀-DAş 为例，这一词缀最早出现于古突厥语时期，通常附加在名词后，例如：

dil（语言）	+ deş	>	dildeş（讲同种语言的人）
gönül（心）	+ daş	>	gönüldaş（知心朋友）
ırk（种族）	+ taş	>	ırktaş（同族人）
köy（村）	+ deş	>	köydeş（同村人）
sınır（边界）	+ daş	>	sınırdaş（有共同边界的国家/地区）

通过这些例词，我们发现-DAş 词缀多是附加在名词后构成新的名词[1]，表达"共同"意义，即处于某一共同体，或具有某一共同特征。当这些知识在大脑中固化后，我们在某个词中看到-DAş 词缀时，不仅能初步推断其词性，同时会自然而然地联想到"共同"的概念，从而推导出整个词的含义。人的知识结构是对外部世界概念化的结果，人们会将经常使用的语言特征存入记忆，并将该类知识结构化。结构化后的结果是，每当我们遇到某种语言特征，大脑便会自动激活与该语言特征相关的知识结构。

（二）认知语境的构成

关于认知语境的构成，Sperber & Wilson 认为，认知语境由可被储存在长时记忆中的逻辑信息、百科信息和词汇信息构成[2]。熊学亮则认为认知语境包

---

① 也可派生形容词。

② 丹·斯珀波，迪埃珏·威尔逊. 关联：交际与认知[M]. 蒋严，译. 北京：中国社会科学出版社，2008：114.

括语言使用涉及的情景知识（具体场合）、语言上下文知识（工作记忆）和背景知识（知识结构）三个语用范畴，也包括社会团体所共有的集体意识，即社会团体"办事、思维或信仰的方法"，集体意识以"社会表征（social representation）"的方式，储存在个人的知识结构里，使个人的语言行为适合社会、文化和政治环境（熊学亮，1999：115—116）。许葵花（2010：4）将语境分为物质语境和认知语境。物质语境是客观存在的语言语境、情景语境和文化语境；认知语境是当意义被传达时所激活的储存于大脑中的被个体所认知化了的语言语境、情景语境和文化语境，如图：

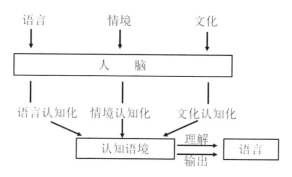

图1　认知语境的识解流程

从图1中可以看出，认知语境涵盖语言语境、情景语境和文化语境，是语言语境、情景语境和文化语境的抽象化形式。认知语境是人脑理解范围内有组织的认知化，语言语境、情景语境和文化语境又是认知语境在真实世界的具体表现形式。

认知语境与传统语境并非对立，它们在本质上是一致的。认知语境与传统语境的差别在于认知语境包括了语用者大脑中关于世界的假设和认知处理能力。认知语境是在互动过程中为了正确理解话语而存在于人们大脑中的一系列假设。理解每一个话语所需要的语境因素是不同的，因此，听话人要在话语理解过程中为每一个话语建构新的语境。换句话说，语境不完全是说话人通过话语预先设定的，而是听话人的一个重新构建，由于人们的认知结构不同，话语推理可能会得出不同的结果。

二、土耳其语中的形动词名词化结构

土耳其语中的形动词是指兼有形容词和动词部分特征的类动词。在土耳其语中可以构成形动词的词缀主要有六种：–An，–Ar/-mAz，–AcAK，–mIş，–

DIK 和-AsI。其中能够实现名词化的形动词词缀有-An，-DIK，-AcAK 和-AsI[①]。从历时的角度来看，土耳其语形动词最初的基本功能是在句中充当形容词，部分结构在语言的发展过程中实现了名词化，在句子中临时具备了名词功能。

（一）由词缀-An 构成的名词化结构

由词缀-An 构成的形动词被称为一般时形动词词缀（Hatiboğlu，1981：28；Korkmaz，1992：132；Banguoğlu，1995：424；Gencan，2001：382）。该词缀最早在古回鹘突厥语时期[②]以-Gen 形式出现。喀喇汗（Qara-Khanid，又称黑汗）突厥语时期[③]该词缀出现了-Gan 和-Gen 两种形式。花剌子模突厥语[④]中该词缀出现-Ġan/.-Gen-()an/.-Ken 等形式。钦察突厥语[⑤]中出现了-Ġan/-Gen-()an/-Ken 以及-An/-En 等形式。到古阿纳多卢突厥语[⑥]时期其形式固定为-An/-En，能够表达过去、宽广（一般）和现在时（Bayraktar，2000）。

从上述演变过程来看，词缀-An 是由词缀-GAn 脱落"G"而形成，具有-(y)an/(y)en 两种变体形式[⑦]。在土耳其语中它几乎可以附加在所有动词后，使其形容词化（adjectivisation）。在具体的上下文中，形容词化后的-An 结构，可临时充当名词使用，例如：

例 1：Fakat onunla **yaşayan** Ahmet'ti.

但是曾和她生活的人是阿赫麦特。

例 1 中动词 yaşa-（生活）附加词缀-an 后，意义为"生活的（人）"，在句子中作名词充当主语。

有土耳其学者认为-An 形动词以名词功能充当句子成分是一种省略现象（Kıvırcık，2004：78），例如：

例 2：**Geleni** tanıyorum.

我认识来的人。

科沃尔哲克（Kıvırcık）认为例 2 中 gelen（来的）是 gelen adam（来的

---

① 以元音开头的词缀也可以表示为-(y)An，(y)-AcAk，(y)-AsI。

② Eski Uygur Türkçesi，约公元 8—9 世纪的突厥语（Akar，2012：104）。

③ Karahanlı Türkçesi，公元 11—13 世纪时期的突厥语（Akar，2012：136）。

④ Harezm Türkçesi，公元 13—14 世纪时期的突厥语（Yelten，2013：49）。

⑤ Kıpçak Türkçesi，约公元 13—16 世纪时期的突厥语（Akar，2012：136）。

⑥ Eski Anadolu Türkçesi，公元 13—15 世纪时期的突厥语（Yelten，2013：56）。

⑦ 附加在以元音结尾的动词时，需在-An 前添加增辅音 y。

人）省略 adam（人）后的一种省略形式，结构本身还是形容词。也就是说，-An 形动词结构被看作是定语，在句子中独立使用时表达的名词意义并非本身所固有，而是来自被省略掉的中心语。汉语中也有类似的结构，例如：

考过的没几个。（考过的指代考过的人）

要做的还很多。（要做的指代要做的事）

朱德熙（1961，1966）先生把这种"的"字短语看作名词性结构，可以独立作主宾语，也可以作定语，"VP 的"可以指代整个"VP 的 N"。朱德熙（1983）认为"VP 的"可以指动作的施事，也可以指受事、与事和工具等等（朱德熙，1999：19—20）。例如：

施事：游泳的/坐在主席台上的

受事：新买的/小孩儿画的

与事：你刚才跟他打招呼的（那个人）/我借给他钱的（那个人）

工具：吃药的（杯子）/裁纸的（刀）

土耳其语的-An 形动词与汉语的"VP 的"功能极为相似，-An 形动词亦可以指代施事、受事和工具等，例如：

施事：ava giden（去打猎的）/sigara içen（抽烟的）

受事：en çok satan（最畅销的）/yeni yayımlanan（新出版的）

工具：gösteren（有指示作用的）/yel kesen（挡风的）

吕叔湘（1979）先生早期曾指出，省略现象必须具备两个条件才能成立："第一，如果一句话离开了上下文或者说话的环境意思就不清楚，必须添补一定的词语才清楚；第二，经过添补的话是实际上可以有的，并且添补的词语只有一种可能，这样才能说明是省略了这个词语。否则只能说是隐含。"（吕叔湘，1979：67—68）。从上文中的例子我们可以看出，土耳其语的-An 形动词离开了具体的上下文，意义也是明确的，即便需要添补，答案也不是唯一的。因此，这一现象应被视为一种"隐含"而不是"省略"。事实上，不论从语法功能角度还是从语义功能角度来看，-An 形动词在句子中都具备了名词特征，理应是一种句法名词化现象。

由词缀-An 构成的名词化结构，其主要特点表现为：

1.可以附加复数、领属和各种格词缀，在句中充当主语、谓语、宾语和补足语。

例 3：Bir kitabı en iyi **okuyan** onu bir başka dile **çeviren**dir.（主语，谓语）

将一本书读得最透的人是把这本书翻译成其他语言的人。

例 4：**Gelenleri** toplayıp buraya getirecek.（作宾语）

他将把来的人集中起来带到这儿。

例 5：Köyde her önüne **gelene** durmadan bunu anlatıyordu.（作补足语）

他不停地对村里遇到的人讲述着这件事。

2.可与后置词连用充当句子的状语。但是由于结构和功能的限制，临时作为名词的-An 形动词从用法来看，只能和 başka，kadar，için 等后置词连用。例如：

例 6：Yaşlıların hatırasında **kalanlardan** başka hiçbir miras yok gibiydi.

除了老人的回忆，似乎就没有任何遗产了。

例 7：Kahve **kapanana** kadar oturdum.

我一直坐到咖啡馆关门。

3.可附加否定词缀，并能够支配分句中的宾语和补足语，例如：

例 8：Yalnız ben miyim **bunları sevmeyen**？（否定形式，支配宾语）

只有我不喜欢这些吗？

例 9：Bu uygulama değişik tatlılar **yapmaktan hoşlananlar** için mükemmel bir seçim.

这个程序对于喜欢做各种甜点的人来说是极好的选择。（支配补足语）

（二）词缀-DIK 构成的名词化结构

词缀-DIK 自古突厥语时期就开始在各突厥语言中广泛使用（İlhan，2009），根据语音和谐规律，拥有-dık/-dik/-duk/-dük/-tık/-tik/-tuk/-tük 八种变体形式。-DIK 词缀附加领属性词缀后，可在句中临时充当名词。该名词化结构能够表示现在或过去的时间，拥有人称变化。例如：

例 10a：Ben bir şey gördüm.（我看见一件事。）

例 10b：Bekçi hırsızı yakaladı.（保安抓住了小偷。）

例 10a 和例 10b 是两个能够表达完整意义的独立句子，如果要把两个句子合为一个句子，就需要将句 b 名词化，用来替代句 a 中的 bir şey（一件事），转换的结果为：

例 10c：Ben [bekçinin hırsızı yakaladığı] nı gördüm.

我看见保安抓住了小偷。

句 c 中动词 yakala-（抓住）附加词缀-DIK 后临时作名词充当主句的宾语。我们还可以将这个句子继续扩充，例如：

例 10d：Ali [[(benim) [bekçinin hırsızı **yakaladığı**] nı **gördüğüm**] ü] anladı.

阿里知道我看见保安抓住小偷。

理论上说由词缀-DIK 构成的名词化结构可以使句子得到无限的扩展（Kıran，1979：54—56）。由词缀-DIK 构成的名词化结构，其主要特点表现为：

1.可以附加复数、领属和各种格词缀，在句中充当主语、宾语、补足语和状语。例如：

例 11：Kolordu Komutanının özel bir trenle **geldiği** dün gece duyulmuştu.（作主语）

昨天晚上已经得知军长乘专列到来。

例 12：Hiç **düşünmediğimi** nasıl anladılar?（作宾语）

他们怎么知道我从没考虑过。

例 13：O soruları **sorduğuna** pişman oldu.（作补足语）

他很后悔问了那些问题。

2.可与后置词连用充当句子中的状语。例如：

例 14：**Duyduğumuza** göre hafta sonu hava da güzel olacakmış.

我们听说周末天气也会很好。

例 15：Belki vapura **bindiğimden** beri gözlüyordu beni.

可能从我上船开始他就一直盯着我。

3.可附加否定词缀，能够支配分句中的宾语和补足语，例如：

例 16：Orhanın bir şey **yapmadığ**ı belliydi.（否定形式）

很明显奥尔汗什么事都没做。

例 17：Seni **sevdiğimi** herkes biliyor.（支配宾语）

所有人都知道我爱你。

例 18：Sizin oraya **gittğiniz** yalan mı?（支配补足语）

你们去那里是个谎言吗？

（三）词缀-AcAK 构成的名词化结构

土耳其语学界普遍认为-AcAK 词缀最早出现在 13 世纪古阿纳多卢突厥语时期，当时该词缀并不常用，直至 15 世纪才开始被广泛使用（Ahat Üstüner，2000）。土耳其语中，-AcAK 词缀附加在动词后能够临时充当名词，功能多样，使用广泛。从意义角度来看，可以表达将要做的事（-AcAk şey）或将要做某事的人（-AcAk olan）。-AcAK 形动词名词化过程与-DIK 形动词相同。胡拜尔（Emel Huber）曾指出：当我们想把 "Ayşe gelecek.（阿伊赛将会来。）" 和 "Ali buna çok şaştı.（阿里对此很惊讶。）" 合并为一个句子的时候，按照土耳其语的结构，第一句的谓语必须名词化，这就是句法中的名词化转换。那么合并后的句子就应该是："Ali Ayşe'nin geleceğine çok şaştı."（阿里对阿伊赛将要到来感到很惊讶。）（Huber，2008：241）

由词缀-AcAK 构成的名词化结构，其主要特点包括：

1.可以附加复数、领属和除位格之外的所有名词格的词缀，在句中充当主语、宾语、补足语等成分。例如：

例 19：Bizim **diyeceğimiz** işte budur!（作主语）

我们要说的就是这个。

例 20：Bu gece **uyuyabileceğimi** ümit etmiyorum.（作宾语）

我没指望今夜能睡着。

例 21：Türkiye'nin destek **vereceğine** inanıyoruz.（作补足语）

我们相信土耳其将给予支持。

2.可与后置词连用充当句子中的状语。例如：

例 22：Çok korkmuştum ve **ağlayacak gibi** hissetmiştim.

我非常害怕，感觉要哭了。

例 23：İşlem uzun **süreceği için** 5–6 saat önce havalimanına gitmesi gerekiyor.

由于手续办理时间长，他需要提前 5—6 个小时去机场。

3.可附加否定词缀，能够支配分句中的宾语和补足语，例如：

例 24：**Beni bırakmayacağını** söylemiştin.（否定形式，支配宾语）

你说过不会离开我的。

例 25：Bugün **sınava girecekler**, üst kattaki dersanede toplansın.（支配补足语）

今天要参加考试的人到楼上教室集合。

（四）词缀-AsI 构成的名词化结构

词缀-AsI 从结构上来看是由词缀-gA+sIg 复合而成的复合词缀，在古突厥语时期它是将来时形动词词缀，构词能力非常强（Korkmaz，2014：837）。随着语言的发展演变，该词缀各项功能不断退化，在土耳其语中使用相当有限，构词能力弱，通常在句子中临时充当形容词和名词。由词缀-AsI 构成的名词化结构，其主要特点包括：

1.多与 var（有/存在），yok（没有/不存在），gel-（来），geç-（过去/消失），kaç-（逃脱/消失），tut-（抓住/碰巧发生）等词连用，表达做某事的"内在愿望"（Internal Motives）。例如：

例 26：Benim dışarda biraz daha **oturasım** var.

我想在外面再坐一会。

例 27：Oralara **gidesim** geldi.

我想去那里。

2.通常在句子中充当主语，而不能充当宾语，例如[①]：

例 28a：Tam o sırada **Ayşenin gülesi** gelmiş.

就在那时，阿伊赛突然想笑。

例 28b：*Ben **Ayşenin gülesini** hemen sezdim.

*我立刻感觉到阿伊赛（的）想笑。

例 28 中名词化结构 "Ayşenin gülesi（阿伊赛的想笑）" 在句子中能够作主语，但不能作句子的宾语，因此句 b 的表达方式是错误的。如果想表达句 b 含义，可以使用其他名词化结构，如：

例 28c：Ben **Ayşenin gülmek istediğini** hemen sezdim.

我立刻感觉到阿伊赛想笑。

3.通常不能使用否定形式，例如：

例 29a：Benim senin ile **konuşasım** geldi.

我想和你说说话。

例 29b：*Benim senin ile konuşmayasım var.

*我（有）不想和你说话。

例 29 中由动词 konuş-（说话）和词缀-ası 构成的名词化结构，只能使用肯定形式，如句 a 中的 konuşasım（我想说话），而不能使用否定形式 konuşmayasım（我不想说话）如句 b。如果要表达否定意义，可以使用其他方式，例如：

例 29c：Benim kimse ile **konuşasım** yok.

我不想和任何人说话。

三、形动词名词化结构的识解

对于母语为土耳其语的人来说，形动词名词化的运用像是一种自觉的无意识行为，尤其是在对话过程中，他们不可能瞬时通过有意识的知觉来处理这么复杂的程序。而事实上，这种无意识是他们在多次甚至是无数次重复某一有意识的过程之后才形成的心理行为模式。也就是说，通过不断的重复，形动词名词化已经在他们的大脑中固化为具体的形式与意义的结合体（form-meaning pairing），他们用最少的心力就能够将其从大脑中调动出来进行使用。因此，在对形动词名词化进行无意识的运用之前，有一个有意识的学习过程。当人们将形动词名词化的相关知识不断重复到一定程度，这个知识就会内化为自身的无意识。

（一）形动词名词化结构的认知图式

认知图式是认知主体有关对象知识的概括化和抽象化结构，简而言之，就是关于具体对象的一种知识结构。认知图式在日常生活中通过经验或学习形成，经历了从具体到抽象的命题组合过程，一旦形成命题集合，就比较稳固地存储在记忆中，以便被刺激物所激活。

土耳其语中的形动词名词化结构主要是由动词附加-An，-AcAK，-DIK 以及-AsI 词缀构成，在句子中承担名词功能。根据前文的描写，首先我们能够看出形动词名词化结构最突出的特点是具备了时间意义，如下表：

表 1　形动词名词化结构的时间意义

	过去	现在	将来
-An	+	+	+/-[①]
-AcAk	-	-	+
-AsI	-	-	+
-DIK	+	+	+/-[②]

动作通常都具有时体特征，时是动作的时间占有性质，体则是动作的运动状态。动作在概念化时，其时体意义也相应发生改变。土耳其语形动词名词化过程中，动词的时间性受到限制，但并没有完全失去时间性，认知者往往能够观察到动作发展的内在过程，感知到时间距离的推近或拉远。

其次，土耳其语中-An 形动词名词化结构相当于汉语的"VP 的"，通常表示动作的施事、受事和工具，而其他三类或表示"行为（acts/actions）"，如-AsI；或表示"事件（facts）"，如-AcAK，-DIK。据此，我们初步构拟出形动词名词化结构的知识图，如下：

---

① 在特殊情景下，也可以表达将来意义。
② 在特殊情景下，也可以表达将来意义。

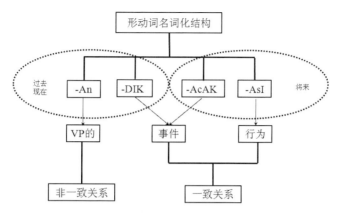

图2　形动词名词化结构的认知图式

从图 2 可以看出，四种名词化结构的功能既有重合也有不同，例如：-AcAK 和-AsI 形动词名词化结构从时间角度来看均表示"将来"；从领属关系来看，均可以构成主谓一致关系。但前者通常表达"事件"，后者通常表达"行为"，强调内在意愿（Internal Motives），如[①]：

例 30a：*Ben Ayşenin **gülesi**ni hemen sezdim.

*我立刻感觉到阿伊赛（的）想要笑。

例 30b：Ben Ayşenin **güleceği**ni hemen sezdim.

我立刻感到阿伊赛会笑。

例 30 中 a、b 两句均由形动词名词化结构充当主句的宾语，表达"阿伊赛的（将要）笑"。句 a 中"Ayşenin gülesi"表达的是阿伊赛内心的愿望，主句主语"我"是无法感觉的，从语义上来看不合逻辑。另外，从语法角度来看-AsI 形动词不能作为复合句中的宾语嵌入（embed）到主句中。因此，此句应该采用-AcAK 形动词名词化结构。

土耳其学者居杰尔奥卢曾举过一个例子：一个"苹果"，它的外形、颜色、大小、气味等特点会在我们大脑中形成一个图式（şema）。我们会毫无意识地运用大脑中的这些图式去解释我们听到的话和看到的事件。人类与外部世界相互影响，从而在大脑中产生这些图式，它们在不同的文化背景下会显现出差异（Cüceloğlu，1999：208）。他提到的图式事实上就是有关的知识结构，即我们对某一认知对象形成的一系列知识，这些知识以图式的形式存储在大脑中，是认知语境的心理表征[②]。大脑中存储的图式通常以静态的方式存在，在

---

① 例句引自 Yaldır（2004：145）。

② 认知语境是通过图式这一心理结构或者说心理形式表现出来的。

被激活之前，它处于一种休眠状态，激活后，其中的相关知识成为认知语境的一部分，从而帮助我们更好地进行推理与理解。

（二）认知语境驱动下的形动词名词化结构的识解

形动词名词化结构的识解过程是在认知语境的驱动下，一步步进行判断和选择的过程。这一过程中，认知主体通过自己的认知能力，根据当前环境进行形态识别，激活认知图式，进行知识选择，最终得出意义。

1.形态识别

土耳其语是典型的黏着语，能够实现名词化的形式众多，单从句法名词化结构来看就包括动名词名词化、形动词名词化以及独立小句名词化。这些名词化现象均是通过词缀来实现。因此，为了准确理解名词化现象，我们首先要进行形态上的识别。土耳其语形动词名词化结构是由动词附加-An，-AcAK，-DIK以及-AsI词缀构成，这些词缀是功能性的，能够赋予动词以名词的地位，本身没有具体含义。当我们看到或听到包括这些词缀的句子结构时，大脑中迅速对其形态进行识别，确立识解的对象。

2.图式激活

形态识别之后，认知主体通过这一显性刺激来激活内在的认知图式。所谓激活，就是认知主体通过所接受的某些信息去判断、预测该形式可能会涉及的内容，并据此提取某图式下的相关背景知识。

3.知识选择

认知图式包含很多知识命题，但每次参与建构认知语境并最终形成意义的命题并非一个人全部的经验和知识。认知主体需在认知语境的驱动下，根据相关性来选择与话语有关的知识作为语境假设，无关的知识则被忽略。

4.意义形成

意义形成是形动词名词化结构识解的最后一个阶段。这一阶段的主要任务是建构整合。建构整合的发生有时似乎是无意识的，我们感觉不到它的存在，但有时又会感觉理解过程中的停顿与不畅。这样，在理解的过程中就多了一个有意识的思考过程，这个过程就是建构整合的过程，也是意义得以形成的关键。

根据上述四个阶段的描述，我们可以将土耳其语形动词名词化结构的识解过程表示如下：

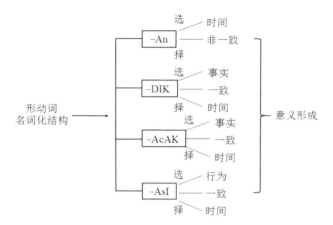

图 3　形动词名词化结构的识解过程

四、结束语

认知语境简单说来就是语用者系统化了的语用知识。辅助语言理解的因素并非总是具体的场合，如果我们通过经验把具体语境内在化、认知化了，那么即便没有明确的上下文，也能够对形动词名词化结构进行甄别、判断和理解。认知语境不是一种客观存在，而是在理解过程中为了正确理解话语而存在于人们大脑中的一系列假设。这些假设能够帮助我们在理解形动词名词化时准确提取相关信息。

参考文献

[1] 胡霞. 认知语境的理论建构[M]. 昆明：云南人民出版社，2015.

[2] 熊学亮. 认知语用学概论[M]. 上海：上海外语教育出版社，1999.

[3] 许葵花. 认知语境语义阐释功能的实证研究[M]. 北京：中国人民大学出版社，2007.

[4] 张维鼎. 意义与认知范畴化[M]. 成都：四川大学出版社，2007.

[5] Aydın, Hülya. *13. Yüzyıl Anadolu Türkçesinde Sıfat Fiil Ekleri* [D]. Sakarya: Sakarya Üniversitesi, 2007.

[6] Banguoğlu, Tahsin. *Türkçenin Grameri* [M]. Ankara: TDK Yayınları, 2007.

[7] Cüceloğlu, Doğan.*İnsan ve Davranışı–Psikolojinin Temel Kavramları* [M]. İstanbul: Remzi Kitabevi (9 baskı), 1999.

[8] Gülsevin, Gürer. *Eski Anadolu Türkçesinde Ekler* [M]. Ankara: Türk Dil Kurumu Yayınları, 2011.

[9] Sebzecioğlu, Turgay. *Türkiye Türkçesinde Eylemsilerle Kurulan Tümcelerin Yapısı* [D]. Mersin: Mersin Üniversitesi, 2004.

[10] Sperber, Dan & Deirdre Wilson. Relevan*ce: Communication and Cognition* [M]. 关联性：交际与认知（何自然，冉永平导读）. 北京：外语教学与研究出版社，2001.

文学研究

莫言的"蓝脸"与陶武的"老庵"

——比较文学视域下中越"单干户"人物形象分析

河内国家大学下属人文社科大学　黄艳杰

【摘　要】中国作家莫言的长篇小说《生死疲劳》，与越南作家陶武的长篇小说《砖场地》是两部属于不同民族、不同语言、不同文化的文学作品。这两部小说的主人公"蓝脸"和"老庵"有诸多相似之处，本文采用比较文学的平行研究法，对这两个"单干户"进行研究，从而得出结论：文学作为一种社会意识形态，是随着社会的发展而发展的。其内容、形式以及创作方法等，都要受到一定时代的社会历史条件的制约。

【关键词】蓝脸；《生死疲劳》；老庵；《砖场地》；比较文学

"比较文学是跨越国界和语言界限的文学研究，是研究两种或两种以上民族文学彼此影响和互相关系的一门文艺学学科"[①] 因此，比较文学学科的研究对象，必须是超越一种文学、一个民族、一种语言、一种文化的多个文学作品，这就要求我们在进行跨国别文学比较研究时必须要具备扎实的对象国语言基础，同时还要有相关的文化知识和跨文化交际能力，以及跨学科的专业知识。目前，比较文学的研究方法主要有三类：一是法国学派提出的影响研究法，二是美国学派提出的平行研究法，三是中国学派提出的跨学科研究法。本文采用的是平行研究法，对中国作家莫言的长篇小说《生死疲劳》中的故事主人公"蓝脸"，和越南作家陶武（ĐÀO VŨ）的长篇小说《砖场地》（CÁI SÂN GẠCH）中故事主人公的"老庵"进行对比研究。

一、"蓝脸"与"老庵"

小说《生死疲劳》与《砖场地》分别是作家莫言和陶武先生的优秀代表作之一。小说《生死疲劳》曾获得中国第二届"红楼梦奖"和第一届美国纽曼华语文学奖。小说《砖场地》则是陶武先生的成名作，这部小说于 2001 年获得了越南第一届作协奖。

---

① 卢康华，孙景尧. 比较文学导论[M]. 哈尔滨：黑龙江人民出版社，1984：76.

（一）《生死疲劳》——蓝脸

小说《生死疲劳》带有东方神秘主义的魔幻色彩，是一部魔幻现实主义作品。小说主人公西门闹因被冤杀，死后经历了六道轮回，变成驴、牛、猪、狗、猴，最后终于又转生为一个带着先天性不可治愈疾病的大头婴儿。作者以通俗小说的章回体形式，借蓝解放、莫言（虚构人物）和西门闹转世动物的口吻，通过动物和儿童的视角，叙述了 1950 年到 2000 年中国农村这 50 年的历史发展进程，再现了农村土地改革、"大跃进"、"文化大革命"和改革开放时期的社会历史变迁。小说围绕着土地这个沉重的话题，阐释了农民与土地的种种关系。此外，莫言在小说的创作中聚焦中国农村变革，关注代表权力的乡村干部与农民在历史进程中的嬗变，是一部深刻反思"土改"暴力的小说。

蓝脸是小说《生死疲劳》的主人公之一。蓝脸原是西门闹家长工，他是西门闹生前从关帝庙前雪地里捡回来的孩子。当时蓝脸已经被冻得只有一口游气，西门闹将他放在炕上慢慢缓着，灌了一碗姜糖水，才把他救活。因这孩子无名无姓，不知家乡，左脸上有巴掌大的一块蓝痣，于是西门闹就给他起名叫蓝脸。西门闹原本是一位勤俭持家、靠自己的辛勤劳动成为西门屯的富户，但在土改中却被作为恶霸地主枪决。西门闹被冤杀后，蓝脸在土改中分到了西门家的西厢房，西门闹的二姨太迎春改嫁蓝脸。蓝脸收养了西门闹与迎春生下的一对龙凤胎儿女，之后，自己和迎春又生下了一个儿子，取名蓝解放，即小说的叙述者之一。

1954 年 10 月 1 日，高密东北乡第一家农业合作社成立了。蓝脸拒绝入社，成为"全中国唯一坚持到底的单干户"。为了不连累妻儿，蓝脸将土改时分到的八亩地分给他们，让他们带着地入社，自己只留下一亩六分地继续单干。即使受到人们的歧视、威胁和威逼利诱，被拉去大街游行，甚至遭到养子和自己亲生儿子的背叛，蓝脸也丝毫不动摇。蓝脸说："我一死，这个全县、全省、全中国的黑点就自行抹掉了！但我偏不死，他们要弄死我我没法抗拒，但想要我自己死，那是痴心妄想！我要好好活着，给全中国留下这个黑点！"[①]在莫言的刻画下，蓝脸是一个纯粹、质朴的农民，他忠厚勤劳，热爱土地，同时又有一种"叛逆"、顽固的执拗性格。小说人物蓝脸的塑造，是作家莫言在新的历史条件下对以往中国合作化运动小说中的"顽固分子"的重新解读。

---

① 莫言. 生死疲劳[M]. 上海：上海文艺出版社，2012：186.

（二）《砖场地》——老庵

小说《砖场地》讲述的是越南革命抗战时期北部农村开展土地改革和农村合作社运动的故事。1945 年 8 月 15 日，日本帝国主义投降，越盟领导了全国总起义。9 月 2 日，胡志明主席在河内巴亭广场发表《独立宣言》，宣布脱离法国统治，建立越南民主共和国，即北越。为发展越南北部农村落后的农村经济，"越南进行了系列土地改革，消灭了越南北部的封建残余土地制度，逐步过渡到集体经济土地所有制阶段……1945 年—1953 年，越南采取限制剥削的土地政策，至 1953 年年底，完全消灭了资本主义的压迫形式，变地主土地所有制为农民土地所有制。"[①] 小说《转场地》就是在这样历史背景下诞生的，当时，作家陶武为了响应当时越南文学界掀起的"长期深入实际"（thâm nhập thực tế lâu dài）的运动，前往越南北部海阳省的一个小村庄，与当地的农民同吃同住，一起劳作。在此期间，陶武根据自己的亲身经历创作了小说《砖场地》，老庵就是小说《砖场地》的主人公。

小说中，老庵是生活在越南北部的一个地地道道的农民，他虽出身贫寒，却渴望有朝一日能光宗耀祖，出人头地。于是，年轻时老庵远走他乡。他曾当过挖煤工，白天挖煤矿，晚上去学炼砖，除此之外还得给别人当帮工补贴家用。在越南封建统治者及法国殖民势力的双重剥削下，老庵与其他底层劳动者一样不得翻身，致富梦破灭。七年之后，老庵两手空空回到家乡。他唯一的收获，就是跟住在他隔壁的教书先生学了几个字，长了些见识。老庵回乡时正值村中豪绅恶霸欺压村民，于是他聚集村民们一起到县里状告里长，将原来的里长扳倒，并在大家的推荐下当起了新里长。后来，老俺的二妹嫁到了县里的一户经商人家，做了几年生意，收入颇多，于是妹妹为哥哥买了一亩多地。老庵有了经济来源，手中又有了些权力，于是便着手创建家业。

转眼间，老庵有了鱼塘、房子，有了老婆、孩子。他最后的愿望，就是在自家的院子里铺上一层砖。有了砖场地，下雨的时候就不怕院子里泥泞不堪，从此晒稻谷的时候就不需要再去借用别人家的场地。如此，老庵就可以更加扬眉吐气。老庵盘算着，现在吃饭管饱了，靠着鱼塘和土地的收入，自己和二儿子一起炼砖，妻子和女儿负责田里的农活，不出一年就能把这院子铺满砖。当村里的农村合作社成立之后，老庵想："自己是无论如何都不会入社，凭着这

---

① 叶前林，何伦志. 越南推进农村土地改革的经验及启示[J]. 世界林业，2015（2）：143—146.

两亩地，健硕的大水牛，还有炼砖炉，咱们两边比比看到底谁更厉害……"①小说中，老庵的这些想法被认为是消极、保守、自私自利的，当自己所有的家人都要求加入合作社的情况下，老庵愤然拒绝，宣布脱离家庭，搬到砖场去单干。

小说人物老庵是一个有理想、有胆量、有远见，愿意为自己的理想付出辛勤劳动的农民。同蓝脸一样，老庵是一个固执的农村老头，但他的"单干"行动并未坚持到底。小说里，老庵输给了农村合作社，他虽心里暗暗佩服合作社的劳动成果，但仍拉不下面子主动入社。最后，在"省委干部"的劝说下，老庵终于同家人一起加入了农村合作社。

二、比较文学视域下"蓝脸"和"老庵"的人物形象分析

平行研究法是比较文学的研究方法之一，"所谓'平行研究'，就是要将那些'相似'、'类似'、'卓然可比'，但是没有直接关系的两个民族文学的作品加以比较，研究异同，并推导出有益的结论"。② 小说《生死疲劳》与《砖场地》的作者来自不同的国家，且创作于不同的年代，两者并没有直接的关系，但两部小说的主人公身上却有诸多相似之处。所以，用平行研究法来理解、分析这两个小说人物形象，将有助于我们理解这两部作品所要表达的主题思想。

（一）小说人物"蓝脸"和"老庵"的创作原型

小说《生死疲劳》中的蓝脸和《砖场地》中的老庵都是作家莫言和陶武先生根据自己的亲身经历，以现实生活中人物为原型所创作的。

1."蓝脸"

莫言出身农民家庭，他的童年正值"三年困难时期"，因此，童年时的莫言经常挨饿。在小学五年级时他因"文化大革命"辍学，在农村劳动长达10年，主要从事农业，种高粱、种棉花、放牛、割草。因此他对当时以及时下的农村和农民问题非常了解。"高密东北乡"是莫言打造的小说王国，莫言在接受采访时表示，自己小说中的那些人和事，多数都可以在高密这块土地上找到真实的原型和影子。关于"蓝脸"原型，莫言在小说《生死疲劳》的后记中提到："虽然写了四十三天（《生死疲劳》），但我积累了四十三年，因为小说中的

① Đào Vũ. *Cái sân gạch* [M]. Hà Nội: Nxb Văn học, 1959, tr.41.
② 陈惇，刘象愚. 比较文学概论[M]. 北京：北京大学出版社，2000：123.

主人公——那个顽固不化的单干户的原型——推着吱呀作响的木轮车在我们小学校门前的道路上走来走去时，还是上个世纪六十年代的初期。"

在莫言笔下，那是一个"一锅糊涂粥"的年代，在文化水平普遍偏低的社会底层，人们很容易被煽动，走偏执路线。当饥荒来临时，"人们变成了凶残的野兽"。莫言称，他的小说中许多关于饥饿、暴力情节的描写其实都来自作者童年时的亲身经历。小说主人公蓝脸从"那次在高密东北乡历史上留下了浓重一笔的集市游斗"后，几乎成了哑巴、呆瓜，才四十多岁就已经满头白发。即便如此，蓝脸依然宁死守旧志："天下的乌鸦都是黑的，为什么不能有只白的？我就是一只白乌鸦！"蓝脸就这样执着地成为一个时代的"反叛者"，坚守自己对那块一亩六分地所拥有的权利，在他身上体现了中国广大农民对个体自由的渴望和对私有土地的追求。

2.老庵

老庵是陶武先生创作的最成功的农民形象之一。在越南，提到陶武，人们就自然想到小说《砖场地》，和小说主人公老庵。这部小说是 1958 年至 1959 年间陶武下乡体验生活时创作的，当时越南北部农村评出几个先进代表合作社，陶武所在的武罗合作社就是其中之一。虽然陶武出生在一个富裕的家庭里，但他非常平易近人，在合作社经常同村民打成一片。除了写作，陶武经常为村民讲课，传播文化知识。白天，陶武和村民们一起下地干活，晚上参加合作社的报告会并做笔录，然后开始进行创作，小说中所有的人物都有现实原型。

现实中的老庵名叫莫文祀（Mạc Văn Tự），陶武下乡的时候就住在他家。陶武在创作《砖场地》之前，曾征求过现实中的"老庵"的意见。"老庵"起初不愿意，他不喜欢小说中那个落后、凡事斤斤计较的老庵。最后架不住陶武的劝说，他才说道："您是作家，您想这么写就写吧。写我的缺点也可以。只要合作社能让大家都好起来，让大家不要像我这样落后、只为自己打算"[①]现实中的"老庵"并非像小说中的老庵那么自私自利，小说中，老庵为了不让自家的大水牛被公有化，竟半夜起来将牛"偷"走，想拉到市集上去卖。但事实上，现实中的"老庵"是因为怕水牛被公有化后，不能得到大家的细心照料。后来的事实证明，"老庵"的担心是正确的。这头大水牛公有化后，被合作社过度使用。除了耕田，"老庵"家的大水牛还被安排去拉建筑材料，拉磨榨甘

---

① http://vnca.cand.com.vn/Tu-lieu-van-hoa/Lao-Am-chua-tung-biet-tieu-thuyet-Cai-san-gach-327849/

蔗水。最后，大水牛被活活累死了。

小说《生死疲劳》和《砖场地》都是以农民和土地为主题的文学作品，这两部小说中的主人公人物原型来自于两位作者的现实生活。莫言和陶武两位作家的农村经历使得他们在创作过程中更倾向于选择农村题材，他们对小说人物的成功塑造也主要得益于自己在农村生活中的所见所闻。

（二）小说人物"蓝脸"和"老庵"的创作意义

对比莫言笔下的蓝脸和陶武笔下的老庵这两个小说人物有着诸多相似之处。比如，蓝脸和老庵都是农民，都有着执拗的性格，他们都反对加入当时的农村合作社，对农民和土地的关系有着深刻的见解。老庵认为："农家人要是没了田地、水牛，那就什么保障都没有了。"蓝脸则用生命守护着自己那一亩六分地，在他死后，他的墓碑上刻了一行字：一切来自土地的都将回归土地。对于农村合作社，蓝脸质朴地坚守着一个观点："亲兄弟都要分家，一群杂姓人混在一起，一个锅里摸勺子，哪里去找好？"而老庵则简单地认为，合作社里那么多人在一起搞生产只会造成"人多不干活，鸡多不下蛋"的结果。蓝脸和老庵这两个小说人物凭借着一种对原始小农经济的坚持，按照自己的本性拒绝脱离实际的生产方式，哪怕是豁出自己的性命也得捍卫小农经济。

小说《生死疲劳》和《砖场地》所要体现的主题思想在蓝脸和老庵这两个人物身上得到了很好的体现。蓝脸和老庵的性格、观点有着诸多相似之处，但这两个小说人物的创作目的却截然相反。老庵以反面人物形象出现，他的单干行为被认为是"保守"、"自私自利"、"爱计较个人得失"。而蓝脸的单干行为，却是出于农民对土地的热爱、执着，以及蓝脸的性格使然。归其原因，小说《砖场地》创作的时间正值越南北部农村热火朝天地开展公有化运动，作者陶武的创作理念受到了"文学为政治"这一文学观念的影响，小说中所有人物的出场都带有浓重的政治色彩。因此，小说本身的艺术价值受到了限制。但是，较于越南之前的公有化运动小说中通常以反面人物形象出现的"单干户"们，作者对单干户老庵多了一些性格和内心描写，使老庵这个单干户的人物形象变得更加饱满，提升了小说人物的艺术价值，"老庵"成为越南现代文学史上的一个经典。

小说《生死疲劳》的创作时间发生在改革开放以后的中国，人们对于文学的本质有了更深刻的思考。莫言在"我的文学经验"的专场报告上曾经说过："我刚开始写作的时候走过了一段曲折的道路，那时候由于受左的文学思想的影响，认为小说应该作为宣传的一种工具，认为小说应该配合政策，认为小说应该负载很多的政治任务，这就需要千方百计去寻找一些自己不熟悉的题材，编造一些能够配合上政治任务的虚假故事。"作为中国新时期的作家，莫言在创作过程中更多体现的是反映现实生活，表现人们的精神世界，通过审美方式发挥文学多方面的社会作用。有评论家指出，《生死疲劳》乃是对"50 年历史的非正面强攻"，小说没有狂风暴雨的批斗和揭发，有的只是小人物在风雨飘摇的历史洪流中亦步亦趋的挣扎。而蓝脸则是这次强攻的中坚力量，通过这个"全国唯一坚持到底的单干户"，作者实现了对历史的深刻反思，从而达到警醒世人的目的。

（三）小说人物"蓝脸"和"老庵"的创作理论背景

1.社会主义现实主义与小说《砖场地》

社会主义现实主义作为苏联文学创作与苏联文学批评的基本方法，要求艺术家从现实的革命发展中真实地、历史具体地去描写现实；同时，艺术创作必须以社会主义精神为基础，承担起改造和教育劳动人民的任务。早在 20 世纪 30 年代，越南在吸收和借鉴外国文学时就比较注重苏联文学和中国文学。社会主义现实主义理论在之后的几十年里成为越南文学创作、文学批评的主导理论思想。1943 年，越南前国家主席长征在全国第二次文艺大会的报告中强调："社会主义现实主义理论是创作的基础"。长征同志称："社会主义现实主义是文学艺术最好的创作方法，因为它能帮助我们用最准确、最深刻、最生动的方法来描写人物和事件。"[①] 肯定社会主义的现实，塑造正面英雄形象，是社会主义现实主义文学的基本要求。

小说《砖场地》是越南社会主义现实主义小说的优秀代表作品之一。小说中，老庵的大儿子阿孟、大儿媳阿轩、二儿子阿重等人都是正面先进人物的代表，这些典型人物主要有以下特点：正直、善良，不断追求进步，有集体主义精神，坚决拥护党的方针政策。而老庵则代表了需要从社会主义精神层面进行思想改造和教育的少数群众，老庵与小说中其他人物的创作是为了满足社会主义现实主义理论鲜明的阶级性和政治原则。

2.魔幻现实主义与小说《生死疲劳》

魔幻现实主义文学在体裁上以小说为主。这些作品大多以神奇、魔幻的手法反映现实生活，既有离奇幻想的意境，又有现实主义的情节和场面，人鬼难分，幻觉和现实相混。从本质上说，魔幻现实主义文学所要表现的，并不是魔

---

① Trường Chinh. *Về văn hóa văn nghệ* [M]. Hà Nội: Nxb Văn hóa, 1976, tr.156, 166.

幻，而是现实。"魔幻"只是手法，反映"现实"才是目的。改革开放以来，中国文学界先后掀起了伤痕文学、反思文学、寻根文学、先锋文学等文学思潮，这些文学思潮代表了新时期中国文艺批评家们对新形势下的社会主义文学理论的重新认识和思考。同时，大量当代西方文学思潮被介绍到中国，其中就有拉丁美洲的魔幻现实主义。莫言独具匠心地把魔幻现实主义与中国本土文学相结合，凭借自身深厚的语言功底及文学创作力，获得 2012 年诺贝尔文学奖。他的获奖理由是："通过魔幻现实主义将民间故事、历史与当代社会融合在一起"。

莫言从 1976 年开始了他的军旅生涯，他的早期作品多以军旅生活及农村社会的凡人琐事为主题，这些作品大多受到中国新文学初期写实主义的影响。至 80 年代初期，文学与政治的关系不再像之前那样呈现勾连的状态，受一些西方当代文学思潮以及国内兴起的多个文学思潮的影响，莫言的文学创作之路开始出现转型。莫言认为，任何作家之所以能走进读者，不是政治或者其他原因，最终是靠文学作品自身的力量。小说《生死疲劳》表面上是一部关于生死轮回的魔幻小说，西门闹死后变成驴、牛、猪、狗、猴，这些由西门闹转世而来的动物死后依次被埋在了西门闹生前热爱的那片土地，最后蓝脸也葬在那里。作者通过这个荒诞不经的故事，向人们阐述了一个社会现实：农民与土地生死相依！

创作理论背景的差异，使得老庵这一人物的塑造带有社会主义现实主义鲜明的阶级性和政治色彩，从而沦为一种政治工具，失去了它原本的文学意义。而蓝脸的塑造则反映魔幻现实主义的创作原则："变现实为幻想而不失其真实"。这里，最根本的核心是"真实"二字。

三、结语

中国与越南同属社会主义国家，两国的文学创作与文学批评在很长一段时间内都受到了苏联社会主义现实主义理论的影响。社会主义现实主义文学在两国的社会主义建设初期都起到了一定的作用，它确定了以马克思主义世界观为思想指南，坚持列宁的党性原则，肯定社会主义的现实，塑造正面英雄形象，为工农群众树立了社会主义事业必胜的信念。但是，作为一种创作方法或文学思潮，社会主义现实主义并没有完全履行它的文学的职责，它更多的是承担着主流意识形态的政治功利性功能，被深深地烙上了时代的印记。因此，在物质文明和精神文明高度发展的今天，社会主义现实主义文学理论不可避免地被新的现实主义理论取代。如何在新的历史环境中发展和完善社会主义文学理论，这是两国文艺批评家们共同关心的话题。从小说《砖场地》中的"老庵"，再到小说《生死疲劳》中的"蓝脸"，这两个"单干户"形象的塑造标志着社会主义文学理论随着社会不断发展而发展，或许将来在新的历史条件下，他们之间的共性和差异将会得到新的解读。

参考文献

[1] 陈惇，刘象愚．比较文学概论[M]．北京：北京大学出版社，2000．

[2] 李修章．访越散记[J]．外国文学动态，1997（2）．

[3] 卢康华，孙景尧．比较文学导论[M]．哈尔滨：黑龙江人民出版社，1984．

[4] 莫言．生死疲劳[M]．上海：上海文艺出版社，2012．

[5] 杨守森，贺立华．莫言研究三十年（下）[M]．济南：山东大学出版社，2013．

[6] 叶前林，何伦志．越南推进农村土地改革的经验及启示[J]．世界林业，2015（2）．

[7] Đào Vũ. *Cái sân gạch* [M]. Hà Nội: Nxb Văn học, 1959.

[8] Đinh Quang Tố (chủ biên). *Đào Vũ tác giả–tác phẩm: Phê bình–tiểu luận* [M]. Hà Nội: Nxb Hội Nhà văn, 1998.

[9] Nguyễn Ngọc Thiện (Biên soạn, sưu tầm). *Tranh luận văn nghệ thế kỷ XX* [M]. Hà Nội: Nxb Lao Động, 2002.

[10] Nguyễn Trọng Tạo. *Chuyện ít biết về văn nghệ sĩ* [M]. Hà Nội: Nxb Hội Nhà văn, 2001.

[11] Nguyễn Văn Dân. *Lí luận văn học so sánh* [M]. Hà Nội: Nxb Khoa học xã hội, 2011.

[12] Nguyễn Văn Dân. *Phương pháp nghiên cứu văn học* [M]. Hà Nội: Nxb Khoa học xã hội, 2012.

[13] Trường Chinh. *Về văn hóa văn nghệ* [M]. Hà Nội: Nxb Văn hóa, 1976.

《红运》中鸿太爷之死的伦理阐释

信息工程大学　李思万

【摘　要】越南现实主义作家武重奉在其长篇小说《红运》中描述了鸿太爷之死，蕴含着丰富的伦理教诲。本论文运用文学伦理学批判方法，从自由意志与理性意志的博弈、道德规范与丛林法则的伦理两难两方面，分析小说中鸿太爷死因背后所蕴藏的伦理内涵与道德警示，将小说的批判矛头直指越南殖民地、半封建社会的异化制度。小说通过鸿太爷之死告诫人们，应该合理调节非理性意志与理性意志之间的伦理冲突，正确处理伦理身份与伦理规范的关系，警惕异质环境对人类维护社会伦理秩序造成的巨大阻碍。

【关键词】武重奉；自由意志；理性意志；伦理困境；异质环境

武重奉（1912—1939）是一位才华横溢、风格鲜明的越南批判现实主义作家，被越南文坛誉为"北国纪实之王"、"越南的巴尔扎克"。武重奉出生在一个贫穷的工人家庭，父亲在其 7 个月大时因肺痨去世，母亲含辛茹苦地供他上学。武重奉在 16 岁时因家境贫困中断了学业，打工挣钱。武重奉从 18 岁开始给报纸杂志撰文、写小说。从此，他完全转向职业写作，靠卖文勉强维持生计。1939 年武重奉去世，享年 27 岁。十一年的笔耕不辍，武重奉为越南文坛留下了包括小说、剧本和报告文学在内的 20 余部作品以及大量杂文。

武重奉一生穷困潦倒、处于社会底层，他亲身感受和目睹了混乱畸形的黑暗社会，为其文学创作积累了不少素材与灵感，有不少作品是关于底层民众生活的。出版于 1937 年长篇小说《红运》是武重奉最成功的长篇小说之一，讲述了流浪者红毛春靠献媚殷勤、伪装欺骗等手段一步步攀上上流社会的发迹史，甫一出版便在越南文坛引起了轰动。作为越南现实主义文学名著的长篇小说《红运》虽然是虚构作品，但却包罗万象，逼真地反映了 20 世纪 30 年代越南殖民地、半封建社会生活图景，被誉为"20 世纪 30 年代越南的百科全书"。国内外学界对于武重奉《红运》的研究有从艺术表现手法角度分析作者炉火纯青的讽刺艺术，有从情节出发利用原型批评理论、心理学原理逐个分析人物，有以小说为个案分析当时越南的西化潮流等。文学伦理学批评认为，文学的基本功能就是教诲功能。武重奉在小说《红运》中用独到、犀利的笔触揭露越南殖民地、半封建社会的黑暗现实，剖析了在极端异质的环境下人性的异化以及对传统伦理道德的否定与践踏，鲜明地体现了文学的教诲功能，具有文学伦理学价值。因而，本文将运用文学伦理学批评的方法，从自由意志与理性意志的博弈、道德规范与丛林法则的伦理两难两方面，深入分析小说中鸿太爷死因背后的伦理内涵，从而揭示作者对人性和伦理的思考，并将小说的批判矛头直指当时越南殖民地、半封建社会的非理性、非道德的异化制度。

一、弑父行为：自由意志与理性意志的博弈

弑父是一种非法剥夺他人生命的行为，通常源于利益与道德的伦理关系失衡。因此，弑父不仅是法律意义上的犯罪行为，也是一种伦理意义上的道德失范，它违反了越南崇尚孝道、重血缘亲情的传统家庭伦理。"'斯芬克斯因子'由两部分组成：人性因子（human factor）与兽性因子（animal factor）。这两种因子有机地组合在一起，构成一个完整的人""人性因子是高级因子，兽性因子是低级因子，因此前者能够控制后者，从而能使人成为有伦理意识的人"。（聂珍钊，2014：38）在小说鸿老爷弑父的行为中，我们可以看出从斯芬克斯因子生发出来的两种意志：自由意志和理性意志。在文学作品中，自由意志容易摆脱理性意志的束缚，表现出非理性的倾向，往往会导致恶的结果。鸿老爷弑父行为的实质是人的兽性因子脱离人性因子的控制，个体的理性意志暂时无法约束与掌控自由意志，而做出的一种违背社会伦理秩序的乱伦行为。在自由意志和理性意志的伦理冲突下，鸿老爷最终走向了道德沦丧和人性迷失的极端境地。

自由意志是兽性因子的意志体现，它的动力主要来源于人的欲望，如物欲、性欲、食欲等等。小说中鸿老爷之所以会联合家人谋害父亲，就是其对利益追求的欲望膨胀，理性意志缺位任由自然意志左右其行为的结果。面对生病的老父亲，鸿老爷非但没有及时请医救治，反而与家人谋划如何趁机结束父亲的生命。鸿老爷在说服家人的过程中认为父亲活过了八十岁违背了自然天理，与其让父亲承受食不安寝、夜不能寐的病痛，不如早早让父亲摆脱苦痛驾鹤西去；如果自己不幸先于长寿的父亲去世，家族将会被外界认为"没有福气"，令家族荣誉受损。鸿老爷这些言之凿凿的借口不仅是在说服家人，更是在说服自己，为其弑父行为的合理性寻找借口。这实际上也表明了鸿老爷并非不知道弑父行为是一种既违背伦理又触犯法律的行为。为了获取父亲死后的房屋地产与家族权力，鸿老爷不顾多年的父子之情与养育之恩，为父亲聘请了不学无术

的红毛春冒充医学生，默许红毛春用"泥塘水加烂菜叶"熬制的"圣药"为父亲治病，最终导致父亲的病逝。

鸿老爷的行为不仅违反了法律，还触犯了家庭伦理的禁忌。"在人类文明之初，维系伦理秩序的核心因素是禁忌。禁忌是古老人类伦理秩序形成的基础，也是伦理秩序的保障"（聂珍钊，2014：15）因此，人类可以通过遵守伦理禁忌来控制自身的兽性，使自然意志受到理性意志的约束与控制。鸿爷之所以会触犯禁忌，谋划弑父，正是其欲望压制理性的结果。当自由意志失去控制，人物行为表现出非理性倾向时，就会酿成惨祸。欲望的驱动让鸿老爷忘却了身为儿子应当承担的伦理责任，他本应遵循家庭伦理与道德规范履行对父亲的赡养义务，却任凭自由意志的驱使最终步入伦理犯罪的歧途。

然而，世上"没有纯粹理性的人，也不存在纯粹兽性的人"（聂珍钊，2014：38），人性因子（理性）和兽性因子（原欲）总是相伴而生，相互依存，其主要原因在于"理性意志和自由意志是不可分割的，因此，只要理性意志存在，自由意志永远都不是自由的"。"斯芬克斯因子的不同组合与变化，导致文学作品中人物的不同行为特征和性格表现，形成不同的伦理冲突，表现出不同的道德价值"（聂珍钊，2014：38）。非理性力量与理性力量此消彼长，使人物在面对不同的伦理困境时做出不同的伦理选择。小说一方面向读者讲述了鸿老爷因贪恋父亲的巨额家产与权力而忘记伦理责任，任其对利益的欲望增长膨胀，在自由意志的驱动下做出错误的伦理选择，精心设计将父亲残忍害死；另一方面，又通过对鸿老爷残存的理性意志来呈现其弑父前后的矛盾心态，使人物陷入欲望与道德之间的挣扎。

小说以人物对话描写和心理描写的方式向读者展现了鸿老爷从计划谋害父亲到举办葬礼的伦理选择过程。在试图联合家人共同参与谋害父亲时，鸿老爷极力为自己的险恶用心开脱、制造合理性，其话语之中清晰地呈现人物的理性意志。鸿老爷在明知红毛春只是不学无术的街头混子的情况下，仍旧装模作样地考验其医学知识，并对红毛春的专业程度赞赏有加。鸿老爷默许无任何医学常识的冒牌医学生红毛春用"泥塘水、烂菜叶"熬制的所谓"圣药"胡乱医治其父，实际上是为了寻找替罪羔羊，转移罪恶。鸿老爷为父亲请医，名为治病，实为治死，虽然父亲在服用"圣药"后出人意料地出现了好转，但那实际上只是回光返照，随后鸿太爷的病情加重于两周后病逝。父亲死后，鸿老爷聘请知名记者在报纸上为父亲刊发讣告，安排夫人与儿子准备新式丧服，邀请各界人士参与规模隆重的葬礼，在众人面前为父亲的病逝痛哭流泪。这一系列的行为都不过是为了打着孝道的旗号掩盖其贪婪欲望与险恶用心。与此同时，鸿老爷的精心策划与掩饰实际上也反映出他因担心事情真相暴露的不安与焦虑，而导致鸿老爷内心焦虑不安的原因是其对家庭伦理秩序与道德规范的敬畏。鸿老爷非常清楚因贪慕利益而弑父是一种违背伦理道德的行为，弑父行为所引起的伦理不安与伦理焦虑迫使鸿老爷不得不重新面临伦理选择，千方百计阻止他人获悉真相，用隆重的葬礼补偿死去的父亲，以此逃避法律与伦理的惩罚，这无不表现出鸿老爷弑父前后的复杂心态。由于对自己身份所赋予的责任与义务缺乏正确的认识，鸿老爷在认识其伦理身份上出现了混乱。作为儿子，他应该尽职尽责地照顾生病的父亲，然而在自由意志与理性意志的博弈下，鸿老爷最终还是没能坚守自己的良知与道德底线，在善与恶之间做出了错误的选择，最终一步步酿成悲剧。

二、假冒医师：道德规范与丛林法则的伦理两难

"社会身份或文化身份，只是对某种社会特征的表述，如总统、政治家、作家、教师等。……由于社会身份指的是人在社会上拥有的身份，即一个人在社会上被认可或接受的身份，因此社会身份的性质是伦理的性质，社会身份也就是伦理身份。""无论一个人具有什么样的文化身份，都必须遵守与之相适应的道德规范，做出符合身份的伦理选择。（聂珍钊，2014：264—265）。从身份伦理的角度看，现实中之所以会出现各式各样的社会身份问题，究其原因是个体为了生存发展或追逐利益，不断地在社会中寻找自己的位置。如果一个人改变原有的生活方式和社会地位，不再遵循传统的伦理和道德规范，他们将会面临社会的拒斥和个人选择的困境。红毛春从小就是一名孤儿，曾经被人收养，因其不良行为被赶出家门。之后，他四处游荡，沿街推销假药，卖报纸，做过电影院引导员，后来又在一个体育会馆做捡球员。在假冒医学生之前，红毛春一直生活在社会底层，过着贫穷而忙碌的生活。当红毛春决定假冒医学生诊治鸿太爷时，便意味着他的伦理身份产生了新的变化，他将面临由此产生的伦理困境。

在红毛春生活的殖民地半封建社会中，存在着两种相互冲突的伦理规则，即传统伦理规则和殖民主义伦理。传统伦理规则提倡道德规范，不可为了一己私欲侵犯他人利益甚至生命安全。殖民主义伦理奉行的是弱肉强食的法则，不惜一切代价满足自身的欲望与渴望。殖民主义伦理从某种程度上而言，与动物世界的丛林法则并无二致。在追求身份变化的过程中，如果红毛春遵循传统伦理规范，坚守良知与道德底线，那么他将难以摆脱贫穷、劳苦的底层人民身

份，甚至连温饱也难以为继；一旦红毛春接受了资本主义利益至上的伦理，奉行弱肉强食、同类相残的丛林法则，其伦理意识中的人类社会伦理禁忌将会被动物世界的丛林法则所取代，由此会引发自由意志脱离理性意志的控制与约束。当改变身份的机遇摆在红毛春面前时，他毫不犹豫地选择奉行利益至上的资本主义伦理原则，凭借过去卖假药记下的一些医药名词，成功充当医药学校的学生。在治疗过程虽然不出意外地没有治好鸿太爷，却帮助红毛春以医学生的身份顺利打开了通往上流社会的大门，为红毛春未来的身份变化奠定了基础。在更改社会身份的行动中，对上流社会身份的向往与追求给了红毛春无穷的推力和诱惑，促使红毛春甘愿抛开伦理意识与理性判断，奉行弱肉强食的丛林法则，成了害死鸿家太爷的直接凶手。红毛春用欺骗的方式把自己变成了"医药学校的学生"，在这样的身份变化中，自由意志主导了红毛春的意识与行为，使其对自身的能力和医生"救死扶伤"的责任与义务缺乏正确认识和理性判断，有意识地选择了作恶。

"从起源上说，人的身份是进行自我选择的结果……伦理选择是从伦理上解决人的身份问题，不仅要从本质上把人同兽区别开来，而且还需要从责任、义务和道德等价值方面对人的身份进行确认"。（聂珍钊，2014：263）"在现实中，伦理要求身份同道德行为相符合，即身份与行为在道德规范上相一致"。（聂珍钊，2014：264）这就要求非理性意志必须让位于理性意志，防止个人情绪与欲望泛滥，从而避免违背伦理道德的事件发生。小说中红毛春的"医药学校学生"身份凭借简单卖弄医理名词得到了鸿老爷一家的承认，这意味着红毛春增加了一个作为医学生的社会身份，这个身份对于红毛春而言就是一种伦理身份，受到与医学生身份相符合的伦理规范的约束。但社会身份变化后的红毛春并无能力也无意愿承担起相应的职业伦理与道德规范，因为红毛春充当医学生并不是真正为了治病救人，而仅仅是在欲望与利益的驱动下完成的一次荒谬可笑的身份变化。红毛春作为他人眼中的一名"医药学校学生"，却用"泥塘水、烂菜叶"制作的"圣药"当作治病救人的药剂。在面对其他医师的质疑时，红毛春大言不惭地辩解称"我给曾祖的'圣药'是在寺庙经过了净化的，即使人类医学如何进步，也不可能比得上能够普度众生的佛主"。（Vũ Trọng Phụng，2016：32）红毛春医学生身份的伦理性质决定了他应该利用专业的医学技术为鸿太爷治病，但由于红毛春并未接受过专业的医学培训，不可能如专业的医师对曾祖进行诊治。面对伦理身份和伦理规范相悖而导致的伦理冲突，早已奉行动物世界丛林法则的红毛春任由自由意志做主导，放任对名利的追求与渴望，最终酿成了鸿太爷在接受"救治"两周后病逝的悲剧。

经过此次对鸿太爷的"诊治"，红毛春医学生的社会身份在上流社会得到越来越多人的认可，其社会声望与地位水涨船高。但自始至终，红毛春都处于伦理身份与伦理规范的两者间的矛盾与冲突中。红毛春面临着伦理两难的选择：如果他拾起良知与道德，遵循传统伦理规范，那么他只能被打回原形，回到底层社会挣扎，过回以前贫穷潦倒的生活；如果他想挤进上流社会并站稳脚跟，那么他就必须抛弃伦理意识与理性判断，任由欲望与情绪不断膨胀，将丛林法则奉为圭臬，步入罪恶的深渊。小说中的红毛春最终成功参与了鸿老爷的"谋杀计划"，得到了鸿老爷一家的信任，并利用伦理身份的变化继续获取更多更大的利益。红毛春在面对伦理身份与伦理规范相悖的伦理两难中放弃了伦理选择，任由欲望战胜理智，最终背叛了其伦理身份，同时也否定了传统伦理道德。

三、批判矛头：异化的殖民地、半封建制度

"文学伦理学批评作为方法论，强调文学及其批评的社会责任，强调文学的教诲功能，强调回到历史的伦理现场，站在当时的伦理立场上解读和阐释文学作品，分析作品中导致社会事件和影响人物命运的伦理因素"。（聂珍钊，2014：1）小说中鸿老爷与红毛春分别是造成鸿太爷之死的幕后策划与直接凶手：鸿老爷谋划弑父行为的实质是兽性因子脱离了人性因子的控制，在自由意志脱离理性意志的管束下，做出了违背伦理道德的恶行；而红毛春不顾鸿太爷的生命健康开出"圣药"的深层原因在于其在面对身份变化带来的伦理两难时，无法完成伦理选择，最终奉行动物世界的丛林法则。

导致无数个鸿老爷和红毛春陷于自由意志驱使和伦理两难无法自拔的原因有很多，但根本的一条是当时越南社会殖民地、半封建的社会现实。因此，小说的批判矛头直指法国殖民统治下的越南社会制度。1884 年越南阮王朝在与法国签订的《顺化条约》中承认法国对越南的"保护权"，从此法国开始了对越南长达 71 年的殖民统治，越南社会从封建社会变成了殖民地、半封建社会。法国殖民者对越南实行"分而治之"的政策，疯狂掠夺越南的资源，征收苛捐杂税，人民生活在贫穷潦倒与水深火热中。在法国殖民者的高压统治政策下，底层劳苦大众难以看到未来的希望与出路。要想在越南殖民地、半封建的社会现实中实现阶层的上升，遵循传统伦理道德是难以实现身份地位的改变的，只有弱肉强食、同类相残的动物世界丛林法则才适用于这样一个道德沦丧、伦理混乱的异质环境。与此同时，伦理环境的异质也会反过来作用于个体，诱使兽

性因子不断膨胀、脱离人性因子的掌控与约束，做出违背伦理道德的恶行。

　　小说《红运》中另一个重要的历史背景事件就是越南社会掀起的"西化运动"。20 世纪 30 年代是越南民族与法国殖民者之间矛盾空前复杂、激烈的时期，是以法国为代表的西方伦理观念与越南传统伦理道德激烈碰撞的时期。在印支共产党的领导下，越南掀起了一系列工农革命运动，其中规模最大的是"义静苏维埃运动"，但最终都无法逃脱被法国殖民者血腥镇压的结局。为了加强对越南的统治，法国殖民者借用当时越南社会掀起的"西化运动"宣传西方腐朽堕落的伦理观，以瓦解、破坏越南的传统伦理秩序，消磨越南人民的反抗意志。小说《红运》中有不少情节设置与细节描写都反映了"西化运动"对越南上流社会的文化和生活的影响：鸿老爷喜欢使用法语称谓"moa（我）"和"toa（你）"，要求家人与自己交流时也使用法语称谓；鸿老爷从法国留学归来的儿子为了响应"西化运动"改名为文明；红毛春与鸿老爷第一次见面时穿的是劣质的西服；鸿太爷死后，鸿夫人和鸿老爷商量在葬礼上穿着西式丧服等。由此可见，越南上流社会在这场轰轰烈烈的"西化运动"中只是学到了些表面形式，并没有真正学到西方文明的精髓，反而是在西方资本主义腐朽堕落的享乐主义和利益至上观的浸淫下，披着"文明"、"进步"的外衣，共同做出了违背传统伦理道德的弑父行为。

　　"在伦理选择的过程中，人的伦理意识开始产生，善恶的观念逐渐形成，而这些都是通过教诲实现的……人类的文明史表明，人类主要通过一系列道德事例和榜样进行教诲或从中得到教诲"。（聂珍钊，2014：11）树立道德楷模、弘扬道德事例能够实现对个体的教诲，有助于维护人类社会伦理规则。法国殖民统治越南的根本目的就是扩大海外市场，获取海外利益，行为本身便已违反了人类社会的伦理道德，因而也决定了法国殖民者统治下的越南殖民地、半封建社会制度就是一个非理性、非道德的畸形产物。因此，在越南殖民地、半封建社会中，法国统治者最不需要的便是伦理意识觉醒的被统治者。为了巩固统治，法国殖民者需要行的是愚民政策，而不是唤醒越南人民的伦理意识与反抗意识的道德教化。《红运》所展示的是一个道德滑坡、伦理混乱的年代，在这样一个缺乏道德教化和道德榜样的极端环境中，抑制内心深处原始的冲动与欲望，听从理性意志的引导与约束无疑是困难的，且值得敬佩的。因为缺少道德教化，红毛春从小便缺乏对于伦理道德的敬畏与遵从，导致其不知克制内心的欲望与情绪，深陷对名利的极度渴求中，才胆敢假冒医学生，视人命为通往富贵的垫脚石，因此红毛春每一次的"红运"其实都意味着他人利益的损失。整部小说中唯一闪烁着人性光辉的人物是被人瞧不起的鸿老爷的乡下弟弟阿二，他对卧病在床的鸿太爷不离不弃、细心照料，他的善良孝顺与鸿老爷的道貌岸然形成鲜明的对比。虽然无法分得遗产，但阿二在极端异化的殖民地、半封建社会中也不放弃对人类社会伦理规则的敬畏与遵从，即使一生都与财富无缘。在鸿太爷喝下"圣药"的当天夜里，鸿老爷因计划失败而失望难眠，红毛春则得意地与女子共赴良宵，只有期盼着鸿太爷好转的阿二伴着疲惫安心入睡，也许这一晚的安然平静就是良知与道德回馈他的礼物。

四、结语

武重奉在小说《红运》中通过描述鸿家太爷之死的故事情节，艺术性地再现了人类现实社会中的伦理犯罪现象，促使读者深入思考鸿太爷死亡背后的深层原因。鸿老爷与红毛春分别是造成鸿老爷之死的幕后策划与直接凶手：鸿老爷谋划弑父行为的实质是兽性因子脱离了人性因子的控制，在自由意志的驱使下，做出了违背伦理道德的恶行；而红毛春敢于冒充医药学生诊治鸿家太爷的原因在于其面对身份变化带来的伦理两难时，无法完成伦理选择，最终走向了人性的迷失与道德的沦丧。然而，导致无数个鸿老爷和红毛春陷于自由意志驱使和伦理两难无法自拔的根本原因是越南殖民地、半封建社会的畸形制度。越南殖民地、半封建社会制度本身就是法国殖民恶行下诞生的畸形产物。为巩固其统治，法国殖民者利用"西化运动"、"体育运动"，破坏越南的传统伦理秩序，消磨越南人民的反抗意志。缺乏道德教化、伦理秩序混乱的异质环境为个体原欲与情绪的膨胀提供了温床，最终阻碍了鸿老爷和红毛春按照理性意志的引导完成伦理选择，遵循与伦理身份相应的伦理规范。

"教诲是文学的基本功能，文学正是借助教诲的功能发挥自己的作用，实现文学的伦理价值"。（聂珍钊，2014：10）作为一位具有强烈社会责任感和道德使命感的小说家，武重奉在小说《红运》中通过鸿家太爷之死的故事告诫人们，应该合理调节非理性意志与理性意志之间的伦理冲突，正确处理伦理身份与伦理规范的关系，遵循伦理禁忌；同时为人类文明敲响警钟，警惕异质环境对人类维护社会伦理秩序造成的巨大阻碍。

参考文献

[1] 程炼. 伦理学导论[M]. 北京：北京大学出版社，2008.

[2] [英]康德. 康德论人性和道德[M]. 北京：中国商业出版社，2016.

[3] 聂珍钊. 文学伦理学批评导论[M]. 北京：北京大学出版社，2014.

[4] 聂珍钊，邹建军. 文学伦理学批评：文学研究方法新探讨[M]. 武汉：华中师范大学出版社，2006.

[5] 夏露. 1930 年代越南的西化潮流：以武重奉及其小说《红运》为个案[J]. 内蒙古大学学报（哲学社会科学版），2017（5）：140—146.

[6] 于在照. 越南文学史[M]. 广州：世界图书出版广东公司，2014.

[7] 余富兆，谢群芳. 20 世纪越南文学发展研究[M]. 广州：世界图书出版广东公司，2014.

[8] Đinh Trí Dũng. *Nhân vật tiểu thuyết Vũ Trọng Phụng* [M]. NXB Khoa học xã hội, 2005.

[9] Đinh Thái Hương. *Văn học Việt Nam(1900–1945)* [M]. Nhà xuất bản Giáo dục, 2009.

[10] Vũ Trọng Phụng. *Tuyển tập Vũ Trọng Phụng(TậpI)* [M]. NXB Văn học, 2016.

论缅甸近现代文学中的民族主义

信息工程大学　申展宇

【摘　要】缅甸殖民地时期，民族主义勃兴，文学作为能有效唤起民族意识和民族国家想象的特殊载体，被自觉且强有力地纳入到民族独立进程之中，富含民族主义的文学作品在唤醒与鼓舞民众的觉悟和思想方面起到了关键作用。该时期，民族主义运动与缅甸近现代文学发展开始交织、互相促进。一方面，文学作品开始涉及民族主义题材，促使缅甸人民的民族意识与政治意识觉醒，并在很大程度上影响了民族主义运动的发展；另一方面，民族意识的觉醒与民族主义运动的发展也极大地促进了缅甸近现代文学的发展。

【关键词】缅甸；近现代文学；民族主义

19 世纪末，缅甸彻底沦为英国殖民地，殖民统治的影响广泛渗入到缅甸社会和文化等诸多领域，民族与文化危机不断加深。为维护岌岌可危的民族传统和文化，缅甸知识分子发起文学自新运动，振兴民族语言、宗教和教育，维护捍卫民族传统文化，缅怀民族的光辉历史，激发民族自豪感，反对奴化教育，努力摒除西方思想的不良影响。随着殖民化程度的加深，缅甸文学在形式、内容、性质等方面发生了根本性的变化，殖民地时期文学作品受政治运动和社会现实双重影响，在民族运动的浪潮中，缅甸人民的政治意识与民族意识逐渐成熟，缅甸近现代文学的发展轨迹亦与之同步，弘扬民族传统文化、反对殖民统治、谋求独立成为该时期缅甸主流文学的思想主题。

一、民族文化危机与民族主义运动勃兴

殖民地初期，缅甸经历了前所未有的时代变革，社会问题和矛盾层出不穷。在政治层面，缅甸人的合理诉求受到压制，受到各种不公正的待遇；在经济领域，各个行业皆被欧洲大贸易公司垄断。外国商品涌入，缅甸本土商品市场被挤压殆尽；传统寺庙教育遭到破坏；缺乏管束的僧侣戒律弛散，道德滑坡；来自印度的移民迁居缅甸毫无障碍，并引发一系列的社会问题。在最先沦为殖民地的下缅甸，上述社会问题尤为突出。1910 年前后，上缅甸社会传统和文化逐渐遭受侵蚀，民众开始饱尝社会秩序紊乱的恶果。重建民族声望与文化

荣誉成为时代赋予缅甸人的使命。

缅甸文化长久以来受上座部佛教浸染，民族主义最初萌发即以佛教为突破口。为了巩固发展佛教，1906 年，一些获得仰光学院学位的青年学生创建了"佛教青年会"，该协会是一个具有民族性倾向的佛教组织，甫一成立就得到缅甸知识界的鼎力支持。1917 年，在彬马那举行佛教青年会年会上，该协会首次制定了若干具有政治性色彩的决议，对种种违背缅甸文化、伤害缅甸民族感情的社会现象进行抨击和谴责。1920 年，佛教青年会与其他弱小组织联合成立了"缅甸人民团体总会"。是年，殖民当局颁布了《大学教育法》。按照这部法令的相关规定，只有少数社会上层才能享受到高等教育的权利，全缅学生举行大罢课抵制该项法令。缅甸人民团体总会和人民群众一道支持学生的大规模的罢课运动，由于民众精诚团结，殖民政府不得不否决了某些受民众抵制的议案。大罢课期间，缅甸各地纷纷建立了国民学校。国民学校这种教育模式被广泛认可，它的出现是缅甸政治发展历程中的一个重要里程碑。1920 年以后的十年里，"抵制洋货、爱用国货"运动成为缅甸人宝贵的历史传统，该运动的目的在于维护缅甸传统文化，这段时期又被称为"温达努时代"①。

1930 年以后的十多年间，缅甸各地暴动频发，社会动荡不安。1930 年爆发了塞耶山领导的农民起义是民众对土地问题的情绪宣泄，更是各种不满情绪的总爆发。最终，这次农民起义被镇压下去，塞耶山被捕后也被处以绞刑。当时，绝大多数的民众并未参与这次农民起义，但殖民政府以非人道德方式处决起义者的残忍暴行，极大地激发了缅甸人的爱国心和民族心。"德钦党"②也即"我缅人协会"，也随即在 1930 年成立。缅甸爱国青年在名字前面冠以"德钦"的称谓，明确地向英国统治者宣称他们自己才是缅甸真正的主人，渴求彻底革命的德钦青年们的政治目标既非缅甸人民团体总会的领袖们所追求的"双元政制"③，也非"印缅分治"，他们追求的是缅甸的完全独立。二战前，新生代爱国青年逐步取代缅甸人民团体总会扛起民族主义运动大旗。德钦党人中的部分青年，也成为日后独立运动中的领袖，这些青年大多是大学生，他们最初以大学生的身份参与政治，在策划了"1936 年大罢课"之后，学生领袖开始为全国所知。以德钦党人为代表的缅甸近现代知识分子在民族解放事业中发挥了

---

① 温达努，意即民族利益维护者、爱国者。

② 德钦，意即主人。

③ "双元政制"：按照英国议会在 1922 年通过的《缅甸改革法案》，殖民地缅甸的政府部门分为"保留部门"和"移交部门"两类。国防、外交、财政、税收等"保留部门"由英印政府的缅甸省督掌控，"移交部门"包括教育、公共卫生、林业、农业等不重要的部门。

重要作用，不断推动民族主义运动走向高峰。

二、"温达努"主题小说与"注"文学

英国人征服上缅甸后，随着殖民程度的加深，缅甸文学和语言受到冲击，恶果渐显。寺庙教育严重退化，英语作为官方语言开始普及，缅甸语遭到矮化。缅甸历史上最后的王朝——贡榜王朝时期，曾一度繁荣的佛教文学与宫廷文学遭到忽视与冷落，这种情况一直持续到 1910 年"缅甸研究会"的成立。该学会旨在恢复缅甸文学的活力，鼓励并支持对缅甸文学进行系统研究。尽管如此，殖民政府一贯地刻意打压缅甸传统文化，使得缅甸文学发展陷入持续衰退之中。

随着印刷业的兴起，报纸、期刊等新兴事物相继出现，在客观上为缅甸文学发展提供了新的机遇。最初的印刷书籍大多与宗教有关，其次是戏剧和小说。文学类书籍十分畅销，多次再版，诗歌尤是如此。1904 年，缅甸诞生了第一部现代小说《貌迈貌玛梅玛》，它是依据《基度山伯爵》部分情节和内容改写而成。之后，现代小说开始流行，读者如潮。大多数的现代小说仍受缅甸传统戏剧剧情结构与形式的影响，但 20 世纪以后，来自西方的影响越来越大，域外文学观念的借鉴和事件推动了缅甸文学的转型和发展。总体来看，殖民地时期的缅甸文学与当时的社会形势以及政治发展关系密切。

（一）"温达努"主题小说

"温达努精神"号召缅甸人抵制西方文化的不良影响，保卫遭受侵蚀的本民族文化，这种精神已经影响到缅甸人的日常行为方式。但是，需要指出的是，"温达努精神"本身就是从现代教育制度中孕育而来，在实践的过程中不可避免地会遇到现实的挑战，也即当民族文化和西方文化发生碰撞与冲突时，民众对西方文化是接受还是否定，对本民族文化是捍卫还是摒弃，这种文化碰撞现象在吴腊的文学作品中体现最为明显。

吴腊于 1886 年出生在下缅甸的仰光，曾就读于仰光市最早的一所基督教教会学校，并在殖民政府的警察局里任职多年。他精通英语，谙熟英国文学。吴腊的第一部小说《茉莉》（1912）的故事背景是沦为殖民地且传统文化遭受巨大挑战的下缅甸。小说中的主要角色是一位下缅甸政府的青年职员，推崇传统文化且对缅甸文学相当痴迷，被认为是作者本人的真实写照。在小说《茉莉》中，吴腊对大批外国人迁居仰光这一社会现象已经有所警惕，作者运用诙谐的语言，描述了缅甸人对外来移民的最初感知和不满，这种感知与不满在数

年后爆发的印缅民族冲突中表现尤为明显。这部小说还穿插了一个与宗教人士道德修养相关的故事，讲述了某位声望很高的精通三藏的佛教领袖与在同一寺庙修行的尼姑之间的惊世爱恋。这个故事并非作者凭空想象，当时确实有一位很有名气的僧侣与某位尼姑暧昧不清，一时流言四起，1910 年两人同时还俗并结为连理，作者便根据这一社会事件构思成文。在小说中，吴腊并未对此事件进行谴责与批评，也没有对该故事作结尾描写，而是留给读者去思考。吴腊的第二部小说《瑞皁梭》（1914），专门描述了在当时"温达努精神"高涨的背景下，传统文化与西方文化碰撞的情形。貌当佩是该小说中的经典人物，他一副西式派头，刚刚在英国获得法学学位，学成归国。貌当佩初见父亲时，竟然像洋人那样和父亲握手寒暄。父亲专门为他买了一张上好的蒲草席子，以显尊贵，但身着西服的貌当佩坐在席子上很不舒服，最后只好坐在椅子上。貌当佩讲话时经常夹杂英文词汇，像极了西方传教士讲缅语的样子，滑稽百出，显得不伦不类。当他成为一名成功的律师后，没有事先预约，即便是自己的亲生父亲也拒绝会面。貌当佩留学期间花销巨大，以至于他的父亲深陷印度高利贷商人的债海之中难以脱身。但是，归国后的貌当佩却不知回报父母恩情，对身负巨债的父亲袖手旁观、冷漠至极，最终导致父亲遁入空门，断绝尘缘。

吴腊的小说中，对"温达努精神"、佛教徒的道德修养以及缅甸传统文化未做极力渲染，同样也没有发现任何有关政治觉醒的蛛丝马迹。在 1920 年以后的很长一段时期里，反映缅甸人政治觉醒的作品才开始显著出现。

（二）德钦哥都迈与"注"文学

德钦哥都迈少年时期在上缅甸接受寺庙教育，亲眼看到了英国人掳走贡榜王朝末代国王和王后的悲惨场景，英国侵略者像挟掠赢鸟一样掳走被缅甸人奉若神明的国王和王后，当时尚是沙弥的德钦哥都迈的民族自尊心受到极大凌辱。德钦哥都迈后来游历至毛淡棉，开始为报纸撰文，短短期间内便发表多篇文章，他创新性地使用"注"[①]这一文学创作手法在很大程度上推动了缅甸民族主义运动的发展，一系列"注"作品也使德钦哥都迈成为蜚声缅甸的爱国作家。

1913 年，德钦哥都迈创作了《洋大人注》，这部作品叙述殖民制度下的社会问题，宣扬"温达努"精神，号召民众捍卫缅甸宝贵的传统文化。在《洋大人注》中，有一幕描写上缅甸农村婚礼的场景，亲朋好友向新郎和新娘慷慨地

---

① "注"原意指佛经注释。

馈赠了耕牛、稻米、锅碗瓢盆、家用物什等贺礼，展示了上缅甸农村的富庶。然而，新婚夫妇的美好生活被不可抗拒的现实经济原因摧毁，夫妇俩忍痛将他们珍爱的两头牛和一块田卖掉用来偿债。描写虽是轻触一笔却入木三分，读者仿佛能感同身受夫妇俩的悲惨遭遇、切身体会农民债务负担，并为农民因负债失去土地造成农村陷入萧条而痛惜。在《洋大人注》里，还涉及缅甸女子与外国男性通婚这一逐渐普遍的社会现象，作者认为某些缅甸女子因贪恋钱财而选择与异族通婚是造成这个现象的主因。他对这种社会现象的思考和剖析，引起缅甸民众的警惕，《洋大人注》结笔三年后，佛教青年会通过一项决议，对那些贪慕虚荣而与外国男性结婚的缅甸女性进行有力谴责。

1920 年以后，德钦哥都迈创作了一系列"注"作品，如谴责英国殖民主义的《猴子注》（1922）、揭露与嘲讽民族败类的《狗注》（1924）、歌颂 1920 年学生大罢课运动的《罢课注》（1924）以及同情塞耶山农民起义的《咖咙注》等。这些作品里都反映出作者对民族运动抱有极大的兴趣，他支持佛教青年会代表团前往伦敦反映缅甸人民的政治诉求；反对"克拉多计划"[①]；支持学生为抵制《仰光大学条例》发起的大罢课运动；热忱颂扬塞耶山起义；对殖民当局逮捕吴欧德玛法师表示愤慨；强烈谴责缅甸人民团体总会领导层争权夺利而走向分裂。后来，德钦哥都迈逐渐与老牌政客分道扬镳，1935 年时他创作了一首四节诗《德钦注》，在诗中，作者立场鲜明地赞扬爱国青年，并对这些爱国青年所代表的"我缅人协会"表示支持。

德钦哥都迈作品，语言充满力量，虽仍旧沿用缅甸古代经典文学的写作风格，主题却紧贴时代潮流，展现出非凡的文学创作水平。德钦哥都迈的诗歌中没有出现任何与殖民当局针锋相对的内容，他不同于那些因严厉抨击殖民政府而遭受政治迫害的作家，德钦哥都迈温和地向民众宣扬进步观点，是一个颇有智慧的政治思想传播者。他在二战前撰写了大量"注"诗歌，不仅宣扬了民族主义，而且承载了社会历史使命，以诗咏志，传播反帝反殖思想，唤醒民族意识，鼓舞同胞投身民族独立事业之中。

三、多元激荡中的缅甸近现代文学

20 世纪 20 年代至民族独立前，缅甸近现代文学转型持续深入，各种文学体裁从形式和内容上都发生了一系列的变化。这一阶段，民族历史境遇和文化

---

① 1918 年，英国政府抛出"克拉多计划"，借口缅甸缺乏自治政府经验，反对把在印度进行的行政改革扩大到缅甸。

生存环境为历史小说提供了发展空间；仰光大学师生改革文风、探索民族新文学的"实验文学"运动为缅甸文学带来新鲜空气和勃勃生机；具有民族责任感和忧患意识的左翼作家积极传播独立思想，引导民众将争取独立的思想付诸实践，在民族解放斗争的时代背景下积极探索文学转型的道路，极大促进缅甸进步文学的发展。

（一）历史背景小说

充满屈辱的殖民地现实与缅甸曾经的辉煌历史形成巨大反差，一些缅甸作家试图通过发掘历史来振奋民族精神。在 20 世纪最初的十年里，历史题材的文学作品相继出现。1919 年，第一部历史背景小说《那信囊》问世，作者莱蒂班底达·吴貌基在序言中明确写道："编著该书的目的在于激发缅甸青年对于本国历史的兴趣。"那信囊这部小说中的主人公，是 16 世纪时缅甸一个方国——东吁王国的国王，也是缅甸文学史上著名的诗人。小说以达都咖拉雅公主与那信囊之间的爱情为故事主线，达都咖拉雅公主比那信囊大 18 岁，并且是那信囊的姑母。达都咖拉雅曾与那信囊一位伯父有过婚姻，但是那信囊最终克服种种阻碍与达都咖拉雅结为夫妻，他们的坚贞爱情如碑铭一样永不磨灭。但这部小说只刻画了那信囊人生中的光辉一面，后来那信囊勾结盘踞在沙帘的葡萄牙人鄂仁咖，发动对宗主国——阿瓦王国的叛乱。作者曾计划续写该部小说，描述那信囊人生中的黑暗面。1920 年，莱蒂班底达·吴貌基创作了第二部历史背景小说《德彬瑞梯》，这部小说讲述了德彬瑞梯与西方冒险家合作的历史故事，德彬瑞梯背叛民族大义的错误举动最终导致自己走向人生悲剧。

1930 年后，出现了一批以新一代缅甸青年为读者对象的历史类图书，这些书大多采用口授历史的形式，并非严谨的学术性著作。作家们择取相关历史事件进行创作，以激发缅甸人民的爱国心和民族自豪感，其中历史背景小说尤为突出。两部著名的历史背景小说尤为著名，分别是吴梭敏的《俯首帖耳》（1930）和摩诃瑞的《叛徒》（1936）。这两部小说取材同一历史事件，都是以阿瓦国王和殖民沙帘的葡萄牙人总督之间的冲突为线索铺开故事，那信囊被定性成背弃民族大义的叛徒，两位作者都认为与信仰不同的西方人进行不正当勾连终将伤害缅甸人的佛教信仰。两部小说都表达了对佛教处境的担忧；颂扬了爱国僧侣领导信众与毫无民族气节的卖国者作斗争的光辉事迹；描述了一群青年投身民族独立大业，从发起针对洋货的抗议活动演变到拿起武器发动起义的历史事实。

在摩诃瑞的小说《出征人》（1939）中，作者引导读者再次重温缅族人为反抗异族统治进行战斗的光辉历史。这部小说叙述了阿瓦王朝末期伟大的诗人战士那喔德的生平事迹，记载了掸人国王思洪发肆意毁坏佛寺、屠戮僧侣的历史事件，着重描写了缅族人遭受种种人间灾难的情形。毫无疑问，作者欲借此历史故事来映射英国人统治下的缅甸。在小说中，作者渲染了缅族人真挚的家国情怀，也表达了人民对伟大的诗人战士那喔德的信任。摩诃瑞创作这部小说时，缅甸国内尚未出现反帝反殖民性质的人民武装，《出征人》对正在寻求反抗殖民统治的缅甸人民而言，犹如一盏明灯指明了前行的道路。《叛徒》和《出征人》两部小说，描述了缅甸人为追求民族自由通过各种方式反抗侵略与压迫的英勇事迹，大力颂扬那些为了民族大业而舍弃爱人，甚至生命的爱国者，以此映射 1930 年以后在缅甸相继爆发的民族独立运动。

（二）实验小说与实验诗歌

1933—1934 年间出现的实验小说与实验诗歌是缅甸文学发展史上的非常重要的一座里程碑。所谓实验，意即探索新时代。仰光大学首位缅甸语教授吴佩貌丁的诸多学生之中产生了多位著名的实验文学作家。吴佩貌丁一生致力于提升缅甸文学水平，创作实验短篇小说和实验诗歌的学子们除了研习缅甸文学（包括蒲甘碑铭、贝叶文）与英国文学之外，还努力发掘巴利文文学、骠文学和孟文学。实验文学运动旨在维护民族传统文化遗产，这场运动积极汲取外国文学的营养，顺应时代发展方向，成功地促使缅甸文学摆脱传统旧观念的束缚。

在实验文学作品中，不再出现晦涩难懂的巴利语词汇，内容简洁平实，语言通俗易懂。有人对此积极支持，也有人提出批评意见，认为这些作品不符合文学传统，内容过于简单，易似儿童读物。事实上，从 1920 年开始，吴波家和比摩宁等一些作家就开始尝试创作具有平实简洁风格的散文，这些散文被普遍认为是实验文学的前奏。这些作家中，有一位便是被誉为"实验三杰"之一的德班貌瓦。德班貌瓦是 1920 年学生大罢课运动的参与者之一，罢课运动结束后在国民学校担任教职，之后又重返大学继续深造，他是缅甸文学专业史上首位获得优秀学位毕业生。毕业后，德班貌瓦长期担任农村地区的行政官员，他根据其生活经历创作多部小说，这些小说描写乡村自然风光，形象地反映了农村生活。德班貌瓦文风诙谐，他的作品常有讽刺，一些文学评论家批评他贬低农民。但是，并非只有德班貌瓦的作品中带有类似的幽默与揶揄，事实上他对农村的破败景象感同身受，也十分怜悯穷苦农民，这种指责对德班貌瓦而言并不公平。另外，针对德班貌瓦还有一种批评是他的作品与民族运动绝缘，这种批评更有失公允，德班貌瓦作为政府职员进行文学创作，自然不能逾越法律规定。需要指出的是，德班貌瓦的那些涉及缅甸语言、文学、历史等题材的小说，可以反映出他对传统文化的热爱，对民族的真挚感情始终如一。

在实验文学运动中，与德班貌瓦同时期还有两位著名的诗人，他们是佐基和敏杜翁。佐基在 1928 年创作的诗歌《紫檀花》，被认为是实验诗歌的标杆。佐基的诗作形式新颖，深受英国文学的影响，他通过诗歌表达对缅甸独立的祝愿，唤醒并鼓励民众投身民族事业。在众多实验文学作家中，佐基最具革命精神。敏杜翁的作品描写缅甸乡村生活，文笔优雅，贴合读者感触，极易引起共鸣。敏杜翁很多乡村题材的诗歌，并没有描写当时受殖民统治而遭破坏的乡村状况，而是着力渲染缅甸古代社会生活，这些诗作中，百姓安居乐业，乡村美如画境。敏杜翁的儿童诗歌也颇受读者欢迎，他努力让暗淡无光的缅甸传统文化重焕新颜。

实验文学作品反映现实，具有创新性且想象力丰富，贴近社会生活，彰显民族精神。这些作品没有类似政治文学煽动性的高声疾呼，却为缅甸文学灌入了新的力量，使缅甸文学重现活力。

（三）登佩敏与左翼文学

受俄国十月革命的影响，马克思主义和无产阶级革命思潮波及缅甸，并渗入到文学领域，推动缅甸左翼文学的发展。20 世纪 30 年代后，左翼文学在缅甸开枝散叶，走在时代前列的部分德钦青年开始研究马克思主义政治理论，并把它用来指导缅甸独立斗争与反帝斗争。

登佩敏是缅甸殖民地时期著名的左翼作家，殖民地时代后期，缅甸革命青年普遍接受左派政治理论，登佩敏是这批青年的代表之一。他的首部小说借鉴了《罗密欧与朱丽叶》的部分情节，政治运动与爱情交织纠葛贯穿整个故事，带给读者极大的心灵震动。这部小说的女主角钦谬漆是一位穆斯林少女，她的心上人却是一位佛教徒缅族青年。如果这位青年改变宗教信仰，两人的爱情方能继续下去，但这么做会伤害到他所投身的民族解放事业。现实难题导致钦谬漆陷入抉择困境，一方面她不能放弃自己的宗教信仰，另一方面又不忍心鼓动自己心上人改宗伊斯兰教。最后，两人决定分手，钦谬漆悲痛万分，不久便撒手人寰，但直到临终时，她仍不忘叮嘱青年继续投身缅甸独立运动，战斗到底。

登佩敏的小说中的人物形态各异，诸如生活悲苦的石油工人、破戒的僧侣、地主、资本家、被强制劳动的男女童工等。登佩敏曾是左派政治团体的领袖，身为虔诚的佛教徒，他对佛教声誉受污、戒律弛散等现象痛心疾首，积极参与捍卫佛教的运动。1937 年，登佩敏发表小说《摩登和尚》，迅速蜚声文坛。他也凭借这部小说获得"摩登和尚登佩敏"的雅号。这部小说在缅甸僧俗两界产生极大震动和影响，时至今日，人们还用"摩登和尚"这个称呼来指称那些触犯戒律、道德低下的僧侣。小说《罢课学生》（1938）中全面真实地记录了 1936 年第二次学生大罢课运动，作者高度赞扬了投身民族解放运动的大学生群体，鲜明地突出了反奴化教育、争取民族独立以及反帝反殖民主义精神。

四、结语

殖民地时代伊始，缅甸近现代文学的发展就紧贴时代步伐。伴随殖民化程度的加深，缅甸人民民族意识日益觉醒，民族解放呼声和斗争浪潮不断高涨。在这一时代背景下，日益深重的民族危机促使缅甸知识分子自觉探索殖民统治与社会现实矛盾之间的关系，他们发掘民族历史警醒民众；创作并创新文学作品唤醒民众的民族意识；选择通过小说和诗歌而非纯粹的政治理论促使民族觉醒，激发人民的爱国心，号召民众尊崇传统文化，投身反殖民运动与民族独立运动。由此，缅甸殖民地时期文学和民族主义紧密地联系在一起，交织并行，缅甸近现代文学的发展和转型受益于民族主义运动，同时也为后者的兴起与高涨输入动力。

参考文献

[1] 贺圣达. 缅甸史[M]. 北京：人民出版社，1992.

[2] 姚秉彦，李谋，杨国影. 缅甸文学史[M]. 广州：世界图书出版广东有限公司，2014.

[3] 尹湘玲. 缅西对话中发展的缅甸近现代文学[J]. 解放军外国语学院学报，2004（9）.

[4] ကျော်မော်၊ ၂၀၁၃၊ ဆရာကြီးဦးဖေမောင်တင် ၁၂၅နှစ်ပြည့်အမှတ်တရ၊ ရန်ကုန်၊ အလင်္ကာစာ အုပ်တိုက်

[5] ဇော်ဂျီ၊ ၂၀၀၄၊ ရသစာပေ အဖွဲ့နှင့်နိဒါန်း(ဒုတိယအကြိမ်)၊ ရန်ကုန်၊ စိတ်ကူးချိုချိုအနုပညာ

[6] မလိခ၊ ၂၀၁၂၊ မြန်မာဝတ္ထုအညွှန်းပေါင်းချုပ်(ဒုတိယအကြိမ်)၊ ရန်ကုန်၊ ပုဂံစာအုပ်တိုက်

[7] မေစာ၊ ၂၀၁၃၊ စာဝိုင်း ပေဝိုင်း စကားဝိုင်း၊ ရန်ကုန်၊ စိတ်ကူးချိုချိုအနုပညာ

[8] မောင်ခင်မင်(ဓနုဖြူ)၊ ၂၀၁၄၊ ကိုလိုနီခေတ် မြန်မာစာပေသမိုင်း(ဒုတိယအကြိမ်)၊ ရန်ကုန်၊ စိတ်ကူးချိုချိုအနုပညာ

[9] မောင်ခင်မင်(ဓနုဖြူ)၊ ၂၀၁၄၊ မြန်မာစာပေခရီး(ပုဂံခေတ်မှ ကိုလိုနီခေတ်အထိ)၊ ရန်ကုန်၊ ရာ ပြည့်စာအုပ်တိုက်

[10] ရာပြည့်ဦးစိုးညွန့်၊ ၂၀၁၄၊ ၂၀ရာစု မြန်မာစာရေးဆရာ ၁၀၀၊ ရန်ကုန်၊ ရာပြည့်စာအုပ်တိုက်

[11] ဝိဓူရသခင်ချစ်မောင်၊ ၂၀၁၄၊ ကမ္ဘာလှည့် သခင်ကိုယ်တော်မှိုင်း၊ ရန်ကုန်၊ ရွှေနှလုံးသားစာ အုပ်တိုက်

[12] သိန်းဖေမြင့်၊ ၂၀၁၃၊ တိုက်ပွဲဝင်စာများ(ဒုတိယအကြိမ်)၊ ရန်ကုန်၊ စိတ်ကူးချိုချိုအနုပညာ

[13] ဦးဖေမောင်တင်၊ ၂၀၁၃၊ မြန်မာစာပေသမိုင်း(ကောဒသမအကြိမ်)၊ ရန်ကုန်၊ ရာပြည့်စာအုပ် တိုက်

[14] ဦးသန့်(လာဘ်မိုးစွေ)၊ ၂၀၁၃၊ ခေတ်အဆက်ဆက် သမိုင်းဝင် မြန်မာ့မှတ်တမ်းပုံရိပ်များ၊ ရန် ကုန်၊ မဟိဒ္ဒိစာပေ

印尼文学家阿里夏巴纳的现代民族构想

——以长篇小说《扬帆》为例

信息工程大学　张燕

【摘　要】 在发生于 20 世纪 30 年代的印度尼西亚"东西方文化论战"中，著名学者阿里夏巴纳主张用西方文化替代本土文化，被视作"西方派"的代表。在长篇小说《扬帆》中，他通过在民族、女性和两性三个层面全面渗透其"全盘西化"观点，表达出印尼现代民族精英在时代转折时期对于新兴民族的身份建构和现代设想。

【关键词】 印度尼西亚；阿里夏巴纳；长篇小说

印度尼西亚（简称印尼）属于第三世界后发现代性殖民地国家。为应对西方文化冲击，争取民族国家独立，印尼先进知识分子曾于 20 世纪 30 年代中期发起"东西方文化论战"，旨在比较东西古今道路设计之优劣异同，建构顺应历史发展、符合时代需求的民族新文化。此次论战是由苏门答腊学者阿里夏巴纳（Sutan Takdir Alisyahbana，1908—1994）在《新作家》杂志上发表文章《面向新社会和新文化：印度尼西亚与前印度尼西亚》（*Menuju Masyarakatdan Kebudayaan Baru, Indonesia——Pra-Indonesia*, 1935）而引发的，他也由于提出从物质到精神"全盘西化"的观点而被视为"西方派"的代表。

阿里夏巴纳出身于北苏门答腊贵族家庭，接受了完整的殖民地教育，属于由荷兰"道义政策"[①]造就的本土现代知识阶层，曾在图书编译局（Balai Pustaka）担任编辑，创办《新作家》等杂志，在多所大学任教并活跃于政坛。阿里夏巴纳在语言、文学、文化、哲学、社会学等研究领域具有很深的造诣，是印尼语言文学史和思想文化史上的代表性人物。发生"东西方文化论战"时，尚未而立的阿里夏巴纳已经对西方思想具有较为深刻的理解和认识，并在启蒙理念的影响下产生了较为强烈的民族主义思想。出于对印尼独立和发展的思考，阿里夏巴纳倾向于从现代角度推动文化变革。他认为，现代的精髓是由停滞的文化变革为进步的文化，只有全面接受启蒙运动和宗教改革以降的西方

---

① 道义政策：荷兰殖民政府于 1901 年开始推行的以政府积极干预为总特征的新殖民政策，包括多方面革新，主要有兴办教育、兴修水利、组织移民等。

文化精神才能出现进步的文化。因此，他不断批判本土传统，宣扬西方文化，构想现代民族文化。他的代表作《扬帆》(*Layar Terkembang*，1936) 全面贯彻了他的"全盘西化"主张，致力于规划脱胎于荷属东印度殖民地的新兴民族国家的发展方向，构想印尼民族新精神。解读长篇小说《扬帆》中蕴含的民族观，能够帮助我们把握印尼现代民族精英在社会重大变革时期建构新兴民族身份的思想脉络，从而增进对于印尼民族的认识和了解。

一、阿里夏巴纳的"全盘西化"观点

印尼民族觉醒之前，在群岛地区存在多种政治和社会形态，以殖民政府统摄并与底层社会发生直接联系的封建制度最具代表性，即王权贵族依托宗教信仰，用传统习俗 (adat) 和习惯 (kebiasaan) 的形式组织权力，全面掌控政治、经济和社会生活。当时盛行于群岛地区的主要意识形态是家族和部族意识，"印度尼西亚认同感或目标感根本就尚未存在"[①]。在封建传统的约束下，人们的思想保守僵化，以盲目的"和谐顺从"作为精神基础，寄希望于缥缈来生、神秘主义以及迷信思想。在这种背景下，阿里夏巴纳认为 19 世纪末以前群岛地区的人民并无统一民族的意识，也无统一文化的精神。"为新的一代人所向往的印度尼西亚不是马打兰王朝的延续，不是万登王朝的延续，不是米南加保或马辰王朝的延续。按照这个观点，印度尼西亚文化也就不可能是爪哇文化的延续，马来文化的延续，巽达文化的延续或其他文化的延续。"[②]

民族觉醒后，民族独立和个人解放成为历史潮流。以荷属东印度殖民地版图为基础构想的新兴民族国家成为精英知识分子的政治理想。阿里夏巴纳认为"印度尼西亚精神从内容到形式都是全新的，不依赖于过去的年代……印度尼西亚精神是 20 世纪的产物，是精神和力量觉醒的体现"[③]，为了缔造全新的印度尼西亚，文化必须脱离传统的影响而面向未来，寻找合适的"工具"(alat)以激发僵化的社会，使印尼民族跻身于世界民族之林。根据对于亚洲国家中国和日本发展道路的观察，他指出，中国的洋务运动"因为组织涣散、精神萎靡，坚船利炮毫无价值。人们意识到，若无新精神的指导，坚船利炮则毫无用处"[④]。他引用陈独秀的观点："如果不全盘改变思想体系和人生态度等文化基

---

① 梅·加·李克莱弗斯. 印度尼西亚历史[M]. 周南京，译. 北京：商务印书馆，1993：201.

② 梁立基. 印度尼西亚文学史[M]. 北京：昆仑出版社，2003：51.

③ S. Takdir Alisjahbana. *Layar Terkembang* [M]. Djakarta: Balai Poestaka, 1963: 7.

④ Achdiat Kartamihardja (ed.). *Polemik Kebudayaan* [G]. Jakarta: Balai Pustaka, 2008: 131.

础，中国所有的改变和革新都将毫无建树。中国不仅在物质、技术和管理艺术上落后于西方，包括错误的思想体系……如果希望达到西方水平，则必须将西方文明视为整体，引进西方世界观。"① 所以，阿里夏巴纳大力推崇西方文化，呼吁用西方价值观替代本土传统印度化价值观：

> 我们所说的印度尼西亚精神，即觉醒的精神，复兴的精神，民族的精神是或者大部分是从西方获取的，至少也是通过西方而来的。……我相信只有西方，从充满活力这点来讲，才能把东方从奴役中解脱出来。……我们民族不是第一次吸收外来文化，除以往印度文化、阿拉伯文化外，现在是时候我们开眼看西方了。②

对于印尼而言，"只要征服自然的态度没有融入本民族灵魂之中，科学和技术就无法在我国蓬勃发展。"③ 为了产生先进的文化，印尼民族必须顺应历史潮流，不仅停留于器物和制度层面的西化影响，"必须摆脱印度佛教（Hindu-Budhistis）人生观，采纳伊斯兰和西方（欧洲）人生观。"④ 印尼民族必须注重引进西方个人主义（individualisme）、功利主义（materialisme）、理性主义（intelektualisme），培养"思维敏锐、观点独特、追求个人利益、维护个人权利、为改善身心生活而努力奋斗的个人"⑤，激发个人意识，宣扬个人权利，推动家族本位向个人本位转变，维护个人和民族利益，解决本土社会由于缺乏个人自由、遭受习俗、迷信和短视束缚而导致的衰弱僵化，塑造充满活力的民族新文化。为此，阿里夏巴纳创作了长篇小说《扬帆》，以便更加形象地阐释他的民族文化构想。

二、长篇小说《扬帆》中的现代民族构想

《扬帆》⑥是阿里夏巴纳在 20 世纪 30 年代的代表作，也是 30 年代"新作家"时期最著名、最重要的作品，全面贯彻了作者有"倾向性"的文艺主张和"全盘西化"的观点。具有"倾向性"的文学作品是指使文本"在发现和提炼

---

① Achdiat Kartamihardja (ed.). *Polemik Kebudayaan* [G]. Jakarta: Balai Pustaka, 2008: 131-132.

② S. Takdir Alisjahbana. *Layar Terkembang* [M]. Djakarta: Balai Poestaka, 1963: 6-13.

③ Achdiat Kartamihardja (ed.). *Polemik Kebudayaan* [G]. Jakarta: Balai Pustaka, 2008: 127.

④ Achdiat Kartamihardja (ed.). *Polemik Kebudayaan* [G]. Jakarta: Balai Pustaka, 2008: 146.

⑤ S. Takdir Alisjahbana. *Layar Terkembang* [M]. Djakarta: Balai Poestaka, 1963: 49-50.

⑥ 本文中所有小说引文都出自于 1963 版 *Layar Terkembang*（S. Takdir Alisjahbana, Balai Poestaka），引文为笔者自译。

生活的意义的同时，在形象再现的过程中，渗透主体的立场、世界观、思想情感和美学理想"①。也就是说，作者倾向于将文本叙事与社会背景和时代潮流紧密联系在一起，在文本中渗透自身对于建构现代民族的立场和态度。《扬帆》最为突出的特色是不仅塑造了获得启蒙的男性形象，更将男性精英对于西方文化和本土文化的体认倾注在女性形象身上，主要通过对于女性形象的塑造投射出激进民族主义者对于现代女性乃至现代民族身份的规划与想象。

小说有三个主要人物：杜蒂、玛丽亚姐妹和医学院学生尤素夫。姐妹俩是已经退休的前县长助理的女儿。姐姐杜蒂在中学任教，担任妇女觉醒社巴达维亚分社主席。她拥有积极理性的现代品质，具备强烈的事业心和责任感："杜蒂从容镇定。她的自尊意识非常强烈，知道自己能干，能够实现自己的目标。她用自身能力和才干衡量一切，所以很少人云亦云。她充满自信，对待任何事物都有自己的看法和观点。她听从内心，不愿盲从。"（p.6）妹妹玛丽亚是荷兰初中（HBS）毕业班的学生，热情奔放、无忧无虑、胸无大志："玛丽亚不够从容镇定，轻易赞美或崇拜别人。她总是喜怒形于色，脸上的泪水和欢笑如同昼夜般交替出现。她时而悲伤不已，时而又笑容满面。"（p.6）大学生尤素夫是新青年社成员，是受过西方高等教育的新一代知识分子。他们在水族馆相遇相识。尤素夫敬重杜蒂，但爱上了更具女性特征的玛丽亚。杜蒂则把全部精力放在妇女事业上，"为了不背叛自己对生活和婚姻的立场和原则"（p.130），她解除了与追名求利的汉巴利的婚约，拒绝了民族运动者苏波莫的求婚。随着时间推移，事业和感情之间的矛盾日益凸显，杜蒂时时感到空虚寂寞。恰在此时，玛丽亚突染恶疾，撒手人寰。临终前玛丽亚要求杜蒂和尤素夫结为夫妻。玛丽亚死后，杜蒂与尤素夫结合，一起为民族事业奋斗。通过文本解读可知，小说主要在现代民族观、现代女性观和现代两性观三个方面体现出作者的现代民族构想：

（一）现代民族观

在 20 世纪 30 年代"东西方文化论战"的思想潮流中，曾在 20 年代文学叙事（如《命运多舛》、《西蒂·努尔巴雅》等）中占领统治地位的封建传统和家长霸权已经开始退出文学叙事。在启蒙思想的鼓舞下，年轻一代崇尚自由、张扬个性。与此同时，家长权威的束缚力和控制力不断降低，正如姐妹俩的父亲"给孩子们完全的自由。他虽然是一个受过旧式教育的大人物，却不会对日

---

① 王向峰. 文艺美学辞典[M]. 沈阳：辽宁大学出版社，1987：201—202.

新月异的、紧跟潮流的时代变化视而不见。即便无法完全理解时代需求，他也不愿故步自封。他并不完全了解杜蒂的行为和理想，不明白杜蒂所说的每个人都要听从内心的声音，选择自己的生活，女性也需要按照内心意愿找寻自己的幸福。但是，他不会勉强孩子服从自己的安排和命令"（p.15）。

在这样的历史背景下，知识分子关注的焦点从反封建转移到建设民族新文化的方向上。在叙事中，作者先借杜蒂之口表达出在器物和制度层面单纯模仿西方文化的弊端："接受现代教育的人们学会了西方的贪图享受，实际上并没有掌握现代性的精髓和实质。现代精神是认真的态度、坚定的决心、缜密的头脑和工作的热情。印尼的知识分子与西方的知识分子上同样的学校，获得同样的学位，住一样的房子，开同样的车，但在对工作的态度、对知识的渴望、对理想的追求上却大不相同。人们抱怨我们的知识分子没有创造力，成果匮乏，的确很有道理。"（p.59-60）此后，第五届新青年大会闭幕式上表演的戏剧《麻喏巴歇的黄昏》引发杜蒂批判传统文化中"轻今生，重来世"的印度化本土哲学理念，呼吁民族新青年磨炼智性、释放个性、激发自尊、积累财富：

> 我认为这种哲学理念使人们对现世产生疏离，因为将世界视为幻觉，将生活视作幻境。现世世界无足轻重，灵魂向往彼岸天堂。人们认为现世生活毫无意义，即便有所醒悟，也将于事无补，如同身体长久没入水中，只能露出头的人一样，已然无法漂浮呼吸。……我们的民族从古至今都醉心于视现世为虚幻，仅是暂时停留处。积攒财富有何用？实力荣誉有何用？这种态度让我们的民族缺乏力量，在世界上没有地位，视贫穷理所当然，甚至刻意标榜，只因希望获得来世幸福和荣耀。……我们的民族必须改变态度。世界不是虚幻的，不是无关紧要的暂居地。我们的民族必须多加思考。完整的灵魂才能获得现世圆满。所有的态度和作为都不是虚幻的，人们必须努力发展自身能力，因为这是实现身心完整的途径。只有从现世圆满中我们才能迈向永生。……我对这个戏剧的意见主要是它是表演给青年观看的，会在青年的心中埋下怀疑的种子。实际上青年们应该朝气蓬勃、充满自信。（p.105-106）

如果说，知识分子对于本土传统的批判经历了渐进式的发展，曾经在反封建的同时依然坚守本土文化精神内核，那么，在启蒙精神的猛烈冲击下，在器物层面获得满足的民族精英开始对本土文化精神产生深刻的焦虑。印尼历史上曾接受印度文化和阿拉伯伊斯兰文化影响。主张通过自身修行实现来世解脱的印度文化思想、主张通过自我净化达成与造物主合一境界的伊斯兰神秘主义与本土万物有灵和神秘主义思想结合起来，成为印尼人民的底层思想结构。人们固守"轻今生，重来世"的理念，轻物质、重精神，将终极解脱寄予来世。荷兰殖民者前期奉行垄断的、强迫的、直接控制和间接控制相结合的殖民政策，只为最大限度地剥削压榨殖民地人民，并无引进西方文化的意图。从 19 世纪下半叶开始，荷印政府将商业资本的、垄断性的殖民政策逐渐转变为工业资本的、自由的殖民政策，从器物和制度层面不断加强对殖民地的渗透。"开眼看世界"的本土精英认为以爪哇文化为代表的本土文化已经远远落后于西方文化，盲目贪图器物享受的心态和忽视现世奋斗、渴望来世幸福的传统观念，在本质上都与现代启蒙精神中进步的时间观、对进化论的信仰、对理性力量的推崇、对个人主义的肯定相违背。"拿来主义"作为迎头赶上的主要途径，必须从器物和制度层面上升到文化层面。这种对于西方文化的热情非但不是盲目的，甚至还是必需的。

所以，作者借杜蒂之口批判本土传统文化中的神秘主义和精神至上主义，呼吁接纳功利主义、重视个人权利，强调现代青年需要有所作为，这是对"印度尼西亚民族"现代品质的倡议和要求。这种崇尚个人权利、重视现世奋斗的青年形象，恰如阿里夏巴纳在《明确的口号》（*Semboyan yang Tegas*）中希望的：

> "希望印度尼西亚民族位列世界其他民族之林的青年不能过于考虑风险。他必须在心中描绘蓝图和愿望，并朝着理想扬帆起航。当今的印度尼西亚需要思维敏捷的青年，有独立的思想、观点和态度、能够提出并维护利益和权利，努力改善生活和身心状态。为实现上述理想，在梭罗'印度尼西亚教师协商大会'中听到的消极声音——反对智性、反对个人主义、反对自私自利、反对唯物质论——必须被改成昂扬的积极口号：印度尼西亚的头脑必须磨炼得像西方的头脑！个人必须重生！必须重视自身利益！必须号召印度尼西亚民族大量聚敛财富！印度尼西亚民族在所有领域都必须进步！"[①]

长于思辨、富有理想主义气质的男性精英在长篇小说中实验性建构带有英雄气概的民族先行者，是为了利用虚构的理想人物表达自身的意识形态倾向。由于女性可以"作为族裔/民族差异的能指"，即"作为在族裔/民族范畴的建构、再生产和转换中使用的意识形态话语的焦点和象征"[②]，所以，杜蒂不是

[①] Achdiat Kartamihardja (ed.). *Polemik Kebudayaan* [G]. Jakarta: Balai Pustaka, 2008: 42.

[②] 沃尔拜. 女人与民族[G]//陈顺馨, 戴锦华. 妇女、民族与女性主义. 北京: 中央编译出版社, 2004: 71.

单纯意义上的女性，她实际代表站在道德精神制高点对新民族做出总体设计和规划的民族精英的态度和立场，体现出民族精英对于现代民族建设方向的总体要求。选择女性行动者表达理想，主要是因为本土男权在帝国主义冲击下产生了强烈的自卑情绪，女性尤其是殖民地女性处于种族、阶级和性别压迫的最底层，自然成为他们的关注焦点，女性的觉醒也成为他们重拾信心、建设现代民族的武器。"'女性'这个性别符码承载的是新的民族自我的全部内涵，发挥抗衡殖民主义的民族主义意识形态的作用。"① 所以，文本塑造的具有西方意识的现代女性，首先是用来投射作者具有倾向性的现代民族观。

（二）现代女性观

在现代西方文化中，对于妇女问题的关注以及促使传统妇女向现代女性转变的努力，构成了启蒙现代性中最引人注目的部分。妇女在本土传统中特殊的生存境遇是民族精英反对传统、宣传现代最具说服力的武器。只有在民族解放话语的驱动下，妇女解放运动才能向纵深发展。妇女生存状况的改善标志着民族地位的增强。所以，对"印度尼西亚民族"做出设想的同时，为了配合对民族新文化的设计和民族新身份的想象，锻造与描绘民族新女性形象凸显成为时代延续性主题。

从杜蒂和玛丽亚姐妹可以看出，作者的女性观是先进的，尤其重视女性在接受教育后拥有独立自强的现代品质。从某种角度看，小说是用新女性成长史投射新民族发展史。在小说中，男性尤素夫已经不再担任传统女性的"启蒙者"。杜蒂有学识才干，不再从父，走出闺房，走进社会，摆脱了父权束缚；也不再从夫，敢于批判男权规范，不再是蒙昧无知、需要男性启蒙的女性，也不甘心做模范的家庭女奴，而是自尊自强自立的时代新女性。她积极拓展人生潜能，呈现出一定程度的"男性化"倾向，消解了传统女性温柔、感性、情绪化等刻板形象，向坚强、理性、理智化等男性标准靠拢，成为朝气蓬勃的民族新青年的象征。这既是民族精英对于新女性的期待，也是民族运动低潮期男性精英自我焦虑的位移。理智、成熟、自信等"男性化"的现代品质被赋予女性，用来传播现代启蒙理想，建构现代印尼民族。

杜蒂不满足于个人独立和解放，而是积极参与社会事业，在民族运动中实现个人价值。她清醒地认识到本土女性的生存境遇："她坚信，本族女性的生存状态很糟糕。她们没有任何理想和信心，遭受多种束缚，必须满足男人的欲

---

① 伊瓦·戴维斯.性别和民族的理论[G]//陈顺馨，戴锦华.妇女、民族与女性主义.北京：中央编译出版社，2004：15.

望。"（p.12）所以她在"妇女组织联盟大会"上进行题为"新女性的态度"的演讲，呼吁本土女性获得基本人权，对于民族新女性做出规划和设想：

> 相信自身能力，能够独立应对困难、独立思考问题的女性，是敢于对所有行为和思想负责的女性，她们甚至只会根据自身意愿工作，能够用坚定和自信的声音直截了当地说出所思所想。……只有当女性"人的地位"得到承认时，我们民族的状况才能得以改观。凡是超越个人私利、具有高尚理想的男性都必须承认，社会中女性地位的变革不仅仅关乎女性权利。女性必须首先拥有清醒的认识，并开始为获得更加公平的尊严和地位进行斗争。她不能将命运屈从于男性，必须减免或放弃男权。我们必须尽力获得我们生而为人的权利。（p.42-43）

在对待爱情和婚姻上，杜蒂具有清醒的头脑和坚强的意志。她不将爱情看成反抗封建的武器，也不将婚姻视作女性实现价值的终极归宿，而是聚焦于现代婚恋关系中的性别秩序，发现婚姻爱情的现代表象下仍然蕴含着男尊女卑的传统性别规范。所以，爱情婚姻不是她奋斗的目标，而是她实现妇女解放、追求男女平等的搏击场："男性发现女性非常依赖他们。这一弱点被他们用来奴役女性，……女性这样的特性使其自身在婚姻中地位低贱。"（p.74）"女性想要依赖男性，所以男性可以对女性为所欲为。如果女性想要找回自我，与男性平起平坐，就必须使自己强大，并对自己说我不用依附、能够独立。新女性在获得同样的尊重后才愿意面对男性。她不愿仰视男性，婚姻不是她寻求的庇护所，她需要作为独立能干的个体而获得尊重。"（p.70）面对婚姻，她一直认为："爱情必须以互相尊重为基础。女性不必无下限地付出，奢望拴住男人的心。女性不能看轻自己，她必须知道自己的底线。倘非如此，女性将永远是男性的玩物。与其如此，不如一辈子不结婚。……如果婚姻成为她的理想、工作和生活的束缚，宁愿一生不结婚。"（p.79-80）

早在 18 世纪末，英国的玛丽·沃尔斯通克拉夫特（Mary Wollstonecraft）在《为女权辩护》（*Vindication of the Rights of Woman*，1792）中，批判女性天生是男性附属物的观点，反对女性充当"家庭的天使"，提出女性与男性一样具有理性，主张女性拥有独立人格，自食其力，在政治、教育、工作等方面享受与男性同等的权利。法国女权运动先锋波伏娃（Simone de Beauvoir）指出："在今日女人虽然不是男人的奴隶，却永远是男人的依赖者；这两种不同性别的人类从来没有平等共享过这个世界。今日的女人也仍然受着重重束缚，虽然目前情况慢慢地在改善。"① 在这种意义上，杜蒂的观点与西方女权主义的主张高度一致，是深受西方文化影响的作者提出"全盘西化"的民族新文化建设构想后，将女性解放意识视作社会变革的前导和实验的具体表现，具有非常重大的女性解放意义。

（三）现代两性观

为了宣传建构民族新文化的理念，作者的现代女性观必须包含在现代民族观的框架范畴之内。具体而言，在作者设想的现代印尼民族中，女性解放不是抛弃男性、敌对男性的狭隘解放，而是发挥女性在民族建设中的作用，号召两性平等，携手并肩为民族解放和国家独立奋斗。所以，先进女性必须最终回归其女性特质，通过爱情和婚姻与先进男性结盟。在文本叙事中，杜蒂一边为工作心力交瘁，深感挫折空虚，一边难以抵制性别自然意识，一度怀疑起自己追求的理想。特别是看到玛丽亚和尤素夫花前月下后，她情不自禁："不，她不会妒忌妹妹。她不会像玛丽亚一样愿意让自己被男人奴役。即便孤独终老也在所不惜。她必须在任何情况下都是头脑清醒的自由女性。对她而言没有什么可以胜过事业和理想。"（p.83）无奈，情感战胜理智，"天性的欲望无法用理智的思想和现实的权衡压抑，她失败了"。（p.83）这段隐晦的性心理描写是女性形象叙事的一大突破。男作家对女性身体内部难以遏制的性别欲望的描写，既将女性形象刻画得更加丰满，弱化政治说教意味和女性"男性化"、牺牲女性特征向男性靠拢的倾向，又是对压抑身体、否定身体的文化传统和道德规范的暗示性抵制。

杜蒂经历了事业和情感危机后，与自己的女性生理和心理进行妥协，为民族事业和女性职能找到了最佳的平衡。她认识到："妇女运动事业不必与女性爱的天性相冲突。同理，为了体味普通人的幸福，她也不必放弃自小占据整个生命的事业和原则。她将继续为了荣誉和忠诚奋斗拼搏，事业将为她提供发展和成长的机会，无论是作为人还是作为女人。"（p.95）杜蒂遭遇的身心矛盾是在女性自身成长过程中所必然遭遇的性别意识觉醒和对异性的向往，象征着杜蒂理智向情感的妥协和女性身份的回归，还意味着放弃女性职能、追求男性气质的女性无法获得现代印尼民族的认可和接纳，为其与尤素夫结为事业伉俪埋下伏笔。

与此同时，杜蒂仍然坚守自己的婚恋理想，面对苏波莫的求婚，她不愿背

---

① 西蒙·波娃. 第二性——女人[M]. 桑竹影，等译. 长沙：湖南文艺出版社，1986：9.

叛自己，不愿步入没有爱情的婚姻，不愿被物化为男性的私有财产，更不愿成为"完全把男性标准内化为自身要求的妇女"①："只为从年岁渐长、孤独寂寞的恐慌中逃避出来，这样的婚姻就是为了填补空虚。不，不，我不愿这样背叛自己的原则和立场……与其欺骗自己、背叛自己、玩弄他人，不如就让这种无望的寂寞和暗淡继续下去吧。"（p.129）看到朋友"（拉特娜）实实在在站在丈夫身边，负担着两人共同面对的工作，她还真正像她丈夫一样努力使自己贴近周围社会，为身边的人提供帮助。……拉特娜是一个新女性的榜样，与深爱的丈夫一起去穷乡僻壤扎根，并为那里数世纪蒙昧无知的人带去世纪曙光。"（p.160）杜蒂对于新女性职能有了全新的认识，她也希望寻找相互尊重、志同道合的伴侣，为民族事业共同奋斗。随着杜蒂对尤素夫的了解日益加深，她发现："他的生活立场多么平衡，为了尊重造物的美和真理，他的情感和思想多么宽广。正是他为她展示了更为壮阔和荣耀的世界。"（p.153）而尤素夫认识到杜蒂"在快乐诚实的奋斗的灵魂深处存在多么深刻的空虚和孤寂，痛哭着需要填补"。（p.153）玛丽亚去世后，相互倾慕的杜蒂和尤素夫出于"内心互相了解和尊重"（p.158）结为夫妻。两人通过婚姻携手，为了民族理想并肩奋斗。

由此可见，作者认为现代民族女性一方面需要具备自由理性、积极进取的现代品质，另一方面不能放弃女性特有的性别价值，需要在理智与情感、事业与家庭之间实现平衡。女性不是男性的奴隶和附庸，而是朋友和伙伴，需要为了现代民族的发展和国家的独立而贡献力量。这种平等的两性关系是不同以往的新型性别关系，具有重要的性别解放意义。

三、结语

在印尼"东西方文化论战"中出现的"西方派"代表阿里夏巴纳以实现民族独立为现代性目标，致力于建构民族新文化。在长篇小说《扬帆》中，阿里夏巴纳通过对于民族新文化的设想、对于传统女性身份规范的批判、对于女性被物化被客体化的揭露，以及对于新女性事业和情感定位的规划，表达了对于西方工具理性和个人权利的崇拜以及对于本土神秘主义精神的批判，设想了不同以往又斗志昂扬的印度尼西亚新女性和新民族的身份，表达了"印尼的头脑必须磨炼得如同西方的头脑！自我意识必须高扬！个人权利必须觉醒！印尼民族必须尽量聚集财富！印尼民族必须全面发展"②的立场。

---

① 张岩冰. 女权主义文论[M]. 济南：山东教育出版社，1998：42.

② Achdiat Kartamihardja (ed.). *Polemik Kebudayaan* [G]. Jakarta: Balai Pustaka, 2008: 50.

印尼先锋抒情诗人萨帕尔迪（Sapardi Djoko Damono）指出，《扬帆》"显然基于作者对印度尼西亚必须由先进青年精神建设的理念进行叙事，这些先进青年向西方学习，有智性、以自我为中心（egoistis），崇尚功利主义（materialistis）和个人主义（individualistis）"①。作者通过围绕女性主角的文学叙事全面渗透其"全盘西化"观点，表达出对于民族、女性及两性充满理想化的现代构想。随着被殖民国家纷纷独立和民族情绪日益高涨，印尼民族也在不断审视调整民族文化的发展方向。印尼《四五年宪法》第三十二条明确规定，国家将在保障维持和发展多样性文化价值的基础上发展民族文化，地方语言是民族文化的财富。由此可见，印尼的文化现代化并没有走全盘西化的道路，而是注重吸收多样性文化成果。但是，在寻求变革的时代，以阿里夏巴纳为代表的一批知识分子希望用较为激进的方式激励时代变革，寻求对于民族身份规划的试验性表达，体现出民族精英对于振兴民族和国家的殷切期望。正如余英时先生指出："相对于任何文化传统而言，在比较正常的情况下，'保守'和'激进'都在紧张中保持一种动态的平衡。例如在一个要求变革的时代，'激进'往往成为主导的价值，但是'保守'则对'激进'发生一种制约作用，警告人不要为了逞一时之快而毁掉长期积累下来的一切文化业绩。相反的，在一个要求安定的时代，'保守'常常是思想的主调，而'激进'则发挥着推动的作用，叫人不能因图一时之安而窒息了文化的创造生机。"②

参考文献

[1] 陈顺馨，戴锦华. 妇女、民族与女性主义[G]. 北京：中央编译出版社，2004.

[2] 梁立基. 印度尼西亚文学史[M]. 北京：昆仑出版社，2003.

[3] 梅·加·李克莱弗斯. 印度尼西亚历史[M]. 周南京，译. 北京：商务印书馆，1993.

[4] 王向峰. 文艺美学辞典[M]. 沈阳：辽宁大学出版社，1987.

[5] 西蒙·波娃. 第二性——女人[M]. 桑竹影，等译. 长沙：湖南文艺出版社，1986.

---

① Sapardi Djoko Damono. *Novel Sastra Indonesia Sebelum Perang* [M]. Jakarta: Pusat Pembinaandan Pengembangan Bahasa Departemen Pendidikandan Kebudayaan, 1979: 66.

② 余英时. 余英时文集（第二卷）：中国思想传统及其现代变迁[M]. 桂林：广西师范大学出版社，2004: 216.

[6] 伊瓦·戴维斯. 性别和民族的理论[G]//陈顺馨，戴锦华. 妇女、民族与女性主义. 北京：中央瑞华出版社，2004.

[7] 余英时. 余英时文集（第二卷）：中国思想传统及其现代变迁[M]. 桂林：广西师范大学出版社，2004.

[8] 张岩冰. 女权主义文论[M]. 济南：山东教育出版社，1998.

[9] Achdiat Kartamihardja (ed.). *Polemik Kebudayaan* [G]. Jakarta: Balai Pustaka, 2008.

[10] S. Takdir Alisjahbana. *Layar Terkembang* [M]. Djakarta: Balai Poestaka, 1963.

[11] Sapardi Djoko Damono. *Novel Sastra Indonesia Sebelum Perang* [M]. Jakarta: Pusat Pembinaandan Pengembangan Bahasa Departemen Pendidikandan Kebudayaan, 1979.

论尼泊尔大诗人德瓦科达诗歌创作中的宗教元素

信息工程大学　　何朝荣

【摘　要】拉克希米·普拉萨德·德瓦科达是尼泊尔现代文坛享有盛誉的作家和诗人。他的诗歌反映了其丰富而独特的精神世界。在其诗歌创作过程中，宗教思想、宗教体验与诗歌创作有着重要的关系，一些重要的宗教元素也被反映出来，突出表现在诗歌题材的选取、价值取向、对传统文化的态度以及对社会现实的批判等方面。

【关键词】尼泊尔文学；德瓦科达；诗歌创作；宗教元素

拉克希米·普拉萨德·德瓦科达（Laxmi Prasad Devkota，1909—1959）是尼泊尔现代文学史上享有盛誉的作家和诗人。在他所有的成就中，以诗歌最为突出，因而被誉为尼泊尔的"大诗人"、"天才诗人"。由于其在文学领域的杰出贡献，而与尼泊尔"桂冠诗人"列克纳特·鲍德亚尔（Lekhnath Paudyal）[①]、著名诗人兼剧作家巴尔·克里希纳·萨姆（Bal krishna Sam）[②]一起被称为尼泊尔现代文坛"三杰"。德瓦科达及其作品在学界已取得一定的研究成果，但对其作品中所反映的宗教意识和宗教元素还未有专门研究，本文拟就此进行探讨，以期更深入地了解诗人的精神世界，探索文学和宗教之间的深层关系。

一、德瓦科达诗歌创作成就

德瓦科达出身婆罗门世家，其才思敏捷，文学悟性极高，幼年时便开始学习写诗。从 1935 年第一首在《廓尔喀报》上发表的诗作《月圆》开始，陆续有大量作品问世。1936 年，德瓦科达早期成名作《穆娜与马丹》发表，引起极大反响，至今这部诗歌仍传唱不衰。1943 年，德瓦科达被"尼泊尔翻译协会"

---

① 列克纳特·鲍德亚尔（1884—1965）出生于尼泊尔的一个婆罗门家庭，是尼泊尔现代文坛最重要的诗人。他把诗歌从死板的形式以及颓废的文风中拯救出来，创作了简洁明快的新体诗。其主要作品有《笼中鹦鹉》《季节之思》《年轻的苦行僧》等。1951 年获尼泊尔"桂冠诗人"称号。

② 巴尔·克里希纳·萨姆（1903—1981）出生于将军之家，从小受到良好的教育，年少时就表现出过人的艺术天分。他是自由体诗歌的创立者，主要作品有《人类的上帝就是他自己》《水与火》《冰冷的炉灶》等。

聘为作家和译者，他的创作随之也进入高峰，许多重要诗作在这一时期发表。1951 年尼泊尔国内发生政治变革，德瓦科达在文学和政治领域同时活跃起来，他参加各种诗会、座谈会、讨论会以及各种文化和宗教活动，并在国内外进行访问。1953 年，印度大学者拉胡尔·桑格里德亚英（Rahul Sankrityayan）在尼泊尔访问时会见了德瓦科达，并对其诗歌大加赞赏。回国后，拉胡尔用印地文写了一篇题为《尼泊尔大诗人》的文章，并在印度报纸上发表。同年，德瓦科达随尼泊尔议会代表团访问了罗马尼亚、捷克斯洛伐克、苏联，之后，代表团又访问了中国，受到毛泽东主席的接见。德瓦科达还两次被尼泊尔国王任命为"顾问委员会"成员，并当选反对党领袖。1957 年，德瓦科达的政治生涯达到顶峰，被任命为尼泊尔皇家学院的委员，并于当年在 K. I. 辛格首相领导的政府中担任教育大臣。1959 年，年仅 50 岁的德瓦科达身患癌症，不幸英年早逝。在他去世后，尼泊尔举国哀悼，议会休会，学校停课，全国下半旗志哀。1966 年，尼泊尔皇家学院追授他最高荣誉奖——"特里布文奖"。

德瓦科达从 10 岁起开始发蒙写诗，至 50 岁去世时已有 40 年的写作经历。其一生共写有 6 部长诗、21 部中篇诗歌以及 644 首短诗，此外还有 1 部短篇小说集、1 部长篇小说、2 本散文集、1 本文学评论集、3 部戏剧、2 部译文集等。从他的思想和艺术发展的脉络来看，其诗歌创作大致经历了两个阶段：前期（1934—1946 年）以浪漫主义—人道主义创作风格为主，主要作品有《穆娜与马丹》《行人》《逊达里吉尔》《沙恭达罗》《苏洛查娜》等；后期（1947—1959 年）转变为浪漫主义—进步主义创作风格，主要代表作品为《上帝，把我变成一只羊吧！》《要折断我的笔吗？》《暴风雨》《春季》《狂人》等。德瓦科达是尼泊尔现代文学史上的一座高峰。他不仅在诗歌领域成就卓著，在小说、散文以及文学评论领域也有一定的影响。他的散文笔锋犀利、见解独特，有尼泊尔的"鲁迅"之美誉。

二、德瓦科达宗教思想的来源

在诗歌创作过程中，宗教思想、宗教体验与诗歌创作有着重要的关系。德瓦科达的宗教观是比较复杂的，其宗教思想的来源也是多重的，但主要与他受到的印度教传统文化的浸染熏陶、家世的影响、受教育的经历、生活经历以及时代背景等有关。

（一）印度教传统文化对其宗教思想的影响

以宗教为中心是印度次大陆文化的最大特点。作为印度文化体系核心的印度教，是对古老的婆罗门教的继承和发展而来的。在几千年的发展过程中，印度教思想体系还吸收了原始佛教、耆那教的部分教义，主张梵我同一、业报轮回和通过瑜伽修持获得精神解脱等。印度教既是一种宗教信仰，同时又是包含哲学、文学、风俗习惯等的综合体。在尼泊尔，印度教是第一大宗教，其信徒占全国人口的 80% 以上，印度教传统文化的影响极深。一个婆罗门从幼年开始便要学习印度教经典，包括吠陀经（吠陀本集、梵书、奥义书、森林书等）、两大史诗、往世书、神话、赞歌、民间传说以及哲学、伦理学方面的著作。几乎所有人都严格尊崇导师、经典和圣人。德瓦科达作为婆罗门，从小生活在印度教文化氛围中，接触印度教的传统文化，并学习这些宗教经典。这不仅有助于其宗教思想的形成，日后这些宗教经典的内容还成为他诗歌创作的重要素材及来源。在这其中，两大史诗《摩诃婆罗多》和《罗摩衍那》对德瓦科达的宗教思想和文学创作产生了重要影响。这两部史诗都宣扬真理和正法思想，主张善良、正义和公正。尼泊尔早期著名奠基诗人帕努婆格德将《罗摩衍那》翻译改写成尼泊尔文版本后，在尼泊尔民间广为流传。在村子里，在市场上，在宫廷之中，每天都能听到诵读这两大史诗诗句的声音。此外，在婆罗门家庭中长大的德瓦科达还非常喜爱古典梵语诗人、剧作家迦梨陀娑的作品，如《沙恭达罗》《云使》等。德瓦科达思想中推崇的人与自然和谐统一，反对西方工业文明造成的人与自然失衡的观点，其源头就在这里。

（二）家世及受教育经历的影响

德瓦科达 1909 年出生于尼泊尔加德满都，父亲是一位婆罗门学者，祖上曾与王宫关系密切。德瓦科达小时候便有机会接触宗教经典，研习宗教文学，与其婆罗门家世有很大的关系。出身于婆罗门世家的德瓦科达从小就受到良好的家庭教育，在其父亲的熏陶下，幼年便开始写诗。后来，他被送入当时只有王公贵族子弟才能入学的皇家学校学习，并开始学习英语。1925 年，他通过全国考试，升入加德满都特里-昌德拉学院学习。1929 年，年仅 20 岁的德瓦科达在印度的巴特那大学顺利获得文学学士学位。1933 年，德瓦科达又在巴特那大学获得法学学士学位。德瓦科达接受的这种传统教育与英式教育相结合的模式，对其思想意识、价值观、宗教观的形成有很大的影响。他对尼泊尔社会、文化和宗教的许多观点，甚至比当时许多政治领袖人物都更为激进和坚定，如对种姓制度彻底的批判、对下层劳动人民的同情、对人道主义的奉行等，都不落窠臼，具有现代性。与此同时，德瓦科达又深爱着自己的印度教传统文化，对之有强烈的自豪感。他认为，一个真正的现代派不仅不会背离传统，而是要创造性地、合理地重新解释传统。他将印度教传统的宽容精神、对真善美、爱和自由的追求融入到诗歌创作之中。因此可以说，德瓦科达的受教育经历决定了其精神世界既深深扎根于印度教文化的肥沃土壤之中，又受到西方哲学和宗教的影响。他不仅膜拜印度教神灵，热爱迦梨陀娑，同时又热爱莎士比亚、拜伦、雪莱、华兹华斯、惠特曼等文学之神，推崇浪漫主义、乐观主义和人道主义。

（三）生活经历及时代背景的影响

在德瓦科达生活的时代，尼泊尔正值拉纳家族独裁统治时期，人民生活十分困苦。1939 年，诗人由于父母双故、丧子、家庭财产纠纷、硕士学位考试受挫、长期的抑郁症以及在孟加拉亲眼看到教派之间的血腥冲突等，敏感的神经招致巨大打击，精神上有失常的表现，被禁闭在印度的朗吉精神病院达数月之久。后回国从事教职，并创作诗歌。1947 年 7 月，德瓦科达辞去特里-昌德拉学院教授职务，前往印度的贝拿勒斯，开始他在印度的流亡生活。在贝拿勒斯期间，他与设在印度的尼泊尔大会党取得联系，但大会党并没有真正接纳他。之后他在友人的帮助下在《时代之声》杂志担任编辑。由于他缺乏稳定的经济来源，生活窘迫，甚至不得不以出卖自己的作品谋生。他的健康状况也每况愈下，一度达到无法写作的地步。1949 年，德瓦科达从贝拿勒斯回国，结束了他在印度的流亡生活。此时，拉纳家族的统治也处在风雨飘摇之中，社会变革正在到来。遭遇了社会不公、生活窘迫的德瓦科达变得更加敏感、忧愤而激进。他的思想也迎来了转变，西方宗教的博爱思想、印度教"坚持真理"的非暴力思想与进步主义思想交织，引发其诗歌创作发生转向，创作了后期许多浪漫主义-进步主义诗歌。这种宣扬宗教"仁爱"精神，并以此为道德理想反映社会现实，讽刺、揭露和批判上流社会，同情下层劳动民众，探索社会改革途径的行为，体现了德瓦科达作为知识分子对自由、博爱、平等的终极精神追求和宗教情怀。

三、德瓦科达诗歌创作中的宗教元素

德瓦科达诗歌创作取得的辉煌成就，与其宗教思想有着密切的关系。他的诗歌反映了其丰富而独特的精神世界。在其诗歌创作中，宗教元素的体现主要表现在以下几个方面：

（一）从印度教历史传说和神话故事中汲取素材

德瓦科达所创作的 6 部长诗，几乎都是以印度教思想为主的历史传说和神话故事为主要题材的。在《沙恭达罗》这部叙事长诗中，诗人以印度古典梵语诗剧《沙恭达罗》为参照并加以改写，补入尼泊尔的本土元素，并用通俗的尼泊尔语重新创作而成。此外，《森林之花》《苏洛查娜》《马哈拉纳·普拉塔普》《普里特维拉吉·卓汉》等长诗，无一不是取自印度教神话故事或传说。在这些诗作中，诗人借历史故事和传说中的人物，表达自己作为一个正统印度教徒的宗教意识与精神追求。宿命论、业报轮回、正法思想等无一不体现在这些诗作中。除长诗之外，他的 6 部中篇诗歌——《卢妮》《丛林》《莫亨杜》《悉多被劫》《豆扇陀与沙恭达罗的会面》《罗婆那与巨鹰之战》等，也是根据印度历史和神话故事创作而成。在《悉多被劫》中，诗人以悉多被劫来影射当时的拉纳统治者抢占民女的恶行，在《罗婆那与巨鹰之战》中，诗人借历史神话中巨鹰战胜恶神罗婆那来暗示必须通过斗争来争取正义的道路。

除以宗教题材进行创作外，德瓦科达还在他的诗歌中将一些非印度教因素进行"改造"，使之符合其印度教审美标准，这突出表现在他的著名诗歌《穆娜与马丹》中。该诗是一部充满分离艳情味（viraha rasa）的爱情长诗，是其早期浪漫主义诗歌的代表作。诗歌讲述加德满都一名青年男子，为了发财致富决意去西藏经商而与妻子母亲离别的故事。故事的基本情节借自当地尼瓦尔民族（Newar）流行的一个故事蓝本。在原故事中，主人公是一名叫乌达斯的尼瓦尔商人。[①] 这些商人多数是佛教徒，但是，德瓦科达在《穆娜与马丹》中将男主人公的身份改造成一名印度教种姓体系中的"刹帝利"。虽然在尼瓦尔阶层中，确实有像"什雷斯塔"（Shrestha）姓氏这样既信奉佛教，也信奉印度教的群体，且自称属于刹帝利种姓，但与纯粹的刹帝利并不是一回事。德瓦科达之所以做这样的改变，就是要使其符合他的宗教审美，使故事摆脱"有限的文化范围"，脱离尼瓦尔民族特定的民族或宗教语境，成为在尼泊尔受众更广的印度教徒（占全国人口的 80%以上）的精神读物。德瓦科达通过重新诠释男女主人公之间爱情的悲欢离合，讴歌了以穆娜为代表的对爱情忠贞不渝的妇女形象和宗教道德典范。

---

① 在 19 世纪之前的一千多年时间里，加德满都与拉萨之间的贸易一直是尼泊尔人的专利，在拉萨、江孜、日喀则以及沿尼藏边境的许多城镇，都有尼瓦尔商人的存在。

（二）重精神、轻物质的宗教精神

尼泊尔文学是宗教的一种诠释，其宗教性的一个重要方面，就是文学作品中体现了重精神、轻物质的倾向，视精神的解脱为生命的永恒价值。尼泊尔民族是宗教思想和宗教意识极其强烈的民族，其文化心态和文学追求在很大程度上是宗教性的，印度教尊崇的《吠陀》、《奥义书》和《薄伽梵歌》、《摩奴法典》等圣典，是尼泊尔文学创作的"母题"和源泉。印度教信仰的三大主神为尼泊尔文学提供了恒定的主题。

德瓦科达的诗歌很多以描写自然景色为主，倡导"回归自然"，追求精神解脱，对金钱和物质不屑一顾。这一方面是德瓦科达的宗教意识和价值取向所致，另一方面也受到了欧美浪漫主义文学的影响。德瓦科达在大学学习期间，对英国 19 世纪浪漫主义诗人华兹华斯、柯勒律治、济慈、拜伦等人特别崇拜，并深受他们的影响。与此同时，他还受到了泰戈尔以及印度"阴影主义"文学的影响，从而开创了尼泊尔 20 世纪浪漫主义诗歌创作的先河。在此之前，尼泊尔古典主义诗歌流派，推崇"简洁、典雅、机智、明晰"的古典主义创作原则，讲究理性和规则。德瓦科达则反其道而行之，要求破除古典主义的清规戒律，强调文学创作的绝对自由，强调个人感情的自由抒发。他崇尚自然，把描写自然作为一条主线，始终贯穿在整个诗歌创作的过程中。因为在他看来，回归自然就意味着一切物质的、理性的束缚被解除，人性可以舒展自如，自我情感也可以尽情抒发。他一生创作了大量以自然为题材的诗歌，如《树》、《山泉》、《云》、《丛林》、《月夜》、《虹》、《森林》、《暴风雨》、《风之歌》、《春季》等。在这些作品中，诗人把大自然看作一种神秘的力量或某种精神境界的象征，认为只有大自然才能够启迪人性中博爱与善良的情感，能够使人得到真正的幸福生活。

德瓦科达的这种重精神、轻物质的精神追求突出地反映在他早期的最重要作品《穆娜与马丹》之中。在这首诗歌中，诗人借女主人公穆娜之口表达了他崇尚自然、追求淡泊宁静的世界观。诗中写道：

> 商人重利，你前往一片蛮荒的异地，
>
> 你这一路将有多少危险需要面对。
>
> 丢下她前往拉萨，你会有何收益？
>
> 成袋的黄金不过是你手上的污泥。
>
> 有了财富何所为？
>
> 只要心中有幸福，粗茶淡饭总相宜，

亲爱的，心灵富足谁堪比？[①]

（三）保护本土语言和宗教文化的自觉

在德瓦科达生活的时代，尼泊尔语文学刚刚起步，在此之前一直是梵语文学为主导，即使是一些出版的尼泊尔语诗歌，也仍然是梵语化的，格律严谨，禁锢较多。直到帕努婆格德·阿查里雅（1814—1868）以及莫提拉姆·巴塔（1866—1896）时代，尼泊尔语文学才开始兴起。德瓦科达将印度文学作品用尼泊尔语进行大胆改编和再创作，反映出他想借力印度文学，将尼泊尔语文学发扬光大的意识。在当时，傲慢的梵语学者对本土的尼泊尔语嗤之以鼻，在他们看来，"尼泊尔语文学"这样的词语似乎是个笑话。德瓦科达对此提出了批评，并在其诗歌创作中大胆运用尼泊尔语写作。

德瓦科达既用传统的梵语诗歌韵律（数节韵和韵脚韵）写作，也从尼泊尔本地民歌、民谣和民间传说中撷取题材，用民间口语和民歌韵律进行创作。《穆娜与马丹》是他从尼瓦尔民间文学中发掘题材并进行创作的成功典范。全诗采用尼瓦尔民歌的吉瑶莱（Jhyaure）格律进行创作，语言真挚、热烈而略带忧伤。德瓦科达的诗歌语言简洁、自然，没有古典主义的斧凿之痕。他强调诗歌是内心感情的自然流露，因而反对矫饰，提倡自然。在他的诗歌中，各种意象、比喻浅显。他才思敏捷、想象力极为丰富，常常写诗一气呵成，并以写诗速度惊人而闻名。据他个人讲，他在一晚上就写成了有几十页篇幅的《丛林》，十天之内写成了长诗《苏洛查娜》，三个月内写完了近四百页的长诗《沙恭达罗》。当然，诗人快速的写作方式，常常也招致一些人的批评，认为他失于粗疏，有时也不太合乎语法。但诗人在后期创作中逐渐也注意到这一点，并开始注意使用语言的规范化。

德瓦科达还对尼泊尔佛教文化采取保护态度，加德满都谷地的许多佛教故事被他引入到诗歌创作之中。他曾以当地流行甚广的《僧诃罗萨陀波怙故事》（Simhalasarthbahu Avadana）为基础，写成自己的《穆娜与马丹》中的一部分情节。这个属于当地尼瓦尔人的佛教故事，讲述的是一个商队漂洋过海的历险经历。在这篇神话中，一个富商家的独子召集了一支商队，前往一个叫"拉特纳普尔"（宝石城，位于今斯里兰卡的西南部）的遥远的地方。他在那里受到许多年轻貌美的女人的欢迎。后来发现，这些女人竟然是罗刹女，她们是要最终吞噬那些男人！最初女人们让男人们喝酒吃肉，然后对他们引诱。后来，在

---

① 译文摘自德瓦科达. 穆娜与马丹[M]. 刘建，译. 北京：作家出版社，2012：9.

观音菩萨的点化下，僧诃罗聚拢自己的人马悄然溜走。在归途渡"海"（尼瓦尔故事文本中则是布拉马普特拉河）时，这些男子受命不准回头看那些追赶的女人，但除了僧诃罗外，所有人都回头观望，结果被她们攫住并吞食。僧诃罗最终登基做了国王，为佛教收复了宝石城。这个故事在从事与西藏进行贸易的尼瓦尔人中流传，德瓦科达将其引入到自己的作品中，通过女主人公穆娜之口，表达了他对远在西藏的丈夫有可能受到女人引诱的担心，同时也说明诗人具有保护自己的宗教文化、防止外来者毁灭自己文化的警觉。

（四）"非暴力"思想与现实批判精神

甘地的"非暴力"学说带有强烈的宗教神秘主义色彩，它是对印度传统宗教和伦理学说的继承，同时又吸收了许多西方现代政治哲学和人道主义思想。德瓦科达青年时代在印度求学，后又流亡印度，受到"非暴力"思想的影响，并在印度积极投身政治运动。德瓦科达不是一个社会主义者，也不是尼泊尔大会党的成员，他是一位诗人，一位浪漫主义诗人，一个"自由存在"的知识分子，因而具有广阔的精神视野。在他的诗歌作品中，突出地反映了他对社会现实的不满和"坚持真理"的非暴力思想。英国著名学者、伦敦大学尼泊尔语系主任迈克尔·赫特（Michael Hutt）曾评价道："德瓦科达的作品是多种多样的，而其中许多作品以情感强烈和作者哲学观点的新颖而著称。"[①] 讽刺、愤怒、批判是德瓦科达诗歌的又一特色。德瓦科达从青年时代起就参加进步的社会活动。1930 年，包括德瓦科达在内的 46 人联名上书，要求政府准许开办一个公共图书馆，但遭首相比姆沙姆谢尔的拒绝，并判他们每人三年监禁，后来在多方调停下以每人交 100 卢比的罚款了事，这就是历史上的"图书馆事件"。1940 年，尼泊尔国内发生了反对拉纳家族、争取民主的"烈士事件"，更加激起了诗人对拉纳统治的不满。1945 年第二次世界大战结束后，世界范围内反殖民、反封建的民族民主运动空前高涨，尼泊尔国内反对封建独裁、争取民主和自由的运动迅速蔓延开来。在这种历史背景下，德瓦科达以进步诗人的身份，亲自参与到这一历史大潮中来。他与当时激进派诗人凯达尔曼·维亚提特、廓帕尔·普拉萨德·利马尔等取得联系，并只身前往印度的贝拿勒斯，开始了他反对拉纳家族的流亡生活。在他去印度之后，拉纳统治者开除了他的公职，抄了他的家，年幼的儿子也因无钱治病而夭亡，但他并没有放下手中的笔，而是强忍悲痛，继续抨击拉纳的封建专制统治。1951 年，尼泊尔大会党与

---

① 迈克尔·赫特（Michael Hutt）的《穆娜与马丹》英译本导论，参见 M. J. Hutt. *Nepali: A National Language And Its Literature* [M]. New Delhi & London, 1988: 204.

拉纳家族达成协议，拉纳家族放弃独裁统治，实施民主改革。但是，由于民主刚刚建立，以及拉纳的残余势力，初创的民主政府很不稳定，各种社会矛盾突出。德瓦科达利用他作为诗人和民主人士的影响，一方面积极参与社会活动，一方面用诗歌表达对当时社会现状的不满。1954 年，面对别人对他的攻击和嘲弄，他写下《狂人》进行回击。诗人在诗中自比为"狂人"，无情地讽刺了虚伪的政客和丑陋的社会风气。虽然他出生在种姓高贵的婆罗门家庭，但他思想开明，富于同情心。他以印度教特有的"非暴力"的思想，积极参与社会政治变革，并在他的诗歌中对现实社会的弊端进行揭露和批判。

四、结语

德瓦科达的宗教思想、宗教体验与其诗歌创作有着重要的关系。这种关系是理解德瓦科达精神世界的关键要素之一。在德瓦科达的一生中，印度教传统文化、时代背景、家庭背景、受教育经历以及生活经历等对其宗教思想的形成具有重要的影响。由于宗教思想与文学创作之间相互影响，互融共生，因此，德瓦科达的宗教思想对其诗歌创作的影响是巨大的，也是其整个文学创作生成、演变极为重要的原因。

参考文献

[1] [尼]库马尔·巴哈杜尔·乔西. 德瓦科达的主要作品分析[M]. 加德满都：悉达多出版社，1991.

[2] [尼]达拉纳特·夏尔马. 尼泊尔语文学史[M]. 加德满都：阿克希尔出版社，1999.

[3] [尼]德亚拉姆·什雷斯塔. 尼泊尔语文学的几个方面[M]. 加德满都：共同出版社，1991.

[4] [尼]格内什·拉尔·苏巴.《穆娜与马丹》分析[C]//克里希纳·普拉坦. 沙扎文学评论集. 加德满都：共同出版社，1995.

[5] [尼]德瓦科达. 穆娜与马丹[M]. 刘建，译. 北京：作家出版社，2012.

[6] [法]韦尔南. 古希腊的神话与宗教[M]. 杜小真，译. 北京：商务印书馆，2015.

印度两大史诗中的战争与民族精神

信息工程大学　闫元元

【摘　要】印度两大史诗《摩诃婆罗多》和《罗摩衍那》是印度古代神话、英雄传说和历史故事的总汇，主线都是发生在古代印度的残酷战争，梳理史诗中的战争，研究其中体现的达摩精神、业报轮回思想和种姓观，有助于我们理解和分析印度的民族精神。

【关键词】两大史诗；摩诃婆罗多；罗摩衍那；达摩；业报轮回；种姓思想

文学作品是民族文化传承的重要载体，而战争是社会和历史发展过程中的一种特殊现象，能够将一个民族的性格特点凸显出来。印度是中国的邻国，两国有着漫长的边境线，历史上两国曾因边境问题而爆发战争。时至今日，中印两国边境仍然并不安宁，印度军队仍然频频挑衅，造成边境局势紧张。因此，有必要把战争与文学研究结合起来，从战争文学来看一个国家的民族精神，具有十分重要的学术和现实意义。两大史诗《摩诃婆罗多》和《罗摩衍那》不仅在印度国内地位崇高，而且在全世界范围内也是影响深远。印度两大史诗是印度古代神话、英雄传说和历史故事的总汇，但其主线故事是发生在古代的残酷战争。《罗摩衍那》和《摩诃婆罗多》这两部史诗已经被印度僧侣吟唱了千年，其中战争故事和英雄人物早就进入印度万千民众的心田，对印度的民族精神的塑造产生了重大作用。

一、印度两大史诗及史诗中的战争

根据欧洲梵文学者温特尼茨（M. Winternitz）的观点，《摩诃婆罗多》成书于公元前四世纪至公元四世纪之间，其原始形式可能是《胜利之歌》，经过僧侣、宫廷歌手和民间游吟诗人的吟诵和传播，体量不断扩大，逐渐形成了十万颂的庞大规模。《摩诃婆罗多》全书分为十八篇，讲述了印度古代婆罗多王族的两房堂兄弟为了争夺王位继承权，将整个北印度诸王国卷入一场庞大战争的故事。持国和般度是象城的两兄弟。持国是兄长，但自幼双目失明，般度取代他成了国王。持国育有百子，被称为俱卢族；般度生有五子，被称为般度族。

般度死去后，持国代为摄政。般度长子坚战成年后，要求继承父亲王位，遭到持国长子难敌的强烈反对。后来，经过多方协调，持国将国土的一半分给般度族。般度族苦心经营自己的国土，建造了辉煌的天帝城。难敌心生嫉妒，引诱坚战赌博。坚战输掉了国土、妻子、兄弟和自己，持国出面干涉，释放了般度族兄弟。难敌邀请坚战再次赌博，输者流放森林十二年，并在第十三年隐姓埋名一年。坚战再次输掉，被迫与妻子、兄弟到森林流亡。十三年期满后，般度族要求归还国土，难敌表示拒绝。双方都开始寻找盟友，一场大战在俱卢之野开打。战争残酷而又激烈，两边军队都损失惨重，许多德高望重的国王和将领都被杀死。最后，俱卢族全军覆灭，般度族被夜间偷袭，全部将士都被杀死，般度族兄弟及其谋士黑天不在营地而幸免于难。最后，坚战统治大地三十六年后，带领四个弟弟及其共同妻子黑公主登山升天。

根据国内印度学大师金克木先生的观点，《罗摩衍那》大约成书于公元前四世纪至公元二世纪。全书有两万四千颂，共分为 7 篇，讲述了印度古代阿逾陀王子罗摩被流放森林，妻子悉多被魔王罗婆那掳走，通过结交盟友，南下攻入楞伽城，杀死魔王，救出妻子，后来流放期满，回国继承王位的故事。战争从史诗的第三篇《森林篇》开始，魔王罗婆那用计引开罗摩及他的弟弟罗什曼那，趁机掳走悉多。罗摩缺兵少将，选择与猴国流亡王子妙项结盟，杀死其兄国王波林后获得军队。猴国大将哈奴曼深入楞伽城侦察，摸清了罗婆那一方的底细。罗婆那弟弟唯毗沙那背叛兄长，投奔了罗摩，协助罗摩在海上建桥。猴兵过海后包围了楞伽城，经过多日大战，罗摩射杀了罗婆那，救出了妻子。罗摩带兵回国，弟弟婆罗多让出王位，罗摩正式即位。

从主线故事来看，印度两大史诗均是英雄史诗。印度传统将《摩诃婆罗多》称为"历史"，而将《罗摩衍那》称为"最初的诗"。古代印度的"历史"不能与现代意义的"历史"等量齐观，而是一种将历史与神话传说混在一起的"历史传说"。对于《摩诃婆罗多》的战争到底是真实的历史或是虚构的神话，印度学术界长期以来都有争议。《罗摩衍那》中战争亦是如此，印度学界通过对一些遗迹的考古发掘，推断《罗摩衍那》并未完全虚构，有着一定的历史基础。从印度古代历史来看，《罗摩衍那》与雅利安人的向东和向南迁徙的历史背景是契合的，而《摩诃婆罗多》则反映了孔雀王朝建立之前的北印度列国纷争。这一时期，印度民族、宗教和文化逐步成形，两部史诗中体现的达摩精神、业报轮回和种姓思想已经成为印度民族精神的重要组成部分。

二、两大史诗中的达摩精神

根据印度教经典规定，一个印度教徒要努力完成四大人生目标：达摩（dharma）、利（arth）、欲（kama）和解脱（moksha）。对于 dharma 这个概念的翻译，我国古代僧侣认为汉语中找不到与其对应的词语，因此将其音译为"达摩"。季羡林先生也主张使用"达摩"这样的译法，他在《罗摩衍那》的第一排《童年篇》的注解中提出了这样的观点，"达摩意思分为两类，一类是'一切存在的事物'，佛经所谓'万法皆空'的'法'，就是这个意思；一类是'法规'、'规律'，指的是万事万物的内在法则，有点类似中国的道，西方的logos。《罗摩衍那》中的'达摩'都是第二个意思。"金克木先生和刘安武先生则主张将 dharma 翻译为"正法"，"已经转化为宗教或教义"，"严格服从宗教的规定便是正法"。印度传统观念认为，世界是一个循环，时间由许多个劫波构成。每个劫波又可以分为圆满时代、三分时代、二分时代和争斗时代，而产生大史诗的时代背景是人类世界已经进入了争斗时代。在这个时代，魔王、邪神纷纷要人间投生，到处兴风作浪。为了消灭恶魔，天神也纷纷下凡或者投生人间，要在充满罪恶的世界上重建秩序，推行教化，倡导个人履行天职，让达摩精神重新成为人间正法。

在《摩诃婆罗多》中，般度因为遭受诅咒，无法行房生养，其妻贡蒂幼年曾习得咒语，可以召唤天神与其交合。她第一次召唤了正法之神阎摩来和生子，得子坚战。坚战成为代表正法的人物，称号法王、无敌和正法之子。他自幼师从仙人学习了治国术，时刻以正法为准则，身体力行。他分得一半的国土之后，经营有方，都城建立得富丽堂皇。难敌设计陷害，坚战及其兄弟明明知道是陷阱，但作为王族和刹帝利，他得恪守达摩，不能轻易拒绝别人的挑战。在赌局上一败涂地，丢失了国土和自家兄弟的人身自由之后，坚战严格按照约定，自愿去森林流放，因为守信也是刹帝利的重要达摩。在森林流放期间，他的兄弟和妻子鼓励坚战报仇雪恨，而坚战强调宽容是最高的美德。还有一次，坚战的四个弟弟喝了药叉看守的魔池水，先后失去了生命。药叉让他从四个中选择一个复生，他选择了偕天，而非本领强大的亲弟弟阿周那和怖军，因为偕天是他父亲另一个妻子的儿子，他对两个母亲一视同仁，让她们都能有一个儿子活在世上，他的公正无私感动了药叉。药叉不仅让他的弟弟们复活，还赐予他另外的恩惠。坚战的公正和仁义是达摩精神的典范，寄托了史诗作者对理想社会和完美个人的追求和期盼。

在《罗摩衍那》中，罗摩是一个具有神性的英雄，是达摩的代表。罗摩自幼勇敢而富有神力，还未成年就帮助仙人消灭了破坏祭祀的恶魔，迎娶了美丽的新娘悉多。他本来是太子，但十车王听信小王后的谗言，改立婆罗多为太子，并要挟国王将罗摩流放山林十四年。罗摩为了父亲不食言，甘愿流放山林。到了森林以后，他为修道士提供庇护，杀死了许多肆虐一方的罗刹。悉多被罗婆那掳走以后，他悲伤欲绝，四处寻找，终于发现踪迹，后来依靠猴国兵力，包围了罗婆那的老窝，经过多次战斗，先后杀死了罗婆那的儿子和弟弟这些猛将，最后射掉了罗婆那的十个脑袋，救出了被囚禁多日的妻子悉多。罗摩对父亲的孝、对兄弟的悌、对妻子的爱、对臣民的仁、为将的勇、为君的德，使其成为印度古代社会的理想君主。他治下的国家被称为"罗摩之治"，则成了印度民众心目中的理想社会状态。

坚战和罗摩的言行在一定程度上只能算作恪守达摩的理想状态，社会生活的纷繁复杂、个人际遇的千差万别，使每个社会个体来遵守高道德要求的达摩都面临着或大或小的困难。坚战曾向仙人说过："履行达摩和统治王国，两者经常产生矛盾，我对此感到困惑，百思不得其解。"（《升天篇》）所以在两大史诗中，对如何恪守达摩又做了程度不小的通融和改变。黑天是《摩诃婆罗多》中十分重要的角色。他是毗湿奴大神在凡间的化身，是般度五子的谋士和导师。战争开始以后，他充当了般度族中最骁勇战将阿周那的车夫。当双方列阵完毕，大战一触即发之际，阿周那看到敌阵中的父辈、师长和其他亲人，心中充满了怜悯，态度也变得消极悲观。黑天进行了关于达摩的长篇说教，这就是印度重要的宗教经典《薄伽梵歌》。在《薄伽梵歌》第 18 章中有这样的诗句："自己的达摩虽然有些弊病，也较善施他人之达摩优胜，履行他人之达摩确有危险，遵从自己的达摩虽死犹荣。"这是一种典型的行动哲学，行动时不用拘泥于道义，只要能够完成自己的职责和使命，便可以达到宗教上的解脱，而不用承担太多的道德包袱。阿周那遵从了黑天的教诲。在与俱卢族第一任统帅毗湿摩交战时，利用他发下的不与女人作战的誓言，找了一名束发武士（投胎转世后先是女人，后来变为男身）为掩护，放暗箭射倒了叔祖父毗湿摩。俱卢族第二任统帅德罗纳是般度五子和俱卢百子共同的授武师父，德罗纳武艺高超，难以战胜。黑天教唆般度五子欺骗师父，说他的独子已经阵亡，导致其万念俱灰，在战场上打坐入定，般度一方的另一名将领又趁机砍下了他的首级。到了最后，俱卢族兵马散尽，难敌与怖军展开锤战。黑天授意怖军不要遵守刹帝利打斗规则，怖军会意，用铁锤砸断了难敌的腿，又用脚猛踹难敌的头，难敌很快毙命。印度史诗的作者绝非简单迂腐的唯道德论者，他们对人性和人类社会的复杂性有着十分深刻的认识。在《薄伽梵歌》中，黑天告诉阿周那，世界有原人和原质两种永恒的存在。原人是永恒的自我，也就是作为个体的灵魂。原质有善、忧、暗三德，三德时刻处于运动变化之中。每个人都有三德，但多少却并不相同，因此人性既不是性善，也不是性恶。人性如此，每个人恪守的达摩也不一样，每个人只有恪守自身的达摩，不执着于行动结果，才让原人摆脱原质的束缚，才能达到梵我如一的解脱状态。

三、两大史诗中的业报轮回思想

业报轮回思想发源于比两大史诗更早时期的奥义书之中。印度古人认为人死只是肉体的消亡，而灵魂可以转世得到再生。而转世的灵魂如何再生，则取决于前生的业（karma）。两大史诗也接受了这种观念。在《摩诃婆罗多》的《和平篇》中，毗湿摩向坚战讲授了"王法""危机法"和"解脱法"。在"解脱法"中，他引用了一位仙人的话："身体一旦死去，灵魂就会按照相应的业果转世。但是，它不立即转生，如同空中的云彩漂浮不定。它到达一个载体后，得以转生。行善的人上升，普通的人居中，作恶的人下降。"他还指出："每个人永远享用自己以前积累的各种业果。"但获取一个好的业果、来世得到好的转世并非终极目标。《和平篇》中那罗陀大仙说："人永远受到衰老和死亡追逐，在轮回中受煎熬，你怎么还不觉醒？"他鼓励人们虔信大神，依靠禅定来亲证灵魂，最后来"达到涅槃"。

通读两大史诗，便可以发现诸多主人公所遭受的大部分噩运，甚至死亡，其实只是早先不当言行种下的业果而已。《摩诃婆罗多》的般度是象城的国王，喜爱打猎杀生。在一次狩猎中，把正在合欢的仙人当成了麋鹿，开弓将其射杀。仙人诅咒般度将在交欢中死去，般度被迫放弃王位，进入森林进行苦行。但般度又渴望拥有子孙，其妻贡蒂便召唤天神，和她以及另一位妻子进行交合，生下了般度五子。但般度最终还是没有控制住自己的欲望，在春光明媚之际与妻子发生关系后丢掉了性命。大战爆发之后，毗湿摩成了俱卢族的第一任统帅。他是恒河女神的儿子，是一个半人半神的英雄。他在年轻时，为自己的弟弟抢亲，把邻国的公主安芭掳走，但安芭心中早有意中人。毗湿摩不得不把安芭送回去，但安芭的意中人认为她失去了贞洁，拒绝与她成婚。安芭走投无路，一怒之下自焚，转生为遮罗国公主束发，与一个药叉交换了性别，成为男子。但毗湿摩一直坚持认为束发还是原来的公主，在战争中拒绝与其交战。阿周那躲在束发身后，放暗箭将其射倒，毗湿摩伤重被迫退出了战斗。束发用前生的业力，转生后终于报了上世之仇。作为毗湿奴大神化身下凡的黑天，为般度族出谋划策，站在更高的"立场"上来看待和解释达摩。大战结束以后，大地血流成河，持国的妻子甘陀利带领一众妇女到战场凭吊死去的亲人，她知道黑天是这一切的推手，诅咒他和他的族人遭遇同样的悲惨结局。大战结束 36 年后，黑天的族人喝酒嬉戏，用随手抓来的灯芯草互刺，结果灯芯草变为铁杵，黑天的族人全部灭亡。林中游荡的猎人把黑天误认为一头睡鹿，放箭射杀了他。

在《罗摩衍那》中，年轻的十车王误把一名正在河边打水的苦行者当成了饮水的野兽，便放箭射死了他。苦行者的父亲诅咒十车王将来也会因为失去儿子而哀痛至死，后来十车王果真因为儿子罗摩被流放森林伤心而死。十车王行为的业力产生了等效的业果，让他遭受了噩运。女苦行者吠陀婆弟在雪山修苦行时，被十首王罗婆那发现，企图对她施暴，她苦苦哀求，但十首王仍不为所动。他伸手抓住了女苦行者的头发，正准备剥落她衣服的时候，女苦行者点火自焚。临死前她说自己转世后一定会报复罗婆那。这位女苦行者后来转世为美丽的悉多，被十首王劫走，她的丈夫罗摩最终杀死了十首王。吠陀婆弟前生的业力，在她的下生产生了效果，她不仅变成了公主，觅得了佳婿，还借助丈夫之手杀死了前生的仇人。

四、两大史诗中的种姓观

种姓是印度教社会特有的等级制度，其历史几乎与印度文明的历史一样悠久，具有极强的适应能力。在印度教社会中，一个人从生到死，吃饭穿衣，喝水吃饭，娶妻生子，都要受到种姓法规的支配。印度两大史诗的作者和传诵者除了宫廷诗人之外，还有一个重要的群体——那就是印度的婆罗门阶层。按照印度古代经典《摩奴法论》的规定，人被划为四个等级，即婆罗门（神职人员和知识分子）、刹帝利（王族、武士和国家管理者）、吠舍（工商业者）和首陀罗（农民、工匠等底层劳动者），此外，还有一个不被纳入种姓体系的贱民阶层。婆罗门是种姓制度的最高阶层，也是印度古代社会的宗教管理阶层，拥有编纂和解释印度教宗教典籍的权力。婆罗门利用这一权力，巩固自身的社会地位，压制或消解其他种姓阶层的反抗和不敬。在两大史诗中，充斥着大量维护种姓制度的故事。

《摩诃婆罗多》中半人半神的英雄迦尔纳，就是种姓制度的受害者。他是一位性格复杂的悲剧人物，是俱卢族在大战中的第三任统帅，《摩诃婆罗多》的第八篇便是《迦尔纳篇》。贡蒂还未出嫁时学到了召唤天神与其交合的咒语，出于好奇心召唤了太阳神，生下了迦尔纳。她怕受到宗族的指责，偷偷将婴儿放入篮子，扔到河里漂流而去。下游的一名首陀罗妇女捡到了这个弃婴，把他抚养成人。从少年开始，迦尔纳就饱受欺凌。他拜德罗纳为师，学习武艺，因为他是首陀罗，德罗纳拒绝教授他使用法宝。他又拜持斧罗摩为师，学习如何使用梵天法宝，后来他的种姓身份被发现，持斧罗摩诅咒他的法宝在战斗中将会失灵。学成武艺后的比武大会上，怖军又指责他是首陀罗，没有资格参加比赛。迦尔纳的父亲太阳神赐给他一副长在身体上的铠甲。一位婆罗门来化缘，要求他将铠甲施舍给他。迦尔纳觉得自己是刹帝利武士，向婆罗门慷慨施舍是他的达摩之一，毅然而然施舍了自己的宝贝。只有难敌把他当作朋友，尊重他的武艺和为人，封他为王。大战即将爆发，迦尔纳站在了俱卢族一边。生身母亲贡蒂十分痛苦，亲自告诉了迦尔纳他的出身真相，请求他加入般度族一方。迦尔纳为了孝道，发下誓言，表示在大战中只与般度五子中的阿周那决战，这样不管谁死，母亲贡蒂五个儿子都不会少。大战爆发之后，迦尔纳的法宝果真失灵，失去铠甲的他被阿周那的利箭射中了头颅，从而失去了生命。迦尔纳信守诺言，慷慨大方，孝敬亲人，忠于朋友，但仅仅因为自己的种姓身份，遭受了如此多的侮辱和不幸，貌似公正的许多长辈和贤臣，恪守种姓制度，坚信种姓思想，他们的冷眼和不公使英雄迦尔纳走上了毁灭的道路。

《罗摩衍那》中罗摩在森林流放期间，得到了森林部落尼沙陀人的庇护，他还和部落首领交了朋友。按照印度宗教经典的规定，那些没有纳入印度教社会的群体属于不可接触者阶层，属于最"不洁"的一群人，与其交往会玷污人的身体和灵魂。但罗摩当时处于颠沛流离的落魄状态，根本就顾不上这些。但当罗摩返回阿逾陀城，登基为王以后，态度却有了极大的转变。有一天，罗摩坐在朝堂，有婆罗门前来哭诉，说自己的儿子年纪轻轻就死了。朝堂的另一位婆罗门认为罗摩一切言行符合正法，海内清平，四方安乐，出现这样的悲剧肯定是有人干了违反种姓制度的事情。罗摩派人四处访查，发现有一个首陀罗居然在效仿婆罗门修行，妄图获取法力。罗摩大怒，将其杀死，婆罗门的儿子马上复活了。

《摩诃婆罗多》在流传过程中，有一段时间被某一婆罗门宗族所掌控。此婆罗门宗族乘机往史诗中塞了不少私货，如《训诫篇》中借毗湿摩之口反复颂扬婆罗门的伟大，强调给婆罗门施舍的功德，告诫世人在种姓关系中，婆罗门永远高于刹帝利，婆罗门地位有时候甚至比天神还要高。《摩诃婆罗多》中有不少反映种姓关系的插话。如婆罗门持斧罗摩的父亲被国王杀死以后，持斧罗摩周游大地，先后二十一次杀绝刹帝利，刹帝利的鲜血流满了俱卢地区的五个湖泊，所以俱卢又被称为五湖之野。还有一则插话，讲的是因陀罗一度被人间的国王那胡舍抢走了天帝的位置。这位国王成为天帝之后，逐渐膨胀起来，居然命令婆罗门仙人阿揭罗为其拉车，甚至还踢了他一脚。阿揭罗罚他变作尘世间的一条蛇，而因陀罗因此重新返回了天帝的位置。从这些插话中我们可以看出，种姓冲突与种姓制度相伴相生，一直从未停息。婆罗门是种姓制度的获益者，但现实的政权却大多掌握在刹帝利手中，婆罗门修改、篡改神话故事和宗教典籍来巩固种姓制度，让社会各个阶层的人相信种姓思想，甚至维护和捍卫种姓制度，从而压制低层种姓反抗，维护自身的特权。

五、结论

两大史诗的主线故事和各种插话在过去两千多年里在印度各地广为流传，早已达到了家喻户晓的程度，对印度人民的精神生活产生了深刻影响，在印度民族精神形成过程中发挥了至关重要的作用。纵观印度古代历史，极少大规模的农民起义，也没有"王侯将相，宁有种乎"的变革思想。人们按照种姓制度的规定，恪守着自己的达摩，期望通过今生的业力，或者通过虔信神祇，来生有一个好的转世，甚至能够摆脱轮回，实现梵我如一。到了近代，英国殖民者利用不多的兵力就征服了被种姓制度分化得支离破碎的印度次大陆。直到 20 世纪，印度民族主义领袖们，巧妙地把民族运动和宗教信仰结合起来。提拉克就大力倡导《薄伽梵歌》中的思想，认为"业"就是行动，行动的结果就是为了实现民族的"达摩"；圣雄甘地从小听《罗摩衍那》长大，长大后随身携带着一部《薄伽梵歌》，他把"达摩"、"业"等概念用"真理"方式表达出来，把生活在印度不同民族、不同宗教和不同种姓的人团结起来。甘地认为真理就是神，每个人都有神性，坚持自己的"神性"，就能战胜邪恶，用非暴力手段就可以赢得斗争的胜利。20 世纪 90 年代初，一些印度教团体鼓动印度教徒践行自己的"达摩"，拆毁清真寺，重修罗摩庙，导致印度北部出现大规模的教派冲突。从印度近现代的历史发展来看，两大史诗中体现的达摩、业报轮回以及种姓思想等观念，早已深深融入到印度民族精神之中。作为印度的重要邻国，想要正确地理解和分析印度的民族精神，印度两大史诗是一个好的窗口。

参考文献

[1] 季羡林. 罗摩衍那初探[M]. 北京：外国文学出版社，1979.

[2] 季羡林. 印度古代文学史[M]. 北京：北京大学出版社，1991.

[3] 毗耶娑. 摩诃婆罗多[M]. 黄宝生，等译. 北京：中国社会科学出版社，2006.

[4] 王树英编. 中印文化交流与比较[M]. 北京：中国华侨出版社，1994.

[5] 尚会鹏. 印度文化传统研究[M]. 北京：北京大学出版社，2004.

[6] 尚会鹏. 种姓与印度教社会[M]. 北京：北京大学出版社，2016.

[7] 蚁垤. 罗摩衍那[M]. 季羡林，译. 北京：人民文学出版社，1984.

[8] 张保胜. 薄伽梵歌[M]. 北京：中国社会科学出版社，1989.

《大唐西域记》所载佛本生故事考论

青岛大学　袁晓涵　王汝良

【摘　要】《大唐西域记》（以下简称《西域记》）创作于唐贞观二十年，是玄奘西行求法归来后奉唐太宗之命，经自己口述、弟子辩机编次而成。《西域记》内容丰富深湛，涉及西域历史、地理、宗教、民俗等，其文学价值也越来越受到重视。本文主要梳理和考辨《西域记》所记载的佛本生故事，从与《佛本生经》的对照探究其宗教文学属性。

【关键词】《大唐西域记》；本生故事；宗教文学

　　《西域记》中大约记载了 17 则佛本生故事，这是指实际具本生之名的，实际数量不止这些，部分隐性存在于其他类型的故事叙述中。这些佛本生故事，是玄奘根据自己的游历路线，对当地流传的本生故事采集记录而成，大多曾见于《佛本生经》，部分散见于其他佛典，对此，季羡林等《大唐西域记校注》和陈引驰《中古文学与佛教》中均曾予以对照。

　　巴利文三藏经典《佛本生经》是专门记载佛本生故事的经集，共记载了本生故事 547 个，长短悬殊，内容驳杂。1985 年，郭良鋆、黄宝生从中选取了154 个，翻译为汉文后以《佛本生故事选》之名由人民文学出版社刊行，迄今广受推重，本文亦主要以此为底本，与《西域记》中的佛本生故事进行对照。可以说，《西域记》中记载的佛本生故事与《佛本生经》多有重合，但相同之中又见不同。为了便于对照查看，我们制作了三个表格以供参考。

　　表格一：两者故事内容、动物、人物形象几乎一致的，有以下五个：

《大唐西域记》	《佛本生经》
①《象、鸟、鹿王本生故事》（卷七）	《有德象本生》
②《象、鸟、鹿王本生故事》（卷七）	《鹧鸪本生》
③《象、鸟、鹿王本生故事》（卷七）	《榕鹿本生》
④《三兽窣堵波》（卷七）	《兔子本生》
⑤《布色羯逻伐底城及诸遗迹》（卷二）	《尸毗王本生》

表格二：两者故事所传达的主题相同，但其中的动物、人物形象有所改变，有以下 5 个：

《大唐西域记》	《佛本生经》
⑥《救生鹿本生故事》（卷六）	《猴王本生》
⑦《僧伽罗传说》（卷十一）	《真理本生》
⑧《鸽伽蓝》（卷九）	《金天鹅本生》
⑨《雉王本生故事》（卷六）	《鸟本生》
⑩《尸毗迦王本生》（卷三）	《尸毗王本生》

表格三：《西域记》另有六个佛本生故事，虽未见于《佛本生经》，但收录于其他佛典：

《大唐西域记》	其他佛典
⑪《摩诃伐那伽蓝》（卷三）：萨缚达多王本生	《六度集经》《智度论》等
⑫《赤塔、奇特塔及观自在菩萨精舍》（卷三）：慈力王本生	《贤愚经》《菩萨本生鬘论》等
⑬《舍头窣堵波》（卷三）：月光王断头惠施	《贤愚经》等
⑭《千佛本生故事》（卷七）	《杂宝藏经》等
⑮《萨裒杀地僧伽蓝等及佛本生故事》（卷三）：苏摩蛇本生；孔雀王本生	《贤愚经》《菩萨本行经》《六度集经》《洛阳伽蓝记》等
⑯《香象池》（卷九）	《杂宝藏经》《佛本行集经》等

—

从表格一中，我们可以发现一个特点，即《西域记》中的佛本生故事相较于《佛本生经》中的故事更加凝练，例如玄奘将故事①②③合为一篇来写，其中象与鸟的故事仅使用 50 字，但是在《佛本生经》中，则单列出三个故事，每个故事短则百字，长至千字；在故事⑤中，玄奘仅用一行字即"从众生欲，惠施不倦，丧身若遗，与此国土千生为王，即斯圣地千生舍眼"①来描述国王舍眼布施的故事，对于这个简单的主题，在《佛本生经》中的《尸毗王本生》一篇中，也是讲述尸毗王舍眼拯救众生，却洋洋洒洒使用了两千字，在这个故

① 大唐西域记[M]. 董志翘，译注. 北京：中华书局，2017：157.

事中，将尸毗王施舍双眼的起因、过程和结果描述得非常详尽，由于尸毗王的举动感动了帝释天，最终尸毗王的双眼得以复原，然而在《西域记》中，这些故事情节均被舍去，仅仅保留了精华部分。《佛本生经》中的故事字数之所以冗长是有原因的，首先是由于其中的每一篇都需要加上固定的格式，指出其中的一个人或一个动物为佛陀转世，再者是故事中加入了前生故事和偈颂诗，在《尸毗王本生》一篇中就出现了 17 首偈颂诗。然而，玄奘在《西域记》中则是有选择地删除了冗长多余的文字，与《佛本生经》的散漫无边相比，《西域记》中的故事看起来比较紧凑凝练，不至于冗长乏味。

但是，对于比较重要的故事，玄奘并不会吝啬笔墨，例如表中故事③与故事④。在故事③中，两者所使用的篇幅长度以及故事内容几乎等同，都讲述了菩萨转生的鹿王舍身搭救怀孕母鹿的故事。故事④即是广为流传的"月兔"故事。《兔子本生》中出现了四只动物，分别是兔子（菩萨转生）、猴子、豺与水獭；而在《三兽窣堵波》一篇中则出现了三只动物，分别是兔子（菩萨转生）、猴子与狐狸。可见，玄奘对故事中的动物形象稍作了改动。在故事内容方面，也存在一些细微的差别：在《兔子本生》中，菩萨转生的兔子自愿投火自焚、施舍肉身，但是考验它的婆罗门为其精神所感，施加法力使熊熊燃烧的烈火失去应有的温度，并用山汁在月亮中描画了一只兔子的形象，这样，兔子不仅没有烧身而死，其品德亦被保留于月亮中得到永久流传。但是，在《西域记》的《三兽窣堵波》一篇中，兔子的命运好像就没有那么幸运了，"兔曰：'仁者，我身卑劣，所求难遂，敢以微躬，充此一餐。'辞毕入火，寻即致死。"[①] 帝释天已经被兔子自焚的行为所感动，但是却没有拦住立即投入火中的兔子，最后只能叹息着将已经死去的兔子送入月亮，以表纪念。关于"月兔"传说，在玄奘到达印度之前已在中土广为流传，故玄奘并未对其做出较大改动。

同时，通过比较也可以发现，在《佛本生故事》中，故事①④⑤的结局都是较为圆满的：无情伤害有德象之人堕入了无边地狱；献身自焚的兔子终被救出；舍眼施救他人的尸毗王最终重获光明，善恶终有报，这一主题在这三则故事中体现得较为明显。而在《西域记》中，这三个故事的结局则并不圆满：有德象为了布施，亲自砍断象牙送给恶人；自焚的兔子也献身于大火之中；而尸毗王舍眼救赎众生重复了一千年，并未重获光明。可以看出，玄奘在这些故事中重点宣扬"施舍"这一佛教基本教义和修持，而对于故事情节本身的润色与

---

① 大唐西域记[M]. 董志翘，译注. 北京：中华书局，2017：413.

修饰则没有太多关注，这也说明《西域记》是一部典型的宗教文学作品，在宗教性与文学性的结合上，首先着眼于其宗教性，通过这些简明扼要的故事传递出佛教的基本要义。

从以上三个表格可以看出，《西域记》中的大部分佛本生故事在《佛本生经》中都已出现，通观这 17 个故事，其中孝心故事 2 个；道德劝诫故事 2 个；听闻而来的传说故事 1 个。其余 9 个故事主题相同，都讲述佛陀为了施舍众人而不惜牺牲自身生命的施舍故事。其中，有 5 个是佛陀转生为国王施舍的故事，分别是：萨缚达多王施身、月明王舍眼、尸毗迦王割肉喂鹰、慈力王刺身血饲养五夜叉、月光王断头惠施。然而，在《佛本生经》中不仅有以上几类主题故事，还有许多其他主题，例如寓言故事、幽默故事、爱情故事、神话故事等等，这几类主题的佛本生故事在《西域记》中都没有出现。

在众多主题中，玄奘选择的两篇孝心故事应有特别用意。佛教传入中国，曾与本土儒道文化有所冲突，最激烈的是道教，前人已有诸多研究。儒家文化与佛教文化的冲突也表现在诸多方面，《旧唐书·傅弈传》有这样一段载述：

> 七年，弈上疏请除去释教，曰：佛在西域，言妖路远，汉译胡书，恣其假托。故使不忠不孝，削发而揖君亲；游手游食，易服以逃租赋。[①]

在这里，傅弈指责佛为外域胡神，佛教徒"不忠不孝，削发而揖君亲；游手游食，易服以逃租赋"，"抗天子、悖所亲"，不事生产，浪费资财，应该予以废除。在事亲尽孝方面的分歧，显然是一个重要因素。对此，《牟子理惑论》较早地反映出儒佛两家在伦理道德观念上的分歧，如儒家伦理认为"身体发肤受之父母"，沙门却"剃除须发"；儒家伦理认为"不孝莫过于无后"，沙门却"弃妻子捐财货，或终身不娶"，等等。[②]这是由于中印两国之间的文化差异所造成的。《西域记》所载的这两个孝心故事则堪称感人肺腑，"香象救母"的故事流传甚广，《香象池》中小香象因牵挂盲母而拒绝进食："我母盲冥，累日饥饿，今见幽厄，讵能甘食"[③]，《千佛本生故事》中千子见到亲生父母后，"天性所感……于是解甲归宗，释兵返族，两国交欢，百姓安乐"[④]，均令人感喟不已。出家修行者遁入空门，独修其身，与世隔绝，不养双亲，但佛教弟子虽出家，对于父母生养之恩依然心怀感念，实际上，佛经文本中有关孝亲主题

---

① [后晋]刘昫，等.《旧唐书》卷七十九《傅弈传》[M]. 北京：中华书局，1975：2715.

② 其实，也有一定的契合之处，如《理惑论》曾利用《六度集经》里的睒子本生，宣扬"奉佛至孝之德"。

③ 大唐西域记[M]. 董志翘，译注. 北京：中华书局，2017：413.

④ 大唐西域记[M]. 董志翘，译注. 北京：中华书局，2017：429.

的叙述实际上是存在的，只是长期受到忽略，玄奘也正是想通过这两个孝心故事来说明，出家人之孝并不逊于世俗之孝，其为佛教正名进而予以宣扬的心态表现得至为明显。

再者，玄奘之所以不厌其烦地对施舍这一主题的本生故事进行记载和描述，与当时执政的皇帝唐太宗有着密切关系。待玄奘西域求法归来与唐太宗会面之时，唐太宗听闻玄奘描述的西域求法之行后大悦，命其作一传以示未闻，当时，宰相长孙无忌说道："臣当读《三十国春秋》，见叙安事，实是高行博物之僧。但彼时佛法来近，经、论未多，虽有钻研，盖其条叶"①，意即，唐太宗在名义上虽然同时推崇道、佛，但是在实践中却是以"道"为先，佛教经论著作并不多。的确，历史上的唐太宗并非对佛教有真正的理解和支持，相反，他早年对佛教并不感兴趣，"至于佛教，非意所遵"（贞观二十年手诏斥萧瑀），见玄奘后首先询问的是西域的情况，答玄奘手书时说："至于内典，尤所未闲"，所以，并非对佛教有虔诚之意，其护佛举动更多的是为之前的杀兄篡位等恶行作一个遮蔽，对玄奘求法起初也并未支持，相反，玄奘是在"有诏不许"的情况下偷渡出境的。②唐太宗在他归来后加以扶持，也更多的是在利用，如玄奘甫一归来便命其撰著《大唐西域记》，主要是为了加强对西域的了解，而不是为了弘扬佛教。当然，这种利用是相互的，"不依国主，则法事难立"（释道安语），聪明的玄奘自然懂得这个道理，便利用《西域记》为其提供一些佛教的基本知识，而这些施舍本生故事集中体现了佛陀的慈悲与宽宏。值得注意的是，这些本生故事中，帝王的形象一再出现，且常常超越现实原型，更加接近于神话形象。但是玄奘却并没有将其神化处理，例如在故事⑬中，玄奘是这样记述的：

> 城北十二里有窣堵波，无忧王之所建也。或至斋日，时放光明，神花天乐，颇有见闻。闻诸先志曰：近有妇人，身婴恶癞，窃至窣堵波，责躬礼忏。见其庭宇有诸粪秽，掏除洒扫，涂香散花，更采青莲，重布其地。恶疾除愈，形貌增妍，身出名香，青莲同馥。斯胜地也，是如来在昔修菩萨行，为大国王，号战达罗钵剌婆，志求菩提，断头惠施。若此之舍，凡

①［唐］慧立，彦悰．大慈恩寺三藏法师传［M］．孙毓棠，谢方，点校．北京：中华书局，2000：129．

②然而，《西游记》中的这一文学情节却时被当成历史事实。如，孙景坛《汉武帝"罢黜百家，独尊儒术"子虚乌有——中国近现代儒学反思的一个基点性错误》（《南京社会科学》，1993年第6期）一文中，将唐太宗视为一个虔诚的佛门弟子，"唐僧前往西天取经，即是遵照他的旨意。"

历千生。①

可以看出，玄奘相信月光王的存在，且钦佩和赞扬月光王的所为，他的行为可以帮助众生解除苦难，可以令天人敬仰，可以出现天人感应的制胜奇观。其中暗含了成佛后自在解脱的文化内涵。这种成佛后的解脱自在对现世国王来说具有非常强烈的吸引力，这些施舍本生故事也可以激发唐太宗心中有关于佛教所提出的"因缘果报"的潜意识。史载晚年的唐太宗曾对佛教转变态度，对早年的疆场杀戮开始追悔，而玄奘作为一位能言善辩、经历丰富的得道高僧，不卷入朝中是非而又能抚慰人的心灵，恰到好处地出现在唐太宗身边，从《大慈恩寺三藏法师传》中也可发现唐太宗晚年对佛教渐趋认同，"帝少劳兵事，纂历之后，又心存兆庶。及辽东征罚，栉沐风霜。旋旆已来，气力颇不如昔，有忧生之虑。既遇法师，遂留心八正，墙堑五乘，遂将息平复。"②玄奘的目的也是想通过这一类型的施舍故事来吸引唐太宗，能让其克己修身，效仿释迦牟尼的精神，大力推广佛教，救度天下苍生。

综上，通过《西域记》中的佛本生故事与《佛本生经》对比可以发现，《西域记》中所涉及的本生故事不如《佛本生经》多样，除政治因素外，主要由于玄奘经行之地所限，不可能将所有的本生故事全部囊括。重要的是，高僧玄奘正是利用这些佛本生故事，来实现自己宣扬佛教的主观意旨，如此，《西域记》虽为奉敕而作，内容涉及面极广，但其宗教属性仍是首要的。

<h1 style="text-align:center">二</h1>

下面对第二个表格进行分析。在此表格中，我们可以看出，玄奘虽然采用了同一个主题，但是对故事中的人物、动物的选择做出了较大改动，例如在故事⑥中，两者都讲述了佛陀转世的动物首领不惜自身性命而搭救同类的故事，只是《猴王本生》中的"猴王"变为《救生鹿本生》中的"鹿王"；故事⑧主要讲述了为了家人而牺牲生命的施舍故事，只是《金天鹅本生》中的"天鹅"变为《鸽伽蓝》中的"鸽子"等，这与玄奘游历过程中的所见所闻有关。在此，玄奘的叙述依然保持了短小精悍的风格，例如在故事⑥中，同样都是以自身生命不顾而救助他人的主题，玄奘用几十字就能把这个故事描述出来，麻雀虽小，但五脏俱全，故事的开端、发展、高潮、结局全都具备，这也体现了玄

---

① 大唐西域记[M]. 董志翘，译注. 北京：中华书局，2017：192.

② [唐]慧立，彦悰. 大慈恩寺三藏法师传[M]. 孙毓堂，谢方，点校. 北京：中华书局，2000：153.

奘深厚的文学功底。

同时，也能从第二个表格中发现另外一个特点：虽然《西域记》中的佛本生故事较之《佛本生经》情节简单、笔墨俭省，但《西域记》的语言更加优美，形象刻画更加生动、立体，主题表达也更为突出。例如故事⑦，在《佛本生经》的《真理本生》一篇中，描述的是商队长在经商过程中智斗罗刹女的故事，而在《西域记》的《僧伽罗传说》中，虽同样描述了商队长僧伽罗在探宝过程中智斗恶鬼罗刹女之事，但与《真理本生》描述的罗刹女不同的是，《僧伽罗传说》中的罗刹女主要靠美色来诱惑商人，玄奘将罗刹女魅惑商人后又原形毕露的形象刻画得细微、生动："……持香花、奏音乐，出迎慰问，诱入铁城……遇诸商侣，悲喜俱至，涕泪交流……其后夜分，飞还宝猪，召余五百罗刹鬼女，共至王宫，以毒咒术，残害宫中，食肉饮血，持其余尸……"①，但是在《真理本生》中，对狡猾阴险的罗刹女并没有描摹刻写，仅仅告诉读者罗刹女是吃人的恶鬼而已。在主题表达方面，《僧伽罗传说》更显紧凑，在智斗罗刹女的过程中，始终围绕僧伽罗在面对诱惑时坚定的内心而展开，层层递进，直至将恶女们全部打败，大获全胜；然而在《真理本生》中，故事情节结构稍显松散，采用平铺直叙的手法，并不能完全激发读者的阅读兴趣。同时，在这则故事中，我们也可发现，《僧伽罗传说》虽然与《真理本生》所用篇幅大致相同，但语言更加优美，没有重复之处，每一处字句都有它自己的责任，对于全篇整体构成都起到不可或缺的作用；而《真理本生》中的重复字句太多，文字显然也不够优美凝练。出现这种现象的原因，有这样几个方面。首先与受众有关。《佛本生经》是一部纯宗教经典，其受众基本为虔诚的佛徒；《西域记》的撰写则兼顾了除佛徒之外的其他阶层，受众广泛，其典雅质朴的风格也较为符合唐人的审美趣味。其次与作者有关，《佛本生经》中的故事来源广泛驳杂，实际上不少都是佛徒们对原印度民间故事的改写和套用，作者不一，风格不一，影响了诸故事文本的审美价值。而玄奘博通中印经典，文笔和译笔超群，作为助手的辩机也有较高的文学修养，所以，《西域记》通篇结构整一、意义连贯、文笔优美，具有较高的审美价值，这为认知和突显《西域记》整部文本的文学性起到了重要作用。

不仅于此，作为《西域记》所载诸多故事中的重要组成部分，佛本生故事对于整部文本的文学性价值之体现，不但从上述对故事文本本身的文学审美分析得到印证，还可从其影响价值进行探讨。一是对后世中国文学的影响。经玄

---

① 大唐西域记[M]. 董志翘，译注. 北京：中华书局，2017：638.

奘之手所载的这些源于印度的佛本生故事，在《西域记》问世后在中土更为广泛流传，对唐五代和更为久远的后世文学产生了直接或间接的影响。这种影响，表现在原型、主题、题材、形象、情节、叙述模式等诸多方面，学界已有较丰厚研究，如王青《西域文化影响下的中古小说》，俞晓红《佛教与唐五代白话小说研究》等，都注意到了《西域记》中的本生故事。如故事⑨中的雉王救火本生叙述，对《宣验记》中的类似故事产生了直接影响，对此，鲁迅曾在《古小说钩沉》之《宣验记》条下予以阐明。二是对印度民间文学的保存和传播作用。印度佛教文学是印度民间文学的重要组成部分，佛本生故事文学又是印度佛教文学的重要一脉，这些故事传至中土的主要途径有两个：书面传播和口头传播。书面传播的主要载体无疑首推佛典，《法显传》、《西域记》等自然可归入此类；口头传播这一途径则多受忽视，但近年来已有相关研究陆续出现，如陈引驰在《中古文学与佛教》中单辟一节《中印文化交流之口语途径》，对佛教故事经口传方式传入中土进行了梳理，并着重强调了《西域记》的作用："以现存文献而言，唐代高僧玄奘的《大唐西域记》自属第一等之列，记录西行求法过程中口传叙事最为丰赡的。"① 他在著作中所举的例子，有不少即为本生故事。这对中印佛教文学交流、中印文学交流、中印文化交流研究等领域来说，都是应该引起重视的，也是一个较佳的切入点。应该特别指出的是，该著对《西域记》所载本生故事在传播过程中发生的变异现象也予以了关注，如故事⑭千佛本生故事和故事⑮苏摩蛇本生故事，较其他佛典所载已发生不小的变异。② 三是不少佛本生故事蕴涵着丰富深湛的现代人文价值。这些佛本生故事对施舍、慈悲、报恩、精进等观念进行宣扬，并以善恶报应诸事进行道德训诫。如卷七所载鹿王本生故事，以怀孕雌鹿悯子不忍、菩萨鹿王仁慈代死、国王悉放诸鹿等细节描写，寓有情、慈悲、布施、护生等佛教母题于其中，篇末国王慨叹"我人身鹿也，尔鹿身人也"③，实际上是对以"宇宙的精华，万物的灵长"而自诩的人类自身进行反思，对现代人类中心主义具有超前的反拨意义。

总之，《西域记》所载的本生故事，在服务于其宗教性之外，其文学性也不容忽视。自然，这些本生故事的意义不限于文学领域，如经过系统整理后不难发现，本生故事发达之处，皆为历史上印度佛教兴盛之地，佛陀均曾在此行

---

① 陈引驰. 中古文学与佛教[M]. 北京：商务印书馆，2017：411.

② 陈引驰. 中古文学与佛教[M]. 北京：商务印书馆，2017：427—429.

③ 大唐西域记[M]. 董志翘，译注. 北京：中华书局，2017：402.

化较久、影响深远，如乌仗那国，《西域记》中即载述了 7 个本生故事。对这些故事的发掘和整理，则属于对《西域记》史地、宗教价值的系统研究了。

　　总的来看，《西域记》中的诸多佛本生故事，有较为明显的宗教性，因玄奘亲历佛国所闻所载，更为可信；因其生动，可读性更强，争取了除佛徒之外的广大接受者。同时，这些佛本生故事又有相当的文学性，除故事文本自身的文学价值外，其对于中印文学和文化交流研究也起到了不应忽视的作用。从佛本生故事入手，窥斑见豹，《西域记》的宗教性突出、文学性较强，是一部典型的宗教文学作品。

参考文献

[1] 大唐西域记[M]．董志翘，译注．北京：中华书局，2017．

[2] 佛本生故事选[M]．郭良鋆，黄宝生，译．北京：人民文学出版社，1985．

[3] 糜文开．中印文学关系举例[M]．长沙：湖南文艺出版社，1987．

[4] 陈引驰．中古文学与佛教[M]．北京：商务印书馆，2017．

[5] 俞晓红．佛教与唐五代白话小说研究[M]．北京：人民出版社，2006．

[6] 王青．西域文化影响下的中古小说[M]．北京：中国社会科学出版社，2006．

[7] 季羡林．中印文化关系史论文集[C]．北京：生活·读书·新知三联书店，1982．

[8] 薛克翘．西域记与西游记[J]．南亚研究，1994（4）．

[9] 孙尚勇．论大唐西域记所载之佛本生窣堵波[J]．西域研究，2005（4）．

[10] 司志武．汉文佛典中兔本生故事研究[J]．齐齐哈尔大学学报，2012（6）．

叙述视角、引语方式和文化身份困境
——裘帕·拉希莉小说《森太太》解读①

安庆师范大学外国语学院　张玮

【摘　要】《森太太》出自美籍印度裔作家裘帕·拉希莉的获奖短篇小说集《疾病解说者》，讲述了一位印度妇女在美国的生活故事。本文以叙述视角和话语模式为切入点，结合文体学的知识，分析《森太太》故事层中叙述者和人物视角转化使用、直接引语和间接引语等话语模式的应用，解读人物"森太太"所折射出的印度海外群体的身份认同问题。

【关键词】叙述视角；直接引语；间接引语；文化身份

　　《森太太》（*Mrs. Sen's*）是美籍印度裔女作家裘帕·拉希莉（Jhumpa Lahiri）的一篇短篇小说，收录于小说集《疾病解说者》（*Interpreter of Maladies*，1999）中，该小说集获得 2000 年度美国普利策文学奖。拉希莉 1967 年出生于英国伦敦一个印度移民家庭，幼年随父母移居美国。她大学毕业后在波士顿大学深造文学创作，有多篇小说收入《全美最佳小说集》。拉希莉还获得过欧·亨利短篇小说奖、《纽约客》杂志小说奖等多种文学奖项。西化的成长环境和教育背景，以及印度家庭承袭的文化传统，赋予拉希莉与众不同的人生观察角度，她尤为擅长描写海外印度人的生活。《森太太》中，印度妇女森太太随丈夫在美国生活，她受雇照顾美国孩子艾略特。森太太给艾略特做印度食品，跟他讲述印度家人的故事，还带他去海边买鱼。森太太开车不熟练，一次他们去买鱼时车子撞到电线杆，艾略特受了轻伤，森太太也不再照顾他。

　　学者们多着眼于解读《森太太》中所表现出的印度海外流散者所面临的身份、文化认同问题，如分析小说中烹饪描写所折射出的印度女性移民的种族身份和性别问题②。也有学者从女性主义角度，指出森太太在美国被文化边缘化、在家庭被男权主义（丈夫）边缘化的境况。③还有学者认为这篇短篇小说

---

① 本文为国家社科项目"当代南亚英语流行小说类型研究"（15BWW025）阶段性成果。
② Hsin-Ju kuo. Culinary Narratology in Everyday Life [J]. Fiction and Drama, 2011 (1): 1.
③ 冯欢. 从女性主义视角解读裘帕·拉希莉的小说《森太太》[J]. 文学界, 2011（1）：124.

包含"不同文化背景的人之间的差异"、"文化疏离"、"全球化压力下的女性"和"婚姻问题与生活在此情况下的家庭"等四大主题。① 这些研究都认识到《森太太》反映的美国（异域）文化对印度移民的影响和身份认同问题，却较少分析作家如何利用具体的文本构成方式、叙事方式来反映森太太的身份认同问题。本文以叙述视角和话语模式为切入点，结合文体学的知识，通过分析小说故事层中叙述者和人物视角转化的使用，以及直接引语和间接引语等话语模式的应用，解读"森太太"所反映的印度海外群体的身份认同问题。

一、叙述者视角和人物视角转化使用

叙述视角指叙述时观察故事的角度，以什么视角观察故事一直是叙事研究界讨论的一个热点。热奈特在《叙述话语》中提出了"谁看？"和"谁说？"的区别，认为分清叙述声音和叙述眼光有助于合理区分视角。20 世纪 80 年代以来，"视角和叙述"成了一个常用搭配，以示对感知者和叙述者的明确区分。"叙述声音即叙述者的声音；叙述眼光指充当叙述视角的眼光，它既可以是叙述者的眼光也可以是人物的眼光。"② 当叙述者借用人物的眼睛和意识来感知事件，就是"人物视角"，叙述者是讲故事的人，但感知者是观察事件的人。"20 世纪以来的第三人称小说中，叙述者往往放弃自己的眼光而采用故事中主要人物的眼光来叙事。这样，叙述声音与叙述眼光不再统一于叙述者，而是分别存在于故事之外的叙述者与故事内的聚焦人物这两个不同实体之中。"③ 申丹将国内外不同学者提出的模式进行综合与提炼，详细列举出视角的 9 种模式，并分析不同视角的叙事功能。《森太太》的叙述视角主要是第三人称叙述视角，中间夹杂叙述视角的转化，从第三人称叙述者视角切换为人物视角。在描写森太太外貌、行动和居住环境时，作者利用人物视角将写物和写情同时完成。如：

(1) She was about thirty. (2) She had a small gap between her teeth and faded pockmarks on her chin, yet her eyes were beautiful, with thick, flaring brows and liquid flourishes that extended beyond the natural width of lids. (3) She wore a shimmering white sari patterned with orange paisleys, (4) more suitable for an evening affair than for that quiet, faintly drizzling August afternoon.④

---

① 温琪.《疾病解说者》中《森太太》的主题意义[J]. 剑南文学（上半月），2015（3）: 69.

② 申丹. 叙述学与小说文体学研究（第三版）[M]. 北京：北京大学出版社，2004: 201.

③ 申丹. 叙述学与小说文体学研究（第三版）[M]. 北京：北京大学出版社，2004: 237—238.

④ Lahiri Jhumpa. Interpreter of Maladies [M]. New Delhi: HarperCollins Publishers India Pvt.

引文的句（1）（3）用摄像式视角，从叙述者的角度客观观察森太太的年龄和穿着。句（2）前半部分同样是客观描写森太太的长相，后半部分中"beautiful"、"thick, flaring brows"等评价性的修饰语体现的是观察者（艾略特）的感受。句（4）利用第三人称人物有限视角，写艾略特看到森太太后的感受。在这段文字中，叙述者视角转为观察者视角，人物感知替代叙述者的感知，形成人物的体验视角。森太太充满异域特色的外貌和装扮对十一岁的美国少年来说是陌生的，叙述者写实的语句搭配上观察者视角，既描写森太太的外貌，也表现出艾略特看到她的穿着打扮时的好奇感。同样，小说下文还多次以人物视角表现森太太的外貌，如写她的头发往两边分开，梳成辫子，分路正中敷了一层朱砂粉，用艾略特的视角描写森太太的装扮（额头吉祥痣）来说明印度和美国女性（婚戒）表示已婚状态的不同方式。人物视角和叙述视角转化中，让叙事者从外貌上点明森太太的民族文化身份，同时也在对穿着打扮这些日常琐事上的对比描写中表明美印文化间的差异性。

小说里，作者还运用视角交替的手法描写森太太的行动，如下面句子：

(1) He especially enjoyed watching Mrs. Sen as she chopped things, seated on newspapers on the living room floor. (2) Instead of a knife she used a blade that curved like the prow of a Viking ship, sailing to battle in distant seas. …… (3) Each afternoon Mrs. Sen lifted the blade and locked it into place, so that it met the base at an angle. (4) Facing the sharp edge without ever touching it, she took whole vegetables between her hands and hacked them apart: cauliflower, cabbage, butternut squash. (5) She split things in half, then quarters, speedily producing florets.[①]

(6) As soon as they were inside the apartment she kicked off her slippers this way and that, drew a wire pin from her hair, and slit the top and sides of the aerogram in three strokes. (7) Her eyes darted back and forth as she read.[②]

结合上下文可以看出，句（1）为叙述者视角，写艾略特对森太太动作的感受是"喜欢"；句（2）（3）（5）叙述者视角和人物视角重合，描写刀的形状、森太太切菜的动作和菜切好后的样子；句（4）里从句部分为人物视角，写艾略特对森太太切菜方式的评价，主句部分的人物视角和叙述视角重合，描

Ltd, 1999: 112–113.

① Lahiri Jhumpa. Interpreter of Maladies [M]. New Delhi: HarperCollins Publishers India Pvt. Ltd, 1999: 114.

② Lahiri Jhumpa. Interpreter of Maladies [M]. New Delhi: HarperCollins Publishers India Pvt. Ltd, 1999: 121.

述森太太流畅的切菜动作。艾略特看到印度妇女处理家务的细节、切菜的方式、菜的分量等，都和自己母亲的做法迥然不同。就是这些生活细节和森太太的穿着打扮、行为方式、家居摆设等，让艾略特在美国公寓里感受到一种印度文化气息。句（6）（7）用人物视角，写艾略特看到森太太收到家乡亲人来信后的兴奋和读信时的迫切心情。

梅洛-庞蒂认为："正是通过个人视觉角度，经由个人视觉角度，我们才得以进入一个世界。"[①]小说在故事层面上多以固定人物艾略特有限视角观察森太太，他的视角时而感性、时而白描，通过一些具有代表性的事件（外貌装扮、拿信读信）描摹森太太的外貌、举止，让读者随着故事内人物的眼光看到由森太太所营造出的、位于美国公寓里的"印度世界"，以及"印度人"的日常生活同美国人的区别。与此同时，观察者是位年幼的美国少年，他对森太太的所作所为表现为好奇和不解，这种无知的旁观者的视角让森太太的行为、举止产生出一种疏离感，从而使读者通过艾略特的视角体会到，森太太在异质文化空间里所维持的印度文化性扎眼、孤独。

二、直接引语和间接引语话语模式的使用

人物视角的转变也会带来人物话语方式的变化。话语方式是叙事作品的重要组成部分，诺曼·佩奇在《英语小说中的人物话语》中，详细地列举出八种小说中人物话语的表达方式。话语用不同的表达方式就会产生不同的效果，热奈特区分了三种表达人物口头或内心话语的方式，西蒙·查特曼、普林斯、米克·巴尔等人也对话语方式进行了分类和论述。可以说，不同引语形式具有不同的审美功能和叙事效果。因此，变换人物话语的表达方式成为小说家控制叙述角度和距离、变换感情色彩及语气的有效工具。[②]

在传统小说中，直接引语是最常用的一种形式，间接引语是小说特有的表达方式。在文学批评中，人们多从人物话语本身与人物关系来分析，比如关注话语是否符合人物身份，是否有助于人物性格刻画等方面，人物话语的不同方式也是人物塑造的重要方式。下面这段引文直接引语和间接引语两种引语方式交替使用，让森太太形象更加生动：

(1) One evening when Eliot's mother came to pick him up, Mrs. Sen served her

---

① 梅洛-庞蒂. 知觉现象学[M]. 姜志辉，译. 北京：商务印书馆，2005：326.

② 申丹，王丽亚. 西方叙事学：经典与后经典叙事学[M]. 北京：北京大学出版社，2010：144—145.

a tuna croquette, explaining that it was really supposed to be made with fish call bhetki. (2) 'It is very frustrating,' Mrs. Sen apologized, with an emphasis on the second syllable of the word. (3) 'To live so close to the ocean and not to have so much fish.' (4) In the summer, she said, she liked to go to a market by the beach. (5) She added that while the fish there tasted nothing like the fish in India, at least it was fresh. (6) Now that it was getting colder, the boats were no longer going out regularly, and sometimes there was no whole fish available for weeks at time.

(7) 'Try the supermarket,' his mother suggested.

(8) Mrs. Sen shook her head. (9) 'In the supermarket I can feed a cat thirty-two dinners from one of thirty-two tines, but I can never find a single fish I like, never a single.' (10) Mrs. Sen said she had grown up eating fish twice a day. (11) She added that in Calcutta people ate fish first thing in the morning, last thing before bed, as a snack after school if they were lucky. (12) They ate the tail, the eggs, even the head. (13) It was available in any market, at any hour, from dawn until midnight. (14) 'All you have to do is leave the house and walk a bit, and there you are.' (Lahiri: 123-124)

这是对森太太和艾略特母亲之间对话场景的描写。从文本构成上看，这个场景由 14 句构成，其中句（2）（3）（7）（9）（14）是直接引语，除（8）是人物动作描写外，其他是间接引语。从句子排列看，间接引语和直接引语交错分布，以间接引语为主。从话语发出者来看，句（7）是美国妈妈的话，其余都是森太太的话。在段落构成上，句（7）处于两段文字中间，在文字数量上，美国妈妈的话由 8 个字组成。直接引语在话语方式的叙事功能上具有直接性与生动性，对话场景以直接引语开始和结束，增加画面感和音响效果，而密集的间接引语则如电影的概述镜头一般，让读者想象森太太喋喋不休抱怨美国、侃侃而谈家乡之事的画面。

话语方式的另一个叙事功能是通过人物的特定话语从而对塑造人物性格起到重要作用。这段话中的间接引语是叙述者对说话者话语的概括，用较为冷静客观的话语替代具有人物个性特征、情感特征的语言，尽管如此，读者仍能从中获悉森太太的性格特点。此外，这段引文从话语发出者、话语内容和话语句数量上来看，森太太是倾诉者，她跟美国妈妈说家常，把她当朋友看待，就像家乡串门聊天的邻里一样，而美国妈妈更多是礼节性的敷衍应付，森太太的热情、多话和美国妈妈的冷淡、少语之间形成对比。这里不仅表现森太太的性格特点，也呼应了前文她和艾略特回忆家乡邻里之间热络交往的对话，在加尔各答，邻里之间可以自由和随意地交流，同时还对比了艾略特妈妈因为邻居聚会吵闹而报警的场景。森太太在美国的孤独感是印度人和美国人处理人与人之间关系的不同表现，也侧面写出两种文化间的隔阂和差异。

美国叙事学家普林斯把人物话语作为传递信息的渠道之一，这段对话由两部分内容组成，一是说在美国买鱼的情景，二是写在加尔各答买鱼吃鱼的情况，读者可以从中得到很多信息：首先，鱼肆在海滩边，买鱼不方便，鱼的供应受天气影响，鱼的品种不丰富；其次，对美国人来说，鱼和鱼罐头都是鱼，森太太对鱼的要求是整条的、新鲜的；再者，森太太是吃鱼长大的，鱼在加尔各答有各种吃法；还有，在加尔各答买鱼很方便，不仅鱼多，到卖鱼的市场很近，买鱼的时间也很自由。在美国，鱼肆离家很远，开门时间短而不固定，所卖鱼的种类也很单调，种种情形和加尔各答相比差别太大，也让森太太更加想念家乡。鱼和鱼罐头的区别是印度和美国文化差异的又一表现，森太太家乡加尔各答人对鱼的各种处理方法和烹饪方法，美国单一品种的鱼罐头无法与之相比。这段引文中的间接引语方式提供了大量信息，读者从中可以为下文森太太的行为找到很多注解。下文中，作者用一段直接引语记录森太太和卖鱼伙计之间有说有笑的对话，不难理解，除了森太太买到喜欢的鱼而觉得开心外，买鱼和聊天也是她所熟悉和习惯的家乡生活方式，这些都使她生发出恍如回到家乡的欢快心情。在异国他乡，森太太一次次地到海边购买整条的鱼后和切鱼、做鱼等行为，是她通过家乡食物慰藉和缓解思乡之情，在点滴而重复的日常生活中凸显美国与印度的文化差异。

三、"森太太"：印度海外流散女性的缩影

近年来，随着文学批评中文化研究角度的介入，后经典叙事学中将叙述视角在不同载体和媒介中的使用也纳入研究范围，并"注重探讨视角与意识形态或认知过程的关联"[①]，进一步拓展了叙述视角研究的领域。作为故事层叙事手段的引语方式，同样可以将研究领域拓展到文化研究范围。在小说文本中，作者通过变换叙述视角和应用不同的引语方式，借助人物艾略特的观察，让读者看到在美国的印度女性森太太的日常生活：在家庭空间里，森太太穿印度式服装、做印度式食物、读印度家人来信；在家庭之外的公共空间，森太太去接艾略特时，都是在校车停靠站路边的松树丛里等他；在公共汽车里，由于鱼的

---

① 申丹，王丽亚. 西方叙事学：经典与后经典叙事学[M]. 北京：北京大学出版社，2010：90.

腥味和血污，其他美国人用质疑和厌恶的眼光看森太太。通过这些情节，读者感受到，森太太的孤独和思乡之情，以及她在公共空间里的局促和无助，并进而追问森太太情感产生背后的文化原因。结合后经典叙事学中视角问题、引语方式与意识形态关联的方法，《森太太》中的叙述视角、引语方式的应用，在文本上成功表达了森太太个人在美国生活的经历和感受，而造成她所遇到的种种问题的本质原因，是东西文化差异所带来的身份认同问题，因而，"森太太"作为人物形象也揭示出印度海外流散女性群体身份困境的共性特征，它是印度海外流散女性的缩影。

裘帕·拉希莉笔下描写过很多"森太太"式的印度海外流散女性，例如《同名人》(*The Namesake*, 2004)中的阿希玛(Ashima)、《不适之地》(*Unaccustomed Earth*, 2009)中的亚潘娜(Aparna)等形象，她们与森太太有着类似的经历和感受。与森太太一样，她们穿印度传统服装，为家人准备印度食物，和家人在异国他乡的家里以印度传统方式庆祝印度节日等。印度海外女性以日常、简单的方式保留着自身印度身份的标志，并以此来确定自己的身份。拿"森太太"们的印度式装扮来说，就是在身体上维持印度文化对其外形的规定性。身体不仅是自然的实体，也是文化概念的体现，是被表现的客体，它展示着主体的文化身份和社会身份。"在美国的印度族裔，传统文化得到了较好的坚守和传承。他们不断自我发展的同时，却又很多地保持了传统文化的延续，尤其体现在宗教、婚配、服饰和饮食等方面。"[①]可以说，在居住地保持和延续印度传统文化，是解决异域文化所造成的身份认同问题的策略和手段。"散居的族裔身在海外，生活在所居住的社会文化结构中，但是他们对其他时空仍然残留着集体的记忆，在想象中创造出隶属的地方和精神的归属"[②]。对身居海外的印度人来说，家庭空间就跟在印度一样，成为最好的精神归属地。印度英语流散小说作家擅长通过日常生活叙事，在理所当然、循环往复的日常生活中，表现历史的、传统的印度文化。"森太太"们在美国的日常生活不仅是对印度家乡日常生活的重复，也成为看待文化的主观面。

对于身处海外的印度女性来说，她们并不完全排斥与居住地人/文化的交流，她们试图保留自己身份的规定性、差异性去接触、接受当地的文化。森太太主动贴出代为照看孩子的广告，就是希望有机会接触当地美国人。她照看艾略特时，并没有刻意改变自己的印度式穿着、饮食习惯，并热情地请艾略特的

---

① 滕海区. 论美国印度族裔族群的形成及特点[J]. 美国研究，2013 (4)：118.

② 张京媛. 后殖民理论与文化批评[C]. 北京：北京大学出版社，1999：6—7.

母亲品尝印度食物。小说中，森太太（学）开车的态度表面写她对美国、印度日常生活习惯差异性的调适，本质上却揭示她在文化身份认同上的困境。在美国，车是人们出行的必要工具，从某种程度说，也是个人与社会的关联工具。森太太在美国生活不会开车有种种不便之处，也缩减了她和外面接触的机会，缩小了她融入美国生活的可能性，从而加深她与美国生活空间、文化空间的隔阂。在印度，很多中产阶层家庭雇有司机，森太太在家乡时就不用开车更没必要学开车，在美国学车、开车与她的文化理念背道而驰。在森太太看来，做饭、照顾孩子和处理家务等才是印度女性熟悉和擅长的事，她们的活动空间是家庭。森太太（学）开车的矛盾态度，不能单纯地理解为她对美国、印度交通规则不同造成的抗拒心理，更深层地来看，她既是对自身文化身份的坚守，也是对美国文化改写其文化身份的被动接受。

四、结语

石海军在论及另一位美籍印度裔作家芭拉蒂·穆克吉（Bharati Mukherjee）时指出，穆克吉的小说"多表现亚洲（印度）移民适应并同化于美国文化的历程，不过，这里所谓的'同化'（assimilation）并不是简单的'失却'（印度文化）和'消弭'（于美国文化），它意味着作家处于两种文化的边缘地带，在两种文化的交流（同时也是冲突）中充当着一个'协商者'（negotiator）的角色"[①]，同穆克吉一样，拉希莉也是一位东西文化差异的协商者和解说者。《森太太》没有谱写不同文化间剧烈的冲突和矛盾，也没有强烈的人物情感冲突，一个生活在美国的印度妇女日常所接触到的东西更不是不同文化间烦琐的政策和法规。相反，作者用一个美国少年的视角写出普通印度妇女最基础、最琐碎的文化隔阂和文化不适应。读者在理解《森太太》中情节描写的同时，也在追溯作者所传递出的写作意图，并衡量其意义，把文本中叙述因素的意义给予实现。森太太是印度海外群体的一员，"森太太"具有形象符号意义，她的生活状态是众多海外群体成员所共有的，她所遭遇的文化冲突和身份困境也是其他群体成员的共同经历，她是一种隐喻，阐释出印度海外群体的文化境遇。

[①] 石海军. 后殖民：印英文学之间[M]. 北京：北京大学出版社，2008：13.

《水树格言》中的印度神话研究

信息工程大学　吕众林

【摘　要】贡唐·丹贝准美的《水树格言》是藏族格言文化的一颗璀璨明珠，在藏族文学史上占有重要的地位。《水树格言》以生活中最为常见的水、树及各种与之相关的事物为喻，吸收借鉴了藏族民歌和印度神话寓言故事，创作出一首首蕴藏深邃哲理的格言诗。本文将在对《水树格言》中涉及的印度神话进行梳理的基础上，考证每一个神话本身所蕴含的深刻意义，阐明印度神话与格言诗本身所要揭示的哲理之间的关系，论述印度文化对藏族文化的深刻影响。

【关键词】《水树格言》；印度神话；印藏交流

贡唐·丹贝准美[①]（ gung-thang-bstan-bavi-sgron-me[②] ）的《水树格言》（ chu-shing-bstan-bcos ）包括两大部分，第一部分以水为喻，名称为《格言水之论述二规具百波浪》[③]（ legs-par-bshad-pa-chuvi-bstan-bcos-lugs-gnyis-rlabs-vphreng-brgya-ldan）；第二部分以树为喻，名称为《格言树之论述二规具百枝叶》（ legs-par-bshad-pa-shing-gi-bstan-bcos-lugs-gnyis-yal-vdab-brgya-ldan-zhes-bay-ba-bzhugs-so）。前者有格言诗 139 首，后者有格言诗 106 首，共 245 首。值得关注的是，《水树格言》中吸收借鉴了不少印度神话传说故事，并以此来阐释其蕴含的哲理，反映出印度文化对藏族文化尤其是藏族格言

---

① 贡唐·丹贝准美（1762—1823），拉卜楞寺第三世贡唐仓活佛，该寺第二十一任法台（住持、方丈），也是一位杰出的藏族学者兼诗人。

② 本文采用藏文拉丁字母转写系统，具体转写方案如下：

ཀ/ཁ/ག/ང	ཅ/ཆ/ཇ/ཉ	ཏ/ཐ/ད/ན	པ/ཕ/བ/མ	ཙ/ཚ/ཛ/ཝ
k/kh/g/ng	c/ch/j/ny	t/th/d/n	p/ph/b/m	ts/tsh/dz/w
ཞ/ཟ/འ/ཡ	ར/ལ/ཤ/ས	ཧ/ཨ	ི/ུ/ེ/ོ	
zh/z/v/y	r/l/sh/s	h/a	i/u/e/o	

③ 二规，指的是世间法和出世法。世间和"世俗"、"世界"的概念相近，泛指处于"三界"（欲界、色界、无色界，指空间）和"三世"（过去、现在、未来，指时间）所限定的，以差别性和无常性为特征的一切物质和精神现象。出世间指出离"三界"、"六道"生死轮回的世界，相当于"涅槃"。一般来说，小乘佛教把出世间与世间对立起来，大乘佛教寓出世间于世间，由此形成种种不同的学说。

诗的发展产生了巨大影响。

一、《水树格言》及其文学地位

《水树格言》的作者贡唐·丹贝准美出生于甘南英武乡琅坎木村（即今甘肃省藏南藏族自治州合作市佐盖多玛乡德合茂村）[①]，第二世嘉木样[②]活佛认定其为拉卜楞寺四大活佛转世系统[③]之一的贡唐仓二世阿旺·丹贝坚赞的转世灵童。1769 年，7 岁的他被迎入拉卜楞寺，拜著名学者多然巴格西洛桑仁青为师。1778 年，他入藏来到拉萨哲蚌寺，拜果莽扎仓著名的霍尔格桑顿珠为师。25 岁时学毕般若、中论、因明、俱舍、戒律等五部大论，取得格西学位，年底返回拉卜楞寺，继续学习密宗、医药、历算、诗论、音韵等学科。贡唐·丹贝准美潜心修持，著述颇丰，许多作品被译为英文、德文出版。12 函作品中的第 11 函《水树格言》脍炙人口，广为流传。

《水树格言》是藏族文学史上最著名的格言之一，在思想内容上，贡唐·丹贝准美除宣扬皈依佛门，笃信"三宝"，以获得解脱的宗教思想之外，还通过格言揭露和反对统治阶级对人民群众的残酷剥削与压迫；反对贪官污吏虐待百姓、凶暴贪婪的行为；劝告人们做人要谦虚和睦，不要骄傲自大；勉励人们勤奋学习，掌握渊博的知识；主张无论做什么事，都应当事先有计划，绝不可盲目行事；告诫人们忠言逆耳利于行，不要受花言巧语的挑唆等等。在艺术手法上，贡唐·丹贝准美采用了四句七言体，以水和树为喻体，恰当地运用水和树的各种自然特性来阐发人生哲理，开创了以自然物为喻体的格言诗创作艺术之先河。

藏族格言诗从萌芽到形成，经过了漫长的历史时期，最早可追溯到藏王松赞干布时期。例如，《松赞干布遗教》（也称《嘛呢全集》）是藏族最早的格言

---

①关于贡唐·丹贝准美的出生地，诸多著作记载不一。佟锦华等著《藏族文学史》认为其"生于安多地区（今甘肃甘南藏族自治州）作格地方"；曾国庆、郭卫平编著《历代藏族名人传》认为其"生于甘南英武乡浪坎木村（即今甘肃夏河县美仁乡德合茂村）"；苗滋庶、李耕等编《拉卜楞寺概况》认为其"出生于安多若尔盖地方（今四川省阿坝州）"；索代著《拉卜楞寺佛教文化》则认为其"于公元 1762 年农历二十八日出生在夏河美武乡"。

②嘉木样：驻锡拉卜楞寺，藏传佛教格鲁派拉卜楞寺最大的活佛系统。清朝时期获封呼图克图，称嘉木样呼图克图；中华民国袭用清朝称号，续封呼图克图；中华人民共和国时期称嘉木样活佛。

③四大活佛转世系统：即四大赛赤，为隶属于嘉木样活佛的贡唐仓、华藏仓、萨木察仓、德哇仓四大活佛系统，均担任过甘丹寺法台。

作品之一，它的出现为以后藏族格言的发展奠定了一定的基础。之后，陆续出现了敦煌文献中的《兄弟遗教录》和《莲花生遗教》等。而藏族格言诗的开创者，则是公元 13 世纪的萨迦班智达·贡噶坚赞（kun-dgav-tgyal-mtshan）。他模仿印度学者龙树（klu-agrub）的《百智论》（shes-rab-rgya-pa）、《智慧树》（shes-rab-sdong-po）、《修身养育滴》（skye-bo-gso-bavi-thigs-pa），遮那迦（canaka）的《修身论》（lugs-kyi-bstan-bcos），摩苏罗刹（masuraksa）的《修身论》（lugs-kyi-bstan-bcos）等反映印度生活的格言诗名著，结合西藏社会文化状况，创作了《萨迦格言》（sa-skya-legs-bshad），开创了藏族格言诗的新纪元。

继《萨迦格言》之后，藏族学者创作格言诗就蔚然成风，代表作品有《格丹格言》《水树格言》《国王修身论》《土喻格言》《火喻格言》《风喻格言》等等。在这些格言诗中，作者们或多或少地受到了《萨迦格言》的影响。为了宣扬自己的政治主张、教育思想、伦理道德，为了把枯燥无味的哲理讲得引人入胜，作者们经常借用各种神话传说、寓言故事，结合人们身边耳熟能详的事物来做比喻，使叙事析理更生动活泼、通俗易懂。

由此可见，《水树格言》的作者贡唐·丹贝准美在其格言诗中借鉴引用印度神话，是藏族格言诗的传统。作者借用印度神话寓言故事，结合藏族自身独特社会环境进行适当改写，扩展了哲理格言诗的广度和深度，更有利于格言诗在藏区的广泛传播。

二、《水树格言》中印度神话的来源

《水树格言》中借鉴引用的印度神话共 5 处，均体现于《水喻格言》中。

1.《水喻格言》第 31 首

khengs-dregs-spyod-pa-rtsing-pa-la//

don-me-rnams-kyang-dgar-ru-ldang//

rgyags-shing-vphyar-bavi-gang-gav-ma//

dza-hu-khros-pas-hub-kyis-btungs//

自译：

　　行为傲慢鲁莽者，

　　无关之人亦嗔之；

骄傲张扬殑伽①女，

匝胡②愤怒吞饮之。

取材自印度神话《恒河下凡》。

相传阿逾陀③城的国王萨竭罗有两个妻子，受仙人感召，分别生了一个儿子和六万个儿子。王太子品行恶劣，经常欺压百姓，最终被国王赶走，只留下了一个温和、富有同情心的儿子安舒曼。

萨竭罗征服了周边国家后决定举行马祭④，六万个王子随马出征，但是祭马跑到海边时突然消失了。王子们苦苦找寻，一直挖到地底的最深处，终于看到祭马，旁边还有一位闭目沉思的隐士——由毗湿奴大神转世的大仙苦行者伽毗罗。傲慢无礼的王子们斥责伽毗罗为偷马的坏蛋，被吵醒的伽毗罗双眼一睁，目光如冲天火焰，王子们瞬间化为灰烬。

王子们的死讯传到阿逾陀城，萨竭罗国王悲痛不已。他命孙子安舒曼去找回祭马。正直谦逊的安舒曼找到了伽毗罗仙人，带回了祭马，并得到仙人的预言：他的孙子会得到湿婆大神的帮助，将天上的恒河水引至大地，才能洗刷六万王子的罪孽，让他们的灵魂升入天国。

过了很长一段时间后，安舒曼的孙子——跋吉罗陀继位了。有一次，跋吉罗陀来到喜马拉雅山上进行千年苦修，恒河女神来到他面前问他："你为何如此苦行？我可以满足你的一个愿望。"国王说明自己的愿望之后，恒河女神说："如果我的河水从天上直接倾泻下来，大地是无法承受的。整个宇宙只有一人能承受此压力，就是湿婆大神。"于是安舒曼又去寻求湿婆大神的帮助，多年后湿婆终于答应了。两人登上喜马拉雅之巅，呼喊恒河女神的名字，恒河水便从天倾泻而下。湿婆神用前额顶住河水的巨大冲力，河水沿着湿婆的身体流到地上，汇入海洋。

然而，当恒河水流经伟大的苦行者贾赫努的住处时，喧嚣的水声惊扰了仙人。仙人十分愤怒，一口喝干了恒河水，后来在跋吉罗陀的请求下才放了恒河。从此以后恒河也叫贾赫纳维，即贾赫努之女，因为仙人贾赫努给了她第二次生命。

---

① 梵文恒河的音译。

② 又译作贾赫努。

③ 又译作阿约提亚，位于北方邦法扎巴德县境内。字面意义为不可夺取的、不可战胜的。

④ 马祭是印度古代强大的国王举行的一种隆重的祭典。先纵祭马，国王或王子随后征战，祭马所到之处均归国王所有。一年后宰杀祭马敬神，象征着国王达到了威慑天下的统治地位。

2.《水喻格言》第 39 首

mi–ngan–re–revi–byed–pas–kyang//

yul–khams–chen–po–vphung–bar–byed//

drang–srong–gdug–pa–mchongs–pa–yis//

si–ta–tshal–brgyar–gyes–zhes–grags//

自译：

> 坏人一人作恶，
>
> 能破坏大环境；
>
> 仙人凶猛一跳，
>
> 悉达河①成百条。

取材自印度神话《吃人国王》。

相传跂吉罗陀的曾孙卡尔马沙帕达国王外出打猎时，遇上了婆私吒仙人的长子沙克提隐士。国王命其让路，沙克提不予理睬，国王便用鞭子抽打了他。沙克提诅咒国王："你竟然像罗刹一样对待隐士，那就让你像罗刹一样以人肉为食吧！让你变成吃人魔王！"

此时，伟大的苦行者众友来到了阿逾陀国，他的目的是排挤自己的劲敌婆私吒，当上阿逾陀国的首席祭司。众友知道了沙克提的诅咒后，便将一个罗刹附在了国王的身上。当国王再次遇到沙克提时，罗刹附体的国王丧失了人性，把沙克提吃掉了。后来在众友的怂恿下，国王把婆私吒所有的儿子都吃光了。

伟大的苦行者婆私吒得知此事后，悲痛欲绝，想自尽以摆脱痛苦。婆私吒腹系金刚，来到徙多河边，纵身一跃跳入河中。没想到河水不但没有淹死仙人，反而被截为数小段，连仙人的绳索也被冲散了。于是婆私吒就称这条河为解绳河。

3.《水喻格言》第 64 首

dbul–phyug–dag–rgud–mtho–dmag–kun//

sngon–spyod–las–kyi–go–rim–ste//

chu–yis–dkyil–vkhor–bsrubs–pa–las//

ri–gling–khor–yug–rim–par–chags//

---

① 又名斯陀河、斯多河、徙多河，南赡部洲的四大河之一。《长阿含经》卷十八《阎浮提洲品》云：阿耨达池东有恒伽河，从牛口出，从五百河入于东海；南有新头河，从狮口出，从五百河入于南海；西有婆叉河，从马口出，从五百河入于西海；北有斯陀河，从象口出，从五百河入于北海。

自译：

> 一切贫富盛衰与贵贱，
>
> 均为前世业力之显现；
>
> 正如由于水轮的搅动，
>
> 逐渐形成山洲等环境。

取材自印度神话《搅拌大海》。

相传天神们虽然长寿，但也有生老病死，于是他们决定与阿修罗一起搅拌大海，以提炼长生不老的甘露。他们以蛇王瓦苏基[①]为绳，以曼多罗山为搅棒，开始搅动大海。在炎热的火焰和倾盆大雨中，海水逐渐变成了奶，又变成了油脂。正当大家筋疲力尽时，大海上同时出现了日月，金黄的阳光和银色的月光同时照在大海上。天神和阿修罗继续搅拌，海面上出现了一位女神——拉克什米。她走近毗湿奴，倒在了大神的怀里。随后又从海里出现了美妙绝伦的阿卜婆罗兰跋，她被乾达婆[②]抢走了。接着从乳海里出来的是酒神——修罗。后来，海里又出现了一匹神奇的白马乌蔡什罗婆，被天帝因陀罗收养；露出了像太阳一样闪光的魔石考斯图跋，成了毗湿奴大神的胸前装饰物；出现了云彩般巨大的白象伊罗婆陀，成了因陀罗的坐骑；出现了神奇的树——帕里贾塔，也被因陀罗拿走了。最后从乳海里出来的，是神医檀般陀里，他手里拿着盛满长生不老药剂的酒碗。

海里出了这些珍宝之后，出现了可怕的剧毒之物。为了拯救宇宙众生，湿婆将毒物吞了下去，脖子都被烧青了。从此湿婆又叫尼拉坎陀，意为青颈。

4.《水喻格言》第 84 首

vong-kyang-dus-kyis-cher-snyigs-tshe//

vjam-dbyangs-bla-mas-gsal-mdzad-de//

rgya-mtshor-bayings-pavi-rig-byed-bzhi//

nya-yi-gzugs-kyis-bton-pa-bzhin//

自译：

> 但在五浊恶世之时，
>
> 出现妙音[③]上师救世；

---

① 又译为婆苏吉，是印度神话中的蛇神，也是八大龙王之一。婆苏吉是一众龙神那伽的伟大领袖，头上有一颗宝石名为 "Nagamani"，有一名姊妹摩纳娑，即著名的女蛇神。

② 印度教中的男性乐神，以香味为食，能表演音乐、节目。

③ 文殊菩萨，梵音译作曼殊瞿沙。体相集诸佛智慧之色，表相现十地菩萨之行，言辞无粗恶之

四经^①沉入大海之时，

　　遍入^②化身为鱼取出。

取材自印度神话《洪水泛滥》。

　　相传太阳神毗婆娑的儿子摩奴住在一个僻静的地方。一天，摩奴去河边打水，一条小鱼游过来说："请你快救救我，河里的大鱼们时刻都在威胁着我的生命。救我一命，我会报答你的。你先把我放在水缸里，然后依次放在池塘里、河里、海洋里。"摩奴一一照办，鱼儿渐渐长大，头上也长出了一只角。摩奴把大鱼放在海里，鱼儿说："不久的将来要发大水，你造一条船等我，发洪水时你就上船，我会来救你。"摩奴如期造了一条船，洪水到来时他爬上船，鱼儿果然来了。摩奴把绳子系在鱼儿的角上，鱼儿拉着船一直游到了最高的喜马拉雅山上。鱼儿对摩奴说："我是生主大梵天，世间没有哪个神比我更高。我化身为鱼，把你们从死亡之中拯救出来，今后整个世界都要靠你摩奴去创造了。"说完这些鱼儿就不见了。

　　摩奴怀着造物的欲望开始苦行，并逐步具备了神力，成了人类的始祖。

5.《水喻格言》第 121 首

dngos-kun-stong-par-dmigs-pa-yis//

vkhor-bavi-gdung-pa-kun-sel-te//

chu-klung-mthav-dag-a-gas-tyas//

hub-kyis-gzhal-bas-bdud-rtsir-vgyur//

自译：

　　用诸法的空无实性，

　　消除一切轮回之苦；

　　阿竭多^③所饮之河流，

　　变成甘露作为回报。

取材自印度神话《阿竭多的功绩》。

过，语音有美妙之德。具此自性，故称妙音。此处意指宗喀巴大师。相传宗喀巴是文殊菩萨化身，学问、德行堪为一代宗师，有第二佛陀之称。

① 旧译四明、四明论，梵音译作四韦陀、四吠陀。分"耶柔吠陀"即祠祀明论、"阿达婆吠陀"即禳灾明论、"梨俱吠陀"即赞颂明论、"娑摩吠陀"即歌咏明论四种。

② 遍入天，毗湿奴的化身。相传毗湿奴以十种化身救世，分别是灵鱼马特斯亚、神龟卡契亚帕、野猪瓦拉哈、狮面人那罗辛哈、侏儒瓦摩纳、帕拉罗摩（持斧罗摩）、罗摩、牧神克利须那（黑天）、佛陀释迦牟尼、白马卡尔基。

③ 又译作阿伽萨达。

相传天神们战胜阿修罗之后，阿修罗逃到了海底，但仍想报复。于是嗜血成性的恶魔们经常深夜从海底出来，在森林里游荡，杀害婆罗门。他们闯进人们的住所，捣毁祭坛，拂晓又潜入海底，不漏踪迹。以因陀罗为首的天神们束手无策，只得寻求毗湿奴大神的帮助。毗湿奴大神说："这些都是阿修罗干的。只有一个办法才能使阿修罗现身，那就是掏干大海，使他们无藏身之处。这个艰巨的任务只有阿竭多能完成。"于是天神们找到了苦行者阿竭多，希望他能帮助大家惩罚狡猾的阿修罗。

阿竭多在天神的请求下来到大海边，海上狂风呼啸，巨浪滔天。只见阿竭多把嘴伸进海水中，就开始喝海水，跟平时喝水一样轻松，一会儿就把海水喝干了。大海干涸，阿修罗们再无藏身之地，马上就被天神们打败了。

后来阿竭多仙人怜悯水中的生灵，又将海水全都吐了出来，并发愿将其都变成八功德水①之甘露。

三、《水树格言》中印度神话的功能

（一）宣扬宗教内容

在藏族文学历史发展过程中，宗教往往与文学艺术结下不解之缘，主要表现为宗教对文学艺术的渗透。因为宗教要在广大民众中深深扎下根来，必须将其深邃、玄奥、晦涩的教义通俗化、形象化、具体化，才能获取民心，否则将难以得到传播，更无法发展。因此，宗教徒们在长期的传教过程中，总是以各种文学形式，对宗教教义进行深入浅出的阐释。在藏族文学史上，佛教僧侣们曾创作了大量的文学作品进行传教，这不仅促进了佛教教义的广泛传播，也在一定程度上丰富和发展了藏族文学。美化佛祖，弘扬教义，成为藏传佛教僧侣文学的主旋律，即使在受到佛教思想渗透与影响相对较少的藏族格言诗中，宗教依然是其十分重要的内容之一。

《水树格言》的作者自身作为拉卜楞寺第三世贡唐仓活佛，必然会在其作品中宣扬佛法真谛，劝导人们皈依佛门，虔心佛法，以求解脱。从以上梳理可以看出，《水树格言》中的印度神话也起到了宣扬"业力说"、"轮回转世"等宗教思想的作用。

在《水喻格言》第 64 首中，首先，作者将人生现世的一切贫富、盛衰与贵贱，均归功于前世之业。所谓业，即为造作、行动、做事。业的种类有很

---

① 又作八支德水、八味水、八定水。指具有八种殊胜功德之水。佛之净土有八功德池，八功德水充满其中。所谓八种殊胜，即：澄净、清冷、甘美、轻软、润泽、安和、除饥渴、长养诸根。

多，但均可以从形式上被归类为身、口、意三种，即身体行为、语言行为和心理行为。佛教的观点认为，无论多么细微，以上所有的行为都会产生相应的结果。佛教讲轮回，业便是轮回背后的法则和驱动力。而这种因为身、口、意的行为而产生的影响轮回的力量和作用，就叫作业力。"业力说"便是建立在这种对宇宙间一切因果现象的解释之上的理论学说，概括地讲，就是"有因就有果，有业必有报"，因果相续，推动着世间万事万物的发展和轮回。接着，作者引用了印度神话《搅拌大海》，说道，正是由于水轮的搅动，才逐渐形成山洲等环境，才有各种各样神奇的事物出现。同样，作者在《水喻格言》第 84 首中引用的印度神话《洪水泛滥》，也是因为摩奴救助了小鱼，才能最后获得鱼儿的帮助。

（二）阐明伦理道德

所谓伦理，就是人与人以及人与自然的关系和处理这些关系的规则[①]。《水树格言》蕴含丰富的伦理思想与道德观念，被后人视为济世箴言。贡唐·丹贝准美运用自己广博的学识，对藏族社会各种伦理道德现象进行了认真的观察与研究，用简明通俗的语言、形象生动的比喻和推理，阐明了许多复杂的伦理道德问题，对缓和各种社会矛盾，协调人际关系，起到了积极作用。

在《水喻格言》第 31 首中，作者指出，生性傲慢且行为鲁莽之人，即使与其不相干的人也会对其憎恨、厌恶。正如喧嚣而过的恒河殑伽女，虽然与匝胡仙人素不相识，但其行为以对他人造成不便，因此激怒了仙人，恒河被一口吞掉。同样，在《水喻格言》第 39 首中，婆私吒仙人的个人行为，导致了整条悉达河断为百截。因此，作者提倡人们应具有崇高的个人品德，勿因一己私欲损害他人利益乃至集体环境。

（三）论证辩证思想

在《水树格言》中存在着一些朴素的辩证法思想。贡唐·丹贝准美通过自己的诗作，充分表达了其对立统一的辩证思想，也论证了许多辩证原理。这些内涵丰富的格言诗句，给人以很大启迪。

在《水喻格言》第 64 首引用的印度神话《搅拌大海》中，随着天神和阿修罗不停地搅拌，海水逐步变为乳水、油脂，接着出现了各种奇妙景象，最后终于获得他们心想之物——长生不老药剂。由此可以看出，要注重量的积累，

---

① 关于"伦理"一词的定义很多，比如美国《韦氏大辞典》认为，伦理是一门探讨什么是好什么是坏以及讨论道德责任义务的学科。伦理泛指人与人相处的各种道德准则。

才能达到质的飞跃。

在印度神话《搅拌大海》中，天神和阿修罗们获得长生不老药剂之后，没有停歇，仍继续搅拌大海，结果出现了剧毒之物。由此可知，要把握"度"，万事万物都不应超过其度，否则会适得其反。

四、《水树格言》中印度神话的特点

（一）与水密切相关

《水树格言》中引用的 5 首印度神话相对集中于《水喻格言》之中，而在《树喻格言》中未有一例，笔者认为，主要与恒河有关。

就《水喻格言》比喻的取材来看，不局限于简简单单的水，还包括河流、大海、湖泊、小池、泉井、沼泽、温泉、岩浆、火山、盐井等类别，以及云、雨、雷、电、雾、霜、露、冰、雪等形态，洪水、瀑布、雪山、冰封、干涸等情形，冷热、高低、宽窄、大小、苦甜、净浊、动静、急缓等对比，润凉、止渴、去垢、除污等功效。甚至于由水引申出来的船、桥、堤、渠、莲花、莲藕、定水珠、水中月等事物，舵手、鹅王、泳者、仙人等人物，化鱼取经、井龟语海、水鸥捕鱼、狮扑水影、鹿逐阳焰等寓言故事。

恒河是印度文明的发源地之一，是印度的母亲河，还是佛教兴起的地方。从《恒河下凡》的神话可以看到，恒河原来是一位天上的女神，为滋润大地，解救民众而下凡，灌溉了两岸的田野，居民得以安居乐业。

因此，贡唐·丹贝准美在创作《水喻格言》时，很容易地就联系到恒河，引用与恒河相关的印度神话故事。

（二）神祇类型十分丰富

《水树格言》中的印度神话包含了印度神话体系的主要神祇。

梵天是创世之神，印度神话中三大最高神之一。梵天在神话中的形象是肤色深红，四头八手，手持四部吠陀。他经常坐在莲花宝座上，有时也坐在天鹅或者天鹅拉的车上。

毗湿奴是保护之神，又称遍入天。他的坐骑是大鹏鸟，妻子是神话《搅拌大海》中从海里出现的吉祥天女。在神话《恒河下凡》中，出现了由毗湿奴大神转世的大仙苦行者伽毗罗。在神话《阿竭多的功绩》中，天神们也曾向毗湿奴大神寻求帮助。

湿婆被认为是创造和毁灭之神，具有极大的威力，印度教的湿婆派信徒将其奉为宇宙最高神。在神话《恒河下凡》中，湿婆用自己的前额顶住了恒河水的巨大冲力，拯救了世界。在神话《搅拌大海》中，湿婆吞下剧毒之物，脖子被毒物烧青，又一次拯救了众生。

除此之外，在《水树格言》的印度神话中，还有一类经常出现的人物——仙人，比如《恒河下凡》中的伽毗罗仙人、匝胡仙人，《吃人国王》中的婆私吒仙人，《阿竭多的功绩》中的阿竭多仙人等等。仙人都是普通人，他们在森林中进行苦修，通过克制自己的欲望，获得巨大的法力和神通，这些法力和神通主要表现在他们威力巨大、不可逃避的诅咒上。

（三）对原有神话内涵的重新阐释

受宗教影响，印度神话体现的大多是婆罗门教的教理教义。贡唐·丹贝准美为了便于信仰藏传佛教的藏族人民接受格言诗中的哲理思想，对引用的印度神话在内涵上作了新的阐释。

一是业力轮回思想。在神话《搅拌大海》中，由于众神的不停搅拌乳海，才显现出各种奇异景象。由于水轮的不停转动，才逐渐形成山洲等各种环境。这体现了婆罗门教的业力轮回思想，即轮回中的"我"是恒常存在的，贯穿于三世之中。而在《水树格言》中，作者提出"一切贫富盛衰与贵贱，均为前世业力之显现"，即业力是生命继起的动力，并不依附于恒有的"我"上，否认"恒常有我"的理论。

二是修行解脱形式。从印度神话中的各类仙人可以看出，婆罗门教主张通过修证的方式完成身心解脱。除了要学习吠陀、祭祀、布施、苦行之外，还需舍弃名利、妻儿、亲朋，出家修习瑜伽禅定，才能达到"梵我如一"的境界。而在《水树格言》中，作者强调解脱必须经由四谛体悟，依八正道修持，证入"无我"的空性之中，"用诸法的空无实性，消除一切轮回之苦"，达到真正解脱。

三是种姓等级制度。在印度神话中体现了鲜明的种姓等级制度：婆罗门掌握祭祀和文教，刹帝利掌握军政大权，吠舍是商人、手工业者和一部分农民，首陀罗则是农人、牧人、仆役和奴隶。四大种姓等级界限严格，不可逾越，具有极强的神权宗教思想。而在《水树格言》中，作者提倡众生平等，人人皆有佛性，人人皆可成佛，佛与众生都平等无二，何况众生之间呢？

在历史的长河中，古印度神话系统随着时代的更迭而逐渐丰富、完善，同一神祇在不同的神话中，地位高低、能力大小都可能会有差别。远古时的梵天高于一切，而到了毗湿奴教派和湿婆教派兴起之后，梵天的地位就降低了，最后竟演变为三神合一——毗湿奴集创造、守护和毁灭三神于一身。在一些神话中，天帝因陀罗万能无敌，而在神话《阿竭多的功绩》中，面对藏身海底的阿修罗们，无论是因陀罗还是毗湿奴，都毫无办法，只能求助于水神伐楼那之子阿竭多仙人。

五、结语

世界上任何一个国家、一个民族的优秀文化的产生和发展，都是自身传统文化与外界文化相互交融、兼收并蓄形成的，藏族文化也是如此。可以说，藏族格言诗和古印度格言在印藏文化的大背景下，形成了源与流的关系。公元 13 世纪初，萨迦班智达·贡噶坚赞在吸收古印度文化的基础上，结合藏族传统的民歌、谚语，创作了世界著名的《萨迦格言》。而到了 19 世纪，贡唐·丹贝准美进一步吸收借鉴了发展完善、内涵丰富的印度神话系统，在《水喻格言》中，引用恰当、贴切的印度神话来宣扬宗教内容、伦理道德和辩证思想，再一次让我们看到了印度神话对藏族文学、印度文化对藏族文化的深刻而巨大的影响。

参考文献

[1] 贡唐·丹贝准美. 水和树的格言（藏文版）[M]. 成都：四川民族出版社，1981.

[2] 李钟霖，星全成，李敏. 藏族格言文化鉴赏[M]. 西宁：青海民族出版社，2004.

[3] 邓兵. 略论印度神话[J]. 解放军外国语学院学报，1999（3）.

[4] 于睿寅. 印度神话的嬗变[D]. 上海：复旦大学硕士学位论文，2011.

[5] 唐孟生，宴琼英. 古印度神话故事[M]. 长春：吉林人民出版社，2001.

[6] 埃尔曼·捷姆金. 印度神话传说[M]. 董友忱，黄志坤，编译. 上海：上海译文出版社，2002.

文化研究

略论 19 世纪越南北部民间的信仰生活
——以雄庙周边乡社为例

信息工程大学　　徐方宇

【摘　要】阮朝官方对越地北方神灵信仰管控的增强以及因垦荒政策而带来的新亭祠的建立，使得越南北部民间信仰在 19 世纪兴起了神迹抄录之风，以及随之而来的地方信仰生活的"雄王化"或"雄王时代化"，且在祭祀时间、祭祀原因、祭祀对象、祭祀的组织者和执行者、祭祀心理等方面呈现出若干新特征。

【关键词】19 世纪；越南北部；民间；信仰生活

阮朝的建立结束了越南国内长期内战和分裂状态，拉开了 19 世纪越南历史的序幕。阮朝定都中部顺化，为了更好地治理北方基层社会生活，朝廷加强了对越地北方神灵信仰的管控。同时，刚刚实现国家统一的阮朝仍然面临大批农民因地主阶级私人占有土地过多而背井离乡等社会问题，为了鼓励农民返回北部村社，阮朝实行了垦荒政策，[①] 许多新的村社及亭祠随着农民的垦荒而建立。这些因素使得越南北部民间信仰在 19 世纪呈现出有别于此前的若干新景象。

本文选取富寿省越池市羲岗乡雄庙（时属富寿省临洮府春陇总羲岗社）周边县乡与雄王信仰相关的民间信仰生活为研究对象。越池位于越北红河三角洲的顶点，是越南开国传说中雄王建立文郎国的所在地——也被视为越南"发迹"之地。这里保留了越南民间最古老的传说和信仰，然而在国祖崇拜这一国家和知识精英"发明的传统"的影响以及上述原因的驱动下，19 世纪，在以雄庙为中心的广大区域内，民间的信仰生活增添了新的内容。因此，对该地区民间信仰生活的研究不仅有助于我们了解越南北方民间的传统信仰生活，也有助

---

① 1806 年，被大批农民遗弃的北河村社达 370 个。嘉隆帝实行鼓励农民返乡政策，但效果甚微；1826 年，仅海阳镇的 13 个县就有 108 个村社被遗弃。1828 年，明命皇帝根据阮公著的建议，批准实行以营田形式组织开荒的政策，即在国家官员的指导下，集中那些因没有耕地而背井离乡的农民，拨给他们最初的建设资金，用于在沿海地区开荒建村。Nguyễn Quang Ngọc, Tiến trình lịch sử Việt Nam[M], Nxb Giáo dục, năm 2003, tr. 194, 204.

于展现越南阮朝国家和民间的互动关系。

本文的资料来源主要是阮朝官方史料以及 1938 年法国远东博古学院在越北村社的田野调查文献，包括神迹、神敕和乡约，其中神迹 568 部，涉及阮朝时期越北 22 个省的 2821 个村社单位。后者为我们了解阮朝时期的民间信仰提供了弥足珍贵的资料，因调查对象多为村中已步入中老年的乡里、耆老和耆绅，因此他们提供的信息能够较为客观地反映 19 世纪下半叶至 20 世纪初越南村社的信仰情况。不过应该看到，囿于问卷设计的单一性，我们据此勾勒的越南民间信仰生活图景还有待进一步丰富。

一、民间的神迹抄录之风

黎中兴时期（1533—1788），越南封建朝廷组织对村社城隍神迹进行过系统的搜集、整理和编撰，由此诞生了"阮炳、阮贤"神迹系列。然而彼时的神迹编撰更多的是一种官方行为，即它是朝廷在要求地方村社进行神迹上报基础上的审理和编撰（由此形成朝廷礼部正本），民间的神迹抄录在这一时期并不普及。直至 19 世纪，越南民间才真正刮起了抄录神迹之风，现存的大部分神迹都是在这一阶段由民间根据朝廷礼部正本所抄录的民间俗本。也就是说，黎中兴时期编撰的神迹直到 19 世纪才开始在民间村社广泛流行，民间对包括雄王在内的村社城隍神的叙事和记忆也只有到了这一阶段才真正具有了普遍意义。

这一时期民间抄录神迹的需求一方面出于因垦荒政策而重建家园的人们的迫切需求：他们亟须为新立亭祠抄录神迹，以获得神灵"安身立命"的"法理"依据；而社会环境的相对稳定也使得村民们想要找回原来在战乱中遗失的神迹。另一方面的原因是，阮朝在黎朝展开的神迹申报工作基础上，还加强了对地方（尤其是北方）神灵信仰的管理、干涉和控制。朝廷从 19 世纪初就开始频繁颁布关于神祇核查和封赠的谕旨。[①] 比如 1803 年，"诏北城并清义诸镇，各县、社、神祠，除却淫祠与无有功德事迹，余现有功德事迹若干位，各听修簿处奏候封"；1804 年，"议准北城诸前辖社民，册开神号，凡人神现有姓名、功状，天神显有事迹，及山川名神并现有敕封者，实为上列；次为人神，

有姓名而功状未显敕封，有官爵而姓名失传，或现著官爵、姓名而敕封失落者，在中列；又次如敕封虽存而事迹淹没，第照诸美字颇属正神者，在下列；至如生前玷累，及邪淫鬼魅，木石之精，昆虫之怪，凡属不正，并宜削驳。"1820 年，"诏通国神祇，著礼部查明，请旨封赠有差"等等。官方持续的赐封制度激发了地方精英和村民们寻找、抄录神迹的热情。在这一阶段民间抄录神迹的热潮中，苏世辉（阮贤）的故乡——山西镇白鹤县平墱乡（今永福省永祥县高大乡高平村）的宗族祠堂和雄庙相继成为众多神迹来源的中心。①

　　在神迹文献研究和田野调查的基础上，越南汉喃学者阮有味向我们勾勒出了一幅关于神迹抄录始末的、相对完整的社会历史图景：阮贤于永佑年间重撰神迹之时，升龙大乱，于是他奉命将神迹带回乡，建专所存放；但存放之地于 1748—1751 年间被阮名芳的义军破坏。阮贤的子孙将剩下的神迹收集起来，放在一个铜箱子里，并将箱子藏于屋墙内；后来屋墙倒塌，神迹又被转入宗祠内存放。几十年的时间，几经朝代更替，足以让这些原版神迹成为阮氏家族的私有财产。从明命年间开始，就不断有地方（远至清化）到此地抄录神迹，后来苏氏宗族祠堂的影响越来越大。苏氏族人还将神迹原版带到河内南门（Cửa Nam）以及其他省份，或交给各地居民带回奉祀，或借给他们抄录。20 世纪初，苏氏宗族衰落，神迹无人看管，遂将神迹寄于雄庙上祠（因阮贤的妹妹苏氏玉曾在雄山上的天光寺修行，后圆寂于该寺，有墓祭祀②），由上祠庙祝陶文终（其父陶文恩在法属时期曾为春陇总区长）和其弟陶文惠（因通晓汉字）负责管理。于是，雄庙（实际上是陶文惠的家）就成为 20 世纪初（20—40 年代）民间神迹抄录的中心。1949 年法国殖民者到古迹村大扫荡时，所有神迹不幸被一烧而空。③

　　在上述两个地点（平墱乡和雄庙）抄录的神迹文本，以雄王及其妻子、将领的神迹为例，就分别有 40 篇和 30 篇之多。④

---

　　① 见 Hoàng Lê, Vì sao thần tích lại tàng trữ ở Đền Hùng? [J] Tạp chí Hán Nôm, số 3, năm 1995, tr.55–56. Nguyễn Hữu Mùi, Về kho gia thư thần tích của Nguyễn Hiền ở xã Bằng Đắng, huyện Bạch Hạc, Viện nghiên cứu Hán Nôm, Thông Báo Hán Nôm học năm 1995[C], Nxb Khoa học xã hội, năm 1996, tr.213–219.

　　② Nguyễn Thị Tuyết Hạnh, Khu di tích đền Hùng trong tiến trình lịch sử dân tộc[D], Luận án tiến sĩ, năm 2003, tr.160–161.

　　③ Nguyễn Hữu Mùi, bài đã dẫn, tr.214–217. Nguyễn Hữu Mùi, Tác giả Nguyễn Bính và Nguyễn Hiền và quá trình sao lục tàng trữ thần tích ở thời Nguyễn[D], Luận án thạc sĩ, năm 1998, tr.54–58, 67–69.

　　④ 该数字是在阮有味对这两类神迹统计的基础上，结合越南汉喃院的神迹文献目录统计出的。

二、民间的信仰生活

（一）地方信仰生活的"雄王化"或"雄王时代化"

通过民间对雄王或雄王时代神灵神迹的互相抄录，越北很多村社都实现了信仰生活的"雄王化"或"雄王时代化"。根据汉喃研究院编纂的《以村社地名为序的神迹查询表》一书，[①] 到 20 世纪初，越北民间拥有雄王或其妻子将领神迹的村社达到 379 个，涉及 15 个省份（按阮朝行政区划），其中富寿省 37 处，福安省 23 处，山西省 16 处，北宁省 42 处，河东省 63 处，河南省 32 处，兴安省 41 处，太平省 33 处。

而在雄王信仰的中心及周边县乡，从 19 世纪开始，到八月革命以前，以雄王为主题的信仰生活一直是其精神文化生活的"主角戏"。除山围县的羲岗乡、微岗乡和仙岗乡外，扶宁县的下甲乡、安老乡、扶德乡、楼上乡、楼下乡、启春乡、云梦乡，青波县的安内乡、大同乡、鄢溪乡等等，都要举行周期性的、固定的迎神、祭祀仪式。比如鄢溪乡东甲村供奉"德𤤰[②]突屹高山古粤雄氏传十八代元圣王"、"德𤤰远山显应圣王"、"德𤤰乙山显应圣王"三位，每年"正月初三子刻开门例，在村亭用翰音礼，在庙用斋盘，至日用黑牲礼；三月望，祈神例；七月十日祈神；八月望，祈神例；十一月望，祈神例，唱歌一夜；腊月望，替席例"。[③] 祭祀仪式一般在村社内部举行，也有跨村社即几个村社联合举行的，或是作为国家雄庙祭典的一个组成部分而带有参与性和互动性的。

总之，越南民间祭祀雄王的仪式传统在这一时期已经基本形成。这些传统具有强大的生命力，在经历了 20 世纪长期的内外战乱和政治动荡后，于 80 年代又开始复苏，并有愈演愈烈的趋势。

（二）民间祭祀概况

在古迹村（又称羲岗村），每年正月、三月、五月、八月、十月都要举行

[①] 该工具书以河内法国远东博古学院在 20 世纪初组织收集的神迹抄本（共 568 部，涉及阮朝时期越北 22 个省的 2821 个村社单位）为基础编纂，因其按地名分类，拥有相同神迹文本的不同村社都单独成目，因此能较好地反映 20 世纪初越北民间的神迹分布状况。Nguyễn Thị Phượng chủ biên, Bảng tra thần tích theo địa danh làng xã[M], Nxb Khoa học xã hội, năm 1996.

[②] 该字为喃字，意为"王"。

[③] 富寿省青波县青虬总鄢溪社神迹[O]，越南汉喃研究院藏，编号 AEa9/12。对照《南越神祇会录》对后黎时期雄王奉祀情况的记载，我们可知鄢溪社东甲村祭祀雄王的时间较晚。

祭祀雄王仪式。祭祀前的准备工作常常以"甲"①为单位：分为"四甲"，即上甲、中甲、了甲和正甲，每甲约五十丁。各甲需分别捐钱出力准备祭品：三月初十和八月十二日是大宴日，四甲需共同出钱购买一头公水牛（或两头黄牛）并各自准备斋食、糯米饭和酒等作为供品告祭各位城隍。礼会仪式前要举行迎神仪式，即将雄王神位从村亭迎至主祭家中奉事一天。迎神护驾者有八名，其中一名为中年人，其余七名为十八岁以上、在村中无位次的年轻人。迎神时副里长、乡管等需在场监管，不得出错。迎神后主祭（当时称"祭长"）及另外八名陪祭（称"助祭"，需是有位次的村中头人）在主祭家中行祭礼。第二天主祭和陪祭将神位迎回村亭举行正祭仪式。正月初四和五月十二日祭祀雄王时，②每甲需各准备一头黑公猪以及斋盘、糯米饭和酒。十月十二日为新稻宴日，同样需祭祀城隍雄王。祭祀仪式大约有四十人参加，他们是在祭祀前十日由村民依照位次选出来的。在这十天内，仪式的参与者们须日日沐浴并忌口，以保持身体的洁净。祭祀时主祭着红色四身衣、靴子，其余人穿蓝色祭服。祭祀完毕后供品按各甲捐供的情况分还，并在村亭中按四人一席于每甲内部进行再分配，而后成员将所分得的供品带回家享食。一般而言，每甲都会留出一部分供品赠予庙祝、候官以及前来参加祭祀仪式的官员、士兵等。③

義岗乡的肇富村与周化乡的微岗村同时祭祀雄王。祭祀雄王的供品一般是黑猪、鸡及糯米饭等。正月初七和八月初二供黑猪（cầu hèm），十月初十新稻节则以猪或鸡为供品；另外，三月初十两村要打开雄庙中祠、下祠的祠门，行纪念性仪式。正月和八月的祭祀开销用公田花利支付，三月祭和十月祭的费用则由村民们按丁轮流捐付分摊。在供品处理方面，正月和八月祭的供品需赠予村中有资历的人；三月和十月的供品则在村民中分配。村中三十岁以上的官吏（正、副理）以及达到乡规规定位次和等级的人都可参加祭礼（又称"祈福

---

①"甲"是越南农村按男子划分的传统组织形式，只有男人才能入"甲"，并带有"父传子继"的性质。"甲"具有收税、服差役兵役、承担村社祭祀、认领公田等许多职能。一个"甲"的内部又按年龄分为三个层次，即卑幼（18 岁以下）、丁（或壮，18—59 岁）和老（60 岁及以上）。1945 年该村社组织被取缔。

②根据《南越雄王玉谱》记载，雄曦王（讳宝郎，远山大王）生于正月初六，雄曦王（讳圆郎，乙山大王）化于五月十二日。所以笔者推测正月初四和五月十二日的祭祀分别为雄王四世雄曦王（远山）的生辰以及雄王五世雄曦王（乙山）的忌辰日祭祀，但调查记录中对此并未提及，也没有说明这两日祭祀的原因。

③ Thần tích thần sắc làng Hy Cương, tổng Xuân Lũng, phù Lâm Thao, tỉnh Phú Thọ[Z], Viện Thông tin Khoa học xã hội, ký hiệu: TTTS 14404/05; Bản hương ước làng Hy Cương, tổng Xuân Lũng[Z], phủ Lâm thao, tỉnh Phú Thọ, Viện Thông tin khoa học xã hội, ký hiệu: HƯ4740.

礼"①），但之前也须吃斋并沐浴。②

　　与微岗村同属周化乡的康阜村在村亭中供奉"嵊岘高山显应雄毅博达大智圣王"、"远山圣王"、"乙山圣王"三位城隍大王神位。每年正月十三、五月初四、八月十一、十月初九举行祭礼，分别称作春祭（正祭）、端午祭、秋祭和尝新祭（春、秋祭是大祭，设正月初四和八月初四为专门的商讨日）。其中春祭供黑猪（整只）、斋盘，其他祭礼供糯米饭和鸡等；供品由村民购买并负责准备。大祭仪式中设有迎轿环节，即抬轿者（从村中无位次的壮年男子中选拔）将轿子迎至主祭家，并从那里将敕封迎回村亭行祭礼（主祭需招待槟榔、水等）。村社的正、副里及社正等十二人在祭祀仪式中分任不同角色，祭祀前他们需吃斋并沐浴，祭祀时着蓝色祭服及靴、帽。此外，正月初十求丁、三月初二求春节（节气）、三月十九"犒百族"、七月十四中元节、腊月十二"犒百族"、腊月二十五换香炉等场合都要在村亭祭祀。③

　　安老乡（村）于九月十二日祭祀雄王，相传这一天是雄王的化日。自1917年雄庙会以后也于三月初十（视其为纪念日）祭祀雄王。祭品原为三只熟阉鸡、三盘糯米饭、四头生公猪以及酒、水果等。20世纪初乡政改良后，所供公猪由四头减为一头、由生变熟，并一切为六。供品开销由村中咨文、里役（村一级的行政官员）以及村社基金共同支付。里长、有品衔的乡吏、职役和家中无丧的男子皆可参加祭礼，确定参加祭祀的人在祭祀前须沐浴并斋戒。主祭着帽、靴及宽袖衣，陪祭及其他角色也着宽袖衣。祭祀仪式完毕后三位咨文将供品带到宴老屋（nhà yến lão）称重，三只熟鸡各留一公斤，三盘糯米饭各留一公斤，以供前来参加祭祀的村老、耆绅和咨文等乡饮之用；若还有剩余，则咨文可将鸡带回。公猪的不同部位（如头、囊脑等）将分别赠予主祭、村老（七八十岁以上的老者）、有品衔的官吏以及原主祭；糯米饭、酒、猪肉等分给来客享食。除上述专门祭祀雄王的仪式外，安老村在正月初三、初七的开春求财求寿仪式，五月二十五及十月二十五的上下田仪式，腊月十五的腊祭仪式以及

---

　　① 富寿省临洮府山围县周化总各社俗例（康阜社、微岗社）[O]，越南汉喃研究院藏，编号 AFa12/23.

　　② Thần tích thần sắc làng Vi Cương, tổng Chu Hóa, phủ Lâm Thao, tỉnh Phú Thọ[Z], Viện Thông tin Khoa học xã hội, ký hiệu: TTTS 14488/89.

　　③ 富寿省临洮府山围县周化总各社俗例（康阜社、微岗社）[O]，越南汉喃研究院藏，编号 AFa12/23；Bản hương ước làng Khang Phụ, tổng Chu Hóa, phủ Lâm Thao, tỉnh Phú Thọ[Z], Viện Thông tin Khoa học xã hội, ký hiệu: HƯ 4720; Thần tích thần sắc làng Khang Phụ, tổng Chu Hóa, phủ Lâm Thao, tỉnh Phú Thọ[Z], Viện Thông tin Khoa học xã hội, ký hiệu: TTTS 14486/87.

二月和八月十五的春秋祭仪式中都会祭祀城隍雄王。①

扶德乡（村）供奉的城隍神与安老乡相同，讳名分别是乙山大王、远山大王和押导官大王，皆号雄王。供奉地有两处，即大亭和赖斓庙（miếu Lãi Lèn），供三位大王神位（有衣、帽、靴及玉带）。相传乙山大王生于五月十八、化于正月初七，远山大王生于二月十五、化于五月二十，②押导官大王来历不明，只知其显圣于鸿庞时代，是一位治国安民的皇帝。然而扶德村祭祀雄王的日期却与雄王的生、化之日无甚关联，而是定在腊月三十、正月初三、三月初十及九月十一日。腊月三十和正月初三的庙祭仪式据说是为了纪念雄王在此地教村民唱春。（但神迹中对此并无记载）正月初二、初三在赖斓庙中进行祭祀和唱春表演，并在庙宇附近举行拔河、摔跤等活动。此外在五月二十五和十月二十五的下田、上田仪式中也要祭祀雄王。举行礼会时要将圣王神位从庙中迎回村亭祭祀，祭品有糯米饭、鸡、猪等，全部由村民捐供并准备。其中三月初十要准备六盘鸡，九月十一村宴日供十二盘鸡，并杀供猪一头，腊月三十宰供牛一头。腊月、三月、九月这三次礼会的主祭分别从扶德村下辖的三村中选出，主祭须由村中的新、老职役担任。参加祭祀者须是在村中任职和有位次者，他们在祭祀之前也须戒斋、沐浴，祭祀时着蓝色祭服。祭礼结束，圣王再被迎回庙中；最后全村举行乡饮，村民们一起享食供品。③

金带乡（或金带村，又称为廊带村，与扶德村相邻）供奉三位雄王，号名分别为嵫屼高山、远山圣王、乙山圣王，对应的讳名分别是宝郎、圆郎和法海郎。④高山圣王生于正月初六、化于五月初五，远山圣王生于二月十五、化于五月二十日，乙山大王生于五月十八、化于正月初七。每年祭祀雄王的时间

---

① Thần tích thần sắc làng An Lão, tổng Phượng Lâu, huyện Hạc Trì, tỉnh Phú Thọ[Z], Viện Thông tin Khoa học xã hội, ký hiệu: TTTS 14458/59. Bản hương ước làng An Lão, tổng Phượng Lâu, huyện Hạc Trì, tỉnh Phú Thọ[Z], Viện Thông tin Khoa học xã hội, ký hiệu: HW4704.

② 以《南越雄王玉谱永传》神迹中的叙事为依据。该神迹也是现存唯一一类以雄王谱系（在位时间、生日、化日、讳号、美字等）为叙事主线的神迹。三位雄王出生与仙化时间的依据盖由此出。

③ Thần tích thần sắc thôn Phù Đức, tổng Phượng Lâu, huyện Hạc Trì, tỉnh Phú Thọ[Z], Viện Thông tin khoa học xã hội, ký hiệu: TTTS14344; Bản hương ước xã Phù Đức, tổng Phượng Lâu, huyện Hạc Trì, tỉnh Phú Thọ[Z], Viện Thông tin khoa học xã hội, ký hiệu: HƯ4710.

④ 如果根据《南越雄王玉谱永传苗裔孙侭亿万年香火祀典追思崇拜》中的叙事，则宝郎、圆郎和法海郎分别是雄王四世雄曦王、雄王五世雄曦王以及雄王六世雄晔王；但嵫屼高山、远山、乙山应分别对应雄王三世雄国王、四世雄曦王和五世雄曦王，且高山生于五月初五、化于三月十二日。

与三位圣王的生、化之日基本吻合，即正月初六、初七，二月十五，五月初五、十八、二十，此外三月初十要例行纪念性的祭祀，而正月初二的开春仪式、二月初一的求老仪式（cố chàng cầu lão）、九月十一的秋期仪式、腊月三十的毕年仪式以及十月二十五的下田仪式也都要在村亭中祭祀雄王。村亭的"上宫"处放置高山、远山、乙山三位大王的龙座及神位（配衣、帽、靴及玉带）。祭祀时的祭品有熟猪肉、整只生牛（去心）、斋盘、糯米饭、酒及槟榔；乡政改良后只供三份糯米饭和鸡，而不再以生牛祭祀。祭品由村社职役负责准备，费用则由参加乡饮的村民捐付，祭礼完毕后祭品返还，用于乡饮。村中十三名职役或有位次者执行祭礼，其中年龄最大、职务最高者任主祭。主祭着蓝色祭服及帽、靴，其他人也着蓝色祭服。他们须提前三天戒斋、沐浴。[①]

在上述所有供奉雄王的村社中，所供雄王的讳号如"嵽峨"、"嵽屹"、"乙"、"远"、"导"、"山"、"仙容"、"媚娘"字眼等在平日的读说交谈中都是要避讳的；并且在村亭及周围不得进行挖掘、建房、砍树、屠宰等活动。这些禁忌，包括祭礼执行者在仪式举行之前的斋戒和沐浴，都是为了保持祭祀的严肃以及仪式的洁净。

三、民间祭祀的若干特征

（一）祭祀时间

各村的祭祀时间存在较大差异，但大致可分为于生日、化日举行的祭祀（如正月初七、五月初五及安老村九月十二的祭祀）、农业性祭祀（如上田、下田及新稻节祭祀）、时节性祭祀（如开春祭、端午祭、秋祭、腊祭）、人事性祭祀（如求福、求安、求财、求老）以及三月初十的祭祀等五类。有的村社在几乎上述各类时间都祭祀雄王，如古迹村、安老村、金带村等；有的仅以农业性或时节性祭祀为主，如康阜村、扶德村[②]等。但我们看到，几乎所有村社（除个别村社如康阜村外）在三月初十这一天都要例行祭祀。三月初十祭祀雄王的传统源于古迹村（原为三月十一），随着 1917 年阮朝朝廷顺应当地民俗将"国家致祭"的时间从秋期改为三月初十，于该日祭祀雄王的传统也开始在除古迹村以外的其他村社普及。

---

① Thần tích thần sắc làng Kim Đái, tổng Phượng Lâu, huyện Hạc Trì, tỉnh Phú Thọ[Z], Viện Thông tin Khoa học xã hội, ký hiệu: TTTS 14346/47.

② 扶德村的祭雄王日尽管也祭事迹——与雄王唱春的传说有关，但 1938 年的神迹调查中对此并无记载，村民们申报时仍将其看作是春期时节祭祀。

越南国家及地方社会三月初十祭雄祖传统的形成充分显示了国家与民间、大传统与小传统之间"自下而上"和"自上而下"的双向互动过程：国家以"伊社民俗例"改国祭日，而在国家力量的作用和国家祭祀的带动下，作为对国家以及对"忠义乡"、"皂隶民"祭祀仪式的呼应，地方村社也都于三月初十日举行仪式或开亭门（如仙岗村）以共同祭祀雄王。一个值得注意的细节是，在富寿巡抚裴玉环奉志于 1940 年祭祖日的碑文《雄王祠考》中，三月初十日又被"发明"为"雄王第十八忌前一日也"，[①] 这与此前民间的叙事与记忆又有不同。

（二）祭祀原因

除农业性、时节性的祭祀外，大部分村社都只祭身世（即于雄王生、化日祭祀），而不从其事迹。根据当时调查对象提供的信息，除古迹村、仙岗村有关于雄王的事迹记载（神迹）外，其余各村社的雄王事迹或因神迹丢失而不明（如微岗、康阜）；或只有口传（如金带）；又或既无碑文、神迹记载，也无口传（如扶德、安老）。这一情况尽管与我们如今搜集到的神迹情况不尽相同（比如微岗村、安老村都有关于雄王的汉文神迹，扶德村则有口传神迹），但从记忆理论的视角看，它至少说明了事迹并不普遍受到所供雄王村社的关注。从调查对象对"敕封"的强调以及对"事迹"有无的轻描淡写，我们看到，就民间的雄王祭祀而言，是否"有敕"远比是否"有事"更为重要，因为相比事迹的不确定性，象征国家权力的"敕封"才是最值得炫耀并且最令人信服的供奉依据。

（三）祭祀对象

在祭祀对象方面，大部分村社供奉高山、远山、乙山三位大王，个别村社如安老、扶德供奉乙山、远山及押导官三位大王，村民们将他们统称为"雄圣"（除微岗村认为其为"山神"外，其余皆认为其为"人神"）。但是，上面提到的村社都没有关于三位圣王的具体神迹，唯一只有微岗村神迹《南越雄王玉谱永传》以及仙岗村神迹的标题《高山玉谱古粤雄氏十八世圣王古传》分别提到了三位圣王以及高山大王的讳号。供奉对象和神迹的脱节可证明两者在发生学上的"嫁接"关系，而各村社信仰对象的相对一致则在某种程度上说明了雄王信仰行为正如《雄庙玉谱》在民间的传抄一样，是传播性和辐射性的，发

---

① 雄王祠考（富寿省临洮府春陇总羲岗社雄王公同第一碑）[O]，越南汉喃研究院藏，编号18704.

源地即为古迹村。当然，在信仰传播和被接受的过程中会有变异，押导官大王的出现以及各村社在祭祀时间、仪式上的差异（如安老村关于雄王化日的说法就与其他村社不同）就是各地根据自身需要而整合的结果。

（四）祭祀的组织者和执行者

从祭礼的组织者和执行者来看，村社的权力机构在民间祭祀中占据主导地位。祭祀仪式一般由村社职役、职敕以及咨文会负责组织、举行。[1] 职役是直接管理村社事务并对上级政权负责的人，以"社长"（法属时期称"里长"）为首；他们是介于国家政权和民间之间的中间阶层，具有两面性。职役任期期满且无过错者可被封为职敕。咨文会则由村社有学识的耆老、儒士组成，负责劝学、科举、卫道以及祭祀圣贤之事，属于村社的知识分子阶层。职役、职敕和耆老构成了村社传统的权力结构要素。职敕及部分耆老构成了村社的耆目阶层（又称为豪目、耆豪），他们在村社具有极高的权威。[2] 耆目委员会是村社重要的自治权力机构（根据官职、科榜或年龄选出先纸、次纸），其成员依据乡约对村社的经济、社会和文化生活进行管理，并对职役的工作提供指导、给出意见，具有最高权威；而耆老则有为耆目委员会提供咨询的义务。

村社权力机构在民间祭祀中的地位和作用一方面表明了上层政治通过中间阶层对民间信仰的渗透；另一方面也部分地反映了村社内部的等级秩序。从仪式前后（包括祭品的准备与分配）以及仪式过程中人员的安排，我们看到，乡官、耆老和男人的作用是支配性的，这也是由长权（按位次即品衔、职务、财产等分配的权力）、老权（耆老的权力）及男权（男人的权力，以甲为单位）所支撑的越南村社的纵向社会结构在民间信仰仪式中的体现，其中耆目、职役属于村落精英，他们所拥有的"老权"及"长权"也就成为越南村社最具支配性的权力。

（五）民间的祭祀心理

对于普通百姓而言，对神灵的"报本答义"固然重要，但祈求神灵的神力保佑与他们日常生活相关联的方面似乎才是民间信仰更现实、更根本的内容。从以下仙岗乡（村）大亭的祝文中我们可对此窥见一斑：

---

[1] Đinh Khắc Thuân chủ biên, Tục lệ cổ truyền làng xã Việt Nam[M], Nxb Khoa học xã hội, năm 2006, tr.28.

[2] Phan Đại Doãn, Mấy vấn đề về văn hóa làng xã Việt Nam trong lịch sử[M], Nxb Chính trị quốc gia, năm 2004, tr. 91–94.

"大南国永福省峰州县仙岗社村亭，岁次××年正月初十日四村全民上下等谨巳生礼。斯盛清酌、芙蕾、香灯等物，感召，告于：恭惟圣王：嶙屼高山古粤雄氏十八世圣王、乙山圣王、远山圣王。服惟：乾坤覆载之恩，感应匡扶之德。乃圣乃神，至精至粹；乃武乃文，北方正气，南国守民，开基发迹，保国护民，扶西土英灵，保南天正直，洋洋在上，濯濯厥灵。春又重春，长在美而益美无边。服愿南国清平、江山雄伟。圣鉴明，神仙保护，百福千祥，全民常享寿康之庆，财如川至，禄似云来，丰顺雨和，丰登和穀，天地湄饶，人康物盛，所求如意，如愿从心，愿得其万福，礼仪亦足，礼薄心诚，服惟鉴照，光明于前，俗垂于后，伏惟尚飨。"①

上述祷告词表达了两层意思：第一是对作为"圣"的雄王其"开基发迹，保国护民"之功绩的歌颂和感恩；第二则是祈求作为"神"的雄王保佑人界的福禄寿财、五谷丰登和人康物盛。总之，与大传统解释中的"帝性"、"祖性"相比，民间"小传统"视野中的雄王"乃圣乃神"，即更具"圣性"和"神性"。

参考文献

[1] 富寿省青波县青虬总鄢溪社神迹[O]，越南汉喃研究院藏，编号 AEa9/12．

[2] 富寿省临洮府山围县周化总各社俗例（康阜社、微岗社）[O]，越南汉喃研究院藏，编号 AFa12/23．

[3] 阮朝国史馆．钦定大南会典事例[O]，越南汉喃研究院藏，书号 VHv.1570/15．

[4] 雄王祠考（富寿省临洮府春陇总義岗社雄王公同第一碑）[O]，越南汉喃研究院藏，编号 18704．

[5] Bản hương ước làng An Lão, tổng Phượng Lâu, huyện Hạc Trì, tỉnh Phú Thọ [Z], Viện Thông tin Khoa học xã hội, ký hiệu: HW4704.

[6] Bản hương ước làng Hy Cương, tổng Xuân Lũng, phủ Lâm thao, tỉnh Phú Thọ [Z], Viện Thông tin Khoa học xã hội, ký hiệu: HƯ4740.

[7] Bản hương ước làng Khang Phụ, tổng Chu Hóa, phủ Lâm Thao, tỉnh Phú Thọ [Z], Viện Thông tin Khoa học xã hội, ký hiệu: HƯ 4720.

---

① 来自笔者于仙岗社大亭获取的田野资料。

[8] Bản hương ước xã Phù Đức, tổng Phượng Lâu, huyện Hạc Trì, tỉnh Phú Thọ [Z], Viện Thông tin khoa học xã hội, ký hiệu: HƯ4710.

[9] Đinh Khắc Thuân chủ biên, *Tục lệ cổ truyền làng xã Việt Nam* [M], Nxb Khoa học xã hội, năm 2006.

[10] Hoàng Lê, *Vì sao thần tích lại tàng trữ ở Đền Hùng?* [J], Tạp chí Hán Nôm, số 3, năm 1995.

[11] Nguyễn Hữu Mùi, *Tác giả Nguyễn Bính và Nguyễn Hiền và quá trình sao lục tàng trữ thần tích ở thời Nguyễn* [D], Luận án thạc sĩ, năm 1998.

[12] Nguyễn Quang Ngọc, *Tiến trình lịch sử Việt Nam* [M], Nxb Giáo dục, năm 2003.

[13] Nguyễn Thị Phượng chủ biên, *Bảng tra thần tích theo địa danh làng xã* [M], Nxb Khoa học xã hội, năm 1996.

[14] Nguyễn Thị Tuyết Hạnh, *Khu di tích đền Hùng trong tiến trình lịch sử dân tộc* [D], Luận án tiến sĩ, năm 2003.

[15] Phan Đại Doãn, Mấy vấn đề về văn hóa làng xã Việt Nam trong lịch sử, Nxb Chính trị quốc gia, năm 2004.

[16] Thần tích thần sắc làng An Lão, tổng Phượng Lâu, huyện Hạc Trì, tỉnh Phú Thọ [Z], Viện Thông tin Khoa học xã hội, ký hiệu: TTTS 14458/59.

[17] Thần tích thần sắc làng Hy Cương, tổng Xuân Lũng, phủ Lâm Thao, tỉnh Phú Thọ [Z], Viện Thông tin Khoa học xã hội, ký hiệu: TTTS 14404/05.

[18] Thần tích thần sắc làng Khang Phụ, tổng Chu Hóa, phủ Lâm Thao, tỉnh Phú Thọ [Z], Viện Thông tin Khoa học xã hội, ký hiệu: TTTS 14486/87.

[19] Thần tích thần sắc làng Kim Đái, tổng Phượng Lâu, huyện Hạc Trì, tỉnh Phú Thọ [Z], Viện Thông tin Khoa học xã hội, ký hiệu: TTTS 14346/47.

[20] Thần tích thần sắc làng Vi Cương, tổng Chu Hóa, phủ Lâm Thao, tỉnh Phú Thọ [Z], Viện Thông tin Khoa học xã hội, ký hiệu: TTTS 14488/89.

[21] Thần tích thần sắc thôn Phù Đức, tổng Phượng Lâu, huyện Hạc Trì, tỉnh Phú Thọ [Z], Viện Thông tin khoa học xã hội, ký hiệu: TTTS14344.

[22] Viện nghiên cứu Hán Nôm, *Thông Báo Hán Nôm học năm 1995* [C], Nxb Khoa học xã hội, năm 1996.

老挝老族文化特点刍议

信息工程大学　　舒导遊

【摘　要】老挝老族文化是以本土文化为基底，上座部佛教文化为主体，多种文化因子共生的混合性文化。它根植于壮泰文化区和上座部佛教文化圈的交汇区，兼受印度和中国两大文明的影响，在近代又受到西方文化的影响，具有包容性、外来性和延续性的特点。老族文化既具有所在文化区其他国家和民族的文化的共性，也具有源于文化混合、与自身民族语言和习惯相符的个性特点。

【关键词】老族；文化内涵；文化特质

老挝地区历史悠久，其人类活动的足迹可以追溯到四万至五万余年前。老挝地区的文化随着历史的演进而经历了漫长的发展，并受到多种外来文化的影响，留下了灿烂丰富的文化遗产。

老族，亦称佬族，是老挝的主体民族，约占老挝总人口的 54.6%[1]，绝大多数人信仰上座部佛教，其民族语言老挝语是老挝的官方语言。老族在老挝各省都有分布，其文明程度和经济水平最高，文化也最丰富，对其他各族人民产生了广泛和深远的影响，是老挝文化的主要组成部分，具有鲜明的特点。

老族文化内涵丰富，特点鲜明，但由于资料缺乏，老挝地理环境相对闭塞等因素，目前国内对老族文化的研究不多，主要集中于对某一文化现象或文化类型的描写或解释，整体性的研究还比较缺乏。就整体性研究而言，较有代表性的有《老挝老族与中国壮族文化比较研究》[2]、《老挝佬族起源研究文集》[3]以及《老挝风情录》[4]等。此外，部分研究东南亚区域文化、族群文化的著作以及老挝史、民族志对老族文化也有专门论述。如贺圣达关于东南亚历史和文化重要课题的研究[5]，黄兴球[6]、范宏贵[7]、覃圣敏[8]等编著的关于壮泰族群[1]

① 黄兴球. 壮泰族群分化时间考[M]. 北京：民族出版社，2008：263.

② 黄兴球，等. 老挝老族与中国壮族文化比较研究[M]. 北京：民族出版社，2010.

③ 范宏贵，等. 老挝佬族起源研究文集[M]. 广州：世界图书出版广东有限公司，2011.

④ 蔡文欐. 老挝风情录[M]. 北京：世界知识出版社，2008.

⑤ 贺圣达. 东南亚历史重大问题研究——东南亚历史和文化：从原始社会到 19 世纪初[M]. 昆明：云南人民出版社，2015.

⑥ 黄兴球. 壮泰族群分化时间考[M]. 北京：民族出版社，2008：263.

⑦ 范宏贵. 同根生的民族：壮泰各族渊源与文化[M]. 广州：世界图书出版广东公司，2014.

⑧ 覃圣敏. 壮泰民族传统文化比较研究[M]. 南宁：广西人民出版社，2003.

族源和文化的研究，申旭关于老挝史的研究②以及郝国强等关于邦洋村杂居的老族和苗族民族志的研究③等。

需要指出的是，在国内许多研究区域文化、文化比较等课题的著作中，对老挝文化、老族文化的论述远少于对其他国家或民族文化的论述，甚至直接略去；老族文化也经常被视为泰族文化的次生文化，只在论述泰族文化时，在某一小段稍加提及；即使在专门论述中，关注点也常常放在老族文化与其他壮泰民族文化的共性上，对老族文化个性特点的论述还有待补充。

国外研究方面，从专门性研究来看，英国学者格兰特·埃文斯④、前印度驻老大使佩拉拉·拉特南⑤、美国人类学家弗兰克·M. 勒巴等⑥组织编著的著作从人类学、社会学等学科视角，对老挝文化的一些重点课题进行了剖析。老挝国内关于文化的著作很丰富，但主要停留在对具体内容的细致描写上，阐释或整体性的论述不多，其代表作品有《文化之民族性》⑦和《感恩回眸》⑧等。

此外，以格兰特·埃文斯⑨和泰国学者姆·耳·马尼奇·琼赛⑩各自撰写的《老挝史》为代表的历史著作以及其他一些人类学、民族学著作中对老族文化也有相关论述。

国外研究在数量和研究角度上较国内更加丰富，但对于老族文化特点和个性的分析依然比较分散，迄今为止，笔者尚未发现专门论述老族文化特点的著作。基于此，本文拟从整体的角度，兼顾老族文化与同族群其他文化的共性与自身个性，对老挝老族文化的特点进行提炼和解读。

---

① 壮泰族群这一概念，最早见于范宏贵. 壮泰族群的亲缘关系[M]//何成轩，李甦平. 儒学与现代社会. 沈阳：沈阳出版社，2001：464—487.

② 申旭. 老挝史[M]. 昆明：云南大学出版社，云南人民出版社，2011.

③ 郝国强，等. 和合共生：老挝丰沙湾市邦洋村的民族志[M]. 北京：民族出版社，2015.

④ Grant Evans, ed. Laos: Culture and Society [M]. Chiang Mai: Silkworm Books, 1999.

⑤ PeralaRatnam, ed. Laos and its Culture [M]. Mumbai: M/s Tulsi Publishing House, 1982.

⑥ Frank M. Lebar and Adrienne Suddard, eds. Laos: Its People, Its Society, Its Culture [M]. Whitefish: Literary Licensing, 2012.

⑦ ບົວບານ ວິລະວຸງ.ລັກສະນະຊາດຂອງວັດທະນະທຳ.ວຽງຈັ[M].ນ.ໂຮງພິມແຫ່ງລັດ,1998.

⑧ ຣັນສ໌ ເກອອກ ເບີທິ,ຄຳອອນ ບຸນຍະພອນ.ຂອບໃຈທີ່ຫຼງເບິ່ງ.ຫຼວງພະບາງ:ໂຄງການປົກປັກຮັກສາເອກະສານ ຮູບພາບພະພຸ[M].ຄະສາສະໜາຫຼວງພະບາງ,ອານັບທະກາມພິມ,2013.

⑨ [英]格兰特·埃文斯. 老挝史[M]. 郭继光，刘刚，王莹，译，上海：东方出版中心，2011.

⑩ [泰]姆·耳·马尼奇·琼赛. 老挝史[M]. 厦门大学外文系，译，福州：福建人民出版社，1974.

一、老族文化的内涵

（一）本土文化是老族文化的基石

老挝是东南亚唯一的内陆国，山地和高原约占全国总面积的 80%[①]，交通极不便利，闭塞的地理环境使得老挝接受外来文化的进程相对滞后。但另一方面，老族主要生活在老挝高温多雨、河道纵横的平原和丘陵地区，该地区适宜水稻种植，人口最为稠密，经济社会最为发达，也孕育了老族相对丰富的文化。

需要说明的是，老族并不是老挝地区的原住民，他们来自中国南方的百越地区，与中国的壮族、傣族等民族是同源民族。在这些民族分化前，百越地区高温多雨、河流众多、地势平坦等独特的自然条件孕育了他们共同的特色文化。这些共性文化固化在该族群的民族传统中，并随族群的南迁被带到老挝地区，是老族本土文化的重要源泉。老族本土文化主要包括：

1.稻作文化

无论是在中国南方，还是南迁到老挝后，水稻种植一直都是老族主要的生产方式，并孕育了老族最基层的文化——稻作文化。水稻种植对自然环境的需求决定了老族人分布于地势平坦地区、滨水而居的特点，促使老族人养成了以糯米和鱼为主食、习水善舟等生活方式，并发明了稻作所需的劳动器具和工艺技术。除了实物和行为方面的影响，稻作业也在更深层次上对性格和思维观念造成了影响。其所带来的小农经济模式塑造了老族人朴实、平衡、崇尚亲近自然等的民族性格，也促成了他们安土重迁和自给自足等的思维方式。

2.村社文化

稻作业的发展使人们能获取更多的食物，同时也需要更多的劳动力，推动了人口的迅速增加和大量集中，促成了老挝的基层社会组织——村社。村社是"自然、人文因素组合而成的定居点，以及为了维护这个定居点所需要的权力制度和社会秩序"[②]，其依附于田地而存在，且多具有较强的固定性，因此长期以来都是老挝土地制度的基础和上层社会结构勐（ເມືອງ）、国（ຊາດ）的基本架构。

历史上，老族村社多为家族公社，长期处在一个相对孤立、自给自足的状

[①] 郝勇，等. 老挝概论[M]. 广州：世界图书出版广东有限公司，2012：5.

[②] 黄兴球，等. 老挝老族与中国壮族文化比较研究[M]. 北京：民族出版社，2010：205.

态，各种社会活动都以村社为单位进行，村民对土地具有很强的依附性。封建王朝时期的土地王有制和"连环保"制度①也加强了土地对村民的束缚。这一方面催生了老族人封闭、保守、乐天知命等的思维方式和"国法不敌村规"的自治传统，另一方面也培养了老族人浓厚的乡土观念，是老族复杂亲属关系的形成基础。此外，村社对共同劳动、共同保卫劳动成果的需求塑造了老族人团结、合作、爱好和平的性格，对风调雨顺和安居乐业的企盼则促成了老族对村神、寨神、勐神、土地神等神灵的信仰和一系列与农业生产相关的节日。较大的村社形成了具有专门化劳动和其他社会职能等的更复杂的社会，是促使老族文化成为老挝最先进、最主体的文化的基础。

3.原始宗教

原始宗教是老族古老的文化标记。由于生产力落后，科学技术不发达，对自然和生命现象的认识和改造能力有限，以自然崇拜（万物有灵）、祖先崇拜、图腾信仰、鬼神崇拜和巫文化等为代表的原始宗教成了老族人最初的信仰。

如今，虽然老族人已普遍信仰上座部佛教，但原始宗教依然有一定的影响力。例如，在老族人的日常用语中，关于巫师（婆）、神灵、占卜及各种仪式等的词汇非常丰富，仅以表示巫师卦姑的词为例，就有 ໝໍ,ໝໍດ,ໝໍມົນ,ໝໍສ້ອງ,ໝໍຢຢງ, ໝໍຈ້ຳ,ໝໍມ໌,ໝໍແອ,ໝໍທວາຍ,ໝໍຢືา,ໝໍເຫວະດາ,ໝໍວິຊา,ໝໍໄສຍະສາດ,ໝໍຜ,ໝໍດ,ໝໍມະໂທລົດ 等，这反映了原始宗教文化在老族文化中的突显性。在日常生活中，原始宗教的痕迹也很常见，如神判思想、祭鬼、文身等风俗，老挝民歌、舞蹈中宗教元素和文物纹饰等的象征意义等。其中，以驱邪、占卜、颂魂等为代表的原始宗教仪式一直是国内外学者关注的重点。这些古老的仪式程序烦琐，极具表演性和感召力，广泛融入于佛教仪式和日常生活之中，仪式时间、人物和物品的选择，咒语的类型和内容，仪式的过程，巫师的动作等也都有明确的象征意义，对文化整合和民族记忆存储产生了很大的影响。

4.母系文化

老挝地处东南亚，历史上受母系社会的影响很大，加之较为封闭，受其他文化"男尊女卑"思想的冲击相对较小，因此女性地位普遍较高。老挝学者护潘·拉达那翁曾指出，"女性是老挝文化发展的基本因子，作为母亲的女性催

---

① "连环保"制度指从村长到村民层层作保的制度。任何人出了差错，其担保人都要负责。

生了文化"①，高度评价了老挝的女性。

在当代老挝，女性在稻作业、仪式、经济活动等日常生产和生活行为中占据了主导地位，她们中的很多人都是家庭经济的主要来源。此外，老族传奇故事中众多且丰满的女神形象、女性独立的地位、一夫一妻制，以及入赘婚这一老族主要的婚姻形式等许多文化现象都是老族母系文化的有力佐证。

5.其他文化

老族同傣族、泰族、壮族等民族是同源民族，同属壮泰族群，分布于中国南方和中南半岛上的越南北部、老挝、泰国、缅甸东北部，直到印度东北部阿萨姆邦的一大片区域，中国学者黄兴球将该区域称为"壮泰文化区"②，覃乃昌则称之为"'那'文化圈"③。老挝位于该文化区（圈）的中央，具有该族群共有、典型的文化特点。除上述三种文化范畴外，还包括干栏式住宅、木棉葛麻纺织、饰齿、亲子连名、喜食酸辣，行崖葬、岩洞葬、洗骨葬，铜鼓艺术、槟榔文化等文化。

结合上述分析，我们可以看出，老族本土文化产生时间最早，涵盖面广，又因老挝环境的闭塞性得以较好保存，是伴随老族人始终的文化，构拟了老族人生产生活、社会组织、传统民间信仰的雏形，带有特定的族群文化色彩，是老族文化赖以稳定成长的基石。

（二）上座部佛教文化是老族文化的主体

上座部佛教起源于古印度，也称小乘佛教、南传佛教上座部，是释迦牟尼逝世后佛教分裂时出现的与大众部相对的部派。其以巴利三藏为圣典，强调因缘业报，更重视自我修行和功德，并更倾向于保守，保持了更多原始佛教的戒律。

在上座部佛教进入老挝地区前，婆罗门教和大乘佛教已经得到了一定程度的传播。但随着上座部佛教的引入及其国教地位的确立，上座部佛教在老挝得到广泛传播并深入村社，逐渐取代了婆罗门教和大乘佛教，并较好地融合了本土文化和婆罗门文化，奠定了一教独尊的地位。在接下来的几个世纪中，上座部佛教成功消除了伊斯兰文化和西方文化的进入对自身独尊地位的威胁，最终

---

① ທຸມພັນ ລັດຕະນະວົງ, "ວັດທະນະທຳ ແລະ ວັດທະນະທຳລາວ,"ສະຖາບັນຄົ້ນຄວ້າວັດທະນະທຳ,ວັທະຍາສາດ ມົລະດົກລ້ານຊ້າງ,ເຫຼັ້ມທີ 2 .ວຽງຈັນ:ໂຮງພິມແຫ່ງວັດຣ.ປ.ປ.ລາວ, 1996,p.164.

② 黄兴球. 壮泰族群分化时间考[M]. 北京：民族出版社，2008：11—15.

③ 覃乃昌. "那"文化圈论[J]. 广西民族研究，1999（4）：40.

成了老挝地区占统治地位、老族人普遍信仰的宗教。

在当今老挝，上座部佛教信众以老族人为主，约占全国人口的 67%[①]，是老挝的第一大宗教。上座部佛教文化则成了老族乃至老挝文化中最突显、最主要、影响最广泛的部分，任何其他文化和意识形态都无法与上座部佛教文化相提并论。

上座部佛教[②]对老族人的影响体现在日常生活的方方面面：

1.政治文化

虽然老挝是一个社会主义国家，马克思主义是老挝人民革命党的指导思想，但是，鉴于老挝的社会主义"尚不具备主宰宗教能力"[③]的国情，老挝执政党非常重视佛教在维护政权和社会稳定、反对颜色革命中的作用，领导阶层除了自身信仰佛教外，还积极参加各种佛教节日和活动。此外，佛教的包容精神也对执政者的治国思路产生了重要影响，革新开放中积极借鉴其他国家的发展经验就是有力的佐证。

2.民间文化

以"十二风"、"十四俗"为代表的老挝节日习俗是佛教文化的产物。"十二风"指老挝的 12 个代表性节会，每月一个，几乎每个节日都与佛教密切相关；"十四俗"则是指根据佛教教义，要求平民和王室遵守的 14 条行为规约。此外，老族人生老病死、婚丧嫁娶、生产生活、礼节礼貌等方面的习俗也多与佛教相关，其中，出家习俗规定老族的男子一生至少出家一次，未出家的男子在婚姻、求职、社会地位等方面都会存在很大的劣势。

除了风俗习惯，佛寺和僧侣文化也产生了重大的影响。几乎每个老族的村社都至少有一座寺庙，且多是村社里最大、占地最多的建筑物，供老族人礼佛赕佛，祈福还愿，举办一些重要活动，有时也留宿外来客人。此外，老挝佛寺还可以承担医院、学校、仲裁机构、博物馆、福利院、收容所、红十字会等机构的部分职能，与百姓的生活息息相关。僧侣则被认为是最有涵养、最有学问、最公正、最慈悲的群体之一，受到全民尊敬。在村社中，僧人日常生活所需的食物、用品都由村民供给[④]，老族人逢婚丧嫁娶、乔迁新居等人生大事也

---

① 郝勇，等.老挝概论[M].广州：世界图书出版广东有限公司，2012：38.

② 除特别说明，本部分中的佛教均指上座部佛教。

③ 中共中央对外联络部课题组.老挝人民革命党处理宗教问题的探索与实践[J].当代世界与社会主义，2006（4）：18.

④ 黄兴球，等.老挝老族与中国壮族文化比较研究[J].北京：民族出版社，2010：212.

需要有僧人来念经祝福，遇到不快或不顺心之事时也常常向僧人倾诉。因此，僧侣获得了老族人的普遍认可，在人们的生活中不可或缺。

此外，佛历纪年法等也是佛教文化的重要体现。

3.性格伦理

如果说本土文化奠定了老族人民族性格的基础，那么佛教文化则强化了老族人的民族性格。本土文化塑造了老族人安于现状、爱好和平、团结互助、忠厚朴实的性格，这与佛教"反贪欲"、"为人向善"、"广积功德"等理念是吻合的。因此，佛教文化进一步强化了老族人的这些性格。同时，佛教强调"仁、慈"、"乐善好施"、"众生平等"等观念，促成了老族人热情好客、平等友善、温顺平和等性格特点，为广大劳苦大众和弱势群体赢得了精神上的一席安身之地，对增进民族团结、构建良好的社会伦理道德产生了重要影响。处事方式上，老族人一方面十分宽容，一方面积极乐观，与世无争，对待死亡也很从容，这与佛教的"无我"、"包容"、"因果轮回"等思想紧密相关。此外，佛教的宿命观、五戒（八戒）思想、尊卑长幼关系等伦理思想，已成为老族社会中衡量人品行的重要标准，培养了老族人懂礼貌、讲规矩的优良品德，具有强大的道德约束力。

4.语言艺术

随着印度和周边各国佛教经书的传入，用于记录佛经的巴利文也传入老挝地区，并对孟文、吉蔑文的发展产生了重要影响。老族参照了梵文、巴利文、孟文、吉蔑文等文字，创造了老文和坦文①。此外，佛教的传入还为老挝语带来了大量的谚语俗语和梵巴语外来词，并推动了老挝语皇语和僧语的形成。古代文学是老挝文学史上的一座高峰。老挝古代文学主要分为佛教文学和世俗文学，其中，佛教文学是佛教文化的直接产物。其既有对佛教经典的记录、演绎，也有利用故事神话对佛教思想的阐发。世俗文学中许多的故事体、对话体、纪传体作品也受到了印度文化的影响，融入了佛教思想和文化，如源于经文、借用故事传达佛教教义的《休沙瓦》，佛教教化色彩浓厚的《祖父教孙子》、《孙子教祖父》以及由僧王创作的《坤博隆的故事》等都是代表作品。另外，老族的绘画、雕刻、建筑、音乐、舞蹈、贝叶经的发展与繁荣也都与佛教文化息息相关。

---

① 老文（ຕົວລາວ）是老挝的官方文字，也是老挝人最常用的文字。坦文（ຕົວທຳ）也称经书文字，常用于经文的书写。

（三）其他文化是老族文化的重要组成部分

1.婆罗门教文化

婆罗门教起源于古印度，于公元后的第一个千年传入老挝地区，对社会发展产生了重要影响，在上座部佛教在老挝得到广泛传播后逐渐退出历史舞台。但是，在老挝当今社会，婆罗门教并未销声匿迹，其精华作为佛教体系的一部分被保留下来。上座部佛教活动中的很多节日、习俗、仪式等都源于婆罗门教，如高升节、林迦崇拜、那迦信仰，以及老族社会非常流行的在婚礼、建房、灾病时举行的拴线仪式、招魂仪式、驱邪仪式、祈愿仪式等都是婆罗门教的内容。

2.西方文化

西方文化大量传入老挝是在法国殖民时期（19 世纪末到 20 世纪中叶），法国人的殖民化、法国化统治虽然没有改变老挝上座部佛教文化的主导地位，但对老族文化的多元化有着重要的意义，不论是老挝语中大量的法语、英语外来词，还是法殖民当局推动下老族人姓氏的产生过程，都是老族文化中西方元素的例证。随着老挝的革新开放，越来越多的西方文化涌入老挝，也对老族当今文化体系尤其是城市文化的构建起了推动作用，西式的现代教育体系，都市建设理念，现代化工业和新闻、文学、艺术等都带有不同程度的西方文化色彩。

3.汉文化

中国是老挝强大的邻邦，中老友好往来历史悠久。此外，由于越南长期是中国的藩国，部分中国文化也通过越南文化影响到老挝。老族文化中的天干地支，笛子、二胡等乐器以及源于早期华人华侨的汉语外来词等都来源于中国传统文化，老族的风水术和中国风水术也有许多相似之处。近年来，随着中国移民的增加和华人学校的兴起，中国文化在老挝得到了进一步的传播。

此外，公元七八世纪，大乘佛教从中国云南传入老挝，也对老族文化产生了影响，但比较有限。

除了上述三种文化外，老族社会中还存在伊斯兰文化，但信众极少，影响也很小。

二、老族文化的特质

（一）包容性

老族文化的包容性主要体现在以下两个方面：

1.上座部佛教文化和本土文化、婆罗门教文化等文化混融交互

老挝位于壮泰文化圈、上座部佛教文化圈的交汇区，也受到印度和中国两个大文明区的影响，这使得老族文化必然成为多文化接触交融的产物。

一方面，老族人民的民族性格具有包容性。广西学者谢英认为，佬傣民族倾向于接受外来东西，并加以改造以为己用。这种民族性格在老挝语中可表述为 ມັກງ່າຍ，即"喜欢简单"的意思。而婆罗门教的习俗，佛教"无我"、"宽容忍让"等主张正好符合老挝人的这种性格①，有利于多种文化的融合。

另一方面，上座部佛教自身宽松、包容的特点也使自身容易接受其他文化。澳大利亚学者格兰特·埃文斯则认为，"佛教作为一种纯粹的神学思想，并不能为日常生活中的不确定（如爱、生育或者死亡）提供现实的指导，因此，人类通过神奇的物体、地点和人（例如神灵中间人）来寻求将来的线索和神奇的帮助……随着佛教的传播，它吸收了地方上的信仰和做法，这使各地的佛教产生了些微的不同"②。

2.老挝上座部佛教文化对其他地区上座部佛教文化的兼收并蓄

老挝地区是中南半岛上座部佛教文化圈里最后一个引入上座部佛教的地区，且并非直接从印度和斯里兰卡引入，而是从周边泰国地区、高棉地区和缅甸地区等多个地区引入。正如贺圣达先生所言，"老挝古代文化艺术以两个中心为基础，北部城市琅勃拉邦受以清迈为中心的泰人兰纳王国和缅甸很大的影响，中部城市万象则更多地受到阿瑜陀耶和高棉文化的影响。"③周边各国用自己的文字拼写巴利语经典，使得上座部佛教融合了对应国家的文化特点，因此传入老挝的上座部佛教也各具特色。老挝的上座部佛教兼收并蓄了各个类型，形成了具有老挝特色的上座部佛教。

（二）外来性

老挝地处中南半岛北部，东与越南为邻，西面是泰国和缅甸，南邻柬埔寨，北接中国云南。这为老族文化接受外来文化提供了前提。根据前文的论述，老族文化中最突显、最主要的部分是上座部佛教文化，并吸收了婆罗门教

---

① 谢英. 从西勐娘娘庙看老挝文化的特点[D]. 广西民族大学外国语学院硕士论文，2008：12.

② [英]格兰特·埃文斯. 老挝史[M]. 郭继光，刘刚，王莹，译. 上海：东方出版中心，2011：12.

③ 贺圣达. 东南亚历史重大问题研究——东南亚历史和文化：从原始社会到 19 世纪初[M]. 昆明：云南人民出版社，2015：371.

文化、汉文化、西方文化等多种文化，这表明外来文化在老族文化中所占的体量最大。总的来看，老族文化常被归为上座部佛教文化圈文化，其文化尤其是精神文化、制度文化方面的特点更多地带有上座部佛教国家文化的共性。

（三）延续性

老族文化源于史前社会，在澜沧王国时期得到高度发展，很多古老的习俗传统被完整地保留了下来，具有较强的延续性。究其原因，首先是老挝相对封闭、落后的环境虽然使得生产方式变迁较慢，但有利于古老文化的传承[①]；其次，根据前文的分析，老族主体文化——上座部佛教文化在老挝的传播发展经历了自上而下和自下而上的双向过程，主体民族—本国语言—上座部佛教三者早已融为一体，老族的民族文化被打上了上座部佛教深深的烙印。在现代社会，老族人也非常重视保护自身的传统文化，并将其发扬光大。老挝琅勃拉邦的布施文化、万象的塔銮节等就是很好的例证。

三、老族文化与周边文化的共性及自身个性

老挝处在壮泰民族文化区的中央，同时也属于上座部佛教文化圈和东南亚国家，加之文化外来性的特点，老族文化必然与周边文化存在广泛的共性。但是，老挝环境、历史、民族等因素的独特性也必然使老族文化具有自身的个性。

首先，老族文化的个性与其包容性的特点密切相关。一方面，老族对上座部佛教的态度并不是按照原本教义全盘接收，而是根据本民族的需要选择性地接收，而老族各地区社会形态与需求的不同也会导致各地上座部佛教的不同。"原始宗教也与各地区的社会形态一样，不可能统属，只能是各自为阵，各具形态而不整齐划一。老挝这种神道观念及其特征，是佛教得以安营扎寨的土壤，也是老挝佛教文化不可能单一，必然呈现出多样性和混融性特色的必然原因"[②]。另一方面，老挝的上座部佛教文化兼收并蓄了周边多国的上座部佛教文化，也呈现出自身的特点。如老挝高大的建筑物类似于泰国古代建筑，而佛陀的拟人化表现则更接近缅甸的艺术[③]。总的来说，传入老挝的上座部佛教经

① ບົວບານ ວໍລະຊຸນ.ລັກສະນະຊາດຂອງວັດທະນະທຳ.ລາວຈີ[M].ນ:ໂຮງພິມແຫ່ງລັດ,1998,p.44.

② 谢英. 从西勐娘娘庙看老挝文化的特点[D]. 广西民族大学外国语学院硕士论文，2008：20.

③ 贺圣达. 东南亚历史重大问题研究——东南亚历史和文化：从原始社会到19世纪初[M]. 昆明：云南人民出版社，2015：372.

历了世俗化、民族化和多样化的过程，最终形成了具有老挝特色的全国性宗教。

其次，上座部佛教文化圈内各国的宗教联系比较松散，没有形成跨国家的佛教中心，也没有类似中世纪欧洲教皇那样共同的教主[①]，各国拥有各自文字书写的宗教经典、宗教组织体系和宗教中心，带有本国民族特性的宗教、民族语文和文化几乎是同步发展的，这使得上座部佛教文化圈各国的文化特质更加突显。

再次，就老挝的历史来看，"'老族人'和'暹罗人'存在文化差异，这源于两个社会融入现代世界体系在时间和空间上的差别……澜沧王国的垮台拉大了日益世俗和先进的暹罗宫廷与日益保守的老族宫廷之间的差距"[②]。曼谷的现代化也加强了位于中央的泰族人认为自身不同于文化边缘的老族族群的意识，许多泰族人自动地与边缘民族隔离开来。泰语与老挝语的分化则始于 16世纪末[③]，早于族群认同带来的文化分歧。此外，19 世纪末至 20 世纪中叶，老挝沦为法国的殖民地，法国文化对老挝文化的深刻影响是大多数其他壮泰文化区所不具备的。法国借鉴越南殖民模式对老挝进行管理，大力推广法语，也将一些西方文化注入了老族的文化之中。

四、结语

老族文化是根植于壮泰文化区和上座部佛教文化圈的交汇区，以本土文化为基底，上座部佛教文化为主体，多种文化因子共生的混合性文化。它影响着老族人的生产生活、风俗习惯、行为礼仪、价值观、思维方式和知识体系，对老族的生存和发展有重大的意义。然而，多样性、外来性、包容性背后蕴含的老族文化的复杂性，并不是简单的总结、解读就能阐释清楚的。从具体文化现象入手，在不同视域下解读老族文化的复杂性，将是下一阶段老族文化研究的题中应有之义。

---

① 贺圣达. 东南亚历史重大问题研究——东南亚历史和文化：从原始社会到 19 世纪初[M]. 昆明：云南人民出版社，2015：311.

② [英]格兰特·埃文斯. 老挝史[M]. 郭继光，刘刚，王莹，译. 上海：东方出版中心，2011：36.

③ 黄兴球. 壮泰族群分化时间考[M]. 北京：民族出版社，2008：126.

参考文献

[1] 蔡文樅. 老挝风情录[M]. 北京: 世界知识出版社, 2008.

[2] 格兰特·埃文斯. 老挝史[M]. 郭继光, 刘刚, 王莹, 译. 上海: 东方出版中心, 2011.

[3] 范宏贵, 黄兴球, 卢建家. 老挝佬族起源研究文集[M]. 广州: 世界图书出版广东有限公司, 2011.

[4] 范宏贵. 同根生的民族: 壮泰各族渊源与文化[M]. 广州: 世界图书出版广东有限公司, 2014.

[5] 郝国强, 许欣, 姚佳君. 和合共生: 老挝丰沙湾市邦洋村的民族志[M]. 北京: 民族出版社, 2015.

[6] 郝勇, 黄勇, 覃海伦. 老挝概论[M]. 广州: 世界图书出版广东有限公司, 2012.

[7] 贺圣达. 东南亚历史重大问题研究——东南亚历史和文化: 从原始社会到19世纪初[M]. 昆明: 云南人民出版社, 2015.

[8] 黄兴球, 范宏贵, 等. 老挝老族与中国壮族文化比较研究[M]. 北京: 民族出版社, 2010.

[9] 黄兴球. 壮泰族群分化时间考[M]. 北京: 民族出版社, 2008.

[10] 姆·耳·马尼奇·琼赛. 老挝史[M]. 厦门大学外文系, 译. 福州: 福建人民出版社, 1974.

[11] 覃圣敏. 壮泰民族传统文化比较研究（一至五卷）[M]. 南宁: 广西人民出版社, 2003.

[12] 覃乃昌. "那" 文化圈论[J]. 广西民族研究, 1999（4）.

[13] 申旭. 老挝史[M]. 昆明: 云南大学出版社, 2011.

[14] 谢英. 从西勐娘娘庙看老挝文化的特点[D]. 广西民族大学, 2008.

[15] 中共中央对外联络部课题组. 老挝人民革命党处理宗教问题的探索与实践[J]. 当代世界与社会主义, 2006（4）.

[16] ບ້ອບາມ ວໍລະຂຸມ. ລັກສະນະຊາດຂອງວັດທະນະທຳ [M]. ວຽງຈັນ:ໂຮງພິມແຫ່ງລັດ, 1998.

[17] ທຸມພັນ ລັດຕະນະວົງ.ວັດທະນະທຳ ແລະ ວັດທະນະທຳລາວ [C]// ສະຖາບັນຄົ້ນຄວ້າວັດທະນະທຳ.ວິທະຍາສານມໍລະດົກລ້ານຊ້າງ.ວຽງຈັນ:ໂຮງພິມແຫ່ງລັດສ.ປ.ປ.ລາວ, 1996(2): 149–170.

[18] ອັນສ໌ ເກອອກ ເບັເຫໍ,ຄຳອອນ ບຸນຍະພອນ. ຂອບໃຈທີ່ຫຼວງພະບາງ [M]. ຫຼວງພະບາງ:ໂຄງການ ປົກປັກຮັກສາເອກະສານຮູບພາບພະພຸດທະສາສະໜາຫຼວງພະບາງ,ອາມັນທະການພິມ 2013.

[19] Grant Evans. Laos: *Culture and Society* [M]. Chiang Mai: Silkworm Books, 1999.

[20] Frank. MLebar. *Laos: Its People, Its Society, Its Culture* [M]. Whitefish: Literary Licensing, 2012.

[21] PeralaRatnam. *Laos and its Culture* [M]. Mumbai: M/s Tulsi Publishing House, 1982.

柬埔寨地名文化探析

信息工程大学　卢军

【摘　要】地名是人们赋予某一特定空间位置上的自然或者人文地理实体的专有名称。地名是语言词汇中的一员，与文化的关系十分密切。作为文化的载体，地名受历史、政治、宗教等文化因素的制约，同时又是地域文化的一面镜子，反映出文化的千姿百态，记录了一个民族生活的地理环境、历史演变、语言文化、风俗民情，映射出其民族心理和文化内涵。研究柬埔寨的地名文化，将促进我们对柬埔寨文化的进一步了解，为"一带一路"倡议全面实施中开展文化交流与民心相通活动奠定文化基础。

【关键词】柬埔寨；地名；文化内涵

地名是人们对具有特定方位、地域范围的地理实体赋予的专有名称。"地名是一个地域文化的载体，一种特定文化的象征，一种牵动乡土情怀的称谓。"[①] 地名属于语言词汇中的专有名词，是地方和地理实物的名称，它是人类改造自然和人类社会发展的产物，是一种约定俗成的语言符号。地名也是地域文化的载体，它不但记录了某一地区自然地理环境的变迁，而且记录了人类社会发展的兴衰，记录了历史中战争、浩劫与磨难，记录了人们的思想愿望和心理意识。因此，地名是一种文化现象，是人类的认识成果，积淀了人类的思维方式和心理特征。

"地名的考察实在是令人神往的语言学研究工作之一，因为地名本身就是词汇的组成部分，并且地名往往能提供重要的证据来补充，并证实历史学家和考古学家的论点。"[②] 作为文化语言学的一项研究内容，探讨地名和文化的关系，研究一个国家地名的形式结构、产生演变，以及所反映的文化内涵，对于深入了解该国的历史发展、语言文化、宗教习俗、社会变迁、社会民俗等，具有多方面的意义和作用。随着"一带一路"倡议的全面实施，从文化语言学的角度对柬埔寨的地名进行探析，可以从中揭示出柬埔寨民族的文化信息和文化内涵，将进一步加深我们对柬埔寨文化的了解，促进与"一带一路"国家的文

① 冯骥才. 地名的意义[N]. 人民日报，2001-11-13（12）.

② 帕默尔. 语言学概论[M]. 北京：商务印书馆，1983：134.

化交流与对话，深化文化相通与民心相通。

本文的研究对象包括目前柬埔寨的行政区域，即省市、县乡、街区等，以及自然地理实体名称，包括山川、河流、岛屿等等。一般而言，地名由通名和专名构成，通名是指地名中表示地名所指代的地理实体类别的部分，反映某一类地理实体的共性；专名则是指地名中用来区分各个地理实体的部分，突出单一地区的个性。

一、柬埔寨地名的构成方式

由于柬埔寨语中修饰词通常放在被修饰词之后，即定语后置，因此柬埔寨的地名构成是通名+专名的形式，例如：

地名	=	通名	+	专名
ខេត្តសៀមរាប（暹粒省）	=	ខេត្ត（省）	+	សៀមរាប（暹粒）
ក្រុងភ្នំពេញ（金边市）	=	ក្រុង（市）	+	ភ្នំពេញ（金边）
ខណ្ឌមានជ័យ（胜利区）	=	ខណ្ឌ（区）	+	មានជ័យ（胜利）

柬埔寨的地名中的通名主要有省（ខេត្ត）、市（ក្រុង）、区（ខណ្ឌ）、县（ស្រុក）、分区（សង្កាត់）、乡（ឃុំ）、村（ភូមិ）。而作为地名专名的词汇则主要可以分成以下几类：

1.以地理实体作为专名。由于处于原始状态的人类一般采取直观的方式认识周围的自然环境，因此人们往往根据该地的外部特征来对自然地理实体加以命名。柬埔寨具有非常鲜明的地形特点，东、西、北三面环山，中央是大平原，西南面向暹罗湾，而且地势起伏，高原和山地分别占国土面积的29%和 25%。同时境内水系发达，河流纵横交错，湖泊星罗棋布，所以人们可以发现很多以山峰和河流为专名的地名，例如：

山峰	ភ្នំស្រុក（野山）	ភ្នំក្រវាញ（豆蔻山）	ដកភ្នំ（独山）
河流	ស្ទឹងត្រង់（笔直的河流）	ស្ទឹងសែន（多条河流）	ស្ទឹងហាវ（湍急的河流）
岛屿	កោះធំ（大岛）	កោះអណ្ដែត（浮岛）	កោះកុង（弯曲的岛屿）

2.以农业、植物或水果作为专名。柬埔寨人的祖先逐渐向以洞里萨湖和湄公河下游为中心的平原地区迁徙，随着生产力的提高，生存所依赖的食物获取方式也从采摘果实发展到种植农作物。柬埔寨是一个传统的农业国家，农业在国民经济中占主要地位。且柬埔寨大部分地区气候炎热潮湿，土地肥沃，适于

各种热带植物和水果的生长。所以，柬埔寨人很喜欢以水果和植物作为地名的专名，这类专名可以使人感受到柬埔寨拥有丰富的植物和水果资源，例如：

农业	ចំការមន （桑园）	ច្បារអំពៅ （甘蔗园）	ស្រែអំបិល （盐田）
植物	ឈូក （荷花）	រំដួល （嘉陵花）	សង្កែ （风车子）
水果	ក្រូចឆ្មារ （柠檬）	គូលែន （荔枝）	ស្វាយ （芒果）

3.以军事词汇作为专名。柬埔寨所处的中南半岛不仅土地肥沃、物产丰富，而且水利便利，气候宜人，地理位置十分优越，柬埔寨自古就有黄金国（**សុវណ្ណភូមិ**）之称，因此这里也是各国必争之地。柬埔寨历史上与周边的暹罗（泰国）、安南（今越南）、寮国（今老挝），以及占婆等国家进行过多场战争，因此遗留下不少与战争和军事相关的地名，例如：

胜利	មានជ័យ （胜利）	អង្គរជ័យ （胜利之城）	សាមគ្គីមានជ័យ （团结胜利）
堡垒	បន្ទាយមាស （黄金城堡）	បន្ទាយស្រី （女王城堡）	បន្ទាយមានជ័យ （胜利城堡）

4.以城市和港口作为专名。随着生产力的发展，古代柬埔寨逐渐步入了奴隶制社会，人们聚居的地方慢慢建立起了城市，傍水而居的人们也慢慢修起了港口，因此将城市和港口作为专名。

城市	អង្គរបុរី （都城）	អង្គរុំ （城邦）	អង្គរធំ （大城）
港口	កំពង់ចាម （占人港口）	កំពង់សៀម （暹人港口）	កំពង់សិលា （石头港）

5.以宗教、寺庙或者皇族用语作为专名。民族、宗教与国王被誉为拉动柬埔寨前行的三驾马车。从古至今，宗教和皇室在柬埔寨人民的政治和社会生活中都占有举足轻重的地位，因此柬埔寨地名中有很多以宗教和皇室用语作为专名的地名，例如：

宗教	ពោធិសាត់ （菩萨）	សុទ្រនិគម （首陀罗住区）	មេមត់ （妖魔）
寺庙	ប្រាសាទបល្ល័ង្ក （宝座寺）	ប្រាសាទសំបូរ （丰盈寺）	ត្រពាំងប្រាសាទ （寺塘）
皇室	ព្រះនេត្រ （皇族的眼泪）	ព្រះស្ដេច （国王）	ព្រះសីហនុ （西哈努克）

6.以重要人物作为专名。如为纪念柬埔寨国王西哈努克带领人民摆脱法国的殖民统治，获得国家独立，而将位于暹罗湾的磅逊市（ក្រុងកំពង់សោម）改名为西哈努克市①（ក្រុងព្រះសីហនុ）。而柬埔寨首都主要街道的名称都是根据柬埔寨王族和 20 世纪六七十年代，与柬埔寨关系紧密的世界各国的领袖来命名，如诺罗敦大道（មហាវិថីព្រះបាទនរោត្តម）、莫尼旺大道（មហាវិថីព្រះមោនីវង្ស）、毛泽东大道（មហាវិថីម៉ៅសេទុង）、戴高乐大道（មហាវិថីចាលដឺហ្គោល）等等。

以一般事物作为专名，如 ជងទង់（旗帜）、កងមាស（金戒指）等等。

二、柬埔寨地名的命名特点

地名是人类认知活动对地理空间分类的符号表达，是一种语言现象，也是一种社会现象。地名的命名不是随意的，而是具有一定的理据。地名命名的意义通常认为是地名的字面所表达的含义，它是人们为地命名时的着眼点，或者叫命名的因由或理据。地理实体包括一定的空间位置、地理方位、地形地貌、气候物产、景观景物等，这也是柬埔寨人民为地区命名的主要依据，这些地名可以顾名思义。还有些地名根据优美动人的传说演变而来，有些地名与百姓的生活息息相关，这些地名使人领略到了柬埔寨历史悠久的地理人文。柬埔寨地名的主要命名方式主要有以下几种：

（一）根据地理环境命名

地名的形成过程也是人类认识、开拓自然的过程，对大自然最直观的认识，直接反映即对该地的命名。例如位于柬埔寨东部的蒙多基里省（ខេត្តមណ្ឌលគីរី），柬埔寨语中 មណ្ឌល 意为"地区，区域"，គីរី 意为"大山"，"蒙多基里"意即"宽广的山区"。该省不仅是柬埔寨面积最大的省，而且地处高原地区，高原气候特征较为明显。然而由于多山少田，也是柬埔寨人口密度最低的省份。因此，农作物主要是玉米、白薯等山地作物及旱稻。此外，该省森林资源比较丰富，多瀑布。由于该省交通极为闭塞，主要居住卜农、莫侬等山地高棉人，是名副其实的山区。再例如位于柬埔寨西南部的戈公省（កោះកុង），该省南临磅逊湾，西临暹罗湾，得名于暹罗湾中的戈公岛。柬埔寨语中 កោះ 意为"岛，岛屿"，កុង 意为"弯弯曲曲的"，因此 កោះកុង 意即弯曲的岛屿，此名形象地表现了这个岛屿的自然外貌特征，也便于人们记忆，易于相

———————

① 现设置为西哈努克省（ខេត្តព្រះសីហនុ）。

互流传。

（二）根据自然物产命名

東埔寨不仅农业和林业资源丰富，还拥有丰富的矿产资源。東埔寨的宝石世界闻名，尤以红宝石和蓝宝石最为名贵，此外还有锆石、玛瑙、黑玉等宝石资源。这些宝石资源大都埋藏在山区，人们从山区开采到这些宝石之后，便以宝石的名称来为它们的产地进行命名。例如位于東埔寨东北部的腊塔纳基里省（រតនគីរី），東埔寨语中 រតន 意为"珠宝、宝石"，前文曾介绍过 គីរី 意为"大山"，因此该省名意即宝石山区，这正反映了该省的两个特点，一是地处山区，二是它作为東埔寨主要的宝石产地之一，盛产蓝宝石、红宝石以及黑宝石。再例如東埔寨的豆蔻山脉（ភ្នំក្រវាញ），它由马德望省的珠山向东延绵数百里，一直延伸到磅士卑省，平均海拔 1000 米以上，其中占他武里山和班塔山构成了東埔寨和泰国的天然边界。豆蔻山（ភ្នំក្រវាញ）即因为山上盛产東埔寨民间常用的药用植物豆蔻（ក្រវាញ）而得名。

（三）根据民间传说命名

東埔寨地名中还有一些包含着引人入胜的民间传说或是历史典故，不仅为这些地区增添了神秘的色彩，还增加了城市的文化底蕴。例如東埔寨首都金边市（ភ្នំពេញ）的来历就蕴含着一个流传已久的动人传说。東埔寨语中 ភ្នំ 意为"山"，ពេញ 则是一位老人的名字，音译为"奔"。相传在很久以前，金边曾是一片汪洋，住着一些居民。居民中有一位叫"奔"的年老妇人，她生活富裕，心地善良，同邻里相处和睦，人们很尊敬她，亲切地称她为"东奔"（ដូន ពេញ），東埔寨语中 ដូន 意为"婆婆，奶奶"，"东奔"即"奔老婆婆"。一日清晨，奔老婆婆来到河边取水，水中有一片高地，高地上漂来一根大树，树杈中有四尊铜佛像和一尊石佛像。奔老婆婆一见，认为是佛祖遇难，自己是佛教的虔诚信徒，理应行善，于是请来邻居，用隆重的仪式，将佛像迎进自己家中。她又和邻居一道运来土，在自家门前筑起一座小山，并在山上用砖木修筑一座佛寺，将佛像供奉在佛寺里。后来，人们为了纪念这为大慈大悲的奔老婆婆，便把这个地方称为：វត្តភ្នំដូនពេញ，意为"奔婆婆山庙"。1434 年東埔寨迁都至此，大兴土木，并把新城称为金边（ភ្នំពេញ），即今天人们所说的奔山了。如今，为了纪念奔老婆婆，金边市还有一个区是以她的名字命名的，即 ខ័ណ្ឌដូនពេញ（东奔区）。再例如位于東埔寨西部边陲的马德望省（ខេត្តបាត់ដំបង），東埔寨语中 បាត់ 意为"丢弃、抛弃"，ដំបង 意为"棍子、棒子"。关于马德望省地名的来历，有两则不同的传说。其中一个传说与婆罗门格尔有关。从前有一位藤匠，无意中得到了一根神奇的棍子，由于棍子的神力，他篡夺了王位，当上了柬埔寨的国王。后来一位神婴投胎到柬埔寨，被起名叫作婆罗门格尔。星象家预言他会取代藤匠成为国王，于是国王想尽办法企图消灭他。但是婆罗门格尔在圣僧帮助下长大，并骑着白马来到都城吴哥通。国王大怒，抽出神棍朝婆罗门格尔打去，棍子落在一个森林里面不见了，人们后来便把这个森林称为"丢失棍子的森林"，即马德望森林。再以后，这里出现了一个美丽的城市，便叫作马德望。另一有名的传说则是：一位王子打猎至此，发现一只神兽，眼看就要逃走了，于是王子抄起手边的棍子向神兽打去，结果神兽消失了，棍子也无影无踪，于是此地便叫作丢失棍子森林，即马德望森林了。"丢失的棒子"并没有丢失在沧桑的历史中，为了纪念这座城市的得名，在马德望省首府马德望城南的环形路口，人们建造起一座巨大的雕像，这是一名威武的武士，威严恭敬的蹲跪着，双手捧着那根"丢失的棍子"，看到他不禁使人们浮想联翩，仿佛回到了古代与王子驰骋疆场的场面。

（四）根据经济生活状况命名

一方水土养育一方人。每个地区的水土环境、人文环境都不同，人的性格、生活方式、思想观念、人文历史也就随之而改变。因此，居民从事的职业有时也成为所在地域命名的依据，反过来又显示了命名时期当地经济活动的一些情况。例如位于柬埔寨中部洞里萨湖东南部的磅清扬省（ខេត្តកំពង់ឆ្នាំង），柬埔寨语中 កំពង់ 意为"港口"，ឆ្នាំង 意为"锅"。该省以盛产各种黏土坩埚、瓦锅以及铜锅而闻名柬埔寨，同时靠近洞里萨湖，每年生产的各式各样的锅具从河港运输到柬埔寨全国各地，因此得名 កំពង់ឆ្នាំង"锅的港口"。如今磅清扬省仍旧是各种类型锅的生产基地，有数千人从事陶瓷制造业，也将祖先制"锅"的事业继承并发展下去。再例如位于柬埔寨西部豆蔻山脉中段的菩萨省（ខេត្តពោធិ៍សាត់），柬埔寨语中 ពោធិ៍ 意为"菩提"，该省人民以善于雕刻而著称，雕刻艺术闻名全国，所雕刻的佛像也在全国各地十分畅销。而且该省森林资源非常丰富，出产柚木、铁木、紫檀等名贵热带木材，也为雕刻各种造型的佛像及其他艺术品提供了丰富的原料。如今每年数百万到柬埔寨旅游的各国游客都会带上几尊精美的佛雕和其他木雕作为纪念品，也将柬埔寨的悠久文化传播到了世界各地。

（五）其他命名方式

除了上述四种主要命名方式之外，还有根据历史事件命名，如金边市的 1 月 7 日区 ខណ្ឌប្រាំពីរមករា，即是为了纪念 1979 年 1 月 7 日金边解放日而取的名称。以及以伟大的历史人物命名，以一般事物命名等方式，这里不再一一赘述。

三、柬埔寨地名的文化内涵

地名是历史的产物，是历史上逐渐积累而成的，但它又是以共时的方式同时出现在地名系统中，因此在一种语言的现代地名系统中，必然包含着多重历史层次的积压和呈现多种文化现象。地名还能反映一个民族的心理状态、风俗习惯和其他文化特征。通过对柬埔寨地名的考察，可以发现柬埔寨地名中蕴含的文化特征。

（一）反映了柬埔寨人对山的崇拜

世界各国的人民自古就有自然崇拜，中国人崇拜龙，印度人崇敬牛，崇拜蛇和猴，日本人崇拜狐狸，而古代柬埔寨人崇拜的对象则是山。扶南国（អាណាចក្រភ្នំ）是东南亚最早出现的国家之一，形成于公元 1—3 世纪，它是由柬埔寨主体民族高棉民族建立起的第一个王国。我国《后汉书·章帝纪》中所称的"究不是"就是指扶南。扶南是我国对高棉语 ភ្នំ（Phom）的音译。扶南的统治者也自称为"山地之王"，柬埔寨语中 អាណាចក្រ 意为"王国，帝国"，ភ្នំ 我们在前文已经介绍过，意为"山"，我国所称的"扶南"在柬埔寨语中的意思即"山的王国"。山在柬埔寨拥有崇高的地位，只要有山，就会有柬埔寨人在山上建寺拜神，因为他们相信山神能与天神息息相通。柬埔寨国王相信要与天神交流，就需要将宫殿修建到山上或是在山上修建神庙拜神。因此在柬埔寨我们可以找到很多以山命名的地名，它们展现了柬埔寨人民对山的崇敬、膜拜与热爱。如果一个都城没有山，人们也会用石垒土堆建造一座山。前文介绍的作为金边市奠基地的 ភ្នំដូនពេញ（东奔山），就是柬埔寨人民堆建的，用来纪念奔婆婆的 វត្តភ្នំដូនពេញ（奔婆婆山庙）所在的 វត្តភ្នំ（塔仔山）的高度也只有百米而已。但塔仔山已是金边市的制高点，每天香火不断，因为在柬埔寨人民的心目中，它不仅是金边的发源地，而且也是金边市的象征，是柬埔寨人民精神的寄托。在柬埔寨县乡一级地名中使用到 ភ្នំ 的就有 28 个之多。这也反映了古代高棉人将山岳作为神明降临圣地的自然崇拜思想。

（二）反映了柬埔寨人依水而居的生活习俗

水是人类生命的源泉，江河则是人类文明的摇篮。柬埔寨境内河流众多，纵横交错，如同蛛网，构成了丰富的水利资源。柬埔寨境内最大的河流湄公河（ទន្លេមេគង្គ）即发源于我国青藏高原的澜沧江，在柬埔寨湄公河也称作 ទន្លេធំ，意为"大河"。其次为洞里萨河（ទន្លេសាប），主要的湖泊则有洞里萨湖（បឹងទន្លេសាប）。河流流经的地区，往往人们群聚而居，久而久之，便形成了港口，随着贸易往来的发展，逐渐形成了乡镇。柬埔寨有一句谚语 ចូលស្ទឹងតាមបត់ ចូលស្រុកតាមប្រទេស，意为"入港随湾，入乡随俗"，可见港口与柬埔寨人民的生活息息相关。柬埔寨 20 个省中，就有磅逊（កំពង់សោម）、磅湛（កំពង់ចាម）、磅士卑（កំពង់ស្ពឺ）、磅清扬（កំពង់ឆ្នាំង）、磅同（កំពង់ធំ）5 个省名使用到 កំពង់（港口，音译为磅）这个词作为地名，湄公河流经磅湛，洞里萨河流经磅同、磅清扬，特里河流经磅士卑，而在县乡级的地名中使用到 កំពង់ 的则多达 65 个，只要有河流经过的地区，就会发现 កំពង់ 的影子。

（三）表现柬埔寨人民珍视民族文化遗产的美好愿望

古代柬埔寨在东南亚地区曾经显赫一时，并且创造了辉煌的吴哥文明。但在近代，柬埔寨逐渐衰败，成为邻国的附属国，到了 18 世纪初更沦为了法国的殖民地，民族文化也受到了压迫和破坏。二战后，柬埔寨获得了宝贵的独立，柬埔寨人民不但要争取民族独立，也十分重视民族的文化遗产，这在地名中也有体现。例如位于柬埔寨正北端，柬泰边境的柏威夏省（ខេត្តព្រះវិហារ），柬埔寨语中 ព្រះ 一词作为前缀，表示某一人物或者事物享有高贵、尊严的地位，神圣不可侵犯，通常用于对僧侣、皇族的敬称，而 វិហារ 意为"寺庙、庙宇"，因此柏威夏在柬埔寨语中的意思即为"圣寺"。如此，人们可以猜想到这个省的地名或许与一座寺庙有关。事实的确如此，柏威夏省正是得名于位于该省境内柬泰边境的柏威夏寺。柏威夏寺由吴哥王朝第四位君主耶苏跋摩一世于 889 年动工兴建，历时 200 多年，约在 1152 年正式完工。1953 年泰国曾占领该寺，刚获得独立的柬埔寨为此与泰国交涉 7 年，并于 1959 年诉诸海牙国际法庭，1962 年 6 月海牙国际法庭通过判决，要求泰国将柏威夏寺归还柬埔寨，为了纪念这次胜利，1964 年柬埔寨当局从原来的磅同省划出部分区域新设柏威夏省。近期由于柏威夏省申报世界文化遗产成功，又与泰国产生边境摩擦，闹得沸沸扬扬。

（四）保留了战争的痕迹

历史上的柬埔寨战乱不断，烽火连绵，因此类似堡垒和胜利的地名比较常见。例如以堡垒（បន្ទាយ）命名的地区有 15 个，例如：ស្រុកបន្ទាយមាស（金城县）、ឃុំបន្ទាយដែក（铁堡乡）、ឃុំបន្ទាយដី（土堡乡）。而以胜利（មានជ័យ）命名的地区有 19 个，例如：ខ័ណ្ឌមានជ័យ（胜利区）、ឃុំស្ពានមានជ័យ（胜利桥乡）、ឃុំសម្បត្តិមានជ័យ（胜利财富乡）。而班迭棉吉省（ខេត្តបន្ទាយមានជ័យ）则由城堡和胜利组成，意为"胜利的城堡"，这些地名表达了柬埔寨人民希望在战场上获得胜利的强烈愿望。以历史上著名战例为名的典型例子即是位于柬埔寨西北高原的暹粒省（ខេត្តសៀមរាប），举世闻名的东方七大奇迹之一的吴哥寺就位于该省。柬埔寨语中 សៀម 意为"暹罗"，既是现今泰国的古称，រាប 意为"制伏，降服"，暹粒意即"制伏暹人之地"。1416 年暹罗王巴隆拉渣率兵入侵柬埔寨，占领了吴哥，并将柬埔寨两位王子虏往暹罗。柬埔寨副王蓬也雅挺身而出，招兵买马，力战暹罗兵，终于在此地击败暹罗军队，并杀死了暹罗王子恩德拉渣，实现了复国的目标，后来人们便把此地称作暹粒，以纪念历史上伟大的胜利。研究包含军事词汇的地名，也是我们研究柬埔寨古代军事的一个途径。

四、结语

地名具有重要的文化和历史意义，地名不仅是民族文化遗产，它还属于宝贵的非物质文化遗产。正由于地名具有十分重要的研究价值，因此，地名学、语言学、地理学、历史学、文化学等诸多学科都将地名作为其重要的研究对象。柬埔寨作为东南亚的文明古国，其地名中包含的文化意义，以及语言学内涵十分丰富。本文对柬埔寨的地名及其文化内涵做了初步的探讨，旨在抛砖引玉，期待吸引更多学者关注和研究柬埔寨文化。

参考文献

[1] 苏新春. 文化语言学教程[M]. 北京：外语教学与研究出版社，2006.

[2] 张公瑾，丁石庆. 文化语言学教程[M]. 北京：教育科学出版社，2004.

[3] 游汝杰. 中国文化语言学引论[M]. 上海：上海辞书出版社，2003.

[4] 王际桐. 地名学概论[M]. 北京：中国社会出版社，1993.

[5] 陈显泗. 柬埔寨两千年史[M]. 郑州：中州古籍出版社，1990.

[6] 傅岩松，胡伟庆. 柬埔寨研究[M]. 北京：军事谊文出版社，2004.

[7] 李晨阳，瞿健文. 列国志：柬埔寨[M]. 北京：社会科学文献出版社，2005.

[8] D.G.E.霍尔. 东南亚史[M]. 中山大学东南亚历史研究所，译. 北京：商务印书馆，1982.

《大唐西域记》所载"栗呫婆"人情况略考

信息工程大学　黄恒超

【摘　要】《大唐西域记》作为研究古代南亚次大陆历史文化的重要典籍之一，记载了古代北印度地区存在的一个重要族群"栗呫婆"人。"栗呫婆"人后从印度的各项典籍材料中消失。经考察发现，"栗呫婆"人约在公元前 5 世纪中后期开始大规模向北迁徙，约公元前 3 世纪中叶带着佛教到达尼泊尔加德满都谷地地区，后被称为"李查维"人并建立起"李查维王朝"，其在宗教信仰上发生了由佛教向印度教的转变。

【关键词】《大唐西域记》；尼泊尔；栗呫婆；李查维

《大唐西域记》[①]是研究古代印度地区历史与文化的重要文献，该书记载了古代印度北部地区一个重要的族群——"栗呫婆"人，为后世从事相关研究提供了重要材料。该书对"栗呫婆"人情况的记载及学界的相关校注存在一些可疑之处，主要涉及"栗呫婆"人的去向及其与尼泊尔"李查维"人间的关系、"栗呫婆"人从印度北部地区衰落与迁徙的时间以及"栗呫婆"人的宗教信仰情况等，需要做进一步的考察。

一、《大唐西域记》对"栗呫婆"人的记载

《大唐西域记》是由中国唐代著名僧人、佛教法相宗创始人玄奘（公元600—664 年）赴古印度取经归国后口述并经其弟子辩机（公元 619—649 年）撰录而成的一部重要著作。该书共分为十二卷，记载了玄奘在古印度等地区的所见所闻，描述了公元 7 世纪时中亚与南亚总计 138 个国家的风土人情，保存了大量历史资料，对研究古代印度地区的历史文化具有极其重要的学术价值。

《大唐西域记》在第七卷"吠舍釐國"下第六条"重閣講堂及諸聖迹"中，第一次记载了"栗呫婆"人：

> "大城西北行五六十里，至大窣堵波，栗呫婆子別如来處。如来自吠舍釐城趣拘尸那國，諸栗呫婆子聞佛將入寂滅，相從號送。世尊既見哀

---

① 本文所涉《大唐西域记》版本为季羡林等校注而成的《大唐西域記校注》，由中华书局初版于 1985 年。文中所引用的内容均按该书保留了繁体字的形式。

慕，非言可喻，即以神力化作大河，崖岸深絕，波流迅急。諸栗呫婆悲慟以止，如來留缽，為作追念。"①

同在第七卷"尼波羅國"下第一條"光胄王制聲明論"中，《大唐西域记》第二次记载了"栗呫婆"人：

"王剎帝利栗呫婆種也，志學清高，純信佛法。近代有王，號鴦輸伐摩，碩學聰叡，自制《聲明論》，重學敬德，遐邇著聞。"②

除以上两处之外，《大唐西域记》未再见有对"栗呫婆"人的记载。综上可见，"栗呫婆"人在佛陀时代主要活动于"吠舍釐國"，而在玄奘赴印度取经的公元 7 世纪时则主要活动于"尼波羅國"。

《大唐西域记》中的"吠舍釐國"主要位于今天印度北方的比哈尔邦境内，而"尼波羅國"则是中国唐代典籍对尼泊尔地区的称呼，主要指今天尼泊尔加德满都谷地及其周边地区。从地理角度观察可以发现，历史上的"吠舍釐國"与"尼波羅國"国土相邻，均位于甘达克（Gandak）河③流域，"尼波羅國"处于"吠舍釐國"以北的上游地区。

玄奘在《大唐西域记》中提及的尼泊尔国王、"栗呫婆"人"鴦輸伐摩"④，是尼泊尔"李查维王朝"时期的著名统治者之一。由此可见，"栗呫婆"人即尼泊尔历史上的"李查维"人。

该结论可以从词汇发音上找到支撑证据。根据季羡林等学者的考证，"栗呫婆"的梵文原名转写为拉丁字母后是"Licchavi"⑤。而今尼泊尔语中的"李查维"也是梵语词汇，转写为拉丁字母即为"Licchavi"，与"栗呫婆"的梵文原名一致。尼泊尔语是由梵语发展而来的一种俗语，保留了大量的梵语词汇。由上可见，"栗呫婆"人与"李查维"人确是同一族群。

二、印度"栗呫婆"人向尼泊尔迁徙的时间考察

印度古代典籍并不特别注重对历史情况的记载，这一点与中国形成了鲜明的对比。在这种情况下，目前能找到的对印度"栗呫婆"人的记载十分有限。

---

① 季羡林. 大唐西域記校注[M]. 北京：中华书局，1985：598.

② 季羡林. 大唐西域記校注[M]. 北京：中华书局，1985：613.

③ 甘达克河是恒河（即《大唐西域记》中所载的"殑伽河"）的重要支流之一，发源于喜马拉雅山脉，流经今尼泊尔加德满都谷地地区，再流经今印度比哈尔邦等地，最终汇入恒河。甘达克河在尼泊尔境内的部分被称作"甘达基河"。

④ 季羡林. 大唐西域記校注[M]. 北京：中华书局，1985：613.

⑤ 季羡林. 大唐西域記校注[M]. 北京：中华书局，1985：599.

目前能够确定的是，印度"栗呫婆"人主要活跃于公元前 6 世纪，即释迦牟尼在世的时代。当时的"栗呫婆"人与其他七个部落共同建立起了一个叫"跋耆國"的国家，是一个共和制的部落联盟，政治中心为"吠舍釐城"。"栗呫婆"人主要信仰原始佛教。

季羡林先生认为，"栗呫婆"人不是信奉婆罗门教的外来的雅利安人，而是印度的土著居民，佛教文献中将他们假作为刹帝利种姓。① 值得一提的是，成书于公元前 2 世纪至公元 2 世纪之间的印度教重要经典《摩奴法论》中，也曾提及"栗呫婆"人，认为他们与刹帝利种姓确有联系：

> "珀勒、默勒、利奇维、纳德、格勒那、格瑟和达罗毗荼出自弗罗提耶刹帝利。"②

现在较为公认的观点认为，"栗呫婆"人"实际可能为融入印度—雅利安社会的原住民部落"③。

公元前 6 世纪后半期，北印度的大国之一"摩揭陁國"在"阿闍世王"在位期间兼并了"跋耆國"，"栗呫婆"人自此衰落，几乎不再见于后出的印度典籍之中。

尼泊尔境内的古代石刻等资料表明，印度的"栗呫婆"人在战败后向北迁徙到了尼泊尔境内，成为"李查维"人并建立起了"李查维王朝"。李查维王朝是"尼泊尔真正有史历史的开端"④，尼泊尔境内迄今为止发现的最早的石碑和货币都属于李查维王朝。由此可见，印度"栗呫婆"人在战争失败之后，确实出现了向北迁徙到尼泊尔的历史进程。已有的研究对这一迁徙过程叙述比较模糊，对迁徙的大致时间没有进行考察。根据目前已有的部分材料，对印度"栗呫婆"人向尼泊尔迁徙的时间可以作出如下推测考察：

印度"栗呫婆"人向北迁徙到尼泊尔的主要原因是战争，"栗呫婆"人所

---

① 季羡林. 原始佛教的历史起源问题[C]//季羡林全集：15. 北京：外语教学与研究出版社，2010：50. 该文初次发表于《历史研究》1965 年第 3 期。

② 摩奴法论[M]. 蒋忠新，译. 北京：中国社会科学出版社，1986：202. 句中"利奇维"是"李查维"的不同音译。

③《中印文化交流百科全书》中印联合编辑委员会. 中印文化交流百科全书（详编）（上）[M]. 北京：中国大百科全书出版社，2015：361.

④ 何朝荣. 尼泊尔研究[M]. 洛阳：解放军外语音像出版社，2006：30. 截至目前，学界对于在尼泊尔加德满都谷地地区发现的最早的文字记载具有一定争议。已得到学界公认时间点的是李查维王朝著名国王玛拉·德瓦于公元 464 年刻立于章古·纳拉扬寺的一块石碑，碑上记载了其平定叛乱等事迹。另，位于帕苏帕蒂纳特庙庭院中的一块石碑，被部分尼泊尔学者认为刻立于公元 459 年，但这一时间点尚未得到整个学界的公认。

在的"跋耆國"受到北印度大国"摩揭陁國"的兼并，在战争中失败而被迫迁徙。根据季羡林先生等人的注解，领导"摩揭陁國"兼并"跋耆國"这一历史事件的人物是"阿闍世王"，亦即《大唐西域记》卷九"摩揭陁國 下"中第二十五条"迦蘭陁竹園"里记载的"阿闍多設咄路王"。①这一点与尼泊尔国内历史学家的研究结果是一致的。考察"阿闍世王"的生卒时间，便可以推测印度"栗呫婆"人向北迁徙到尼泊尔的时间。

季羡林先生等人的《大唐西域記校注》中没有直接说明"阿闍世王"的生卒时间，但认为"阿闍世王"的父亲是在公元前 554 年将王位传给了他，并认为"阿闍世王"领导"摩揭陁國"兼并"跋耆國"这一历史事件发生在公元前 6 世纪后半期。按照季羡林先生等人的观点，可以推测"阿闍世王"主要生活于公元前 6 世纪。

刘国楠、王树英《印度各邦历史文化》认为"阿闍世王"是在公元前 485 年弒父继位。林承节《印度古代史纲》认为其在位时间是公元前 544—前 492 年。尼泊尔著名历史学家苏里雅莫尼·阿提卡里《尼泊尔历史及社会研究》认为"阿闍世王"的在位时间为公元前 493—前 462 年。林太《印度通史》认为"阿闍世王"在位时间是在公元前 493—前 461 年。中印联合编辑委员会《中印文化交流百科全书》（详编）（上）认为"阿闍世王"活动于公元前 5 世纪，在位时间为公元前 493—前 462 年。任佳、李丽《印度》认为"阿闍世王"在位时间是公元前 492—前 462 年。由上可见，"阿闍世王"在位时间确实不早于公元前 6 世纪中叶，应该在公元前 6 世纪晚期或公元前 5 世纪前半期。

佛教创始人乔达摩·悉达多的在世时间，可以为推测"阿闍世王"的在位年代提供帮助。目前，学界关于乔达摩·悉达多的确切生卒年代有不同观点，比较具有说服力的观点认为是公元前 565 年—公元前 486 年。②根据各种典籍记载推测，乔达摩·悉达多约在 29 岁时（约公元前 536 年）离开王宫出家修行，约在 35 岁（约公元前 530 年）时形成佛教的思想观念正式创立佛教，在世进行传教活动的年代主要是"阿闍世王"父亲"频毗娑罗"在位期间。由此可以初步推知，季羡林先生等人在《大唐西域記校注》中认为"阿闍世王"约在公元前 6 世纪后半期兼并"栗呫婆"人所在的"跋耆國"这一观点还有值得商榷之处，"阿闍世王"的在位年代应在公元前 5 世纪上半叶。

玄奘在《大唐西域记》中曾记载了有关"栗呫婆"人与佛陀乔达摩·悉达

① 季羡林. 大唐西域記校注[M]. 北京：中华书局，1985：600，735.
② 姚卫群. 佛教入门：历史与教义[M]. 北京：中国人民大学出版社，2005：12.

多之间的一个重要事件——"栗呫婆子别如来":

> "大城西北行五六十里，至大窣堵波，栗呫婆子别如来處。如来自吠舍釐城趣拘尸那國，諸栗呫婆子聞佛將入寂滅，相從號送。世尊既見哀慕，非言可喻，即以神力化作大河，崖岸深絕，波流迅急。諸栗呫婆悲慟以止，如来留鉢，為作追念。"①

而这一重大事件在《增一阿含经》中也有记载：

> "一时，佛在毗舍离㮇祇园中，与大比丘众五百人俱，渐渐复在人中游化。……是时，毗舍离城中人民，闻说此偈，普怀忧愁，从世尊后，各个堕泪，自相谓曰：'如来灭度将在不久，世间当失光明。'……而时，世尊欲使毗舍离城人民还归，即化作大坑；如来将诸比丘众在彼岸，国土人民而在此岸。是时，世尊即掷己鉢在虚空中与彼人民。……是时，世尊与彼鉢已，即时诣拘尸那竭国。"②

从以上两条材料中可以获取如下信息：（1）佛陀晚年在涅槃前夕由"吠舍釐城"赶到了"拘尸那國"，这一事件在很多古代典籍中都有记载，时间可推测应该发生于公元前 486 年前夕。（2）"跋耆國"的首都"吠舍釐城"是重要的佛教文化中心之一，城中的主要居民"栗呫婆"人信仰佛教。（3）佛陀晚年时的"吠舍釐城"较为兴盛，"跋耆國"的"栗呫婆"人还未大规模向北迁徙，应当还未发生来自"摩揭陁國"的兼并战争。

综上分析可知，佛陀乔达摩·悉达多在世期间，大量"栗呫婆"人居住于"跋耆國"，没有大规模向北迁徙。因此，"阿闍世王"兼并"跋耆國"导致"栗呫婆"人大规模向北迁徙应当发生于佛陀涅槃之后。由于乔达摩·悉达多的生卒年份约为公元前 565 年—公元前 486 年，因此"阿闍世王"在世的主要时间应当是尼泊尔著名历史学家苏里雅莫尼·阿提卡里主张的公元前 5 世纪，而非季羡林先生等人主张的公元前 6 世纪。而"阿闍世王"兼并"跋耆國"导致"栗呫婆"人大规模向北迁徙，应当是公元前 5 世纪中后期。这一时期的生产力低下、交通状况不佳，"栗呫婆"人大规模的部族迁徙过程应当是缓慢而又漫长的。

目前，学界关于佛教开始传入尼泊尔谷地地区时间的观点比较一致，认为是在印度孔雀王朝阿育王时期。阿育王在位时期留下了很多石刻，如著名的阿育王石柱，石刻上的文字为确定阿育王的在位时间提供了很大帮助。国内外学

---

① 季羡林. 大唐西域記校注[M]. 北京：中华书局，1985：598.
② 恒强. 阿含经校注：增一阿含经（下）[M]. 北京：线装书局，2012：605—606.

者对此问题的看法较为一致，约为公元前 273 年至公元前 232 年，即公元前 3 世纪中叶。"栗呫婆"人信仰佛教，在大规模向北迁徙到尼泊尔加德满都谷地地区的过程中自然也会把宗教信仰带到居住地。可见，应该是印度"栗呫婆"人在公元前 3 世纪中叶大规模迁徙抵达了尼泊尔加德满都谷地地区，并将佛教信仰也一同带到了此地。

由上可见，印度"栗呫婆"人向北迁徙的历史过程开始于公元前 5 世纪中后期，到公元前 3 世纪中叶抵达了尼泊尔加德满都谷地地区，此后可能还有陆续的较小规模的迁徙活动。印度"栗呫婆"人向北迁徙的整个历史过程持续了约两个世纪。

三、"栗呫婆"人在尼泊尔的情况考察

"栗呫婆"人在迁徙到尼泊尔境内之后，即成为"李查维"人。李查维人在加德满都谷地地区定居下来，规模不断扩大，最终推翻了当时的"克拉底王朝"，建立起了"李查维王朝"。李查维王朝的统治约建立于公元 1 世纪，结束于公元 12 世纪。李查维王朝统治时间长，在尼泊尔留下了丰富的碑铭石刻等资料，为后世整理研究李查维王朝的历史情况提供了帮助。

从公元前 5 世纪中后期"栗呫婆"人开始向尼泊尔迁徙到公元 1 世纪建立李查维王朝，共约五百年，在此期间"栗呫婆"人的历史情况不详。在尼泊尔加德满都谷地著名的兽主庙中，立有一块李查维王朝国王贾亚·德瓦二世的碑刻。据推算，该石碑刻立于公元 733 年。根据这块石碑上的文字，率领"栗呫婆"人向尼泊尔迁徙的部族首领叫苏普什帕。而在公元纪元前后，苏普什帕的第 24 代后人贾亚·德瓦建立起了李查维王朝。①

李查维王朝统治时间长，国王数量众多，其中最重要的共有三位，分别为：马纳·德瓦、阿姆苏·瓦尔玛和纳伦德拉·德瓦。根据碑刻资料推算，马纳·德瓦国王在位时间为公元 464 年至公元 505 年。他的主要事迹是将李查维王朝的统治范围由加德满都谷地及周边地区扩展到了东到柯西河，西至甘达基河，北至喜马拉雅山，南到恒河平原北缘的广大地区。

值得一提的是，尼泊尔加德满都章古纳拉扬庙中立有著名的章古纳拉扬石碑，由马纳·德瓦下令刻于公元 464 年，碑刻的重要内容之一是马纳·德瓦本

---

① 从苏普什帕到贾亚·德瓦共计 24 代，以每一代相距 20 年计算，共 480 年。在此假设下，苏普什帕很可能在世于公元前 5 世纪，与前面对"阿闍世王"兼并"跋耆国"导致"栗呫婆"人大规模向北迁徙的时间推测较为符合，可以作为一个间接的印证。

人如何劝说母亲不要为突然去世的父亲"萨蒂"①殉葬。有学者认为这"可能是最早记载'萨蒂'场面的南亚碑刻"②，李查维王朝"始终和印度保持着一致甚至略微超前的态势"③。该石碑显示出李查维王朝统治阶层出现从佛教到印度教的信仰变化，也是值得关注和研究的内容。

阿姆苏·瓦尔玛，即《大唐西域记》中记载的"鸯输伐摩"，公元605年至公元620年在位。阿姆苏·瓦尔玛在位期间，尼泊尔各方面得到极大发展，整个社会空前繁荣，被视为李查维王朝的黄金时期。他在位期间的一件大事就是加强了与北方松赞干布建立的吐蕃王朝之间的联系。根据记载，阿姆苏·瓦尔玛将普利古蒂公主④嫁给了松赞干布。⑤这一事件被视为佛教从南部传入西藏地区的开端，普利古蒂公主也被藏传佛教信仰者视为白度母的化身。

纳伦德拉·德瓦在位期间（公元643—679年），尼泊尔同西藏吐蕃王朝和中国内地唐王朝之间的关系更加紧密，在此期间发生的多件重大历史事件可以证明这一点。纳伦德拉·德瓦年幼时随父亲乌德亚·德瓦流亡西藏。公元643年，纳伦德拉·德瓦在西藏吐蕃王朝的帮助下夺回了李查维王朝的王位。同年，中国派往印度的特使李义表、王玄策在取道西藏赴印度中途访问了尼泊尔。公元646年，王玄策、蒋师仁取道西藏经尼泊尔再次访问印度，遭印度篡位大臣阿罗那顺军事围攻。王玄策逃脱后返回尼泊尔和西藏，分别获得西藏王松赞干布和尼泊尔国王纳伦德拉·德瓦的军事援助，带兵打败阿罗那顺。⑥公元647年，纳伦德拉·德瓦派特使访唐，进献了"波棱、酢菜、浑提葱"⑦。公元657年，王玄策第三次取道西藏经尼泊尔访问印度。

---

① "萨蒂"是指印度教中将寡妇用火烧死以为亡夫殉亡的宗教仪式。

② John Welpton. A History of Nepal [M]. London: Cambrige University Press, 2005: 19.

③ John Welpton. A History of Nepal [M]. London: Cambrige University Press, 2005: 19.

④ 普利古蒂公主又被称作"赤尊公主"。

⑤ 尼泊尔部分历史学家对此事持怀疑态度，并进行了一定的考证，具有一定的说服力。目前，关于历史上是否存在尼泊尔普利古蒂公主嫁给松赞干布王一事，中尼两国历史学界的主流观点持肯定态度。详情可参见：[尼]戈内斯·切特里. 尼泊尔史[M]. 加德满都：亚洲出版社，2003：84—86.

⑥ [尼]贾格迪什·雷格米. 李查维史[M]. 加德满都：尼泊尔与亚洲研究中心，1996：166—182. 关于王玄策此次访印的出发时间，学界有公元646年、647年和648年三种不同的观点，此处不再详述。

⑦《新唐书·西域列传（上）》"泥婆罗"条。关于"波棱、酢菜、浑提葱"，《唐会要·杂录》中载："泥婆罗国献波稜菜，类红蓝花，实似蒺藜，或熟之，能益食味；又酢菜，状如菜，阔而长，味如美鲜；……浑提葱，其状如葱而白。"

对比以上三位李查维王朝国王在位时的历史情况，可以发现"栗呫婆"人在迁徙到尼泊尔后，宗教信仰逐渐发生了改变，由信仰佛教逐渐变为信仰印度教。在印度的"栗呫婆"人主要信仰佛教。在迁徙到尼泊尔后的最初一段时间里，李查维人也是以信仰佛教为主，例如马纳·德瓦国王的曾祖父布里沙·德瓦就是著名的佛教信仰者，主持修建了著名的斯瓦扬布大佛寺。但马纳·德瓦则信仰印度教中的毗湿奴教派，他的王后和女儿则信仰印度教的湿婆教派。第二位著名国王阿姆苏·瓦尔玛则信仰印度教的湿婆教派。第三位著名国王纳伦德拉·德瓦也是信仰印度教的湿婆教派。

实际上，根据尼泊尔的历史记载和考古发现，李查维王朝中期和后期的统治阶层，大多信仰印度教，尤其以印度教中的湿婆教派为盛。印度教在李查维王朝普通社会阶层中的传播也日益广泛。由此可见，玄奘在《大唐西域记》中称尼泊尔李查维王朝统治者"王刹帝利栗呫婆種也，志學清高，純信佛法"[①]是不够准确的。

四、结语

"栗呫婆"人是古代印度和尼泊尔一个具有重要历史地位的部族。然而，由于时代久远、史料稀少等原因，对"栗呫婆"人的研究还尚显薄弱，这一领域还存在很多的空白和不准确的地方。本文通过研究，认为：印度"栗呫婆"人迁徙到了尼泊尔境内被称为"李查维"人并建立了李查维王朝；大规模迁徙的开始时间应为公元前 5 世纪中后期；"栗呫婆"人将佛教信仰带到了尼泊尔加德满都谷地，后又传播到西藏，但"栗呫婆"人自己的信仰却逐步转向了印度教，尤其是印度教的湿婆教派。

"栗呫婆"人迁徙到尼泊尔境内建立起的李查维王朝，不仅在尼泊尔历史上占有重要地位，而且对研究当时的中国内地、中国西藏地区和印度北方地区历史情况以及中印、中尼外交关系史具有重要的参考价值。例如，王玄策三次经由尼泊尔出使印度这一重大历史事件，由于古代相关历史文献的散失湮灭，很多重要细节情况目前已经很难考证。而王玄策三次出使印度都经过了李查维王朝时期的尼泊尔地区，并与尼泊尔李查维王朝统治阶层有大量的互动。李查维王朝为后世留下了大量的石刻碑铭，其中不仅记录了李查维人的早期历史传说，也记载了李查维王朝时期的重大历史事件，应该也包括对王玄策三次到访尼泊尔的历史记载。

① 季羡林. 大唐西域記校注[M]. 北京：中华书局，1985：613.

目前，尼泊尔国内对李查维王朝时期石刻碑铭的发掘、整理和研究还远远不够充分，部分石刻碑铭的保护状况也不容乐观，导致对李查维人和李查维王朝的历史研究还尚显薄弱。中国国内对古代印度"栗咕婆"人和尼泊尔李查维王朝的历史研究则更显薄弱，相关的研究还需要进一步加强。

参考文献

[1] 何朝荣．尼泊尔研究[M]．洛阳：解放军外语音像出版社，2006．

[2] [尼]戈内斯·切特里．尼泊尔史[M]．加德满都：亚洲出版社，2003．

[3] 季羡林．大唐西域記校注[M]．北京：中华书局，1985．

[4] 季羡林．原始佛教的历史起源问题[C]//季羡林全集：15．北京：外语教学与研究出版社，2010．

[5] [尼]贾格迪什·雷格米．李查维史[M]．加德满都：尼泊尔与亚洲研究中心，1996．

[6] [尼]苏里雅莫尼·阿提卡里．尼泊尔历史及社会研究[M]．加德满都：朋迪普兰出版社，2001．

[7] 《中印文化交流百科全书》中印联合编辑委员会．中印文化交流百科全书（详编）（上）[M]．北京：中国大百科全书出版社，2015．

[8] John Welpton. *A History of Nepal* [M]. London: Cambrige University Press, 2005: 19.

翻译研究

概念隐喻视角下韩国语总统演讲稿中的隐喻表达及其汉译策略

信息工程大学　朱高旭

【摘　要】从修辞学到心理学，再到认知语言学领域，人们对于隐喻这一神秘语言现象的认识不断深入。概念隐喻理论视角下的隐喻被定义为一种思维方式和认知手段，隐喻的翻译也成为一个困难而又重要的课题，但在韩国语学界中，此类研究成果较少。由于总统演讲稿中有着非常丰富的隐喻表达，颇具感染力和表现力。因此，笔者从隐喻的一般性概念和概念隐喻理论出发，对演讲稿中出现的隐喻表达具体分类，并结合其翻译实践，试图提出相应的翻译策略，为准确、传神地翻译隐喻表达提供一些思路。

【关键词】概念隐喻；韩国语演讲；隐喻表达；汉译

隐喻这一概念最初同明喻、转喻等一样作为一种修辞手法，被广泛应用于文学作品、演讲稿、科技文章等各种文体中，被看作是语言的修饰，用于表达语言所包含的文化内涵、话者情感等等。然而随着西方哲学的语言学转向，以及符号心理学、认知心理学等新学科的兴起，哲学家、符号学家、心理学家和语言学家等都纷纷关注隐喻，并从多学科、多角度探索隐喻的性质、功能和工作机制。进入 20 世纪 80 年代后，人们总结出了隐喻的核心观点，即"现代理论"或"概念隐喻理论"。与传统隐喻理论不同，Lakoff & Johnson（1980：3）提出隐喻不仅表现在语言中，也广泛存在于人类的思考和行动等日常生活中，人类日常的思考和行为体系带有隐喻的本性。根据 Lakoff 的观点，隐喻的核心不在于语言，而是由一个精神领域到另一个精神领域的概念映射。[①]

当今学界对于隐喻的研究已经突破了语言层面的认知，而将其看作是一种普遍的思维方式和认知手段。隐喻不再只是一种语言行为，而是在彼类事物的暗示之下感知、体验、想象、理解、谈论此类事物的心理行为、语言行为和文化行为。

随着这种对隐喻的认知的变化，人们对隐喻句的判断标准也发生了变化。作为传统修辞学术语的隐喻，其中一个特点就是本体、喻体都是实际出现的，

---

① 转引自임지룡, 의미의 인지언어학적 탐색, 한국문화사, P167.

体现为"A is B"、"A 는 B 다"等的形态。然而新认知下的隐喻，更注重其属性体系的比较，即，重视从感知、想象中理解本体和喻体的属性体系的相似性，是一个暗示性的东西，而本体或喻体却可能并不直接在句中出现。如，Black（1981）中在论述隐喻三种理论之一的代置理论时，举了如下的例子。

(1) Highways are snakes.

(2) Highways are long and thin.

两个句子都被看作是隐喻，但第二个句子中，喻体并未直接作为一个实体（名词）出现，而是被置换成对喻体属性的描述，人们由"long and thin"这种属于特定活动体的喻体属性感知到 Hignways 被比喻作活动体的属性特点，从而产生形象生动的修饰效果。在韩国语隐喻研究中，类似的表达方式一般也被看作是隐喻。

作为一种复杂的语言现象及思维方式的隐喻，其翻译是一个十分困难却又十分重要的课题。隐喻所承载的语言信息和文化信息能够在读者的脑海中产生特定的语义联想，所以在隐喻的翻译过程中，不仅需要译者进行词语释义的简单转换，而且要进行不同语言信息和文化信息的转化，它更重要的是一种源语文化和目的语文化的沟通交融。这便是隐喻翻译的难点，也是其重点所在，可以说隐喻的翻译直接决定了整句话的翻译水平，进而影响整个语篇的翻译质量和效果。

隐喻手法由于其言简意赅、表达生动、含义深刻的特点，被大量应用于需要极具感染力和表现力的演说类文章中，它使演说内容易于被读者接受，产生共鸣，也有助于创造一种生动的感染力，使演说生动活泼，新颖独特，更具说服力。在韩国语演说类文章中，隐喻表达的使用特别广泛，且颇具代表性，而其中文翻译则具有很大的难度，所以本文拟对韩国语总统演讲稿中的隐喻表达进行深入分析，研究其汉译策略，以期为中国韩语学习者汉译韩国语隐喻提供几点思路。

一、概念隐喻理论

关于隐喻的定义和分类，各种隐喻理论中都有着不同的论述。其中，拉考夫和约翰逊提出的概念隐喻理论产生了较大的影响。概念隐喻理论认为：隐喻是一种认知手段，其本质是概念性的，是从一个具体的概念域向一个抽象的概念域的系统映射；隐喻是思维问题，而不是语言问题，概念隐喻的使用是潜意识的。（Lakoff & Johnson，1980）

由此可知，在概念隐喻理论视角下，隐喻是用一个具体的概念域来描述一个抽象的概念域的思维方式，它不强调两个概念的词语本身，而是关注两个概念的属性体系的相似性。因此，隐喻表达中，本体和喻体中的某一方经常不以名词的形式出现，而是只出现其属性的表达，就是可以理解的了。

目前韩国语学界关于隐喻的研究中，通常根据概念隐喻理论，把隐喻分为如下三大类，即创造性隐喻（creative metaphor，常用于文学作品中）、日常隐喻（daily metaphor）和概念隐喻（conceptual metaphor）。①

创造性隐喻是指作者通过联想创造出的具有创意的隐喻表达，它将抽象的表述生动具体地展示给读者，而读者在理解这种创造性表达时往往需要一定的思考和时间。创造性隐喻多用于文学作品中，并带有很强的个人认知色彩和浪漫主义色彩，需要在读者了解整篇文学色彩的情况下才能理解和翻译。例如，'밤하늘의 별과 같은 그대에게 사랑의 장미를 드립니다.（她宛如夜空中的星星，我要献给她这朵爱之玫瑰。）'，该句中'사랑의 장미（爱之玫瑰）'这一创造性隐喻表达让人通过玫瑰这一具体意象联想到爱意，给读者留出了更多回味的空间。

日常隐喻是指在日常生活中我们经常接触到的隐喻表达。例如韩国语中的'남자는 다 늑대고 여자는 다 여우다.（男人都是狼，女人都是狐狸。）'，在韩国语中人们经常用"狼"和"狐狸"来形容狡猾的男女，所以这种日常的隐喻表达很容易被读者理解，或者可以说已经成了一种固定表达，即使脱离语境读者也可以轻松理解其含义。

概念隐喻则是指通过从另外一个领域的视角理解和把握源语，将其部分含义形成对应的概念。例如：

(3) 시간은 돈이다.（时间就是金钱。）

我们普遍将时间看作是有限的资源和宝贵的东西，即将时间与金钱的概念相对齐。隐喻就是通过以一个具体的概念来理解这种抽象的概念，使得这种抽象概念能够很容易被人们记住，便于日常的沟通。②

总统演讲稿是用于话者对听众面对面讲话的文章，其语言需要通俗易懂、具有感染力，但又有别于口语体，仍然带有一些正式文本的特点。以上分类中，创造性隐喻由于其抽象和难懂，很少用于演讲中，而日常隐喻和概念隐喻本质上又很相似，都是以一种具体事物的特点来比喻抽象的事物，它们之间很

---

① 권경원, 개념적 은유에 관한 연구, 목원대학교 논문집.
② 권경원, 개념적 은유에 관한 연구, 목원대학교 논문집.

难找到一个明确的划分标准。演讲中所出现的隐喻，基本上都可以以概念隐喻理论来进行解释。因此，下文主要从概念隐喻的视角，对演讲文中隐喻的理解和翻译进行论述。

二、韩国语总统演讲稿中的隐喻表达

关于隐喻表达的类型，不同的研究角度会有不同的分类标准。笔者选取了三篇总统演讲稿 [韩国前总统朴槿惠的就职演说（<희망의 새 시대를 열겠습니다>）、韩国前总统朴槿惠在清华大学的演讲（<새로운 20 년을 여는 한•중 신뢰의 여정>）、韩国前总统卢武铉在莫斯科大学的演讲（<모스크바대학교 초청 연설>）]，对其中出现的隐喻现象进行考察，发现从本体、喻体的出现与否来看，可以分为本体和喻体都出现的隐喻、只有本体的隐喻和只有喻体的隐喻；从本体和喻体的性质来看，有词汇层面的隐喻、句节层面的隐喻和语句层面的隐喻。

（一）根据本喻体出现与否进行分类

如前所述，从传统修辞学的角度来说，隐喻中的本体和喻体都是作为一种事物（名词）或动作（动词）实际出现的，即 "A is B"、"A=B"，但在概念隐喻理论中，关注的是两个概念的属性体系而非其本身，因此，本体和喻体经常会有一方缺失，而被关于其属性的描述所代替。据此，隐喻可以分为三类：（1）本体和喻体都出现的；（2）只有本体，喻体不出现的；（3）只有喻体，本体不出现的。

1.本体和喻体都出现的隐喻

正如丘仁焕（2006）所说，隐喻中没有 '같이'、'처럼'、'듯이' 等喻词，只能依靠其他辅助手段或不靠辅助手段构成。笔者考察了三篇演讲稿中的隐喻句，发现在本体和喻体都出现的情况下，主要有以下几种手段构成的隐喻。

第一，以格助词 '의' 连接的隐喻表达。

这一类的隐喻表达通常以 'A 의 B' 的形式出现，可以看成是使用辅助手段——格助词 '의' 连接了本体和喻体。

（4) 창조경제는 과학기술과 산업이 융합하고, 문화와 산업이 융합하고, 산업간의 벽을 허문 경계선에 <u>창조의 꽃을</u> 피우는 것입니다. (创造经济将推进科学技术与产业相融合、文化与产业相融合，打破产业间的壁垒，创造出

丰硕的成果。）＜朴-1＞[1]

(5) 북한은 하루빨리 핵을 내려놓고, <u>평화와 공동발전의 길로 나오기</u> 바랍니다. （希望朝鲜能够尽早终止核试验，走和平与共同发展道路。）＜朴-1＞

由以上例句可以看出，由‘의’连接而成的隐喻，往往是把一个抽象的概念（本体）用另一个具体的概念（喻体）形象地表达出来，简洁、生动而明确。

第二，与动词‘되다’，‘삼다’等搭配构成隐喻表达。

(6) 힘이 아닌 공정한 법이 실현되는 사회, 사회적 약자에게 <u>법이</u> 정의로운 <u>방패가 되어 주는</u> 사회를 만들겠습니다. （我们将在社会中确保法律的公正，使其成为正义的盾牌来保护社会弱势群体的利益。）＜朴-1＞

在上述例句中，是从‘방패（盾牌）’可以保护人们身体的属性中来理解‘법（法律）’能够保护人们权益的属性，‘되다’一词作为一种辅助手段使这种理解上的沟通成了可能。类似的情况在总统演讲稿中出现了多次，再例如：

(7) <u>러시아</u>는 또 철도연결과 에너지 개발 등을 통해서 동북아 경제협력의 <u>가교가 될 수 있을 겁니다.</u> （俄罗斯通过铁道连接和能源开发等，能够在东北亚经济合作领域发挥"桥梁"作用。）＜卢＞

(8) 이러한 <u>노력</u>은 한반도는 물론, 동북아 안정의 <u>디딤돌이 될 것입니다.</u> （这一系列的努力将为朝鲜半岛，乃至东北亚的稳定作出贡献。）＜卢＞

(9) 또한 국내의 <u>인재</u>들을 창의와 열정이 가득한 융합형 인재로 키워 미래 한국의 <u>주축으로 삼겠습니다.</u> （并且，韩国将着力培养兼有创意和热情的复合型人才，在未来，他们将成为韩国的核心力量。）＜朴-1＞

第三，通过‘A 는 B 이다’句型实现的隐喻表达。

上述例句三（시간은 돈이다.）便没有借助特别的辅助手段，直接将本体和喻体等同，即构成了‘A 는 B 다’的形式。虽然这是一种较为基本的隐喻表达类型，但是由于句式‘A 는 B 다’式的表达较为生硬，代入感不强，教育意味更浓，而煽动力较弱，因此很难引起听者的共鸣、拉近演讲者与听众的距离，取得良好的表达效果，所以这种类型的隐喻反而在总统演讲稿中出现的频率较低。除此之外，需要注意的是，以‘A 는 B 이다’形式出现的句子并不都是隐喻表达，例如：

(10) 21 세기는 <u>문화가 국력인</u> 시대입니다. （在 21 世纪，文化就是国

---

[1] 例句出处的标记。为标记方便将韩国前总统朴槿惠的就职演说标记为＜朴-1＞、韩国前总统朴槿惠在清华大学的演讲标记为＜朴-2＞、将韩国前总统卢武铉在莫斯科大学的演讲标记为＜卢＞。

力。）<朴-1>

该句中的画线部分不能称为隐喻表达，而只是普通的判断句。

2.只有本体的隐喻

根据概念隐喻理论，人类大部分的概念系统都蕴含着隐喻概念，所以我们经常以隐喻方式思考和行动，并且这种隐喻的思考方式往往是暗示性的、潜意识的，不易被察觉，所以也就出现了下列只有本体的隐喻表达。

(11) 학벌과 스펙으로 모든 것이 결정되는 사회에서는 개인의 <u>꿈과 끼가 클 수</u> 없고, <u>희망도 자랄 수</u> 없습니다. （在学阀和资历决定一切的社会中，个人的梦想无法实现、能力无法施展，希望也无法萌芽。）<朴-1>

(12) 오늘 이렇게 여러분들과 함께 한국과 중국이 <u>열어갈 미래</u>에 대해 이야기할 수 있게 되어 기쁘게 생각합니다. （今天在此与诸位分享谈及中韩两国的话题，我感到十分高兴。）<朴-2>

例句（11）中，'자라다'的本意为"通过细胞繁殖，生物体的整体或部分不断变大"。①而此处'희망'是一个具有抽象概念的名词，是无生命的，演讲者通过与'자라다'搭配，将其比喻成具有生命特征的生物体，将'희망'的实现比喻作生命的成长。例句（12）中，则是通过'열다'这个动词的联想，将抽象的'미래'想象成了具体的实物——一扇门。

这种隐喻，不是通过具体的喻体实物实现的，而是通过将原本与喻体搭配的表达（动词或名词等）拿来与本体搭配使用而实现的，是暗示性的或潜意识的。

这类表达主要是动词，也有些通过名词表达形成隐喻的情况。例如：

(13) 국민 개개인의 <u>행복의 크기</u>가 <u>국력의 크기</u>가 되고, 그 국력을 모든 국민이 함께 향유하는 희망의 새 시대를 열겠습니다. （我们将开创一个充满希望的新时代，在这个新时代里，个人的幸福推动国家综合实力的提升，全体国民能够共享国力发展的成果。）<朴-1>

'크기'的本意为事物的宽度、体积、数量等程度，是描述具体事物的属性的词，这里被用来描述'행복'和'국력'这两个抽象概念，构成隐喻表达。

这类隐喻，根据所搭配的动词暗示的喻体特征，可以分为两大类。

第一，拟人化隐喻。

---

① 국립국어원 표준국어대사전(인터넷판)[Z/OL] . http://stdweb2.korean.go.kr/main.jsp 韩国国立国语院标准国语大词典（网络版）(本文韩国语词汇释义均源自该词典。）

将本体抽象意义的概念与本来和生命体（尤其是人）搭配的相关动词结合，使之从具体的生命体的概念来理解，构成隐喻表达。即把本体想象成人，使之具有人的特性。除例句（11）外，这类表达还有：

(14) 국가 간에도 서로의 <u>신뢰를 키우고</u>, 함께 난관을 헤쳐 가며, 결과를 만들어가는 과정이 중요합니다.（增进国家间的相互信任，共同克服困难取得成果的过程尤为重要。）<朴-2>

'키우다'的本意为使人或物体的长、宽、高、体积等外形方面变大。在这里与抽象名词'신뢰'（信赖）搭配，赋予其人的特征，表达出"就像养育孩子一样，慢慢积累信任"的含义。

第二，拟物化隐喻。

将本体抽象意义的概念与本来与具体事物搭配的相关动词搭配，使之从具体物体的概念来理解，组成隐喻表达，如例句（12）和（13）。再如：

(15) 이와 같은 불신과 적대의 <u>대결적 감정을 뛰어넘어야</u> 합니다.（我们应该勇敢地克服相互不信任和敌对关系的干扰。）<卢>

'뛰어넘다'的本意为跳过或越过高突、较宽的物体，此处与'감정'（感情）搭配，使"感情"这一抽象的概念具体化，让人能够自然联想到这种对立的感情是一种障碍，增强了语言的表现力。

3.只有喻体的隐喻

与上一类相反，这类隐喻是喻体实际出现，而本体不出现的，读者只能从喻体概念中所表达的属性特点去推理本体的概念含义。

如例句（4）中，直接用'벽'来指"产业间的对峙和界限"。

(4) 창조경제는 과학기술과 산업이 융합하고, 문화와 산업이 융합하고, <u>산업간의 벽</u>을 허문 경계선에 창조의 꽃을 피우는 것입니다.（创造经济将推进科学技术与产业相融合、文化与产业相融合，打破产业间的壁垒，创造出丰硕的成果。）<朴-1>

这类的隐喻表达出现的频率相对较低，由于本体不直接出现在文章中，所以给读者也留出了更多的思考空间，但直接阅读喻体也使得本体指意变得不唯一。例如上述例句中，读者只能了解到产业间存在隔阂，但并不明确是哪些方面的问题，所以如果演讲者需要明确表达某些观点或者阐述具体领域内容的时候，往往不侧重于使用只有喻体出现的隐喻表达。

（二）根据本喻体构成分类

从本体和喻体的构成来看，有词汇层面的隐喻、句节层面的隐喻和语句层面的隐喻。

1.词汇层面的隐喻

词汇层面的隐喻是最基本的隐喻表达。如前文例子中所见，有的词汇隐喻中本体、喻体都出现，有的只有本体或喻体其一出现，另一个是通过概念描述或联想、暗示而表达出来的。前文中已有详细论述，这里不再赘述。

2.句节层面的隐喻

在演说类语料中，还有不少由词组构成的隐喻表达。中心词和修饰词所构成的语言单位叫作词组，其中中心词的词性决定词组的性质。韩国语中的词组有名词性词组、动词性词组、形容词性词组、冠形词性词组、副词性词组等。[①] 在构成隐喻时，有时候单独用一个词来做本体或喻体概念会不够准确，需要做更多的描述或限定，这时就会用词组来做本体或喻体。

(15) 이와 같은 불신과 적대의 대결적 감정을 뛰어넘어야 합니다.（我们应该勇敢地克服相互不信任和敌对关系的干扰。）<卢>

例如例句（15）中，把'감정'这种抽象概念想象成了一种障碍物，需要'뛰어넘다'。但是仅'감정'这一个词是不能体现"障碍"的属性特点，因此这里的本体应当是'대결적 감정'这个名词性词组。

再如例句（16）中，用副词性词组'한 걸음 한 걸음'走路的样子来表达南北双方逐步增进信任的过程。

(16) 확실한 억지력을 바탕으로 남북 간에 신뢰를 쌓기 위해 한 걸음 한 걸음 나아가겠습니다.（新政府将以确实可靠的遏制力为基础，一步一步努力构筑朝韩间的信赖。）<朴-1>

例（17）中，则是用名词性词组'피와 땀'作为喻体，来映射国民们所付出的代价和努力。

(17) 오늘의 대한민국은 국민의 노력과 피와 땀으로 이룩된 것입니다.（今天的大韩民国是各位用鲜血与汗水孕育而成的。）<朴-1>

3.句子层面的隐喻

句子隐喻主要是指，某一个句子中本身没有隐喻表达，但是将这一句子放

---

① 李德春. 韩国语语法教程[M]. 上海：上海外语教育出版社，2009.

在整句话中，便具有了隐喻的特点。在演说类文体中，这一类的隐喻表达极具代表性和特点，能够把听者带入一种想象之中，用一个完整的句子形象地描述某件事情，使演讲更具煽动性。

(18) 동북아는 제국주의 시대를 거치면서 침략과 수탈로 인한 전쟁과 고통의 역사를 가지고 있습니다. <u>그 상처는 아직도 아물지 않았고,</u> 해결되지 않은 아픈 역사는 분쟁의 불씨로 남아있습니다. (东北亚在帝国主义时代，曾经在战争中遭受过侵略和掠夺，经历了一段痛苦的历史。其伤痕还没有完全愈合，未解决的痛苦历史，成为纠纷的火苗依然留存于世。) <卢>

该例句中的画线部分并没有出现隐喻表达，如果脱离语境来看，单看画线部分，它仿佛在形容一个人的伤口还没有愈合，但是放在整个大句子中就可理解，演讲者所表达的是韩国国民到现在仍然没有忘记痛苦的历史，这种情况就构成了句子层面的隐喻表达，但这种隐喻在演讲稿中一般出现比较少，因为如果隐喻表达的结构过长，则会分散听众的注意力。

三、隐喻表达的汉译策略

（一）隐喻表达的翻译原则

关于翻译的标准和原则，先贤们已经提出很多观点。著名翻译家严复先生曾提出"信、达、雅"的翻译标准；美国翻译理论家奈达（Eugene A Nida）提出了"功能对等"翻译理论，主张把翻译的重点放在译文读者的反应上，应当把译文读者对译文的反应和原文读者对原文所可能产生的反应进行对比，简单概括一下，就是"忠实原文、易于理解、形式恰当、吸引读者"[1]。

笔者认为，在隐喻表达的翻译过程中，有一个尤为重要的环节，就是从认知视角在原文语境下理解概念隐喻。概念隐喻的理解需要读者对概念进行认知视角的转换，理解原文隐喻的过程，不仅包括了语言知识，更包括文化、政治、历史等多领域知识的运用。而隐喻表达的翻译，则是一个从认知转化过程到语言转化过程的延续，经过这一转换，译文读者是否还能准确理解演说者通过隐喻想传达的意思，这一点可以说是判断翻译是否成功的标准。由于概念隐喻需要读者进行认知视角的转换，因此我们不能以某个固定的标准来判定是否进行直译、意译等，而是需要考虑译文中对隐喻的翻译是否符合听众的文化认知，译入语读者是否能与源语读者产生相同的反应，从而使隐喻的翻译能够继续保持原文中隐喻表达所发挥的作用。

---

[1] 杨贤玉. 翻译理论与教学实践[M]. 武汉：华中科技大学出版社，2002.

例如，与人有关的隐喻表达，我们主张尽可能将拟人化隐喻译为对应的拟人化隐喻或直译，发挥出原文隐喻的表达效果，拉近距离感。因为在汉语中，我们也常使用与人有关的隐喻表达来拉近与听众的距离，所以在这一点的认知上具有共通点。而对于拟物化的隐喻表达则建议采用将隐喻表达进行转化。拟物化的隐喻表达在认知范围上往往不具有共通性，例如‘우리의 미래도 얼어붙을 것입니다’一句中，韩国语中用事物的状态——液态或固态来描述未来发展，而在汉语中，则是通过事物的运动状态来描述，例如停滞等。

所以，由于概念隐喻涉及认知视角转换的特殊性，在翻译的过程中，首先要从概念隐喻理论视角理解本体和喻体属性体系中的共性，进行认知视角的转换。其次，抓住共性的特点，体会原文作者使用这一属性所想要传达的意思及其在原文中发挥的作用。最后，在语言转化的过程中，要注意保留原文中隐喻表达的这些作用，在译入目的语时也发挥出原隐喻所表达的效果。据此，笔者提出了一些隐喻表达的翻译策略。

（二）保留源语隐喻的翻译策略

世界文化虽然多样，存在差异，但不乏相同之处，这也体现在隐喻这样一种认知现象中，比如‘천 리도 한 걸음부터’对应汉语中的"千里之行始于足下"等。由于这种隐喻创造出来的意象具有共适性，可以引发听众共鸣，因此选择保留源语隐喻的翻译策略。保留源语隐喻在具体的运用过程中，还可以细分成两种情况：一是直译，二是直译并且添加隐喻。

1.直译

由于人类认知水平的共同性，本体、喻体在不同认知下的属性体系具有共通性，目的语中所对应的隐喻与源语中的隐喻发挥出相同的作用，意义相近。所以有些隐喻可以采用直译的方法，将源语的喻体形象直接移植到译文中，保持对等的形象与风格，原文读者和译文读者也能够获得相同的感受。[①]

例如：‘아름다운 문화의 꽃’。将以‘의’连接实现的隐喻表达‘문화의꽃’直译为"文化之花"，韩国语和汉语中，对于花朵这一概念及其属性的认知存在共同点，无需解释，听众能够心领神会时，选择直接译成和源语相同的隐喻。直译源语隐喻，可以清晰地传达原文所要表达的意思，在演说中增强感染力与说服力。再如例句（19）中的隐喻表达也直接译为"火车头"。

---

① 唐才平，康有金. 隐喻的本质机器翻译策略[J]. 河北理工大学学报（社会科学版），2007（4）.

(19) 나아가 동북아의 공동번영과 역내 경제 통합을 위한 <u>견인차</u>가 될 것입니다. (进而成为牵引东北亚地区共同繁荣发展和实现整个区域内经济一体化的火车头。) <卢>

2.直译添加隐喻

对句子中的名词隐喻表达进行直译的同时，如果没有合适的成分与其搭配时，会显得隐喻表达的直译比较突兀。此时，我们可以将句子里其他本身不是隐喻的成分，翻译为隐喻表达，即添加隐喻，使读者更容易抓住原文的本质和原文作者的意图，进而丰富原文的隐喻表达。虽然该类情况不多见，但是却具有代表性，也是翻译的难点亮点，奈达在谈到理解词汇意义的基本要素时也曾指出，对词语的正确理解最大限度地依赖于语境，而不是最大限度地依赖于孤立的词语。由于类似隐喻表达往往带有夸张的色彩，所以在必要时需要在译文中适当添加隐喻，以完善直译隐喻的译文。

(17) 국민 여러분! 오늘의 대한민국은 국민의 노력과 <u>피와 땀</u>으로 이룩된 것입니다. (尊敬的各位国民！今天的大韩民国是各位<u>用鲜血与汗水孕育而成的</u>。) <朴-1>

句中以‘피와 땀’喻"牺牲和努力"，与中文"血汗"的喻义相同，直译，但是如果直译‘이룩되다’则不易于汉语读者脑海中的隐喻联想，使译文难以理解，因此在此处添加喻义，搭配"孕育、浇灌"等词，即在译文中添加了符合汉语读者思维的隐喻表达，保留了原文抽象化隐喻的语言表达色彩。

（三）舍弃源语隐喻的翻译策略

世界文化丰富多样，人们在历史、风俗、生活习惯等方面的认知差异同样也体现在语言当中。在译入语的选择过程中，常常会出现译入语读者无法对源语焦点词语的隐喻意象产生共鸣的情况。"翻译目的论"认为，目的决定手段（the ends justifies the means）。翻译是一种有目的的互动行为，翻译的意图是要改变现存的事件所处的状态，使之从一种状态转变为另一种状态。[①]正如演讲的目的，是为了启迪民智，激发情感，宣传主张政策等。因此，当出现隐喻意象无法在译入语听众中产生共鸣的情况时，基于演讲的目的，可以考虑的翻译策略有二：一是替换成译入语受众耳熟能详的喻体；二是舍弃源语隐喻，直接释义，从而收获和源语受众同样的反响。

---

① 范祥涛，刘全福. 论翻译选择的目的性[J]. 中国翻译，2002（6）.

1.替换为译入语可接受的隐喻

隐喻作为一种认知现象，虽然表达的意思相同，但不同文化背景下的人在隐喻中选取的意象也不尽相同，如形容积少成多，中文会说"积沙成塔"、"不积跬步，无以至千里"，而韩文则是'티끌 모아 태산'，一个用沙或脚步意象，一个用灰尘意象。为使译入语读者与源语读者产生相同的反应，我们在选择目的语中的表达时，可以考虑将源语隐喻替换为译入语可接受的隐喻。

(20) 더 이상 핵과 미사일 개발에 아까운 자원을 소모하면서 <u>전 세계에 등을 돌리며</u> 고립을 자초하지 말고, 국제사회의 책임있는 일원으로 함께 발전하게 되기를 기대합니다. (希望朝鲜不要再耗费资源进行核与导弹的开发、<u>与全世界背道而驰</u>、招致孤立，而是作为国际社会中负责任的一员促进共同发展。) <朴-1>

2013 年朝鲜进行了第三次核试验，在就职演说中，朴槿惠要表达自己对于朝核问题的立场，指出朝方的所作所为是不合时宜的，但朴槿惠在就职演说中需要顾及公开场合与国际言论，不适合使用带有强烈抨击性的话语或十分敏感的用词，不能直言"朝鲜与世界国家对立"等尖锐的说法，所以此处需要借助拟人化的隐喻表达，委婉而又坚定地表达自己对于敏感性外交问题的态度。

在韩国语的表达中，常以转身、背向，来表达对某事物的不配合。而对于中国听众中，对此类隐喻表达并不熟悉，也就是说联想隐喻意义不够直接，所以需要翻译为汉语中常用的隐喻表达"背道而驰"，来传递原文意思。

相似的情况再如例句（21）中，可将画线的部分译为"未来的发展也将停滞"。

(21) 어느 나라나 가장 중요한 자산은 사람입니다, 개인의 능력이 사장되고, 창의성이 상실되는 천편일률적인 경쟁에만 매달려있으면 우리의 <u>미래도 얼어붙을 것입니다.</u> (无论是哪个国家，对于国家来说最重要的资源都是人，如果个人不愿意施展能力，只执着于没有创造性的千篇一律的竞争，那么韩国未来的发展也将停滞。) <朴-1>

2.对源语直接释义

如果两种文化对于相同事物的认知差别太大，不能够进行隐喻的替换，即在目的语中没有对应的隐喻表达，首先要保证译文意思准确到位、表达通顺，其次要遵循读者反应相似原则，可以考虑舍弃源语隐喻意象，直接释义。在释义时要特别注意原文隐喻表达中的词义色彩和表达效果，在原文语境下理解隐喻表达的作用，再进行翻译，才能尽量将翻译过程中的损失降到最低。例如：

(13) 국민 개개인의 <u>행복의 크기가 국력의 크기가 되고</u>, 그 국력을 모든 국민이 함께 향유하는 희망의 새 시대를 열겠습니다. (我们将开创一个充满希望的新时代，在这个新时代里，<u>个人的幸福推动国家综合实力的提升</u>，全体国民能够共享国力发展的成果。) <朴-1>

"幸福"在中国人的认知领域中是不可量化的东西，目的语中没有相对应的隐喻表达。如果硬要将"幸福的大小"翻译出来，会显得非常突兀，导致译文不通顺，听者难以理解，为了使译入语读者能够产生和源语读者相同的翻译，需进行释意。

四、小结

概念隐喻理论为我们提供了新的视角去理解隐喻，打破了传统意义上隐喻的概念。隐喻不仅是一种语言现象、修辞手法，更是人类心理和思维的认知方式。因为处于不同文化圈的人们对于隐喻的认知不尽相同，所以文化的差异性也就表现在对隐喻的理解上。演讲者经常在演讲中使用隐喻，来增强演说的表现力和感染力。因此，隐喻的翻译就显得尤为重要，是否能够翻译好一篇演讲，很大程度上取决于隐喻翻译是否恰到好处。通过理解概念隐喻理论视角下隐喻的概念，对总统演讲中出现的隐喻表达进行分类，能够帮助译者在理解原文时更好地认识韩国语母语者脑海中的隐喻思维，进而充分理解原文中隐喻表达的词义色彩以及演讲者使用该隐喻的意图，为后续的翻译工作打下基础。根据不同的隐喻类型，笔者提出了直译、直译并添加隐喻、替换成译入语可接受的隐喻、对源语直接进行释意的方法解决隐喻翻译中的难点问题，希望能够为概念隐喻的翻译实践提供一些参考。

参考文献

[1] 陈蕾蕾. 英语演讲中隐喻的汉译[D]. 湖南师范大学，2013.

[2] 姜柄圭（韩）. 学术语言的隐喻现象与汉韩翻译[J]. 汉韩语言对比研究，2007（1）.

[3] 刘法公. 隐喻汉英翻译原则研究[M]. 北京：国防工业出版社，2008.

[4] 彭元玲，席晓青. 从语境关联视角谈商务英语中隐喻的翻译[J]. 中国科技翻译，2012（3）.

[5] 唐才平，康有金. 隐喻的本质机器翻译策略[J]. 河北理工大学学报（社会科学版），2007（4）.

[6] 杨贤玉. 翻译理论与教学实践[M]. 武汉：华中科技大学出版社，2002.

[7] 于艳红. 隐喻的认知与翻译[J]. 语言与翻译，2005（1）.

[8] 张敏，朴光海，金宣希. 韩中翻译教程[M]. 北京：北京大学出版社，2012.

[9] 张婷婷，杨彩霞. 从翻译适应选择论看新闻报道中隐喻的翻译[J]. 英语广场（学术研究），2013（4）.

[10] 范祥涛，刘全福. 论翻译选择的目的性[J]. 中国翻译，2002（6）.

[11] 李德春. 韩国语语法教程[M]. 上海外语教育出版社，2009

[12] 구인환. Basic 고교생을 위한 문학 용어사전, (주)신원문화사, 2006.

[13] 국립국어원 표준국어대사전(인터넷판)[Z/OL]. http://stdweb2.korean.go.kr/main.jsp.

[14] 권경원. "개념적 은유에 관한 연구", 목원대학교, 1999.

[15] 김상선. 문장수사학, 대정문화사, 1998.

[16] 이윤옥. 시를 읽는 즐거움, 문이당, 2007.

[17] 이창화, "연설문 한중 번역", 선문 대학교 통역번역 대학원, 2005.

[18] 임지룡. 의미의 인지언어학적 탐색, 한국문화사, 167–168.

[19] 임지혜, "국어 사물 개념의 은유적 확장 연구", 상명대학교, 2006.

[20] Black, Max. "Metaphor", In M. Johnson, ed., *Philosophical Perspectives on Metaphor* [M]. Minneapolice: University of Minnesota, Press, 1981.

[21] Lakoff, G. & M. Johnson. *Metaphor We live By* [M]. Chicago: University of Chicago Press, 1980. (노양진·나익주 옮김(1995)삶으로서의 은유, 서광사.)

[22] Lakoff, G. "What is a conceptual system?", in W.F. Overton & D.S. Palermo(eds.), *The Nature and Ontogenesis of Meaning*, Hillsdale, NJ: Lawrence Erlbaum, 1994.

缅甸语人名汉译规范化探究

信息工程大学　韩志美

【摘　要】人名翻译是跨文化交际过程中一种特殊的文本转换活动。人名翻译应当采用科学合理的翻译方法，遵循音译为主、名从主人等原则，以实现原语和译语功能与意义的对等。本文从缅甸语人名的构成、特征、审美趋向等方面入手，对缅甸语人名进行深入的分析和总结，揭示其隐含的社会文化内涵，并对其规范化汉译提出一些建议。

【关键词】缅甸语；人名；汉译；规范化

人名是人与人之间相互识别的标志和符号。作为人类社会特有的现象，人名与复杂的社会文化有着广泛而深远的联系，一个看似简单的人名背后往往蕴藏着极为丰富的社会和文化内涵。[1] 随着中国和缅甸两国交流的日益频繁，越来越多的缅甸人名出现在我们的视野中，各种译名也层出不穷。如何认识丰富多样的缅甸人名？当前的缅甸人名的汉译存在哪些误区和不足？如何对缅甸人名进行正确合理的阐释与翻译？这些都是亟待解决的问题。

一、人名翻译的理论依据

目前学界对人名翻译的讨论主要集中在三个方面。首先，如何看待人名翻译的性质？对翻译的语言学流派而言，这一问题的核心在于如何从语言学角度界定人名的性质和意义构成。卡特福德在《翻译的语言学理论》一书中把翻译界定为"用一种等值的语言（译语）去替换另一种语言（源语）的文本材料的活动"。骆传伟提出："既然人名翻译是对人名的翻译，它必然具有人名属性和翻译属性。就人名属性而言，主要是指人名的指称性和专属性。而翻译属性则主要是指人名的译名必须具有原人名表意的等效性。"[2] 据此，我们不妨把"人名翻译"这一概念界定为"使译名与原名的指称性和专属性得到等值对应的一种特殊的翻译活动"。这里的"专属性"意在强调作为人名的专有名词同与其符号构造相同的非专有名词之间的区别。如"白雪"一词，一旦作为人名，其

---

① 刘洪泉，吴长青. 英文人名汉译规范之管见[J]. 上海翻译，2009（1）.
② 骆传伟. 人名翻译的策略和理据[J]. 外语研究，2014（2）.

就拥有了这种"专属性"。那么"指称性"又是什么呢？克里普克等提出的历史因果理论和弗雷格等人提出的摹状词理论分别从时间和认知角度对"指称性"这一概念进行了详尽阐述，认为"指称性"是人名在相互交流的过程中产生和不断发展的独特属性。笔者认为，人名的"指称性"是一个复杂的概念，它主要指作为人名的字词的所指意义。但另一方面，它又不单包含所指意义，而是三种意义的集合，是人名除去"专属性"以外所有意义的总和。（巴尔胡达罗夫在《语言与翻译》一书中引入符号学和系统论的方法，详细讨论了意义的概念。他把意义分为所指意义、能指意义和语言内部意义三大部分。）①

其次，人名是否具有可译性呢？笔者认为，这个问题已经超越了语言共性论与语言不平等论之间的分歧，并且转向了人名这类特殊的专有名词之间的能否进行意义等值转换的问题。人名作为一种特殊的专有词汇，无疑属于巴尔胡达罗夫提出的"具有某种语言结构'民族特点'的'无等值物词汇'"，但这并非是说人名不可译。那么，如何使原名和译名在指称性和专属性上尽量等值对应呢？人名翻译有何具体方法呢？巴尔胡达罗夫提出了"译语中没有对应物的困难完全可以克服"的观点。他归纳了四种解决方法：（1）形译和音译；（2）仿造法；（3）描述解释性翻译；（4）近似翻译，即借助类似物进行翻译。语言顺应论提出者维索尔伦则从语境关系、语言结构、时间维度等视角对人名音译中的语用问题进行了详细阐释。受其影响，杨永和等提出了中英文人名翻译动态顺应的观点。此外，骆传伟总结了以下三种人名翻译的方法：（1）沿用译入语中对应名称；（2）沿用已有的译名；（3）根据规则进行转码。方法三的转码规则主要包括四种方式：（1）保留原字形；（2）字形转码；（3）字音转码；（4）借助第三方。

最后，人名翻译应该遵循什么样的原则？笔者认为，著名翻译学家尤金·奈达的"功能对等"（functional equivalence）理论很好地解决了这个问题。该理论认为，"对等"不是"同一"，"对等"强调的是信息对等，而非简单的形式对应。值得注意的是，奈达后来又对上文中的"信息"一词做了进一步诠释，声明"信息"不仅包括思想内容，而且也包括语言形式。特别是对于专业词汇，他认为形式也表达意义，改变形式也就改变了意义。② 对于人名而言，形式承载了大量的意义。在大多数人名翻译中，原语和译语间语音结构的

---

① 巴尔胡达罗夫. 语言与翻译[M]. 蔡毅，等译. 北京：中国对外翻译出版公司，1985.

② Eugene A.Nida. Language And Culture-Contexts in Translating [M]. 上海：上海外语教育出版社，2001.

对应是其指称性对应的核心内容，应该放在显要位置进行优先考虑。与此同时，原语和译语间的语音结构不对应情况的出现则应是"动态的功能对等"的处理结果，目的都是最终达到让译语接受者准确领会其在原语中的含义。

二、缅甸语人名的命名特点

缅甸社会有着许多历史悠久、独具特色的风俗习惯。人名是缅甸人家庭观、信仰观、价值观、审美观的集中反映。我们可以把人名作为以小见大的窗口，进而把握缅甸文化的精神脉络。相反，我们也不妨从缅甸文化的诸多特征出发，在缅甸语人名上挖掘对应之处。

（一）取名规则

在传统缅族家庭中，小孩出生后第 14 天常要举行命名礼。参加命名礼的来宾亲友纷纷为小孩取名，小孩父母从中敲定一个吉名作为孩子的名字。命名礼是缅族家庭中的一项重大活动，礼仪繁复，注意事项很多。[①]一个人一生的不同阶段或者一个人处于不同的人际环境中时，其人名都有不同的叫法。总体而言，缅族人在取名选字时很有讲究，主要有以下规律可循。

1.有名无姓

缅甸人没有姓氏，其名字一般并不反映其家庭血缘关系。[②]这一点是同中西方主要国家相比，都显得别具一格。汉语中常见的缅甸人名前缀"吴"（ဦး）、"杜"（ဒေါ်）等等，皆并非表示姓氏，而分别代表对成年男子和成年女性的惯用尊称。

2.喜用冠称，种类和意义丰富

缅甸人依年龄大小、地位高低分别在名字前加人名冠词以体现长幼有序的伦理观念。一个人在扮演不同角色时所加的冠称也不同。如男性名字前加人名冠词"မောင်"（貌，弟弟之意）、"ကို"（哥，兄长之意）、"ဦး"（吴，叔伯之意）；女性名字前加"မ"（玛，姐妹之意）、"ဒေါ်"（杜，婶婶之意）以表不同的年龄、身份、地位。

缅甸人还喜欢把一个人的籍贯、职业、人身特点等作为冠称，置于名前，来表示其所处的特定的社会环境关系。此外，还有一些独特的称谓。著名的如

---

① 钟智翔，尹湘玲.缅甸文化概论[M].广州：世界图书出版广东有限公司，2014.
② 偶有例外，如昂山素季之名中"昂山"二字即取自其父名，以示纪念。

ရဲဘော်（同志）①，此外还有 ဗိုလ်（军官）、သခင်（德钦党人）、တက္ကသိုလ်（大学）、ဆရာ（男性老师等）、ဆရာမ（女性老师等）等等。

3.出生日期与取名息息相关

每个缅族人都有自己的生肖，一周七天共对应八种生肖。周一生的人属虎，周二生的属狮，周三上午生人属有牙象，周三下午生人属于无牙象，周四生人属鼠，周五生人属豚鼠，周六生人属龙，周日生人属妙翅鸟。并且缅甸人认为不同生肖的人有不同的性格特征，因此，命名时也是要用代表各自生肖的字母起名。其规律就是：

星期日出生的人，其名字的第一个字的辅音字母为"အ""ဥ"；星期一出生的人，其名字的第一个字的辅音字母为"က""ခ""ဂ""ဃ""င"；星期二出生的人，其名字的第一个字的辅音字母为"စ""ဆ""ဇ""ဈ""ည"；星期三上午出生的人，其名字的第一个字的辅音字母为"ဒ""ဓ""ဂ""ဃ""င"；星期三下午出生的人，其名字的第一个字的辅音字母为"ယ""ရ""လ""ဝ"；星期四出生的人，其名字的第一个字的辅音字母为"ပ""ဖ""ဗ""ဘ""မ"；星期五出生的人，其名字的第一个字的辅音字母为"သ""ဟ"；星期六出生的人，其名字的第一个字的辅音字母为"တ""ထ""ဒ""ဓ""န"。②

4.双音节名字居多数

缅甸人姓名有长有短，从单音节到五音节等不一。除去前述的称谓部分，一般来说，缅甸人的名字以双音节最为常见。如：စောဝင်း（梭温）、အေးမော်（埃貌）、ဒီဟ（迪哈）、လွင်းမိုး（伦莫）、ထွန်းကြည်（通枝）、မြတ်ထီး（妙亨）、ရဲမင်း（耶敏）等等。

（二）审美趋向

1."纯洁朴素，清新爽朗"的自然美

伊洛瓦底江平原物产丰富，广袤无垠，风光迷人。炎热的自然环境影响了缅甸人的审美取向，一般以水为美、以凉为佳。这在人名用字上得以体现。如စမ်း（泉）、ဒီရေ（湖）、မိုး（雨）、နှင်း（霜）、စန္ဒာ（月亮）、ကြည်、အေး、ဖြူ（凉爽）、ဖြူ（白）、စိမ်း（绿）等等。

---

① 独立运动时期，以昂山为首的"三十志士"的姓名前均加了 ဗိုလ်（波），代表生死与共的战斗精神。

② 王德仙.缅甸人的名字与文化[J].保山师专学报，2008（6）.

2."果敢勇毅，追求光明"的品格美

缅族从青藏高原东麓一路南迁到今天的缅甸地区，历经无数坎坷和困难，在此期间与外族征战不断，到近现代为了独立更是付出了艰辛努力和巨大代价，有着不寻常的民族经历和记忆。因而缅族人民自然而然地崇尚勇敢无畏、公正光明、不屈不挠等品格情操，缅族男子也喜欢展现这种男子汉气概。因而人名用字也常用反映上述积极意义的词语。如：နင်းဆီ（玫瑰）、ဧဆီ（雏菊）、ကျား（虎）、လင်းယုန်（鹰）、သိဟ（狮子）、နီ（红）、ဝါ（黄）、ညို（棕）等；အောင်（勇敢）、နိုင်（胜利）、ကျော်（超）、စွမ်း（有能力）、ကောင်း（好）、ဝင်း（闪光）、တောက်（灿烂）、လင်း（发光）、လင်း（明亮）等等。

3."吉祥富贵，娇媚可爱"的生活美

美和富贵的观念是每个民族都具有的，缅族也不例外。在人名上，缅族也常常选用与美、财富相关词语，用以表达对美好生活的希望和追求。如：ယဉ်（文雅）、လှ（漂亮）、ချော（俊美）、မြတ်（高尚）、နု（娇媚）、လလ（优美）、ချမ်း（幸福）、ရွှေ（金）、ငွေ（银）、စိန်（钻石）、ကြွယ်（富有）等等。

4.使用数字强化积极意义

数字在缅甸文化中占有特殊地位。缅族人常常在姓名中加入一些数目较大的数字，以增强上述词语的积极意义，通过夸张来表达吉祥富丽的韵味。如သန်း（百万）、သိန်း（十万）、သောင်း（万）、ထောင်（千）、ရာ（百）等。如သိန်းစိန် 一词即为万千宝石的意思。

三、缅甸语人名汉译存在的问题及规范化

人名翻译是跨语种、跨文化的行为，原语和译语以及它们所承担的文化体系决定了译者不能够自由随意地进行翻译。因此人名汉译的规范化问题就显得十分重要，它直接关系着语言交际功能的实现，译名混乱对信息交流和传播会产生负面影响。[①] 目前缅甸语人名汉译中存在个别偏误的现象，对于同一人名有时存在几个大相径庭的中文译语，显得过于随意，不够规范。缅甸语人名的汉译既需要借鉴英语人名汉译的理论和经验，又需要根据自身特点，实事求是地确立符合本语种实际的翻译规则。

---

① 王金波. 谈国内翻译研究中的译名问题[J]. 中国翻译，2003（3）.

（一）音译为主

音译即为"转写"，即用一种文字符号来表示另一种文字符号的过程或结果，一般多在原语和译语之间存在语义空白的情况下使用。虽然大部分人名都有具体的含义，但在作为人名使用的过程中，已经失去了自身固有的含义，其身份仅仅是一种符号，是用来识别社会成员的一种标志，因此在翻译的过程中往往是"音译为主"，即使有些人名的词意很清楚，也不宜意译。"音译为主"是翻译界进行人名翻译的公认原则，缅汉翻译也不应例外。如：（1）缅甸前领导人"ေနဝင်း"，不能意译为"阳光"，而应音译为"奈温"；（2）缅甸作家"သာဂု"，不能意译为"善"或"善哉"，而应音译为"达度"。（3）常见名"သီဟ"，不能意译为"狮子"，而应音译为"迪哈"；（4）"ကျော်နိုင်ဦး"不能被意译为"超越、胜利"，而应音译为"觉奈乌"。

"音译为主"还应当注意要"同音同译"，没有必要选用大量不同汉字来区别发音近似的缅文音节。缅甸语虽然是音调语言，但其音节总量相对固定，因此在习惯上对发音类似的音节进行翻译时可以选用相同的字。比如：（1）"စံ"、"ဝန်"、"ဝန်း"都可以译为"珊"；（2）"ဝ"、"ဝါ"都可以译为瓦。但同时又要注意，不同的汉字须对应不同的缅文。如：（1）"丁"和"廷"分别对应"တင်"和"ထင်"，现任缅甸总统"ဦးထင်ကျော်"，应翻译为"吴廷觉"，而非"吴丁觉"[①]；（2）"遂"和"瑞"分别对应"ေဆွ"和"ေရွ"，"ဦးေဆွမြင့်"应翻译为"吴遂敏"，而非"吴瑞敏"。

（二）名从主人

"名从主人"也是翻译界公认的译名原则，即"译音尽量接近原文读音，无论是直接从原文译出，还是从其他语言转译"。也就是说人名翻译应保留原语言本身的特点，这不仅是对个人姓名权的尊重，也是对一个民族和民族文化的尊重。因此，在翻译缅甸人名时，要遵循其语音特点和发音规则，反之，则会出现错译。[②]同理，如果在翻译中出现了其他外语人名时，就不应该只按照缅甸语发音进行翻译，而是应当根据该人名在外语中发音来进行翻译，比如：（1）中国人名"ဝင်းမြင့်"，如果根据缅甸语发音将其翻译成"温敏"，就显然违反了"名从主人"的原则，正确的译法应为"王明"。（2）此外，一些缅甸人名如果通过英文转译为汉语，那么其译名发音可能与原名产生较大偏差。如：

---

① 李晨阳 . 如何翻译缅甸领导人的名字及称呼他们[J] . 世界知识，2016（20）.

② 黄绰卿 . 统一缅甸人名的译音[EB/OL] . http://mp.agnmuuayinwvsc08mhwgrg.com .

（1）"ဦးတိုက်"一名，英译为"U Taik"，如若按英汉对译，则为"吴泰"。实际上按缅文发音，译为"吴岱"更为合适；（2）缅甸著名作家"မင်းသုဝဏ်"转写为英文"Min Thu Wun"，若按照英汉对应，则可以译为"敏图翁"，这就显然跟"မင်းသုဝဏ်"在发音上差异较大，不如"敏杜温"贴切。

（三）兼顾意译

"音译为主"和"名从主人"并不意味着完全不考虑缅甸语名字本身所固有的社会文化内涵，在翻译过程中也应当尽量对其原名具有的文化意义进行传递。有别于直译，意译强调发挥译者的主观能动性，特别是语言联想能力。如：（1）"လေး"有"微小"之义，如果出现在女性名中，将其译为"蕾"，容易让人联想到纤小的花蕾，就比较贴切且符合女性美的特质。（2）"အောင်"有胜利之义，将其译为"昂"，就展现出了胜利者"昂首挺胸"的姿态。（3）"မြင့်"有向上攀登之义，将其译为"敏"就体现了这种积极进取的精神。

此外，有一些人名附加了绰号、称号等，这些附加名具有固有的词汇意义，而且能够体现该人物的特征，此时更应尽量意译。如：（1）"ဒေါက်တာသန်းထွန်း"应该翻译为"丹吞博士"；"ပါမောက္ခဒေါ်သန်းသန်းနု"应该翻译为"杜丹丹努教授"，表示其职业。（2）"ပဲခူးကိုကျော်ဇော"应该翻译为"来自勃固的哥觉佐"，表示其籍贯。（3）"အင်းသားအောင်ဗလ"应翻译为"茵莱人昂巴拉"或者"湖民昂巴拉"，表示其族群。（4）"အိပ်ပုပ်မစန်းစန်းဝေ"应翻译为"瞌睡虫珊珊薇"，表示其形象特点。（5）"အပ်ရောင်းသူကိုဝင်းမြင့်အောင်"应翻译为"卖针贩哥温敏昂"，表示其从事的工作。

（四）区分性别

汉字属于表义文字，同音字却不同形不同义的字很多，男、女性别之分在姓名选字上也有体现。在实践中，女性译名可选用一些带女字旁或者是草字头、女性色彩明显的汉字，如：娜（နတ်）、莱（လဲ）、瑷（အေး）、琳（လင်း）、丽（လိ）、莎（စား）、蕾（လေး）、妙（မြ），等等；同时还应避免一些男性色彩浓厚的字，如：翁（ဝဏ）、伯（ဘို）、汉（ဟန်）、佐（ဇော），等等。与此相反，男性译名则应避免出现带有女性色彩的字。除此之外，有一些中性字则男女通用，如：拉（လ）、敏（မြင့်）、达（တာ）、瓦（ဝ）、泰（ထိုက်）、巴（ဗ）、森（စင်）、丹（သန်）、蒙（မွန်），等等。在翻译缅甸人名时，应尽可能考虑人名用字所体现的性别色彩，将原名中主人的性别属性予以体现。如："မဝေဝေဝင်း"若被翻译为"玛维维文"，就明显不如"玛薇薇雯"更加体现女性特点，"雯"明显比"文"更加符合女性特征。

（五）少用生僻字和多音字

由于受众的文化水平不一，在翻译人名时就应该避免出现生僻字。如果使用了生僻字，读者不认识，读不出来，也就无法称呼，影响了人名功能的发挥。与此同时，也要少用怪癖字，以免让读者产生误解。如：（1）把" လွမ်း"翻译为"滦"、"脔"，正确的译法应为"栾"或者"峦"。（2）把"ဧး"翻译为"欸"，正确的译法应为"瑷"或者"埃"。（3）"ရင်"翻译为"胤"，正确的译法应为"茵"或者"莹"。（4）"စု"被翻译为"速"或者"塑"，正确的译法应为"素"。此外，"解、茜、泊、柏"这些字是多音字，人们在看到这些名字时肯定会拿不准应该读哪一个音，造成译名的不统一，所以应努力避免使用多音字。如："မပေါ"被译为"玛泊"就不如"玛帛"合适。

（六）体现缅甸风情

缅甸人名的汉译应有缅甸特色，即通常讲的"缅味儿"。最好的译名应当是读起来听起来"缅味儿十足"的译名。那么何为"缅味儿"？笔者认为，"缅味儿"就是丰厚的佛教底蕴、迷人的热带乡野、喧嚣善良的人情社会共同结合所产生的主观上的浓缩想象。如何制造这种汉语上的"缅味儿"呢？我们应该主动解构姓名文化，树立反常翻译思想。[1]通过汉译人名的语音、用字、结构来体现缅甸人的身份特点，使之与中国和其他国籍的外国人相区分，尽可能避开汉语人名常用字和常用搭配，选用汉语人名不常用、组合意义不明显的汉字，并且在译界一以贯之地形成翻译传统，来突出这种"缅味儿"。

如"瑞（ရွှေ）、泰（ထွတ်）、德（တေး）、吉（ကြည်）、康（ခေါင်）"都有吉祥之意；"摩（မိုး）、尼（နီ）、萨（ဆား）、瑶（ရောင်）"都和佛教相关；"瑙（နောင်）、锡（ရှီ）、杉（ဆံ）、森（စံ）、银（ငင်း）、棉（မြိုင်）、刀（ဘောသ）、柏（ပိုင်）"是缅甸常见的自然事物；"坚（ခြံ）、凯（ခိုင်）、明（မင်း）、英（ယွင်）、雅（ယာ）、昂（အောင်）"则展现了缅甸人坚贞勇敢的民族性格。这些翻译用字就体现了缅甸人名的"异域色彩"，反之，中文式的缅甸人名就会显得不伦不类，比如：（1）"နန်းဆိုင်"译为"南山"就容易和中文名字混淆，不如译为"楠桑"更加妥当；（2）将"ခင်လွင်း"翻译成"金来文"，正确的译法应为"钦莱温"；（3）将"ဇေယျ"翻译成"热亚"，正确的译法应为"泽雅"。

---

① 赵美园．"反常译"，"非常译"：刘易斯反常翻译观之述评[C]//北京大学外国语学院第十届研究生论坛论文集，2018.

（七）尊重权威和约定俗成

首先，要尊重"约定俗成"。某些缅甸人名的汉译名，并不一定符合其缅甸语发音规则，但由于长时间被大众接受使用，根据"约定俗成"的原则，不宜再做修改。如：缅甸前领导人"သန်းရွှေ"，就不能音译为"丹雪"，而应译为"丹瑞"。此处将"ရွှေ"译为"瑞"，一直是译界惯用做法。类似的还有将"မြင့်"译为"敏"，"မြင့်"在缅文中为高降调，"敏"在汉语中则为三声，二者在声调上存在区别，但"မြင့်"译为"敏"也已经是译界习惯做法。

其次，要尊重权威，统一规范。对"ဒေါ်အောင်ဆန်းစုကြည်"一词，新华社和人民日报等权威官媒已经翻译成"昂山素季"，但目前许多地方仍然将其翻译成"杜昂山素季"或者借鉴港台译法——"昂山素姬"，抑或简译为"昂山"，这都是不符合规范的体现，甚至产生歧义或谬误。无论"姬"与"季"孰高孰低，既然官方已经统一译为"季"，就应该学习普及，以免造成困惑或错误。又如现任缅甸副总统"ဟင်နရီဗန်ထီးယူ"，其上任之初有华文媒体根据缅文发音将其译为"亨利班迪优"，但随后官媒将其译为"亨利班廷育"。为了规范其中文译名，保障外事活动，防止信息错乱，也应该将其翻译为"亨利班廷育"。

1990 年由北京大学缅甸语教研室编纂的《缅汉词典》[①]一书特意在附录中制作了缅英汉人名对译表，该表条理清晰，基本覆盖了缅甸语人名常用音节。一方面，该表至今已被使用近三十年，在译界毫无疑问具有相当的权威性，因而这在一定程度上赋予了该表"约定俗成"的效力。对于日常翻译实践中拿不准的缅甸语名字，我们应该照表查询，寻找合适的译法。另一方面，随着时代的变迁发展，表中一些汉字的选用变得有待讨论，还有一些新的缅文音节没有被吸纳进来，对此也应当予以留意，不能生硬照搬。

四、结语

如前所述，从语言学角度看，人名的意义可以划分为指称性和专属性两部分，其等值转换过程需要进行有效的动态对应。人名中蕴含着深厚的文化内涵，中缅两国的人名在起源、含义和构成以及习惯用法上都存在很大的差异。人名的汉译应该在忠实传递原语意义的前提下，尽量地体现出它所蕴含的文化内涵。规范的译名是以微知著的良好工具，可以使跨文化交际更加便捷、顺畅。当前我国各行各业的缅甸语翻译工作方兴未艾，正确合理地译介缅甸人名，对一些译法繁杂的重要人名进行规范，可以对于中缅两国间的经贸文化交

[①] 任竹根，汪大年，李谋，等. 缅汉词典[M]. 北京：商务印书馆，1990.

流产生巨大裨益，增进两国的"胞波情谊"和民心相通，服务于"一带一路"建设事业的发展。

参考文献

[1] 包惠南. 文化语境与语言翻译[M]. 北京：中国对外翻译出版公司，2001.

[2] 巴尔胡达罗夫. 语言与翻译[M]. 蔡毅，等译. 北京：中国对外翻译出版公司，1985.

[3] 王金波. 谈国内翻译研究中的译名问题[J]. 中国翻译，2003（3）.

[4] 王德仙. 缅甸人的名字与文化[J]. 保山师专学报，2008（6）.

[5] 杨永和. 动态顺应与中英人名翻译[J]. 外语与外语教学，2009（11）.

[6] 骆传伟. 人名翻译的策略和理据[J]. 外语研究，2014（2）.

[7] 刘洪泉，吴长青. 英文人名汉译规范之管见[J]. 上海翻译，2009（1）.

[8] 李晨阳. 如何翻译缅甸领导人的名字及称呼他们[J]. 世界知识，2016（20）.

[9] 丁慧君. 土耳其人名汉译的规范化问题[C]//东方语言文化论丛（第 32 卷）. 北京：军事谊文出版社，2013.

[10] 杨仕章. 语言翻译学[M]. 上海：上海外语教育出版社，2006.

[11] 郭建中，等. 当代美国翻译理论[M]. 武汉：湖北教育出版社，1999.

[12] 钟智翔，尹湘玲. 缅甸文化概论[M]. 广州：世界图书出版广东有限公司，2014.

[13] 任竹根，汪大年，李谋，等. 缅汉词典[M]. 北京：商务印书馆，1990.

[14] Eugene A. Nida. *Language And Culture-Contexts in Translating* [M]. 上海：上海外语教育出版社，2001.

[15] 黄绰卿. 统一缅甸人名的译音[EB/OL]. http://mp.agnmuuayinwvsc08mhwgrg.com.

被遗漏的"山灵"译诗

河北师范大学文学院　　王春景

【摘　要】"泰戈尔在中国"的研究成果丰硕，但依然有所疏漏。20 世纪 40 年代中国的泰戈尔翻译并非如已有翻译史所说译作了了，实际上译作数量可观。在这些译作之中，署名"山灵"的诗歌翻译有十几首，大多发表在《世间解》杂志，经对照《泰戈尔全集》，其出处是泰戈尔的《故事诗》。山灵是石真的笔名，石真在后来出版《泰戈尔诗选》时，对这些诗歌进行了大幅度修订，表现出严谨的翻译态度；石真以"山灵"之名还翻译了其他孟加拉语作品，其在孟加拉文学翻译中的首译者地位不可置疑。对"山灵"译诗的研究有助于我们重新审视 20 世纪前半期的中印文学交流史。

【关键词】孟加拉文学翻译；泰戈尔；石真；山灵

一、"山灵"所译泰戈尔诗歌

"泰戈尔在中国"已成为中印文学关系史的大题目，几乎撑起现代中印文学关系的整个江山，目前研究成果蔚为壮观。

1994 年张光璘编《中国名家论泰戈尔》(中国华侨出版社)，是王树英主编的《中印文化交流丛书》之一种，书后附有《泰戈尔著作中译书目》；2001 年孙宜学的《泰戈尔与中国》在河北人民出版社出版，2005 年又把其中一部分扩充，在广西师范大学出版社重新出版，书名为《泰戈尔在中国》，其中收入了《中国翻译的泰戈尔作品目录 (1900—1949)》；2007 年王向远在《东方文学译介与研究史》中专门有一章《泰戈尔的译介》，其中总结了自 20 世纪初到 90 年代的泰戈尔在中国的翻译情况，谈到 20 世纪 30、40 年代时指出："1920 年代下半期一直到整个 1940 年代，对泰戈尔的译介不多。1940 年泰戈尔去世后到 1945 年，曾有少量文章和少量翻译，如张炳星和施蛰存译《吉檀迦利》。金克木译回忆录《我的童年》等"①；孙宜学在 2013 年又出版了《泰戈尔——中国之旅》，其中有附录《中国关于泰戈尔的介绍、研究论文、著作目录 1900—2012》。总体来看，这些索引目录对于研究泰戈尔作品在中国的翻译十分重

---

① 王向远 . 东方文学译介与研究史[M] . 银川：宁夏人民出版社，2007：58 .

要，但因为各种条件所限，对 20 世纪 40 年代的泰戈尔翻译资料有所疏漏。比如 2005 年孙宜学的《中国翻译的泰戈尔作品目录（1900—1949）》中涉及 20 世纪 40 年代的只有 8 条目录，其中属于作品翻译的只有 6 篇，分别是巴宙译《泰戈尔小品精选》、周瘦鹃译《长相思》、林风①译《凯勒巴布》、施蛰存译《吉檀迦利》、余岚译《芳邻》和张文译《喀布尔人》②。2016 年又出版了《泰戈尔在中国（第二辑）》，收入了大量的 20 世纪 30、40 年代的有关泰戈尔研究及纪念的文章，为中国学者研究泰戈尔提供了丰富的资料，其中主要是研究纪念泰戈尔的文字以及新闻报道，没有收入翻译文本。泰戈尔在中国的翻译确实是个非常丰富复杂的历史过程，要收集完整很不容易，有所疏漏在所难免。

现在可查询到的资料，20 世纪 40 年代中国翻译泰戈尔的作品近 40 种，包括短篇小说、诗歌、戏剧，其中诗歌最多，有 23 种，短篇小说 11 种，戏剧 1 部。其中在泰戈尔诗歌翻译中，"山灵"是多次出现的译者，其译作列表如下：

作品	期刊	刊载日期
《泰戈尔短歌五章》	《蓝星诗刊》	1946 年第 2 期
《百年祭》	《世间解》	1947 年第 1 期
《价值的添增》	《世间解》	1947 年第 2 期
《密约》	《世间解》	1947 年第 3 期
《比丘尼》	《世间解》	1947 年第 4 期
《无上布施》	《世间解》	1947 年第 5 期
《头颅的代价》	《世间解》	1947 年第 6 期
《点金石》	《世间解》	1948 年第 7 期
《问——谨以此诗献给甘地老人》	《世间解》	1948 年第 8 期
《婆罗门》	《世间解》	1948 年第 9 期
《尊敬自己》	《世间解》	1948 年第 10 期
《摩诃罗遮甘地》	《现代知识》	1948 年第 2 卷第 8 期

山灵所译其他孟加拉语作品还有：

---

① 译者实为林凡。
② 原文为《卡布尔人》。

1.短篇小说《火》，罗伊·乔笃黎（Soroj Kumar Roy chowdhury）作，山灵译，发表于《龙门杂志》1947 年第 1 卷 2、3、4 期。

2.《忆甘地翁》，泰无量作，山灵译，发表于《现代知识》1948 年第 2 卷第 8 期。

3.《泰戈尔的音乐》，茵蒂萝作，山灵译，发表于《现代知识》1948 年第 2 卷第 12 期。

4.《诗人的最后：记泰戈尔死事》，Chanda.A.K 作，山灵译，发表于《时与潮副刊》1948 年第 10 卷第 2 期。

5.《泰戈尔的音乐》，Devi. I 作，山灵译，发表于《时与潮副刊》1948 年第 10 卷第 3 期。

从这些条目可知，20 世纪 40 年代的中国并没有停止译介泰戈尔，有大量的史料值得进一步梳理和研究。这一时代的译者中"山灵"的翻译较多，译作发表时间集中在 1946—1948 年，从其译者前言后记等文字中，可知山灵是国内最早直接从孟加拉语进行翻译的译者。对这些资料的研究可以丰富我们对中印文学关系以及泰戈尔翻译史的认识。

二、"山灵"的庐山"真"面

从已有的中印翻译文学史的著作中，没有发现有关"山灵"的记载，他/她所翻译的这些作品也无人提及。山灵是谁？这需要进行一番考察。

在"山灵"所译文本的译后记及背景介绍中，可知"山灵"懂孟加拉语并有在印生活的经历，笔者猜测"山灵"是吴晓铃或石真。吴晓铃与石真夫妇于 1942 年 11 月至 1946 年 9 月在印度国际大学生活，吴晓铃任中国学院的教师，石真学习了三年的孟加拉语。很多著作都指出，石真是中国翻译孟加拉文学的第一人。巧合的是，有一首泰戈尔的诗歌《摩诃罗遮甘地》同时出现在山灵的译诗和吴晓铃的文章中。

山灵所译《摩诃罗遮甘地》，发表于《现代知识》1948 年第 8 期：

我们这群跟随摩诃罗遮甘地的人

只有一件共同的意想

从来不把钱袋里装满了从贫穷人那儿掠夺来的东西，

更不屈膝在富贵人的面前装模作样。

有人如同水牛似的走来！

举起铁硬的拳头，胁迫的棍杖，

我们却微笑着对他讲：

您通红的眼睛，

唬不倒我们这群不懂畏惧的傻子，

只能吓吓婴儿进不了睡梦之乡。

我们的话语简单，也直截了当，

用不到外交上的辞令，故意把真情隐隐藏藏；

也没有羞愧而罪行的□□[①]，

能轻易地给受难者送进了

牢狱的边墙。

这些人们哪，当他们拥挤在囚门的窄巷，

污浊的耻辱洗净了，

陈旧的铐镣滚落尘埃，铿锵地响，

额头间轻轻印上

甘地的福相。

　　吴晓铃先生的文章《看甘地——新南海寄归内法传之一》发表于《世间解》杂志 1948 年第 8 期，文章以泰戈尔的这首诗开头：

我们这群跟随摩诃罗遮甘地的人

只有一件共同的意想

从来不把钱袋里装满了从贫穷人那儿掠夺的东西，

更不屈膝在富贵人面前装模样。

有人如同水牛似的走来！

举起铁硬的拳头，胁迫的手杖，

我们微笑着对他讲：

您通红的眼睛，

唬不倒我们这群不懂畏惧的傻子，

只能吓吓婴儿进不了睡之乡。

我们的言语简单，也直截了当，

用不到外交上的辞令，故意把真情隐隐藏藏；

---

① 原文模糊无法辨认。

也没有羞愧而罪行的密码，

能轻易地给受难者送进了

牢囚的边墙。

这些人哪，当他们拥挤在狱门的窄巷，

污浊的耻辱洗净了，

陈年的铐镣滚落尘埃，铿锵地响，

额头间轻印上

甘地的福相。

对比之后可以发现，两篇译文高度吻合，只有几个词稍有差异：掠夺来—掠夺，贵人—贵人的，装模作样—装模样，睡梦之乡—睡之乡，话语—言语，罪恶—罪行，囚—狱，轻轻—轻。这些变化丝毫不影响句法和句意，属于翻译之后的微调。诗后面写的是"译自泰戈尔在 1940 年 2 月 15 日的《摩诃罗遮甘地》诗，是两个人最后一次会面的纪念"。这很容易让人联想，山灵就是吴晓铃。

从发表的作品来看，吴晓铃与山灵的名字几乎总是同时出现，无论是《世间解》还是《现代知识》，这也显示二者之间的某种密切联系。循着这个线索继续查找，在《现代知识》1948 年第 2 卷第 8 期的"纪念甘地专号"中，收入吴晓铃写的纪念文章，还有山灵所译泰无量的《忆甘地翁》。刊物的《编后记》中清晰地介绍了几位作者，其中涉及"山灵"："吴夫人山灵女士是印度国际大学泰戈尔研究所的研究员，是中国唯一研究孟加拉文学和泰戈尔的人，泰翁之诗系自原文译出。"[1] 这就证明，山灵原来是石真女士。查阅翻译史和翻译词典中的"石真"或"石素真"词条，在林煌天主编的《中国翻译词典》中有词条"石素真"，提及其曾用笔名"山灵"[2]。山灵是石真确定无疑了。

三、首译之功

《中国翻译词典》虽然记载了"山灵"这个名字，但并未说明用名时间及所译作品。大部分中印翻译史在提到石真时，多认为其翻译孟加拉语文学的时间在新中国成立之后，石真用"山灵"之名在 20 世纪 40 年代末期发表的译作似乎都湮没无闻了。

---

① 编后记[J]．现代知识，1948（8）：32．

② 林煌天．中国翻译词典[M]．长沙：湖北教育出版社，1997：609．

以"山灵"为名最早的翻译文本是 1947 年她翻译的罗伊·乔笃黎（Soroj Kumar Roy chowdhury）的短篇小说《火》。在《译者前记》中"山灵"介绍说：

> 如果作为一个划时代的界石来说，我想，在介绍当代印度文艺作品而不再从英文转译成中文的，止默①先生根据印地语（Hindi）翻译的泰戈尔翁的《我的童年》（商务印书馆世界文学名著本）应该算做第一个。虽然他很客气地在"译后记"上说："这本小书大概是现代中国从印度语直接译出的最初一批书中的一本，同时也就成了我一生种种失败纪录中的有一项了。"这里的这篇东西，也许可以说是直接从孟加拉语（Bengali）译成中文的泰戈尔翁以外的当代孟加拉文学作家作品的第一个，失败是当然的。
>
> 谈到我翻译孟加拉文艺作品的工作，据说，而且自己也感觉到，好像是以泰戈尔翁的著作为主——可怜地是即以这一方面而论，我在报章杂志上所已经介绍过来的也不过是几首小诗，短歌而已。其实，真正第一个试译倒不是泰戈尔翁的韵文，而是罗伊·乔笃黎的这个短篇。②

在文末译者注明，"三十二，十二，在印度译。三十六，三，在北平改订。"可见，石真在印度期间开始翻译孟加拉语作品，回国才陆续发表出来。石真在译者前言中也介绍了罗伊·乔笃黎：

> 罗伊·乔笃黎是……婆罗门，生于 1903 年，祖父是个毗纽奴派的诗人，自己却受了新式教育，在大学的研究院毕业之后，立刻变成甘地不合作主义的信徒。他对于政治很有兴趣，眼睛注视着印度的乡村，这在他的任何作品里都能够嗅出这种气味来。他的作品中最好的是《摩罗那多的日记》，发表之后惊动了印度整个的文坛。③

新中国成立后，罗伊·乔笃黎的小说未见翻译，在《印度现代文学》中的《孟加拉文学》中只是对其做了简单介绍，名字被译为萨罗吉·拉耶·乔图里，书中介绍其是左翼作家。④石真所译其短篇小说至今仍是绝响。

1958 年人民文学出版社出版《泰戈尔诗选》，收入了石真所译《故事诗集》，经对照可知，"山灵"在 40 年代发表的译作《密约》《价值的添增》《比丘尼》《无上布施》《头颅的代价》《点金石》《婆罗门》《尊敬自己》8 首诗选自

---

① 止默是金克木先生的笔名。
② 罗伊·乔笃黎. 火[J]. 山灵，译. 龙门杂志，1947（2）：译前小记 19.
③ 罗伊·乔笃黎. 火[J]. 山灵，译. 龙门杂志，1947（2）：译前小记 19.
④ 黄宝生，周志宽，倪培根，译. 印度现代文学[M]. 北京：外国文学出版社，1981：34.

《故事诗集》，出版时译作的题目稍有变化，如《价值的添增》改为《价格的添增》，《头颅的代价》改为《卖头》，《尊敬自己》改为《不屈服的人》。译文则变化更大，虽然原意差别不大，但遣词用字方面进行了大幅度的改造。

有的译文改变了押韵的方式，形式上更加整齐，如《比丘尼》一诗发表在《世间解》时第一段译文如下：

> 那时候舍卫国的地方
>
> 正遭了很大的饥荒
>
> 无数的灾黎哭喊着——
>
> 给我们食粮
>
> 佛陀向自己的门徒
>
> 一一地问询——
>
> "谁能负起救济饥民的责任？
>
> 说啊，你们！"①

1957 年收入《泰戈尔诗选》时译文改为：

> 当时，大灾荒的
>
> 室罗伐悉底城里
>
> 到处是一片灾民
>
> 嗷嗷待哺地悲啼
>
> 佛向自己的门徒
>
> 一一地低声问询
>
> "你们谁愿意负起
>
> 救济灾民的责任？"②

除了"舍卫国"改为"室罗伐悉底城"，"灾黎"改为"灾民"，诗歌改动最大的是押韵的变化，初译本发表时押的是"昂"和"恩"两个尾韵，改动之后，尾韵变为"衣""恩"韵，更符合悲哀肃穆的诗意。从形式上看，改动之后，每行字数相等，更加整齐。

这首诗的最后一段也很好地表现了韵脚的变化：

> 我的仓库永远丰满
>
> 你们的财富是它的来源
>
> 我将沿门托钵

---

① 泰戈尔. 比丘尼[J]. 山灵，译. 世间解，1947（4）：21.

② 泰戈尔. 比丘尼[G]//泰戈尔. 泰戈尔诗选. 北京：人民文学出版社，1958（2000）：247.

> 填满这灾荒与饥饿
> 请你们看看
> 这钵儿将永不缺欠。①
>
> 我的丰满的仓库设置
> 在你们每个人的家里
> 你们的慷慨会装满我
> 这个取之不尽的钵盂
> 沿门募化得来的粮食
> 将养活这饥饿的大地。"②

有的改动更倾向于选择口语化的词汇，表达上更符合现代汉语的习惯。如《头颅的代价》中的第一段：

初译：

> 没有人能够比得上拘娑罗王，
> 在大千世界上异口齐声地赞扬：
> 他永远庇护弱困的黎庶，
> 是贫穷人们的爹娘。③

收入《泰戈尔诗选》时改为《卖头》：

> 再没有人比得上乔萨罗国王
> 他赢得大千世界一致的赞扬
> 他是弱者的庇护人
> 是穷苦百姓的爹娘④

《尊敬自己》：

> 阿兰遮毗王征服了五印度的时候
> 一天有摩罗毗王特来进谒
> "陛下，请您静听
> 是个秘密的黑夜在阿遮勒堡
> 您的军士捉到了悉鲁西的王子苏罗怛
> 带到我的宫廷

---

① 泰戈尔. 比丘尼[J]. 山灵，译. 世间解，1947（4）：21.
② 泰戈尔. 卖头[G]//泰戈尔. 泰戈尔诗选. 北京：人民文学出版社，1958（2000）：250.
③ 泰戈尔. 头颅的代价[J]. 山灵译. 世间解，1947（6）：22.
④ 泰戈尔. 卖头[G]//泰戈尔. 泰戈尔诗选. 北京：人民文学出版社，1958（2000）：213.

传下谕旨

您对于他想怎么办？"①

收入《故事诗集》再版时修改为：

那时候，奥朗则布

正蚕食着印度的锦绣河山——

有一天，马鲁瓦的国王

佳苏般特前来朝见：

"陛下，在一个漆黑的夜晚

有人埋伏在阿遮勒堡壕沟里

悄悄捉住了西鲁希王苏罗坦——

他现在是我宫廷里的囚犯。

我的主人，请你吩咐

对于他，你希望怎样惩办？"②

这些更改表现出石真对待翻译工作的认真严谨，虽然译文已经发表过，但在重新收入诗集出版时，她还是进行了认真的修订甚至大幅度的修改，使译文更加完美。可是在《译者附记》中，石真也对以"山灵"之名译过《故事诗》中的作品只字未提。

除了《故事诗集》，石真在 20 世纪 40 年代翻译的纪念甘地的两首诗，也属于第一次翻译。除了前文的《摩诃罗遮甘地》，还有短诗《问》：

问

——谨译此诗悼念甘地老人

泰戈尔作　山灵译

薄伽梵，你时时派遣使者

来到这残酷的世间——

他们说过"饶恕一切"，说过"要相爱啊——

从心底扑灭仇恨的毒焰"。

他们值得敬崇，他们值得怀念，

---

① 泰戈尔. 尊敬自己[J]. 山灵，译. 世间解，1948（10）：24.

② 泰戈尔. 不屈服的人[G]//泰戈尔. 泰戈尔诗选. 北京：人民文学出版社，1958（2000）：

267.

但是，在今天苦难的日子里，
我只丢一个虚伪的顶礼，
把他们驱逐在我的大门外边。

我看见，阴谋诡计在黯夜的掩盖下
骗杀着无告的一群；
我看见，于无法弥补的罪恶中
审判的言辞在无声的啜泣；
我看见，青年们变为疯狂，
在痛苦的磨难中，
无望地把头颅向着石块撞碎。

今天，我的声音窒息，
我的笛子再也吹不出歌曲，
漆黑的牢狱啊，
毁灭了我的世界，掷我在噩梦里，
因此我含着泪问你——
那些在你的空气中撒下毒药的，
那些踏熄了你的光明的，
你能饶恕他们？
你还能爱着他们？①

　　这首诗是 1948 年发表的，表达了对甘地去世的悲愤之情。但是稍有常识的人就会想到，1941 年 7 月去世的泰戈尔是不可能写哀悼甘地的诗歌的。这应该是"山灵"从泰戈尔的诗歌里选择了一首来纪念甘地。查阅《泰戈尔全集》（河北教育出版社），可知这首诗来自全集第五卷的《总结集》，写于 1931 年，白开元将诗名译为《责问》。

　　石真翻译的《泰戈尔短歌五章》，最初发表于《蓝星诗刊》1946 年第 2 期，后来收入糜文开主编的《印度文学历代名著选》（1981，东大图书公司出版）。对照《泰戈尔全集》（河北教育出版社），并未发现这五首短诗的出处，还需要后来者进一步考证。

　　石真以"山灵"之名在 20 世纪 40 年代后期所发表的译作不能忽视，在普

---

① 泰戈尔. 问——谨以此诗献给甘地老人[J]. 山灵，译. 世间解，1948（8）：16.

遍认为那个时间段中印交往极少的背景下，她的译作让我们认识到那个历史时期中印之间的文化和文学交流是十分活跃的，还有很多丰富的史料值得我们重新梳理和分析。若写作较为全面的 20 世纪上半期的中印文学翻译史，还需要付出艰苦的努力。